TRECE
SENTIDOS

TRECE

SENTIDOS

Una Memoria

Victor Villaseñor

TRADUCCIÓN DE ALFONSO GONZALEZ

rayo

Una rama de HarperCollins*Publishers*

Este libro fue publicado originalmente en inglés en 2001 por Rayo.

PRIMERA EDICIÓN EN ESPAÑOL, 2001

Diseño por Fritz Metsch

Library of Congress ha catalogado la edición en inglés.

ISBN 0-06-621297-9

01   02   03   04   05   RRD   10   9   8   7   6   5   4   3   2   1

Se dedica este libro a las Mujeres de Substanica, a las mujeres que se han puesto las manos a las caderas como mi madre y mis abuelas que se mantuvieron firmes y que no cedieron diciendo ¡esta es mi Tierra Sagrada, y de Aquí, no me sacan! De mi familia a tu familia, gracias, abraza las Estrellas!

Índice

Primera Parte
LOS VOTOS MATRIMONIALES
18 de agosto de 1979, Oceanside, California

*Tal hombre y tal mujer no se miden de los pies a la cabeza, sino de la cabeza
al cielo, pues estas personas ¡son gigantes—que conocen los Trece Sentidos
de la Creación!*

Segunda Parte
LA LUNA DE MIEL
18 de agosto de 1929, Santa Ana, California

*Y así fue que el decimonoveno hijo, habiendo nacido cuando
su madre tenía cincuenta años, encontró ahora su segundo
verdadero amor, y . . . se casaron.*

*Y fue así que la niña que había sido concebida la noche
que un meteorito se estrelló en la tierra ¡era ahora una mujer
casada y estaba enamorada!*

Tercera Parte

LUNEANDO

Fines de agosto de 1929, Carlsbad, California

Y fue así que entraron al Paraíso, la primera pareja de Dios—¡un hombre y una mujer que por su propia voluntad escogieron el camino del Todopoderoso!

El Diablo vio su felicidad, su alegría al estar en Santa Unión con el Todopoderoso; Y se sonrió, reptando del Árbol de la Ciencia para interceptarlos.

Cuarta Parte

SOLEANDO

Septiembre de 1929

Así que sus madres les habían enseñado a los dos acerca del Amor y de Dios, pero era ahora la Vida la que les iba a enseñar ¡las lecciones del Diablo!

Y cambiando su piel exterior llegaron a conocerse ahora sólo como dos jóvenes enamorados que habían dado un paso adelante en el compromiso total del matrimonio.

Quinta Parte

LA VIDA LOCA

Y así las Puertas del Cielo se abrieron de par en par y un torrente de AMOR brotó sobre toda la tierra—¡ESTALLANDO de VITALIDAD!

El Diablo estaba cansado, verdaderamente exhausto, pero aún así estaba muy lejos de darse por vencido, estaba determinado a colársele a la vieja Zorra . . . ¡pero entonces escuchó el Canto de las Piedras!

Sexta Parte
CIELANDO

Séptima Parte
TERRAQUEANDO

Octava Parte
ILUMINACIÓN

Novena Parte
RENACIENDO

Prólogo del Traductor

YA QUE GRAN parte del significado de esta memoria está en su lenguaje, muchas de las palabras en esta obra fueron traducidas según los deseos del autor.

En algunas partes he añadido palabras cuando su omisión llevaría al lector a confusión y malentendidos. He mantenido el uso original de las mayúsculas aun en el caso que su uso difiera del español normal. Las palabras Aquí y Allí aparecen intercambiadas algunas veces, y este cambio es a propósito. Otra peculiaridad del lenguaje de esta novela es que algunas veces el sustantivo modificado adquiere función de verbo, v. gr., de luna, luneando; de sol, soleando; de tierra, terraqueando; de lenguaje, lenguajeando, etcétera. Las palabras del español rural mexicano como *mijita, troca,* o *aprevenido*, aparecen en bastardillas. Lo mismo ocurre con neologismos o anglicismos como *okay, beef stew, butleguer,* y *sheriffe.* Sin embargo, a veces se alterna entre alguacil y *sheriff;* fabricante clandestino de *whiskey* y *butleguer.*

Debido a la importancia del género biológico de ciertos elementos naturales en la obra, varias palabras cuyo uso normal es el masculino, aparecen en el femenino y viceversa. Por ejemplo: el oceano, la oceana; el alma, la alma; el planeta, la planeta; estos cambios también se indican con bastardillas.

El autor no sólo estuvo a cargo de la revisión final, sin que también me explicó que para ayudar a la gente a pasar de sus cinco sentidos al mundo *abierto* de los *Trece Sentidos.* Fue necesario cambiar muchos de los conceptos de las idiomas europeos porque muchas de las realidades de los indígenos americanos no se pueden explicar con las restricciones gramaticales de estos lenguages. Y nunca se van a imaginar todos los pleitos que tuve con este testarudo y salvaje autor que es mi buen amigo.

Prólogo

A TRAVÉS DE LOS años se han transmitido cuentos en las familias, manteniendo la tradición oral que funde a una generación con la siguiente. Esta es la historia de mi familia, historia de amor, adversidad, magia y maravilla.

Cuando era niño mi padre me dijo una y otra vez que un buen cuento podía salvarnos la vida. Luego me contaba lo que pasaron él y sus hermanas cuando se vinieron al Norte, de México a los Estados Unidos, muriéndose de sed y hambre durante la Revolución de 1910. —Ya nos habíamos resignado a morir—me dijo mi padre—. Los cañones explotaban por todas partes a nuestro alrededor. La gente gritaba, agonizaba. La sangre teñía los riachuelos, pero cuando se metía el sol, tu abuela espantaba las víboras y los alacranes con ramas secas y nos hacía campo para pasar la noche. Nos daba una piedrita lisa para chupar si no había nada de comer y nos contaba leyendas de las estrellas, de la luna, de la zorra, y pronto se nos olvidaba el hambre y pasábamos a un mundo de maravilla por sus palabras.

—Dios nos acompañaba. Era nuestro mejor amigo y nos sonreía con las estrellas y la luna. Poco a poquito se nos iban las penas del día.

Mi padre, hombre grande y fuerte de Los Altos de Jalisco, lloraba y lloraba mientras me contaba que su madre, un saquito de huesos indios, tuvo una vida que poca gente ha conocido—una vida tan llena del Santo Aliento del Todopoderoso que nadie pudo nunca perder la esperanza. Mi padre me dijo que se dormían en las piedras y la tierra, llenos de esperanza y amor y de completo entendimiento de que mañana sería otro regalo directamente de Dios, que todo sería posible a pesar del día terrible que habían sufrido. La vida era un sueño que vivir y no una realidad que temer.

Esta es, entonces, la historia de una gente—una tribu, si ustedes gustan—de mis ancestros indios y europeos que me entregaron mi padre y madre, mis tías y tíos, mis primos y los amigos de la familia.

En el pasado fuimos todos gente indígena y se ha llegado la hora de cerrar el círculo para regresar al tiempo cuando la Madre Tierra era joven, los Cielos hablaban y la gente escuchaba.

Como decía mi abuela, no hay desconocidos una vez que conocemos mutuamente nuestra historia. Que lo disfruten. Gracias.

Victor E. Villaseñor
Rancho Villaseñor
Oceanside, California
Primavera, 2001

TRECE
SENTIDOS

Primera Parte

LOS VOTOS MATRIMONIALES

18 de agosto de 1979

Oceanside, California

I

Tal hombre y tal mujer no se miden de los pies a la cabeza,
sino de la cabeza al cielo, pues estas personas ¡son gigantes —
que conocen los Trece Sentidos de la Creación!

E RA AMOR?
¿Había sido en realidad amor?

Cincuenta años habían sido esposo y esposa. Cincuenta años el Padre Sol había salido y se había puesto. Cincuenta años la Madre Luna había salido y desaparecido. Por cincuenta años se habían amado, peleado y vivido juntos, y ahora estaban aquí, enfrente del sacerdote una vez más, listos para renovar sus votos matrimoniales.

Juan Salvador Villaseñor, el decimonoveno hijo de su familia, tenía setenta y cinco años de edad. María Guadalupe Gómez, la octava hija de su familia, tenía sesenta y ocho años. Salvador ahora se dio la vuelta y tomó la mano de la mujer que estaba de pie a su lado. Lupe se volteó y fijó la vista en los ojos de Salvador.

El cura empezó con sus palabras. Los hijos, nietos y biznietos de Salvador y Lupe los miraban con respeto, amor y gusto. Esta vez se hizo una boda pequeña con la familia y unos cuantos amigos, celebrada en la sala de la gran casa que Salvador y Lupe habían diseñado y construido hacía casi treinta y cinco años.

La luz del sol entraba a raudales por las grandes ventanas a espaldas de Salvador y Lupe, mientras el padre continuaba con sus palabras. Los ojos de la gente se llenaron de lágrimas. Fue un momento mágico, en el que todos en la habitación sabían que las bendiciones de Dios estaban con ellos.

El novio tenía puesto su traje favorito, color vino tinto con una corbata de rayas plateadas y doradas. La novia llevaba un hermoso vestido blanco de tres cuartos de largo de rico encaje y tira bordada amarilla. El cabello de Salvador era blanco, abundante y todavía chino. El de Lupe era también casi todo canas, pero salpicado de bellos cabellos largos y negros.

El sacerdote continuó, y el pequeño grupo de familiares y amigos escuchó cada palabra. Esta vez, al contrario de la última, el sacerdote era mucho más joven que la pareja que se casaba.—Juan Salvador Villaseñor— decía ahora el joven sacerdote—, ¿Aceptas a María Guadalupe Gómez como tu esposa? ¿Prometes serle fiel para bien y para mal, en la prosperidad y en la pobreza, en salud y en enfermedad, para amarla y respetarla todos los días de tu vida?

Lupe se volteó y miró fijamente la melena de león de Salvador y su enorme, largo y blanco bigote en el labio superior que se movía como un gusano gordo mientras hablaba, "Sí, la acepto", dijo.

Al escuchar esto, ella se dio cuenta de lo distinto que le parecían estas palabras en comparación con la última vez. Cuando ella había escuchado estas palabras cincuenta años antes, había sido tan joven e inocente que había creído que su 'Sí, la acepto', tenía un significado mucho más profundo que esta vez. La otra vez había creído que estas palabras significaban que tendría a su lado a alguien para bien y para mal, en salud y enfermedad, y que siempre habría amor y respeto. ¡Qué tonta había sido! Si se supiera la verdad, algunas veces habría estado mejor sin él.

Entonces se dio cuenta de que el joven sacerdote le hablaba a ella.—¿Y tú, María Guadalupe Gómez—dijo el joven sacerdote—, ¿aceptas a Juan Salvador Villaseñor por tu esposo? ¿Prometes serle fiel para bien y para mal, en salud y en enfermedad, amarlo y respetarlo todos los días de tu vida?

Al principio Lupe no contestó. Dios mío, esto era exactamente lo que había hecho durante todos estos años. ¿Pero, lo había hecho Salvador? ¿Le había sido fiel y la había respetado Salvador? ¿O, realmente la había amado tan siquiera una vez?

De repente recordó cómo estas palabras 'para mal' casi la habían detenido la última vez. Aún entonces, cuando tenía dieciocho años, se había preguntado si le convenía a cualquier mujer estar de acuerdo con estas palabras.

—Repite, sí lo acepto—dijo el joven sacerdote inclinándose cerca de Lupe.

Lupe casi se echó a reír. Esto era exactamente lo que había hecho el sacerdote la última vez. Sólo que entonces el sacerdote era viejo y parecía tan lleno de autoridad que ella se había intimidado. Pero esta vez no estaba nada intimidada, así que sólo miró al joven sacerdote y sonrió.

Juan Salvador se percató de su sonrisa, esa sonrisita de ella tan llena de travesura y él también sonrió apretándole la mano.

Al sentir el apretón, Lupe se volteó y miró a este viejo canoso de pie a su lado y vio su sonrisa. Ella sonrió también.

—Está bien—contestó apretándole la mano—. Sí, lo acepto.

Todos en el recinto se sintieron aliviados, menos Salvador. Nunca había tenido ninguna duda.

Ahora le tocaba a Lupe repetir los votos sagrados de aceptación, pero cuando llegó al pasaje 'Para tenerte y protegerte de hoy en adelante, para bien y para mal, en la prosperidad y en la pobreza', se le llenaron los ojos de lágrimas. Después de cincuenta años de matrimonio podía ver ahora que éstas eran las mismas palabras que le habían dado la fuerza para resistir todas las contratiempos que habían pasado.

Por supuesto, estas palabras, 'hasta que la muerte nos separe' eran la exacta fundación de todo matrimonio. ¡Y también se podía dar cuenta de que sí, aun entonces, cincuenta años antes, ella había tenido la sabiduría de ver que éstas eran también las palabras que le habían dado la fuerza a su querida madre, doña Guadalupe, para levantarse como una poderosa estrella y rescatar de la muerte a su familia, una y otra vez durante esa horrible Revolución Mexicana!

Podía ver ahora tan claramente que estas palabras 'hasta que la muerte nos separe' eran las que les daban a todas y cada una de las mujeres el poder, la visión para aceptar la Gracia de Dios y para obtener la absoluta convicción mental que ella y su familia sobrevivirían—cualquier cosa—como su querida suegra, doña Margarita, le había explicado tan bien sólo unos días antes de su primera boda, allá en 1929.

Lupe entendía ahora claramente que estas palabras eran el secreto por el cual toda mujer común y corriente se hacía extraordinaria, dándole la sabiduría y confianza interior para elevarse como una poderosa águila y guiar a su familia para salir de los momentos más oscuros de la vida.

La cara de Lupe se llenó de lágrimas así como se había llenado durante su primera boda hacía 50 años, realizada al norte de allí, en Santa Ana, California en la Santa Iglesia Católica de Nuestra Señora de Guadalupe en las calles *3ª* y *Grand*. Toda la gente de los barrios de Corona y Santa Ana había asistido a la boda. Archie Freeman había asado una res entera. La familia de Lupe había preparado cincuenta pollos en mole. Salvador había pagado el vestido de novia de Lupe, el vestido de dama de honor de su hermana Carlota, y también los metros y metros de tela para los vestidos de las otras damas de honor. Fue una fiesta que duró tres días. Los invitados habían venido de México y de todo el sur de California.

Lupe no podía dejar de llorar. Ella y el viejo canoso que estaba de pie a su lado, habían pasado juntos tantas cosas de la vida, tantos sufrimientos y desórdenes, y también, tanta alegría y las aventuras descabelladas.

Una gran parte de ella ahora amaba a Salvador más que nunca, porque había durado con él más años que con cualquier otra persona. Pues sólo había estado con sus padres los primeros dieciocho años de su vida.

Y sin embargo, aunque esto era verdad, había una parte de ella que detestaba a su esposo. Le había destrozado el corazón una y otra vez. A veces le era difícil siquiera mirarlo si pensaba en todas las situaciones terribles en las que él la había metido.

Ahora era el momento de intercambiar arras, pero esta vez sólo le añadieron una pequeña banda a sus anillos de matrimonio.

Y una vez más—ella no podía creerlo—el sacerdote le había pedido a Salvador que repitiera 'para amar y respetar por el resto de su vida', pero al volverse a ella le pidió que dijera, 'amar, respetar y obedecer'.

El corazón de Lupe dejó de latir.—Ah, no—dijo Lupe, asustando al joven sacerdote—. ¡No voy a decir obedecer! ¡Cómo se atreve!

—Pero debe hacerlo, si quiere . . .

—Debo—dijo—. ¡Debo! ¡Y él no tiene que hacerlo! ¡Ah, no! ¡Usted no me va a hablar así después de cincuenta años de matrimonio y sabiendo lo que yo sé!

—¡Te felicito, Lupe!—dijo Carlota la hermana mayor de Lupe que estaba sentada al lado de los hijos y nietos de Lupe. ¡No valía nada cuando te casaste con él y todavía no vale nada hoy!

—¡Cállate, Carlota!—le dijo Lupe volteándose a ver a su hermana que llevaba un vestido negro de encaje y una gran peluca rubia y traía la cara prieta de india llena de polvo blanco—. Esta es mi boda, no la tuya, y yo hablaré por mí misma.

—Sólo trataba de ayudar—dijo Carlota que se había casado con Archie Freeman, pero nunca habían tenido hijos; por eso veía a los hijos de Lupe como los de ella.

Lupe volteó a ver a su marido. Sonriendo, acarició la mano de Salvador tranquilizándolo, asegurándole que todo estaba bien. Entonces se volteó al sacerdote y dijo,—Padre, no voy a decir obedecer si él no lo dice también—. Habló calmadamente—. ¿Qué piensa usted que es el matrimonio, una hermosa ceremonia pequeña y que después todo va a ser maravilloso? El matrimonio es . . .

—¡El infierno!—gritó Carlota entrometiéndose una vez más.

—¡Carrrr-lota!—dijo Lupe enfatizando las erres del nombre de su hermana con toda la resonancia del español—. Te vas a ir de aquí, si no puedes estarte callada.

Carlota empezó a llorar.—Ay, lo siento, Lupe—dijo—. Es que Salvador toda su vida ha sido un mentiroso, bueno para nada . . .

—Carlota, callarse significa callarse—dijo Lupe bruscamente.—En el nombre de Dios, ¡cállate, por favor! Y usted—, dijo volteándose ahora al cura una vez más—, como le dije, no voy a decir obedecer y usted no me va a decir lo que debo o no debo hacer, ¿me oye?

El joven sacerdote estaba atónito.

—Diré amar y respetar, como dijo mi esposo—continuó Lupe—, pero no voy a decir ni una palabra más.

—Bueno, sí—dijo el sacerdote tratando de complacerla—, pero no sé si esto es aceptable, al menos que Salvador esté de acuerdo con esto.

—Ah—dijo Lupe—, entonces me está diciendo que necesito la aprobación de un hombre para lo que puedo y no puedo decir.

Ahora sí que estaba enojada. Todos los presentes lo sabían.

—No—dijo el sacerdote—, no quise decir eso—. Empezaba a sudar. Nunca se le había convertido una sencilla ceremonia en algo así. Y estas dos personas se veían tan viejitas, agradables y decentes antes de empezar la ceremonia—. Mire, lo que quiero decir, dijo ahora tirándose del cuello, tosiendo y limpiándose la garganta—, es que en cualquier acuerdo entre dos personas—hombres o mujeres—los dos necesitan estar de acuerdo si se va a hacer algún cambio en el proceso normal.

—Ah—dijo Lupe calmándose de inmediato—, esto sí lo puedo entender—. Se volteó a Salvador—.—Está bien—, dijo—, ¿estás de acuerdo conmigo Salvador que no tengo que decir obedecer si tú no tienes que decirlo?

Durante todo este tiempo Salvador había estado sonriendo, pero ahora se rió a carcajadas.—Mire—dijo volteándose ahora al padre—. Sé que usted nunca se ha casado, padre, así que en realidad usted no entiende lo que pasa. ¡Pero créamelo, decirle a cualquier mujer que esté viva y coleando que debe obedecer es tan ridículo que sólo los hombres que nunca se han casado en cien generaciones podrían haber pensado en una idea tan ridícula! ¡Claro que no tiene que obedecerme! Nunca lo ha hecho en cincuenta años, así que ¿cómo diablos voy a ser tan estúpido para pensar que todo va a cambiar ahora?

—Está bien—dijo el sacerdote sacando un pañuelo blanco para secarse la frente—. Entonces María Guadalupe, ¿amarás y respetarás durante el resto de tus días?

—Pues, claro—dijo—, claro que sí. Y sus ojos le bailaban de alegría. Ah, en realidad había progresado mucho en los últimos cincuenta años.

—Repite, sí lo acepto—le dijo el sacerdote, pero muy cautelosamente esta vez.

—Sí, lo acepto—dijo Lupe.

Ahora Salvador le puso la banda de matrimonio en el dedo y entonces mojándose los labios tomó de repente a su novia y le dio un gran beso mojado. Al principio Lupe resistió tratando de rechazarlo, pero cuando vio que no cedía empezó a besarlo también.

Las cámaras destellaron y todos aplaudieron. Las botellas de champaña estallaron al abrirse y las personas reían y gritaban.

EL PADRE SOL, la cobija de los pobres, se estaba poniendo. Toda la tribu de los Villaseñor salió a tomarse una foto.

Carlota, la Tía Tota, como la llamaban los niños, rápidamente y con bastón en mano se apoderó de la silla principal en medio de la foto, sentándose a la derecha de Salvador y obligando a su hermana Lupe a sentarse a su izquierda. Y así fue que se tomó la foto del aniversario de bodas de oro de Lupe y Salvador. La tía Tota, sentada tan orgullosamente al centro que a pesar de su cuerpecito de cinco pies dos pulgadas se veía grande, alta e imponente mirando derechito a la cámara.

Tía Tota de veras creía que era la reina de todo el barullo con su gran peluca rubia, la cara empolvada, y una enorme flor blanca prendida sobre el corazón en un desesperado deseo de esconder su oscura raza india y parecer una típica gringa blanca.

Salvador miraba a la distancia a su derecha, sus lentes de negra y gruesa armazón, los cuales sostenía entre sus manos y sobre las piernas. Lupe tenía un nieto y un biznieto en el regazo. Estaba completamente en desacuerdo a que le estuvieran tomando una foto—estaba tan contenta jugando con estos nuevos miembros de la familia. Y de pie, detrás de Salvador y Lupe, estaban sus cuatro hijos, Tencha, Victor, Linda, Teresita y sus familias.

La foto proyectaba mucho.

EL PADRE SOL había desaparecido ahora y la Madre Luna empezaba a salir. Y la hija Tierra empezaba a refrescar. Todos habían acabado de comer y estaban ahora hablando, bebiendo y charlando.

Las mujeres estaban reunidas en la sala, junto al piano de cola. Los hombres estaban en el gran comedor de ceremonias, junto a la sala, donde Salvador se disponía a encender un gran puro gordo; un ritual que desarrollaba lentamente con largos cerillos de madera.

Gorjenna, la segunda nieta de Salvador y Lupe, hablaba en voz alta y estaba entrada en tragos. A Gorjenna le había encantado montar a caballo desde niña. Nunca le habían gustado los vestidos y las muñecas de aserrín como a su hermana RoseAna que era dos años mayor que ella.

—Ay, abuelita—Gorjenna decía ahora con sus grandes ojos azules tan brillantes que parecía que iban a saltársele de su bella y suave cara—. Tenía tanto miedo que no fueras a decir 'Sí, lo acepto' que casi me hago pipi en los pantalones, o más bien en el vestido—, agregó riéndose al darse cuenta que no llevaba sus vaqueros de siempre ese día.

—Yo también—dijo RoseAna riéndose con el mismo nerviosismo—. Ambas jóvenes, Gorjenna y RoseAna—hijas de Tencha—parecían típicas norteamericanas, sin rastro de sangre india, pero cuando niñas sus abuelos las habían llevado a Guadalajara y a Los Altos de Jalisco tantas veces que ambas estaban orgullosas de su ascendencia mexicana.

—Dinos, abuelita—continuó Gorjenna—, ¿si tuvieras que volverlo a hacer todo, te casarías todavía con el abuelo?

Al oír esto, Linda, la segunda hija de Salvador y Lupe, casi tiró su champaña.

Y Lupe, sintiéndose de maravilla con toda la Mumm's que había bebido, miró a Gorjenna y a todas estas jóvenes que tenía delante—. Sí, claro, *mijitas*—, dijo.

—Pero, abuelita—dijo RoseAna—, tienes que admitir que por un momento parecía que no ibas a decir tus votos.

—Sí—dijo Gorjenna sonriendo alegremente. Mi hermana tiene razón. ¡No ibas a decir "obedecer' abuela!

—Y no lo hizo—dijo Teresita, la tercera hija de Salvador y Lupe—. Así que lo que pasó, pasó.

—Claro que no lo hice—dijo Lupe—. No soy una niña.

—Entonces abuela, ¿tú no crees que las esposas deben obedecer a sus esposos?

—Claro que no, mijitas—dijo Lupe—. ¿Quién te metió eso en la cabeza?

—Bueno, porque los hombres. Quiero decir, a nosotras las mujeres, se nos enseña, abuelita, que los hombres son . . .

—¿Son qué?—dijo Lupe atajando a su nieta—, ¿más débiles que nosotras las mujeres cuando la vida se pone verdaderamente difícil? Ay, yo les he dicho a ustedes niñas desde que eran chiquitas—, continuó Lupe—, ¡que yo vi a mi madre mantener a nuestra familia unida y viva con su fuerza en plena Revolución! A mi padre, no. No, él huyó. Entonces vi a mis hermanas hacer lo mismo. Nunca fueron los hombres, mi hijita, los que mantuvieron unida a la familia. Dios es mi testigo. Cuando los niños lloran de hambre, los hombres se desmoronan. Pregúntale a tu abuelo Salvador; él te dirá exactamente lo mismo. Fue su madre la que los salvó de la Revolución, no su padre. Por favor no vayan nunca a creer estas películas mentirosas románticas que muestran a los hombres grandes y fuertes y a las mujeres débiles y temerosas, sin saber qué hacer.

—¿Creen por un momento que Salvador y yo habríamos llegado tan lejos y construido esta preciosa casa aquí si yo hubiera puesto las cosas en sus manos? Me he gastado estos cincuenta años en civilizarlo, les digo, y convertirlo en el hombre que cree que es hoy día—un gran hombre refinado con sus aires, de puros finos y sus modales pretenciosos.

—Diles, Lupe, diles—gritó Carlota—. ¡Estas niñas tienen que saber! ¡Todos los hombres son cobardes y mentirosos y buenos pa' nada! ¡Pero qué podemos hacer nosotras las mujeres, un perro no nos puede dar lo que queremos, así que a la fuerza tenemos que hacer lo que podamos con los hombres!

Los gritos que lanzaban las jóvenes ahora en la sala eran tan fuertes que hasta asustaron a los hombres de la habitación contigua.

—¡Carlota!—dijo Lupe—, ¡esas palabras no le hacen bien a nadie! Lo que estas niñas necesitan saber es que la vida nunca fue diseñada para ser fácil y especialmente para nosotras las mujeres, desde el momento en que Dios nos escogió para cargar la vida dentro de nuestros cuerpos, y no a los hombres. Ah, ningún hombre conoce los placeres del embarazo ni los dolores del parto—, añadió Lupe—, ¡y así no pueden tener el respeto ni el entendimiento de la vida que tienen las mujeres!

—Exactamente—dijo Carlota—. Es por eso que preferí no tener hijos y no me importa lo que me diga ningún sacerdote . . . porque los sacerdotes son hombres también y no saben—yo no iba a sufrir todo el dolor que vi pasar a mi madre y a mis hermanas solamente por unos cuantos momentos de placer con un hombre. ¡Porque el hombre, el bueno para nada, puede simplemente huir, abandonando lo que ha creado y seguir dándose placeres!

—En esto, estoy en total desacuerdo con mi hermana Carlota—dijo Lupe—. Pero debo decir que quisiera haber hablado hace cincuenta años como le hablé a este sacerdote hoy. Porque la vida para nosotras las mujeres seguirá siendo—no sólo difícil—sino totalmente injusta, si permitimos que la gente como este joven sacerdote de hoy se salga con la suya y nos haga decir palabras como 'obedecer' y no haga lo mismo con los hombres.

—¡Díselo, Lupe, diles!—gritó Carlota, agitando su bastón en el aire—. ¡Muy bien! ¡Muy bien! ¡Eso es hablar! Y muchachas, cuando su esposo les diga, 'oh, no, querida, lo que pasa es que no entiendes porque eres mujer'—¡la verdad es que oculta algo y trata de engañarlas! Lo sé, recuerden mis palabras. Yo le tuve que robar dinero a Archie para poder tener algunos centavos en la bolsa, ¡y les juro que trabajé tantas horas como él en nuestro negocio, o más!

—Siento decirlo—dijo Lupe tristemente—, Carlota tiene razón. Pero yo nunca tuve que robarle nada a Salvador porque en nuestro matrimonio yo manejaba las cuentas bancarias y la contabilidad, pero, ah, si faltaba dinero, ¡cómo me discutía! Y entonces, por Dios, siempre resultaba que el mismo Salvador se había gastado el dinero, pero esto no le impedía tratar de culparme la próxima vez.

—Juro—dijo Lupe—, que ahora me doy cuenta de que todo matrimonio es como regresar al Paraíso y de nuevo ver a Adán tratando de culpar a Eva por sus propias faltas. Así que lo que ustedes muchachas necesitan saber, más que nada, es que ninguna esposa debe obedecer a su esposo,

¡porque nunca ha sido así! Una esposa debe entender por encima de todo que es madre. Como madre, lo nuestro es ayudar a la sobrevivencia de los hijos y del hogar. Y un hogar, mijitasss, no es una casa bonita con grandes muros y techo, sino un pedazo de la Madre Tierra donde una mujer se ha puesto en cuclillas para dar a luz y al hacer este acto sagrado ella convierte ese pedazo de tierra en Tierra Santa ante Dios—, añadió Lupe con contundencia.

—Lupe tiene razón—dijo Carlota con lágrimas en los ojos—, no teníamos sino paredes de palos y lodo en nuestra casa en México; el piso era de tierra y lo barríamos y regábamos todas las mañanas y tardes y lo pulíamos hasta alisarlo con el sudor y aceite de nuestros pies descalzos. Pero, ah, qué casa teníamos. La mejor casa del mundo porque nuestra madre—Dios la bendiga—¡nos mostraba amor y el camino hacia Dios todos los días! Y nuestras risas y peleas, ah, ¡éramos pobres pero tan felices con el amor de la familia!

Carlota no pudo terminar; lloraba tanto. No había un solo ojo seco entre todas las mujeres presentes.

En la habitación contigua Salvador fumaba lentamente su gran puro. Los esposos de Linda, Gorjenna y RoscAna fumaban puros también. Pero aspiraban el humo como se hace con los cigarros, haciendo que sus puros finos ardieran rápido y despidieran calor. El cuarto entero se estaba llenando de humo. Victor, el único hijo de Salvador y Lupe, se levantó para abrir la puerta de al lado. Victor casi nunca fumaba y el humo estaba molestándolo. Al echar una ojeada al cuarto contiguo vio que la cara de tía Carlota estaba llena de malicia mientras les hablaba a las mujeres más jóvenes.

—No estoy bromeando—decía—. Nosotras las mujeres tenemos que saber conseguir lo que queremos de los hombres, o nunca vamos a avanzar. Todo está organizado a su favor. No al nuestro. Así que la mejor manera de conseguir lo que queremos es pestañearles, mover las caderas así y hacernos las obedientes, ¡pero sin serlo! No, hay que pensar y planear a toda hora. Es el infierno, les digo, vivir con los hombres.

Y al decir esto, Carlota volteó sus grandes ojos maquillados hacia los cielos y sonrió ampliamente con su cara pintada de blanco mientras movía las caderas sugestivamente. Las mujeres jóvenes se reventaban de la risa.

—¡Tía Tota!—gritó Gorjenna, sonrojándose—. ¡No sabía que todavía te podías mover así!

—¡Eres tremenda!—dijo RoseAna, limpiándose los ojos—se reía tanto.

—¡Ah no, no es tremenda! ¡Lo hace muy bien!—gritó Teresita, moviendo los pies y marcando unos pasos—. ¡Mueve las caderas otra vez, Tía Tota! ¡Muévelas y muévelas! ¡Y mantén esas coyunturas flojas y jóvenes!

Carlota hizo lo que le decía su sobrina Teresita, agarrándose del bastón con la mano derecha y levantando la izquierda para bailar y mover las caderas, como una verdadera máquina sexual de salón de baile.

—Bueno—dijo Lupe—, siempre fui muy diferente a mi hermana Carlota, como ustedes lo saben muchachas, así que nunca pestañeé ni hice todas esas otras cosas para conseguir lo que quería en mi matrimonio. Lo que sí hice fue hablar francamente y decir lo que pensaba como había visto a nuestra mamá hacerlo con nuestro papá. Pero les digo, no siempre fue fácil, especialmente cuando nos casamos y yo era tan joven y no sabía nada. Y Salvador, como típico hombre, creía que lo sabía todo.

—¿Por qué los hombres pensarán así? Sólo Dios sabe—continuó Lupe—. Cuando era tan obvio, como me lo explicó mi suegra, doña Margarita, que era a nosotras las mujeres a quienes Dios había escogido para llevar la vida aquí en el vientre, así que obviamente Él pensaba muy altamente de nosotras.

—Quería yo tanto a esa viejita—agregó Lupe—. Les digo, una suegra puede ser una gran ayuda para una esposa joven, si la esposa es prudente y libre de prejuicios, y si esa suegra sabe dar consejos de lejos.

—Pero, Lupe—dijo Carlota sonriendo—, tienes que admitir que esta es la misma razón que Dios haya hecho a los hombres tan vanidosos. La verdad es que los pobres tontos son buenos para nada. ¡Tú mantuviste esta familia unida, no Salvador!

—Bien, entonces abuelita—dijo Gorjenna dando un sorbo a su champaña—, ¿estás diciendo que tal vez no te habrías casado con el abuelo, si tuvieras que volver a hacerlo?

RoseAna le dio un golpe tan fuerte en el hombro a Gorjenna que casi la tiró al suelo a su pequeña hermana menor.

—Gorjenna—dijo Linda, golpeando igual de fuerte a su sobrina en el otro hombro—, ¿cuándo vas a aprender a medirte en lo que dices?

—Dejen de pegarme, las dos—les gritó Gorjenna—, o yo también les voy a pegar y así de duro. ¿A quién están engañando? Esto es realmente lo que todas queremos saber.

—Tiene razón—dijo Teresita haciéndole un gesto a su hermana Linda—, así que las dos dejen de pegarle, ¡porque si no yo le ayudo a Gorjenna y les vamos a dar una paliza, viejitas! Gorjenna sólo está haciendo esa rica pregunta que todos queremos saber pero que no tenemos las agallas para preguntar. Así que mamá, ándale, dinos—agregó Teresita volteándose a su mamá—, ¿si tuvieras que hacerlo de nuevo, te casarías con papá?

Se oyó silencio en la sala y los ojos de Linda se cubrieron de lágrimas, pero no habló.

—¿Quieren saber la verdad?—preguntó Lupe tomando un gran sorbo de su champaña. De repente sus ojos se iluminaron de gusto—. ¿Ah, así que ustedes muchachas de veras quieren que les diga?

—Sí—dijeron entusiasmadamente Teresita, Gorjenna y RoseAna.

Tencha y Bárbara, la esposa de Victor, sólo asintieron, sin decir nada.

Linda meneó la cabeza diciendo, 'no por favor, por Dios, no,' pero lo dijo tan bajo que nadie oyó.

Y del otro lado de la sala, Victor, que había estado sonriendo, respiró profundamente.

—No, claro que no—dijo Lupe a sus hijas y nietas—. Si hubiera conocido a Salvador entonces como lo conozco ahora—nunca me habría casado con él. ¡Me mintió! ¡Me engañó!

—¡Y yo te lo advertí!—gritó Carlota agitando su bastón en el aire—. ¡Te dije que era un mentiroso y un fabricante ilegal de licores, un *butleguer*, antes que te casaras con él! ¡Pero no, no me quisiste escuchar! ¡En cambio, le creíste a él!

Linda tuvo que detenerse del piano. Empezaba a físicamente sentirse mal.

—¡Cállate, Carlota!—dijo Lupe—. ¡Esto me toca a mí decirlo! ¡No a ti!—. A Lupe se le había subido el champaña y no iba a pararla nadie—. Días antes de nuestra boda, me juró Salvador—, continuó—, que era un honrado y trabajador transportista de fertilizantes y que no tomaba ni jugaba. Y Carlota tiene razón. Le creí y nos casamos. ¡Entonces no fue hasta cuando yo estaba embarazada que tuvo el valor para decirme la verdad, que él era *butleguer*, jugador, y que tomaba y cargaba pistola! ¡Todo lo que se nos había enseñado en nuestra casa a detestar!

Linda dejó de detenerse en el piano, se puso derecha y gritó:—¡Mentiras! ¡Puras mentiras! ¡Me choca que ustedes dos sigan con esta queja sobre papá sin respetar su propia pinche responsabilidad!

—¡Papá te quiere, mamá! ¡Siempre te ha querido! Si mi esposo me llegara algún día a mostrar la mitad del amor que papá siempre te muestra, mamá, ¡arrastraría las nalgas sobre el fuego ardiente sólo por estar con él! Y sí, todos sabemos que papá no es perfecto pero, *chingao*, ¡ustedes dos deberían de estar avergonzadas!

Al decir esto Linda arrojó su vaso de champaña al otro lado de la sala haciéndolo pedazos contra la chimenea. Entonces se dio vuelta y salió por la puerta del frente, dando un portazo que hizo temblar toda la casa.

En la sala de recreo los niños habían dejado de ver la tele y entraron corriendo para ver qué estaba pasando.

En la sala Teresita aullaba de risa y entonces ella también arrojó su vaso de champaña hasta la chimenea.

—Bienvenidos a nuestra familia—dijo Teresita riéndose a carcajadas—. ¡Bienvenidos a nuestra familia loca!

Gorjenna fue la siguiente en terminar su champaña y aventar su vaso con un grito. Entonces todas hicieron lo mismo, incluso Carlota.

En la habitación contigua Salvador seguía fumando calmadamente su gran puro que se consumía al rojo vivo como un leño de madera dura que tardara mucho en convertirse en cenizas.

Pero no todos los hombres se sentían tan cómodos como Salvador con todo el disparatado comportamiento de las mujeres. Algunos de los hombres jóvenes se sentían muy ansiosos, en especial Roger, el esposo de Linda. Se retorcía. No podía hallar ninguna razón para ese comportamiento tan fuera de lo común de las mujeres.

Pero Salvador, el toro grande, ya no trataba de educar a sus yernos, así que se limitó a seguir fumando, sin decir una palabra mientras los jóvenes seguían agitados, fumando sus puros rápidamente.

Afuera, Linda miró las estrellas. Era una noche preciosa. Entonces tomó aire y regresó a la casa, azotando de nuevo la puerta de la entrada. Caminó a la sala, hasta las mujeres.

—Está bien—dijo—, ¡vamos a resolver esto de una vez por todas! ¡Vamos, no seamos collonas. ¡Vamos a preguntarle a mi papá!

—¿Preguntarle qué?—dijo Gorjenna que parecía asustada.

—¡Gorjenna!—chilló Linda—. ¡No te hagas! ¡Si tú empezaste toda esta pendejada!

—¿Qué, quieres que ahora yo vaya y le pregunte al abuelo que si tuviera que volver a hacer todo de nuevo, se casaría con la abuela?

Linda asintió limpiándose las lágrimas de los ojos.—Exactamente—, dijo.

—Ah, no—dijo Gorjenna—. Ya he metido mucho la pata hoy. Me voy a quedar bien callada como la tía Tota. ¿Verdad, Tota? Tú y yo no vamos a hablar más, no importa lo que pensemos.

—Sí, creo que tienes razón—dijo Carlota—. Porque no importa lo que diga, aunque sea la verdad, todos . . .

—¡Tota!—gritó Teresita—. Ya oíste a mamá, ¡cállate! ¡Ni una palabra más! ¡Los labios cerrados, así, sólo se abren para beber champaña!—, agrego riéndose—. Vamos, qué carajos, Linda tiene razón. ¡No seamos cobardes, no dejemos las cosas a la mitad! ¡Vamos a sacar todas las copas limpias, a llenarlas de nuevo, y entonces vamos a preguntarle a papá también!

—Pero sólo va a decir mentiras—dijo Carlota—. Ya lo saben. Lupe era tan bonita que pudo haber escogido a quien quisiera, incluyendo a ese gringo Mark, estaba bien preparado y tenía padres ricos, pero qué fue lo que hizo, ella . . .

Lupe lo vio primero.

Fue la primera que vio que Linda, con los ojos llenos de lágrimas, se adelantaba para cachetear a su tía. Y Linda era fuerte, así que esa cachetada no iba a ser la de una dama.

Pero Lupe logró pararse enfrente de su hija antes que esta gran tragedia pudiera ocurrir. Agarró la mano de Linda, deteniéndola en el aire. Entonces Lupe se volteó hacia su hermana.

—¡CARLOTA!—gritó Lupe—. ¡Te prohíbo decir una palabra más en contra de mi marido mientras estés bajo este techo!

—Pero . . .

—Ningún pero—chilló Lupe en la cara de su hermana—. ¿No te das cuenta como tus palabras ofenden a sus hijos? ¡Te ciega tanto tu odio que no puedes ver lo que has hecho durante todos estos años! ¡Si has insultado a su propia sangre!

—Pero Lupe, también son hijos tuyos—dijo Carlota sin poder todavía cambiar de tema—, por eso son buenos.

—Está bien, mamá—, dijo Linda, secándose los ojos y agarrándose la frente con la mano con la que iba a cachetear a su tía—. Déjala que siga hablando. ¡Me voy y no vuelvo a poner un pie en esta casa mientras viva!

Diciendo esto, Linda rápidamente se dio vuelta para salir de nuevo, atravesando rápidamente la extensa y lujosa sala rumbo a la puerta principal, pero Gorjenna y Teresita la alcanzaron.

—Vamos, Linda—dijo Gorjenna, impidiéndole el paso con su cuerpo—. Yo le pregunto a papá.

—¡Yo le pregunto! Pero, carajo, nunca me imaginé que todo esto fuera a pasar.

—Linda—, dijo Teresita, abrazando a su hermana—, te quiero. Todos te queremos. ¡Acuérdate de que no importa lo que pase! ¡Somos familia y siempre lo seremos! Carajo, no te acuerdas que papá siempre repetía lo que su madre decía frecuentemente, que era mejor tener puercos que parientes porque al menos los puercos se pueden matar y comer, pero qué se puede hacer con los parientes en tiempos de locura.

—La mamá de papá no era la que decía eso—dijo Linda, limpiándose los ojos—. Era el papá de mi mamá el que siempre decía eso, y lo decía por los niños, no por los parientes.

—Bueno, lo que sea—dijo Teresita.—Ahora regresa y le preguntaremos a papá. ¡Pero primero, más champaña!

—¡Ah, Lupe, que me perdone Dios!—decía Carlota al otro lado del cuarto—. Nunca quise ofender a tus hijos, lo que pasa es que Salvador siempre ha sido un mentiroso y un . . .

—¿No puedes callarte la boca, Carlota?—gritó Lupe—. ¡Ves como ofendes y todavía así sigues hablando! No era tu marido Carlota, era el mío y todavía lo es, ¡ten respeto!

Abriendo dos botellas más de champaña Tencha y Bárbara llenaron otras copas nuevas y entonces todas cruzaron la sala y se dirigieron al comedor donde los hombres seguían fumando sus puros sentados alrededor de la larga mesa del comedor.

Esta vez Carlota no trató de tomar la delantera como había hecho cuando habían salido (salieron) para tomarse la foto familiar. Se quedó atrás con Lupe.

Al final de la larga y estrecha mesa del comedor Salvador se reclinaba en su gran sillón de oficina de cuero rojo que había comprado especialmente para usar en el comedor. Le encantaba reclinarse entre bocado y bocado y lentamente masticar su comida como un toro que rumiaba en una verde pradera tranquila.

Estaba ahora reclinado en la silla de alto respaldo, fumando su largo y gordo puro, disfrutando sinceramente al ver el humo gris blanco que subía del lado encendido de su fino puro mexicano, hecho en el estado de Veracruz.

—Papá—dijo Teresita, que desde niña había siempre tenido un carácter calmado, fuerte—, hemos venido a preguntarte algo muy importante.

—¿Qué podría ser eso?—dijo Salvador, levantando la vista de su puro y mirando a ésta, su hija más joven. Podía ver que todas se veían nerviosas, todas estas jóvenes de entre treinta y casi cincuenta años de edad. Les vio ansias y sí, también temor, en la cara. Respiró profundamente. Podía ver que Lupe y Carlota se habían quedado en el otro cuarto.

—Bueno, pregunta—añadió.

—Papá—dijo Teresita—, queremos saber, ¿si tuvieras que volver a hacerlo, te volverías a casar con mamá, conociéndola como la conoces?

—Por supuesto—dijo—, ¡claro que sí! ¡Absolutamente!

—Pero papá—continuó Teresita—, ¿todavía le mentirías a mamá, si volvieras a hacerlo?

—¿Mentir?—dijo Salvador, viendo de reojo a todos los jóvenes que también escuchaban ansiosamente.

—Sí, sobre tu fabricación clandestina de *whiskey* y el juego—dijo Teresita.

—¡Ah, eso! Claro que sí—dijo riéndose con gusto—. ¿De qué otra manera puede un hombre atrapar a un ángel—? Miró a Lupe en la habitación contigua—. Nada más mira a tu madre. Era tan joven e inocente cuando nos casamos.

Todos voltearon y miraron la sala, al otro lado del comedor donde Lupe se había quedado a jugar con sus nietos y biznietos. Allí estaba, una anciana canosa, pero todavía con la apariencia de ángel, sentada, contándoles un cuento a los niños.

—¡Yo era un criminal!—gritó Salvador con fuerza—. ¡Un *butleguer*! Era todo lo que le habían enseñado a odiar a Lupe, pero una vez que estábamos casados y se dio cuenta que íbamos a tener un bebé, ¡vi a este joven angelito mío surgir con la potencia de una estrella fugaz para proteger su nido!

—¡Esta es una mujer por la cual hay que vivir con todo el corazón! Cómo crees que los hombres han conseguido casarse con una mujer buena desde el principio del tiempo. Todos los hombres mienten mijitas.

—¡Ya lo ves!—gritó Carlota desde el otro cuarto—. ¡Te lo dije! ¡El mismo lo admite! Mintió, ¡es un mentiroso! ¡Y un bueno para nada.

—¡Ay, cállate ya esa pinche boca, estúpida!—bramó Salvador, saltando de su imponente silla, saltándole las cuerdas de su viejo, arrugado cuello—. ¡Al menos soy sincero en mis mentiras! ¡Pero tú, tú te mientes a ti misma tanto que no podrías ver la verdad si la tuvieras en las narices! ¡Admítelo, desde el día que nació tu hermana has tenido celos de ella y todavía los tienes!

—¡Cualquier mujer que se case, tenga hijos y forme un hogar tiene que tener agallas! ¡Tú no eres nada más que una pendeja bocona, cobarde! ¡Los hombres son buenos! ¡No tiene nada de malo ser un verdadero macho a lo cabrón! No te hagas la pendeja estreñida. ¡Muéstrame a un hombre que sea completamente fino y suave y cortés como ustedes las mujeres se hacen que los quieren y yo te muestro a un hombre que al tocar a las mujeres no las hace mojarse en los calzones!

—¡Salvador!—dijo Lupe, que había venido corriendo a la habitación detrás de su hermana al oír la voz de Carlota gritándole a Salvador—. ¡Ten respeto! ¡Tus hijas y nietas te están oyendo! ¿No es suficiente que me hayas fregado la vida?

—¡FREGADO LA VIDA, CARAJO!—rugió Salvador—. ¡Admítelo, Lupe, te ha encantado la vida conmigo y todavía te encanta! ¡Lo que pasa es que todas estas mentiras pendejas que les ponen en la cabeza a las mujeres con los estúpidos libros y películas románticas lo han echado a perder todo! Y diciendo esto, aplastó el puro en el cenicero y cruzó la habitación. Todos le abrieron paso—. Lupe—dijo—, ven, vamos a hacer el beso!

—¡No, estás borracho! ¡Y apestas a puro!—agregó.

—¿Y qué más hay de nuevo?—dijo—. Los hombres beben y apestan como chivos, éste es el verdadero perfume de la vida, ¡esos jugos ENTRE LAS PIERNAS!"

Y alargó la mano hacia ella . . . delicada, lenta, tiernamente mirándole los ojos fijamente. Y ella no se alejó. No, se quedó en su sitio como un colibrí revoloteando en el aire. Le tocó la mejilla con la punta de los dedos, muy suavemente, pero sin acercarse más. Había tanto silencio en la habitación que se podía oír el zumbido de una mosca.

—Lupe—dijo, deslizándole los dedos por la mejilla y el cuello—. Ven, vamos a darnos (hacer) ese beso, mi amor.

—¡No, Salvador!—dijo bruscamente.

—Lupe, Lupe—dijo suavemente sin quitar los ojos de los de ella mientras seguía acariciándola, ah, tan tiernamente—, ven, sólo un besito.

Movió la cabeza y cambió el peso de su cuerpo al otro pie, pero no se alejó. No, se mantuvo cerca de él, portándose como una yegua en celo que cambia el peso de su cuerpo y se mantiene cerca.

Y Gorjenna, que había apareado muchas yeguas, fue la primera en darse cuenta y después Linda y Victor. Eran tan básico, tan natural para los que conocían la cría de animales.

—Vamos, Lupe—Salvador dijo esta vez—, muéstranos esa sonrisita tuya, esa mona sonrisita maliciosa tuya. Salvador sonrió.

—No—dijo bruscamente molesta y pisando fuerte—, ¡no me voy a reír! ¡No soy tu juguete!

Gorjenna tuvo que taparse la boca para no carcajearse. El pisar fuerte con un pie era el siguiente paso en el juego de parearse una yegua y un garañón. Gorjenna vio de reojo a Linda y Victor—que también sabían de caballos—y vio que ellos lo habían notado también.

—¿Ni siquiera un pequeña sonrisita?—continuó Salvador.

—¡No!—dijo Lupe moviendo el conjunto de sus caderas.

—Ah, sí, ya viene, ya viene, Lupe. Ya viene la sonrisita—dijo, mostrando los dientes al hacer una mueca de satisfacción, exactamente como lo hubiera hecho un garañón.

—¡Ay, Salvador!—dijo Lupe, no pudiendo aguantarse más. Y sonriendo repentinamente mostró los dientes y le sacó la lengua—. No quiero reírme porque, bueno, después de todo sigue siendo verdad—, dijo dándole un golpe—, ¡Si te hubiera conocido entonces como te conozco ahora, nunca, nunca me habría casado contigo y tú sabes que esa es la verdad! ¡Los primeros años de nuestro matrimonio fueron terribles!

—Sí, claro que lo fueron—dijo tranquilamente—. Tienes toda la razón, los primeros dos o tres años fueron terribles, y sí, tú nunca te hubieras casado conmigo, yo lo sabía; por eso te mentí. ¡Ah, mi amorcito, tú eres todavía mi ángel! Nomás mírate, tus ojos, tus labios, tu sonrisita—y tus manos.

—Miraba tus manos, mi vida, cuando estabas en la otra habitación jugando con los nietos mientras les contabas un cuento y vi tus manos como pájaros en vuelo mientras les hablabas—¡Ay, Lupe, todavía me haces sentir tanto amor como el primer día que te vi! ¡Ah, te amo con todo mi corazón!—exclamó alegremente.

No había un ojo seco en toda la habitación. Hasta los hombres estaban embargados por la emoción.

—¡Pero Salvador, fuiste MONSTRUOSO! ¡No te puedo perdonar algunas de las cosas que hiciste! ¡Cuando explotó la destilería en Tustin y se acercaban las sirenas de la policía, pensé que estabas muerto y yo amamantando a Tencha . . . y ah, fue horrible!

—¡NO LO PERDONES!—gritó Carlota del otro lado del cuarto—.

¡Debiste haberte casado con Mark, Lupe! ¡Era bueno! ¡Era decente! ¡No comía como marrano! ¡Tenía buenos modales para comer!

¡Salvador explotó!—¡Dios mío, un día de estos mato a esta mujer! ¡No hemos tenido un momento de paz con ella! No sé a quien salió de bocona. ¡Tu madre, Lupe, siempre me trató con cordura y respeto!

Al decir esto Salvador soltó a Lupe y se dirigió al otro lado de la habitación para coger a Carlota por el cuello y estrangularla. Pero Carlota era rápida y, bastón en mano, consiguió rápidamente escabullirse por la sala y por el largo pasillo.

Y era tan rápida, tan ágil con todo y su cadera tiesa, que todos, hasta Linda, empezaron a reírse. ¡La vida tenía tantas vueltas y enredos! Allí iba la tía Tota, corriendo con el viejo bastón y Salvador persiguiéndola.

—¿Por qué te casaste con un hombre como Archie?—le gritaba—, ¡si odias tanto a los hombres! ¡Era un ANIMAL, un toro!¡Y en aquel bar de *Oceanside* cerca del muelle estabas siempre coqueteando con esos clientes jóvenes, agachándote sobre la mesa de billar para colocar las bolas con la falda tan cortita que hasta se te veían los calzones!

—¡Eras el escándalo del barrio! ¡Una hipócrita y mentirosa!

—¡Salvador!—gritaba Lupe—. ¡Párale! ¡Por favor, párale! ¡Alguno de ustedes tiene que tener el buen sentido para mantener el respeto!

Todos se reían ahora. La situación era divertidísima.

—¡RESPETO, UNA CHINGADA!—gritó Salvador—. ¡Sí, Lupe, tienes razón, los primeros años de nuestro matrimonio fueron HORRIBLES, como lo son para la mayoría de la gente casada cuando por fin empiezan a conocerse después de toda esa tonta mierda santurrona del noviazgo! Pero—, agregó Salvador con fuerza—, ¡no habrían sido tan horribles si esta pinche hermana tuya no hubiera estado siempre allí metiendo su cuchara en todo!

—¡Admítelo, Lupe, si ella no hubiera estado allí con nosotros, podríamos haber plantado nuestras Santas Semillas de matrimonio en los primeros tres años como mi madre nos dijo que toda pareja joven debe hacer, en vez de tener que escuchar siempre el ladrido de esta pinche perra, de esta loca y celosa hermana tuya!

—¡Lupe, no le hagas caso!—gritó Carlota desde el otro lado del pasillo agitando su bastón mientras hablaba—. ¡Está mintiendo. Tú no estarías aquí hoy con todos tus maravillosos hijos si no fuera por mí! ¿Quién mandó a Archie a girarte el dinero cuando explotó la destilería y ustedes dos huían de la policía? ¿Quién les prestó dinero cuando querían comprar este rancho en que estamos parados en este momento? ¡Fui yo, yo, yo, Salvador! ¡Y tú lo sabes!

—¡No, no lo sé!—Salvador le gritó a Carlota—. ¡Lo único que sé es que tienes una lengua tan grande, gorda y torcida, que aun las palabras que te salen de la boca desconocen su origen!

—¡ABORTO DEL DIABLO!—gritó Carlota—. ¡Es lo que eres! ¡Un aborto del diablo!

A Lupe le corrían las lágrimas por la cara ya que estaba tan afligida. Salvador regresó por la habitación y la tomó en sus brazos.

—Lupe—dijo Salvador—, Lupe. Lupe. Lupe. Todo está bien—, agregó, acariciándola suavemente. —Todo está bien—. Dios se está divirtiendo un poco con nosotros como siempre Lo hace, eso es todo. Dame un beso. Ven, vamos a hacer el beso.

Ella asintió con la cabeza y se besaron suave, tierna y completamente. Las lágrimas corrían por la cara de Linda.

Teresita, Gorjenna, RoseAna, todas lloraban también.

¡Esto era amor!

Esta era la llave de la convivencia entre un hombre y una mujer . . . ¡después de cincuenta años, besarse, y besarse de nuevo, con el corazón y el alma abiertos!

Segunda Parte

LA LUNA
DE MIEL

18 de agosto de 1929

Santa Ana, California

Y así fue que el decimonoveno hijo, habiendo nacido cuando
su madre tenía cincuenta años, encontró ahora su segundo
verdadero amor, y . . . se casaron.

A L S A L I R D E la Santa Iglesia Católica de Nuestra Señora de Guadalupe en las calles 3ª y Grand de Santa Ana, California, recibió a Salvador y Lupe una muchedumbre de amigos que los llenaron de arroz y
flores.

Las cámaras centellearon.

La gente gritaba con gusto.

Lupe y Salvador agacharon la cabeza bajando rápidamente los escalones de la iglesia y rápidamente se subieron a su hermoso automóvil, un
Moon de color blanco marfil del 1926, y se dirigieron a su fiesta de recep-
ción al otro lado del pueblo

Fue una tremenda y magnífica fiesta con un banquetazo que le anuncia-
ba a toda la gente del barrio que los terribles días de la Revolución Mexicana habían terminado, que era tiempo de que todos empezaran una
nueva vida en este excelente país: los Estados Unidos.

El alguacil suplente Archie Freeman, que salía con Carlota, había asado
una res entera a su estilo especial. Y doña Guadalupe, la madre de Lupe,
había preparado cincuenta pollos en mole, su especialidad. Había barriles
de arroz y frijoles y salsa picada. En la casa de al lado, escondido de los
abstemios, especialmente la familia de Lupe que se oponían completamente a la bebida, había un barril de diez galones del mejor whiskey fabricado por Salvador.

La gente había venido de todas partes del sur de California y de México. También la familia de Manuelita, la amiga íntima de Lupe desde la infancia, había venido desde Arizona.

Salvador y Lupe habían planeado esta fiesta durante meses y querían que sus dos familias finalmente se conocieran, y en especial sus dos queridas madres ancianas, Doña Margarita y Doña Guadalupe.

Salvador y Lupe eran los más jóvenes de su familia, así que esta fiesta—después de tantas dificultades—era el suceso que coronaba la vida de sus dos madres: ¡una plena bendición directa de Dios!

El Padre Sol finalmente se metía cuando Salvador y Lupe pudieron escaparse de la muchedumbre de la boda. Se metieron atrás de la casa de los padres de Lupe en la huerta de nogales para estar solos. Aquí, en la privacidad de los nogales, finalmente pudieron besarse verdaderamente después de meses de noviazgo y preparaciones para su gran boda.

La luz del mundo se ponía y la magia de la noche se aproximaba. Por fin estaban casados—habiendo tomado sus votos matrimoniales ante Dios y ante el mundo—y ahora ponían un fuego pasional a su propio centro.

Salvador mantuvo a Lupe cerca, oliendo profundamente su larga y bella cabellera negra, pero entonces—cuando empezaban a temblar de deseo los dos—Lupe se volteó.

—Mira—dijo Lupe, apuntando con los labios fruncidos al estilo indio para que Salvador volteara.

Al hacerlo vio que sus dos grandiosas y ancianas madres caminaban juntas. Se veían tan hermosas ya que cada una llevaba una taza en la mano mientras se alejaban de las luces de la fiesta. Las dos ancianas madres se reían con tanto gusto.

El pecho de Salvador se llenó de orgullo. Hacía sólo doce años había estado con su madre y su hermana Luisa en la frontera de Texas, atrapados en una tormenta de arena, casi ahogándose, pero su mamá india, pequeña y morena, nunca se había dado por vencida. No, lo había tomado de la mano—cuando estaba listo para encogerse y morir—y le había jurado ante el Todopoderoso que vivirían y que lo vería crecer y casarse y . . . lo había hecho.

A Salvador se le llenaron los ojos de lágrimas y se volteó hacia Lupe, poniéndola enfrente de él para que ambos pudieran ver a sus madres; entonces atrajo a Lupe contra él mismo y bajó la cabeza, olfateando su cuello desnudo.

Lupe tembló al sentir su aliento caliente en el cuello y echó la cabeza hacia atrás queriendo recibir más su caluroso aliento. Después de todo, estaban casados ahora y por lo tanto cualquier cosa que hicieran juntos era sagrada—como le habían explicado sus hermanas.

Salvador empezó a besarle la oreja usando la lengua ligeramente. Rápidamente se volteó para verlo de frente y comenzaron a besarse una vez más, mientras las manos de Salvador se movían suavemente sobre la parte delgada de la cintura de Lupe acariciando sus llenas caderas de mestiza.

Ahora podía sentir el fuego del cuerpo de Salvador endurecerse como lava derretida al presionar éste contra su espalda. ¡Ah, ella también estaba ardiendo!

Pero repentinamente Lupe se zafó de los brazos de su verdadero amor, así, sin ninguna explicación, y salió corriendo de la huerta, atravesando la fiesta, y entró a su casa.

Salvador se quedó parado en la huerta de nogales y se sentía como un tonto. La gente lo miraba de reojo, preguntándose qué había pasado.

Al ver a su hija Lupe entrar corriendo a su casa, doña Guadalupe la siguió rápidamente.

Salvador se fue hacia su madre, se alzó de hombros, y los dos caminaron a la casa vecina donde estaba el whiskey escondido, para beberse un par de buenos tragos.

—¿Qué pasó?—le preguntó su madre, doña Margarita.

—No sé—dijo Salvador

—No te preocupes—le dijo acariciando el brazo de su hijo—. Mira a tu alrededor. Dios está con nosotros. Ha sido otro día maravilloso en el paraíso, aquí en la Madre Tierra.

Pero en este momento ni Salvador ni Lupe pensaban que todo fuera tan maravilloso.

Cuando Salvador había restregado su ardiente dureza contra sus nalguitas y le había empezado a tocar la parte interior de la oreja con la lengua—Lupe empezó a sentir que le subían por todo el cuerpo rápidos calorcitos. De repente Lupe tuvo dificultad para respirar y sintió que algo se rompía en su interior. Desprendió la oreja de la boca de Salvador, se zafó de sus brazos y, aterrorizada, corrió tan rápido como pudo a la puerta trasera de la casa de sus padres.

Por allí Lupe entró violentamente e inmediatamente se fue al baño que, gracias a Dios, no estaba ocupado. Apenas se había subido los metros y metros de su vestido de novia, aventándolos a un lado y se había sentado en el excusado, todos estos calores ardientes le habían salido de su cuerpo, golpeando la taza del excusado con un poderoso estallido.

Lupe no sabía si estaba *miando* o si le estaba bajando la regla, o si acababa de—ni lo quiera Dios—tener su primera experiencia sexual de la que había oído hablar tanto a sus hermanas y amigas en las semanas recientes.

Lo único que sabía era que si hubiera permanecido en los brazos de Salvador un segundo más, nunca hubiera podido tener la fuerza mental para zafarse de su abrazo. Cuando había puesto la punta de su gruesa lengua, que había estado tan . . . ¡ah, había sentido esos maravillosos calorcitos rápidos subirle por todo el cuerpo!

—*Mijita*—escuchó Lupe a su madre a través de la puerta—,¿estás bien?

—No lo sé, mamá—dijo Lupe—. Creo que sí.

—¿Puedo entrar?

—No, por favor—dijo Lupe, jalando el excusado y tratando de pararse. Pero se sentía tan mareada que tuvo que sentarse de nuevo en la taza.

—Voy a entrar—dijo doña Guadalupe.

—Ay, mamá, no sé qué pasó—dijo Lupe tomando la mano de su madre—. Estábamos tan felices y entonces de repente sentí que algo se rompía y tuve que venir corriendo al baño.

—No te preocupes, *mijita*, el cuerpo de una mujer puede tener muchas complicaciones. Esto no es nada nuevo—le dijo su madre—.—De hecho, esto pasa frecuentemente con un una mujer joven que es virgen.

—Después de todos estos años de desear, su cuerpo de mujer simplemente se revienta y abre—dijo riéndose—. Si una de tus propias hermanas—no te voy a decir cuál—pasó por tanto antes de su noche de bodas que se reventó como una sandía madura sin saber de seguro si se había orinado o había tenido un estallido sexual. Después de todo, nuestras aperturas femeninas están muy cerca una de otra ya seamos chivos, puercos, vacas o nosotras las mujeres. Así es que cálmate *mijita*, porque tú no eres la primera ni la última en sentirse confundida por las reacciones de su cuerpo el día de su boda.

—¿Pero mamá, qué debo hacer? Tengo miedo de acostarme en esas sábanas finas de flores rosadas y hojitas verdes que mi nina Sofía bordó a mano, y de ensuciarlas.

La anciana soltó la carcajada.—¡Has hablado como una verdadera mujer! Ni siquiera piensas en tu marido; todo tu pensamiento está en esas sábanas bonitas que hacen tu nido.

A Lupe se le llenaron los ojos de lágrimas. Se sentía tan segura al lado de su madre.

—Mira, *mijita*—dijo su madre—, no tienes que irte de luna de miel si no quieres, mi amor. La verdad es que muchas de las mujeres que conozco habrían estado más contentas, de haberse juntado con sus maridos una semana después de la boda. Con los preparativos para la boda y todos los hombres tomando, es sorprendente que cualquier matrimonio empiece bien. Más bien lo que ocurre la primera noche de bodas es una violación, si vamos a decir la verdad.

—Pero mamá, Salvador ha trabajado tanto preparando nuestra casa en Carlsbad.

—¿Y qué?—dijo la dura anciana guerrera, no dejándose persuadir—. ¡Entonces es una razón más para que vayas cuando estés lista y cuando él no esté alocado con todas estas actividades!

—Pero, ¿qué le voy a decir?—preguntó Lupe.

—Yo le digo por ti—dijo su madre, no te preocupes por eso. Vas a tener muchas oportunidades durante tu matrimonio donde tengas que hablar por ti misma, pero . . . eso no tiene que empezar hoy. Y ahora dime *mijita*, agregó, en un tono más suave—, ¿qué fue lo que te salió, sangre, orina, o el *caldo de miel*?

Ah, Lupe se habría muerto si su madre le hubiera hablado así la semana anterior. En México a los jugos sexuales les decían *caldo de miel*.

Pero algo le había pasado a Lupe con los preparativos para la boda y por eso no se sintió nada avergonzada. Era como si, bueno, de alguna manera, su madre y ella se hubieran vuelto amigas en vez de madre e hija.

—Creo que las tres cosas, mamá—dijo Lupe, sonrojándose y después riéndose—. Pero no sé. ¡Me sentí como si todas mis partes internas se reventaran! Y en realidad, no miré bien antes de jalar el excusado.

—¿Se sintió bonito o te quemó cuando se reventó?—preguntó su madre.

Lupe se sonrojó.—Un poco de los dos, mamá—dijo, recordando lo maravilloso que se había sentido cuando Salvador apretó su cuerpo contra su espalda y le puso la lengua en la oreja. ¡Ay, casi se había muerto!

—Entonces creo que no hay nada de qué preocuparnos. Estás bien.

Lupe se dejó caer en los brazos abiertos de su madre y la abrazó, sintiéndose feliz de tener una mujer tan maravillosa y sabia por madre.

AL SALIR AFUERA de nuevo, doña Guadalupe se acercó a Salvador y a su madre y les explicó que todo estaba bien, pero que Lupe no podía ir de luna de miel.

—Va a tener que quedarse en casa unos días—agregó, mirando de reojo a doña Margarita, la madre de Salvador.

—Sea lo que sea—dijo doña Margarita levantando su vaso de whiskey. Tal vez me habría ido mejor en mi matrimonio si mi madre me hubiera detenido en casa unos cuantos días después de la boda. El se emborrachaba y bailábamos. Nuestra fiesta fue tan ruidosa que hasta el ganado se puso loco.

—*Mijito*—añadió la pequeña anciana india volteándose a su hijo, tienes una suegra buena, inteligente, y sabia ¡gracias a Dios!

—Gracias, señora—le dijo Salvador a la mamá de Lupe y trató de sonreír y entender cómo todo esto era lo mejor, pero estaba muy molesto. Dios mío, había estado esperando su noche de boda durante meses. Pensó que este sería el suceso más notable de su vida.

Salvador decidió emborracharse perdidamente y lo hizo. Todo estaba bien hasta que algunos de sus amigos empezaron a fastidiarlo. Salvador empujó a uno viciosamente al suelo y calló a los demás diciéndoles que en la zona montañosa de México de donde él venía no era raro que una novia inexperta se quedara en casa para recibir instrucciones antes de reunirse con su esposo.

Dejaron de molestarlo.

Después de todo, entre los mexicanos, el llevar a la cama matrimonial la pureza de una virgen inexperta era el honor más alto al que podía aspirar un hombre.

Además, si hubieran seguido molestándolo, habrían salido a relucir las pistolas.

LA MAÑANA SIGUIENTE Salvador despertó en Corona, a unas sesenta millas al este del sitio de su boda en Santa Ana, California. La boca le sabía horrible. Tenía una gran cruda y simplemente no podía despertar.

Sentía que alguien lo besaba y que ligeramente le hacía cosquillas en la oreja. Al principio pensó que era Lupe, su verdadero amor, besándolo en su casita de Carlsbad, en la costa al sur de Santa Ana. Pero recordó que ella no había venido para su luna de miel. Abrió los ojos y allí estaba su anciana madre frente a él, haciéndole cosquillas en la cara con una larga pluma de cola de gallo. Y sorprendentemente, su verdadero amor no estaba en la cama con él. No, era el viejo perro roñoso de Luisa que le lamía el cuello y las orejas.

¡Salvador saltó de la cama! ¡El perro apestaba horriblemente!—¡Mamá, ya párale!—gritó.

—¡Ay, Dios mío! ¡Me duele la cabeza!—agregó, casi perdiendo el equilibrio y cayendo.

—Bien, te lo mereces—dijo, riéndose a carcajadas—. ¡Ya es más del mediodía! Toda la mañana has estado besando ese perro sucio.

Al oír esto, Salvador salió como rayo del jacalito, escupiendo con repugnancia. Ya afuera, continuó frotándose la frente mientras se recargaba contra el aguacate que estaba al lado del excusado fuera de la casa de su mamá y empezó a orinar. No lo dejaba el dolor de cabeza.

Después de acabar, Salvador regresó al jacal de su anciana madre. Todavía temblaba. Su madre le tenía preparada una taza de café.

—Le puse a tu café un poco "de pelo de perro"—le dijo, estirándole una humeante taza.

Hizo un gesto.—¿Pelo del perro de Luisa, mamá?

La anciana se rió.—No, le puse lo que nuestro sacerdote, el padre Ryan, llama en inglés 'hair of the dog' cuando le pone un poco de whiskey a su café para quitarse la cruda. Te juro que el inglés—entre más lo aprendo— más me tengo que reír. ¿Sabías que licor se dice en inglés, *spirits*? ¡Me encanta! De todos modos—agregó—, ¿cómo te sientes *mijito*? Mal, ¿no?

—Sí, mamá—dijo—,¡terrible! ¡Me gustaría pasarle la cabeza a mi peor enemigo!

—Bueno, está bien—dijo—, siéntate y bébete el café y siéntete mal si quieres una o dos horas, pero no más. Me he dado cuenta que ésta es la oportunidad perfecta—cuando todos creen que estás de luna de miel—para que hagas algunos trabajos interesantes. Acuérdate que en la vida no hay mal que por bien no venga, si abrimos los ojos y vemos más allá de nuestra visión limitada. ¿Quién sabe si a la larga esta situación no haya salvado tu matrimonio, ¿verdad?

—¡Por favor mamá no quiero escuchar nada de tus consejos anticuados! ¡Además ya he oído todo lo que tienes que decir mil veces!

—Ah, sólo mil—dijo, no dejándose intimidar—, entonces parece que te las tengo que repetir unas cuantas veces más. Los dos mayores dichos de toda nuestra cultura mexicana son 'Con el favor de Dios' y 'No hay mal que por bien no venga'.

—¡Está bien, está bien, te oí mamá! ¡Pero favor, no más! ¡Me duele la cabeza!

—Bueno, entonces ni una palabra más. Pero quiero que sepas que sólo tienes dos horas para sentirte mal y después ya no te dejo. Sales y empiezas a escarbar la tierra a buscar semillas como cualquier otro pollo sano y hambriento.

—Recuerda, es bueno y saludable sentirse mal o tenerse lástima una hora al día. Hasta dos horas está bien, pero tres puñados de sol y se necesita que te quiten la comida y el agua para que la sed y el hambre sean tus maestros. La vida no se hizo para que fuera fácil aquí en la tierra, ¡sino una lección que se aprende por amor o a *chingadazos*!—agregó, riéndose a carcajadas.

—Mamá ya no, por favor—dijo Salvador saliendo al patio de nuevo. Su cabeza le palpitaba de dolor. No quería oír nada más de las cosas de su madre. ¡Dios mío, a veces sólo quería que se callara la pinche boca!

Ya afuera, Salvador se sentó en un viejo cajón de naranjas bajo el enorme aguacate entre el jacal de su madre y la casa de su hermana Luisa. El sol ya estaba alto y al beber café con el whiskey y mucha azúcar, poco a poco, se empezó a sentir mejor.

—Pelo del perro—se murmuró a sí mismo. Nunca había escuchado esta expresión americana antes. Pelo de un perro mugroso y sarnoso—, dijo ahora, recordando cómo había despertado con el perro de Luisa en su cama y besándolo.

Al terminar su café, Salvador empezó a darse cuenta que tal vez su loca anciana madre de veras tenía razón. En realidad no había accidentes en la vida, así que, tal vez esta era la perfecta oportunidad . . . para que terminara algunos asuntos pendientes antes de empezar su vida de hombre casado. Después de todo, ninguno de sus competidores en la fabricación ilegal de whiskey esperaría un ataque relampagueante de un hombre que está en su luna de miel.

DESDE HACÍA YA varios meses dos tipos habían estado bajando de Los Ángeles a Carlsbad tratando de meterse al territorio de venta clandestina de *whiskey* de Salvador. Todos sabían que éste incluía todo el Condado Norte de San Diego, las zonas de Lake Elsinore y Temecula. Compartía Riverside y San Bernardino con otros dos *butleguers* medianos, y también compartía San Clemente, San Juan Capistrano, Tustin y Orange. En Los Ángeles, Salvador no tenía nada que hacer. Esa enorme ciudad de Los Ángeles, con su densa población, estaba controlada exclusivamente por las cacas grandes, los italianos, localizados en Fresno.

Estaban en una liga muy diferente a la de Salvador.

Esta importante organización de Fresno—en el Valle de San Joaquín al centro de California—tenía conexiones con la Costa del Este, y podían a traer los mejores fabricantes de licores de Italia.

Tenían los derechos exclusivos a todo Los Ángeles, San Francisco y Sacramento.

Salvador no quería ningún problema con esas cacas grandes. De hecho, les estaba agradecido porque, después de todo, Al Cappola, uno de los mejores fabricantes italianos de whiskey, había sido quien originalmente le había enseñado a Salvador cómo hacer whiskey clandestino cuando habían estado encerrados juntos en la prisión de Tulare, llegando a Fresno.

Cuando Salvador cayó al bote allí en Tulare, todos se peleaban como perros y gatos. De una manera directa, atacando como relámpago había derribado al más peleonero de todos, un peón gringo, ignorante y corriente. Entonces había llevado a cabo elecciones entre todos los prisioneros, incluyendo al chino, y eligieron a un juez y a tres que hacían cumplir la ley. Luego desaparecieron todos los abusos y ataques sexuales.

Fue entonces que un elegante viejo italiano se percató del valor de Salvador e inmediatamente se hizo su amigo. Y cuando Salvador supo en qué trabajaba el viejo, le había ofrecido pagarle unos dólares diarios—en realidad, una bonita suma—si este gran mago de Italia le enseñaba el arte de fabricar el buen licor.

Al principio el viejo, Al Cappola, se le había quedado viendo a Salvador con su enorme cara de león sin decir absolutamente nada, nada. Pero finalmente habló.—Si cualquier otro hombre me hubiera pedido esto, le habría escupido a la cara, pero . . . me doy cuenta que eres un hombre sumamente inteligente que pronto le trajo paz y respeto a este tanque de tontos. Entonces te digo sí, te enseñaré—, el viejo había agregado con vehemencia—¡pero con la promesa que nunca vas a venderlo en un territorio que pertenezca a nuestra organización de los Amigos Italianos!

Salvador había asentido porque después de todo, él y Al Cappola se habían hecho muy buenos amigos, *paisanos*, como dicen, así es que entre la organización de Fresno y Salvador existía un respeto mutuo. Es por esto que Salvador no podía adivinar quiénes eran estos dos tipos que venían de Los Ángeles a tratar de meterse en su territorio.

¿Pero quién sabía? La gerencia cambia de manos en toda organización, y el territorio de un fabricante de whiskey clandestino era tan importante para su sobrevivencia como los terrenos de caza lo eran para una tribu de cazadores y segadores.

Al beber su segunda taza de café, Salvador tenía ganas de cazar a estos dos tipos y matarlos, así terminaría todo, poniendo fin a todo el asunto. Lo que de veras lo enojaba es que estos cabrones tramposos habían empezado a meterse a su territorio cuando empezó a hacer planes para su boda.

En verdad, el mundo de los hombres no respetaba a un hombre enamorado.

Casarse estaba bien, pero verdaderamente enamorarse de la mujer con la que uno se va a casar era una señal que se había vuelto loco y se había vuelto amaricado o aniñado.

Y entonces empezaron las bromas,—¿Oye mano, ya te puso el anillo en la nariz?—¿Quién lleva los pantalones, eh?—¿Ya te dijeron que tienes que sentarte cuando *mies* para que no ensucies el asiento del excusado?

La lista de estos comentarios era interminable y ninguno de ellos era inocente, como le había explicado su madre. Todos estos comentarios fueron bien pensados y estaban dirigidos al recién casado para hacerlo sentir débil y estúpido porque estaba enamorado.

—Y por esto, *mijito*, ante todo—su madre le había dicho—, esta es la razón por la que cada pareja joven tiene que tener mucho cuidado con sus amigos que son solteros o que están amargados en su matrimonio. ¡Estos buitres tratarán de arrastrarte hacia abajo a su propio mundo de descontento porque el verte feliz amenaza todo su mundo!

Respirando profundamente, Salvador vio a su anciana madre que había salido para regar las plantas.

Ah, como amaba a ese viejo costal de huesos indios. Sonrió. La luz del sol penetraba a su alrededor mientras iba de planta en planta, canturreando y regando el amor entre todas.

Viendo a su madre, Salvador se enfurecía al ver que esas dos víboras de Los Ángeles, que no tenían respeto por la familia o por el amor, hubieran venido a tratar de quitarle su medio de vida una vez que se enteraron que se iba a casar.

Pero, aún así, si los mataba y se averiguaba que eran, verdaderamente, parte de esa gran organización de Fresno, se crearían grandes problemas. Su corazón empezó a latir fuertemente. Tendría que tener cuidado.

Después de todo, ahora era hombre casado y no podía correr los riesgos que había corrido cuando era soltero.

Respiró. De cualquier manera, su madre tenía razón. Esta era la oportunidad precisa para agarrar a estos dos tipos de sorpresa, porque nadie, nadie podría pensar que un hombre en su luna de miel pudiera pensar en asesinar.

AL ESTIRARSE, DESPERTANDO en casa de sus padres en Santa Ana, California, al día siguiente de su boda, Lupe se dio cuenta que se sentía mucho mejor que la noche anterior cuando había huido de Salvador. Pero se preguntaba si había hecho bien en permitir que su madre la hubiera convencido de no ir de luna de miel.

Porque ayer, cuando él la tenía en sus brazos—se había sentido en el paraíso sintiendo todos esos calores destellando por todo el cuerpo. Lupe se siguió estirando mientras despertaba. Ay, había dormido tan bien. Toda la noche había soñado que tenía a Salvador en sus brazos, que lo abrazaba y lo besaba, y que lo olía cerca y caliente.

Se preguntaba cómo habría pasado la noche Salvador. ¿Había también soñado que le hacía el amor toda la noche? Así lo deseaba. Y se preguntaba si su verdadero amor estaba también pensando en ella en este momento.

Y EN REALIDAD, en ese mismo instante, Salvador también pensaba en Lupe. Pensaba cómo había despertado esa mañana al lado de un viejo perro sarnoso en vez de su novia. Pero ahora dejó de pensar en ella y en el perro y empezó a planear cómo agarrar a estos dos tipos de Los Ángeles que pensaban que se había vuelto un pendejo porque se había casado.

Salvador terminó su tercera taza de "pelo del perro", se desayunó algo y se puso rápidamente sus trapos de trabajar y salió. Estaba listo.

Era casi el crepúsculo. El día se había ido sin sentirlo. El Padre Sol, la cobija de los pobres, estaba ahora sólo a cinco puños del lejano horizonte al oeste, y por eso Salvador tenía que actuar rápidamente.

—¿Y a dónde vas con tanta prisa?—le preguntó su vieja madre, doña Margarita, que entraba después de haber corrido a las gallinas de Luisa de su hortaliza.

—¿Eh, dime? Quiero saber.

—Mira, estoy ocupado mamá—dijo Juan Salvador. Carajo, ya había estado hablando con su anciana madre durante casi medio día y después habían desayunado con su hermana Luisa y sus dos hijos, José y Pedro, en la casa de enfrente. Tenía mucha prisa—. Me tengo que ir. Ya te explicaré cuando regrese en la noche.

Se dirigió al camión llevando en la mano su chaqueta y su S & W .38 especial, de cañón corto. No se iba a llevar el automóvil Moon para este trabajo.

—Yo voy contigo—dijo la vieja, al ver la chaqueta y la pistola.

—¡Mamá, carajo, tengo veinticinco años y estoy casado, debo poder salir solo en la tarde!—dijo—. Siento hablarte así, pero tengo prisa, ¡y hoy no tengo tiempo para que vengas detrás de mí! Tal vez mañana puedas venir conmigo, ¿está bien, mamá?

—¡No, no está bien!—gritó la anciana desdentada—. ¡Voy por mi chal y mi rosario y me voy contigo ahorita mismo, y nada más!

Dejó el azadón junto a la entrada y se metió rápidamente en su jacalito de una recámara para recoger su chal y su rosario y salió enseguida. Salvador puso los ojos en blanco. Cuando esta vieja india testaruda se ponía así, no había nada que discutir.

Los dos hijos de Luisa jugaban béisbol con los otros chicos del vecindario en un terreno pedregoso más allá de sus dos casas. A sus trece años de edad, José León—le habían puesto José por el primer marido de Luisa—era un muchacho grande y fuerte y ya estaba más alto que Salvador. Pero, por otro lado, Pedro de once años, era chico y mono como Epitacio, el segundo marido de Luisa, con el que Luisa vivía ahora en la dilapidada casa de cuatro habitaciones de enfrente.

Epitacio tenía un trabajo de tiempo parcial con Salvador.

Este lo había entrenado en el arte de hacer whiskey, pero Epitacio no tenía nada que ver con la venta. Salvador se había sorprendido al descubrir que Epitacio era un sólido y buen trabajador que no se quejaba de las largas horas en el proceso de destilación que frecuentemente consistía de 72 horas a la vez. Pero en la venta del whiskey clandestino, Epitacio no quería tener nada que ver. Detestaba la violencia y las pistolas y Luisa tampoco quería que se metiera en eso.

Ella ya había perdido a su primer marido en un acto de violencia y no quería perder al segundo. Además, Epitacio León sencillamente no era tan valiente cuando se trataba de armas o de competidores con mano dura—a pesar que se apellidaba León.

Juan Salvador saludó a Luisa y Epitacio que estaban trabajando atrás en el gallinero, porque no sólo se estaban metiendo las gallinas en la hortaliza de doña Margarita, sino que últimamente los coyotes también las estaban matando.

Salvador le ayudó a subir a su anciana madre a su camión—*Model T*—y partieron.

Cuando Salvador hacía entregas nunca usaba su hermoso automóvil Moon de color marfil, ni sus trajes finos. No, ese tipo de cosas ostentosas se veía sólo en las películas. Para hacer entregas, a Salvador le gustaba verse como lo que era, un obrero repartidor, y por eso se ponía la ropa más vieja y sucia y cubría sus barriles de whiskey con estiércol de caballo para que nadie pudiera sospechar qué era lo que en realidad hacía.

Había descubierto que el estiércol de vaca era muy húmedo y no se le quitaba fácilmente a los barriles. El de pollo apestaba mucho porque las aves—los pollos, halcones, guajolotes, todas las aves—meaban al mismo tiempo que cagaban y por eso producían un estiércol muy fuerte.

Salvador había decidido que la caca de los caballos era la mejor, y no sólo para transportar whiskey, sino también para las plantas de su madre. Era una caca más suave. Los caballos no tenían dos estómagos ni rumiaban como las vacas o los chivos—los animales de pezuña partida—y también meaban por separado. El conocimiento de la mierda podía ayudar a un hombre o mujer de muchos modos, le había dicho su madre a Salvador toda la vida, y se podía dar cuenta que tenía razón. La caca de una persona te dice—no sólo lo que come, sino si está tranquila y se toma su tiempo al masticar. Los pedos también cuentan su historia.

Al entrar a la carretera, Salvador enfiló hacia el sureste hacia la zona montañosa entre Corona y Lake Elsinore. Allí se salió de la carretera y paró al lado de unos robles. Se apeó y caminó por los alrededores, asegurándose que no los seguían. Entonces con unas ramas borró las huellas del Model T, y manejó río abajo siguiendo el cauce seco del río.

Después de estacionarse en unos densos matorrales, su madre se apeó y estiró las piernas. Salvador bajó al río seco con una pala, y desenterró seis barriles de diez galones de whiskey allí escondidos.

Había estado viviendo en pánico durante las últimas seis semanas. Habían matado a su antiguo socio, Julio, que era un buen gallo pero que había muerto por su propia culpa junto con su loca, arrogante y malhablada esposa. Domingo, el hermano mayor de Salvador, había caído preso apenas unos días antes de la boda.

La *butlegada* no era cosa de relajo. La fabricación clandestina de whiskey era un negocio peligroso. Salvador había tenido que mentirle a Lupe sobre todos sus negocios unos días antes de la boda. Lupe y su familia no tenían ni idea de lo que hacía para ganarse la vida. Todos creían que sólo era un hombre honrado que trabajaba transportando estiércol para los varios ranchos de la región.

De hecho, justo antes de la boda, Lupe por fin le había preguntado directamente a Salvador si eran ciertos los rumores que era un fabricante clandestino de whiskey, y él la había mirado directamente a la cara y dicho que no.

Después de haber cargado los seis barriles, Salvador no pudo darle vuelta a su Model T en el arenoso suelo. Dejó salir un poco de aire de las llantas traseras; al tener mejor tracción pudo virar la troca y volver a subir a la angosta carretera de tierra.

Antes de llegar a Riverside, Salvador se salió de la carretera hacia un rancho de caballos donde conocía muy bien a los peones mexicanos. Pero al llegar allí, vio que había un grupo de jóvenes vaqueros norteamericanos arreando ganado a los corrales donde él generalmente paraba para sacar su carga de estiércol de caballo para cubrir sus barriles de whiskey.

—¡Carajo!—dijo Salvador, pegándole al volante.

—¿Qué pasa?—preguntó su anciana madre.

—Bueno, por lo general no hay nadie por aquí a esta hora, así que pensé que podía llegar y sacar el estiércol necesario para tapar mis barriles. Pero ahora, veo que no conozco a ninguno de estos vaqueros, menos a ese hermano negro, así que no puedo dejar que todos estos gringos vean mis barriles y—ay, si sólo hubiera recogido el estiércol primero, como lo hago casi siempre, pero tenía prisa, así que pensé que me ahorraría tiempo si sacaba primero los barriles. Así no tendría que descargar el estiércol, cargar los barriles, y entonces volver a tapar los barriles con el estiércol.

Doña Margarita se rió.—¿Qué te he dicho mil veces, *mijito*, no hay peros en la vida. Porque si mi tía tuviera huevos, ¡sería mi tío! Y la flojera, recuérdalo, es siempre el primer paso para dejar que se acerque el Diablo.

—Ya no, mamá, por favor—dijo Salvador agarrándose la cabeza—. Ahora no. Rápidamente metió en reversa el camión y se volvió a subir a la carretera. Además, no sabía cuántos barriles iba a hallar en ese río. Ese pinche Julio y su estúpida esposa codiciosa me robaron tantos barriles, que en realidad ya no sé ni lo que tengo.

—Que Dios se apiade de ellos—añadió su madre, persignándose, y que te perdone a ti por hablar de los muertos sin lástima. La falta de compasión le sigue a la pereza para dejar que se acerque el Diablo.

Salvador sólo negó con la cabeza, deseando realmente que su madre se hubiera quedado en casa. Era de lo único que hablaba, el diablo esto y el diablo aquello, y Dios esto y Dios aquello y todas estas lecciones que nosotros los mortales teníamos que aprender de la vida o nos iban a madrear.

Justo llegando a Riverside, un carro de la policía se les acercó por atrás, señalándole a Salvador que se parara a un lado.

¡Salvador sintió que los huevos se le subían a la garganta, y el corazón le brincó a la boca!

Pensó en sacar la pistola y matar al policía. Pero no, ¡absolutamente no! Había más tráfico en la carretera, y no tenía pleito con los policías. ¡Después de todo, era un hombre de negocios que hacía el servicio de vender mercancía de alta calidad a la gente grande que quería su whiskey porque le daba la gana!

Y en eso lo vio.

Vio que su anciana madre tenía el rosario en la mano y estaba rezando en un trance.

—No notará los barriles—decía—. Me oyes, Dios, ¡no verá los barriles! ¡Mi hijo se acaba de casar y está empezando una nueva vida así que necesita tu ayuda en este momento! ¡No mañana, no la semana que entra, sino en este momento, así que Tú lo ayudarás ahora, Dios, y eso es todo! ¡No verá los barriles!

Salvador paró su camión a un lado del camino, junto a un enorme árbol viejo.

—¿Me oyes, Dios?—continuaba doña Margarita concentrada con los ojos cerrados—. Me debes una, Dios, así que Tú nos vas a ayudar ahora, o te juro que cuando llegue al cielo tendrás que responderme, y los dos sabemos que tengo a la Virgencita María de mi parte, así que mejor me pones mucha atención ahora mismo. ¡No verá los barriles! ¡No verá los barriles! Me entiendes Papito Dios, me debes una, ¡así es que no verá los barriles!

—Tú nada más no pierdas la calma—le dijo abriendo los ojos y volteándose hacia Salvador—. Tú te estás calmado y todo estará bien y no va a ver los barriles, ¡con el favor de Dios!—agregó, besando el crucifijo de su rosario—. Te acuerdas de mí, *mijito*, Dios me debe una, así que tú sólo te quedas tranquilo y todo seguirá como ahora, ¡perfecto!

—Sí, mamá—dijo Salvador, respirando profundamente. ¡Pero ay, su corazón latía a un millón de millas por hora! En su espejo retrovisor vio al enorme policía salir de su carro, ajustarse el cinturón del arma y caminar hacia ellos a paso lento, calmado.

Salvador pensó en su .38 de cañón corto una vez más.

—¡No!—le dijo su madre—. ¡No vas a andar pensando eso! ¡Entiendes! Tú sólo vas a estarte quieto como te dije. Dios y yo nos encargamos de esto por ti, pero de hoy en adelante, como hombre casado, tendrás que empezar a hacer tus propios milagros a diario!

Salvador asintió y dijo, —Sí, mamá—cuando el policía llegó y le dio una ojeada a la cama del camión.

—Bueno—dijo el policía con aspecto desconcertado—, Te paré porque tus llantas traseras se ven muy bajas y pensé que llevabas mucha carga, pero puedo ver que no traes nada, así que probablemente necesitas ponerle aire a tus llantas—. Diciendo esto, saludó con el sombrero—. Maneja con cuidado, y ponle aire a esas llantas en la próxima gasolinera.

Salvador estaba mudo. Todo lo que hacía era asentir una y otra vez y finalmente emitió un estrepitoso, '¡Gracias, señor policía!'

—De nada—dijo el policía y miró en la cama de la *troca* una vez más. Entonces regresó a su vehículo.

Salvador no dijo nada, no pensó nada, hasta que se había ido el policía. Entonces se bajó de la *troca*, miró en la cama del Model T, vio los seis barriles allí a plena vista, y se talló la frente, y caminó hacia adelante y hacia atrás al lado de su vehículo.

—Mamá—dijo, finalmente parando y mirándola a los ojos—, ¿cómo haces esto? Dios mío, en la Revolución, las balas pasaban a nuestro alrededor, haciendo añicos las piedras y el suelo, y estaba seguro que nos ¡vamos a morir, pero entonces nos hacías hincarnos y rezarle a Dios—puf, esas balas no nos pegaban y nos salvamos.

Ella asintió con la cabeza.—Exactamente, *mijito*, calmaste tu corazón con una oración. Este es el primer paso para cualquier milagro.

—¿Y dices que ahora que soy hombre casado, que tengo que aprender a hacer mis propios milagros a diario?

—Exactamente—dijo—. Entrar al Mundo de la Creación es exactamente lo que toda persona casada debe saber hacer.

—¿Por qué crees que al principio se creó la institución del matrimonio? Se creó, *mijito*—dijo cerrando los ojos para concentrarse—, para darle a cada hombre y mujer la fundación para lograr el entendimiento de los poderes de Dios aquí en la tierra. Un hombre solo jamás puede comprender el poder completo del Todopoderoso, como tampoco lo puede una mujer sola. Ya verás *mijito* en los tres próximos años tú y Lupe van a viajar a lugares con los que han soñado ustedes dos. Yo lo sé, créemelo, tu padre y sus modales arrogantes de europeo me obligaron a entrar a un mundo de perdón y compasión al cual yo nunca había soñado viajar.—Se sonrió persignándose—. Ya estás encaminado, *mijito*, este es el último milagro que Dios y yo hacemos por ti. Ahora todo está en tus manos y en las de Lupe, con el favor de Dios—, añadió.

—Ay, mamá—dijo Salvador, empezando a caminar de un lado al otro de nuevo—. ¡Ay, mamá, mamá! Toda mi vida tú has sido todo para nosotros, tus hijos. ¡Yo no sé nada de cómo hacer mis propios milagros! Ese policía, te lo juro, me dio tanto miedo y me puso tan confuso que si no hubieras estado conmigo, lo podría haber matado.

—No, no lo hubieras matado.

—¿Cómo sabes?

—Porque—dijo cerrando los ojos, concentrándose una vez más—, te eduqué para que sintieras amor aquí en tu centro, y es necesario el poder del amor para tener los huevos de no andar matando gente para arreglar las cosas.

—Pero pensé hacerlo, mamá.

—Claro, eres hombre, *mijito*. Pero pensarlo no es hacerlo. Pensar no tiene nada que ver con hacer. Y aquí dentro de ti, eres fuerte porque sabes la diferencia. No, tú no hubieras matado a sangre fría—, agregó.

Asintió con la cabeza.—¿Y tú adivinaste que un policía iba a pararme y por eso insististe en venir conmigo?—preguntó Salvador.

—Ah, no, yo no soy Dios—, dijo riéndose. Yo no sabía qué era lo que te iba a pasar en todos sus detalles, pero como madre de substancia, tenía el presentimiento aquí en mi corazón—, dijo, respirando profundamente—, que ibas a necesitar mi ayuda, y es por eso que insistí en venir contigo

—Ay, mamá, eres tan misteriosa para mí, yendo y viniendo bajo el enorme árbol viejo al lado del camino. Nunca me olvidaré que cruzábamos el desierto yendo al norte hacia la frontera con Texas y ya oscurecía cuando llegamos a un charco casi seco y todos nos moríamos de sed. Y aún así ni tú ni todas las demás ancianas se aterraron. No, cuando ya desaparecía la luz, ustedes nos reunieron a los niños y nos hicieron hincarnos para rezar. Y milagro de milagros, el agua fresca empezó a brotar de la tierra esa noche llenando el charco de agua hacia el amanecer. ¿Cómo lo haces, eh? Yo tenía tanto miedo cuando se acercó el policía y tú estabas tan calmada y ¡Dios mío, en realidad no vio los barriles!

—Tranquilo—dijo doña Margarita—, cuando rezo, me entrego a Dios completamente, y Él me da de Sí. Y Dios puede hacer cualquier cosa, así que entonces yo también puedo.

Debajo del gran árbol Salvador asintió.—Ya veo, muy sencillo, ¿verdad?

—Sí, muy sencillo—, dijo asintiendo con la cabeza hacia el árbol—. Una vez que entregamos el espíritu.

—¿Espíritu?

—Sí, la ilusión que de verdad existe una separación, cualquiera, entre nosotros y la Divina Creación—, dijo, besando el crucifijo de su rosario.

—Mamá—dijo—, Dios mío, ¿quién eres para saber tanto?

—¿Quién soy? Ya que parece que siempre se te olvida, te lo tendré que repetir—dijo—, soy tu madre. Soy la mujer que te trajo a este mundo de aquí de entre las piernas, ¡por eso nunca te podrás deshacer de mí cuando yo decida estar contigo!

Porque, como ya te he dicho una y otra vez, aún después de muerta y desaparecida y que los gusanos hayan devorado mi cuerpo terrestre y cuando ya estés tan viejo y sordo que no puedas oír tus propios pedos, todavía estaré en tu alma y en tu corazón como una GARRRRRAPATA, ¡como garrapata en el culo de un perro rasguñándote y picándote, haciéndote la vida imposible, cada vez que vea que tú o uno de tus hijos se pongan perezosos y dejen que se acerque el Diablo! ¿Me entiendes ahora? Eso es lo que soy, tu GARRAPATA QUE TIENES METIDA EN TU CULO

ESPIRITUAL PARA TODA LA ETERNIDAD! Así es que no te me pongas perezoso, la próxima vez—, agregó—. ¡RECOGE TU ESTIÉR-COL PRIMERO!

Salvador se echó a reír. ¿Qué le quedaba?

AL DÍA SIGUIENTE, Salvador estaba en Carlsbad haciendo sus entregas de whiskey, cuando su buen amigo Jerry Bill le dijo quién había sido el hombre que trajo a los dos tipos de Los Ángeles para apoderarse de su territorio. Era nada menos que Tomás, un buen amigo que muchas veces se había sentado enfrente de él para jugar baraja y con el que se había sentado para desayunarse en las primeras horas de la mañana.

Y los dos hombres que Tomás había traído no eran otros que el filipino y el italiano, los dos tipos que hacía algunos años casi habían degollado a Salvador en Corona, dejándolo por muerto; también habían sido los hijos de la chingada que lo hicieron arrestar por jugar baraja. Es así que había caído preso en la cárcel de Tulare.

A estos dos soplones, pinches cabrones, Salvador los iba a matar inmediatamente, ¡y le importaba madre que fueran o no amigos de las cacas grandes de Fresno!

Pero esa noche durmió solo en la pequeña casita blanca de Carlsbad que había preparado especialmente para su luna de miel con Lupe, y su madre doña Margarita se le apareció en sueños.—¡*Mijito*—le dijo la viejita india—, no te crié todos estos años para que tú simplemente salgas y te vengues como un típico hombre estúpido!

—Debes pensar más profundamente, *mijito*, mucho más profundamente que el lobo o el coyote, para salir con un plan tan astuto como el de la misma zorrita, el Poder Femenino que le ayuda a Dios a reinar en los cielos—.

Al decir esto su anciana madre se volvió una zorrita en el sueño de Salvador y le susurró tan suavemente que en su cerebro de hombre dormido creyó que éstos eran sus propios pensamientos.

—Duerme, mi niño adorado, duerme—susurró la zorrita—, y deja que la sabiduría de los tiempos venga a ti. Recuerdas el cuento de la zorrita que engañó al coyote grandote y fuerte cuando se iba a comer a sus crías. Se llevó al coyotote a la laguna y lo convenció de que el reflejo de la luna llena en el lago era el queso más grande y delicioso del mundo.

La glotonería hizo todo lo demás, *mijito*. El coyote se bebió el agua para vaciar la laguna y poder llegar al queso y se atragantó y se murió. Recuerda, la avaricia puede ser tu mejor amiga cuando la tiene alguien más y tú no.

—Sí, mamá—le dijo Salvador a la zorra del sueño—, me acuerdo del cuento muy bien, pero soy hombre, mamá, ¡y no sé qué hacer más que matar a este par de cabrones hijos de la chingada!

—Entonces duerme un poco más—le dijo la viejita india en su sueño—, y créemelo, vas a encontrar una solución tan fantástica que te creará más fama que la de matar a dos simples mortales. Y recuerda también los grandes poderes de la madre puerca, el único animal de rancho capaz de regresar a la naturaleza y sobrevivir, porque nunca perdió sus instintos naturales. Y es allí, dentro de nuestros instintos naturales que se halla la llave de nuestra alma.

—Sueña, mijito, sueña, y recuerda que el alma es nuestra entrada a Dios.

¡*Cu—cu-rruu-cuu, dijo la paloma*!—Siguió cantando su madre.

Y Salvador siguió soñando mientras dormía y todos estos Antiguos Poderes le llegaron por el Gran Río Abierto de Papito Dios.

En la mañana, justo cuando amanecía un nuevo día, Salvador despertó con tal fuerza y claridad de pensamiento que saltó de la cama, ¡lleno de energía!

¡Estaba listo!

¡Derramaba energía!

¡Era un hecho, terminado, pleno y completo dentro de su ser!

El Latido del Corazón de sus Ancestros latía, latía, latiendo, golpeando en su interior. ¡Se hallaba ahora en ese Santo Estado de Ser *Aprevenido*!

Salvador se lavó, se vistió y se fue silbando hacia Tustin a ver a Archie Freeman, ayudante de alguacil en los condados de Orange y San Diego.

Al instante Salvador le dijo a este enorme policía que le regalaría un barril de whiskey si pasaba por Carlsbad esta tarde y lo saludaba.

—Te estaré esperando al este del pueblo—dijo Salvador—, ya sabes, en el viejo establo al lado del Kelly Ranch.

—¿Sólo ir a verte y saludarte?—dijo Archie sonriendo de manera falsa—. Carajo, ¿qué clase de buey crees que soy, Salvador?—

—Un tonto abusado—le dijo Salvador sin inmutarse.

El y Archie habían hecho muchos negocios juntos en los últimos años. Y recientemente, Archie se había mostrado muy amable con Carlota, la hermana de Lupe, así es que—quién sabe—todavía podrían terminar como concuños.

—Mira, Archie—continuó Salvador—, tú eres la ley, así es que para serte franco, es mejor que no te diga lo que estoy haciendo. Tú nada más llegas y dices 'Quiubo, cómo andan las cosas', y te vas inmediatamente. Yo me encargo de todo lo demás, y así no te metes en ningún lío.

Archie se llevó su enorme, gorda mano derecha a la cara larga de indio californiano y se rascó; entonces empezó a jalarse la oreja derecha, con la que meditaba la información, y luego se rascó el lado izquierdo de la cara—. Sólo llego y digo 'hola, cómo andan las cosas', y entonces me voy inmediatamente, ¿eh?

—Así es—dijo Salvador—. Pero no le puedes decir a nadie que me viste, porque todavía estoy en mi luna de miel, ¿de acuerdo? Haces esto y yo te mando un barril de diez galones gratis mañana.

—¿Del buen whiskey?

—¡De lo mejor que tengo!

—¿Estás hablando de ese añejado de 12 años?

—¡De ese mismo!

—Okey—dijo Archie relamiéndose los bigotes—, trato hecho, pero te digo, me huelo que aquí hay gato encerrado por algún lado.

—No por mí, Archie, ya soy hombre casado.

Al oír esto Archie se desternilló de risa.—¡Casado, mierda! ¡Todavía te pareces a ese cabrón hijo de la chingada que conocí desde el primer día que te vi! Así que dime—, añadió Archie—, fuera de toda broma, ¿por qué no estás en, eh, tu luna de miel?

Si cualquiera otra persona le hubiera preguntado, Salvador se hubiera puesto furioso porque no iba a permitir que ningún par de tanates colgantes lo fastidiara acerca de su amor por Lupe. Pero Archie era casi como de la familia, o tal vez mejor.

—Archie—dijo Salvador—, después de la boda la mamá de Lupe salió y me dijo que Lupe no se sentía bien, que si podía esperarme unos días antes que se reuniera conmigo para la luna de miel. Pero como te dije, nadie debe saber, ni una persona, ¿Okey?

—Hecho—dijo Archie.

—¿Entonces trato hecho?—preguntó Salvador, queriendo asegurarse porque la ley era una gran parte de su plan—para que todo diera resultado—. ¿Te veo hacia el final de la tarde, poco antes de la puesta de sol en ese jacal al lado de los corrales de caballos cerca del Kelly Ranch en el antiguo Camino Real?

Archie asintió con la cabeza y se dieron las manos. Y ahora, ya que Salvador había logrado el trato con Archie, se fue rápidamente a Corona, se compró un par de puercos jóvenes y contrató a dos negros jóvenes para ayudarle. Les ofreció un sueldo tan atractivo que no pudieron decir que no.

Entonces se fue rápidamente a la casa de su mamá, les pidió a los dos hijos de Luisa que le lavaran el automóvil Moon mientras se bañaba, rasuraba, y se vestía bien. Los muchachos lavaron el coche muy bien. José, su sobrino estaba convirtiéndose en un joven muy responsable. Salvador se ofreció a pagarles a los dos muchachos, Pedro aceptó inmediatamente el dinero, pero José no.

—Tío—dijo José—, siempre haces tanto por nosotros que es un placer poder hacer algo para ti. No queremos tu dinero. ¿Verdad, Pedro?—, dijo, volteándose hacia su hermano menor.

En realidad Pedro no quería, pero devolvió el dinero.—José tiene razón—, dijo—. ¡No queremos tu dinero! ¡Ah, carajo!

Salvador se rió, y miró en los ojos a su sobrino José. La sangre es la sangre. Este muchacho nunca había conocido a su enorme padre—que había muerto en México a manos de dos soldaditos, estúpidos y espantadizos, sentados en la mesa durante la cena—pero tenía el tamaño y la figura de su padre y su sentido de justicia, balance, y una mayor y más completa imagen de la vida.

Salvador les dio un gran abrazo a los muchachos besándolos, y se subió a su precioso y limpiecito automóvil Moon. Salió rumbo a Carlsbad; los dos negros lo seguían en su troca con los dos puercos.

Salvador llevaba un traje precioso y una corbata bonita. Sabía que tenía que estar bien presentable para desempeñar el papel que le tocaba jugar. No era accidental que un buen abogado pasara tanto tiempo pensando en su apariencia, igual que una puta elegante. En Montana, donde había ido para huir de la ley, Salvador había aprendido de ropa, de ropa fina, cuando Lady Katherine, la madam inglesa de la más excelente casa de citas en todo el noroeste, lo tomó bajo su protección.

En el barrio de Carlsbad Salvador halló inmediatamente a Tomás Varga, que había traído a esos dos tipos de Los Ángeles.

—Cómo estás, Tomás—dijo Salvador, bajándose de su elegante coche y sonriéndole a este hombre que era muy conocido por todo el barrio como un jugadorcito de poca monta—. Necesito hablarte un poquito. Te tengo un negocito para que puedas ganarte unos cuantos dólares extra.

—Oh, no, estoy muy ocupado, Salvador—, dijo Tomás, un poco nervioso ya—. No puedo ir contigo ahorita.

En ese momento los dos jóvenes negros llegaron al lado de Tomás, Salvador se acercó y le puso su .38 de cañón corto en la barriga.—Insistimos—dijo Salvador en voz baja—. Sólo estate quieto y no te va a pasar nada, te lo juro. Te lo prometo, solo necesitamos hablar un poquito.

Después de subir a Tomás junto a Salvador, los dos hermanos negros se subieron al camión. Salvador salió manejando lentamente del barrio de "Carlos Malo"—como le decían los mexicanos al barrio de Carlsbad, "Bad Charles"—y siguió por la colina al este, por el bosque de Carlsbad hasta El Camino Real, el antiguo camino de tierra abandonado y usado por los frailes cuando llegaron a California hacía más de doscientos años.

Salvador se encaminó al sur, y pudo ver que Tomás se ponía más y más nervioso mientras avanzaban. A Salvador le encantaba esto. Su madre tenía razón, ¿por qué ser un enorme, poderoso lobo o coyote cuando se podía ser una rápida, ágil zorrita y dejar que la asustada imaginación de un hombre hiciera todo lo demás?

—¿Pero, adónde vamos Salvador?—le decía Tomás. Yo sólo soy un jugador, tú lo sabes, Salvador. Nunca tuve nada que ver con . . . —Cortó sus palabras.

—¿Nunca tuviste nada que ver con qué?—preguntó Salvador, haciéndose el inocente y metiendo el cuchillo un poco más. La imaginación puede hacer mucho más que la realidad más desaforada. Su madre siempre decía que la mente de una persona asustada era el mejor patio de recreo del Diablo.

—Tranquilo—dijo Salvador—, sólo estate tranquilo, amigo—, añadió acariciándole la pierna a Tomás como se hace con una mujer. Esto lo había visto en la prisión. Este pequeño acto, aparentemente inocente, hacía que los huevos de un hombre asustado se le metieran completamente en el cuerpo, dejándolo tan vulnerable como cualquier vieja que hubiera perdido todo su auto respeto.

—Está bien, amigo mío—continuó Salvador, hablando suave, tiernamente—. Ya sé que no querías hacer ningún mal intencionalmente. Pero, ya ves como son las cosas, el medio de vida de un hombre es el medio de vida de un hombre, y sólo porque . . . —Salvador tuvo ahora que tragar aire para mantener la calma.—el que me haya casado no significa que no pueda encargarme de mis negocios.

Salvador quería gritar, volverse jaguar y destrozar la garganta del hombre con sus propios dientes, pero no lo hizo. Se tranquilizó, respirando tranquilamente como reptil en el caluroso desierto del mediodía. Más adelante, en el cañón, Salvador se salió del Camino Real de tierra y tomó una senda atravesando una pradera en dirección a unos establos abandonados.

Allí adentro de los establos estaban los dos marranitos que Salvador y los negros habían traído más temprano cuando habían venido a revisar el lugar. Y ahora, en un abrir y cerrar de ojos, los jóvenes negros habían encendido una pequeña fogata.

Para entonces, Tomás estaba tan confundido al no saber lo que estaba pasando que sencillamente no podía callarse. A Salvador le encantaba cómo lo desconocido sacaba de quicio a la gente, en especial a aquéllos que no tenían la conciencia limpia. Las fuerzas cambiantes de la vida palpitante, la vida, podían matar a un hombre que no tuviera los pies bien plantados en la Madre Tierra.

—¡Pero Salvador, yo nunca los traje aquí!—Tomás decía ahora—. ¡Tienes que creerme! ¡Te lo juro sobre la tumba de mi madre! ¡Yo respeto el territorio de un hombre!

Salvador casi se rió al oír esto. Hacía años que había aprendido que cuando un hombre jura algo, especialmente sobre la tumba de su madre, quería decir que era exactamente una mentira. La mentira era tan buena compañera del miedo.

—Sí, tú respetas el territorio de un hombre—dijo Salvador—. ¿Pero respetas su matrimonio?

—Pero de qué hablas—gritó Tomás brincando.

—El matrimonio—dijo Salvador—, ¿respetas a un hombre que se haya casado? O, como tantos otros padrotes insignificantes que manejan a las mujeres con una cachetada en la cara—¿crees que un hombre se debilita de la mente cuando se enamora y se casa?

—¡Salvador, te juro, no sé de qué estás hablando! Nunca le he hablado a esta muchacha con la que te casaste. Yo—Yo—¡oh, Dios, creo que aquí ha habido un gran malentendido! ¡Yo estoy metido en la baraja y en las prostitutas, como sabes, no con mujeres decentes, Salvador!—

Salvador sólo se sonrió.—Exactamente. Lo sé. Lo sé, dijo mientras continuaba afilando su cuchillo, dándose cuenta que sí, que había hallado oro puro en el interior del infierno privado de este hombre.

Sí, era este insignificante Tomás que le había dicho al filipino y al italiano que el norte del condado de San Diego estaba libre para quien quisiera tomarlo porque Salvador se estaba casando y ya no podría controlar su territorio.

Sí, este pequeño hijo de la chingada probablemente les había dicho,— ¡Vengan, apúrense, antes que alguien más se meta aquí! ¡Porque todos sabemos que un hombre que se casa ha perdido el valor!

Salvador se volvió y miró a Tomás, y sí, Tomás era alto, bien hecho, y muy guapo aunque algo rudo. Pero al ver sus ojos, especialmente el ojo izquierdo, el ojo femenino, era fácil ver lo pequeño que era Tomás en realidad.

Si Tomás no era más que un conejo, una liebre de cola blanca, enfrentándose a su peor pesadilla, la misma zorra.

Salvador se arremangó la manga izquierda de la camisa, y se lamió parte del antebrazo. Entonces puso la hoja del cuchillo que había afilado a la parte mojada del antebrazo para probar el filo de la hoja. El cuchillo le rasuró dos dedos de ancho del vello de su antebrazo y lo dejó liso y limpio como el culo de un bebé.

—Está bien, ¿verdad?—dijo Salvador, viendo como Tomás había mirado todo el proceso muy cuidadosamente—. Pero creo que debo amarrarlo primero.

—Pero, ¿qué vas a hacer?—preguntó Tomás, dándose cuenta finalmente de los detalles de lo que estaba sucediendo a su alrededor.

A Salvador le encantaban los detalles, eran el elemento vital de cualquier plan bien diseñado.

—Bueno, claro, voy a castrar a estos dos marranitos—dijo Salvador.

Tomás miró de reojo a los dos cochinos que estaban felices gruñendo en una esquina del establo, escarbando la tierra con las narices. Se veían tan graciosos, felices y pacíficos.

—Pobrecitos—dijo Tomás, sintiéndose mucho mejor repentinamente—. ¿Pero entonces para qué me traes aquí? ¿No entiendo?

En ese momento llegó rugiendo el enorme Hudson de Archie, justo a tiempo.

—¿Quién es ese?—preguntó Tomás.

—Archie—dijo Salvador—, pero no te preocupes. Le voy a decir que todo está bien.

La puerta del establo se abrió violentamente y entró Archie llenando completamente la entrada como un gran garañón

—Sólo paré—dijo, lleno de fuerza—, para saludarte y ver si todo está bien.

—Todo está bien—, dijo Salvador calmadamente.

—Ah sí, todo está bien—dijo Tomás, con cara más relajada ya que vio a la ley.

—Bueno, entonces nos vemos—dijo Archie, y se voltcó y salió tan rápido como había llegado, y todos pudieron oír el cambio de velocidades y el rugir del enorme Hudson cuando se dirigía de nuevo a El Camino Real y hacia al norte, de regreso al pueblo.

—Pero no entiendo—dijo Tomás, sintiéndose ahora con mucha confianza—. Si todo lo que vas a hacer es castrar unos puercos, ¿entonces para que te molestaste en traerme hasta aquí?

—Porque—dijo Salvador, acercándose repentinamente mientras los dos jóvenes negros—de los mejores jinetes de toda la zona—lazaban a Tomás con las *riatas* con las que habían estado jugando, antes que se diera cuenta de lo que estaba pasando—. ¡Voy a cocinar los huevos de esos puercos y dártelos de comer, antes que te castremos y te demos de comer tus propios *tanates* a ti también!—

Tomás se puso pálido.

—¡Ningún hombre—continuó Salvador—, debe ser obligado a comerse sus propios huevos sin saber si le gustan los huevos guisados con salsa verde o con salsa colorada!

Tomás gritó como loco, espantando a los dos marranitos, mientras los jóvenes negros lo amarraban a una silla. Ataron la silla a uno de las caballerizas y le sacaron los pantalones de un brusco tirón.

Entonces atraparon al primer marranito y le abrieron las patas para cortarle los huevos y ya no se podía distnguir entre los gritos de Tomás y los CHILLIDOS del animalito.

Se echó el primer par de bolas a la sartén con salsa verde sobre el pe-

queño fuego, porque no importaba cuántas veces Salvador le preguntara a
Tomás con que salsa quería empezar primero, no podía contestar, gritaba
tanto que Salvador le metió por la fuerza la primera bola ardiente y picosa
en la boca ¡casi atragantándolo!

Cuando Salvador y los dos jóvenes negros dejaron a Tomás en el barrio
de Carlos Malo, ¡no iba a ser nunca más un Tomás el que Duda mientras
viviera! Era un verdadero creyente ahora, porque había visto al Diablo, de
eso estaba completamente seguro.

Medio loco, fuera de sus cabales, esa misma noche Tomás manejó hasta
la Ciudad de los Ángeles, y casi ahogándose, con la boca y la garganta quemada, les dijo a sus dos socios que nunca se aventuraran de nuevo al norte del Condado de San Diego, ¡porque el Diablo vivía!

Y el nombre del Diablo era Juan Salvador Villaseñor, y Archie, la ley, estaba en completa sociedad con el Diablo, y ¡Dios mío, rezó todo el día para que se le perdonara haber soñado interferir en el territorio de otro
hombre!

Para el final de aquella semana, después de despachar . . . bueno, unos
cuantos negocitos más pendientes, la reputación de Salvador creció tanto
que la gente decía ahora que ¡la sangre le corría al revés de su corazón, y su
cuerpo terrestre no hacía sombra en la Luna Llena, porque ahora su alma
estaba unida al mismo Diablo!

3

*Y fue así que la niña que había sido concebida la noche que
un meteorito se estrelló en la tierra ¡era ahora una mujer
casada y estaba enamorada!*

LUPE DURMIÓ HASTA tarde durante tres mañanas mientras el
resto de la familia se levantaba antes del amanecer para poder irse a
trabajar a los campos. Y todas las mañanas Lupe se hacía una taza de café
y salía al portal del frente para ver la luz del nuevo día.

Lupe nunca antes en toda su vida había hecho esto. Pero ahora, que era
recién casada—que se estaba sanando y alistándose para su esposo que
vendría a llevársela el viernes para que pudieran irse de luna de miel—tenía tiempo libre por primera vez en su vida.

Esa semana varias personas fueron a visitar a Lupe con la intención de
contarle los rumores que se estaban esparciendo como incendio destruc-
tor de que Salvador había castrado a un hombre y torturado a otro hasta
matarlo, pero Lupe no las dejaba terminar diciéndoles,—¡ni una palabra
más!—pues su madre le había enseñado que una mujer inteligente nunca
les presta oídos a chismes y ella no iba a empezar a hacerlo ahora.

Después de todo, ella y Salvador habían hecho sus votos matrimoniales
ante Dios y él ahora era su esposo y ella lo amaba con toda su alma y corazón, así que ella no iba a permitir palabra en contra suya en su presencia.

Sentada en el portal de la casa de sus padres, con una taza de café con
mucha leche y azúcar, Lupe veía ahora la llegada del nuevo día. ¡Ay, esto
era un verdadero lujo! ¡Lupe nunca había sentido que el dormir tarde y el
levantarse despacio fueran tan agradables! Se sentó en los escalones del
portal de sus padres, arropada en su camisón y su bata, calentándose las
manos con la taza de café y viendo la luz de la mañana penetrar a través de
las ramas de los árboles y bailar en las flores, la hortaliza de hierbas y las
hermosas, perfumadas plantas de su madre.

Desde que tuvo uso de razón su madre le había explicado a Lupe y a sus hermanas que una mujer tenía que hablarles a sus plantas, árboles y flores todos los días para sentirse completa.

Porque Papito Dios había hecho a la mujer del mundo de las plantas, así como había hecho al hombre del mundo mineral.

Lupe podía ahora darse cuenta claramente que su madre había en realidad, tenido razón. Era un milagro ver cómo cada rama, cada flor, cada planta obtenía vida con la aparición del sol.

Sí, las plantas empezaban a sonreír, a cantar, a susurrarle buenas noticias a Lupe mientras sorbía su café sentada, hipnotizada por la llegada de todo un nuevo día.

—Hola—dijo Lupe a todas las plantas a su alrededor.—Buenos días. Espero que hayan dormido bien.

Las plantas ronronearon y Lupe supo que habían pasado buena noche. Lupe siguió sorbiendo su café. *Papito Dios* había sido realmente sabio cuando había tomado la fuerza del árbol, la belleza de la flor, y los poderes curativos de las hierbas para hacer a la mujer fuerte, bella, y una fuerza sanadora. Papito Dios también había sido muy sabio cuando había tomado el viento, la piedra y el fuego derretido para hacer al hombre. Por esto a los hombres les gustaba estar en movimiento como el viento e irse a las cuevas rocosas para hallar la paz. Las mujeres, al contrario, iban a su hortaliza de maíz, frijoles y *yerbas buenas* para reconectarse con los silenciosos e invisibles santos misterios de la vida.

—Recuerda siempre que los hombres son de mineral—su madre le había dicho a Lupe y a todas sus hermanas desde que Lupe tuvo uso de razón—, y las mujeres son de vegetación. Es por eso que los dos siempre tendrán dificultades. Los hombres fueron hechos del barro de las orillas del río y las mujeres hechas de las raíces del gran árbol que crece a la orilla del río. Es un milagro que los dos lleguen a juntarse.

Habiendo recordado este cuento toda su vida, Lupe se sentía contenta que su madre hubiera tenido la sabiduría de no haberla dejado ir de luna de miel cuando estaba sangrando y no se sentía bien—porque ahora, cuando Salvador viniera por ella el viernes, ella se sentiría bien y limpia y estaría lista.

¡Apenas podía contenerse!

¡Después de todo, era ahora una mujer casada!

Su corazón le latía más rápido con sólo pensar en los deliciosos besos que se habían dado en la huerta de nogal detrás de la casa de sus padres. Entonces Salvador la había volteado para que la parte de atrás de su cuerpo estuviera pegado en toda su longitud a la de él—había entendido por primera vez en su vida porque los hombres ¡venían de las rocas y fuego derretido!

Tembló, sorbiendo su café, y recordó los besos de Salvador y la sensación de su cuerpo contra sus nalgas mientras miraba la primera luz de la mañana dar color y vida al jardín de su mamá.

ERA VIERNES, SALVADOR se estaba lavando y cambiándose la ropa para ir a recoger a su novia al otro lado de las colinas de la costa de Corona a Santa Ana. Estaba ya en la casa de Luisa. No había agua corriente en el pequeño jacal de su madre en la parte de atrás, así que Salvador se estaba bañando y vistiendo en la casa de su hermana que estaba al frente.

—Salvador—le decía Luisa mientras lo miraba preparándose para rasurarse enfrente del viejo espejo roto—,¡olvídate de Lupe! ¡No vayas a recogerla! ¡Admite que fuiste un tonto por haberte casado con esa muchacha! Te gastaste una fortuna en esa tonta. ¡Nunca me compró nadie un anillo de diamantes a mí—! gritó Luisa—.¡Nunca me compró muebles nadie, ni me puso casa tampoco! Entonces sale su madre y te dice que Lupe no está lista para irse contigo de luna de miel, ¡esto es un escándalo! ¡No tuvo los pantalones o la decencia para salir a decírtelo ella misma!

—Cálmate, Luisa—dijo Salvador, alistando su navaja para empezar a rasurarse. Tenía la cara suave y llena de jabón espumoso después de haberse dado un baño caliente. Se iba a dar una buena rasurada para que cuando Lupe y él se besaran de nuevo, pudieran también rozarse las mejillas sin que su barba la rasguñara—. Estás hablando tonterías, Luisa. ¡Ya estoy casado y todo va a ser maravilloso!

—¡Ah, no!—siguió gritando—. ¡Yo sé lo que digo! ¡Éste es el futuro que te espera y tú lo sabes, Salvador—! Luisa le llevaba ocho años a Salvador y estaba realmente enojada—. ¡Como te dije, debiste haberte casado con una verdadera mujer como las que te he presentado! Pero no, tú no, te cegaste con una virgen bonita pensando qué lindo sería entrenar a una inocente a tu manera—, añadió con sarcasmo—, ¡en vez de escoger a una verdadera mujer que ya conoce mundo y que te estimaría por el hombre que eres!

—¡Eres un tonto Salvador!—prosiguió—. ¡Te digo que no vayas por ella! ¡Hazme caso! ¡Lupe te va a hacer desgraciado el resto de tu vida! ¡Y nunca vas a ser valorado por el hombre que en realidad eres! ¡No olvides mis palabras, soy mujer y sé de lo que hablo—! añadió gritando con fuerza—. ¡Lupe no es para ti!

Salvador no contestó. ¿Qué podía decir? Empezó a rasurarse el cuello con largos movimientos hacia arriba y pequeños movimientos en la mejilla. La verdad era que desde el principio a Luisa nunca le había caído bien Lupe, así como él tampoco le había caído bien a Carlota. Y además si no tenía cuidado, se podría cortar el cuello con la navaja de rasurar.

En ese momento, doña Margarita, salió por la puerta trasera.—¿Qué es toda esta gritería?—preguntó la anciana—. ¡Los podía oír hasta mi casa, Luisa!

—¡Ay, mamá!—vociferó Luisa—. ¡Le estoy diciendo a Salvador que no debe ir a recoger a Lupe! ¡Que le va a arruinar la vida! ¡Mira lo que hizo— ni siquiera fue de luna de miel!

—Luisa, Luisa—dijo su madre, cerrando los ojos para concentrarse—, ¿no te das cuenta de lo que está pasando en realidad? ¿Te ciegan tanto los celos que no puedes darte cuenta de lo que en realidad estás diciendo?

—¡Pero no tengo celos!—gritó Luisa más fuerte que nunca. Salvador por poco y se corta.—¡Quiero a Salvador! ¡Hemos pasado ratos malísimos, pero siempre nos hemos apoyado! ¡Nunca nos escondimos tras la falda de mamá sin enfrentarnos a la realidad!

—Mijita—dijo la anciana enjuta—, ¿y qué son los celos sino la otra cara del amor, eh? Por supuesto que quieres mucho a tu hermano y quieres lo mejor para él, pero—y este es un gran 'pero'—el amor sin riendas es un amor sin confianza y un amor sin confianza arrasará la mente de cualquiera. ¿Por qué crees que el Diablo mismo tiene miedo de recorrer el camino del amor? ¡Porque sabe bien que si se enamora, no podrá meter los frenos hasta haberse reunido de nuevo con Dios!

—Así que pon las riendas de la fe y la confianza en Dios, en este amor que tienes por tu hermano, o *mijita*, sólo conseguirás acercarte al Diablo y hablar como una hermana celosa y asustada socavando el hogar de tu hermano, en lugar de ser la hermana fuerte de buen corazón que sé que eres.

—¡Y ahora, nada más! Recuerda que mi propio padre, el gran don Pío, se oponía a que me casara con tu padre. Y tu abuelo me advirtió que si me casaba con este español puro y pelirrojo, iba a tener una vida de sufrimiento, porque cada vez que se enojara, me echaría en cara que yo no fuera sino una india salvaje, humilde, ignorante y atrasada—y tu abuelo, de verdad, tenía razón—, añadió la anciana con los ojos llenos de lágrimas—, porque así pasó.

—¡Pero con todo y eso, mijita, quiero que sepas que no hubo nunca un día que me arrepintiera de mi vida con tu padre, don Juan, aún durante las épocas de gran dolor y sufrimiento por las que pasamos, porque mira nomás los hijos que nacieron de nuestra unión!

—Pero, mamá—dijo Luisa—, ¡No entiendes! ¡Hay una docena de mujeres maravillosas que se casarían con Salvador con toda el alma y corazón, en un segundo! ¡Todo el problema con Salvador, mamá, es que Salvador escogió mujer con la cabeza, con la idea de entrenarla, en vez de escogerla con lo que tiene entre las piernas!—, añadió frustrada.

—¡Ya basta, Luisa!—, dijo su madre.—¡Tienes boca de bruja!—

Aún rehusando callarse, Luisa se echó a reír.—¡Yo, boca de bruja!—, dijo.—Pero mamá si toda la vida tú nos has dicho que esto es exactamente lo que dicen los hombres de cualquier mujer a la que no pueden manejar—¡que es bruja!—Y continuó riéndose, riéndose, disfrutándolo. Después se secó los ojos y dijo—. Ay, Salvador, mamá tiene razón, te quiero tanto y sé que tienes los tanates bien puestos, así que lo que temo es que esta inocente nunca te vaya a poder dar lo que realmente necesitas. ¿Qué crees que mantiene vivo un matrimonio, eh? ¿Por qué crees que Epitacio volvió conmigo después de haberse perdido tanto tiempo? ¡Todo está aquí, en el centro de la mujer—, dijo, haciendo un gesto vulgar entre las piernas,—donde la vida misma empieza, donde los tanates de un hombre hallan finalmente refugio, dentro del caliente jugoso nido de miel de una mujer!—

—¡Ayyyyyyy!—dijo la madre—riéndose también—. ¡Creo que se te ha pegado mucho de mí! Pero tu hermana tiene razón Salvador, el amor va y viene, lo que mantiene un matrimonio vivo y coleando a través de los años es el respeto por la cama, es lo que le quita el escozor a las desilusiones diarias.

—Bueno—dijo Salvador—, ¡fuera, fuera, fuera! ¡Las dos! Es un milagro que no me haya cortado la cara con esta palabrería.

Después de sacar a su madre y hermana del baño, Salvador se vistió rápidamente y salió de la casa. ¡Se sentía enorme! ¡Había recuperado sus territorios en un ataque relámpago y ahora iba camino a recoger a su novia, el amor de su vida!

SALVADOR MANEJABA POR la calle rodeada de árboles de la casa de Lupe en Santa Ana cuando vio el gran Hudson de Archie estacionado al frente. Inmediatamente se olió algo malo y su corazón se disparó latiendo, golpeándole el pecho como si fuera un gran tambor.

Aspiró profundamente varias veces, calmándose. Estacionó su coche Moon atrás del carrazo negro de Archie y subió los escalones de la casa de los padres de Lupe. Era un hombre bueno ahora, era bueno pero estaba desarmado. Respiró manteniéndose alerta y listo para lo que viniera.

Carlota abrió la puerta. Sonreía y sus ojos radiaban de felicidad. Esto le hizo pensar a Salvador que se aproximaban grandes problemas.

—Hola Sal—, dijo Archie, que estaba sentado en el cuarto del frente sorbiendo té de una pequeña taza blanca con Lupe, Carlota y sus padres.—Pensé que llegarías a estas horas, así que pasé para invitar a cenar a los recién casados conmigo y con Carlota a ese nuevo parque de atracciones en Long Beach.

Salvador miró a Lupe. ¡Dios qué hermosa estaba! Y vio que tenía sus maletas empacadas y que estaba lista para que se fueran de luna de miel.—

Pues, no sé—dijo Salvador—. Como ves, me gustaría llevarme a Lupe a Carlsbad a nuestra nueva casa antes que anochezca, para que, bueno, pueda ver las flores que sembré para ella en el jardín del frente y el . . .

—Tienen toda la vida para hacer eso—dijo Archie, interrumpiéndolo mientras se ponía de pie. Realmente no era un gigante, pero cubría tanto espacio cuando estaba parado y con su enorme cara de indio californiano, que simplemente hacía parecer enanos a los hombres de seis pies. Así que—, decía—, por qué no nos acompañan a cenar a Carlota y a mí. Pienso que es importante, Salvador—, añadió con su particular mueca de sonrisa de él.

Al haber agregado la palabra—importante—Archie se dio cuenta que lo había convencido porque la cara de Salvador cambió.

Archie se rió, y se rió, terminándose su té. La pequeña taza se veía ridícula en su manaza de gruesos dedos. Archie sorbió las últimas gotas de té con una grande, larga y sonora chupada.

Salvador respiró, dándose cuenta de que le habían ganado la partida.—Está bien, Archie—, dijo,—si Lupe no tiene inconveniente, pues nos dará gusto acompañarlos a ti y a Carlota.

Y en ese momento se volteó hacia su novia, la que hizo un gesto que gustoso llevaría con él, en el corazón, muchos años. Puso esa carita linda, frunciendo los labios como si estuviera en realidad desilusionada para después sonreír como una gran dama, y dijo,—Sí, por supuesto, Salvador, en realidad tenemos el resto de nuestra vida juntos, amor mío.

¡Las palabras amor mío hicieron que Salvador se sintiera flotar en el aire! Y esa carita de labios fruncidos le dijo a Salvador que sí, en realidad quería estar con él, en vez de salir a cenar con otros. Pero que lo haría de todos modos, pues él era su querido, su dulce amor.

Fue toda una función despedirse de los ancianos padres de Lupe, don Victor y doña Guadalupe, para poder salir. Porque ahora que su novia estaba lista para estar con él a solas, ¡cada mirada, cada caricia, o sólo el roce de su mano lo ponía a soñar!

ARCHIE Y CARLOTA se subieron en el asiento del frente del gran Hudson negro de Archie y Lupe y Salvador se sentaron en el de atrás. Un nuevo parque de diversiones se acababa de estrenar en Long Beach y hacia allí los llevaba Archie.

Salvador y Lupe se tomaron de la mano y no hablaron mucho en todo el camino. Estaban muy nerviosos. Sin embargo, Archie y Carlota no lo estaban y hablaron sin parar contando cuentos y riéndose con ganas.

Hacía calor y Long Beach estaba muy bonito. La Isla de Catalina parecía estar a sólo dos millas de la costa. Caminaron por el paseo del malecón y miraron el mar, esos cuatro jóvenes bien vestidos.

Después Archie y Carlota se subieron a la montaña rusa. Cada vez que veían esas caras aterrorizadas, Salvador y Lupe se reían con ganas. En una de ésas, Lupe rió tanto que perdió el equilibrio y empezó a caer, pero Salvador la detuvo en sus brazos. Sus miradas se cruzaron. Una en brazos del otro, sin moverse, una en brazos del otro mirándose; entonces Salvador acercó a Lupe, besándola muy suavemente. Se sorprendió cuando Lupe lo agarró y le dio un beso tan ardiente, ¡que él se zafó y se echó para atrás con los ojos bien abiertos!

Ella vio su mirada asustada y se rió.—Estamos casados, ¿verdad?—dijo con ojos traviesos.

—Pues sí, pero pensé que tenías . . .

—¿Qué? ¿Miedo?—dijo, riéndose aún más.

—Pero apenas si te me acercaste durante todo el camino—dijo él.

—Bueno, estabas como enojado conmigo—dijo.

Él sonrió abiertamente.—¡Yo enojado contigo, ah, no!—dijo.

—Bueno, entonces vamos a besarnos otra vez—dijo—. ¡Qué bueno estaba!

El se relamió los labios echando una mirada de reojo. Nunca había esperado esto. Pero Lupe, nunca le había quitado los ojos de encima mientras se aproximaban sus cuerpos una vez más, ¡besándose una y otra vez y de nuevo besándose! Los dos empezaban a temblar y a sentirse muy mareados cuando llegaron caminando Archie y Carlota.

—No te lo dije—, dijo Archie, pasando el brazo sobre Carlota,—si los dejamos solos un momento empiezan a comportarse como unas tórtolas enamoradas, ¿verdad? Vamos a tirarles unas bolas de béisbol a los payasos y después a comer. ¡Me muero de hambre! Sabían que pude haber jugado para los *yankees* si a los mestizos les permitieran jugar—.

Todos les tiraron bolas a los payasos. Salvador y Lupe no podían dejar de mirarse. Archie era en verdad muy bueno y se ganó un gran oso de peluche. Entonces caminaron por el paseo del malecón buscando un lugar para comer. Llegaron a un restaurant chino con un gran dragón rojo pintado en la entrada. Carlota y Lupe nunca habían estado en ese tipo de restaurant antes. Inmediatamente Archie decidió que todos comerían comida china.

—Pero yo no sé chino, excepto—su-su chu-chu—que quiere decir dónde está la buenota de tu hermana—, dijo riéndose Archie que parecía altísimo cuando entraban.—¿Entonces, cómo vamos a ordenar?—

—¿Yo hablo un poco de chino—, dijo Salvador.

—¿De veras?—, dijo Lupe.

—Claro—, dijo Salvador.

Al sentarse Salvador pidió hablar con el dueño y cuando éste llegó, le habló en chino y ordenó cosas que no estaban en el menú. Lupe y Carlota no eran las únicas que estaban impresionadas.

—¿Dónde carajos aprendiste chino?—preguntó Archie.

—En Mexicali—, dijo Salvador.

—Entonces—dijo Archie—, ¡tú debes ser ese hijo de la chingada que mete ilegalmente a todos esos cabrones de ojos rasgados y que nadie ha podido agarrar!—Al decir esto, se empezó a reír y terminó riéndose de oreja a oreja.

Pero Salvador no le dio a Archie ningún indicio de nada.—No sé de qué me hablas—, dijo Salvador. Tengo algunos buenos amigos en Mexicali, eso es todo.

—¿Cómo le haces, los pasas de contrabando hasta el *Chinatown* de Hanford en el valle central de Fresno? ¿O te los llevas hasta San Francisco? dijo Archie—. Son un montón de muchachas calientes de ojos sesgados, ¿verdad—? Hubiera continuado hablando y riendo si no fuera por la mirada de puñal que cruzó la cara de Lupe—. Oiga señor, si sólo estoy bromeando, Lupe—, añadió rápidamente—. No quise ofender a nadie. Carajo, que yo sepa, Salvador es probablemente un hombre virgen.

Al decir esto Archie comenzó a reírse otra vez. Sencillamente no podía controlarse porque—en su estimación acababa de descubrir cómo era que Salvador ganaba todo su dinero. ¡El hijo de la . . . era contrabandista de chinos, un crimen mucho mayor que la fabricación clandestina de whiskey!

Salvador no dijo nada aún. Se dio cuenta ahora por qué Archie siempre sería un suplente de alguacil y nunca un alguacil. Era un bocón estúpido que no sabía cuándo callarse la boca. Carlota y él realmente se merecían uno al otro. Ninguno de los dos sabía callarse la boca. Carajo, si Archie hubiera sido listo, no se habría dado por enterado y hubiera dejado seguir hablando a Salvador como un tonto y tal vez pudo haberse enterado de lo grande que era en realidad esta operación, ¡y era enorme!

Sí, Salvador sabía hablar un poco de chino y un mucho de griego. Este país estaba compuesto de gente de todas partes del mundo. El español y el inglés no eran suficientes para llegar al corazón de la gente en esta nación que crecía rápidamente.

Salvador hablaba también un poco de yaqui y otro poco del idioma de la familia de su madre que era de Oaxaca, México. Nunca habría podido conseguir esos trabajos de contrabandista en Mexicali, si no hubiera podido hablar varios idiomas. En realidad el hombre que no podía pronunciar el nombre de otro en su propia lengua natal era un hombre pobre.

Cuando llegó la comida, resultó ser un banquete. Había un pato entero asado de un bello color dorado; una bandeja de arroz cubierto de preciosas verduras y grandes y suculentos camarones; y otra bandeja de salsa, pollo y nueces. Y después, lo mejor de todo, el mismo dueño entró cargando la bandeja más grande de todas con un pescado entero en salsa de naranja dorada, y decorado con verduras y frutas.

—¡Ah, maravilloso!—dijo Salvador sonriendo orgullosamente al dueño—¡Es más de lo que esperaba!

—¡Qué bueno!—dijo el dueño con elegancia y lleno de orgullo.

—¿Un pescado?—dijo Carlota haciendo un gesto de asco mientras el dueño ponía la elegante bandeja en medio de la mesa.—¡Qué repugnante!

Lupe le dio una patada a su hermana por abajo de la mesa. Pero Carlota no se iba a callar la boca.

—¡No me patees!—chilló—¡Tiene los ojos abiertos y me está mirando!

Archie aulló con una risa que se podía oír por todo el restaurant.—¡Fantástico!—dijo cerrando el ojo al dueño de cara cenicienta—¡así me toca más a mí para comer!

Diciendo esto, el gran policía se lanzó sobre el pescado. Salvador estaba contento de que hubiera venido Archie. ¡Ay, si había tenido ganas de cachetear a Carlota! Era el ser humano más estúpido y egoísta que había conocido en su vida.

Lupe le tomó la mano a Salvador por debajo de la mesa acariciándola suavemente. El se volteó y la miró; se veía tan amable, apacible y comprensiva que toda su ira desapareció. No podía creer que Lupe y Carlota fueran hermanas—eran tan diferentes.

Camino a casa esa noche, Lupe y Salvador iban en el asiento de atrás del gran Hudson y juntos vieron a la Madre Luna seguirlos a casa, y desaparecer tras las nubes.

AL SALIR DEL gran Hudson, Lupe entró con su hermana a la casa de sus padres a sacar sus cosas para que ella y Salvador pudieran irse a Carlsbad a empezar su luna de miel. Archie y Salvador se quedaron afuera. Archie sugirió que los dos dieran una caminadita y estirar las piernas.

—¡Bueno, hijo de la chingada!—le dijo Archie, a la cara de Salvador una vez que estaban fuera del alcance del oído de la casa de Lupe—. ¡Me usaste, cabrón! Ahora todo mundo en el sur de California sabe que estoy de acuerdo con lo que haces—y Dios mío, de veras ibas a castrar a ese pobre diablo, ¿verdad? ¡Todavía no puede hablar—tiene la garganta quemada—y todavía está aterrorizado!

Pero, antes que Salvador pudiera decir algo, Archie, que había estado tan encabronado con coraje—hacía apenas un segundo—estaba feliz ahora y riéndose sin parar.—¡Eres un genio, Salvador!—dijo—. Ni a mí se me había ocurrido usar marranitos para manipular la mente de un hombre. ¡Dios mío, cómo chillan esos marranitos! ¡Tienes suerte que no se te haya muerto de un ataque al corazón o que no se haya atragantado con esos huevos ardientes que le forzaste por la garganta! ¡Te va a costar dos barriles más, Sal!

Salvador respiró profundamente, si este indio salvaje, cabrón suplente, nunca iba a dejar de sorprenderlo. No estaba enojado por lo que le había hecho a Tomás, ah no, ¡tenía celos!

—*Okay*—dijo Salvador, riéndose ahora también—, dos barriles más, pero no te los puedo dar por unas cuantas semanas, Archie, porque estoy corto ahora, y bueno, todavía tengo que irme de luna de miel.

—Está bien—dijo Salvador, riéndose también ahora—. Estoy de acuerdo, pero quiero que sepas que tu guerrita no se acaba todavía. Esos dos, el filipino y el italiano están todavía viendo qué pescan. No sé que se traen ustedes. Pero no te preocupes, no te traicioné. La gente de veras cree que te protejo, hijo de la . . . ¡cabrón, eres un genio!

—Gracias—dijo Salvador sonriendo—. Todo salió muy bien.

—Pero la próxima vez me dices qué es lo que estás planeando. ¡Pinche indio loco! Marranitos, por Dios!

En ese momento Victoriano, el hermano de Lupe, se aproximó a ellos y dijo que su madre necesitaba hablar con Salvador.

Archie se empezó a reír y le dijo en voz baja mientras caminaban de regreso a la casa de Lupe—Por eso yo no me casaría con una mujer virgen. ¡No quiero que se aterrorice cuando me baje los pantalones y le enseñe mi caballo garañón!

Salvador tuvo que usar toda su fuerza de voluntad para no voltearse y darle un golpe en la cara al enorme policía. Por Dios, ¿qué le pasaba a la gente? ¿Nadie le tenía ya respeto al Santo Sacramento del Matrimonio?

Y FUE ASÍ que una vez más se le dijo a Salvador que Lupe no se sentía bien otra vez y que quería quedarse en su casa otra noche más, así que le hiciera el favor de regresar a recogerla en la mañana.—También—dijo la mamá de Lupe, doña Guadalupe—creo que quiere llegar a su casita de día para poder ver las flores que le plantaste. La anciana yaqui tomó la mano de Salvador.—Por favor, ten paciencia, Salvador—agregó—. Lupe es una buena muchacha y fuerte también, ya verás cuando lleguen los tiempos difíciles de la vida, no te va a fallar.

Salvador respiró profundamente mirando los separados ojos negros de la mamá de Lupe. Sabía muy bien que esta anciana india, sentada en frente de él, venía de los yaquis del norte de Sonora y que muchos de ellos se habían trasladado al otro lado de la frontera, en Tucson, Arizona, después de las terribles guerras del Yaqui contra el gobierno mexicano, en el siglo diecinueve. Salvador sabía que cuando esta anciana decía que su hija Lupe era fuerte y que no le fallaría durante los momentos difíciles de la vida, sabía muy bien lo que decía. Los yaquis habían sufrido el mismo destino terrible que la familia de su madre había soportado en el sur de México.

—Bueno—le dijo Salvador a doña Guadalupe—, entonces será mañana. Dígale a Lupe que pasaré por ella a media mañana y que por favor esté lista.

—Se lo diré y usted no se arrepentirá, Salvador—dijo—. Créamelo, muchos matrimonios se han arruinado al principio por la impaciencia del hombre.

Al decir esto respiró profundamente y Salvador sabía bien que trataba de contarle muchas cosas, que sin duda tenían que ver con la catástrofe de lo que había pasado en su propio matrimonio.

Pero Salvador también sabía que ésta sería sólo una mitad de la historia, pues su propia madre le había dicho que para hacer o deshacer un hogar se necesitan dos personas y que la mitad de los matrimonios los había arruinado la indecisión de la mujer y la otra mitad la agresividad del hombre.

De esto no dijo nada. Se subió a su Moon y se alejó, sintiéndose muy desilusionado una vez más. Salió por el este de Santa Ana hacia Corona para pasar otra noche con su madre y hermana Luisa. Pero por el camino decidió que en realidad no quería volver a enfrentarse con las palabras de su hermana sobre haberse casado con la mujer equivocada.

Dio vuelta hacia el sur y se encaminó a Carlsbad. Pasaría otra noche de su luna de miel solo en la casa que había arreglado para Lupe y para él.

Al pasar San Juan Capistrano y salir a lo largo de la mar al norte de San Clemente, Salvador vio a la Madre Luna bailando en la superficie susurrante del agua, y una oleada de frustración lo sobrecogió.

¡Salvador casi se dio vuelta para ir a esa famosa casa de citas en Pasadena para tranquilizarse!

¡No quería despertarse con los testículos adoloridos de nuevo!

Tal vez su hermana Luisa tenía razón. Había hecho un tremendo error al casarse con Lupe. ¡Debería haberse casado con una mujer de experiencia que no estuviera jugando estos jueguitos estúpidos con él! Porque a decir verdad, se estaba volviendo loco deseando a Lupe tanto que—Ay, Dios, le dolía entre las piernas.

Justo al sur de San Clemente, Salvador se salió del camino para hacer sus necesidades. Estando de pie allí vio la luz de la luna bailando en la mar, y vio una docena de caballos bien alimentados abajo del peñasco en la línea de la costa.

Parecía que una yegua estaba en celo y dos garañones estaban peleando para ver quién se quedaría con la hembra. Un garañón se veía negro, esbelto y compacto. El otro tenía manchas blancas y era más grande y más lleno. Con el trasfondo de la luz brillante de la luna bailando en la mar susurrante, los dos machos se veían preciosos parándose en las patas traseras mientras se tiraban coces.

Era un momento mágico de belleza pura, la Madre Luna dando un brillo plateado a los caballos y al brillante mar. ¡Y las estrellas habían salido por millones y bailaban en la mar también!

El sur de California era todavía en su mayoría una tierra despoblada, de ranchos y espacio abierto. No había luces de ciudad que diluyeran la brillante inmensidad de los cielos.

Salvador terminó de hacer sus necesidades.

Dios, cómo deseaba a Lupe. Toda la vida su anciana madre lo había acostado contándole que estaba escrito en las estrellas como un día cada uno de nosotros encontraría a su verdadero amor y se casaría.

—¿Pero cómo voy a saber que es ella?—le preguntaba a su madre.

—Sus manos volarán como pájaros cuando hable, sus ojos bailarán como hojas en la brisa cuando te mire. ¡Será la mujer más bella de todo el mundo para ti! Y sus palabras calmarán las preocupaciones del día de tu mente.

Se le llenaron los ojos de lágrimas a Salvador pues todo había sido así. Las manos de Lupe volaban cómo pájaros cuando hablaba y sus ojos bailaban como hojas en la brisa cuando lo miraba. Y sí, en verdad, era la mujer más bella del mundo, y cuando cerraba los ojos y escuchaba atentamente, su voz le calmaba hasta el alma.

Abajo, uno de los garañones había ganado y ahora olfateaba bajo la cola de la yegua. Con un chillido agudo la montó—y Dios mío, de sólo mirar Salvador sintió un vértigo.

AL LLEGAR A la zona de Oceanside-Carlsbad, Salvador no podía darse el valor para entrar solo en su casa de luna de miel. Decidió visitar al viejo Kenny White en su taller y entregarle algo del dinero que le debía. Salvador no habría tenido el dinero para su boda si no hubiera sido por ese gringo viejo.

Podía darse cuenta ahora que su madre tenía razón, no había mal que por bien no viniera si una persona no se amargaba y seguía su camino. Carajo, si no hubiera sido por la estupidez de su hermano Domingo—que por poco los pone en la cárcel a los dos—él, Salvador, no habría podido descubrir quienes eran sus verdaderos amigos en tiempos de necesidad.

Y no fue su propia gente, los mexicanos, los que lo habían ayudado; ah, no, había sido un gringo, un judío, y la pareja alemana, Hans y Helen, los que le habían dado la mano.

Ni Archie, ni sus amigos mexicanos a los que había ayudado tantas veces a través de los años, no, había sido Kenny, un gringo, quien le había prestado el dinero, y Harry, un judío, el que le había ayudado a Salvador a conseguir el anillo de diamantes de Lupe y además le había vendido a Salvador toda la ropa para la boda a crédito. La pareja alemana, Hans y Helen le habían ayudado a arreglar la casita blanca para él y Lupe, y le habían dado seis meses de renta gratis.

Todo esto lo había dejado sorprendido.

Verdaderamente lo asombraba. Era como si su propia gente no tuviera mucha fe en su propia raza.

Ya eran más de las doce cuando Salvador llegó frente al taller de Kenny. Ahora se sentía bien de no haber ido a ese famoso prostíbulo de Pasadena donde tenían esas bellas jóvenes que se parecían a las estrellas del cine de la época.

Necesitaba tiempo solo. Ah, esta noche cuando había tenido a Lupe en los brazos, allí en el asiento de atrás del gran Hudson de Archie, era inexplicable, ¡pero se había sentido mejor que cuando había hecho el amor con cualquier mujer!

ERA CASI EL amanecer cuando Kenny White salió de su taller y halló a Salvador dormido.—¡Arriba, a trabajar!—, gritó Kenny tocándole la ventana a Salvador—. ¡Jerry Bill pasó por aquí ayer y quería saber si todavía tenías tu negocio!

—¿Jerry?—dijo Salvador restregándose los ojos. Se sentía horrible. Un sarape le cubría el cuerpo.

—Te tapé con ese sarape anoche cuando llegaste—dijo Kenny—. Te movías y movías, así que pensé que tenías frío. ¿Qué pasó con tu luna de miel? Se supone que la mujer no te eche a la calle sino hasta después de estar casado un par de semanas.

—No me echó fuera—dijo Salvador, bostezando—. No he traído a Lupe a casa todavía.

—Me lleva—dijo Kenny, sus ojos llenos de malicia repentinamente.— Pero, dime, ¿de veras ibas a cortar a ese tipo? ¡Marranos, chingado!

—Cuando le conté a Archie se puso celoso de no haber pensado él mismo en ese truco. Así que de hoy en adelante, supongo que tendrán algunos puercos en la cárcel de Oceanside para cuando quieran que un prisionero hable.

—Pásale—añadió Kenny—, ya tengo el café preparándose. Qué bien me siento. ¡Carajo, si me sintiera mejor, me arrestarían! ¡El mundo no puede ver a un hombre demasiado contento! ¡Te ves malísimamente mal, Sal!

Salvador asintió con la cabeza, salió de la Moon y caminó hacia la parte de atrás del garaje para orinar, antes de entrar. El taller de Kenny quedaba justo al este de las vías del tren, cerca del Twins Inns Hotel.

—Jerry Bill dijo que probablemente te iba a ver hoy—, añadió Kenny.

Jerry Bill era un buen amigo de Salvador. Jerry Bill y Fred Noon, el poderoso abogado de Salvador de San Diego, eran bebedores buenos, sólidos, sinceros y serios. Era raro, pero desde que Salvador había aprendido el arte de hacer whiskey, por una parte se escondía de la ley, y por otra tenía un contacto cercano con los mejores líderes de la comunidad de los que podía haber conocido en cualquier otro trabajo legítimo.

Este era un buen país para los que hacían negocios ilegales, siempre y cuando se tuviera un buen mecánico para que mantuviera el carro y la troca listos, y un abogado de categoría para protegerte el esqueleto, si tu carro o troca no eran lo suficientemente rápidos.

Adentro, Salvador se tomó una taza de café con Kenny y le dio al viejo cincuenta dólares.—Aquí tienes algo del dinero que te debo—dijo Salvador.

—Claro que no—dijo Kenny, sorbiendo su humeante café—. ¡Guarda ese dinero hasta que tu matrimonio esté encarrilado! Eres buen hombre, Sal. Y tu palabra es suficiente para mí.

—Kenny, eres buen cuate—, dijo Salvador.—¡Absolutamente el mejor!

—Está bien, lo acepto—, pero no empieces con tus pinches abrazos, Sal—. Kenny extendió los brazos para que Salvador no tratara de abrazarlo.—A mí no me criaron con todos estos cumplidos y abrazos—¡lo único que hacen es que lo ponen a uno nervioso!

Pero Salvador era un jinete experimentado, así que volvió la mirada sobre el hombro derecho de Kenny y dijo,—¿quién es ése—? cambiando el tono de voz. Cuando Kenny se volteó, Salvador le dio un gran abrazo, apretándolo. Kenny trató de zafarse, pero sólo un momento; después estaba abrazando a Salvador con tal fuerza que éste tuvo que hacer fuerza para que no le rompiera las costillas.

A través de los años Salvador había descubierto que a muchos gringos no les gustaba que los tocaran o los abrazaran. Parecía que amenazaba su hombría. Pero una vez que empezaban a abrazar, entonces, caramba, era como si estuvieran tan hambrientos de contacto de hombre que abrazaban desesperadamente.

Eran las ocho cuando Salvador empezó a subir por la costa para recoger a Lupe. Había parado en su casita de luna de miel en la huerta. (Cuatro cuadras al norte del barrio, donde un día sería construida la nueva oficina de correo de Carlsbad) y se había rasurado, dado un regaderazo y cambiado de ropa.

No sabía qué le había sucedido la noche anterior. Pero se había sentido perdido y solitario interiormente. Había empezado a sentir resentimiento contra Lupe.

Qué bueno que ya era de día, porque las cosas de la noche no nos parecen tan buenas cuando un hombre está enamorado.

Salvador estaba al norte de Oceanside cuando recordó los dos garañones de la noche anterior. Tuvo que jalarse la entrepierna. ¡Qué hermosa vista había sido!

CUANDO SALVADOR LLEGÓ en su Moon a la casa de Lupe en Santa Ana, sus padres jugaban baraja en el porche del frente. Doña Guadalupe y don Victor tenían frente a cada uno de ellos una pila de frijoles pintos y parecían muy metidos en el juego.

—VEN, RÁPIDO—DIJO don Victor cuando vio a Salvador subir por los escalones.

—¡Mira el apuro en el que me tiene metido la vieja! Tengo buenas cartas, mira, ¡pero me ha ganado tantas veces en los últimos días que tengo miedo de apostar hasta en éstas!

Salvador saludó con la cabeza a doña Lupe, tocándose el *Stetson* de ala corta, y vio las cartas de don Victor. El canoso anciano tenía dos reyes y dos dieces. Eran buenas cartas. Aún así Salvador las hubiera tirado sin vacilar por un momento si hubiera estado teniendo mala suerte.

—Recuerde el dicho—le dijo Salvador al anciano casi calvo—, la peor maldición para el que apuesta es tener casi la mejor mano.

—Sí, claro, todos sabemos eso—cortó don Victor—. Lo mejor es tener la mejor o la peor para no tener la tentación de apostar, si no se tiene la mano ganadora.

—Pero, dime Salvador—dijo mirando a su yerno fijamente a los ojos—. ¿Cómo puede alguien saber que tiene la mejor mano si no apuesta?

Salvador sintió el corazón en la boca. Ay, estas palabras, estos pensamientos eran los que seguían a todos los perdedores todos los días de su vida. La fortuna era, después de todo, una mujer muy peligrosa si un hombre supiera cortejar sus curvas hermosas y ondulantes.

—Yo mismo, por eso no juego—dijo Salvador—. Apuesto sólo cuando estoy seguro de ganar.

Así Salvador, que en realidad era un jugador profesional, lo había dicho todo al darle al anciano el secreto de la baraja. Aún así, aún cuando Salvador había hecho esto, sabía que el viejo sólo se reiría y nunca tomaría sus consejos en serio. Porque se le podía ver todo en los ojos, especialmente el derecho, el del lado masculino; ¡le encantaba la sensación de arriesgarse! Esto es lo que lo tenía fuera de sí. No ganar ni perder, ni planear y adivinar, sino simplemente arriesgar todo a los vientos caprichosos de la vida, sin ningún plan ni proyecto para las probabilidades de sobrevivir.

Pero por otro lado Salvador podía ver bien que su esposa, doña Guadalupe, sí entendía. Se podía notar en su ojo izquierdo, y por eso ella era la que en realidad ganaba el pan en su familia. Ella, la mujer, con el poder de la madre marrana, tenía un control mental absoluto para saber cuando no convenía ir contra la corriente, y a la vez, ¡sabía cuando arriesgarlo todo, hasta la vida, por la supervivencia de su familia!

—¡Ja!—continuó el padre de Lupe riéndose placenteramente—, ¡no me voy a rajar ahora! ¡Soy hombre, y por eso apuesto!

Con brillo en los ojos ancianos, se volteó para mirar a su esposa y empujó todo su montón de frijoles, apostándolo todo. Salvador podía ver a su propio padre realizando este tipo de bravura machista, ¡y era tan inútil y completamente innecesaria!

De mala gana doña Guadalupe vio su apuesta, y empujó una cantidad similar de frijoles.—Tres reinas—, dijo.

—¡Tres reinas!—gritó el viejo, aventando sus cartas con repugnancia—. ¡Carajo! ¡Perdí de nuevo!

Don Victor se puso de pie, jalándose los pantalones hacia arriba, enojado . . . justo cuando Lupe salía por la puerta con la maleta en la mano; llevaba un vestido azul marino y su abrigo largo de cuello de piel que Salvador le había comprado. Se veía tan hermosa, tan profundamente elegante. No había ninguna estrella de cine que se acercara a la belleza natural de Lupe.

—¡Ay, cómo espero que me vuelva rico antes de morir para que pueda ahogar a esta vieja con dinero!—continuó el padre de Lupe, medio enojado pero todavía riéndose al mismo tiempo—. ¡Para que se dé cuenta de una vez por todas que clase de hombre soy!

—Pero ya sé qué clase de hombre eres—dijo la madre de Lupe, sonriendo mientras levantaba todas sus ganancias.

—¡Mírenla!—interrumpió el viejo—. Tiene el valor para decir eso aún cuando se está llevando todos mis frijoles.

El estruendo de carcajadas que salió de la anciana madre de Lupe cuando su esposo mencionó sus frijoles, fue tan fuerte, tan contagioso, que Lupe y Salvador empezaron a reírse así como don Victor.

Los dos ancianos se rieron hasta que les salieron lágrimas de los ojos y les dolió el estómago. Doña Guadalupe y don Victor vieron a su hija—de pie frente a ellos con su maleta al lado—y de repente se dieron cuenta de qué se trataba este momento.

No se estaban riendo por los frijoles, ah, no, se reían con estas dolorosas carcajadas porque iban a perder al bebé de la familia, y pronto también a Carlota y a Victoriano y entonces se quedarían completamente solos.

Los dos viejos se secaron los ojos y se tomaron de la mano mientras veían a Lupe y a Salvador—dos viejos que todavía estaban peleando, dos viejos que vieron el amor en los ojos de esta joven pareja y les hizo recordar el amor entre ellos.

—Bueno, bueno—dijo don Victor, secándose los ojos con el dorso de la mano y alargando la mano hacia su hija,—parece que ahora sí—. Y estrechó a Lupe entre sus brazos delgados y viejos dándole un abrazo.—Y sólo ayer subías y bajabas las laderas correteando tu venado en la Lluvia de Oro, tan ágil como una tarahumara—¡ay, Dios, cómo han volado los años!

Lloraba y lloraba y abrazaba a su hija y entonces doña Guadalupe se les unió y también lloraba.

Salvador miraba a estos viejos padres abrazando a su hija y supo, una vez más, en lo más íntimo de su ser, por qué había escogido a Lupe de esposa; no sólo era bella, sino conocía el amor en lo profundo de su ser.

—Por favor—dijo Lupe, besando a su madre y a su padre—, díganle a mi nina Sofía que siento no haber podido verla, pero regresaremos pronto y Salvador y yo la visitaremos entonces.

Salvador no tenía idea de qué hablaba Lupe. Pero ella estaba muy preocupada. Sofía era la hermana mayor de Lupe y también la nina de Lupe, o sea su madrina, así que Sofía y Lupe eran muy amigas, pero aun así Sofía y su esposo, Julián, no habían venido a su boda. Sofía había mandado a sus hijos mayores a la boda de Salvador y Lupe, pero Julián y ella no porque pasaban una situación económica difícil y habían pensado que no tenían la ropa apropiada que ponerse.

Esto le había preocupado mucho a Lupe, pero no se había atrevido a pedirle a Salvador que les comprara ropa—pues comprendía perfectamente que ya había gastado una fortuna. Además Sofía, su hermana, era tan testaruda como pequeña y mona, y una vez que decidió que necesitaban ropa especial para la boda de Lupe, nada la hizo cambiar de opinión.

—Claro, mijita—dijo doña Guadalupe—, ya no te preocupes de tu hermana Sofía, por favor. En cuanto Victoriano consiga otra troca, se mejorarán las cosas de nuevo para todos nosotros.

—Perdona—le dijo don Victor a Salvador—, pero mientras estas mujeres hablan, me gustaría verte a solas, Salvador.

—Pero ya tienen que irse—dijo doña Guadalupe ansiosamente—. Le puedes hablar en algún otro momento.

—Mírenla—dijo bruscamente don Victor—. ¡Durante tu noviazgo, te acaparaba durante tres horas a la vez—enfermándote de los oídos! ¡Ahora te quiero hablar un momento y dice que no! ¡Las mujeres, te juro, son imposibles! ¿Pero qué podemos hacer nosotros? ¡Los puercos sólo sirven para comer!

Al decir esto, el anciano rodeó con el brazo largo y delgado los hombros gruesos y sólidos de Salvador y se fue caminando con él.—Dime—le dijo sacando una piedra de su bolsillo y frotándola entre el pulgar y el índice—, ¿te acuerdas que te conté de todo el oro que aún queda en el cañón de donde somos en México?

—Sí—dijo Salvador—lo recuerdo bien.

—Bueno, ves esta piedrita—dijo el anciano medio calvo—la recogí del sendero cuando salíamos del cañón. Mira, tiene color, y si te fijas bien, puedes ver las telarañitas de oro entretejido. En cualquier otro lugar esta piedrita habría sido considerada un mineral valioso, pero en nuestro cañón teníamos tal riqueza de pepitas de oro puro, que las piedras como ésta, las tirábamos.

Se rió.—Mírala, mírala cuidadosamente. Te digo, esta piedrita es la que me ha dado valor para seguir adelante todos estos años—aspiró—. Mi esposa trajo sus lirios de los valles, pero yo, yo traje esta piedrita, y cuando la situación se pone muy difícil, la saco de la bolsa y la froto entre el pulgar y los demás dedos. Me siento bien cuando la froto—. Respiró de nuevo—. ¡Salvador, siempre he soñado que antes que muera, regresaré a México y buscaré oro otra vez! ¡Y no para un mexicano rico o para una compañía americana como la última vez, sino para mí esta vez! ¡Con mis dos brazos y manos! ¡Y quiero que tú, Salvador, vengas para que podamos cavar profundamente en la Madre Tierra y hacernos ricos juntos!

—Me parece bien—dijo Salvador al ver los ojos del anciano brillar con fuego.

—¿DE VERAS?—DIJO el viejo sorprendido por la respuesta rápida de su yerno. ¿Entonces tú vas conmigo?

—Claro, ¿por qué no? ¡Así todos seremos ricos!—añadió Salvador, dándole al anciano exactamente lo que quería, dándose cuenta perfectamente que lo del anciano eran sólo palabras, sólo una fanfarronada, como hacía en la baraja. ¿Pero, qué carajo? Todos teníamos nuestros sueños los que eran un regalo barato que dar, su madre siempre le dijo. Y también, ¿quién sabe? Los milagros pasan. Y los sueños eran para los milagros lo que el estiércol a la planta, dándoles a ambos el poder de crecer.

Bueno el placer, el gusto, que llenaron los ojos del anciano le iluminaron toda la cara.—¡Entonces trato hecho!—dijo con una nueva y súbita vitalidad—. Y llevaremos a Victoriano también y entonces todos regresaremos como reyes y yo voy a comprar frijoles por carretadas, ¡para que esta vieja no me los pueda ganar todos en un millón de años!

El anciano padre de Lupe se reía ahora a carcajadas estrechando y subiendo y bajando la mano de Salvador para cerrar el trato,—y en este momento de alegría suprema y pensamientos de abundancia—le extendió a Salvador la piedrita que había guardado ¡tan celosamente todos estos años!

—Para ti—le dijo con lágrimas en los viejos y arrugados ojos—. Porque seas mejor hombre con mi hija que lo que yo fui con mi esposa. Porque la verdad es, Salvador, que nunca he sido muy bueno para la baraja ni para el juego, ni para la vida. Pero tú, ah, tú eres diferente, lo puedo ver en tus ojos, en tu ropa, en tu confianza. Eres hombre entre los hombres, ¡un verdadero macho!

Al decir esto el anciano alto y delgado le dio un fuerte abrazo a Salvador besándolo primero en la mejilla derecha y después en la izquierda. A Salvador, que tenía la piedrita en la mano, se le llenaron los ojos de lágrimas también. Su propio padre—un poderoso gigante—nunca le había mostrado tanto amor y orgullo. Pero aún así, quedarse con la piedrita del anciano hacía que Salvador se sintiera algo incómodo.

—No—dijo Salvador—, usted quédese con ella. Es suya, don Victor.

—¿Mía?—preguntó el viejo—. Al llevarte a nuestra hija más joven te llevas nuestro corazón, el alma de la familia, y ahora, ¿no aceptas esta piedra? Aquí está, llévatela, Salvador, y frótala así entre el pulgar y los demás dedos cuando la vida se te ponga difícil. Por favor, vengo de donde vas, y nosotros los hombres necesitamos nuestra piedrita, por que si no, nunca dejamos de jugar con los tanates—agregó riendo.

Salvador respiró. —Bueno, entonces acepto—dijo.

—Bueno—dijo don Victor, sonriendo majestuosamente.

Todo este tiempo Lupe y su madre habían estado mirando y aunque no sabían en realidad de qué hablaban los dos hombres, las hizo sentirse muy bien ver tanta alegría y calor entre ellos.

Hacía tiempo ya que don Victor no había mostrado señas de lo que fue. Salvador recogió las dos maletas de Lupe y bajó con ellas hacia la Moon. Después de ponerlas en la parte de atrás, Salvador abrió la puerta del carro para que entrara Lupe. Entonces se despidió con la mano de sus parientes, dio la vuelta, se metió a la Moon, arrancó el motor y partieron.

Mientras se alejaban a gran velocidad tomó a Lupe de la mano. ¡Y sólo el sentir su calor lo volvía loco.

Tercera Parte

LUNEANDO

Fines de agosto de 1929

Carlsbad, California

Y fue así que entraron al Paraíso, la primera pareja de
Dios — ¡un hombre y una mujer que por su propia voluntad
escogieron el camino del Todopoderoso!

MIENTRAS MANEJABAN DE Santa Ana a Carlsbad por la costa, Lupe jugaba con la brisa que soplaba afuera de su ventana con la
mano abierta. Nunca había sentido la brisa tan rica en su piel desnuda. No
podía olvidarse; era ahora una mujer casada camino a su luna de miel. Y
aquí estaba su esposo, sentado al lado de ella, se veía tan guapo al volante
de su magnífico carro. Lupe ronroneó.

Sin embargo, al sur de San Clemente, al llegar al gran Rancho Santa
Margarita—el que un día sería la Base de la Infantería de Marina en Camp
Pendleton—Lupe tuvo un problema. Necesitaba orinar, pero no había ninguna estación de gasolina ni ninguna otra instalación. Y desde luego, toda
su vida había hecho sus necesidades atrás de los matorrales y árboles
cuando ella y su familia viajaban de rancho en rancho recogiendo las cosechas, pero esto era diferente. Estaba sola con este hombre, un desconocido, y su madre y hermanas no estaban allí para taparla con una cobija.

Pero recordó una vez más que Salvador no era un desconocido. Era su
esposo. Empezó a reír.

—¿Qué pasa?—preguntó Salvador.

—Ay, nada—dijo—solo párate. Rápido.

Salvador se paró a la orilla de la carretera. Lupe salió y se fue atrás del
Moon para hacer sus necesidades, pero se dio cuenta que el tráfico que venía en la misma dirección la podía ver. Rápidamente atravesó el camino a
una pequeña pendiente hacia el mar, allí hallo un árbol y una mata grande.

Al ver un espacio libre al final de la inclinación Lupe decidió que este
era un buen lugar. Se volteó y se dio cuenta que Salvador la estaba viendo.
Le hizo señas con la mano para que se diera vuelta. El se dio vuelta y cuan-

do por fin se acuclilló para hacer sus necesidades, nunca antes se había escuchado a sí misma orinar tan ruidosamente. Por Dios, sonaba como una cascada.

Al terminar se dio cuenta que no tenía papel y no sabía qué usar para secarse. Al pararse vio una pequeña mariposa blanca revoloteando a su alrededor. Se rió. Al ver a su alrededor vio que todo un enjambre de estas mariposas venía hacia ella.

Se le iluminó la cara al recordar los miles de mariposas gigantes anaranjadas que venían al cañón de su familia cada año allá en México.

Un halcón sobrevolaba ahora la cabeza de Lupe soltando un gran grito. Era un halcón colirrojo, conocido por muchos naturales del Suroeste como el Águila Roja—el guía de los humanos.

Respirando mariposas, Lupe se sintió repentinamente tan afortunada que miró al otro lado del paisaje café verdigris que la rodeaba, a la mar azul brillante, vasta y danzante. ¡El colirrojo le habló otra vez diciéndole que estaba rodeada de la Belleza del Creador Todopoderoso!

Riéndose Lupe levantó los brazos y las mariposas blancas bailaron a su alrededor como ángeles. Se rió aún más y las mariposas se acercaron tanto que algunas comenzaron a pararse en la desnuda piel de sus brazos. Sí, podía oír a estas mariposas hablándole, cantándole, susurrándole buenas noticias de la misma manera que las plantas de su madre le habían susurrado cuando bebía su café en el porche de sus padres y veía el nuevo amanecer.

Entonces, milagro de milagros, llegó una cierva y sus pequeñas crías y se pararon al borde del enjambre de mariposas.

Lupe no podía dejar de sonreír—¡estaba tan feliz!

El Águila Roja dio un chillido de nuevo y Lupe se sintió como si hubiera sido transportada por el tiempo a su niñez, ¡cuando el mundo entero estaba lleno de magia y maravilla! Un tiempo cuando ella y sus amigas vivían el Milagro Diario de las plantas que respiraban de, y en, el Santo Creador y toda vida animal resplandecía con la Unión de la Creación.

Una época en la que ella, Manuelita, Uva y Cuca—sus mejores amigas de la niñez—y su hermana Carlota habían subido y bajado las barrancas de su cañón encajonado huyendo de los soldados de la Revolución que trataban de agarrarlas y violarlas.

Lupe se sintió bienaventurada ahora—¡podía explotar! Le hizo una señal a Salvador con las manos para que atravesara la pendiente y se reuniera con ella.

¡Cada vez que respiraba, respiraba amor!

El amor estaba en todo lo que veía: los árboles, las matas, la mar, la brisa, las mariposas, el ciervo, y por supuesto, la visitante Águila Roja.

Tomando la mano de su esposo, Lupe atravesó con Salvador el lugar donde había orinado y caminaron hacia la orilla del mar. Las mariposas los siguieron como ángeles mandados por Dios.

De repente, una bandada de codornices irrumpió en una rápida explosión, volando de un gran matorral al lado de la arena. Lupe y Salvador se quitaron los zapatos y caminaron por la playa. Cada paso que daban, lo daban en la Belleza de Dios. Habían entrado al Paraíso Terrenal.

El Padre Sol se ponía ya cuando regresaron a su carro y manejaron hacia Oceanside. Se pararon en el acantilado arriba del muelle de Oceanside y salieron del Moon. Había algunas nubes de suave seda sobre la mar donde el Padre Sol, el Ojo Derecho del Todopoderoso, se ponía.

Entre más se acercaba el Padre Sol a la mar, todo el cielo occidental se iluminaba de color de rosa y oro, rojo y anaranjado, y las nubes adquirían unos hermosos colores de plata sedosa.

La gente se reunió en el acantilado y observaba el milagro de la luz dando fin a otro magnífico día, un verdadero Regalo del Todopoderoso.

Salvador mantenía a Lupe en sus brazos contra su cuerpo mientras veían ahora al sol tocar a la mar y empezar a deslizarse y resbalar en el gran pacífico. Ahora podía sentir el calor de las bien formadas nalguitas de Lupe contra él. ¡Era muy sabroso!

Y entonces pum, el Ojo Derecho de Dios se iba, se iba, se fue, ¡y lo que quedó aquí, por una fracción de segundo, fue un pequeño destello en forma de pirámide de luz verde azul!

De repente empezó a hacer mucho más frío.

Rápidamente Salvador y Lupe se subieron a su carro.

Para cuando llegaron a Carlsbad—a sólo tres millas al sur del muelle—¡Lupe se moría de hambre! Les había tomado casi seis horas manejar desde Santa Ana, y por lo general este recorrido tomaba sólo una hora. María, la hermana mayor de Lupe, había prevenido a Lupe acerca de este tiempo sin tiempo y hambre de amor.

De hecho, las dos hermanas mayores de Lupe, María y su nina Sofía le habían explicado esta hambre de las mujeres, de este sentido de tiempo sin tiempo de la mujer que ocurría cuando un hombre y una mujer se unían en el compromiso total del Santo Matrimonio.

El tiempo se detenía ¡y todo ser viviente explotaba en abundancia! Y una mujer sentía tanta hambre que debía tener mucho cuidado, porque si se abría, realmente se abría a sus plenos poderes de amar muy rápido en su noche de bodas, pues, podía devorar al hombre—carne y hueso y todo—llevándolo a su cuerpo una y otra vez, hasta que no quedara nada, nada del hombre, ni siquiera para los buitres.

Y era verdad, todo lo que Lupe veía, ¡lo quería tomar y ponérselo en la boca, masticarlo, y engullirlo en su hambriento y adolorido cuerpo!

Agarrándole la mano mientras manejaban—¡sentía tentación de arrancarle los dedos de la mano a mordidas, uno por uno, chuparlos primero, después masticarlos, devorarlos poniéndolos en la profundidad de ella misma!

Para cuando se salieron del camino en el pequeño pueblo de Carlsbad, Lupe tenía tanta hambre, ¡que sabía que era peligrosa!

—Dime—dijo, tratando de calmarse—, ¿tenemos algo en casa para que pueda preparar algo de comer para nosotros?

—No, creo que no—dijo Salvador—. Pero podemos salir a comer más tarde.

—¿Más tarde? ¡Ah, no!—dijo—Me gustaría parar a comprar provisiones para que pueda preparar nuestra primera cena en nuestra casa nueva.

Ésa era la otra cosa que le habían contado sus dos hermanas mayores casadas, María y Sofía, ten suficiente comida en casa antes de acostarte.— De otra manera—le había dicho María—¡se ha sabido que los recién casados se devoran unos a otros, y los hallan muertos y apestando la casa semanas después!

—Bueno, está bien—dijo Salvador dando vuelta en la calle principal de Carlsbad—. Hay un nuevo mercado cerca de la casa. Mi amigo Kenny—lo conoces, lo conociste en la boda—le prestó a Eisner el dinero para que empezara con su pequeña tienda.

—¿No te prestó Kenny dinero a ti también?—preguntó Lupe.

—Sí, es verdad—dijo Salvador—Kenny es un buen hombre.

Hacía algunas semanas Salvador le había empezado a contar a Lupe acerca de su negocio de fertilizantes. Después de todo, quería empezar a crear un poco de confianza entre ellos antes de que dejara de mentir completamente.

Por Dios, Lupe realmente no tenía ni idea que era un jugador, un fabricante de whiskey ilegal, que bebía y que portaba una pistola. Se había casado con él creyendo realmente que se ganaba la vida moviendo fertilizante.

La verdad le iba a dar un gran disgusto. Las mentiras no eran buenas compañeras de viaje del amor por mucho tiempo.

Después de comprar dos bolsas llenas de provisiones—que sumaron treinta y cinco centavos—manejaron de regreso por la calle principal del pueblo, doblaron a la izquierda, yendo una calle hacia el este, entonces dieron vuelta a la izquierda de nuevo por un camino de terracería, y a la derecha en una huerta donde se encontraba su pequeña casa. Salvador había rentado la casa de sus buenos amigos Hans y Helen Huelster, la pareja alemana dueña del Montana Café. Hans y Helen habían conocido a Lupe en su boda. Helen pensó que Lupe era la mujer más bella por su belleza natural, que jamás había conocido.

La casa era de buen tamaño, dos recámaras con plomería interior que Salvador había conseguido por quince dólares al mes—¡una fortuna! Un perro y dos gatos venían con la casa y una pequeña hortaliza en la parte de atrás, y toda la casa estaba rodeada de una cerca blanca. Había rosas en el jardín del frente, además de todas las nuevas flores que Salvador había sembrado. Sus vecinos más cercanos vivían a dos cuadras de distancia.

Al salir del carro, Salvador no sabía si debía cargar a su novia primero o las dos bolsas de provisiones que Lupe tenía abrazadas contra el pecho como si tuviera miedo de perderlas.

—Lupe—dijo finalmente riéndose—, no creo poder cargarte por la entrada, si no sueltas esas bolsas de provisiones.

Sonrojándose, Lupe puso las dos bolsas en el piso y Salvador la alzó en sus brazos. Mirándose mutuamente a los ojos, se acercaron, ¡y ah, el solo roce de sus labios lo sacó de quicio!

Rápidamente Salvador abrió la pequeña puerta blanca con una mano y manteniendo la puerta abierta con un pie, llevó a su joven novia por la cerca y hacia la casa. Pero entonces, de la nada, apareció el perrito que pertenecía a la casa y no reconocía a Salvador y a Lupe, y empezó a gruñir y a tirar mordiscos.

Salvador le gritó al perro y entonces hizo el grave error de tratar de espantarlo con una patada.

El bravo perrito brincó sobre Salvador, agarrándolo de la pierna del pantalón y Salvador y Lupe cayeron al piso. Salvador estaba encabronado, pero Lupe no podía dejar de reírse. El perrito café se veía tan orgulloso que estaba riéndose y diciendo,—Miren, puede que sea pequeño, pero soy un verdadero perro bravo, así que ustedes dos no tendrán que preocuparse nunca porque yo puedo cuidar la casa sin ningún problema.

Todavía enojado porque le habían roto la pierna de su pantalón, Salvador cometió ahora el error de lanzarle otra patada al perro. Instantáneamente la pequeña bestia dejó de sonreír y atacó a Salvador de nueva cuenta mordiéndolo.

Salvador dio un grito de dolor. Y era un perro tan pequeño, apenas un poco más grande que los dos gatos que se aproximaban ahora para que los acariciaran, restregándose contra Salvador y Lupe mientras estaban en el suelo.

Salvador dejó de patear al perro y se empezó a reír también. En un instante el perro sonreía una vez más.

—¡Nada más mira ese pinche cabroncito!—dijo Salvador riéndose—. ¡De verdad que está muy orgulloso de habernos tirado!

—Sí que lo está—dijo Lupe—, y cómo te mordió cuando trataste de patearlo, parece un pequeño— . . . no terminó la frase.

—Anda, ¿qué ibas a decir?—dijo Salvador.

—Ah, nada—dijo Lupe, sonrojándose allí en el piso junto a Salvador, acariciando a los dos gatos y al perro.

Uno de los gatos era de color café pardusco y el otro tenía tres colores distintos, y claro, este último tenía que ser hembra. Pues el que un gato macho tuviera tres colores era tan raro como un trébol de cuatro hojas.

—Ándale—dijo Salvador—, ¿qué ibas a decir?

Lupe se sonrojó una vez más.—Iba a decir—. Pero no pudo decir la palabra porque nunca en su vida había dicho malas palabras.

—Vamos, Lupe—dijo Salvador poniendo la mano en su barbilla y levantando su cara suavemente para que pudieran verse frente a frente—, ¿qué ibas a decir? Recuerda que ahora eres una mujer casada, puedes decir y hacer lo que quieras.

—¿De veras?

—Claro, eres un adulto ahora, una persona responsable, lista para comenzar tu nuevo hogar. Así que dime, ¿qué ibas a decir?

—¡Chingón!—dijo rápidamente porque nunca antes había dicho esta palabra—. Iba a decir que el perrito parece un verdadero chingón!

La risa, las carcajadas que irrumpieron del cuerpo de Salvador eran tan grandes que espantaron a los dos gatos y al perro—quienes obviamente se habían criado juntos por que se llevaban muy bien juntos—y Lupe le pegó a Salvador en el estómago para que dejara de burlarse de ella, pero entonces ella se estaba riendo también. Ay, qué bien se había sentido decir esa palabra prohibida.

—Así que de hoy en adelante, así le llamaremos—dijo Salvador—, el Chingón, nuestro gran protector.

Salvador y Lupe no podían dejar de reírse. Entonces se acercó uno al otro, mirándose mutuamente con tanta pasión, con tanto sentimiento, y empezaron a besarse y besarse aquí en la tierra, afuera de su pequeña casa de luna de miel. Lupe no quiso hacerlo—pero ah, Dios Mío le dio una mordida en el cuello a Salvador tan fuerte ¡que dio un grito de dolor!

—¡Me mordiste!—gritó—. ¡Primero el pinche perro y ahora tú!

—¡Ah—dijo—, lo siento! No sé qué me pasó, pero, bueno primero me das de comer, Salvador . . . ¡muy rápido!

No se rió al verle a los ojos. Ah, Lupe tenía una mirada de hambre en los ojos que hubieran aterrorizado a cualquier hombre. Salvador se frotó la parte donde lo había mordido ella, se paró y fue a buscar los comestibles.

Después de acariciar a los dos gatos y al perro, Lupe se puso de pie también. Le disgustaba admitirlo pero una gran parte de ella que en verdad le había gustado morder a Salvador. ¡La había hecho sentirse como una gran chingona! Le guiñó el ojo al perrito, y él le sonrió, entonces Lupe siguió a Salvador adentro de la casa.

La casa estaba toda a oscuras. Salvador encendió un cerillo buscando el interruptor de la luz pero no lo pudo hallar. La casa estaba en silencio y había un aire fantasmal, especialmente cada vez que se movían y el piso chirriaba. El estado de ánimo de Lupe cambió rápidamente. Cada cual podía escuchar la respiración del otro. Finalmente, Salvador halló el interruptor y prendió las luces.

Lupe miró a su alrededor y la primera cosa que le vino a la mente fue el gran tamaño de los cuartos. Nunca había estado en una casa tan grande y espaciosa. Al lado de ella, la casa de sus padres parecía un jacalito y la de su hermana Sofía, una tienda de trabajadores emigrantes.

—Bueno, ¿qué te parece?—preguntó Salvador orgullosamente.

—Que es verdaderamente grande—dijo.

—Sí, pensé que te gustaría—dijo—, y también tiene baño y cañería interior, no sólo electricidad. Ven, te voy a enseñar el baño y la cocina.

Lupe siguió a Salvador. Los demás interruptores no fueron tan difíciles de hallar.

—Como dices, Lupe—Salvador continuaba hablando camino a la cocina y al baño—, un lugar lejos de nuestras dos familias, para que nos podamos conocer sin interferencias.

Le encantaba llevar a Lupe de cuarto en cuarto. La mayoría de los muebles que habían escogido juntos había llegado ya y ella estaba admirada mirando los diferentes cuartos con todos los muebles.

—Sabes—dijo Salvador—, mi madre estaba muy impresionada cuando le dije que una de tus primeras peticiones fue que viviéramos solos durante el primer año, sin ninguna de nuestras familias cerca. Me dijo que era admirable el que tú, que estabas tan apegada a tu familia, tuvieras la sensatez de querer estar sola—¿pero, qué haces?—, preguntó, interrumpiéndose—. ¿La casa huele mal o qué?

—No, en realidad no—dijo Lupe olfateando el cuarto. Estaban ahora en el baño pequeño—. Lo que pasa es que está muy fuerte—dijo mintiendo, porque la verdad era que toda la casa olía horriblemente.

—Como sabes, los dueños, Hans y Helen, son alemanes—dijo Salvador—. Y estuvieron limpiando.

—Bueno, está inmaculada—dijo—, hay que decirlo. Pero huele fuertemente a jabón—¿podríamos abrir las ventanas mientras empiezo la cena? Mañana traeré unas flores del jardín para darle fragancia a la casa.

—Sí, por supuesto—dijo Salvador, empujando la mitad de la ventana inferior hacia arriba—. Pero, ¿ no podríamos comer después?

—¿Después de qué?—preguntó Lupe, quitándose el abrigo mientras regresaban a la cocina. Pero en ese momento se volteó y le vio la cara a Salvador y se dio cuenta de lo que había querido decir—. Ah, eso—, dijo, sonrojándose en una docena de matices del rojo mientras ponía el abrigo

sobre el respaldar de una de las sillas de la cocina.—No—dijo firmemente—, te tengo que dar de comer primero.

—Tienes que darme de comer primero—repitió—. ¿Qué, soy caballo?

—Bueno, claro que no—dijo—. Pero sabes, mi hermana María, bueno,
ella me explicó que . . . —. Lupe dejó de hablar poniéndose aún más roja
todavía. No le podía decir lo que le había explicado su hermana. Miró hacia el piso pulido de madera, evitando la mirada de su esposo.

Una vez más, Salvador se intrigó mucho.—¿Qué es exactamente lo que
te dijo María?— Le preguntó, acercándosele más con un brillo en los ojos.

—No—dijo Lupe, cerrando los labios y bajando la cabeza—. No te puedo decir.

—Pero, ¿por qué no? preguntó verdaderamente disfrutando del apuro
de ella.

—Porque—dijo mirando hacia arriba y lista para decirle la verdad. Pero
notó entonces que a él le bailaban los ojos. Se estaba burlando de ella.—
¡No!—dijo ahora con enojo—. ¡Ahora no te voy a decir! ¡Quítate de en medio mientras empiezo a cocinar y eso es todo!

Oyó el tono de voz, vio su postura, y todavía podía sentir donde lo había mordido, así que cedió. Su novia podía ser una tigre. Se echó a reír.

—No te atrevas a reírte de mí—dijo abruptamente—. Puede que no sepa
mucho del matrimonio todavía, ¡pero he visto lo que les pasa a los puercos
machos durante la época del celo!

El alarido, el grito de carcajadas que salió de Salvador fue tan grande,
que hasta el perro, Chingón, empezó a ladrar de nuevo afuera.

—¡Ay, ay, ay, ay!—gritó Salvador—. ¡Por eso es que tuvimos que comprar provisiones, para que pudieras darme de comer primero! ¡Para que
no me convierta en un pellejo con huesos como un puerco macho en celo!

Ahora las mejillas de Lupe se pusieron tan rojas que su cara parecía
quemarse por el fuego—. Bueno, es verdad—, dijo.—Hasta Sofía me dijo
lo mismo, ¡no sólo María! "Las mujeres deben tener cuidado de no des-
gastar al marido en su luna de miel, ¡o ellos se pondrán tan débiles que no
podrán ir a trabajar!

Al escuchar esto, Salvador se tiró al piso riéndose, pateando, y golpeando con los puños—¡aullando! Afuera, Chingón corría alrededor de la casa,
ladrando locamente y después todos los perros del vecindario empezaron
a ladrar también. Finalmente Lupe no pudo más, se le quitó lo enojado y
se estaba riendo también.

Calmándose, Salvador se quedó allí en el piso, mirando las largas, fuertes y bien torneadas piernas de Lupe mientras ella estaba de pie recargada
contra la estufa, limpiándose las lágrimas de tanto reír.

Lupe miró los ojos de Salvador. Vio como sus ojos la devoraban, comiéndosela pierna por pierna, muslo por muslo, pecho por pecho; ¡ah, Dios Todopoderoso, si tenía tanta hambre de ella como ella de él!

Verdaderamente daba miedo, porque si el hambre de él se parecía a la que ella misma sentía cuando lo miró—entonces sí, los cuentos de su hermana María eran absolutamente verdaderos . . . ¡y recién casados habían sido hallados muertos porque se habían consumido uno al otro hasta morir!

Él, Salvador, se levantaba ahora lentamente diciendo—Lupe—, mientras se acercaba a ella,—Yo soy fuerte, querida. Créemelo, no tienes que preocuparte porque me muera por lo menos—, se sonrió—en tres días.

Al decir esto, se le acercó, apretando su cuerpo contra el cuerpo de ella, mientras ella se reclinaba hacía atrás en la estufa, y su boca abierta halló la boca de ella y se besaron, ¡acariciándose (devorándose) con la boca! ¡Y ella podía sentir su ardiente fuego, duro como una piedra, crecer y crecer, apretándose contra ella, poniéndose enorme! Entonces la levantó en sus brazos poderosos, y corrió rápidamente por el pasillo, ¡desde el cual abrió su recámara de una patada con un gran ruido!

Salvador la recostó a todo lo largo de la ancha cama sobre las sábanas que su hermana Sofía le había bordado con rosas rosadas, hojas verdes y enredaderas. Su respiración cambió, haciéndose larga y caliente y muy pesada.

Lupe podía ahora realmente entender que el Todopoderoso había hecho al hombre de piedra y fuego ardiente pues Salvador estaba ardiendo arriba de ella, arrodillado sobre su cuerpo. ¡Ahora sus ojos eran ardientes carbones vivos, un fuego que la quería consumir!

Ahora la besaba suave, tierna, pausadamente, en la boca, las mejillas, el cuello; y ella supo ahora por qué Dios había hecho a la mujer de la flor y del árbol. Porque ahora podía sentir todo su cuerpo abriéndose a Salvador como una flor A LA LUMBRE DEL SOL, (A LA LUMBRE DE SU SOL) mientras ella le arqueaba la espalda hacia él, ¡deseando tenerlo en la profundidad de su interior lo más rápido posible!

¡Él era su Sol!

¡Ella era su Luna!

¡Él era su día!

¡Ella era su noche!

¡Y el Todopoderoso estaba ahora aquí con ellos, igualmente guiándolos, ayudándolos a la Creación de su propio Paraíso!

El tiempo desapareció. Y el milagro de la Unión entre un Hombre y una Mujer empezó.

Sí, algo había sucedido en realidad desde que salieron de Santa Ana.

Todos sus sentidos habían empezado a cambiar, a cambiar, a crecer, expandiéndose desde el momento que Salvador y Lupe habían decidido casarse y dejar el hogar de sus padres; dos personas, dos corazones; ¡dos almas preparándose para entrar en su propio Reino con Papito!

¡Adán y Eva de nueva cuenta!

Cuando atrajo a Salvador hacia sí misma, Lupe sentía ahora la aspereza de su cara rasurada, oliéndolo al echarle los brazos sobre su cuello, sintiendo su ancho y grueso cuerpo empujando hacia abajo sobre el suyo.

Lupe pensó en quitarse su vestido azul marino antes que se arrugara, pero no lo hizo, y escuchó el ladrar de los perros afuera—muy parecido a los perros que siempre habían ladrado afuera de su casita en La Lluvia de Oro en México. Ahora le pasaba los dedos por la gruesa melena de pelo chino de Salvador mientras arqueaba su cuerpo contra el de él, y él . . . y él continuó besándola con pequeños y rápidos mordisquitos.

Su piel empezaba a brillar, a sudar, mientras él seguía besando, mordisqueando, susurrando tiernas palabras de cariño.

¡Repentinamente su piel estaba viva y empezaba a cantar! ¡A estremecerse con pequeñas, rápidas y calientes sensaciones que sentía por toda la cara y el cuello y hombros, y después le bajaban por entre las espaldas, por todo el cuerpo!

¡Nadie le había dicho nada de esto!

¡Ay, qué maravilloso era esto!

Empezó a abrir la boca ampliamente sólo para respirar, ¡y jalar la cara de él hacia la de ella para que pudiera acariciarlo con la boca, morderlo, comérselo entero! Milagro de milagros, las sensaciones continuaban y Lupe se puso tan caliente que tuvo que empujarlo para poder respirar.

—¿Estás bien?—preguntó

—Sí—dijo boqueando para poder respirar—. Estoy bien. Estoy, bueno, caliente.

Y en verdad, estaba tan caliente que tuvo que echarse el largo pelo negro hacia atrás antes que pudiera seguir besándose con él.

—Okay,—dijo, después de poder respirar y alargando los brazos hacia él. Y aquí estaban de nuevo besándose y devorándose con la boca y respirando juntos, y parecía que sus dos cuerpos se estaban convirtiendo en uno.

Como si estuvieran convirtiéndose en una enorme masa de sentimiento, un enorme cuerpo de maravilla, de deliciosa, maravillosa . . . ¡ah, ah, ah, y estas sensaciones raras crecían, crecían dentro de ella, sensaciones para ella desconocidas en todos los años de anhelar, soñar y desear!

Entonces, ¡repentinamente estaba INCENDIÁNDOSE!

¡EN LLAMAS!

Podía sentir su piedra dura de lava derretida pulsando contra ella a través del vestido y sintió una repentina, caliente, dolorosa sensación que empezaba en la base del cráneo, lentamente al principio. Muy lentamente. Después más rápido y más rápido . . . y bajaba por su espina vertebral . . . en un volcán de fuego explosionado.

¡Oyó un GRITO!

De quién era este grito, ella no lo sabía, hasta que se dio cuenta que era ella la que estaba boqueando por falta de aire. ¡Gritó una vez más!

¡Ahora podía sentir su cuerpo REVENTAR, ABRIÉNDOSE y ahora estaba toda mojada en el centro de su ser!

Empezó a enloquecer de temor, pensando que se iba a enfermar otra vez y que tenía que ir corriendo al baño. Pero no fue así. No, se podía dar cuenta que esta vez, a diferencia de la otra, ¡estaba más viva que nunca antes en su vida!

¡Había irrumpido en todo un mundo nuevo de sensaciones!

¡Ahora estaba lista hasta la raíz de su ser para abrirse y llevarse a este hombre a la profundidad de su interior, a niveles de emoción nunca antes sentidos por ella!

Oyó entonces una serie de gruñidos quedos, al principio pensó que venían de los perros afuera. Pero, así como crecían en intensidad y se hacían más numerosos, se dio cuenta que estos también venían de su interior . . . apretó a Salvador con tan terrible fuerza que pensó que lo había aplastado.

Lupe se podía oír a sí misma GRITANDO tan fuerte y después dar unos grititos apretados que nunca antes había dado.

¡El cuerpo entero se le partía, EXPLOTANDO, HACIENDO ERUP-CIÓN en VIOLENTOS ESPASMOS con cada CHILLIDO!

Llegó un momento en que no pudo aguantar más y se quitó a Salvador aventándolo al otro lado de la cama, hasta el suelo, ¡para poder respirar de nuevo!

—¡Perdona!—grito tratando desesperadamente de poder respirar. Ojalá no te haya lastimado de nuevo.

Esta vez no sólo había apartado de ella a Salvador empujándolo. Ah no, esta vez lo había lanzado de un lado de la cama al otro y al suelo, desde donde la veía con incredulidad. Estaba asustado. Pesaba cuando menos unas cincuenta libras más que ella, y ella lo había aventado como si fuera un juguete.

Movió la cabeza haciendo una mueca.—No, no me has lastimado, todavía—. Creo que todavía estoy bien.

—Bueno—dijo respirando profundamente, tratando de calmar su palpitante corazón—. Entonces súbete a la cama—, dijo, alargando la mano para atraerlo hacia ella de nuevo. ¡Ay, que hambre tenía! Realmente debía tener cuidado. ¡Se moría de hambre!

Tomó la mano que le alargaba. Estaba ahora muy contento que habían tenido más de una semana después de la boda para tranquilizarse. Dos personas podían verdaderamente matarse en su noche de bodas.

La luz de la luna entraba ahora por la ventana de la recámara hablándoles con su voz lunar por entre las cortinas de encaje blanco. La Madre Luna era en verdad la mejor amiga de todo joven enamorado, ayudándole, guiándolo en este momento milagroso de potencia y juventud.

—No quise lastimarte—dijo Lupe, mientras le ayudaba a subirse de nuevo a la cama—. Pero realmente creí que me iba a morir, así que tuve que empujarte.

Él asintió con la cabeza.—No tienes que explicarme—dijo—. Estoy bien.

—¿De veras?

—Si, de veras—dijo él, sonriendo—. Como te dije, no te preocupes, puedo aguantar esto dos o tres días. No me espantas. Pero, óyeme, nunca me habían aventado antes de un lado al otro de la cama como si fuera un muñequito de trapo.

—Bueno, a la mejor no te doy miedo—dijo sonriendo—, pero soy algo atemorizante—, añadió, disfrutando la idea de su propio poder.

Lo volvió a agarrar, jalándolo hacía sí desde el otro lado de la cama, mojándose los labios. Se sentía muy chingona. ¡Ah, y sólo el tocarlo le daba comezón de nuevo, le ponía la carne a cantar, a brillar, a arder!

Lupe se forzó a sí misma a parar.—Espera. Por favor espera. Quiero desvestirme ahora—, dijo porque no quería arruinar más su vestido. Al decir esto Lupe se paró y se fue a la intimidad del baño, mientras él se desnudaba para meterse dentro de las cobijas.

En el baño Lupe se desvistió, dobló su ropa, y sobre el cuerpo desnudo se puso el hermoso negligé beige—blanco que le había regalado Bernice, la esposa de Harry—la pareja judía que Salvador le había presentado—como regalo de bodas.

—Este negligé te lo pones en la primera noche de tu luna de miel en la intimidad del baño después que lo hayas puesto caliente con besos,—le había dicho Bernice, una mujer que se había conservado tan bien de cuerpo que parecía que tenía veinte años menos—. ¡Entonces querida, apagas la luz en cuanto entres al cuarto, porque esta rápida visión de ti en este negligé, tu marido la recordará con placer aun cincuenta años después de tu matrimonio!

—Porque, después de todo, una luna de miel es para crear los recuerdos que nos ayudan a los casados a mantenernos juntos en los años venideros. Y si te pide que prendas la luz para que te pueda ver, ¡dile que no! ¡Y se lo dices con convicción! Pero después, le dices muy insinuantemente, "Después, cariño, por favor, cuando sea menos tímida". Pero tú no eres tímida querida—. Le había explicado Bernice—. ¡Ah, no, tú sabes bien lo que haces! ¡Estás creando las bases de las fantasías en las que se basa todo matrimonio exitoso!

Lupe se sentó en el inodoro, escuchando el torrente de cascada, se limpió, descargó el inodoro, se lavó las manos, se arregló el cabello, bebió un poco de agua del lavabo ahuecando la mano—al no hallar un vaso—respiró entonces, viéndose al espejo, y por Dios, Lupe se sorprendió de verse tan bonita cada vez que se veía al espejo.

Después de todo, nunca había sido de las que se pasaban mucho tiempo enfrente del espejo. Porque ella, Lupe Gómez—no, Lupe Villaseñor— era una belleza imponente . . . ¡y era una mujer casada!

Se rió, se sonrió, rió con una risita tonta, y le dio gracias a Dios, se persignó y salió del baño, dejó que Salvador se diera un taco de ojo por tan sólo una fracción de segundo se volteó y apagó la luz de la recámara.

—Pero Lupe—dijo Salvador—, ¡no apagues la luz! Quiero verte; ¡te ves tan preciosa!

—No—dijo bruscamente.

—¡No la voy a prender! Por favor, Salvador, más tarde, tal vez cuando yo, bueno, tú sabes, no sea tan penosa—, añadió tiernamente.

—Ah—dijo, realmente disfrutando el dulce e inocente tono de su voz.

Lupe se metió ahora abajo de las cobijas con Salvador, su verdadero amor, y juntaron sus dos cuerpos entre las suaves sábanas frías, y después empezaron a besarse y a olerse uno al otro. El estaba desnudo y ella nunca antes había olido a un hombre desnudo.

Se rió tontamente, ¡le gustaba!

Y así, Él, el Día terminó y Ella, la Noche empezó, mientras la Madre Luna les hablaba con su idioma lunar.

El Diablo vio su felicidad, su alegría al estar en Santa Unión
con el Todopoderoso; Y se sonrió, reptando del Árbol de la
Ciencia para interceptarlos.

TRES DÍAS Y tres noches, Salvador y Lupe estuvieron juntos en su pequeña casita de su luna de miel, luneando con las estrellas y conociéndose como no habían conocido a nadie antes.

Lupe le contó a Salvador relatos de su niñez, de cómo había sido crecer en un pueblo de México dedicado a la minería del oro . . . en las alturas de La Barranca del Cobre, que pertenecía a una compañía americana. Le contó de su venado mascota, de cómo subía y bajaba las empinadas colinas como india salvaje con él..

Salvador le contó a Lupe cuentos de su infancia en Los Altos de Jalisco, donde la tierra era roja y todos los hombres llevaban pistola. Le contó de su mascota, el Chivo, el toro de lidia más grande de toda la región, y de cómo la vida había sido una alegre y loca aventura hasta que llegó la Revolución de 1910 haciendo explosión en esa zona montañosa cuando tenía nueve años.

Hablaron, hicieron el amor y, luego hablaron más, sintiéndose poco a poco tan cerca uno del otro que casi parecía que se habían conocido toda la vida.

Dos corazones volviéndose uno.

Dos mentes volviéndose una.

Y pronto sus cuentos se entremezclaban en sus sueños, y el cuerpo de uno empezó a adquirir los olores del otro.

Olores y sueños que los unían en una sensación de unidad que nunca antes habían conocido.

Sueños y olores, dos medios de comunicación muy poderosos, y aquí, en este cruce de olores y sueños, el mundo entero desaparecía, ¡ahora estaban nuevos y tan contentos, tan contentos, dándose amor y más amor una y otra vez!

Dormían cuando estaban cansados y hablaban cuando despertaban, y poco a poco, estos dos desconocidos que se habían casado se convirtieron en mejores amigos.

Lupe se sentía ahora segura para hacerle a Salvador las preguntas sobre el sexo, los hombres y la vida que siempre le había dado vergüenza hacerle a su madre y a sus hermanas. Y él también, poco a poco, le contó cosas acerca de su vida que nunca le había contado a nadie antes.

Pero no fue hasta la tercera noche, cuando se habían desgastado hasta quedar exhaustos, que finalmente se cambiaron de piel como las culebras en la primavera, y se olvidaron de su vida pasada. Ahora no existía más que este nuevo y valiente mundo nuevo que se habían creado al hacer el amor.

Y el olor de sus cuerpos, de su cama húmeda, se convirtió en un universo que tenían que explorar conociendo cada pequeña curva, y grieta secreta de sus cuerpos.

Siguieron haciendo el amor una y otra vez.

Poco a poco, Lupe llegó a saber por primera vez en su joven vida por qué el Sol siempre se conocía como el miembro masculino cuando salía con su fuerza abrasadora todas las mañanas, justo antes de irrumpir, ¡disparando luz por toda la Hembra Tierra!

¡El amor! ¡El amor! ¡Era la unión del Cielo y de la Tierra!

Lupe se adentró a Salvador una y otra vez, finalmente empezando a satisfacer esa hambre canina que había sentido desde que había dejado la casa de sus padres.

Ahora, aquí eran finalmente hombre y mujer con Una Alma: la Primera Casa de cada Hogar.

La Primera Casa de los Tres Mundos Sagrados de la Creación, el lugar donde Papito Dios vivía con cada Pareja Nueva, aspirando y . . . exhalando.

¡Los tambores sonaban!

¡Los tambores sonaban, Sonaban, Sonaron!

Ellos, Lupe y Salvador, se habían reunido con el Latir del Universo; ¡Una Canción, Un Verso, la SINFONÍA de la CREACIÓN!

ENTONCES, ALGUIEN TOCÓ a la puerta del frente.

Era media mañana y Kenny White había venido a decirle a Salvador que Fred Noon estaba en el pueblo y que necesitaba verlo sobre un asunto de su hermano Domingo, que estaba encarcelado.

—Está bien—dijo Salvador mirando hacia atrás de reojo para asegurarse que Lupe no había oído.—En una hora estoy en tu casa.

—¿Una hora, eh?—dijo Kenny riéndose—. Carajo, recuerdo los días que tú estabas listo en dos minutos—. Solo estoy bromeando—, añadió Kenny—. Todos sabemos que estás de luna de miel. No te preocupes. Voy a desayunarme con Fred al *Montana Café*. Allí nos vemos. También, creo que ya es hora que le dé servicio a tu carro.

—GRACIAS, KENNY—DIJO Salvador, restregándose la cara y tratando de quitarse las lagañas de los ojos—, eres buen amigo.

—Chingado, tú sigue dándome el mejor whiskey que he probado desde la última vez que probé el Canadian Whiskey—, susurro Kenny con una sucia sonrisa—.¡Nos vemos Sal! ¡Carajo, si me sintiera mejor, me arrestarían por loco!

—¿Quién era?—preguntó Lupe cuando Salvador regresó a la habitación

—Kenny—dijo Salvador, restregándose los ojos y todavía tratando de despertar. Dios mío, casi no había reconocido a Kenny cuando abrió la puerta. Era como si él y Lupe estuvieran tan lejos . . . ¡en otro mundo!—Vino a decirme que mi abogado de San Diego, Fred Noon quiere verme.

—¿Tienes abogado?—preguntó Lupe—. ¿Pero, para qué necesitas uno para transportar fertilizante?

Salvador respiró profundamente. Lupe era muy rápida. No era ninguna tonta. Sabía atar cabos muy rápido. Él tendría que tener mucho cuidado con ella mientras estuviera escondiéndole todas estas mentiras. Las mentiras y el amor no se mezclaban muy bien. El amor lo hace a uno abrirse demasiado.

—Cuando regrese hablamos—dijo—. Hay algunas cosas que necesito explicarte.

—¿Cómo qué?

—Ahora no—dijo. Carajo, era rápida—. Tengo que reunirme con Fred y Kenny en una hora.

—¿En una hora?—dijo deslizando la pierna izquierda fuera de las tibias cobijas y tocándolo con el pie suavemente entre las piernas—, entonces todavía tenemos tiempo, ¿verdad?

—Lupe—le dijo sintiéndose excitado y obligado al mismo tiempo—, tengo que despejarme la cabeza y pensar. Por Dios, casi ni reconozco a Kenny cuando lo vi en la puerta. Parece como si, bueno, estuviéramos drogados, o, bueno cuando menos perdidos durante años o algo parecido.

Frunció los labios, no le gustó, y parecía un poco sentida, pero aún así no lo soltó del pie. Movió los dedos de los pies. Se sentía tan suave ser *chingona*. Le parecía tan atrevido y nuevo para ella.

Al sentir los dedos de Lupe jugando con sus partes privadas, Salvador sonrió. Está bien—dijo—, nos echamos uno rapidito. Tengo que bañarme y vestirme. Carajo, te apuesto a que apestamos peor que dos venados en celo.

Asintió recordando cuando su venado se había puesto así de loco e incontrolable que se había vuelto, y sí, apestoso. Moviendo los dedos del pie Lupe lo acercó. Entonces, con una sonrisa, alargó la mano agarrándolo. Y a Salvador le encantaba.

En los últimos tres días y noches, Salvador había comprendido por qué, a través de las edades, los hombres habían puesto un valor tan alto a una esposa virgen. Lupe había florecido ante sus ojos convirtiéndose casi en una esclava de su propia sexualidad.

Era como una hermosa potranca llegando a su plenitud, una flor que se abría pétalo a pétalo, un árbol frutal floreciendo con sus nuevas hojas y capullos—¡explotando con vitalidad!

¡Sólo con su mirada le bailaba el corazón!

SALVADOR ESTABA VESTIDO y listo para salir.

—Pero, ¿cuánto te vas a tardar?—preguntó Lupe—. Te quiero hacer algo de comer.

—No me voy a tardar mucho—le contestó, tratando de salir—. Regreso en seguida.

—¿Me lo prometes?

—Absolutamente. No debe tomarme más de una hora o dos para ver a Fred Noon, y después recoger un dinerito que me deben.

—Bueno, está bien—dijo ella, acercándosele y dándole otro largo beso—. Pero no te tardes. Te voy a hacer una cena especial.

—Te lo prometo, ni un minuto más.

Y empezó a abrazarlo de nuevo, pero él logró escaparse y salir. Se rió de buena gana. ¡Ay, estaba ronroneando! Si todo su cuerpo no había dejado de cantar desde que empezaron a hacer el amor.

Lupe siguió a Salvador a su carro. Él arrancó el motor—¡Regresa pronto!—gritó—, ¡Te estaré esperando!

Le dio vuelta a su Moon y lo sacó de la cochera. Ella se despidió agitando la mano. Se sentía tan feliz estando casada, despidiéndose de su esposo cuando éste salía al mundo que se le llenaron los ojos de lágrimas.

Chingón, el perrito, se le acercó. Lupe se puso en cuclillas, acariciándolo mientras se limpiaba los ojos y miraba a Salvador, su verdadero amor, salir del largo camino de entrada entre los árboles de aguacates y doblar a la izquierda hacia el pueblo.

Toda la vida se le había dicho a Lupe que el amor era lo más maravilloso en la vida de una persona, y que el acto de hacer el amor en sí era lo que mantenía a la mujer joven y sana. Pero nunca había entendido hasta ahora que había estado con Salvador una y otra vez, durante todo el día, hacer el amor no sólo soltaba todos los jugos vitales de una mujer, sino que despertaba su piel, como de un largo sueño, haciéndola suave y lisa como si cantara y se regocijara.

Todavía sentía a Salvador aquí, en toda la piel.

AL DAR VUELTA a la izquierda hacia el centro de Carlsbad, Salvador sacó de debajo del asiento su .38 Special y la revisó. No tenía ni la más mínima idea de qué se trataba, pero adivinó que de seguro no podía ser nada bueno.

Al entrar al *Montana Café* Salvador vio inmediatamente a Helen sirviendo café. La alemana soltó un grito.—Mira, Hans—se dirigió a su esposo que estaba tras el mostrador en la cocina—, ¡Salvador ha resucitado!

—¡Qué bien!—gritó Hans, vestido todo de blanco y cocinando—. ¡Dale el plato especial para que no se nos muera!

—Hola, Helen—dijo Salvador—. ¡Hola, Hans—! gritó hacia la cocina, a unos de sus mejores amigos.

Vio que Fred Noon y Kenny lo esperaban en una mesa de la esquina. Archie estaba también con ellos. Parecía que acababan de comer y que ahora tomaban su café.

Salvador respiró profundamente. Por Dios, de veras parecía que habían pasado dos o tres años desde que había visto a esta gente la última vez. Todavía tenía el olor a Lupe entero en las ventanas de las narices y la sensación de su cuerpo por todas partes. Un hombre enamorado era verdaderamente un pobre diablo perdido. Los *tanates* todavía le colgaban y le picaban con cada paso. Sonrió.

—Bueno, pues aquí hay un hombre que no ha hecho otra cosa que divertirse durante días—dijo Archie en una voz alta y alegre—. ¡Nomás mírenlo! ¡Carajo, se ve más joven y mejor que nunca!

—Está sobrio para variar—dijo Kenny White—. ¡Porque Lupe no le permite la bebida! ¡Si cuando abrió la puerta este cabrón loco me vio como si no recordara quien *chingados* era!—añadió Kenny White riéndose.

—No dejes que te molesten las guasas de estos, Sal—dijo el alto y grande Fred Noon, el de la mandíbula cuadrada—. ¡Todos estamos muy orgullosos de ti! ¡Siéntate! ¡Acompáñanos! Chingado, no se ve frecuentemente que un hombre enderece su vida, especialmente después de todo lo que has tenido que pasar tú en los últimos meses, y se case con la mujer de sus sueños.

—Y ¿cómo está Lupe?—añadió Fred Noon respetuosamente. Vestía como siempre un fino traje y corbata. El dinero y el éxito parecían radiar del hombre.

Respirando profundamente, Salvador miró a Fred Noon a los ojos y asintió con la cabeza. Los tres se echaron a reír.

—Así de bien, ¿eh?—dijo Archie—. ¡Me lleva! ¡Parece que estaba equivocado! ¡Después de todo, esas vírgenes son cosa buena!

Al decir esto, Archie se reía y se reía y se golpeaba la pierna. Normalmente, Salvador se hubiera ofendido por lo que Archie acababa de decir y le hubiera reclamado al gran policía por ser tan irrespetuoso, pero ahora, por alguna razón, no se ofendió por las palabras de Archie. No, podía ver que Archie era Archie y no había querido ofender. Carajo, estaba admirado de lo que él, Salvador, había hecho. Se había forjado—contra viento y marea—una vida de amor y esperanza.

En ese momento Helen trajo a la mesa una gran bandeja de huevos, chuletas y papas.—¡Aquí tienes!—dijo—, ¡la casa invita! Hans dice que tenemos que mantener fuerzas, Sal—. Se rió—. A Hans le gusta presumir que casi lo maté en nuestra luna de miel. No sabía nada. Conocí a Hans cuando tenía trece años y nos casamos cuando tenía dieciséis, ¡así que no tenía ni idea que una mujer puede matar a un hombre!

Los cuatro hombres se rieron. Hans y Helen eran diferentes a cualquier pareja que Salvador había conocido. No sólo estaban casados; sino que trabajaban juntos, también. Y él era el jefe, no había duda. Pero también ella tenía la libertad de expresar sus opiniones sobre cualquier tema. Era el primer matrimonio que Salvador había visto en el que se llamaba 'socio' uno al otro, como si estuvieran en un negocio juntos. Y Helen era morena. Esto siempre intrigó a Salvador, porque él había supuesto que todos los alemanes eran rubios, de piel blanca, como Hans. Y Hans, ¡ah, era un toro! Aun Salvador lo había visto salir de detrás del mostrador con un gran cuchillo carnicero y disciplinar a unos jóvenes gringos altos que no habían terminado su comida y estaban armando mucho ruido.

Al ver los tres huevos, las dos gruesas, jugosas chuletas y los alteros de papas rebanadas, a Salvador de repente le dio un hambre y se le hizo agua la boca. Miró a Hans tras el mostrador y lo saludó con la mano, le dio las gracias a Helen, ¡y se fue sobre la comida con gusto, como si no hubiera comido en años!

Kenny y Archie se echaron a reír.

—Por Dios, Sal—dijo Kenny—, ¿ella no te da de comer?

—Darle de comer, nada—dijo Archie—. ¡Nunca lo deja salir de la cama!

Fred Noon los acompaño riéndose, también.

Los tres hombres estaban en los primeros años de los cuarenta, y tenían muy en alto a Juan Salvador Villaseñor, que, a los veinticinco años, había logrado forjar una vida para él mismo en un mundo muy traicionero, lleno de vueltas y asperezas. Y todos sabían que lo había hecho con honra, ¡lo que quería decir que era un hombre de palabra! Un hombre de respeto, Y el respeto no tenía ninguna paciencia para las personas que no estaban alertas. El dinero no acompañaba a los tontos por mucho tiempo.

AL REGRESAR A su casita blanca, Lupe puso a hervir un poco de agua para hacerse una taza de café, y decidió bañarse y lavarse la cabeza. Era un día caliente, soleado, de fines de agosto, y podía oler la mar entrando con la brisa por sus ventanas abiertas. No podía creer que este era en realidad su hogar, su casa, no la casa de sus padres, ni la casa de su hermana, sino la de ella, la de Lupe, una mujer casada.

Empezó a silbar cuando pasó de la cocina al baño. Se sentía tan feliz y segura y cómoda y bien, dentro de su ser. Podía oler las rosas del jardín al frente. Podía oír a Chingón correteando uno de los gatos. Estos olores, estos sonidos, eran ahora los olores y los sonidos de su casa.

Lupe abrió la llave de la tina, probándola con los dedos hasta que estaba en su punto, entonces se amarró el pelo y se quitó la ropa. Se remojaba en la tina con su taza de café, relajándose un rato antes de lavarse el cabello. En verdad, podía hacer lo que quisiera. Después de todo era ahora un adulto, una persona responsable, como le había dicho Salvador. Se sonrió, sintiéndose bien.

El perro ladró. Pero Lupe no se espantó. Se mantuvo quieta y escuchó, dándose cuenta pronto que era un ladrido juguetón y alegre Decidió que todo estaba bien. Se envolvió en una toalla y fue a la cocina por su taza de café para poder meterse a bañarse.

Al ver por la ventana, vio que Chingón jugaba en el patio delantero con uno de los gatos como si fueran buenos amigos. Se sentía orgullosa de no haberse espantado cuando oyó ladrar al perro. Habían pasado ya años desde todos esos terribles abusos de la guerra y destrucción, pero aún así siempre estaba alerta y lista.

Después de preparar su café, fue por el pasillo hacia el baño cuando decidió regresar y cerrar la puerta de enfrente. Sí, era madura y casada, pero era también . . . una hija de la guerra.

DESPUÉS DE QUE Salvador terminó su desayuno, salieron todos y Fred Noon les pidió a Kenny y a Archie que lo excusaran pues tenía que hablarle a su cliente Salvador en privado.

Kenny asintió con la cabeza y dijo que los vería a todos en su taller mecánico. Archie dijo que él caminaría por el pueblo, tenía que resolver algunos asuntos aquí y allí, y tal vez los vería más tarde.

—Sal—dijo Fred Noon mientras caminaban solos hacia su Buick, que estaba estacionado al otro lado de la calle del *Twin Inns Hotel*—, simplemente no tengo las conexiones en Los Ángeles que tengo aquí en San Diego, ¡así que estos cabrones racistas van a joder a tu hermano! Lo siento—, añadió—, pero de verdad pensé que les iba a dar en la madre, pero no pude.

Salvador asintió con la cabeza. Estaban parados al lado de las estatuas de los enormes pollos blancos a la entrada del famoso *Carlsbad Hotel*. La verdad es que Salvador había esperado algo parecido porque todo estaba en contra de los mexicanos en este país desde un principio.

Desde que él y su familia habían cruzado la frontera en El Paso, Texas, no había habido más que guerra. No una guerra abierta con cañones y pistolas como la de la Revolución Mexicana durante la Revolución, sino una guerra oculta de leyes y compañías poniéndolo todo a favor del gringo y completamente contra los mexicanos. Pero también estaba descubriendo, que no todos los gringos estaban asociados con estas leyes y compañías; no, algunos eran muy buenos, gente justa.

Salvador le vio la cara a Fred Noon y dijo,—No te preocupes. Tú eres buen hombre. No me mientes ni te escondes. Estoy seguro que hiciste todo lo que pudiste. Te respeto y mi familia también. Vamos a salir de ésta de un modo o de otro, no te preocupes.

—Carajo, dijo Fred—, ¡esto es el colmo! Te traigo malas noticias y las interpretas para apaciguarme. Me encanta trabajar para tu gente, Sal. Si le llevo noticias como éstas a un cliente anglo, le da un pánico y trata de culparme. Ustedes tienen pantalones,—añadió Fred Noon—, lo digo por ti.

Salvador se rió.—Bueno, qué más podemos tener, Fred; cuando nos han tenido aplastados tanto tiempo todo parece ser una mejoría.

Fred Noon se rió. Sus brillantes ojos azules perdieron su fiera mirada, su fuego de halcón.—Probablemente tengas razón, y quizá ésa sea la verdadera fuerza de este país. A sus emigrantes les ha ido tan mal en otras partes que todo lo de aquí les parece bueno.

—De eso no sé—dijo Salvador—. Lo único que sé es que nada es gratis en esta tierra del hombre libre, especialmente para nosotros los mexicanos. Así que, bueno, tenemos que arriesgarnos. Algunas veces da resultado y otras no.

Fred se remojó los labios mirando a Salvador a los ojos.—Ya te tendré al tanto, amigo—, dijo en español. Fred hablaba un español perfecto. Le gustaba mucho ir de pesca a Baja California—. Y si veo alguna esperanza, te llamo. Salúdame a tu novia—, añadió—, y salúdame a tu mamá. Tienes a dos buenas mujeres contigo, Salvador.

—Lo sé—dijo Salvador—. Ése había sido siempre mi plan, desde que mi mamá me empezó a decir cómo escoger esposa cuando tenía apenas cuatro años. ¿Necesitas un par de botellas, Fred?

—Claro, siempre necesito, Sal. ¡Es el mejor whiskey de todo el territorio! Y esos cabrones de Los Ángeles, ponían los pies sobre el escritorio,

¡se bebían tu whiskey, y festejaban cómo habían encarcelado a unos *chile-belly greasers*! ¡Ah, qué ganas tenía de demandarlos! Pero Los Ángeles es un lugar muy diferente a San Diego, especialmente cuando se involucran los federales.

—Entonces, ¿qué le digo a mi mamá de Domingo?—preguntó Salvador—. ¿Dos años?

—No,—dijo Fred—, lamiéndose los labios—, Lo siento, pero mejor dile que tres, cuatro, hasta cinco.

—Ya veo—dijo Salvador. Esta era una sentencia pesada. Lo único que traía Domingo era el whiskey—. Entonces a ese hijo de la chingada de Washington, ¿no le van a hacer nada por haber usado alambre de púas en la cara de mi hermano—? Preguntó Salvador, ¡enojándose al recordar cómo Domingo había sido torturado de esa manera tan viciosa y cobarde! A Salvador le hubiera encantado poder haber estado cinco minutos a solas con ese tipo del FBI para enseñarle cómo son las cosas.

Fred Noon asintió con la cabeza.—Sí, Sal, y casi le levanto un proceso a ese cabrón racista, si sólo hubiera podido convencer al juez de que estábamos hablando de un hombre blanco, porque tu hermano tiene ojos azules y pelo rojo.

—Entonces si hubieras convencido al juez que mi hermano era un hombre blanco, la golpiza que le dio el tipo del FBI con el alambre de púas, habría sido contra la ley.

—Sí, así es—dijo Noon.

—¿Así que pegarle a un hombre blanco con alambre de púas es contra la ley, pero el pegarle a mexicanos como si fueran perros mientras están esposados y no pueden defenderse, está bien?

Fred Noon asintió.

—¿Y entre más prieto sea el mexicano, más legal?

Fred Noon se alzó de hombros, pero pensó por un segundo, se lamió los labios que se le habían secado y volvió a asentir.

Salvador respiró profundamente una y otra vez. Estaba furioso. No necesitaba oír nada más. ¡Hervía de coraje! Ah, los blancos, a ellos de veras se les protegía en este país, dentro y fuera de la cárcel. ¡Pero los mexicanos, los negros, y especialmente los chinos, no valían una chingada!

—Está bien, Fred—dijo Salvador, lamiéndose los labios también. La furia se le había quitado—. Así que ¿cuánto te debo?

—¡Ni un pinche centavo!—dijo Fred—. Haz de cuenta que es un regalo de bodas para ti y para Lupe. Te juro que para mí tiene que ser la joven más elegante y hermosa que hayan visto estos ojos, ¡y estos viejos ojos míos han visto muchas!

Salvador asintió.—Sí, creo que tienes razón. Pero no sólo es hermosa, Fred, es lista y rápida también.

—¿Sabe lo de tu negocio?

—No, todavía no.

—Ah—dijo el alto y bien conocido abogado, arqueando la ceja derecha—, esto puede ser muy interesante. Ten cuidado, Sal, ese pinche agente Wessely anda todavía por aquí.

—Gracias—dijo Salvador, recordando cómo Fred Noon había descubierto que este tipo Wessely había sido un Texas Ranger antes de meterse al FBI. Lo había acogido y criado una familia mexicana cuando sus padres murieron, y entonces había violado a la hija de trece años. Entonces fue cuando empezó a odiar a los mexicanos. Tenía ojos de serpiente, como tantos hombres que le han vendido los ojos al diablo, para no ver lo que eran o lo que habían hecho.

SALVADOR Y SU abogado, Fred Noon, llevaron sus carros al taller de Kenny, a corta distancia después de la vía del tren. Archie ya se había ido. Salvador fue a la parte de atrás del taller donde el viejo Kenny le tenía escondidas un par cajas de whiskey. Le dio a Fred Noon seis botellas de su mejor whiskey añejado de 12 años.

—¡Ah, tu whiskey de 12 años!—dijo Noon, sonriendo de oreja a oreja.

—¡El mejor!—dijo Salvador.

Inmediatamente Fred Noon abrió una botella y se echó un trago.—¡Ah, qué sabroso!—dijo—. ¿Oye, no te importaría decirme cuánto tiempo más te toma hacer este whiskey de doce años, verdad?

—De ninguna manera—dijo Salvador—, el buen whiskey es como la buena mujer, y si no mantienes el misterio, entonces desaparece la magia.

—*Okay*, entiendo—dijo Fred. Cerró la botella, puso la caja con las seis botellas de *whiskey* en la cajuela, le dio un gran abrazo a Salvador y se fue.

El viejo Kenny White y Salvador se quedaron parados viéndolo salir. Fred Noon era un hombre entre los hombres que vivía con honra y con los ojos abiertos, sin esconderse de nadie, especialmente de sí mismo. Fred Noon no era uno de esos hombres educados que se escondían tras su título profesional, rehusando ensuciarse las manos con las vicisitudes de la vida.

—Cuéntame, Sal—dijo Kenny mientras regresaban al taller—, ¿cuánto tiempo más toma? ¡Y yo sé que no son doce años! Carajo, no tenías ninguna botella de doce años de añejamiento hace un par de semanas, y ahora tienes cinco cajas.

Salvador sólo se sonrió.—Nos vemos, Kenny—dijo, cambiando de tema—. Tengo que ir a ver a un hombre acerca de un dinerito.

—¡Ten cuidado, Sal!—dijo el viejo canoso riéndose—. Y no se te olvide, ya es hora que le dé servicio a tu carro.

Al Cappola, el gran mago italiano, le había dicho cuidadosamente a Salvador que nunca les diera a sus clientes el secreto de hacer buen whiskey. Carajo, con una buena aguja profesional, un hombre podía añejar un barril de whiskey nuevo hasta convertirlo en uno de doce años en menos de medio día. Todo lo que se hacía era vaciar el whiskey en un barril de roble ahumado al carbón, insertar la larga aguja calentadora, y mantener el whiskey a una misma temperatura de unos cuantos grados menos antes de hervir para que pudiera adquirir el sabor del barril. Entonces se agregaba un poco de color y azúcar prieta, pero sólo una pizca, y dejar reposar el barril por veinticuatro horas más, y entonces obtendría un whiskey tan suave y bien añejado como el mejor de 12 años de Europa.

A decir verdad, como le había explicado Al Cappola, ésta era la manera que se hacía en todas partes del mundo. Y no importaba que fuera coñac de Francia, whiskey de Irlanda, scotch de Escocia, o tequila de México, el licor era licor. No era magia. No era un gran secreto. Pero era muy importante mantenerlo en secreto, o la magia del proceso de añejamiento, de seguro se perdería. Si hasta Archie que sabía algo de la butlegada, se asombraba cuando se trataba del buen whiskey de doce años de Salvador.

—Mira—le dijo Al Cappola a Salvador—, el sacerdote tiene sus secretos para mantener la verdad de Dios llena de misterio; la mujer tiene sus trucos para mantener excitado a un hombre por más años de los que merece, ¡pero el mago más grande de todos es el fabricante de licores!

Y era verdad. Porque esta gran organización de las afueras de Fresno, que controlaba la mayor parte de la costa oeste, había traído a Al Cappola de Italia, ¡y lo había tratado a él y a su familia como si fueran realeza!

¡El conocimiento era el poder!

TODAVÍA ERA temprano. Lupe no lo esperaría en casa por una hora más, así que Salvador decidió irse a San Clemente y cobrar el dinero que Carlitos Chico le debía. Carlitos se había atrasado con tres pagos, así que, sin lugar a dudas, había pensado, como Tomás, que como Salvador se había casado ya no contaba. Pero que sorpresa se iba a llevar Carlitos Chico.

Salvador encendió un puro, disfrutando su viaje en coche por la costa. Al llegar al lugar de Carlitos Chico, una casita de rancho al sur de San Clemente—en el gran valle donde había mucha agricultura para el Rancho Santa Margarita—se le ocurrió a Salvador la idea de espantar a este cabrón Carlitos, como lo había hecho con Tomás. ¡Para que de una vez por todas, todos dejaran de darlo por muerto sólo porque estaba enamorado y casado!

Estacionándose al pie de la colina de la casa de Carlitos, Salvador se salió del coche con su .38 en la mano y se acercó sigilosamente. Entonces de repente le dio una patada a la puerta de entrada, gritando,—¡Vine por mi dinero, cabrón!

Y allí estaba Carlitos Chico, Chuck como se diría en inglés, desnudo y sobre una rodilla, encendiendo su estufa de madera, y había una mujer desnuda acostada en la cama.

Al ver a Salvador entrar forzadamente a su hogar con pistola en mano, Carlitos se puso de pie como tigre, gritando—¡Mira! ¡Mira! ¡Cabrón! ¡Me hallaste caliente y hambriento!

Salvador abrió los ojos en toda su extensión, viendo de reojo el miembro humano más grande que le hubiera visto colgar a un ser humano. ¡Ni los caballos de mil libras tenían una verga como ésta!

El pinche indio cabrón de Guanajuato se lanzó contra Salvador, atacándolo con un leño en la mano y su enorme y grueso miembro columpiándosele de un lado al otro como una tercera pierna entre sus piernas flacas.

—¡Pendejo, estoy armado!—gritó Salvador—. ¿No lo ves?

—Ya veo tu pistola—gritó el hombre desnudo—, ¡te la voy a quitar y te la voy a meter por el culo! ¡Yo también sé castrar puercos!

Bueno, Salvador era ahora el que estaba sorprendido. Caminando hacia la puerta disparó dos veces contra el piso para parar al pequeño indio loco—no lo quería matar porque Carlitos era buen gallo. Capataz del Rancho Santa Margarita. ¡Hombre de respeto! Sin embargo los dos disparos no detuvieron al pequeño indio loco y le lanzó un leñazo a la cabeza de Salvador.

Salvador tenía experiencia, así que se agachó. El golpe le dio en el hombro izquierdo mientras se acercó y le pegó a Carlitos con la .38 *Smith and Wesson* al lado del cráneo.

El hombre pegó duro contra el suelo y en un principio Salvador pensó que lo había matado, pero revisó su respiración y vio que estaba bien. ¡Qué pendejo había sido él, Salvador! Qué lo había poseído para llegar así a casa de un hombre. Chingado, Carlitos había hecho lo correcto al defender su hogar.

Entonces se acordó Salvador de la mujer desnuda, la miró de reojo y se dio cuenta que no había hecho ningún ruido. No, sólo se había cubierto con la cobija y yacía allí silenciosamente.

Saludó con la cabeza a la mujer, guardó la pistola, terminó de hacer el fuego y puso el café. Entonces se puso en cuclillas al estilo indio calentándose, las manos en el fuego. Se esperó hasta que Carlitos se recuperara.

—¿Cómo está la cabeza?—preguntó Salvador.

—¡Cómo quieres que esté, pinche cabrón!

La mujer se acercó envuelta en su cobija y levantó a Carlitos en sus brazos cubriendo también su desnudez con la cobija.

—¡No tenías derecho de entrar así, Salvador! ¡Te debo dinero, pero esto no está bien!

Salvador asintió.—Tienes razón. No tenía derecho. Lo siento.

—Yo no soy un padrote barato como Tomás—continuó Carlitos—. ¡Soy capataz! ¡Trabajador! ¡Un hombre de respeto! ¡Cuando entres así a mi casa es porque debes estar preparado para matarme!

Salvador asintió de nuevo, dándose perfecta cuenta que Carlitos tenía toda la razón, pero Salvador también se dio cuenta, que si hubiera estado solo, Carlitos ya habría aceptado su disculpa, Por la presencia de la mujer Carlitos tenía que hacer todo un espectáculo. Y tenía razón en dar este espectáculo. Después de todo ninguna mujer quería a un hombre que no fuera ¡un hombre de estaca!

—Tienes razón—dijo Salvador—, eres un hombre de respeto, y yo hice mal. Pero ese pinche Tomás me dijo que tú habías decidido no pagarme, y bueno . . .

—Pero tú no eres ningún tonto—dijo Carlitos Chico interrumpiendo a Salvador—, ¿así que cómo pudiste tomar la palabra de ese padrote sin venir a comprobarlo tú mismo? Ya tengo tu dinero. ¡Soy hombre, chingado, macho!

—Sí, lo eres—dijo Salvador mirando de reojo a la mujer. Y pensó por un momento que había visto a esta mujer antes, pero no se acordaba dónde. Tenía cerca de treinta años, probablemente sólo unos años más que Carlitos, y tenía el cejo duro como si hubiera vivido mucho, pero también se podía ver que le tenía mucho respeto a su hombre. Era dura. El incidente no la había hecho perder la calma.

Salvador se sintió como un tonto. ¿Qué si alguien hubiera entrado así a la casa de él y Lupe? Era cierto, tendrían que haberlo matado.

—Mira, Carlitos, estoy de acuerdo contigo, hice mal. Lo siento y te digo lo que pienso hacer. ¿Cuánto ganas al día trabajando como capataz en el Rancho Santa Margarita en este momento?

Bueno, ya no me pagan más por día, Salvador, dijo orgullosamente—. Me pagan por mes.

—*Okay*, ¿bueno cuánto al mes?

—Es mucho, Salvador.

—¡Cuánto!

—Treinta dólares al mes—dijo Carlitos orgullosamente—. Llueva o truene, no importa.

—Ay, eso es mucho—dijo Salvador—. Pero ¡qué chingados! Cometí un gran error y lo voy a pagar.

—Me pagas el dinero que me debes, y entonces deduciremos el salario de un mes de paga que no me pagas.

—¡Está bien!—dijo Carlitos—, ¡ahora sí que tienes sentido! ¡Pero recuerda quién soy yo, la próxima vez, Salvador! No soy ningún padrote fugitivo que abusa de las mujeres ¡y que le tiene miedo a las pistolas o a la capada!

Carlitos le pagó entonces el dinero que le debía a Salvador deduciendo los treinta dólares y dijo que necesitaba otro barril. Se despidieron como hombres de estaca. Pero Salvador se dio cuenta que cuando se regara la historia, iba a dañar su reputación, abriendo la puerta a muchos tontos que pensarían que ellos también podían retarlo.

¿Pero, qué podía haber hecho? ¿Matar a Carlitos cuando había sido él, Salvador, que había tenido la culpa de todo? Los vericuetos del poder tenían que ser reevaluados día a día, o la realidad, ella lo haría por ti de una manera forzada, poco ceremoniosa. Hacía mucho había aprendido que la Diosa Fortuna no era una mujer que aceptara el cortejo de tontos por mucho tiempo.

El Sol, la cobija de los pobres, estaba resbalando, deslizándose en el océano, cuando Salvador emprendió el viaje de regreso por la costa. ¡Había sido un tonto! ¡Un tonto estúpido! Tomás era una cosa, pero Carlitos Chico era un animal completamente diferente. ¡Y este animal, Dios mío, tenía probablemente la verga más grande de todo el mundo y tenía agallas también! ¡Vamos, si Salvador nunca había visto nada parecido en un ser humano!

En ese momento Salvador recordó dónde había visto a esa mujer antes. Era la esposa del dueño del grande y famoso restaurant mexicano en San Juan Capistrano. No tenía casi treinta años. ¡De ninguna manera! Esa mujer estaba más cerca de los cuarenta, pero Santo Dios, después de estar con Carlitos, le había planchado todas las arrugas de adentro hacia afuera, haciéndola parecer veinte años más joven.

Salvador se sentía muy feliz ahora. Carlitos no le iba a contar a nadie sobre su pequeño encuentro. Y tampoco ella. Porque su marido era una caca grande—no sólo entre los latinos, sino entre los gringos también—así que de ninguna manera Carlitos o la mujer iban a querer que alguien supiera de sus excursiones fuera de la ley.

Apenas al norte de Oceanside, Salvador se paró para orinar. Las estrellas habían salido por millones. La vida estaba realmente llena de vericuetos. Nunca se hubiera imaginado por qué era famoso Carlitos—el pequeño indio era de cuerpo delgado pero fuerte.

Salvador sacó una pinta de la cajuela y se echó unos cuantos buenos tragos, entonces cerrando la botella respiró profundamente. Carajo, Carlitos era un hablante y caminante fuente de la juventud para una mujer cuyo marido se decía español, cuando en realidad era un mexicano de Zacatecas, y era muy famoso por perseguir a todas las jóvenes meseras nuevas que empleaba.

Ya estaba oscuro cuando Salvador llegó al centro de Carlsbad y se dio cuenta que era tarde, pero habían sucedido tantas cosas. Esperaba que

Lupe no estuviera muy enojada con él. Pero, bueno, ¿qué podía haber hecho él? Después de haber golpeado al hombre con la pistola tenía que quedarse para arreglar las cosas.

Entonces se acordó de su .38 y se la sacó de los pantalones y la puso debajo del asiento mientras doblaba a la derecha en la huerta donde estaba su casita.

Podía ver que las luces estaban encendidas en su casita al final del camino de entrada. Su corazón le dio un brinco de alegría.

LUPE LO HABÍA esperado durante horas. Se había bañado y arreglado la casa, después de lo cual le había dado tanta hambre que quería comer, pero no, tenía un plato especial en mente para él y no quería arruinar su apetito.

Finalmente no había podido esperar más, así que se había hecho un par de quesadillas rápidas para aguantar. Pero al comer la segunda tortilla con queso derretido y salsa casera miró hacia afuera por enésima vez y vio todos los árboles de naranja, de limón y de aguacate—como si hubiera sido la primera vez—así que salió corriendo para recoger unos aguacates.

Se hizo dos quesadillas más y les agregó aguacate esta vez, ¡y sabían tan bien! Pero aún así, se había estado muriendo de hambre, así que se había calentado tres tortillas de maíz más. Después de comérselas, decidió salir y cortar algunas flores para tratar de calmarse. Había puesto algunas flores en la recámara y otras en la cocina, entonces había vuelto a salir de nuevo—para no caer en la tentación de hacer más quesadillas—y se había sentado en los escalones del frente con su perrito Chingón y los dos gatos.

Para este tiempo el Padre Sol se ponía al oeste detrás de la huerta. Repentinamente, sin saber por qué, pero sintiendo aquí dentro, que algo le estaba sucediendo a Salvador en este mismo momento.

Se agarró el estómago, cerrando los ojos, y pudo ver que estaba en peligro. En verdad podía ver—sentirlo aquí, dentro del ojo de la mente. Abrió los ojos y levantó a la gata pinta manteniéndola contra sus pechos. Salvador, su amor verdadero, estaba en peligro, y ella de alguna manera lo sabía. Se le llenaron los ojos de lágrimas a Lupe y se persignó y le mandó el amor de Dios para que tuviera el poder de salir de cualquier problema al que se estaba enfrentando.

Después de todo, su madre le había explicado una y otra vez que el amor no es sólo amor para una mujer. No, para una mujer, cuando estaba enamorada, se convertía en un instrumento de intuiciones de sentimientos, de un Conocer Asustadizo que venía directamente del Todopoderoso.

El estar enamorada una mujer significaba tener el corazón abierto, ¡y una mujer de corazón abierto tenía los Santos Ojos de la Creación!

Lupe continuó con el gato abrazado contra el pecho mientras le mandaba todo su amor a Salvador que estaba en peligro. Ay, sí lo sentía, lo podía ver, lo veía y lo sentía aquí dentro del ojo del corazón que su verdadero amor se encontraba en peligro.

Entonces de repente desapareció—¡así mismo!

Salvador había salido del peligro. Estaba a salvo ahora. Lo supo aquí, en su corazón. Ella le había ayudado. Le había ayudado de la misma manera que su madre les había ayudado a todos a sobrevivir esos terribles días de la Revolución.

Se sonrió sintiéndose bien de haber podido ayudar a su esposo a salir de peligro, pero también, había una parte de ella que lo detestaba por no estar en casa a tiempo y por hacerla sufrir todo este dolor.

Lupe se secó los ojos y bajó al gato y se metió a la casa. Empezaba a hacer frío. Empezó a silbar. De alguna manera supo que todo estaba mejor ahora y que Salvador, su esposo, estaría pronto en casa y que estaba bien. Decidió empezar la cena.

Estaba oscuro cuando vio fuera de la cocina vio las luces del coche de su esposo entrar al camino de entrada. ¡Tenía ganas de salir por la puerta de enfrente gritando y arrancarle los ojos por hacerla preocupar tanto! Pero no, no lo hizo. En vez de eso, simplemente se jaló el delantal como había visto a su madre hacer mil veces, y empezó a tararear para sí misma mientras fue a la estufa, prendió el gas, y empezó a preparar la cena especial para los dos.

No iba a ser una de esas esposas emocionales que siempre gritaban. No, se iba a calmar y a tener dignidad, entonces después que comieran, ¡es entonces que le iba a dar con el sartén caliente en la cara!

Lupe se rió. La sola idea de pegarle con la sartén caliente que tenía ahora en las manos la hacía sentirse mucho mejor.

Tarareaba, cantaba cuando Chingón empezó a ladrarle al carro que llegaba. Entonces se apagaron las luces, el motor de la Moon se apagó, y oyó la puerta de su auto abrirse y cerrarse. Los ladridos de Chingón cambiaron a sonidos de bienvenida.

Se secó los ojos de nuevo. Había estado tan espantada por Salvador, pero no, absolutamente no, él no la vería con lágrimas. Y tampoco vería su enojo. Iba a ser una buena esposa. Después de todo, no sólo el perro lo había mordido. Ella también había mordido a Salvador, así que podía volver a hacerlo, si le daba la gana.

Se rió, sintiéndose mucho mejor.

¡Realmente había disfrutado como lo había hecho gritar de dolor cuando le metió los dientes como una verdadera chingona!

AL ENTRAR POR la puerta del frente, Salvador sonreía y no sentía ningún dolor. Carajo, se había bebido casi toda la pinta de whiskey cuando manejaba por la costa hacia el sur, consciente de que cuando entrara a casa no podría beber más. Pero no le importaba eso, después de todo, estaba enamorado.

Pero al entrar por la puerta, pensó en el aliento. Ella estaba en la cocina y olía bien, pero no sabía qué hacer con su aliento.

—¡Llegas a tiempo!—dijo, llena de gusto—. Ya empecé la cena.

Fue a la cocina. ¿Qué más podía hacer? Y allí estaba, su verdadero amor, y tenía una flor en el pelo y separándose de la estufa, atravesó el cuarto con los brazos abiertos para besarlo. Rápidamente volteó la cara para que no oliera su aliento.

—Déjame lavarme primero—dijo—. Estoy todo sucio.

—Ah, bueno—dijo, sintiéndose algo desilusionada.

Vio sobre el hombro de ella que también había puesto la mesa en el cuarto del frente con flores y lino blanco. Estaba precioso. ¡Su hogar, su casa, su nido! Nunca había sentido tal placer en su vida. Vamos, si todo el amor que había hecho con otras mujeres no se comparaba ni un poquito a lo que ahora sentía con su joven novia que ahora estaba parada enfrente de él, ¡mirándolo con tal amor!

Le dio vuelta a la boca con su lengua. De hoy en adelante tenía que tener algo de dulce o algo en el carro para poder quitarse el sabor del licor de la boca antes de entrar a su casita.

Tomó a Lupe en sus brazos queriendo besarla, probarla, pero no hasta que se lavara la boca.

—¡Ay, te extrañé tanto!—dijo.

—También yo te extrañé—dijo ella—. ¡Me siento como si te hubieras ido por años, Salvador! ¡Me estaba preocupando!

—Lo siento—dijo él—, pero mira, bueno, yo . . . es que, tuve un problemita cobrando el dinero que éste me debía.

—¡Ay, Salvador!—dijo, sintiendo el palpitar de su corazón una vez más—. Tienes que tener cuidado con la gente que no quiere pagar lo que debe. Al padre del primer marido de mi hermana Sofía, mi nino, con el que yo tenía una buena amistad, lo mató un hombre que le debía dinero. Fue horrible; este hombre lo mató enfrente de mi nino que tenía sólo diez años, solo porque no quería pagar el dinero que debía.

—Tienes que tener mucho cuidado, Salvador—dijo Lupe con lágrimas en los ojos—. El dinero hace que la mente se vuelva irracional. ¡Sabía que estabas en problemas! ¡Sentía este dolor aquí en el estómago! ¡No quiero que te maten, me oyes, Salvador, y especialmente no quiero que te maten por dinero!

El se sonrió. Los ojos de ella estaban llenos de pasión.—Está bien—dijo—. Créeme querida, no tienes que preocuparte. No me voy a dejar matar.

—Más vale que no, Salvador, porque yo, bueno yo . . . yo . . . estamos casados—, dijo—, y tenemos que construir un hogar y un futuro . . . y hay gente que depende de nosotros.

—Y tú, tú me quieres, ¿verdad?—dijo, sonriendo, adivinando que esto es lo que ella había empezado a decir, empezando a darse cuenta que frecuentemente se le dificultaba pronunciar estas palabras.

—Sí, también eso—dijo ella, y le dio un gran beso en los labios y se dio vuelta y se dirigió a la estufa—. ¡Ahora sal de aquí! No quiero que veas lo que estoy cocinando hasta que esté listo.

—¿Por qué no?—preguntó, quitándose el saco.

—Bueno, porque, acabo de descubrir que tal vez no sé cocinar tan bien como creía—dijo.

—¿Quieres decir que no sabes cocinar?—dijo, recordando súbitamente que todavía traía la pinta de whiskey en el saco.

—No, no dije eso—dijo ella—. Dije tal vez. Pero de cualquier manera, no entres a la cocina hasta que te llame.

—Está bien—dijo, buscando con los ojos dónde esconder la botella para tenerla a la mano. Vio el gran sillón en el cuarto del frente y decidió que ese sería un buen lugar, abajo de los cojines.

—Me voy a lavar—dijo él.

—*Okay*, pero no te tardes—contestó—. Este es un platillo especial.

—Fantástico—dijo, saliendo del cuarto, y cuando vio que Lupe no estaba mirando, deslizó la botella de pinta debajo de los dos cojines que Hans y Helen habían hecho especialmente para ellos con sus nombres bordados, Sal y Lupe.

Estaba en el baño lavándose, silbando alegremente, cuando de repente oyó un terrible grito y se vio los ojos abiertos y llenos de terror en el espejo.

Instantáneamente se dio vuelta y corrió por el pasillo, pensando que debió haber traído a la casa su .38 en vez de esa estúpida botella de pinta. Siguió corriendo hacia la cocina sin saber qué esperar. Había humo por todos lados, ¡No podía ver lo que sucedía!

—¿Qué pasa?—gritó.

—¡Nada!—dijo en voz alta—. Estoy cocinando.

—¡Cocinando!—dijo, abriendo la puerta de atrás y echando el humo hacia afuera con una toallita de cocina.

—Sí, todo está bien—dijo—. ¡Muy bien! Lo que pasa es que, bueno, el queso se le salió un poquito al chile, eso es todo.

—¿El chile?

—Sí, te estoy haciendo tu plato favorito, chiles rellenos. ¿No te acuerdas? Una vez le dijiste a mi mamá que los chiles rellenos eran tu plato favorito, así que yo . . .

Y sucedió una vez más.

Lupe remojó el siguiente chile relleno de queso en la pasta de clara de huevo batido, lo puso en el hirviente sartén y todo explotó. ¡El chile salió volando en una dirección, el queso por otra, y el sartén se incendio con la pasta!

Salvador se echó a reír. ¡Esto debía ser lo más chistoso que había visto!

Y Lupe allí, pateando el piso, brincando, gritándole al chile que se parara.

—¡Detente, chile!—gritó—. ¿Qué te pasa? ¡No sabes que tienes que quedarte en el sartén para que se pueda derretir el queso!

¡Salvador tuvo que recargarse contra la pared aullando de risa!

Entonces se echó a llorar.—Ay, Salvador, todo el día quería prepararte este platillo especial, pero me dio tanta hambre que me comí creo que una docena de quesadillas con aguacate, y—¡ay, deja de reírte, o te juro que te doy con este sartén!

¡Llegaste tarde, Salvador!—añadió—. ¡Llegaste tarde! ¡Y me preocupé tanto por ti que me dolía el estómago!

—Lo siento—dijo, tratando de contener la risa—. Lo siento de veras, pero estaba hasta San Clemente, y—tú te comiste una docena de quesadilla—, dijo asombrado—. Bueno, tal vez por eso te dolía el estómago.

Al oír esto los ojos se le juntaron y se puso muy enojada porque, bueno, lo que él había dicho tenía sentido, pero ella había estado segura que le dolía el estómago porque estaba preocupada por él.

—Ay, tú no me quieres—dijo—. ¡O no dirías una cosa tan horrible! ¡Me dolía el estómago porque estabas en problemas, Salvador, y yo lo podía sentir aquí en el corazón! No por haberme comido esas quesadillas.

No sabía qué decir o qué hacer.

—¿No te sentiste inundado por una repentina calma—, continuó—, cuando estabas en peligro cobrando tu dinero?

—Sí, claro, después que lo tiré al suelo—dijo.

—¿Tú lo tiraste al suelo?

—Bueno, sí—dijo Salvador, dándose cuenta que se estaba metiendo en problemas mientras hablaba. ¿Pero qué podía hacer?— Se me echó encima con un leño y yo no lo quería matar, así que le pegué por un lado de la cabeza con la pistola.

—¿Tú tenías pistola?—dijo Lupe viendo a Salvador en plena cara. Ah, su corazón empezaba a latirle con fuerza una vez más.

Él respiró profundamente. Se había metido en un gran problema. El amor y las mentiras no se mezclan.—Mira Lupe—dijo—, hablamos más tarde, ¿*Okay*?

—¿Y cuándo es más tarde?—preguntó.

La miró. Tragó saliva y la miró. Caramba, Dios mío, esta joven esposa de apariencia inocente podía ser una tigre.—Bueno, más tarde es cuando—vamos a comer, entonces hablamos. Tengo mucho que decirte. Mira, yo me crié en Los Altos de Jalisco, y allí los hombres llevan pistola. Y recuerda que tú, tú misma me acabas de decir que el papá de tu nino fue asesinado cuando fue a cobrar un dinero que le debían, y estoy seguro que no llevaba pistola. Las pistolas no son malas, querida, son sólo otra herramienta como, bueno, un serrucho o un cuchillo o . . .

—No, Salvador—dijo Lupe, estirándose el delantal—, las pistolas fueron hechas para matar y para nada más—. Se limpió las lágrimas de los ojos—. Vi lo que las pistolas le hacían a mi pueblo cada vez que llegaban los soldados—, añadió—. Ahora siéntate mientras te hago los chiles rellenos—, continuó—, y hablamos más tarde, como dijiste. Ay, estaba segura que sabía como cocinar estos benditos chiles después de comer los de mamá toda la vida

Diciendo esto, Lupe frunció los labios e hizo esa mueca especial de ella, tan mona y sin embargo, determinada.

Salvador respiró profundamente satisfecho con su modo calmado y respetuoso. La tomó en los brazos y la besó, y ¡ah, sólo el sabor de ella era el paraíso! Ella empezó a besarlo también. Enseguida sintieron tanta hambre el uno por la otra que estaban en FUEGO una vez más.

ESA NOCHE FUERON al Montana Café para cenar. Kenny White—que estaba comiendo a solas—llegó a su mesa para saludar. Con un gran sentido de abundancia, Salvador lo invitó a sentarse con ellos. Poco a poco Lupe fue conociendo al anciano de pelo blanco y a gustarle su sentido de humor. Cuando habían acabado de comer, Helen les trajo un pastel de manzana acabado de hornear que apenas había sacado del horno.

—Este pastel se lo llevan ustedes a casa—dijo. Es su regalo de luna de miel de Hans y mío—. Al decir esto la alemana alta se acercó a Lupe y la besó en la mejilla—. Te veías hermosa en tu boda, Lupe, como todas las novias, ah pero, nunca esperaba ver un ángel cuando estuvieras en tu ropa de calle. ¡Dios te bendijo, querida!

Lupe se sonrojó. Toda su vida había oído palabras similares y nunca supo qué decir, porque en cuanto a ella tocaba, todas las personas habían sido bendecidas especialmente por Dios así que su belleza nunca había significado mucho para ella. Simplemente dijo—, gracias.

—Asegúrate que el te cuide—agregó Helen—. Que tengan una buena y feliz vida juntos. Eso es lo que siempre nos aseguramos de hacer Hans y yo, no importa qué tan duro trabajemos, siempre nos aseguramos de tener una buena vida juntos—. Entonces sonriendo se volteó y le dio unas palmaditas a Salvador en la mano—. Y Sal, no hay cuenta esta noche. Hans me lo dijo, así que no hay discusión, ¡porque él es el jefe—! añadió orgullosamente.

Salvador saludó con la mano a Hans que estaba tras el mostrador y Hans hizo lo mismo con una gran sonrisa. A Hans le gustaba también beber. De hecho, él y Helen bebían en su día de descanso. Salvador pasaría en un par de días y les regalaría a Hans y Helen una botella de su whiskey de doce años.

Camino a su casita en la huerta esa noche Lupe repasaba las palabras de Helen dentro de su cabeza—, que tengan una buena y feliz vida juntos—, había dicho—. Eso es lo que Hans y yo siempre nos aseguramos de hacer, no importa qué tan duro trabajemos.

Lupe nunca había oído tal cosa en toda su vida.

No, toda su vida sólo había oído de la necesidad de trabajar, de tener cuidado, de tener fe en Dios, pero nunca había oído a nadie decir nunca que tuvieran un buena y feliz vida.

Y no sólo un poquito de felicidad por aquí y por allí, donde la suerte te la pudiera dar; no, esta alemana había dicho que ella y su esposo se aseguraban de tener una buena vida juntos, no importaba qué tan duro trabajaran.

Bueno, y, qué quería decir todo esto, ¿que la felicidad se podía planear con antelación como planea uno el trabajo? Y que una celebración no sucedía sólo porque había una muerte en la familia o era un día de fiesta religioso.

La cabeza le daba vueltas a Lupe mientras detenía el pastel de manzana caliente en el regazo y manejaban a su casita. Helen también había dicho—nos aseguramos de tener una buena vida juntos—, implicando que un hombre y una mujer podían estar juntos divirtiéndose, y no el hombre yéndose con los hombres y la mujer con las mujeres.

Un nuevo mundo se abría para Lupe, y ahora se sentía más en casa en Carlsbad que en ninguna otra comunidad donde ella y su familia hubieran vivido durante todos sus años en los Estados Unidos.

Sí, esta noche se había sentido aceptada y en casa con Kenny y Hans y Helen, gente que tenía raíces en su comunidad, gente que no estaba de paso buscando trabajo.

Por primera vez en toda su vida, Lupe tuvo la sensación, el sentimiento que, después de todo, tal vez este país de los Estados Unidos podía realmente ser su patria.

ESA NOCHE, DESPUÉS de comer una rebanada de pastel de manzana caliente en la cocina de su casita, Salvador sacó el rollo de dinero que Carlitos Chico le había pagado.

—¿Qué es eso?—preguntó Lupe, que nunca antes había visto un rollo de dinero así de grande en toda su vida.

—El dinero que el hombre me debía—dijo—. ¿Me lo cuentas? Sé que eres buena para las matemáticas.

—Bueno, sí, claro— dijo Lupe, mojándose los labios con un naciente nerviosismo. Y no sabía por qué, pero se sentía como si estuviera viendo una víbora de cascabel, al lado de la porción no comida de pastel de manzana mientras miraba este rollo de dinero en la mesa de la cocina.

Salvador vio su mirada.—Querida, no te va a lastimar—, dijo.

—Ya lo sé—dijo Lupe—. Pero es tanto. Quiero decir, nunca he visto tanto dinero en toda mi vida. ¿Cómo puede ser esto? ¿Te debía por todo un año o qué?

—No, no exactamente—dijo Salvador—. Mira, de vez en cuando le hago favores a la gente también.

—¿Qué tipo de favores?—preguntó.

Respiró profundamente. Una vez más había metido la pata. Si no tenía cuidado, la iba a perder.—¿Por qué no cuentas el dinero primero?—dijo—, para que podamos guardarlo en un lugar seguro, entonces podemos hablar, ¿Okay?

—Bueno, está bien, pero Dios mío, Salvador, mi familia trabaja todo el tiempo y nunca traen una cantidad de dinero así.

Asintió. —Sí, lo sé. Mi familia también. Cuéntalo Lupe para que nos lo puedas guardar en un lugar seguro.

—¿Yo?—dijo—. ¿Yo guardarlo?

—Sí, dijo él—. Tú.

Trago saliva. Nunca se le había dado tal responsabilidad. Caramba, si en la mayoría de los hogares mexicanos, no se le permitía a la mujer ni tocar el dinero. De hecho, ésta era una de las cosas que su padre y su madre habían siempre discutido constantemente en su casa, hasta que su padre había acabado por irse.

—Está bien—dijo Lupe, estirando el brazo y tomando el rollo de dinero.

Lo desenrolló, estiró la pila de billetes verdes, y empezó a contar, poniendo los de uno en un pila, los de a cinco en otra, y los de a diez en una tercera pila. Los de a veinte, no se conocían en esos días. Y los de cincuenta, los de cien, éstos eran sólo cuentos que la gente trabajadora oía que existían entre los ricos.

Lupe sentía miedo de manejar todo este dinero, pero también de alguna manera, era excitante.

Salvador nunca le quitó los ojos de encima, mirando cada una de sus acciones. Su joven novia no lo sabía, pero había tenido razón cuando había dicho que el dinero hacía cosas irracionales a la gente.

Continuó observándola. Sabía muy bien que en este momento se estaba comportando como el caballo guía en su matrimonio guiándolos a través de un ojo de aguja de donde no habría regreso.

La suerte estaba echada.

Se le había extendido la bienvenida al Diablo a su Paraíso, pero Salvador no temía. Después de todo había sido él quien le había abierto las puertas de par en par al Diablo.

El Dinero que Lupe contó esa noche llegó a $137, incluyendo el dinero que Salvador tenía en su bolsillo antes de cobrar su dinero a Carlitos. Salvador le dio las gracias a Lupe por contarlo, le dijo que le diera veinte para él, que tomara lo que necesitara para provisiones y gastos de la casa, y que guardara el resto.

Al principio Lupe no sabía qué hacer. Nunca en la vida había oído que un esposo le pidiera a su mujer hacer esto.

—Vamos Lupe—dijo Salvador—, dame los veinte que necesito y toma lo que necesites.

—Pero no sé cuánto necesito—dijo ella.

—¿Cuánto costaron las provisiones el otro día? Casi un dólar, ¿verdad?—dijo él.

—Ella asintió con la cabeza.

—Bueno, Lupe, entonces toma diez dólares—, dijo él y tenlos en la bolsa.

—¡Diez dólares!—dijo ella—. ¡Salvador eso es lo que mis padres pagan por un mes de renta!

—Está bien, Lupe—dijo Salvador calmadamente—. El dinero no se echa a perder como los tomates o apesta como la carne que se pudre. El dinero es papel, sólo papel, así que dura mucho. Toma diez—, repitió, guiñándole el ojo para tranquilizarla.

Vio su guiño y respiro.—*Okay*—dijo, tomando cinco de a uno y después uno de a cinco. Los puso en su bolsa—. ¿Pero ahora qué vamos a hacer con el resto—? preguntó.

—Tú decide, querida—dijo él, dándole mucha rienda para que pudiera hallar su camino. Después de todo un buen caballo guía no quería que los caballos que lo seguían no pudieran pensar por sí mismos, especialmente si el terreno era tan rocoso y quebradizo como por el que él y Lupe viajaban—. Recuerda, ésta es tu casa—, añadió.

Al oír esto, el pecho de Lupe se hinchó de orgullo. Casa, ¡la palabra nunca le había sonado tan bien! Vamos, ahora podía ver que el hogar de una mujer era mucho más de lo que había soñado. No era sólo un lugar privado para que una pareja joven hiciera el amor, era también un lugar que necesitaba planeación y pensamiento, ¡un lugar en el que sus sueños echaran raíces y crecieran a . . . los Cielos!

Lupe se levantó, miró a su alrededor, y fue a la alacena abajo del fregadero para buscar un lugar dónde poner su dinero.

Salvador la miró, sin quitarle los ojos de encima. Su madre le había explicado muy bien—una y otra vez—que la luna de miel, no era solamente para que un hombre y una mujer hicieran el amor, ¡sino para darse mutuamente alas!

Al encontrar una lata vacía debajo del fregadero, Lupe la lavó, la secó, puso el dinero en la lata y la cubrió con un trapo de cocina seco.

Salvador sonrió. Sí, Lupe era inocente, pero era también muy valiente. Todo iba a salir bien, si sólo se calmaba y dejaba que su buen amigo, el Diablo, hiciera su trabajo.

Después de todo, la aprensión de lo desconocido daba siempre miedo . . . al principio.

Cuarta Parte

SOLEANDO

Septiembre de 1929

Así que sus madres les habían enseñado a los dos acerca del
Amor y de Dios, pero era ahora la Vida la que les iba a
enseñar ¡las lecciones del Diablo!

L AS RUEDAS del tren daban vuelta.
    Las enormes ruedas de hierro del tren daban vuelta más despacio y
más despacio y Juan Salvador las miraba y trataba de adivinar qué hacer.
    Estaba en Mexicali, México, al otro lado de la frontera con Calexico,
California, y era temprano en la mañana, estaba todavía oscuro, pero ya
hacía calor y bochorno—completamente diferente del aire fresco de la mar
de Carlsbad al otro lado de las montañas al oeste donde había dejado a
Lupe el día anterior.
    El día anterior Salvador había manejado a Lake Elsinore por unas horas
para checar la destilería . . . que su cuñado Epitacio estaba administrando
mientras él, Salvador, estaba en su luna de miel. Cuando llegó, Epitacio le
había dicho que su madre doña Margarita necesitaba verlo inmediatamente, ¡que era urgente!
    Al llegar a Corona la anciana madre de Salvador le había dicho que ha-
bía tenido un sueño terrible de Domingo en la prisión, y después, claro,
había venido este chino de Hanford, California queriendo ver a Salvador
pronto, algo acerca de que si Salvador les podía ayudar, ellos le regresarían el favor con su hermano Domingo en la prisión.
    Al oír esto, Salvador había ido inmediatamente a San Bernardino, sólo
a unas millas al este de Corona, para ver al chino de Hanford, California.
    El chino y Salvador habían estado presos juntos y se conocían muy
bien. El hombre le había explicado rápidamente a Salvador que se estaban
creando algunos problemas en San Quentin, pero que no se preocupara
porque ellos se encargaban de la lavandería en esa prisión como en la ma-

yoría de las prisiones de California, así que ellos le podían ayudar con estos problemas venideros si, él, Salvador, les pasaba a este doctor chino por la frontera desde Mexicali.

—Tú nos entregas ahorita a este doctor en Hanford, mañana, para esta emergencia que tenemos,—dijo—, y te pagamos $500 dólares en efectivo cuando nos lo entregues sano y salvo.

A Salvador se le subieron los huevos a la garganta. ¡Por Dios, $500 dólares era una fortuna! Y la palabra de este dueño de restaurant valía oro molido. Cuando habían pasado tiempo juntos en la cárcel de Tulare, había sido este chino quien se las había agenciado para introducir a la prisión los materiales para que Al Cappola le pudiera dar a Salvador la lección final de cómo hacer whiskey bueno. Vamos, si hasta los mismos guardias se habían emborrachado con ellos. Cada negocio que Salvador había hecho con los chinos había sido franco, seguro y recto.

—¿De qué emergencia se trata?—preguntó Salvador.

—Mi gente se está muriendo en *Chinatown*—, dijo el dueño de restaurant.

—Ya veo—dijo Salvador, recordando como hacía algunos años la gripe había azotado los barrios de Arizona, Texas y California y los doctores americanos no los venían a ver. Había sido su propia madre doña Margarita que había hecho abrir las ventanas, sacado a la gente de sus cobijas y beber las hierbas medicinales que había recogido del Jardín de Dios—. ¿Y tú vas a poder ayudarme con mi hermano?

El hombre asintió.—No es ningún problema. Pero necesitamos este doctor rápido. Mi propia hija, ella está enferma—, dijo el hombre, la cara retorciéndose con temor—. Y mi esposa, ella ya murió.

Al oír esto, Salvador asintió.—¡Lo haré, qué chingados!

Así que echando las precauciones por la ventana, ignorando todo lo que Archie y su abogado Fred Noon le habían dicho acerca de tener cuidado y de no llamar mucho la atención porque el agente Wessely del FBI estaba todavía en el área y esperando para cazarlo, Salvador dijo sí, que lo haría. Pero lo que en realidad le molestaba—no era la ley ni los peligros del trabajo; no, lo que le dolía aquí en el corazón era que no iba a poder ir a su hogar en Carlsbad y decirle a Lupe, su amor verdadero, que se había ido por un par de días y noches.

Y la pobre Lupe, vamos si simplemente le había dicho—al salir de su casa ayer por la mañana—que sólo estaría fuera unas horas.

Ahora Salvador dejó de mirar las enormes ruedas de los diferentes vagones que iban más lentamente y más lentamente mientras se acercaban para que los cargaran de verduras frescas. Se subió de nuevo a su Moon. El doctor grande y él se veían fuera de lugar en el patio de ferrocarriles con sus trajes buenos y su coche fino, pero a Salvador no le importaba. Tenía prisa en cruzar a este doctor chino para poder cobrar su dinero y regresar a su hogar con Lupe, pero también . . . tenía que tener mucho cuidado o terminaría en la prisión de nuevo.

—*Okay*—le dijo al doctor chino alto y grande que había recogido en el barrio chino de Mexicali la noche anterior—, regresamos una vez más a la parada de la frontera y echamos otra ojeada, pero si todavía no se ve bien, ¡entonces nos regresamos a este patio de trenes y resolveremos esto de una manera u otra, a lo chingón!

—*Okay*, a lo chingón o como digan ustedes—dijo el alto doctor.

De los chinos que había pasado de contrabando, éste era el único que hablaba algo de inglés. Era también el chino más grande, más alto y de aspecto más fuerte que Salvador hubiera visto.

Al arrancar el motor de su Moon, Salvador prendió las luces y pisó el acelerador. Desde que Salvador había empezado a comprar carros, se había asegurado de comprarlo con muchos caballos de fuerza, para poder desaparecer si se topaba con algún problema.

Al acercarse a la pequeña parada fronteriza en Mexicali, Salvador pudo ver que todavía había varios guardias americanos en la estación de cruce. Pasando a un lado, se dirigió al oeste, manteniéndose del lado mexicano de la frontera pensando que tal vez manejaría por el desierto y le daría la vuelta a todo el pueblo.

Pero al llegar al primer grupo de pequeñas colinas al oeste del pueblo—había algo de color en el Padre Cielo anunciando la llegada del día.—Y Salvador apenas podía adivinar las enormes montañas negras a la distancia, las montañas que separaban los desiertos californianos de la costa.

Encendió un puro, fumándolo tranquilamente; más adelante pudo empezar a ver el enorme, plano y seco Salton Sea a poca distancia de las enormes montañas negras. Salvador dio vuelta a la derecha, y más cerca a él, quizá a sólo a media milla vio la oscura silueta de un carro estacionado en la cima de una pequeña colina. Un hombre estaba parado al lado del vehículo, dibujándose su silueta contra el cielo nocturno.

—¡Carajo!—dijo Salvador, tirando su puro por la ventana—. ¡La Patrulla Fronteriza! ¡Parece que vamos a tener que hacer esto a lo chingón!

—¡A lo chingón—repitió el hombre grande y alto de apariencia solemne, repitiendo las palabras de Salvador con un acento tan horrible que Salvador se echó a reír.

Salvador le dio vuelta a su Moon, y manejó hacia un arroyuelo y allí en el cauce seco, apagó las luces. Ahora estaban completamente fuera de vista y la primera luz del día aparecía en el este, pero ya estaba tan caliente que Salvador estaba empapado de sudor. Había esperado poder hacer este trabajito la noche anterior, pero toda la noche la frontera había estado llena de guardias, como si esperaran algo especial.

—Bueno—le dijo al enorme doctor chino, saliendo de la Moon—. ¡Salte pronto! ¡Pronto! ¡Necesito ponerte en la cajuela del carro!

El enorme doctor salió y fue a la parte de atrás y vio la pequeña cajuela de la Moon. Negó con la cabeza—. Ah, no, creo que no me va a gustar esto a lo chingón—, dijo pronunciando mal la palabra de nuevo—. Soy demasiado alto, demasiado grande para la cajuela de este carro.

—Mira—dijo Salvador, quitándose el saco del traje y arrojándolo dentro de la Moon—, sólo mete los pinches pies aquí y yo te retaco con la tapa.

—¡Ah, no!—dijo el doctor—. ¡Hace mucho calor y no puedo respirar allí!

—Chingado—dijo Salvador sacando su .45 automática que siempre guardaba para los trabajos grandes—, ¡no tenemos mucho tiempo! ¡Solamente mete el culo aquí ahora! Y brincó con la .45 pegándole al doctor en la cabeza lo más duro que pudo, queriendo noquearlo, pero el hombre era tan fuerte que no se cayó.

—¡No!—protesto el doctor sobándose la cabeza como si hubiera sido mordido por un mosquito—. ¡No te pagan para que me pegues en la cabeza! ¡Voy a estar endeudado por veinte años—! Empezó a llorar—, Me muero si me meto allí. Y tengo esposa y niños, y un bebito—, agregó llorando aún más.

—¡Aaaaaay, chingada madre!—dijo Salvador—, ¡también tengo familia! Me acabo de casar, de hecho sólo trataba de noquearte para que no sufrieras allí, pero hombre, ¡tú eres un grandote y fuerte hijo de la chingada!

—Aquí, ¿quieres respirar?—dijo Salvador levantando la .45 de nuevo—, ¡voy a arreglarlo para que respires!—dijo. Disparó dos veces rápidamente a través de la cajuela abierta de su hermoso coche nuevo, mientras el doctor lo veía como si se acabara de volver completamente loco.

—¡Allí tienes!—gritó Salvador, ahora tienes hoyos para el aire, así que sí puedes meter el culo allí, pinche cabrón, antes que te mate también. ¡Me pueden dar diez años por pasar chinos de contrabando!

Levantó su .45 para pegarle de nuevo al doctor, pero esta vez el hombre alto y grande brincó en la cajuela por sí mismo, haciéndose lo más chiquito que pudo. Salvador cerró de un golpe la cajuela dándole al doctor dos o tres veces en la cabeza antes de poder cerrarla completamente.

En realidad era un hombre grande y todo el tiempo estuvo gritando,—¡Creo que no me gusta a lo chingón! ¡Creo que no me gusta a lo chingón!

Salvador se reía. Este doctor grande era un buen hombre. De hecho, todos los chinos que había pasado de contrabando durante los últimos años eran gente buena, honrada y trabajadora. Salvador no podía entender por qué el gobierno de los Estados Unidos estaba tan en contra de los chinos.

Al guardar su .45, Salvador se limpió el sudor de la cara y le sacó el aire un poco a cada una de las llantas traseras para poder atravesar el suelo arenoso sin que se atascara el auto. Entonces se subió de nuevo a su Moon y salió del arroyo con las luces apagadas. Dio una rápida mirada a su alrededor, no vio más el carro en la pequeña colina, así que le metió el pie al acelerador del Moon y se dirigió al norte a través del chato y arenoso desierto.

—¡Y aquí voy, atravesando la frontera a lo Gregorio Cortez!—dijo Salvador sintiendo que le empezaba a llegar el entusiasmo de la persecución ya que se refería a la balada popular del día acerca de un vaquero mexicano al que no habían podido alcanzar todos los *Texas Rangers*, unos años antes en Texas.

Allí iba Salvador, atravesando rápidamente la arenosa y caliente tierra, y de repente, de la nada y enfrente de él estaba ese pinche carro que había visto encima de la colina.

Y uno de los guardias había sacado la pistola mientras el Moon salió brincando del pequeño cauce justo enfrente de él, y el otro guardia saltó de su vehículo apuntando también a Salvador.

Pero Juan Salvador había estado toreando balas toda su vida, así que ahora simplemente le apretó más el acelerador a su magnífico Moon y se lanzó volando contra los dos guardias y viró sólo en el último momento mientras el primer guardia dio un brinco para no ser arrollado y disparó a lo loco.

Salvador tenía una mueca de sonrisa sintiéndose poseído por el Demonio, dándose un gustazo mientras los dos guardias abrían fuego contra él mientras se alejaba.

En ese momento recordó al doctor en la cajuela y le pidió a Dios que una bala perdida no lo hubiera matado. Dobló a la izquierda, camino al noroeste, atravesando el horizontal, arenoso desierto.

—¿Estás bien?—le gritó al doctor, pero el hombre no respondió porque empezaron a rebotar, a brincar atravesando el accidentado desierto.

Entonces, de la nada, salieron dos coches oscuros más con las luces encendidas exactamente enfrente de él al lado de unos nopales.

Salvador vio hacia atrás y vio que el otro carro también se aproximaba. Metió el freno, bajando la velocidad. No sabía qué hacer. Estaba rodeado de arena y matorrales y pequeños traicioneros arroyuelos. Entonces en la primera luz del día vio esas famosas lomas de arena, blancas y anaranjadas, al pie de las enormes montañas negras, y más cerca de él vio ese largo y horizontal mar olvidado de arena blanca.

Salvador dobló y se dirigió a esa horizontal y seca mar y las pequeñas lomas blancas y anaranjadas. Le pedía a Dios que el doctor no estuviera herido. Le metió ahora todo el acelerador a su Moon tratando de llegar a esa mar seca y horizontal antes que lo alcanzaran los guardias.

Pero en cuanto los policías lo vieron dirigirse hacia la mar, los tres pisaron el acelerador también, esperando alcanzarlo.

Al ver esto, Salvador dejó de sonreír.—¡Ay, por favor, Diosito, ayuda a que mi carro escape volando como águila de estos buenos para nada Texas Rangers, hijos de su chingada madre! ¡Dame las alas de un águila, Papito Dios!

En ese momento Salvador oyó el chirrido de un Águila Dorada, "¡IIIA-IAIAI-IIIII!" mientras volaba y rebotaba a través del hermoso, abierto desierto rumbo al llano de sal. Pero los dos carros enfrente de él tenían una distancia más corta y se le acercaban a gran velocidad brincando, rebotando, levantando nubes de polvo.

—¡Ay, mamá, mamá, ayúdame! ¡Tú también, Lupe, ayúdame con nuestro amor!—gritó Salvador, sintiendo un ímpetu de frenética emoción.

El Águila Dorada chirrió de nuevo y Salvador supo ahora que su vieja madre había venido a ayudarle en forma de un águila porque ella también, no quería en realidad que lo capturaran.

Después de todo, ahora era un hombre casado y su madre quería que viviera y tuviera una vida con Lupe, y que no hiciera más estas cosas insensatas y locas que había tenido que hacer para sobrevivir desde que tuvieron que salir de sus montañas de Jalisco.

Pero también tenía que empezar a hacer sus propios milagros. Y todo milagro, su mamá le había dicho, empezaba trayendo paz al corazón.

Respiró tratando de calmarse, pero no lo pudo creer. Del carro que se le acercaba, a la derecha, uno de los guardias colgaba fuera de la ventanilla y trataba de dispararle.

Aunque le hubiera costado la vida, Salvador no podía adivinar lo que cruzaba por la mente de este hombre loco. Chingado, no había robado un banco. No le había hecho daño a nadie. Todo lo que estaba haciendo Salvador era tratar de pasar a un doctor al otro lado de la frontera para que le ayudara a su gente.

El guardia estaba tan cerca ahora que podía verle la cara quemada y joven. Mientras apuntaba cuidadosamente a Salvador, sus ojos azules despedían un entusiasmo frenético y disparó una y otra vez apenas fallándole.

Rápidamente, Salvador empezó a rezar recordando como su anciana madre les había enseñado a hincarse y rezar cuando las balas de la Revolución habían caído como lluvia a su alrededor.

Inmediatamente, el corazón de Salvador se calmó y el mundo entero redujo la velocidad, dándole tiempo para pensar.

En ese momento supo qué hacer. Metió los frenos, cortando viciosamente a la derecha, directamente en dirección a los dos guardias que lo perseguían.

La Moon se portó magníficamente, y el chofer del otro vehículo recibió tal sorpresa—al ver la Moon enfilando directo hacia él—que enfrenó violentamente y cortó hacia un lado ¡y su compañero de la cara roja y la pistola salió volando por la ventanilla del carro y cayó bocabajo sobre unos nopales!

Al ver la cara del hombre espantado al salir disparado por la ventanilla y aterrizar en los nopaless, Salvador se rió a carcajadas, sintiéndose maravillosamente bien mientras daba media vuelta y se dirigía hacia México.

¡Los guardias habían ganado!

Le habían impedido cruzar la frontera, pero también Salvador se sentía bien de que el joven oficial pistolero estuviera lleno de espinas de nopal.

Al llegar al lago de sal, seco y plano, Salvador ya se había escapado. Los otros dos carros simplemente no estaban en la misma liga con su magnífico automóvil. Salvador dejó a los seis guardias atrás, lejos, mientras corría de regreso a México a través de la lisa mar blanca olvidada.

El sol, la cobija de los pobres, apenas subía en el oriente disparando rayos de luz dorada por toda la tierra. Era una magnífica vista la de la luz bailando alrededor del auto de Salvador con una maravillosa exhibición de resplandecencia plateada.

Al acercarse al final de la laguna, Salvador miró al cielo hacia el oeste y quedó sorprendido cuando vio a la Madre Luna. Estaba enorme y llena, manteniéndose allí en el cielo azul pálido del venidero día.

¡Juan Salvador estaba inundado de tan maravillosa sensación, que metió los frenos!

¡El Sol salía, la Luna se metía, y él los podía ver a los dos al mismo tiempo!

¡El Ojo Derecho y el Ojo Izquierdo del Santo Creador!

Salvador abrió la puerta y bajó del carro en medio de la mar seca y en ese momento supo . . . aquí dentro de su alma que sí, verdaderamente, Lupe, su nuevo amor verdadero, había estado rezando por él cuando había estado en problemas. Sí ella también le había estado mandando su amor de la misma manera que su madre le había ayudado en la forma de un águila.

Al darse cuenta de esto, Salvador escuchó al Águila Dorada chillar una vez más y él miró hacia arriba y allí estaba, sólo un poco arriba de él, se veía imponente. Vamos, si hasta podía ver sus ojos oscuros y magníficos, estaba tan cerca ella.

Lágrimas de gusto llenaron los ojos de Salvador mientras miraba a la Madre Luna, fija en el cielo azul pálido del venidero día. Podía ver ahora claramente que todo el mundo estaba vivo y le cantaba. La Luna le estaba luneando, diciéndole en lo más profundo de su ser que Lupe todavía rezaba por él en este mismo momento, de la misma manera que su sagrada madre había rezado por él todos estos años.

Los ojos se le llenaron de lágrimas mientras estaba parado allí enraizado a esta blanca, horizontal, mar olvidada mientras el Padre Sol salía por su izquierda y la Madre Luna se metía por la derecha, y en lo más profundo de su ser supo que nosotros, los humanos, éramos instrumentos del amor de Dios cuando rezamos.

Salvador sonrió y sintió una ligera brisa acariciarlo. Entonces le mandó su amor a Lupe, también, diciéndoles que estaba bien, que estaba fuera de peligro.

Inmediatamente se dio cuenta que Lupe había recibido su mensaje.

¡Su madre siempre le había dicho que las conversaciones del corazón no conocían distancias pues viajaban a través del Todopoderoso!

En ese momento Salvador oyó unos toquidos, unos golpes. Vio a su alrededor y vio que el sonido de los golpes venía de la cajuela de su carro. Se acordó del doctor y abrió la cajuela para dejarlo salir. ¡El hombre estaba encabronado! Estaba cubierto de sangre y de sudor. No quería tener nada más que ver con Salvador.

—¡Casi me matan y me cocinan!—gritó el doctor—. ¡Pum, pum, arriba y abajo! ¡Pum! ¡PUM! ¡PUM! ¡Arriba y abajo! Mírame la cabeza, está cortada y sangrando y . . . ¡ayyyyy, me duele!

Salvador no supo por qué, pero se empezó a reír.

—¡NO ES CHISTOSO!—gritó el alto doctor—. ¡A lo chingón, no es chistoso! ¡NO ES CHISTOSO, A LO CHINGÓN!

—Mira—le dijo Salvador, sin poder dejar de reír—, sólo dale gracias a Dios que no te mataron. Así que estamos bien. Y ahora, adivina qué he decidido hacer—, agregó Salvador, con una sonrisa abierta—. Voy a comprarte todo un vagón de lechuga sólo para ti, para que te puedas esconder en la lechuga, y entonces te puedo mandar en primera clase a Los Ángeles, California. No más problemas de hoy en adelante—, añadió con una sonrisa, preguntándose de donde le había venido la idea de la lechuga. Carajo, nunca había pensado comprar un vagón lleno de lechuga—. ¡Lo único que haces es dormir y descansar en una sabrosa y fresca cama de lechuga y yo te cruzó luego luego—! agregó esta voz dentro de él, hablando como si tuviera vida propia.

—¡Ah, no!—gritó el alto doctor—. ¡Quiero que nos devuelvas el dinero! ¡Eres un hombre malo! ¡Muy malo, malo, malo a lo chingón, tú!

—¿Malo yo?—dijo Salvador—. ¡Chingado, te voy a enseñar malo! Y sacó su .45 otra vez, disparándole a los pies del hombre—. ¡Métete otra vez a la cajuela, pinche bocón—, le gritó—. ¡Chingado, he pasado la frontera a mujeres chinas que tienen más huevos que tú! ¡Mujeres viejas!

—¿Tú pasas a mujeres chinas viejas por la frontera?—preguntó el doctor interesándose repentinamente.

—¡Por supuesto que sí! Y estas viejas tenían más agallas que tú—, añadió Salvador.

—*Okay*, entonces voy—dijo el doctor—. Pero ah, no quiero más de esto a lo chingón, dijo el alto y solemne hombre—. Yo me voy contigo adelante. ¡Y tengo hambre! ¡*Yo no comer*!

Salvador se rió cerrando la cajuela. Estaban del lado mexicano, así que estaba bien que el doctor estuviera en el asiento delantero con él, pero de ninguna manera iba a llevar al doctor al barrio chino de Mexicali para comer y correr el riesgo que se le escapara.

Al atravesar la seca y blanca mar plana del desierto con el doctor a su lado, Salvador supo que algo extraordinario le acababa de suceder.

Lo habían balaceado, apenas si había escapado con vida, y sin embargo se sintió tan calmado, tan relajado. Supo que había llegado por fin a este Santo Lugar entre el Sol y la Luna donde Vivía su madre y se Creaban los Milagros.

No había accidentes.

Ya había empezado su aprendizaje de Milagros Diarios ya como hombre casado.

Como un relámpago le cruzaron por la mente todas esas carretadas de lechuga que habían estado cargando en los vagones de ferrocarril esa mañana antes del amanecer. Debía comprar un vagón lleno de lechuga, esconder al doctor en la mar de producto agrícola y enviarlo a través de la frontera a cualquier parte que fuera el tren. Ah, la vida era tan fácil, tan sin esfuerzo, una vez que se "veían" las cosas con la claridad de Dios.

Salvador se persignó diciendo,—Gracias, Papito. Gracias Dios, gracias.

SALVADOR TUVO QUE gastar todo el dinero que tenía para poder comprar el vagón de lechuga, así que no había regreso posible ahora.

Entonces manejaron por el río, al extremo sur de la ciudad, para refrescarse y para que al doctor no le diera la idea de escaparse. Juntos se lavaron en el arroyo y entonces cubrieron todo el carro con lodo, escondiendo los agujeros de bala que Salvador había hecho en la tapa de la cajuela. Milagrosamente, sí, milagrosamente, ninguna de las balas de las armas de los guardias le había pegado al carro.

Descansaron a la orilla del río y un par de veces el doctor grande le preguntó a Salvador si esas chinas que había llevado al otro lado de la frontera habían sido en realidad más fuertes que él.

Salvador se rió al ver la preocupación del hombrón, y después le aseguró que sí, que habían sido mucho más fuertes que él. El doctor estuvo más callado después de esto. Entonces oscureció y regresaron al pueblo.

Al llegar a los patios ferrocarrileros, miraron a su alrededor asegurándose que nadie estaba observando. Salvador checó su recibo para asegurarse que tenía el vagón correcto, hizo que el hombrón se subiera al vagón y, a la luz de la Luna llena, se enterrara bajo la lechuga.

—Y estate quieto como una vieja con valor—le dijo Salvador—. Entiende, no te muevas hasta que yo venga y te llame, ¿eh?

Salvador manejó entonces a la caseta fronteriza del pueblo y vio que sólo había un guardia. El hombre checó los papeles de Salvador, registró su carro, y lo dejó pasar.

Fue después de la media noche que Salvador vio al tren cruzar la frontera con dirección al norte. Manejó por la carretera, viendo partes del tren aquí y allí mientras avanzaba por el desierto. Mientras la Madre Luna estaba baja en el cielo nocturno y jugaba a meterse y salirse de las nubes, le hablaba suavemente a Salvador. Una y otra vez, Salvador le daba gracias a Lupe. Podía sentir llegar el flujo constante del amor de Lupe mientras ella rezaba. En realidad el amor no conocía distancias cuando se mandaba a través de Dios.

Poco antes de la llegada del día, el tren paró en un lugar al pie de las enormes montañas negras para cargar combustible. Aquí Salvador hizo que desconectaran el vagón de producto agrícola diciéndoles que tenía sus propios camiones que iban a recoger la lechuga. En cuanto el tren empezó su subida, Salvador se subió al vagón y empezó a buscar al doctor, pero no podía hallarlo.

—¡El cabrón se me escapó!—gritó Salvador—. ¡Pinche loco cabrón, bueno pa nada—! gritó Salvador. ¡Pinche loco tonto, no tuviste las agallas pa estarte quieto a lo chingón como una buena vieja!

—¡A lo chingón, como una buena mujer, lo hago!—Salvador oyó un débil y pequeño eco que salía de entre la lechuga.

—¡A lo chingón!—repitió Salvador.

—¡A lo chingón!—llegó de nuevo el eco—. ¡Yo duro, como una buena mujer!

—Ay, pinche loco cabrón!—dijo Salvador alegremente—. ¡Así que te quedaste quieto como una buena mujer!

—Sí, pinche loco cabrón—, dijo el eco mientras la lechuga empezó a moverse a los pies de Salvador. ¡Me quedé quieto a lo chingón como una buena mujer!

Salvador se empezó a reír, y cuando vio la gran cara del doctor salir de la lechuga, le agarró la cara entre sus manos y lo besó en los labios.—¡Eres absolutamente bello—! dijo.

—Bello, ah no, ¡a lo chingón!—dijo el doctor, sonriendo de oreja a oreja—. ¡No mujer buena así, pinche loco cabrón!

Y se echaron a reír y a reír. ¡Lo habían logrado! ¡De veras lo habían logrado! ¡Habían cruzado la frontera!

ESTABA OSCURO CUANDO Salvador y el enorme doctor llegaron al barrio chino de Hanford, California—quince horas al norte. Y por todo el camino el doctor y Salvador bebieron tequila y hablaron.

Salvador aprendió mucho acerca de China y de la medicina china y de hierbas y estas cosas que se llamaban puntos de presión. Salvador le dijo al doctor que su propia madre era una curandera, una persona que curaba a la gente con hierbas regionales y dándoles masaje a las plantas de los pies de la gente, que reflejaban el alma, su madre siempre decía.

—Mira—dijo Salvador—, mi madre es vieja y camina mucho descalza. Dice que para tener buena salud la gente necesita enraizarse a la tierra, todos los días con los pies descalzos, ¡para que el amor de la Madre Tierra los pueda mantener fuertes, con poder interior!

—Tu madre, sí, tiene razón—dijo el doctor—. Las plantas de los pies de las personas controlan todos los puntos de presión de todo el cuerpo. Por esto me trajeron de China. Los doctores americanos son buenos para huesos rotos, pero no entienden nuestra medicina china que sana bien la mente y el alma, no sólo el cuerpo.

Entonces le mostró a Salvador una pequeña caja en la que tenía pedazos de corteza, tierra, y hojas de árbol.

—¡Sí—dijo Salvador—, exactamente como mi mamá! ¡Entonces ustedes también saben que los hombres son piedra y mineral y las mujeres árbol, corteza y hojas!

—¡Sí—dijo el doctor—, ying y yang!

—¿Quieres decir hombres y mujeres?

—¡Sí, ying y yang, hombres y mujeres, lo mismo!

—Aaaaaaaah—dijo Salvador—. ¡Ya veo! ¡Ya veo! Sabes, voy a traer a mi madre para que la conozcas. Fue ella, y no los doctores americanos, que salvó la vida de cientos de personas en Arizona cuando la gripe azotó al barrio—, continuó Salvador—. Cocinó estos tomates con diferentes yerbas y entonces les envolvió los pies y el pecho a las personas, y mandó abrir todas las ventanas para que pudieran respirar aire puro. Y los doctores americanos se enojaron mucho con mi madre diciendo que habían dicho a todos que cerraran las ventanas, y ella estaba contraviniendo sus órdenes.

—Sí y los doctores americanos también están enojados conmigo—, dijo el enorme doctor chino, echándose otro trago de tequila—. Es por eso que no entrar legalmente país. Quiero conocer a tu madre—, añadió. Tal vez podamos aprender uno del otro.

—Claro—dijo Salvador—. A mi madre le encanta hablar de las yerbitas. Sabes, acabó salvando las vidas de cientos de americanos también. ¡Ay, si estaban enojados los doctores americanos!

Para cuando llegaron al frente del restaurant en el barrio chino de Hanford, California, Salvador y el enorme doctor eran buenos amigos y cantaban canciones mexicanas juntos. Salvador entró para buscar al dueño. El dueño estaba feliz y salió corriendo con tres personas más para ver al doctor.

Al ver al enorme hombre alto, el dueño se entusiasmó tanto que empezó a gritarle al doctor. Los otros le explicaron a Salvador que este hombre era un famoso doctor en China y que estaban muy orgullosos que finalmente hubiera accedido a venir para estar con ellos en los Estados Unidos.

Y ahora, claro, le estaban agradecidos eternamente a Salvador, pues una vez más les había logrado pasar a una persona por la traicionera frontera.

El dueño del restaurant tenía preparada una gran fiesta en honor de Salvador y el doctor.

—Una cosa—le dijo el doctor a Salvador—, no queremos lechuga, ¡por favor!

Salvador se rió a carcajadas.—Sí, camino aquí—, le dijo al dueño—, ¡nos dimos una hartada de lechuga!

De postre, los dueños le pagaron a Salvador el resto de los quinientos dólares como habían quedado, entonces le hicieron entrega de una cajita de marfil labrada a mano.

Adentro había algo que Salvador no había visto nunca antes. Era como, bueno, un enorme nácar, pero tan brillante, tan bruñido que parecía casi translúcido. Salvador dio las gracias al hombre una y otra vez. Vamos, si la piedra era casi hipnótica si se le miraba por mucho tiempo.

Al salir de Hanford esa noche, Salvador se sentía tan feliz que continuó cantando. Después de tantos años de sufrimiento y derramamiento de sangre, parecía que en realidad los Cielos finalmente se le abrían.

Si tenía dinero en el bolsillo y se encaminaba para ver a su esposa, a su amor verdadero, la mujer más hermosa del mundo; la mujer que le había hablado con voz de luna en el momento que lo necesitaba.

Y allí estaba la Luna Madre alumbrándole el camino una vez más mientras se acercaba rápidamente a su hogar en su elegante coche.

AL POCO TIEMPO de haber salido Salvador, Lupe halló la pinta de whiskey bajo los cojines que Hans y Helen les habían regalado cuando empezaron a amueblar la casa.

Miró la botella escondida bajo el cojín durante varios minutos antes de recogerla. Qué significaba esto, una botella de whiskey aquí y una pistola con la que le había pegado a un hombre en la cabeza. En ese momento Lupe recordó al hombre que había visto en Corona, en la casa de Luisa, la hermana de Salvador, antes de conocer a Salvador y cómo este joven había estado allí tan calmado, dándole la espalda y de uno de los bolsillos del pantalón asomaba la cacha de una pistola saliéndole del bolsillo trasero de sus pantalones.

Este pensamiento le dio escalofríos a Lupe por toda la espina vertebral— ¡ese joven había apestado a violencia!

—Ay, Dios mío—dijo en voz alta—, ¿podría ser que yo, yo, yo me he casado con ese hombre y no lo sé?

¡El terror se apoderó del corazón de Lupe con tal fuerza que se sintió enferma!

Rápidamente recogió la botella con la punta de los dedos y la llevó afuera y la aventó a la basura. Pero en ese momento también recordó el rollo de dinero y cómo se había sentido como si hubiera visto a una serpiente de cascabel cuando había visto ese dinero allí, en la mesa de la cocina, al lado del pastel de manzana.

Regresó corriendo a la casa, sacó la lata con el dinero de debajo del fregadero, y salió corriendo por la puerta del frente y aventó el dinero a la basura también.

¡Y se sintió bien! ¡Había limpiado la casa!

¡Había limpiado la casa y que supiera el Diablo que iba a proteger su nido así como había visto a su madre hacer durante toda la Revolución, y más tarde en este país también!

Lupe respiró y miró a su alrededor viendo los árboles, el pasto, las flores, el cielo. ¡Todo se veía diferente ahora que había limpiado su nido!

Decidió dar un pequeño paseo para conocer la propiedad donde vivían; mientras caminaba, respiró profundamente, y se empezó a calmar.

En la parte de atrás de la propiedad Lupe halló un viejo árbol de eucalipto. El enorme tronco del árbol tenía grandes nudos de corteza blanca y café. La corteza era gruesa y áspera con lugares lisos aquí y allá. Este árbol había visto mucha vida; muchas temporadas secas y húmedas. En lo más alto las hojas bailaban en la brisa y cada hoja parecía un angelito de luz contra el cielo.

Lupe estiró la mano derecha poniéndola en uno de los lugares lisos del tronco del gran árbol, e instantáneamente sintió un calor, una fuerza que salía del árbol.

Las lágrimas se asomaron a sus ojos y empezó a rezar como había visto a su madre hacer miles de veces en su antigua casa del cañón, y poco a poco, se empezó a sentir mucho mejor. Después de todo, toda mujer necesitaba su propio Árbol para Llorar. Esto se lo había dicho su madre desde que tuvo uso de la razón: que las mujeres venían del Árbol de la Ciencia así como los hombres venían de la Roca de Fuego.

Los árboles les hablaban a las mujeres.

Las rocas y el fuego les hablaban a los hombres.

En ese momento Lupe se sintió muy cansada. Todas estas preocupaciones le habían llegado. Decidió recostarse al lado del tronco de este enorme árbol viejo. Acostada, Lupe miró por entre las ramas del gran eucalipto y miró las hojas bailando frente a un trasfondo de cielo y nubes.

Lupe se debió haber quedado dormida, pues de repente soñaba que estaba en el Paraíso con Papito Dios y Papito ahora le estaba hablando, cantándole, salmodiándola con el sonido de las hojas que hacían el amor con la brisa marina.

El tiempo pasó.

Y pasó más el tiempo y cuando Lupe despertó, sintió una confianza y una claridad de pensamiento que no había sentido antes. Ahora podía ver claramente lo que necesitaba hacer.

Simplemente tenía que sacar todo a la luz.

Iría ahora a la basura y recogería el dinero y sí, también la botella, Entonces pondría la botella abajo del fregadero junto con el dinero. Iban a tener que hablar.

Sí, esto era exactamente lo que haría. Entonces cuando Salvador regresara, le iba a hablar sobre la botella, entonces le iba a decir cómo se sentía acerca del dinero. Después de todo no habían podido hablar aquella noche cuando regresaron de comer en el Montana Café, pero de seguro que iban a hablar ahora.

El miedo a la oscuridad no iba a arruinar su vida.

Era la hija de su madre, después de todo, así que no iba a esconder dinero o botellas de su esposo. No, iba a tener todo a la vista, y a exigir que le dijera qué era todo esto. Este era su hogar, su casa, su pedazo de Tierra Santa.

¡De aquí no la iban a sacar!

Sintiéndose mucho mejor, Lupe se sentó y respiró profundamente. Pudo ver que ahora el árbol le sonreía con mil pequeñas caras felices escondidas aquí y allí por toda la áspera y gruesa corteza. El árbol entero resplandecía de amor, de la misma manera que su madre le había dicho siempre que su propio Árbol para Llorar había resplandecido de Amor hacia ella allá en México.

Con lágrimas en los ojos Lupe se sintió feliz de ser hija de su madre, así que no iba a seguir en un matrimonio con un hombre que le había mentido sobre su gusto por la bebida y que era—ah, si apenas podía pronunciar la palabra—¡un butleguer, un proscrito, un hombre que les vendía licor a hombres que deberían usar ese dinero para sus familias!

Lupe seguía llorando. Se puso de rodillas rodeando el Árbol con un gran abrazo, abrazando el Árbol con las dos manos, transmitiendo Amor al Árbol con todo su Corazón!

Su hermana Carlota la había prevenido de todos esos rumores que andaban por ahí sobre Salvador, pero ella había rehusado escuchar porque ella le creía a Salvador con toda su alma y corazón.

¡Había confiado en él!

¡Había confiado en Salvador!

Había puesto su fe en un hombre, y él había escondido una botella de whiskey en su hogar, y el licor era el camino al Diablo, les había dicho siempre su madre. El licor y la baraja habían destrozado más familias aún que la guerra, dejando a los niños hambrientos y a las jóvenes esposas desesperadas.

Lupe siguió llorando abrazada al enorme Árbol viejo sintiendo su áspera y gruesa corteza en la suave parte interior de sus brazos. Ella y Salvador habían estado tan felices, tan enamorados, ¿cómo podía haber surgido esta terrible situación?

¿No se suponía que Papito Dios ayudara a la gente enamorada?

¿No era el amor suficiente para mantener alejado al Diablo?

En ese momento Lupe se sintió que de alguna manera su mismo amor la había mantenido ciega y había permitido que el Diablo entrara a su casa.

Lupe sintió escalofríos por todo el cuerpo y supo que Salvador estaba en peligro una vez más, pero esta vez, una gran parte de ella le decía que no le importaba lo que le pasara.

¡Pero estaba seriamente en grandes problemas! ¡Lo podía sentir aquí en el estómago! Rápidamente se sobrepuso a sus resentimientos y una vez más empezó a rezar por su marido con todos sus Poderes Concedidos por Dios.

—¡No!—le gritó al Diablo que se le había acercado tratando de llevar su pensamiento a ese Infierno de duda y confusión—. ¡No me vas a tentar! No me dejaré llevar a ese mundo de odio por mi marido. ¡Lárgate Diablo! Amo a mi esposo y tenemos la Luz Bendita de Dios y vamos a hablar y a resolver nuestros problemas cuando venga a casa. ¡Por favor, Dios divino, ayúdame!

Y Lupe se persignó, aquí al lado de su Árbol para Llorar y una vez más en ese momento supo que le había ayudado a Salvador a sobrepasar este momento de peligro. Estaba a salvo. Era bueno una vez más. Y vendría a casa. ¡De esto estaba segura Lupe, con toda su alma y corazón!

EN LAS PRIMERAS horas frescas de la noche, Salvador llegó a Carlsbad, California. Se caía de cansancio. No había dormido en tres días con sus noches y se sentía próximo a la muerte.

Pero también pensó que no podía simplemente llegar a casa con su coche fino en este estado. No, tenía que parar para ver al viejo White, y que le limpiara el carro, le arreglara los agujeros de bala y revisara completamente el vehículo antes de llevárselo a casa.

Al llegar al taller de Kenny, Salvador no podía ver bien. Los ojos se le cerraban. Sus contactos chinos en Mexicali le habían dado seis sobrecitos de polvo blanco para ayudarlo a mantenerse despierto, pero aún así estaba muerto de cansancio.

En aquellos días la cocaína y la mariguana eran legales en ambos lados de la frontera, pero Salvador sabía que una vez que los efectos de la cocaína pasaran, estaría más cansado que nunca. Tenía que tener cuidado y no usar más esa substancia por unos meses. El cuerpo humano podía fácilmente esclavizarse de estos cristalitos blancos de inocente apariencia.

Después de estacionarse al frente del taller, Salvador fue a la parte de atrás y en el momento que iba a tocar, la puerta se abrió súbitamente. Y allí estaba el viejo White con su Winchester 30/30 en mano.

—¡Ah, eres tú!—dijo Kenny bajando el rifle—. Carajo, te ves horrible, Salvador.

—Y me siento peor—dijo Salvador—. Siento haberte despertado pero me acabé este carro y necesito llegar a casa. Le dije a Lupe que estaría fuera sólo unas horas, y ya llevo, bueno, tres días, creo.

—¡Tres días, carajo!—dijo Kenny, tomando a Salvador de la axila izquierda para ayudarlo a entrar—. Más vale que pases y te sientes mientras yo checo tu carro y después te llevo a casa.

—Bueno—dijo Salvador permitiendo que Kenny le ayudara por el cuarto—, y a propósito, tengo trescientos de los cuatrocientos dólares que me prestaste, Kenny.

—¡Fantástico!—dijo Kenny ayudando a Salvador a sentarse; después fue a buscar sus pantalones y sus zapatos. Traía puesta sólo su camisa de dormir—. Los puedo usar, ese Eisner necesita un poco de más ayuda para su tienda, pero ya hablaremos de ese dinero en la mañana, después que duermas. Carajo, a la mejor no vas a poder pagarme tanto después que hables con Lupe. Recuerda que eres un hombre casado ahora, Salvador, y que un hombre casado necesita primero checar las cosas con su esposa, o se puede armar un gran lío.

—¡Mentira!—dijo Salvador—. Me prestaste ese dinero antes de casarme, de hombre a hombre, así que de hombre a hombre, ¡te pago lo que puedo, cuando puedo, y ahora puedo! Saca los trescientos de este rollo. Todavía me quedan más de cien para llevarle a casa a Lupe. Recuerda siempre Kenny, la lechuga, es sólo lechuga, aún por carretadas, ¡pero los amigos que están dispuestos a meter las manos en el fuego por ti valen más que el oro!

Kenny le había prestado ese dinero a Salvador cuando todos los demás se lo habían negado.

—Oye, me gusta eso, la lechuga es sólo lechuga, pero los amigos son oro—, dijo Kenny—, pensando que esto era lo que Salvador había tratado de decirle—. *Okay*, si estás esperando una carretada de esta clase de lechuga, entonces me llevo mis trescientos ahora—, añadió.

Kenny contó trescientos dólares y le regresó el rollo a Salvador.—Cuenta tu dinero de nuevo, Salvador, y asegúrate que no te hice trampa—, dijo Kenny.

—¡No, carajo!—dijo Salvador—. ¿Checo mi carro cuando me dices que arreglaste los frenos? No, te tengo confianza, hombre a hombre, a lo macho. ¡Y la confianza, Kenny, es una gran palabra! ¡De hecho, es la más, la palabra más grande, más importante después de 'amor'!

—Estoy de acuerdo—dijo Kenny—. La confianza es una palabra grande y también el amor. ¡Y chingado, he fallado miserablemente en esas dos muchas veces!

—¡Mentira! ¡Un hombre como tú nunca falla!—dijo Salvador, tratando de abrazar a Kenny, pero se cayó de nuevo en su silla. —Quizá lo tiran al suelo, pero un buen hombre siempre se levanta de nuevo. Y las mujeres, ellas son aún más fuertes, mi madre siempre me lo dijo.

—¿Es allí donde has estado? ¿Visitando a tu madre?—preguntó Kenny que había visto a la madre de Salvador varias veces.

—Sí—dijo Salvador mintiendo.

—Buena mujer—dijo Kenny, caminando al otro lado del cuarto buscando una cobija para que se envolviera Salvador. La mar estaba sólo a unas cuadras, y—a diferencia de Mexicali—el tiempo era fresco en la costa.

Al llegar al frente, Kenny vio que el Moon de Salvador estaba todo cubierto de lodo y pensó que algo muy malo le debía de haber pasado, porque Salvador siempre mantenía su Moon limpio con buena apariencia. Las llaves todavía estaban allí, así que Kenny encendió el motor que arrancó inmediatamente. Abrió la puerta de su taller y puso el coche de turismo adentro.

Al regresar a la parte de atrás de su casa, Kenny halló a Salvador lavándose la cara en el lavabo.—Necesito despertar y llegar a casa—, dijo Salvador—. Carajo, le dije a Lupe que me iba sólo por unas cuantas horas—. Estaba medio loco, y se veía cansado y preocupado.

—*Okay*, vamos, loco recién casado, te llevo a casa—le dijo Kenny riéndose.

—Bueno—dijo Salvador—. ¡Eres un verdadero amigo, el mejor! ¡Aunque seas un pinche gringo!

Kenny se rió.—¡Bueno, tú también eres bueno, Salvador, aunque seas un pinche mexicano!

Kenny y Salvador salieron de su casa y se subieron a su *troca* Ford. Kenny vivía atrás de su taller, y la casa que Salvador y Lupe estaban rentando estaba a tres cuadras al norte de la Elm Street—que años más tarde se convertiría en *Carlsbad Village Drive*.

Salvador estaba profundamente dormido antes que Kenny llegara a la primera cuadra.

EN CUANTO LUPE oyó el eco de un vehículo entre los árboles que se aproximaba por el largo camino de entrada, saltó de la cama y corrió a la ventana. Salvador había estado ausente tres días con sus noches y ella había estado muy asustada.

Y sí, se daba cuenta que no tenían teléfono, pero podía haber llamado a la tienda Eisner que estaba cerca y pedirles que le dieran el recado a ella. Había estado rezando noche y día pidiéndole a Dios que Salvador estuviera bien. Se habían unido tanto, habían sido tan felices, así que ¿por qué no había venido a casa? ¿Podría ser, ah no, no otra mujer? Dios mío, esperaba que no.

Pero entonces Lupe vio que no era su Moon que venía por la cochera en la huerta. No, era un camión grande.

—¡Ay, Dios mío!—dijo Lupe—. ¡Han matado a Salvador, y alguien viene a decirme!

Se puso la bata rápidamente y salió a la puerta. Entonces creyó reconocer el camión. Era el camión grande de Kenny White y parecía que venía solo.

Pero al estacionar el camión vio a Kenny salir e ir al lado del pasajero. La sangre le regresó a Lupe cuando vio que Kenny le ayudaba a Salvador a salir del camión. ¡Su verdadero amor había venido a su casa y estaba vivo!

—¿Está lastimado?—le preguntó a Kenny mientras éste metía a Salvador.

—No, no creo. Sólo que ya no puede más. Me dijo que no ha dormido por tres días.

—¿Cuándo fue a su taller?—preguntó. Toda su vida había sido tímida, pero no lo era ahora.

—Hace un rato. Tuvo problemas con el carro y dejó la Moon en mi taller.

—Ya veo. ¿Tuvo un accidente?

—No, no lo creo—dijo Kenny, llevando a Salvador a la recámara—. Sólo está cansado.

Lupe trataba de mantenerse calmada lo mejor que podía, ah, se había enfermado de la preocupación, y no había tenido a nadie con quien hablar.

Kenny puso a Salvador en la cama y le quitó las botas.

—¿Estoy en casa?—preguntó Salvador despertándose—. ¡Necesito ir a casa para ver a Lupe!

—Ya estás en casa—dijo Lupe.

—¡Lupe! ¡Lupe!—dijo Salvador, extendiendo sus brazos hacia ella—. Te quiero tanto, y he estado manejando y manejando y . . . y la Luna me siguió y me trajo a casa. ¿Viste a la Madre Luna esta noche? Esta preciosa, Lupe, y me habló—dijo—. Me dijo que tú estabas rezando por mí. Y yo podía sentir tu amor entrar aquí en mi corazón esta vez—, añadió, y se quedó profundamente dormido de nuevo roncando suavemente.

Kenny se rió.—Bueno, parece que tuvo un buen viaje, con la Luna y todo. Creo que estaba en la casa de su madre en Corona.

—No sé—dijo Lupe—. Hace tres días dijo que iba a salir sólo a un negocio por unas horas.

Lupe acompañó al hombre mayor a la puerta de entrada. Estaba tan acongojada que podía gritar.

—Buenas noches—dijo Kenny tocándose la punta del sombrero.

—Buenas noches—dijo Lupe—. Y bueno, muchas gracias por traerlo a casa, Kenny.

—De nada, Lupe, y por favor no lo regañes mucho—, empezó a decir, pero se interrumpió a sí mismo—. Lo siento, Lupe—, dijo—, no son asuntos míos—, añadió rápidamente y salió.

Lupe cerró la puerta y respiró profundamente. Sí, sabía que Kenny tenía razón, que no debía ser muy dura con Salvador. No, debería estar contenta y dar gracias a Dios que había vuelto Salvador en una sola pieza; pero también no podía ocultar el hecho que estaba enojada.

Se había preocupado tanto.

¿Dónde había estado y qué había estado haciendo? ¿De verdad había estado en casa de su madre todo este tiempo? Si así fuera, ¿por qué ninguno de los dos pensó en llamarla?

Una vez más Lupe se preguntó si, bueno, si pudiera ser otra mujer.

Pero, ah, de verdad no quería tener estos terribles pensamientos corriéndole por la cabeza. ¿Qué le pasaba? ¡Parecía que desde que halló la botella de whiskey debajo de los preciosos cojines con sus nombres bordados, su mente estaba llena de los juguetes favoritos del Diablo: duda y miedo!

Empezó a llorar. Se sentía abrumada.

DOÑA MARGARITA ESTABA rezando el rosario en Corona cuando oyó el llanto de su amada nuera. Desde que Salvador había venido y ella le había dado el recado que el chino necesitaba verlo, había estado rezando noche y día para que Dios, el Padre, ayudara a su hijo Salvador y a su joven esposa.

El trabajo de una madre nunca acababa. Una mujer de substancia no terminaba hasta que su cuerpo terrestre regresara a la tierra de donde había venido.

Pero aun entonces, el viaje de la vida no había acabado. Después que un ser humano acababa su trabajo aquí en la tierra, regresaba al Gran Más Allá para continuar sus servicios en nombre del Santo Creador.

Doña Margarita rezaba en su *jacalito* en la madrugada del día usando el rosario que había sido de su padre—el rosario que había llevado de pueblo en pueblo desde que habían tenido que abandonar su querida tierra de los Altos de Jalisco. Y en el ojo de la mente, la anciana supo que Lupe y Salvador estaban en peligro una vez más.

La joven esposa de Salvador lloraba y el Diablo se arrastraba cerca, preparándose para robarle el amor que le tenía a Salvador a la primera oportunidad.

Rápidamente, doña Margarita recorrió arriba y abajo la escala musical de los trece sentidos como había hecho antes, cuando se había convertido en águila para ir a ayudar a su hijo a la frontera. Esta vez volvió a parar en el decimoprimer sentido—llamado Cambio de Forma por muchas personas indígenas del Suroeste—y tomó la forma de un búho esta vez.

El Diablo reptaba hacia abajo por las ramas del Árbol de la Ciencia para interceptar las oraciones de Lupe cuando la Anciana India bajó del Cielo y sorprendió al viejo Diablo agarrándolo por su larga cola de comadreja; éste brincó del árbol y se fue gritando por el Cielo tratando de escapársele. Pero la búho lo tenía bien agarrado y lo jineteó por todos los Cielos hasta que accidentalmente casi lo pasa por las puertas del Cielo y lo reúne con Dios.

—¡Déjame en paz, pinche vieja apestosa!—gritó.

—¡Ah, vamos, dame un besito rápido!—dijo—. ¡Sabes que me quieres, y amarme a mí es amar a Dios!

Al oír esto, ¡el Diablo escupió y se largó a las profundidades del infierno!

Y DENTRO DE su casita de luna de miel, Lupe sintió repentinamente esta gran paz y se sintió feliz, bienaventurada, como si todos estos sentimientos de duda y miedo hubieran desaparecido y Papito Dios estuviera aquí con ella una vez más.

—¡Gracias Señor Dios por ayudarme!—dijo. ¡No quiero seguir teniendo todos estos malos pensamientos en mi cabeza, pensando que el amor de mi esposo sea falso!

Y al decir estas palabras 'que el amor de mi esposo sea falso', Lupe se halló de repente de nuevo en su cañón acantilado de la Lluvia de Oro. Tenía siete años y ella y sus amiguitas estaban brincando la cuerda y cantando una canción del amor falso.

Naranja dulce, limón partido,
Dame un abrazo, por Dios te pido!
Si fueran falsos tus juramentos,
En algún tiempo se han de acabar.
Toca la marcha, mi pecho llora,
Si tus juramentos serán verdad,
Duran el tiempo que naranjas dulces.

Los ojos se le llenaron de lágrimas a Lupe y a unas veinte millas de distancia, en Corona, doña Margarita sonrió, mandándole amor a su amada nuera. Pues la palabra nuera a secas nunca había tenido sentido para la vieja india.

No era un papel legal lo que incorporaba a nuevos miembros a una familia, era el amor. Las lágrimas de alegría continuaban bajando por la cara de Lupe mientras su amada suegra seguía rezando por ella, y Lupe estaba ahora segura que todo iba a resolverse entre ella y Salvador y que sus mutuas promesas eran verdaderas, así que su amor sería dulce mientras la naranja fuera dulce—¡por siempre jamás!

Lupe se sentía mejor. Era difícil mantenerse lleno de duda y temor cuando se tenían tantos recuerdos maravillosos sobre uno, como besos del Cielo.

Se persignó, dándole gracias al Santo Creador.

En ese momento recordó la botella y la lata de dinero que había tirado en la basura. ¡No había regresado a recogerlos! Decidió ir y recuperarlos.

Ya no tenía miedo.

El Diablo se había ido. Ella había traído luz a sus tinieblas.

Al caminar por la huerta vio a la Madre Luna, se veía tan hermosa rodeada del cielo negro y las estrellas brillantes.

—Hola, Madre—le dijo Lupe a la Luna, como lo había hecho todas las noches en su antigua casa de su querido cañón acantilado.

Y la Madre Luna le sonrió, manteniéndose en toda su gloria, el Ojo Femenino de Papito Dios, dándole guía espiritual a las mujeres desde el principio de los tiempos.

AL DÍA SIGUIENTE Kenny White estaba lavando el carro de Salvador para poder empezar a trabajar en él cuando se topó con los dos enormes agujeros en la tapa de la cajuela. Cerró la manguera y abrió la cajuela muy despacio. Adentro de la cajuela había manchas de sangre por todas partes. Kenny no sabía qué hacer. ¿Debería ir a la policía, o debería esperar y pedir a Salvador que le explicara primero? Decidió poner el carro de nuevo en el taller y echarse un buen trago de whiskey para poder pensar en toda la situación muy cuidadosamente.

SALVADOR DURMIÓ DIECISÉIS horas seguidas.

Poco a poco, como empezaba a despertar, soñó que lo abrazaban y lo besaban y se sintió tan bien. Piernas calientes, fuertes, firmes lo tenían entrelazado y pechos duros, de grandes pezones presionando contra él como una bandada de codornices corriendo cuesta arriba.

Soñaba que atraía a su verdadero amor más y más, apretándolo más y más, sintiendo sus duros pechos jóvenes como codornices palpitando fuertemente contra su pecho mientras ella lo jalaba fuertemente hacia ella con tal hambre y calor y suave sedosidad.

Y entonces, sí, entonces estaban planeando, deslizándose, resbalándose, pasando por el ojo de aguja que los regresaba a un recuerdo, a una vehemente nostalgia del paraíso.

Todos los ayeres desparecieron y hoy permaneció quieto . . . no en el pensamiento, sino en las sensaciones del calor, del jugoso calor húmedo, y de los besos, besos, abrazos, y ah, Ho, sí, sí, en los sentimientos suaves, tiernos—¡Un verdadero regalo del Cielo!

Porque cada besito, cada pequeña caricia, de Corazón a Corazón, en la quietud de la Buena Noche era una aventura al Gran Más Allá,

En la distancia las olas de la oceana continuaban corriendo hasta la playa como potros salvajes. Y la Madre Luna se alegraba, dando luz y calor a todos los jóvenes amantes.

Y aquí, en este Lugar Sagrado, la Madre Luna sonrió, hablándoles suavemente, y Salvador y Lupe escuchaban con el corazón abierto, soltándose finalmente, y permaneciendo desnudos ante el Universo, ¡habiéndose entregado completamente al viaje del AMOR!

Un búho graznó afuera de su ventana.

En la distancia un gallo cantó y aleteó las alas.

Otra Noche Sagrada llegaba a su fin.

LLEGÓ EL AMANECER y al despertar, Salvador recordó que al entrar a Carlsbad, había dejado su carro en casa de Kenny antes de llegar a casa, porque no había querido que Lupe viera el coche todo sucio y . . . con esos enormes agujeros de bala en la cajuela.

¡De un brincó salió de la cama! ¡Tenía que ir al garaje de Kenny antes que el viejo hallara los agujeros de bala y lo denunciara a la policía! ¿En qué había estado pensando? ¡Kenny era gringo!

—¡Lupe—dijo Salvador—, tengo que ir a ver a Kenny!

—¿Pero, por qué?—dijo, acostada desnuda a su lado—. ¡Estuviste fuera tres días con sus noches!

—Mira—dijo, mirando por su ventana y viendo las primeras luces del día llegar del este a los aguacates. Ya sé que la última vez dije que estaría fuera unas cuantas horas y que estuve fuera un par de días, pero, mira, ya casi amanece, y esta vez honradamente . . .

—Estuviste fuera tres días y tres noches—dijo Lupe, interrumpiéndolo—. Y ahora has estado en casa dos días pero has estado dormido todo el tiempo.

Salvador la miró.—¿Qué estás diciendo?—dijo, con cara de gran sorpresa—. Quieres decir que he estado durmiendo por dos días—¡Dios mío! ¡Tengo que ir a la casa de Kenny, y rápido!

Salvador dio un brinco, agarró su ropa y se la fue poniendo mientras corría por el pasillo.—¡Regreso enseguida!—gritó—. ¡Regreso enseguida!

—¡Salvador!—dijo Lupe en voz alta poniéndose la bata—. ¡No te atrevas a dejarme otra vez! ¡Pensé que te habían matado! ¡Me volví loca de miedo! ¡Necesitamos hablar! ¡Encontré tu botella de whiskey!

—¡Regreso enseguida!—gritó una vez más.

—¡Tú te vas—chilló ella—, y esta vez no voy a sacar tu dinero y tu whiskey de la basura cuando los tire!

Pero no le hizo caso. Salió de la casa y al ver a su alrededor se dio cuenta que no tenía carro. Recordó que Epitacio estaba usando su *troca* y que su carro estaba en el taller de Kenny. Empezó a trotar por la cochera y luego echó a correr. Iba descalzo.

Lupe lo miró salir. No había manera de poder adivinar lo que estaba pasando. Si Salvador estaba como loco. ¿Había hecho ella algo malo?¿Qué podía ser tan urgente sobre la condición del carro? Su hermano Victoriano siempre había dicho que Kenny era un buen mecánico, así que seguramente sabría qué hacer con el carro sin Salvador.

Lupe estaba tan enojada que le dieron ganas de gritar,¡ lo hizo! ¡El gallo del vecino contestó los gritos de Lupe y después Chingón empezó a ladrar también!

Y EN CORONA, a unas setenta millas al noroeste—doña Margarita pudo ver con el ojo del corazón lo que pasaba con su familia.

Ay, desde que habían salido de sus queridas montañas de Jalisco el Diablo no había dejado de pensar que podía hacer con ellos lo que quisiera, pero ella no iba a permitir que el Gran Lucifer lo hiciera.

Ella y su gente habían peleado contra las Fuerzas de la Oscuridad desde el amanecer del mundo, así que estas batallas de la Creación no eran nada nuevo para ella.

Al llegar a Carlsbad con la luz del día, doña Margarita tomó la forma del gran gallo colorado que vivía cerca de la pequeña casa rentada de su hijo. Salió del gallinero con un gran aleteo y atravesó la huerta para llegar hasta el Diablo que una vez más estaba tentando a Lupe con sus juguetes de duda y temor. No por nada era la hija de su padre. Ay, estaba lista para la batalla cuando llegó brincando sobre sus patas de *gallo-hembra* entre los árboles.

APENAS PODÍA RESPIRAR y le dolían los pies a Salvador al llegar al taller de Kenny. Hacía años que no corría descalzo y las plantas de sus pies ya no estaban acostumbradas.

Inmediatamente trató de abrir las grandes puertas del taller, pero estaban cerradas, y Kenny nunca cerraba las puertas de su lugar. Carlsbad era un pueblito y todos se conocían entre sí, y nadie cerraba sus puertas. Carajo, si la mitad de la gente ni siquiera le quitaba las llaves a sus carros, de noche o de día.

Al darse vuelta, Salvador se topó con Kenny que estaba parado atrás de él con su 30/30 Winchester en las manos.

—Buenos días, Kenny—dijo Salvador, sintiendo que los huevos se le subían a la garganta. El viejo gringo se veía súper encabronado.

—Buenos días, Sal—dijo Kenny, bajando el rifle.

—Yo, ah, vine a verte—dijo Salvador.

—Bueno, he estado esperando—dijo Kenny—, porque no toco tu carro hasta que hablemos.

—Ya veo—dijo Salvador—. ¿Entonces los hallaste?

Kenny se rió.—Carajo, Salvador, cómo no se van a ver esos agujeros de bala. ¡Son tan grandes como agujeros de cañón, chingado!

—Sí, tienes razón—dijo Salvador—, son hoyos de una .45.

—Chingado—dijo Kenny, jalándose la gran nariz—. ¿Qué fue lo que hiciste, Sal? ¿Mataste a alguien? En el interior de la cajuela hay sangre por todas partes.

—Carajo—dijo Salvador—. Se me había olvidado eso. Pero, mira, transportaba a un puerco muerto para hacerlo barbacoa y . . .

—¡CHINGADA MADRE, SALVADOR!—explotó Kenny—. ¡No me vengas a mí con esas CHINGADERAS! ¡Me he pasado dos largas noches pensando si estoy o no ayudando a un asesino!

—Sal—Kenny continuó—, vas a tener que decirme la verdad, si quieres que esté contigo en esto. ¡Carajo, no sé, tal vez el cabrón ese necesitaba que lo mataran! ¡Tal vez había estado aterrorizando a tu madre y a tu gente! . . . No sé. ¡Pero chingado, me metiste en esto al traerme tu carro, así que ahora me tienes que decir la verdad, Sal! ¡Y ahorita mismo! ¡CHINGADA MADRE!

El viejo rabiaba de ira y agitaba su 30/30 por todo su alrededor. Salvador nunca lo había visto así antes. Tomó aliento y calmadamente vio a Kenny cuidadosamente por un largo y silencioso momento—. Entonces no has ido a la policía, ¿verdad?—preguntó Salvador.

—¡Por supuesto que no!—dijo bruscamente Kenny—. Pero, te confieso, lo pensé hacer más de una vez.

Salvador empezó a sentir comezón en la superficie de su mano izquierda. Y podía sentir que la comezón le subía por todo el brazo y se le metía en la axila izquierda. Se llevó la mano izquierda a los dientes y se rascó la comezón. No, no iba a permitir que el miedo le diera pánico.

—*Okay*—dijo Salvador—, te voy a decir la verdad, Kenny. De hecho, contigo voy a ser más sincero de lo que he sido con cualquier otro hombre, mexicano o gringo—. La comezón había cesado. Se sentía bien ahora. El Diablo no lo había poseído.

—Bueno—dijo Kenny—. Estoy listo. Cuéntame, Sal. Pero carajo, primero entra y nos echamos una taza de café y un whiskey. De pronto se me ha secado la boca. ¡Me he pasado dos noches en vela pensando en esta pinche situación!

—¿Pero por qué no fuiste a buscarme?—preguntó Salvador.

—Porque, carajo, Salvador—dijo impacientemente Kenny cuando entraron a su casa—, tu estás en tu luna de miel y tú eres un buen hombre, y por eso yo, bueno—¡carajo, el hombre tiene sólo una oportunidad en la vida para hacer su hogar, Sal, y no iba a arruinarte esa oportunidad!

—Además me trajiste tu carro de buena fe, y eso me demostró mucha confianza en mí, de hombre a hombre, así que no iba a vender ese tipo de confianza a la ley. Recuerda, estuve casado con una mexicana por muchos años. Sé cómo tratan a tu gente. Una vez que la ley entra, ¡no tienen ni una pinche chanza!

Al entrar a la cocina de su casita atrás del taller, lo primero que hizo Kenny fue buscar abajo del fregadero y sacó una botella de galón de whiskey butlegado. Salvador lo había fabricado. Algunas veces Salvador le pagaba su trabajo a Kenny con whiskey butlegado, en vez de en efectivo.

—Bueno—dijo Salvador después que se habían echado el trago y esperaban que se calentara el café—, primero que nada quiero decirte, Kenny, que bueno, te agradezco que no hayas ido a la policía. Eres un buen hombre, Kenny, lo mejor, y . . .

—¡Sal, NO ME CHINGUES CON HALAGUITOS!—Dijo bruscamente el viejo—, ¡tan sólo dime de que se trata todo esto!

—Bueno—dijo Salvador—, simplemente, crucé la frontera a un hombre y . . . y bueno, le hice esos agujeros a la cajuela para que pudiera respirar.

Con gran lentitud Kenny alargó la mano para agarrar la botella, entonces despacio, muy despacio, se sirvió otro buen trago de whiskey.—Chingado—dijo—, por lo general tomó de la botella. ¿Por qué carajos me estoy sirviendo de trago en trago?

Tomó el vaso medidor en su enorme y gruesa mano. Temblaba de tan preocupado que estaba—. No—, dijo a Salvador mientras se echó el whiskey por la garganta, se limpió la boca con el dorso de la mano—, lo siento, Sal, pero eso es todavía difícil de creer. Tienes un carro muy fino para andar haciéndole agujeros de bala—. Negó con la cabeza.

Salvador cerró los ojos concentrándose. ¿Qué más podía hacer? Había dicho la verdad. Y entonces, con los ojos cerrados vio todo muy claro—. Kenny—, dijo sencillamente—, ¿notaste si los agujeros van de adentro hacia afuera?

Kenny negó con la cabeza.—No, no lo noté.

—Bueno, vamos a ver—dijo Salvador—. Ves, tenía la tapa de la cajuela abierta cuando lo hice, Kenny.

—Sí, ahora que lo dices—dijo Kenny, jalándose la grande nariz con su enorme mano—. Noté algo peculiar en esos agujeros. Pero, carajo, Salvador, ese cuento no tiene sentido todavía. ¿Quién chingados podría ser tan valioso para que un hombre le haga disparos a su propio carro?

Salvador respiró profundamente. Ahora, para variar, estaba diciendo la verdad y no se la podían creer. En realidad era como su madre siempre decía, la gente está más dispuesta a aceptar una mentira con un buen cuento que la verdad pelona. La verdad podía ser un gato salvaje muy difícil de domar.

—Era chino—, dijo Salvador.

Al oír esto, Kenny se echó a reír.—A ver si te entendí, ¿le disparaste balas a tu propio carro por un chino? ¿Es esto lo que me dijiste?

—Si, Kenny, eso es lo que estoy diciendo—, dijo Salvador, y se quedó allí, sin decir otra palabra. Porque qué más podía decir, a los chinos no se les daba ningún valor en este país.

Y también, si Kenny creía su historia, esto era aún más peligroso, porque el transporte ilegal de chinos era un crimen mucho mayor que butleguin. Así que si Kenny le creía, entonces le había dado a Kenny la cuerda para que lo colgara por un crimen federal, si se le ocurría ir con la policía algún día.

—Un *chink*—dijo Kenny, haciendo una mueca.

—Sí, un doctor chino—dijo Salvador.

—Me lleva—dijo Kenny, abriendo la boca aún más—. Nunca pensé estar en una posición de ayudar a los *chinks*.

—Sí,—dijo Salvador—, y su gente lo necesitaba rápidamente. Hay una enfermedad en el barrio chino y no les pueden decir a las autoridades. Tienen miedo que los recojan y que los maten como lo hicieron en Los Ángeles hace apenas unos años para después enterrarlos en un foso cerca de Pasadena.

Kenny asintió con la cabeza.—Conozco bien la historia. Recuerda que nos conocimos trabajando en una cantera de piedra.

Salvador asintió con la cabeza.—También con mi hermano Domingo en la prisión de San Quentín, me deben ahora un favor.

—Me lleva—dijo Kenny—. Es un mundo pequeño, ¿verdad? Sonrió. Carajo, yo tenía catorce años cuando conocí a mi primer chink. Fue en un campamento minero en Colorado. Estaba casi muerto y él me dio de comer y me ayudó a pasar un duro invierno. Se sabía todos estos cuentos de haber trabajado por todo el oeste. Había venido de China a los catorce años—la misma edad que yo en esa época—pero cuando lo conocí estaba viejo y nunca se había casado ni tenía amigos después que lo separaron de su gente. Chingado, a estos chinks les ha ido peor que a los negros. Cuando menos a los esclavos se les trajo con sus mujeres también.

Kenny pausó por un momento, y después agregó,—Pero no mataste a nadie, ¿verdad? Y vio directamente a los ojos de Salvador, pero entonces, antes que Salvador pudiera contestar, Kenny cambió de opinión y agregó rápidamente—. No, no me digas. Carajo, ya sé más de lo que necesito. En lo que me atañe a mí, nunca hemos hablado de esto. Pero me da gusto hacer algo para ayudar a los chinks. Ese viejo me salvó la vida.

—Estás ayudando—dijo Salvador.

—Bueno—dijo Kenny poniéndose de pie . Así que ahora quieres que parche esos agujeros, ¿verdad? No pude hallarle más cosas al carro, excepto que necesita servicio y limpiarlo de todos los cactos y maleza que arrastraste por abajo. Debe haber sido una gran correteada—. Se sonrió—. ¡Espero que la paga haya sido buena, Salvador, porque destruiste mucho ese vehículo!

—Lo fue, Kenny, como te dije, es un doctor importante y lo necesitaban en . . .

—No, no me digas. Como te dije . . . nunca hemos tenido esta conversación—, dijo Kenny—. Ven, ya está caliente el café. Vamos a echarnos una taza—. Estaba mucho mejor ahora.

—Está bien, pero después tengo que ir a casa—dijo Salvador—. Caray, me salí de casa descalzo sin darle a Lupe ninguna explicación.

Kenny se echó a reír.—Lo único que te puedo decir es que ya veo que te gusta un chingo vivir peligrosamente—, dijo Kenny sirviendo un tazón de humeante café caliente para cada uno—. Mi esposa por poco y me corta los huevos una noche porque según ella había estado fuera mucho tiempo.

¡Me cae que con estas mujeres mexicanas, el hombre tiene que dormir con un ojo abierto! Terminé por dejarla. Casi me corta el pito en otra ocasión—, añadió, riéndose.

EN CASA, LUPE estaba en la cocina cortando verduras con un cuchillo. Toda la vida, desde que tenía uso de memoria, había visto a su madre cortar verduras y hacer tortillas.

Al terminar con las verduras, Lupe las puso en un tazón enfrente de ella y empezó a tararear. Tenía una docena de bolas de masa a la izquierda del mostrador. Tomando la primera de estas bolitas del tamaño de un puño, empezó a rodarla, estirándola por la tabla con el rodillo de madera dura que le había dado su mamá cuando era niña. Era el mismo rodillo que el abuelo de Lupe, Leonides Camargo, le había dado a su madre para hacer tortillas cuando cumplió nueve años, y que su madre le había dado a ella cuando había cumplido siete para que ella, también, pudiera hacer tortillas.

Ese día su madre había llamado a Lupe a solas para explicarle que ya no era una niña. Tenía siete años ahora, y por eso, desde este día tendría que empezar a trabajar y a portarse como una pequeña dama joven, un capullo de rosa camino a convertirse en una rosa plena, o le pasarían cosas malas.

—Porque mijita, hay muchos peligros para una jovencita en esta vida— le había explicado su madre—. De la misma manera que hay muchos peligros para un venado o un pájaro en el monte. Y por eso una madre inteligente no le esconde estos hechos a los ojos de su hija, sino al revés, le abre los ojos a estos peligros para que pueda ver y cuidarse, así como el venado se cuida del león y los pájaros del halcón.

—Así que no te estoy diciendo estas cosas para espantarte o para hacer que no disfrutes de la vida, mijita—su madre le había dicho—, ¡sino al contrario, te digo estas cosas para que puedas estar consciente de tus alrededores, entonces podrás disfrutar de la vida a lo máximo!

Entonces su madre le había recordado de todas las niñas de su pueblo que habían sido robadas y violadas durante la terrible Revolución—pero que—gracias a Dios, ninguna de sus hermanas había pasado por esto.

—Y créeme, *mijita*, que mucho de esto es porque yo les advertí a tus hermanas de las vueltas de la vida a una edad muy temprana, exactamente como te estoy hablando ahora.

—Creo que las madres que están siempre previniendo a sus hijas del alacrán o la culebra, pero no les explican que nosotras, las mujeres, debemos tener cuidado de los hombres y de sus acciones, son unas tontas. Porque los asuntos del corazón, *mijita*, no se le pueden confiar a estas ridículas y tontas historias de romance y felicidad eternos, sino que deben ser entendidas con los ojos abiertos, ¡y el conocimiento que el corazón de una mujer es su fuerza! No su debilidad, como estas estúpidas canciones y libros dicen.

—Porque ningún hombre le puede romper el corazón a una mujer si le ha confiado el corazón—no al hombre—sino a su hogar. ¡Su casa! ¡Su nido! Usando las manos que Dios le dio para extender las tortillas, cortar las verduras, mantener vivo el fuego bajo el comal, y tararear—así—mientras trabaja.

—El trabajo, mijita, es el poder de una mujer. Su relajamiento y su cordura. Su manera de llegar a un acuerdo con las vueltas y curvas de la vida, sin perder el camino. Después de todo recuerda que está escrito en las estrellas ¡que los hombres vienen de la piedra, del viento, y del fuego! Y las mujeres vienen de la flor, del árbol de la tierra, el agua y por lo tanto cualquier mujer saludable puede consumir el fuego de un hombre tan fácil como el agua puede consumir cualquier llamita.

—¿Por qué crees que los hombres son tan débiles y persiguen al viento? porque en lo profundo de su ser saben que el tiempo de su ardiente fuego es efímero. Mientras las mujeres son fuertes al saber en lo más profundo de ellas que toda la vida nace de ellas, y son el terreno eterno para sembrar, y la lluvia que viene del Cielo y vuelve a llenar los ríos y lagos y aun la misma mar.

—Así que mijita, sabe siempre que tú eres una lluvia de oro mandada por Dios para que trabajes por la supervivencia de toda la humanidad. ¡Nosotras somos el poder, somos el eje, el centro de nuestra familia, y al saberlo, entonces nuestros corazones son INDESTRUCTIBLES!

Lupe se secó los ojos con el dorso de la mano respirando profundamente. Nunca se le olvidaría el día que cumplió siete años y su mamá le dijo todas estas cosas de ser una mujer fuerte y saludable.

Al aplanar cada bola de masa, Lupe ponía la tortilla redonda y plana en el comal caliente a su derecha, trabajando de izquierda a derecha como su mamá había hecho siempre. Y ahora podía comprender claramente que su madre había sido muy sabia pues ahora todo esto era su problema. Había puesto su alma y corazón entero en Salvador, en lugar de este hogar, esta casa, este nido que estaban construyendo juntos.

Y esta casa que ella y Salvador rentaban de Hans y Helen tenía un buen techo y paredes sólidas y hasta electricidad y sí, agua corriente. Era una buena casa, una excelente casa y esta estufita, en la que Lupe cocinaba ahora, era la estufa de gas con dos quemadores que Salvador había comprado para la boda, igual que las estufas de campo que Lupe y su familia habían usado siempre que seguían la rotación de las cosechas.

Lupe tenía tanto que agradecer. Nunca se le olvidaría el día que ella y Salvador habían ido a comprar esta estufita y sus muebles. Si se había sentido como un adulto, agarrados de la mano mientras veían esto y aquello, comprando cosas para su casa con su futuro esposo. Habían comprado también una mesa y cuatro sillas, un sofá y una cama y hasta una cómoda. Lupe no había tenido nunca antes una cómoda en toda su vida.

En casa, siempre usaban cajas de las huertas, o estantes caseros sin tapa para guardar la ropa.

No, su casita rentada no venía con estufa, refrigerador, o muebles, pero ella y Salvador, una pareja comprometida, habían ido a comprar estas cosas y ahora tenían una casita muy bonita.

Oyó el canto de un gallo afuera de la ventana y empezó a cantar, a silbar, a sentirse mucho mejor. Y el olor de las tortillas cocinándose y los colores de las verduras picadas—todo le hablaba, le hablaba a su corazón como le había hablado a su madre, como le había hablado a la madre de su madre, una india yaqui de pura sangre.

El gallo continuaba dándole serenata con su canto y Lupe—María Guadalupe Gómez; no, Villaseñor—una mujer casada, tomó ahora la siguiente bola de masa y empezó a aplanarla con el rodillo de madera dura que había sido de su madre.

En lo más profundo de su ser Lupe sabía que las mujeres habían hecho esto por cientos de miles de años. No con harina, como lo estaba haciendo, sino con maíz, el sostén de toda vida.

Lupe continuaba trabajando la masa usando su rodillo con las dos manos; cuando veía que un lado estaba listo, le daba vuelta en el comal. Se sentía mejor ahora. De alguna manera sentía como si le hubieran quitado una carga de los hombros.

De repente, el gallo que había estado cantando afuera dio un terrible grito, como chirrido, y pasó por fuera de la ventana de Lupe aleteando furiosamente mientras corría tras un animal con apariencia de comadreja.

Lupe se rió, se sentía como si estuviera en su pueblo natal; el chirriar de un gallo que corretea roedores. Comenzó a cantar mientras seguía trabajando con las bolas de masa. Su hogar era bueno ahora. Su nido estaba seguro. Que tuviera cuidado el Diablo. No había permitido que la oscuridad conquistara su corazón.

Lupe continuaba cantando y haciendo tortillas con el rodillo que su abuelo había hecho de la raíz de un enorme árbol derribado por un relámpago y que le había dado a su madre. Lupe soñaba—no con pensamientos—sino con las sensaciones de la vida que le llegaba a través de las manos, los brazos, los dedos, mientras estas bolas de masa firme, frente a ella, se convertían en tortillas planas y suaves.

En ese momento Lupe oyó que por el camino llegaba el camión de Kenny haciendo eco entre los árboles.

De nuevo el corazón de Lupe empezó a latir fuertemente. Ah si Salvador tenía otra mujer, le cortaría el corazón con este cuchillo que usaba para picar verduras.

De repente estaba tan enojada una vez más que le dio miedo.

Le empezó a dar golpes a una bola de masa con el rodillo. Entonces empezó a cachetear a la tortilla de un lado y del otro pasándola de palma en palma mientras volteaba la otra tortilla que se estaba cocinando en el comal.

Respiró profundamente una y otra vez tratando de calmarse. ¡No, no sería una de esas esposas-siempre-gritonas!

Se calmaría, recibiría a Salvador, le daría de comer, y entonces hablarían. Y hablarían calmada, razonablemente, y llegaría a saber la verdad de todo este lío. No, no usaría el cuchillo grande y filoso. Después de todo, su madre nunca había apuñaleado a su padre, aun después que había perdido todo el dinero de la familia en la baraja y en la bebida.

Respiró, calmándose. Sería una buena esposa. Sí, sería una buena esposa. Después de todo era la hija de su madre.

Y cambiando su piel exterior llegaron a conocerse ahora sólo
como dos jóvenes enamorados que habían dado un paso ade-
lante en el compromiso total del matrimonio.

E RA EL AMANECER. Doña Margarita no sabía qué hacer. Su viejo
amigo, el Diablo, hacía uso de todos los trucos que conocía para enre-
dar a uno de sus hijos. Y no había embustero más experimentado que el
mismo Diablo—el más grandioso ángel de Dios, en un tiempo.

Doña Margarita se levantó con la primera luz del día y salió a hacer sus
necesidades al excusado de afuera. Era todavía muy temprano para ir a casa de su hija Luisa para hablar con ella. Pero doña Margarita sentía la necesidad de hablar con alguien porque después de haber corrido al Diablo
del hogar de Lupe y Salvador, se le había aparecido en un terrible sueño
mostrándole cómo iba a tratar de robarse la alma de Domingo.

Afuera el Padre Sol empezaba a despedir gloriosos colores de rojo,
amarillo y rosa en el lejano horizonte. Le encantaba su excusadito con su
pequeño altar donde había una foto de Jesús y una estatua de María con
sus velas. Al entrar, encendió una vela y se sentó con su Biblia y su rosario
en mano para hacer sus necesidades diarias y rezar el rosario. Mientras rezaba todavía podía sentir que el Diablo trataba de metérsele en la cabeza.
No la dejaba descansar. Trataba de influenciarla de cualquier manera que
pudiera. Finalmente ya no aguantó más. ¡Bastaba ya!

—Aaah, sí—dijo, sintiendo que le venía una caca larga cargada de pedos—. Ahí te va esta grandota y jugosa caca y este montón de pedos especialmente para ti, mi querido Lucifer.

—¡Ay, vieja cochina!—gritó el Diablo brincando hacia afuera.

—¡De mierda para ti, sí!—dijo—, ¡pero de mi alma para Dios, no—! Y se
empezó a reír a carcajadas.

El Diablo se largó escupiendo por el camino.

EN CARLSBAD, A UNAS SETENTA MILLAS AL SUROESTE de Corona, California, Salvador entraba por el largo camino de entrada de su casa en la *troca* grande de Kenny White. Su Moon no estaría listo sino hasta dentro de unos días.

Por la ventana Lupe vio a Salvador llegar a su casa en la *troca* de Kenny, y, ah, sólo el verlo le ocasionó un torrente de profundos y maravillosos sentimientos. No podía evitarlo, Salvador era para su corazón como la luz solar.

Le rogó a Dios que pudieran hablar y resolver sus problemas, porque en realidad no quería romper sus votos matrimoniales y dejar a este hombre, a quien quería, pero, bueno, lo haría si tenía que hacerlo—ahora, antes de tener ningún hijo. Pues su madre le había explicado muy bien que una vez que una pareja tenía hijos, no había regreso, especialmente para la mujer.

Saludó a Salvador y le sirvió la cena y comieron, entonces puso los platos en el fregadero, y ahora estaba lista.—Salvador—le dijo alisando el delantal en el regazo, como había visto a su madre toda la vida—, necesitamos hablar. Estuviste fuera tres días y tres noches, entonces regresaste y dormiste como si estuvieras muerto. ¿Qué pasa? Necesito saber. No puedo vivir así. Y además, mientras limpiaba la casa, encontré una botella de whiskey debajo del cojín que nos regaló Hans y Helen—, añadió tan calmadamente como pudo.

Dejó de hablar. Había dicho lo suficiente. Y también el corazón le latía fuertemente. Pero no podía echarse atrás. Éste era el momento. Todo esto se necesitaba decir. Y no sabía si él se iba a enojar o qué, pero ella había dicho la verdad—no podía vivir así, preocupada todo el tiempo.

Al verle la mirada, Salvador respiró profundamente tratando de reunir sus pensamientos. Había dicho un montón de cosas y la mayoría de los esposos se pondría rápidamente de pie y le gritaría a su esposa, diciendo que él era el hombre de la casa, que él traía el dinero a casa, así que no sería interrogado. Pero Salvador no pensaba así. Después de todo había sido criado por su madre, y no quería intimidar a su joven esposa y aplastar su espíritu.

Eso era fácil. Cualquier padrote de pacotilla podía intimidar a una mujer joven.

Lo que tenía que hacer ahora era mantenerse en su sitio como un colibrí en el aire, sintiendo el corazón palpitar con ira, y sin hacer nada, nada, de la misma manera que había hecho en un juego de póquer cuando sabía que el otro tipo tenía aces y él sólo tenía reyes. Tenía que mantenerse quieto, fuerte con sus dos reyes para que el otro pensara que tenía *full house* y se rindiera.

Porque en este momento Lupe, su joven esposa, tenía aces y estaba pidiendo algo casi imposible de él. Porque le estaba pidiendo a él, un hombre, que fuera derecho y sincero con ella, una mujer, y él no estaba preparado para hacerlo.

Carajo, si le dijera la verdad, correría llena de pánico. Pues él era un monstruo. Era todo lo que a ella se le había enseñado a odiar. Respiró y trató de adivinar dónde empezar para no perder a Lupe. Ella no sabía nada de sus actividades ilegales. Sinceramente creía que se ganaba la vida transportando estiércol.

—*Okay*, Lupe—dijo Salvador lamiéndose los labios que se le habían secado—, tienes toda la razón, necesitas saber qué es lo que está pasando.

Respiró profundamente una vez más, aspirando la fuerza de la vida de Papito Dios. En las últimas semanas él y Lupe habían llegado a estar tan unidos. Pero aún así se preguntaba si un hombre podía en realidad ser completamente sincero con una mujer. Y sí, claro, con su madre lo era completamente sincero y con Lady Katherine, la madrota de esa casa en Montana había sido sincero también, pero estas eran mujeres de experiencia, mayores que él, y sus maestras.

Miró a su joven esposa y decidió intentarlo. Pero tenía que ir muy, muy cuidadosamente. Y no muy rápido, y tampoco todo al mismo tiempo. Después de todo esta era la sabiduría de la zorra, moverse despacio y con cuidado. Era así que podía siempre ganarle al coyote que era más fuerte y más grande.

—Mira, Lupe, voy a contarte ahora, y te voy a decir muchas cosas, pero vas a tener que escucharme pacientemente. Porque, ves, les hice un favor a unas gentes, pero esto no es lo que me va a alejar de ti de vez en cuando por unos cuantos días y noches en el futuro.

Al oír esto, ahora era Lupe la que no se atrevía a quitarle la vista a Salvador. No, se mantuvo en su sitio mirándole a los ojos y a sus movimientos.

—Y,—preguntó Lupe, no dejándose intimidar—, ¿quiénes son estas personas a las que les hiciste el favor?

—Chinos—contesto.

¿Chinos?—repitió, sorprendida totalmente—. ¿Pero, en el nombre de Dios, cómo es posible que le debas un favor a esta gente, Salvador? ¡Toda mi vida mi mamá nos dijo que tuviéramos cuidado de los hombres chinos porque vienen y engañan a la familia para que les den las hijas! ¡Se casan con ellas, y después las matan trabajando como esclavas!

Salvador asintió.—Estoy seguro que es verdad Lupe, porque los chinos son gente dura, pero también han tenido una vida muy dura aquí en este país.

—¡Nosotros también, pero nuestros hombres no esclavizan a sus mujeres!—dijo Lupe. Ah, estaba realmente enojada.

—Lupe, Lupe—le dijo Salvador—, por favor cálmate y escucha bien; Tu madre es una buena mujer, pero no conoce toda la historia. Mira, los americanos de este país trajeron a los chinos por millares para construir el ferrocarril, pero no se les permitió traer a ninguna mujer. ¡Después que ya no los necesitaban, los echaron fuera como perros! Y esto no se lo hicieron a los griegos y a otras gentes. Si hasta a los negros se les trataba mejor que a los chinos—, agregó repitiendo las palabras de Kenny—. Cuando menos a ellos los trajeron junto con sus mujeres.

Lupe se remojó los labios, sin quitarle los ojos de encima a Salvador. Esto era tan diferente de lo que le habían enseñado a pensar. Y quería hacerle muchas preguntas acerca de los rumores que era un fabricante de whiskey ilegal, pero lo que le salió de la boca después, la tomó por sorpresa aun a ella.

—¿Y . . . y estos chinos te pagaron por este favor que tú les hiciste?— preguntó Lupe.

Al escuchar esta pregunta, Salvador se echó a reír. Nunca la hubiera esperado, ni en un millón de años—. Sí— dijo entre carcajadas—, me pagaron.

—¿Cuánto?—preguntó.

Bueno esta pregunta hizo que Salvador se tirara al suelo, pateando y gritando y agarrándose el estómago de tanta risa. ¡Ah, Lupe era dura! Esta inocente esposa llegaba al meollo del asunto, sin importarle qué tan asustada estaba. ¡Y pronto, también!

—¡No te atrevas a burlarte de mí!—gritó—. ¡Ya lo hiciste! ¡Ya se terminó! ¡Así que ahora quiero saber cuánto!

—¡Quinientos dólares!—dijo.

—¡Quinientos dólares!—gritó—. ¡Ay, Dios, Salvador! ¡Nunca he oído de tanto dinero! ¿Qué fue este favor—? preguntó recordando de pronto al joven que había visto en la casa de Luisa con la pistola de fuera. Apestaba a violencia, y sin embargo se veía tan tranquilo—. No te alquilaron para que . . . mataras a alguien—, trago saliva—, ¿verdad, Salvador?

Y esperó con el corazón en la mano, pidiéndole a Dios no haberse casado con un asesino además de todo lo que se rumoraba. ¡Porque entonces tendría que dejar a este hombre inmediatamente! ¡Sin lugar a dudas! Pues ella no iba a traer hijos a este mundo donde el demonio fuera parte de sus vidas.

Salvador respiró profundamente y miró a su joven y hermosa esposa, vio su miedo, su terror y aún así había tenido las agallas de hacer la pregunta más grande de todas. Respiró de nuevo. Esta era una mujer que podía enfrentar cualquier situación y decir lo que pensaba sin importarle las consecuencias.

Se había ganado un premio cuando se había casado con esta joven delante de él.

—No querida—dijo al fin, calmadamente—, no maté a nadie. Eso no era lo que debía hacer. Lo que tuve que hacer es cruzar ilegalmente a un doctor chino a los Estados Unidos. Mira, era una emergencia. La esposa de este hombre murió y su hija ahora está enferma también. Hay una enfermedad por el barrio chino y no pueden ir con las autoridades porque, bueno, los gringos siempre están buscando—no sé por qué—cualquier excusa para llegar a matar y quemar chinos, como lo han hecho en los últimos años en todos los barrios chinos por todo el oeste.

—¿Entonces te contrataron para que pasaras ilegalmente a un doctor para que pudiera ayudar a su gente?

—Sí, en el pasado he cruzado a muchas madres y sus hijas. Yo soy ese *Coyote* del que habló Archie en *Long Beach* cuando estábamos comiendo comida china. Hay una gran recompensa por mi cabeza.

—Ya veo—dijo ella, y él se pudo dar cuenta que de lo que ella estaba pensando. Ay, era tan dura, pero también estaba medio interesada en el dinero que él traía a casa—. ¿Y Archie no sabe?

—No sabe acerca del contrabando de chinos, pero sí de mis otros trabajos—, dijo.

Ella asintió. Realmente estaba tratando de entender.

—También—añadió, acortando un poco más sus opciones—, quiero que sepas, querida, que nunca aceptaría matar a nadie por ninguna cantidad de dinero. La vida es sagrada y matar a alguien a sangre fría es el pecado más grande que hay.

Al oír estas palabras los ojos se le llenaron de lagrimas a Lupe pues a ella también la habían criado así: quitar una vida a sangre fría era el peor de los pecados. Matar a alguien no era el peor de los pecados, sólo si se mataba a sangre caliente, esto es, en defensa propia o en el fragor de la batalla.

—Entonces—dijo Lupe—, ¿tampoco hay otra mujer?

Esta última pregunta hizo que el corazón de Salvador le saltara a la garganta.—Ay, Lupe—dijo entendiendo ahora toda la situación—, claro que no. ¡Tú eres la única! He estado manejando todo este tiempo. He estado—ah, querida—, dijo tomándola entre los brazos—, ¿no lo sabes? ¡Tú eres mi corazón, mi alma, mi amor! ¡No hay nadie más! ¡Y esta vez, Lupe, cuando estaba en problemas, ah, pude sentir llegar tu amor! Tenías razón no fueron las quesadillas las que te dieron el dolor de estómago la última vez, fueron tus sentimientos hacia mí—¡y esta vez podía sentir tus oraciones llegar para ayudarme y una gran paz me llegó de ti!

—¡Rezaba tanto por ti, Salvador, tanto!—dijo llorando aún mas—. ¡Me dolía tanto aquí adentro de nuevo cuando rezaba porque sabía que estabas de nuevo en peligro!

—¡Lo sé! ¡Lo sé!

—¡Podías haber llamado, Salvador!

—¿Llamado?—dijo—. ¿Pero cómo?

—Por teléfono.

—Pero, Lupe—dijo—, no tenemos teléfono.

—No, no tenemos pero la tiendita de Eisner, aquí cerca, tiene teléfono.

Salvador despegó su cabeza de Lupe y la miró como si acabara de pronunciar la cosa más fantástica que hubiera escuchado—. Bueno, creo que tienes razón, Lupe, alguien pudiera hacerlo—, dijo—. Por Dios. Nunca se me había ocurrido. Una llamada por teléfono. Es increíble. Pero espera, no sé el número de la tienda.

Podías haber preguntado a 'Información'.

—'Información', ¿qué es eso?

—La operadora, sabes, cuando marcas cero, te puede dar la información de cualquier número que quieras.

—¿Aun en otro pueblo?

—Sí, ella te comunica con la operadora de ese otro pueblo—, dijo Lupe.

—¿De veras?, yo no sabía eso. ¡Me lleva!—dijo Salvador—. ¿Qué más van a inventar?

—¿Entonces me vas a llamar la próxima vez?—preguntó.

—Sí, claro—dijo—. No me gusta que estés preocupada querida. Mira, cuando salí esa mañana, realmente pensé que estaría ausente sólo unas horas. Iba sólo a Lake Elsinore para checar un trabajo. ¡Entonces Epitacio, el marido de Luisa, me dijo que mi madre necesitaba verme pronto! Y cuando llegué a Corona mi madre me dijo que este chino, dueño de restaurant de Hanford, me había venido a buscar diciendo que era urgente y que estaría en el barrio chino de San Bernardino esperándome.

—¿Entonces tu madre sabía que te habías ido por días?

—No, nunca regresé para decírselo. Tuve que irme inmediatamente a Mexicali.

—¿Entonces tu madre todavía no sabe tampoco lo que pasó?—preguntó Lupe.

Salvador asintió con la cabeza.

—Bueno, ¿no crees que se está muriendo de apuración?

Salvador se echó a reír.—Mi mamá preocuparse—, dijo—. ¡Ah, no, las estrellas del Cielo se preocuparían primero! Mi madre nunca se preocupa, ni nada le da pánico. ¡Dios es su constante Compañero! De hecho, frecuentemente es Dios quien viene a pedirle consejo—nos dice. Pero desde luego no directamente, a Dios como a todos los hombres, le gusta siempre mandar a su esposa la Virgen María por él, para hablar con nuestra madre cuando no se siente cómodo.

—¿Dios puede sentirse incómodo?—preguntó Lupe

—Pues sí, claro—dijo—. ¿Por que crees que la creación existe? Es Dios, todo Dios, creciendo mientras nosotros crecemos, aprendiendo mientras nosotros aprendemos, es por eso que tenemos voluntad propia. Es por eso que salimos del Paraíso, para ayudar al Santo Creador.

—Salvador—cortó bruscamente Lupe, pensando que estaban blasfemando—. ¿Salimos del Paraíso para ayudar a Dios?

—Claro—dijo Salvador—, es por esto que nos creó a Su imagen y semejanza.

—Lupe tragó saliva. Se estuvo allí, respirando y tragando—. Dime—, dijo, ¿quién te dijo todo esto? De seguro no fue un sacerdote.

—No, claro que no. Mi madre me dijo todo esto.

—El corazón de Lupe se aceleró ahora, no sólo latía, corría. Esto era tan contradictorio a todo lo que se le había enseñado—. ¿Y tu madre dice también que Dios Mismo viene y le pide consejos?

—Pero claro, Lupe, Él es hombre, ¿no? ¿Por qué crees que Él se juntó con María para tener a Jesús? Por supuesto que lo podría haber hecho de la nada, si hubiera querido. No, Dios ha sido hombre desde hace mucho, y es por eso que viene a pedir consejos a mi madre, y entonces termina debiéndole un favor de vez en cuando.

—¿Dios le debe a tu madre favores de vez en cuando?—repitió Lupe sintiéndose tan asombrada que se empezaba a sentir entumida. Tuvo que agarrarse de la mesa para mantenerse firme. Su cabeza no podía escuchar más.

Salvador asintió con la cabeza—Claro, ¿cómo crees que cruzamos el Río Grande en El Paso? Dios le debe favores a toda mujer que haya dado a luz y construido un nido.

—¿Quieres decir que tu madre partió la mar como lo hizo Moisés?—dijo Lupe.

—Ah, no—dijo Salvador riéndose—, el Río Grande sólo tiene un metro de profundidad en muchos lugares, así que en muchos lugares puedes atravesarlo caminando. Lo que hizo mi madre fue partir el corazón de los gringos, lo que, desde luego, es más difícil que partir el agua. Todas las noches los gringos ponen enormes cocodrilos en el río para no dejar cruzar a nuestra gente; esa noche no lo hicieron.

Pudo ver en los ojos de Lupe que estaba completamente perdida.

—Mira—dijo—, no tienes que preocuparte, Lupe, esta parte masculina de Dios termina pronto, y entonces vuelve a ser mujer una vez más. Pregúntale a mi mamá, ella te explicará cómo funciona. Dios es duro como un hombre para hacernos mover hacia el frente, luego se hace suave como una mujer para darnos sabiduría. Funciona por ciclos, ves, como el día y la noche; ningún gran misterio.

—¿Tu madre te dijo todo esto?—preguntó Lupe

—Por supuesto—dijo Salvador—. Desde que tengo uso de razón. Y su padre se lo contó a ella. Mira, la Creación funciona en ciclos de cincuenta y dos mil años. Y trece es el número sagrado, que va cuatro veces en cincuenta y dos, igual que las cuatro estaciones del año. Y para poder mantener el balance, la Antorcha de Luz tiene que pasar de hombre a mujer y después de mujer a hombre dentro de una familia, igual que con Papito Dios que tiene los dos sexos al mismo tiempo.

Lupe asintió con la cabeza, y asintió de nuevo. Antes habría creído que todo esto era una blasfemia, o se hubiera reído pensando que Salvador estaba diciendo cosas ridículas.

Pero ahora que había conocido a la extraordinaria madre de Salvador—días antes de la boda—y de haber escuchado hablar a esa india con una voz que parecía venir directamente del Cielo, Lupe creía verdaderamente que esta anciana y Dios tenían una relación muy especial.

Porque, Dios mío, esa anciana le hablaba a Salvador como si ella y Dios fueran buenos amigos.

Lupe se persignó en caso que Papito Dios estuviera escuchando. Después de todo, no quería parecer presumida. También, desde que era niña, el sólo hacer la señal de la Santa Cruz en el pecho parecía traerle una inmediata paz.

—Como te he dicho, Lupe—continuó Salvador con el gusto que siempre tenía cuando hablaba de su mamá—, soy el decimonoveno hijo de mi familia. Nací cuando mi madre tenía cincuenta años de edad y por eso tuvo más tiempo de hablar conmigo. Y catorce de los diecinueve llegaron a ser adultos y mi mamá se encargó que mis otros hermanos, que fueron criados por los hombres de la familia, llegaran a ser hombres duros, excepto José, que había sido expulsado de la familia a los doce años de edad para ser criado por los animales. Por eso hizo un juramento ante Dios de no hacer el mismo error permitiendo que me criaran los hombres. De hecho, me dijo que cuando nací juró criarme como mujer para que tuviera la habilidad de pensar, hablar, mantener el corazón abierto y ser tan astuto como la zorra, y no fuera a brincar hacia el frente como el toro para resolver los problemas con los músculos y la violencia como la mayoría de los hombres.

Lupe asintió.—Tú madre, Salvador, es una mujer muy especial.

—¡Aaah, sí! ¡Ella es mi vida—! dijo entusiasmadamente.

A Lupe se le humedecieron los ojos.—Pienso lo mismo de mi mamá, también. Pero nunca cuando éramos niños nunca nos contó de los ciclos de la creación, Salvador.

Salvador respiró profundamente.—Lupe—dijo—, mi mamá no es una mujer cualquiera. A ella la educaron enseñándole el Sagrado Conocimiento de la gente de Oaxaca—. Respiró de nuevo—. Su papel es ser guardián de nuestra lengua e historia que los europeos trataron de destruir. Cuando era niño recuerdo que iba con mi mamá al sitio de reunión de los ancianos que se escondían en el bosque para poder hablar su lengua nativa sin que los castigaran.

—¿De qué hablaban?

De nuevo respiró profundamente.—Del Mundo Espiritual y de que nosotros los humanos no somos lo que se nos ha enseñado que somos. Somos mucho más grandes. Somos Ángeles, Lupe. Somos Estrellas Caminantes.

—¡Ah, esto nos lo contaron también!—dijo con entusiasmo—. Allá en nuestro cañón de México nuestros historiadores apuntaban al cielo y nos decían de qué estrellas habíamos venido caminando.

—Exacto—dijo—. Entonces entenderás por qué mi mamá siempre nos decía . . . que no tenemos cinco sentidos cómo nos enseña ese pensamiento del mundo plano que vino de Europa. Se nos decía que la Madre Tierra es redonda y que el Universo está Vivo y Pleno y que está siempre Creciendo y Cambiando en Ciclos Sagrados. Los hombres tenemos seis sentidos y las mujeres siete, y cuando un hombre y una mujer se juntan, entonces tienen Trece. Esto es realmente lo que es el amor, un hombre y una mujer que realizan todos sus sentidos cuando Unen su Amor con el Santo Creador.

—Nunca lo oí decir de esa manera—dijo Lupe sonriéndose.

—En nuestro amor—dijo Salvador—, es donde aprenderemos acerca del Poder de Dios a través de los Trece Sentidos.

—Ya veo—dijo Lupe—. Bueno, Salvador, entonces dime, ¿cuáles son los Trece Sentidos?

—En realidad le debes preguntar a mi mamá—dijo—. Ella sabe cómo explicar todo esto muy bien. Pero te puedo decir que el sexto sentido es la llave a todos los demás sentidos.

—¿Y, entonces cuál es el sexto?—preguntó Lupe.

—El sexto es el equilibrio.

—¿El equilibrio? ¿El mismo equilibrio que tenemos para no caernos?

—Exacto. ¿Y podrás creer que los europeos no lo incluyeron?—dijo Salvador riéndose—. Increíble, ¿verdad? Pero también pensaban que la tierra era plana.

Lupe asintió con la cabeza.

—El equilibrio es todo, Lupe—Salvador continuó—. Todo ser viviente lo tiene por igual. Los árboles, los animales, el agua, y hasta las piedras; todo tiene que anclarse a la Madre Tierra y tratar de llegar al Padre Cielo. Mira al árbol que crece de un acantilado, sale por un lado, pero después se endereza hacia arriba tratando de hallar su propio equilibrio al dirigirse hacia el cielo.

—Mi mamá nos dijo que donde conocían el equilibrio, se le consideraba la llave a todos nuestros demás sentidos. De hecho se usaba para medir la inteligencia. El pensar no medía la inteligencia de una persona. El equilibrio era la medida. La mitad de toda la gente que conozco que creen que son listos se están metiendo siempre en problemas porque no tienen sentido del equilibrio.

Lupe asintió.—Sí, eso lo entiendo. Y entonces, ¿cuál es el séptimo sentido?

—Ah, el séptimo es muy bueno—dijo Salvador—. Es la intuición, cosa que las mujeres automáticamente tienen más que los hombres, y es por esto que mi madre me dice que antes, cuando el mundo vivía en armonía, las mujeres eran siempre las líderes.

—¿Cuándo fue eso?—preguntó Lupe.

—En el Paraíso Terrenal—dijo Salvador.

—Pero eso sólo estaba cerca de la Tierra Santa, ¿verdad?

—Lupe—dijo—, cada pedazo de la Madre Tierra es Santo en los Ojos de Dios. El Paraíso estaba en todas partes y todavía está. De veras, habla con mi mamá y entenderás. Y mejor apúrate, Lupe, porque estamos casados y cuando una mujer se casa y empieza a hacer su nido y preparándose para tener hijos—, continuó Salvador—, adquiere el sentido de la intuición a su máximo, esta pequeña sensación secreta, esta dulce vocecita de lo más profundo de su ser que le dice a una mujer cómo escoger a su pareja, dónde construir su nido, y le da esta sensación de saber si todo está seguro en su hogar o no.

—Sí, así es como yo supe que estabas en peligro, Salvador—dijo Lupe, con emoción—. Tuve esta sensación pequeña, inexplicable, aquí en mi corazón, ¡que me bajó al estómago y explotó! Entonces pude oír una voz suave que me decía que empezara a rezar por tu seguridad.

—Sí, mi madre siempre dice que rezar es reunirse con la Santa Fuerza de la Creación—, dijo Salvador. Y una vez que tienes el sexto y el séptimo sentido, puedes llegar al octavo muy fácilmente. Es sólo con el noveno, décimo, decimoprimero y decimosegundo que necesitamos ayuda, según mi madre.

—¿Cuál es el octavo, Salvador?

—El octavo es simple—dijo riéndose—. Tomas el equilibrio, la llave a todos los sentidos y lo combinas con el tacto, el oído y la intuición y entras al sentido de armonía con toda la Creación. Y es por este octavo sentido de la armonía que hallas aquí en tu corazón, la Música de Dios. Todo es música, ves, todo viene de la Santa Voz del Latir de la Creación.

Los ojos de Lupe se humedecieron. Desde niña le había gustado la música y cómo parecía hablarle a la alma misma.—¿Entonces con el octavo sentido podemos oír el Latir de Dios?—preguntó.

—Oír, sentir y hasta conocer. Ves, Lupe, aprendemos esto cuando somos infantes en el vientre de nuestra madre oyendo el latir, latir, del corazón de nuestra madre latiendo dándonos tranquilidad. Es lo mismo aquí afuera, después de nacer, si usamos todos nuestros sentidos. Dios es Real, Lupe, y está con nosotros con cada respiro, con cada latido de nuestro corazón. Habla con mi madre, ella te explicará todo esto. Ves, cuando Dios creó el Universo creó una Canción, Lupe. Es lo que la palabra 'universo' quiere decir. 'Uni' es 'uno' y 'verso' es 'canción', así que todo está vivo con la Música de Dios—, dijo sonriendo con placer—. Lo que es, por supuesto, el Latir del Universo.

Los ojos de Lupe brillaban de entusiasmo.—¡Sí—dijo—, mi madre nos enseñó eso también! Que las plantas, los árboles, las piedras, ¡todo nos canta con el amor de Dios cuando cerramos los ojos y escuchamos con el Corazón Abierto!

—El otro día estaba tomando café en el porche de mis padres cuando salía el sol, Salvador, te juro que podía oír las plantas susurrándome y comunicándome su amor, igual que cuando era niña en México—, dijo limpiándose los ojos—estaba tan feliz.

Salvador tomó su mano en la de él—. Exactamente—, dijo—. El mundo entero es hermoso cuando podemos oír el Latir de Dios cantándonos aquí dentro. Las colinas, las flores, los pájaros, los árboles, todo se vuelve tan hermoso. Así es como nuestras madres, Dios las bendiga, pudieron salvarnos de toda esa hambre y muerte de la Revolución, manteniéndonos fuertes en la Belleza de la Canción de Dios.

Dejaron de hablar. Sólo se quedaron allí mirándose a los ojos. El tiempo se detuvo. Todo era maravilloso. Todo estaba bendecido.

—Sabes, Salvador—dijo finalmente—, mi madre nos dijo todo esto también, pero a su manera. Pero, no creo que haya mencionado que teníamos tantos sentidos

—Bueno, tal vez le habían dicho que solo tenemos cinco. Mi madre me dijo que nunca se dio cuenta que había dudas en cuanto a todos nuestros sentidos hasta que vino a la capital de México con la gente de Benito Juárez y la pusieron en la Academia de las Artes y le dijeron que sólo teníamos cinco.

—¿Ah, tu mamá fue a esa escuela famosa?—dijo Lupe. Todo empezaba a tener sentido para ella. Nunca pensó que la familia de Salvador hubiera conocido a Benito Juárez, el Presidente más Grande de México, ni que habían viajado con él a la Ciudad de México.

—Entonces, el padre de tu madre, don Pío, no sólo peleó al lado de Benito Juárez, ¿sino que también lo conocía?

—Sí, claro, eran del mismo pueblo, y de hecho eran primos.

—Sí, pero no fue sino hasta que a tu madre le dijeron que tenemos cinco sentidos—como lo enseñan en la escuela—¿que se dio cuenta que se cuestionaban los trece?—Él asintió—. Bueno, dime, cuál es el noveno—, preguntó—, ¿y qué es lo que hace?

—El noveno es realmente picante—dijo—. Tomas el equilibrio de nuevo, la llave, y lo combinas con el tacto y el olfato y la vista—pero aquí cierras los ojos para que se pueda abrir el Ojo del Corazón, y repentinamente el séptimo sentido de la intuición se convierte en el sentido psíquico. En realidad, debes hablar con mi madre sobre esto, porque con el noveno, ya estás en camino para entender todo, especialmente a Dios—, dijo con entusiasmo—. Mira, Dios es sólo un misterio que no se entiende cuando tienes cinco sentidos y ves el mundo como si fuera horizontal.

Salvador le preguntó a Lupe si había soñado volar.

—Sí, claro—dijo—. Especialmente cuando vivíamos en México y los soldados atacaban nuestro pueblo, en la noche frecuentemente soñaba con volar lejos como un águila para estar sana y salva volando sobre las copas de los árboles.

—Exacto—dijo Salvador, sonriendo—. Este es el décimo sentido, tener la habilidad para dejar el cuerpo terrestre y viajar a los Cielos para ganar un descanso en los brazos de Papito Dios. Todos hacemos esto, pero el noveno y el décimo son en realidad para que los curanderos, según mi madre, puedan viajar en sueños por el mundo ayudando a curar a la gente y al mundo.

—Sabes, debí preguntarle al doctor chino que pasé ilegalmente si usa más que los cinco sentidos—agregó Salvador—. Apuesto a que sí porque mi madre siempre nos ha explicado que toda curación viene al fin de cuentas de la Gracia de Dios.

—Lupe, docenas de veces he visto a mi madre poner sus manos en una persona enferma, cerrar los ojos, empezar a tentar y oler el cuerpo de la persona y entonces, ¡sorpresa!, el cuerpo de la persona le empieza a hablar diciéndole donde está enferma y qué es lo que necesita para curarse. Entonces sale, y da la cara a cada una de las cuatro Direcciones Sagradas con las palmas hacia arriba. Olfatear el aire y encaminarse hacia el Jardín de Dios y hallar las hierbas y el barro exactos para curar a esa persona. Habla con mi mamá, te dirá que hay un arreglo entre todas las criaturas vivientes para ayudarse mutuamente dentro del Círculo Sagrado de la Vida. Es sólo cuando nos salimos de este Círculo Sagrado que todos nuestros problemas empiezan—, añadió.

Al oír esto, Lupe asintió. Sí, por supuesto, esto tenía sentido. Había oído tanto de esto de su propia madre y de esa vieja partera mal hablada de su pueblo en México. Se talló la frente. Se sintió un poco abrumada.

Salvador acarició su mano entre las de él.—Está bien si no entiendes todo esto—, dijo Salvador, al ver el sueño aparecer en los ojos de Lupe. Mi mamá siempre nos dijo, "¿Necesita el pollo recién salido del cascarón saber por qué empieza a escarbar la tierra buscando semillas y gusanos? ¿Necesita entender un niño por qué empieza a buscar un pecho que mamar inmediatamente después que llega a este mundo? No, el niño y el pollo no necesitan saber nada más de lo que un humano necesita saber—hasta que el Santo Círculo Sagrado se rompe y se nos arrebatan nuestros poderes naturales. Entonces sí, inmediatamente necesitamos examinar y entender para poder recuperar todos nuestros Poderes de Seres Humanos. Somos ángeles, Lupe. Todos somos Estrellas Caminantes mágicas.

Ella asintió.

Salvador respiró profundamente.—Y esto, en realidad lo necesitaba saber, Lupe, porque, créeme, no pasaba un día sin que mi padre—un europeo grande y bien parecido—me pegara en la cabeza sin razón, llamándome indio orgulloso, estúpido; Gritándome que mi querida madre no era sino una ignorante— . . . Salvador dejó de hablar. Sus ojos inundados de lágrimas, continuaron—. Y sin embargo, ¿quién tuvo el poder de seguir adelante cuando todo fue destruido—? agregó—. ¡Fue mi madre! ¡Esa pequeña indita! EL CONOCIMIENTO ES PODER, Lupe. ¡Y el Conocimiento con la VISIÓN de todos nuestros TRECE SENTIDOS es DIOS! Y Dios ES mi Madre—, agregó—, con estos dos ojos la he visto hacer milagros día tras día—¡CON EL FAVOR DE DIOS!

Salvador dejó de hablar. No podía decir nada, nada más.

Y Lupe se quedó allí mirando a Salvador, sus ojos, su cara, su ser entero. Sí, al principio, se había espantado cuando Salvador dijo que su madre era Dios . . . pero después, bueno, recordó que había pasado lo mismo en su casa.

Su padre, principalmente europeo, también se había deshecho cuando se destruyó todo, y había sido su madre, una yaqui, que había mantenido la familia unida. Pero nunca se había dado cuenta de ello hasta ahora, que esta fuerza adicional de su madre había venido de su patrimonio indio, de saber todos nuestros Trece Sentidos.

Lupe respiró, y respiró de nuevo. Entonces era verdad, ahora lo podía ver claramente, que todas las madres que se mantuvieron firmes llevándose las manos en las caderas, declarando Sagrado que el pedazo de Madre Tierra en el que estaban paradas, de verdad se habían convertido en Dios—porque vivían ahora en la Santa Gracia de la Creación, que era el significado exacto del dicho mexicano: ¡con el favor de Dios!

Lupe se persignó.

¡Ah, amaba a su marido, a este hombre parado frente a ella! Eran BIENAVENTURADOS—gracias a Dios.

Y EN ESE mismo instante doña Margarita entraba a la iglesia de piedra de Corona persignándose con agua bendita. Se acercó al frente del altar por el pasillo izquierdo. Se sentó en la tercera banca del frente, al lado de la estatua de María.

—Buenos días, amada Señora—le dijo a la Virgen Bendita—. ¿Cómo has estado tú y tu familia? Espero que bien. Porque necesito tu ayuda una vez más. Mira, anoche el Diablo me vino a ver en un sueño y me dijo claramente que si no podía atrapar a uno de mis hijos, atraparía al otro. Así que aquí en la seguridad de tu iglesia, donde no puede entrar el diablo para escuchar lo que hablamos, me gustaría que nosotras hiciéramos un plan—de mujer a mujer—¡para que podamos ganarle al Diablo y mandarlo de nuevo al Infierno de una vez por todas!

—¿Eh, qué te parece María?—dijo doña Margarita, sonriéndole a su buena amiga que la había guiado todos estos años—. ¡Estás lista para que le demos al Diablo un buen *chingadazo a las todas*!

QUINIENTAS MILLAS AL norte, Domingo, el hermano guapo, alto, y grande de Salvador, vio que los seis prisioneros gringos que caminaban hacia él por el patio no traían nada bueno entre manos. Pero a Domingo le importaba un carajo. Toda su vida lo habían perseguido las confrontaciones, así que si estos seis prisioneros andaban buscando pleito, ¡no tendrían ningún problema para encontrarlo!

Era la media mañana y Domingo estaba con su amigo Erlindo, un negro bien parecido de Veracruz. Estaban con algunos de los otros prisioneros mexicanos en su lado del patio de la prisión. Se reían y contaban chistes, fumándose una buena yerbita y en general divirtiéndose muy tranquilamente.

Domingo no había fumado mucha mariguana antes. En México se usaba siempre para los viejos con dolores en las coyunturas o para ayudarles con el apetito y con la evacuación del vientre.

Riéndose de buen corazón, el primer gringo grande se le paró enfrente a Herlindo y le preguntó cuándo se iba a cansar de andar con estos tontos drogados *Mex-ee-can greasers* para irse con los otros *niggers* a donde debía de estar.

Entonces el mismo gringo con apariencia de macho se volteó hacia Domingo, que era grande y tenía los ojos azules y el pelo rojo, como su padre, don Juan. Le preguntó a Domingo cuándo iba a despertar y venirse a su lado, al lado gringo, el lado bueno, y de paso trajera un poco de esa hierba medicinal que sus contactos chinos le estaban pasando.

Domingo por poco y se desmaya. Cómo carajos se había enterado estos cabrones, mañosos gringos del contacto chino que Salvador le acababa de conseguir. Entonces le pegó a Domingo como un rayo. Eran los que habían acuchillado a ese chino la noche anterior.

Al ver la cara de sorpresa de Domingo, el segundo gringo se rió mostrando un cuchillo en la luz brillante del sol. Si Herlindo no hubiera brincado enfrente de Domingo justo a tiempo de desviar la hoja, hubiera ido a parar al estómago de Domingo.

DESPUÉS DE HABER hecho un plan con su buena amiga, la Virgen María, doña Margarita regresó a casa sintiéndose muy bien. Siempre se sentía bien después de hablarle a la Santa Madre de Jesús. Entonces ningún problema era demasiado grande. Con el apoyo del Cielo todo parecía posible y razonable.

En casa, doña Margarita se desayunó ligeramente y se fue a la casa de al lado y les dijo a su hija Luisa y a sus hijos que no permitieran que nadie la molestara porque se iba a casa a tomar una siesta. No lo hizo; se fue a casa a preparar una trampa para el Diablo que le encantaba llegar a la gente mientras dormían.

Doña Margarita escondió su rosario bajo la almohada y se acostó a dormir. Pero no estaba durmiendo, ah no, estaba lista. La Virgen María y ella habían diseñado este plan. Y entonces empezó de nuevo, exactamente como había sido la noche anterior, dos grandes ojos la miraban fijamente desde el pequeño fuego de su estufa de madera.

La anciana se mantuvo quieta, sin moverse. Sabía que estos enormes ojos eran los de su viejo amigo, el Demonio. Así que doña Margarita no se aterró. No, simplemente se dejó deslizar hasta llegar a ese suave, fácil y relajado "sitio" de duermevela, a ese estado completamente disponible a Dios.

Y el Diablo siguió hablando, pensando que estaba traspasando su estado consciente para llegar a su conciencia de la alma ya que no resistía.

El tiempo pasó y pasó y ella se estuvo quieta en su pequeña cama, tan quieta por tanto tiempo que finalmente el Diablo no pudo saber si estaba dormida o si la había convencido de sus perversas mañas y ahora le pertenecía.

Sin mover un solo músculo, la astuta zorra vio ahora con el Ojo del Corazón cómo estos dos grandes ojos en su estufita de madera se hicieron más y más grandes, más y más fieros mientras seguía hablándole con el lenguaje del sueño, diciéndole que se relajara y dejara de actuar tan sorprendida porque estaba bien escrito en las estrellas hacía mucho, mucho tiempo, que al fin el mal triunfaría en todo el mundo.

Cuando el Diablo salía del fuego de su estufita de madera con la esperanza de robarle la alma, fue que pudo percibir su olor completo.

¡Y allí estaba, el mismo Diablo, listo para poseerla, cuando doña Margarita dio un brinco de la cama y agarró al Diablo de la larga cola y le dio de vueltas, de vueltas y lo aventó de su casa con tal fuerza que el viejo Diablo salió volando atravesando las nubes y las estrellas, GRITANDO mientras lo hacía!

—¡Vieja condenada!—le gritó—. ¡Me engañaste otra vez!

¡Vieja tu abuela! ¡No te vas a llevar a ninguno de mis hijos!—le gritó. Te prometo por Dios que si vienes otra vez sigilosamente mientras duermo, ¡no te voy a agarrar de la cola! ¡Te voy a agarrar de los *tanates* y te los voy a arrancar de raíz!

—¡VIEJA PENDEJA!—gritó el Diablo—. ¡Pensé que ya eras muy vieja para agarrarme!

—Vieja lo soy—contestó—, ¡pero nunca seré lenta para tratar contigo! ¡Y también, todavía me queda un diente bueno para arrancarte el corazón—! añadió.

Maldito sea el día en que fueron creadas ustedes las mujeres. ¡Juro que dejé la compañía de Dios Nuestro Señor sólo por ustedes, las mujeres!

—¡Gracias por la flor! ¡Porque estoy orgullosa de saber que fuimos nosotras, las mujeres, que separaron a los que se parecen a ti de Dios!

Al oír esto, ¡el Diablo se golpeó la boca! ¡No quise echarte una flor, vieja cabrona, me engañaste de nuevo!

Se rió.—Claro que te engañé de nuevo. Porque, vamos, admítelo, tú me amas, especialmente cuando te engaño, querido.

—¡Mujer escandalosa, no me digas, querido! ¡Tienes que temerme!

—¡Eso es para los hombres que no saben los placeres de dar a luz! gritó doña Margarita, tirándole besos con la mano al Diablo para acabar de volverlo loco.

En un instante desapareció furioso en un ataque de rabia.

¡Doña Margarita despertó riéndose! Le encantaba hacer sufrir a su viejo amigo, el Diablo. Pera también sabía muy bien que nunca podía bajar la guardia cuando trataba con esta Fuerza del Mal.

¡Se oían los tambores!

¡Los tambores sonaban, Sonaban, SONARON!

¡El CORAZÓN Colectivo de la HUMANIDAD SONABA, SONABAN, SONANDO CON AMOR!

EN CARLSBAD SALVADOR se despertó sin aliento.

—¿Qué pasa?—preguntó Lupe.

—Nada—dijo Salvador tratando de respirar—. Vuelve a dormirte. Todavía es temprano.

¡Los tambores sonaban, SONABAN, SONARON!

—Salvador—dijo Lupe—, dime qué es. Lo puedo sentir también. Algo no está bien.

Se sentó en la cama tomándose la cabeza con las dos manos—. Mi madre—, dijo finalmente—, la puedo oír, no, quiero decir que la puedo sentir claramente. Es una llamada—, agregó.

—¿Una llamada?

—Sí, sabes, cuando sabes que un ser querido te está llamando.

Lupe respiró profundamente; sabía exactamente lo que Salvador quería decir. Toda la vida, su propia madre también había recibido llamadas. Por ejemplo cuando les avisaron que el barco de Sofía, su hermana mayor, se había hundido y que ella y los cientos de pasajeros a bordo habían muerto; la madre de ellas, doña Guadalupe había simplemente cerrado los ojos, se había llevado las dos manos al abdomen, justo abajo del corazón, y respirado profundamente dos o tres veces, había abierto los ojos y dicho—No, Sofía vive—lo dijo así.

Los meses habían pasado y se habían convertido en años y ellas habían venido de su cañón acantilado de México a trabajar en los campos de algodón de Arizona, pero nunca cambió de parecer su querida madre. Pues el corazón hablaba un lenguaje que la mente no conocía, ¡y este lenguaje del corazón no conocía distancias ni barreras terrestres, porque venía directamente a través de Dios!

Lupe no se olvidaría como todos se habían olvidado de Sofía, pensando que de seguro estaba muerta, y habían creído que su madre se había vuelto loca. Pero no, la vieja india yaqui no estaba loca. No, sólo se había mantenido firme aquí, en su centro, cerrado los ojos, respirado de Dios, y dicho a todos—que no, mil veces no, Sofía estaba sana y salva. Podía sentir su llamado de aquí, de su vientre, ¡así como lo hizo el día que había nacido!

Su madre había tenido toda la razón. Tres años más tarde, cuando se habían ido a California siguiendo las cosechas, milagro de milagros, habían hallado a Sofía y a su nuevo esposo, Julián, en Santa Ana, California. Su madre le había plantado finalmente azucenas blancas que había traído con ella de la Lluvia de Oro, dándole gracias a Dios.

—Y, ¿qué vas a hacer?—le preguntó Lupe ahora.

—Bueno, pues iré—dijo Salvador.

—¿Ahorita mismo?

—Sí, inmediatamente.

—Está bien. Entonces voy contigo.

—Pero Lupe, no sé de qué se trata. Podría ser, bueno . . .

—¿Peligroso?—preguntó.

Él asintió.

—Salvador, ¿hay algo que me ocultas? ¿Eres un *butleguer*?

—¡Por Dios!—dijo—. Ahora no, Lupe.

—Bueno, sólo di sí o no.

—No, dijo.

—¿De veras?—dijo ella.

Ya estaba parado buscando sus botas y ropas.—Sí, de veras. No soy un *butleguer*.

—Bueno, si no eres un *butleguer*, ¿cómo conseguiste esa pinta de *whiskey* que encontré bajo las almohadas?

—Lupe—dijo, tratando de ser tan paciente como podía, pero estaba de prisa—. Tengo *trocas*, y bueno, de vez en cuando transporto cosas para la gente. Hago muchas cosas para ganarme la vida, Lupe. Halla algo que se necesita hacer, y me tienes a mí para hacerlo, especialmente si el precio vale la pena.

Lupe se ponía la ropa. Había escuchado a los hombres hablar así antes. Después que su mina había cerrado allá en su cañón acantilado, los hombres habían empezado a hacer muchas cosas para ganarse la vida. Su propio padrino, que se había casado con Sofía, había bajado de las montañas pasando por barrancas llenas de bandidos para conseguir víveres para su pequeña tienda.

Rápidamente Lupe se vistió y estaba lista para salir con Salvador. Nunca había sido como Carlota y María, que se tardaban horas para alistarse a salir por la puerta. Toda su vida Lupe había estado lista para salir al momento, como cualquier hombre o su hermana mayor, Sofía. Después de todo nunca usaba maquillaje. Su belleza era natural, incluyendo sus preciosos labios rojos.

Pero al salir fue que lo vio en los ojos de Salvador.

—No quieres que vaya contigo, ¿verdad?

Él respiró.—No, no quiero—, dijo.

—Pero Salvador, tú has entrado y salido desde que llegamos a Carlsbad—dijo ella, con lágrimas en los ojos—, y yo he estado aquí encerrada dentro de la casa.

Asintió.—Lo sé, lo sé, y en circunstancias normales, me encantaría que vinieras, pero como dije . . .

—Entonces llévame a la casa de mis padres y déjame allí—dijo—, y después me puedes recoger cuando estés listo.

—Pero me tengo que desviarme y perder dos horas, Lupe.

No dijo ni una palabra. No, sólo le lanzó tal mirada con el ojo izquierdo, que él sabía que no había más que decir

—Voy por la lata de dinero—dijo ella.

—Ay, buena idea—dijo. Por Dios, no había pensado en el dinero—. ¡Pero apúrate! ¡Voy a manejar rápido!

—¿En la *troca* de Kenny?

Él sonrió mientras la miraba entrar a la casa para recoger el dinero. Tampoco se le había ocurrido que su Moon todavía estaba en el garaje de Kenny. Dios mío, esta esposa suya aprendía rápidamente, de verdad.

—Nos paramos en el taller de Kenny—, dijo cuando ella había regresado con el dinero—. A la mejor ya está listo el Moon.

TODA SU VIDA Domingo había oído el refrán mexicano que dice, 'Unos nacen con estrella y otros estrellados'.

Y ahora en este momento, Domingo sintió el impacto total de este refrán. Pues sabía muy bien que de todos los mexicanos en San Quentín, él era el más grande y más apto peleador y por eso quería ser quien peleara con el poderoso y grande Animal Alemán—como habían apodado los mexicanos a este gigante gringo. Pero los pequeños gemelos prietos de Guanajuato dijeron que no, llevándose a Domingo aparte para hablarle en privado.

—Mira, Domingo—, dijo el primer cuate—, como te hemos dicho antes, hermanito, los dos sabemos que tienes pantalones y que estás con nosotros y que somos familia, pero por favor, entiende: esta pelea ya venía entre nosotros y estos gringos desde mucho antes que llegaras a San Quentín, y va a seguir mucho después que te vayas. Mi hermano y yo estamos aquí de por vida, no sólo cinco años, así que tenemos que cuidarnos por nosotros mismos . . . no tú. ¿Entiendes?

Pero Domingo no entendía. Pues todo esto había empezado por él. *Chingado*, un día, Domingo se había rehusado a limpiar los baños si los gringos no lo hacían también. Pero lo había hecho principalmente para divertirse. Jamás había pensado que esto estallaría en esta cosa de amotinamiento racial.

Y por eso, estos dos pequeños gemelos pensaban pelear con el monstruoso Verdugo Blanco. Vamos, si el mismo Domingo medía sólo como seis pies, pero este Animal Alemán lo sobrepasaba y también pesaba cuando menos sesenta libras más que Domingo,

Y además el hombre no era gordo. ¡Era una montaña de fuerza! Sólo dos noches antes había matado a un *nigger* con sus propias manos, de la misma manera que había matado a seis hombres más desde que estuviera en la prisión. Domingo pensaba que uno de estos pequeños gemelos tenía tanto *chance* de ganarle a este enorme gringo en una pelea, ¡como tenía una pulga de preñar a una perra rabiosa!

¿Pero qué podía hacer Domingo? El concejo mexicano había votado y estos gemelos habían sido elegidos como sus líderes, y su decisión era final.

—*Okay*, dijo Domingo—pero les digo la verdad, he peleado con muchos en mi vida, pero este, ¡Dios mío, creo que es al primer cabrón que le tengo miedo! ¡Está rabioso! ¿No vieron cómo se le hacía espuma en la boca como si la tuviera llena de babosas cuando rehusamos limpiarle el baño?

Domingo tenía toda la razón. Cuando los mexicanos se habían reunido para anunciar que no iban a hacer más ningún trabajo en la prisión que los gringos no hicieran también, los prisioneros gringos se había vuelto locos, completamente rabiosos, locos de odio, y habían matado tres mexicanos y dos negros durante los dos primeros días y trataban de intimidar a cualquier otro que no fuera blanco y tuviera ojos azules.

Y no sólo habían sido los prisioneros que habían golpeado y matado. No, era bien sabido que los guardias gringos se habían unido a los prisioneros gringos para poner en su lugar a todos los que no eran blancos para que hicieran los trabajos más serviles en el sistema de prisiones.

Y ahora con la muerte de más de diez personas en menos de tres días, se había declarado una tregua entre los dos bandos y se había llegado a un acuerdo. Los mexicanos escogerían un campeón que peleara a su nombre y los gringos escogerían a otro—que, desde luego, todos sabían que sería Max, el rabioso Animal Alemán que nunca había perdido una pelea durante sus ocho años en prisión.

¡Si el hombre era indestructible!

¡Una bestia dotada por Dios de puro músculo!

Los guardias, desde luego, apoyaban todos a Max. Porque desde hacía años se sabía que Max era el hombre especial del director de la prisión que hacía por el director lo que él no podía hacer por sí mismo.

Constantemente el director y los guardias usaban a Max para hacer cumplir sus reglas y le daban un tratamiento y comida especial—incluyendo cerveza—para mantenerlo fuerte.

El Verdugo, Max, era una alemán de segunda generación del norte del estado de Nueva York. Su padre tenía una lechería en la que Max había ordeñado cincuenta vacas durante los primeros dieciséis años de su vida hasta que había matado a su propio padre en una furiosa rabieta por la nueva y joven esposa de éste. Y las manos de Max eran tan enormes, gruesas y poderosas—de ordeñar vacas noche y día—¡que se decía que le podía romper el cuello a un hombre con sólo una poderosa vuelta!

Los guardias adoraban a Max y él y su grupo de prisioneros blancos eran la verdadera autoridad en la prisión. Ellos administraban la prisión para los guardias y para el director con un absoluto control.

Era lo mismo en todas las prisiones por todo el país. Los prisioneros blancos administraban las prisiones y así era como se suponía que fuera. Y a los directores y guardias no les importaba si los mexicanos, indios y negros eran más numerosos que los blancos en Texas, Arizona y California, en una proporción de uno a diez; los prisioneros blancos eran su gente y podían confiar en ellos, y por eso, claro, no se podía negociar el que estos rastreros, chiquitos, tramposos, grasosos y bastardos mexicanos dijeran ahora que se rehusaban a hacer el trabajo sucio de los negros en el sistema de prisiones al menos que lo hicieran los blancos también.

—Miren—les dijo Domingo a los gemelos—, no estoy cuestionando el voto, pero les advierto que deben pensar eso otra vez. ¡Por Dios, si el que pelee con él falla, entonces todos vamos a estar peor que antes!

El segundo gemelito habló.

Cada uno de los cuates medía cinco pies, cinco pulgadas y pesaba 135 libras. Y eran fuertes y rápidos y muy capaces, pero no eran en realidad un oponente válido para Max, según Domingo.

—Cualquiera de los dos que vaya—, dijo calmadamente el gemelo—, no vamos a fallar. Te lo prometo, Domingo, no vamos a fallar.

—Carajo, espero que no—, dijo Domingo, que media medio pie y pesaba cincuenta libras más que ellos—. ¡Miren, soy bueno, les digo! ¡Creo que hasta puedo ganarle al Animal Alemán!

Los dos cuates se miraron uno al otro dándose cuenta que Domingo simplemente no entendía.

—Mira, sabemos que eres bueno, Domingo—, decía ahora el primer gemelo—. Te hemos visto pelear. Pero entiende, te pareces mucho a los gringos y eres grande. Así que si ganas, los gringos van a decir que ganaste porque en realidad eres uno de ellos y no un mexicano y continuarán sin respetar a nuestra gente. Por eso, uno de nosotros, chaparro, pequeño y puro indio prieto, tiene que hacerlo. Así los gringos respetarán a toda nuestra gente sin importar qué chaparros o prietos seamos. ¿Entiendes ahora?

Sí, entiendo lo que dices, pero Dios del Cielo, ¡ese Alemán, Jesús Mío, es un MONSTRUO!

Y Domingo vio a los dos cuates, desnudarse de la cintura para arriba, encender velas y quemar yerbitas y rezarle a Papito Dios. ¡Y se sintió tan inútil, porque si perdían esta pelea, todos terminarían siendo esclavos de los guardias y prisioneros blancos para siempre!

¡Estrellados! ¡Aplastados por una estrella!

SALVADOR Y LUPE encontraron su Moon listo en la casa de Kenny. Kenny estaba muy contento de verlos. Lupe decidió caminar a la tienda mientras Salvador le ponía gasolina a su coche. Carlsbad era un pueblito de sólo dos calles en esos días. Todos conocían a todos. La gente ni siquiera les quitaba la llave a los coches en la noche.

Después de haber corrido al Diablo de su casa, doña Margarita decidió regresar a la iglesia de piedra y dar gracias a la Virgen María.

—Muchas gracias, mi querida Señora—dijo doña Margarita a la Madre de Jesús—, pero creo que ya es hora que hagamos algo más permanente con el Diablo. No podemos seguir peleando con todas nuestras fuerzas todos los días. Mira, desde la llegada de estos europeos, tú nos has pedido que nos levantemos y que les enseñemos a estos perdidos desconocidos cómo volver a sus almas y corazones, pero no podemos seguir haciéndolo solos, me oyes Señora, necesitamos ayuda. ¡Ahorita!

Mi hijo José se levantó en Tú Muy Santo Nombre, sólo para ser capturado y torturado como el mismo príncipe Cuauhtémoc. Tú sabes de lo qué hablo María, Tú perdiste a Tu Hijo cuando Lo torturaron y crucificaron, pero yo he perdido once. Me oyes, ¡ONCE! Y sí, yo sé que tu hijo fue el mismo Jesucristo, pero enséñame a una madre que no crea que su propio hijo es un Regalo Santo del Todopoderoso.

—Allá en el desierto de Sonora rodeados de guerra y matanzas y muerte y hambre, Tú te me apareciste una Santa Noche después que mis hijos estaban dormidos. Te acuerdas, estaba exhausta, estaba lista para rendirme y dejar que mis huesos viejos murieran. Pero Tú viniste y me dijiste— Margarita—, usando mi nombre de pila—, El Padre y yo hemos hablado, y no estamos listos para que tú vengas a Nosotros todavía. No, Margarita, Necesitamos que vayas al norte para ayudar a crear una gran nación para que todo mundo vea lo que la gente del pueblo puede hacer cuando se levantan como una sola nación venida de todas partes del mundo y abren sus almas y corazones a la Segunda Llegada del amor de Dios!

—Y en esa Santa Noche, rodeada de guerra y destrucción, Te dije—, pero María, ya te he dado once de mis hijos luchando para tratar de despertar el Alma de la Humanidad y ya estoy vieja y débil y cansada, por eso, sola, no Les puedo seguir ayudando a Ti y a tu Esposo. ¡Necesito ayuda, Te dije, no puedo seguir sola!

—Recuerdas, ah, María, y te acordé que di luz a diecinueve y los bauticé en el Nombre de Tú Muy Santo Esposo, pero que estos tres últimos, Te dije—, dijo la vieja india seca con lágrimas en los ojos—, que no permitiría que me los quitaras.

—Eh, Te acuerdas, este fue nuestro convenio, María, de mujer a mujer. Y no Te pedí nada para mí, sino para mis hijos; que no te llevaras a ninguno más. Pues como parece que Tú nos has escogido para ser como los antiguos judíos, guiando a la humanidad para dar la vuelta completa, una vez más, a Tu amor, tenemos que sobrevivir también como los judíos, y Tú estuviste de acuerdo que a mis tres últimos hijos no Se los llevarían antes de tiempo—¿recuerdas?

—¡Eh, ME OYES!—gritó doña Margarita, parándose súbitamente de su banca dentro de la iglesia de piedra y gritando—. Y no me importa que uno esté en su viaje de luna de miel y el otro esté en prisión, me da lo mismo—la prisión o la luna de miel—no voy a permitir que rompas Tu palabra y te lleves a uno más de mis hijos, ¿ME OYES? ¡Ni uno más, María! ¡NI UNO MÁS!

—Sí, me doy cuenta perfectamente que se supone que ya de viejos los mortales se vuelvan más y más pacientes y tolerantes, y que dejen sus asuntos en Tus Manos y en las de Tus Dos Esposos, pero si te voy a ser franca, Gran Señora, entre más me acerco a mi edad apropiada para morir, ¡MÁS IMPACIENTE me pongo!

—Así que por favor, perdona mi explosión de enojo, pero, bueno, ¡Te estoy hablando a Ti! ¡No podemos seguir esta lucha solos! ¡Necesito diez mil ángeles y los necesito AHORA! ¡No mañana! ¡No la semana que viene! ¡Sino ahorita mismo! Una legión entera, ¿ME ESCUCHAS? ¡No hay que quemar matorrales esta vez! ¡No hay que Dividir la Océana! ¡Sino diez mil Ángeles! ¡Y ahorita! ¡PRONTO! ¡Porque el caldo está muy calientito *horita*! ¿ENTIENDES?

A QUINIENTAS MILLAS al norte, y sin saber por qué Domingo, sintió algo así como si una mano gigante lo agarrara y lo pusiera de rodillas. Rápidamente Domingo empezó a persignarse y a rezar. ¡No había rezado en años!

Desde que habían dejado sus queridas montañas de los Altos de Jalisco para irse al norte en busca de su padre con la esperanza de sorprenderlo y trabajar con él para que pudieran regresar con dinero y así poder ayudar a la familia.

Pero esos pinches cabrones mañosos *Rinches* de Texas lo habían engañado y lo habían mandado a Chicago en un vagón cerrado lleno de otros mexicanos ignorantes para ser rompehuelgas en las fundaciones de acero. Domingo rezó ahora.

Rezaba ahora mientras miraba a los inditos mellizos prepararse para pelear con el enorme Verdugo Blanco.

Rezaba ahora mientras un grupo de prisioneros negros se les unía, y con ellos los dos chinos también. Pero los prisioneros blancos sólo se rieron de ellos, llamándolos tontos supersticiosos mientras los otros mexicanos se persignaban y se unían a Domingo, y ahora todos rezaron juntos.

Las primeras luces del día llegaban ahora sobre las montañas al este de San Quentín, iluminando las aguas del gran mar horizontal de la Bahía de San Francisco, brillando, sonriendo al nuevo y glorioso día, ¡otro Regalo Santo directamente de Dios!

EN CORONA DOÑA Margarita todavía rezaba.

En San Diego, Fred Noon llamaba por teléfono a todas partes, pero nadie le decía nada. Todos los contactos que en el pasado habían estado siempre abiertos—pero sin que se supiera abiertamente, claro—estaban ahora herméticamente cerrados.

Noon decidió ir a ver a Salvador rápidamente. Algo muy grande estaba pasando en San Quentín, pero él no tenía idea de qué se trataba.

En ese mismo momento Salvador dejaba a Lupe en casa de sus padres en Santa Ana para poder manejar a Corona a ver a su mamá.

LOS GEMELOS MIRABAN al este dando gracias mientras se bañaban en la naciente luz del nuevo día, tallando la brisa salada de la océana en sus cuerpos.

¡Hacía frío y temblaban, sintiéndose vivos! Masticaron los corazones de maguey que el curandero les había dado para espesar su sangre y bebieron el té que uno de los prisioneros chinos les había preparado para entumecerlos por dentro para que así, cuando llegaran las cortadas profundas, pudieran mantener la fuerza.

Uno de los cuates se llamaba Jesús María y el otro María de Jesús. Los dos eran casi guapos, eran morenos guapos de cuerpo delicado. Su madre los había tenido cuando tenía quince años y nunca se había casado, así que con el tiempo había llegado a creer que eran un Santo Regalo del Todopoderoso.

Domingo miró su tranquilidad y recordó como le habían contado que a la edad de nueve—cuando llegó la Revolución a su valle—habían ayudado a matar al hijo del hacendado que había abusado sexualmente de docenas de jovencitas indias pobres, incluyendo a su propia madre.

Domingo los vio comer sus corazones de maguey y beber su té. ¡Finalmente no pudo aguantar más! Eran unos hombres tan pequeños y delicados.

—¡Ustedes no pueden pelear con ese MONSTRUO!—gritó—. ¡Mírense a sí mismos! ¡No son nada más que unos pequeños ángeles! ¡No tienen ninguna esperanza! ¡Yo pelearé! ¡Soy el único que tiene esperanza!

Los cuates se miraron y entonces María de Jesús se llevó a Domingo aparte una vez más y le habló. Calmándose, Domingo se limpió las lágrimas de los ojos y abrazó al gemelo indito con todo su corazón y lo besó. Eran mexicanos. ¡Eran los hombres de la Revolución Mexicana!

Fue la hora y el curandero dirigió el canto y todos se persignaron. El resto de los prisioneros ya estaban en el patio central. Todos sabían que esto era definitivo, la confrontación decisiva, la batalla que iba a anunciar el futuro de las prisiones a través de todo el país.

Max y su grupo de amigos gringos estaban en el lado oeste del patio de la prisión. Hablaban y se reían muy confiadamente, como si esto no fuera

la gran cosa, como si esto no fuera más que un día normal y que todo terminaría en unos cuantos minutos—terminado, acabado—y entonces el
trajín de la Vida Americana podría continuar, como siempre lo había hecho desde que tenían uso de razón.

Por otro lado, los mexicanos estaban reunidos en el lado este del patio y
estaban muy callados. Pues este no era un día normal para ellos. No, toda
su existencia dependía de los resultados de lo que pasaría en los siguientes
minutos.

En medio de la gente estaban los gemelos, desnudos de la cintura para
arriba, y estaban listos para echar la suerte. Todos esperaban ansiosamente para ver cuál Jesús sacaba la paja más chica. El que tuviera la paja más
corta ganaba, y por lo tanto, sería el que tendría que pelear.

Los cuates se amaban uno al otro más que a la vida misma, por eso habían rezado toda la noche para ganar y así tener que pelear para que su
otro hermano pudiera vivir por los dos, y tal vez un día, saldría de la prisión, se casaría y tendría hijos por los dos.

Al abrir las manos, Jesús María tenía la paja más chica.

—¡ESTÍRANOS, SI TIENES QUE HACERLO, DIOS amado!—
gritó doña Margarita dentro de la iglesita de piedra, parada, con los ojos
cerrados, del lado izquierdo, a dos bancas del frente con las manos hacia
arriba y los brazos abiertos—. ¡Te doy esto, Te lo Regalo, DIOS amado, de
mis LOMOS! ESTIRA mi sangre, mi carne, mis hijos . . . ¡para qué Te
hagan Tu más Santo Trabajo aquí en esta TIERRR-RRA FIRME! ¡Pero
no les quites Tu Santo Aliento viviente a mis hijos ni por un segundo! ¡Esto no lo PERMITIRÉ!

—¡ESTÍRALOS! ¡Somos el instrumento de tu AMOR! ¡Para ayudarte
con la Eterna Creación de Luz a Oscuridad! ¡Me oyes! ¡Estoy Hablando!
¡Somos Tus INSTRUMENTOS, úsanos! ¡ÚSANOS, pero no nos quites
tu Santo Aliento.

AL LLEGAR A Corona, Salvador no encontró a su madre, así que se fue
rápidamente a la iglesia. Al entrar, vio a su anciana y arrugada madre india
parada al frente de la iglesia con los brazos abiertos y las manos extendidas
enfrente de ella, ¡y gritándole a Dios! Se le llenaron los ojos de lágrimas.
¡Ay, su madre, su madre nunca iba a dejar de ayudar a Dios, hasta su último suspiro!

EN CARLSBAD, FRED Noon llegaba al taller blanco de Kenny. Inmediatamente Kenny le dijo a Fred que Salvador había salido para ir a llevar a Lupe a Santa Ana, y después a Corona—. Si te apuras—, le dijo Kenny a Fred—, tal vez puedas llegar a Corona más o menos al mismo tiempo que Salvador.

Fred le dio las gracias a Kenny y salió en su Buick grande.

ENTONCES LLEGARON MÁS guardias taconeando con las botas mientras se alineaban contra las altas paredes. Al ver esto, Max y su grupo de prisioneros blancos atravesaron el patio. Max y su grupo reían, bromeaban, hacían muecas con la boca.

Y Max estaba soltando, calentando, sus enormes músculos y abriendo y cerrando sus manos de gigante. Al ver a Domingo, Max pensó que Domingo era con el que iba a pelear y se echó a reír.

—Miren, miren—dijo Max—. Se consiguieron un blanco para que pelee por ellos. ¡No es eso lo más ridículo! ¡El año pasado los negros habrían conseguido un tipo blanco también, si hubieran hallado uno lo suficientemente estúpido!

Max y sus amigos rugieron de risa.

Cuando todos los guardias blancos estaban en sus lugares, el oficial a cargo le dio la señal a Max. Ah, la tensión, el entusiasmo era tanto que no había una sola vejiga que no estuviera a punto de reventar, con una sensación entre deseos de orinar y de coger.

Los guardias y el director de la prisión estaban muy orgullosos de sí mismos y habían accedido a esto, en vez de seguir con asesinatos al azar. Y todo se habría acabado en cuestión de segundos. ¡Esto era lo verdadero! ¡No una pelea artificial con guantes de boxeo! ¡Estaban tan excitados que no había ninguna verga oscilante en todo el patio que no estuviera a punto de venirse!

Max y su grupo caminaron hacia el centro del patio, y estaban listos. Max les hizo una seña a sus amigos que se apartaran de él, y allí quedó Max solo. Una vez que estaba solo, todas las sonrisas y muecas desaparecieron y repentinamente se volvió un toro enfurecido, ¡un perro rabioso listo para pelear, para matar, para devorar a su oponente! ¡Y estaba tan lleno de furia que las pupilas de sus brillantes ojos azules se volvieron blancas!

Al ver los ojos de Max, Domingo no pudo aguantar más. Sabía muy bien que los gemelitos eran bien intencionados, ¡pero también sabía que no tenían ninguna esperanza de ganar! Así que, no queriendo terminar siendo un esclavo de estos gringos abusivos por el resto de su vida, Domingo le gritó al gran Alemán, gritando como perro rabioso también, diciéndole—. ¡Eres mío, hijo de la *chingada*! ¡También tengo *TANATES*!

E instantáneamente Domingo se fue sobre el alemán, pero no había dado dos pasos cuando tres mexicanos le cayeron por atrás a las espaldas y lo tiraron al piso.

Todos los blancos empezaron a reírse.—¡Pinches mexicanos locos ahora le van a pegar a su propio campeón!

Domingo gritó y pateó, tratando de zafarse. Pero uno de los mexicanos tenía una reata y rápidamente lo amarraron las manos y las piernas juntas como puerquito y se lo llevaron arrastrando. Una vez que se llevaron a Domingo, los gringos vieron algo que nunca antes habían visto. Carajo, había dos inditos, desnudos de la cintura para arriba, con apariencia de niños, y se estaban abrazando en el abrazo más largo que habían visto . . . con tanto amor.

Entonces uno de ellos se dio la vuelta y se dirigió a Max. El grandote alemán no podía adivinar qué estaba pasando. Esto era de locos. ¿Qué quería el muchachito indio prieto? Por supuesto que no querría pelear. Pero allí venía, en dirección directa a Max, quien fácilmente era tres veces más grande que él.

Los guardias blancos empezaron a reírse, y también la mayoría de los prisioneros blancos. Uno de ellos hasta gritó—¡Cuidado, Max, puede tratar de matarte a besos!

Pero Max no se reía. Estaba confuso. Con el grande, con Domingo, él habría sabido cómo pelear, pero ¿qué *chingados* se suponía que hiciera con el niño indito? ¿Ponerse una mano a la espalda para que fuera parejo? Pero entonces dio un grito, sin importarle una *chingada*. Y decidió romperle el cuello a este indito con sus propias manos y terminar rápidamente con todo esto.

Pero cuando se disponía a atacar, otro suceso raro ocurrió. Alguien le aventó al indito una camisa y un cuchillito.

Al ver el cuchillo, Max se echó a reír. Si la hoja era tan pequeña e insignificante que parecía más como un abrecartas.

Alguien se adelantó y le dio a Max un cuchillo mucho más grande y también una camisa. Max tomó el cuchillo y la camisa y vio al indito enredarse la camisa muy cuidadosamente en la mano y el antebrazo izquierdo. Max se rió y aventó a un lado la camisa sin enredársela, entonces alzó el gran cuchillo y se vino sobre Jesús María listo para cortarlo en pedazos y terminar la pelea, para enseñarles a estos mañosos, grasosos, cabrones chaparros, de una vez por todas, ¡quienes eran los hombres legítimamente superiores en *la planeta* y ponerlos otra vez en su lugar!

Pero cuando le tiró la cuchillada al indito, éste no estaba allí. Y cuando cortó y picó y cuchilleó y atacó de nuevo, el indito desaparecía siempre.

Domingo ya no resistía contra los hombres que lo había derribado. No, miraba fijamente esta batalla de batallas en silencio absoluto. Sí, este Jesús María peleaba como un bravo gallito de pelea de la mejor raza.

Y era tan rápido, tan ágil, y parecía fluir tan fácilmente que el grandote alemán fallaba una y otra vez y se enojaba más y más. Todos los prisioneros y los guardias estaban pegados con los ojos y los corazones al espectáculo, viendo lo que sólo habían soñado ver en sus sueños más estrafalarios: gladiadores peleando hasta la muerte sin ninguna regla.

Este era el sueño secreto, amor secreto, deseo secreto de todo hombre, el adivinar qué haría uno en circunstancias semejantes.

Max estaba sin aliento. Ya no podía seguir más este juego de tratar de alcanzar a este mañoso mexicanito, y por eso se paró en el centro del círculo de hombres y gritó—Vamos cabroncito mañoso, ¡párate y pelea como hombre! ¡Pinche grasoso!

Jesús María se paró y sonrió con una gran sonrisa, hermosa y calmada, como si esto hubiera sido lo que había estado esperando toda la mañana. Y en ese momento, salió el mismo sol sobre la alta pared de oriente y bañó todo el patio con una pura Luz Dorada. Y el torso desnudo y sudoroso de Jesús María brilló ahora como un ángel, como un mensajero mandado por Dios Todopoderoso.

—*Okay*—dijo Jesús María parándose también—. ¡Pero tú le entras, amigo—! Y se rió. No odiaba al alemán, de verdad no lo odiaba.

—Está bien, yo le entro, ¡pero no más de esta mierda de correr y esquivar!

—No, no más correr—dijo Jesús María y dejó de sonreír—. Pelearemos mano-a-mano, cada uno agarrando un lado de esta camisa.

—¡Así será!—gritó Max adelantándose rápidamente.

Jesús María se desenredó la camisa de mangas largas de su mano y antebrazo, y tomando una punta le aventó la otra a Max.

Con los ojos llenos de codicia y lascivia, Max agarró la otra manga de la pesada camisa de algodón sin quitarle los ojos de encima a Jesús María. De pronto jaló al hombre más pequeño hacia sí y tiró una cuchillada con su cuchillo largo, sacando sangre.

La muchedumbre enloqueció . . . ¡gritando, dando alaridos, DISFRUTÁNDOLO!

¡Esto les gustaba! ¡Esto era lo VERDADERO! ¡No más juegos! ¡Ahora esta era la DANZA DE LA MUERTE!

¡Max estaba extasiado! Así que con una sonrisa, se enrolló en la poderosa mano y dio otro buen jalón a la manga para atraer hacía sí más a Jesús María. Qué estúpido había sido este indito al haberse amarrado con él en un combate mano a mano. Max era más grande y fuerte y tenía un cuchillo más grande, así que todo estaba completamente a su favor.

Así que Max tiró y jaló y tiró una cuchillada de nuevo sacándole sangre de nuevo, pero el pobre indito no soltaba la camisa ni corría. No, el valiente pendejito seguía agarrando la camisa, sin darse cuenta que estaba muy lejos y que su cuchillo era demasiado pequeño para hacerle ningún daño a Max.

Ahora Max dio un alarido y se lanzo a terminarlo. No tenía sentido en torturar al pendejito, pensó Max. Ya había hecho lo mejor que había podido. Y era un cabroncito bravo como muchos mexicanos, pero la verdad que ningún mexicano iba a ser un buen oponente para el hombre blanco, grande y fuerte, y nunca lo sería, así que darle falsas esperanzas a este niño era cruel.

Jalando y tirando cuchilladas Max se enredó ahora la camisa alrededor de su mano mientras jalaba al hombre pequeñito más y más cerca, cortándolo y cortándolo mientras lo jalaba para matarlo. Y Max iba ahora a agarrar a este pequeño idiota por el cuello para terminarlo, cuando de repente este mexicanito hizo la cosa más estúpida. Se agachó y se lanzó sobre Max, empalándose en el gran cuchillo de Max, y entonces se agachó, amarrando el cuchillo de Max con su propio cuerpo mientras empezaba a hacer lo suyo, tirando cuchilladas a la parte baja del cuerpo de Max en un rápido arranque de delirio.

Max no lo podía creer; no podía entender lo que estaba pasando hasta que, ¡de súbito el mexicanito se levantó con la verga, los huevos y parte del bajo abdomen de Max entre sus manos levantándolos a los Cielos!

—¡Me van a decir SEÑOR!—gritó Jesús María a todos los prisioneros y guardias blancos—. ¡Me van a llamar Señor Jesús María—, gritó mientras les mostraba los huevos y la verga de Max a todos—! ¡Porque nosotros también somos SERES HUMANOS en los Ojos de Dios!

Todos los gringos se dieron cuenta que todo había sido una trampa desde el principio y se echaron a correr llenos de terror mientras los mexicanos venían tras ellos.

Max todavía se trastabillaba agarrándose el sitio donde habían estado la verga y los huevos, sin entender lo que había pasado y entonces se cayó . . . ¡Jesús María se sacó el grande cuchillo de Max del costado y lo hundió en el estómago de Max mientras se revolvía en el suelo gritando y ahogándose en su propia sangre!

La gritería de los mexicanos creció y creció mientras corrían con los cuchillos en la mano. Los amigos de Max corrían horrorizados por todas partes y cuando eran alcanzados eran tirados y castrados allí mismo.

Los gritos, los chirridos eran tan grandes, tan inesperados, que hasta los guardias blancos se contagiaron del delirio y corrían también. Los mexicanos estaban por todos lados—en las paredes, arriba de los edificios—y les quitaban las armas a los guardias y los agrupaban.

El otro gemelo, María de Jesús, llegó y acostó a su moribundo hermano en el piso para que pudiera irse suavemente a la Santa Noche.

Con lágrimas en los ojos recogió la verga y huevos de Max en su mano derecha y, con un idéntico parecido a su caído hermano, ¡dio EL GRITO!

Cuando los guardias y los prisioneros blancos lo vieron, no tenían idea de qué se trataba. Hacía sólo momentos, el mismo indito había estado sangrando y perdiendo la pelea, ¿cómo podía ahora estar sano y salvo, a menos que se hubiera levantado de las cenizas de los muertos y estaba con el MISMO Jesucristo, y venía ahora por sus almas?

¡Domingo tiraba guardia tras guardia desarmándolos! Ya ni siquiera peleaban.

¡Habían perdido la fe! ¡Acababan de ver a su más grande campeón caer como si fuera nada!

¡Y los gritos de placer, los alaridos de placer absoluto que lanzaban los mexicanos, los negros y los chinos eran ensordecedores!

Porque sus gritos venían del corazón, y de la alma, de las ENTRAÑAS, ¡y hacían eco por todo el patio con la FUERZA DEL TRUENO DEL CIELO!

Fue entonces que Domingo levantó la vista y vio la legión de Diez Mil ÁNGELES, cantándoles en unísono.

Se puso de rodillas antes de que lo tocara la Mano de Dios ¡y estaba rezando!

Sí, estaba rezando—¡había visto la LUZ!

Quinta Parte

LA VIDA LOCA

Y así las Puertas del Cielo se abrieron de par en par y un torrente de AMOR _brotó sobre toda la tierra —_
¡ESTALLANDO de VITALIDAD!

TEMPRANO EN LA mañana de aquel día, Salvador y Fred Noon estaban en las rejas de San Quentin tratando de entrar, pero los guardias en la casilla de la entrada les daban todo tipo de excusas. Finalmente se les dijo que regresaran al siguiente día. Fred Noon y Salvador podían sentir la tensión. Algo realmente grande debía de haber pasado, pero nadie decía nada.

Temprano al día siguiente Salvador y Fred Noon volvieron. Fred Noon fue el que habló y finalmente pasaron la caseta de guardia y entraron a la sala de visitas. La tensión todavía se podía sentir. Todo mundo en la prisión tenía mucho cuidado con todo y se portaba extremadamente cortés. Y cuando Domingo entró en la sala de visitantes, sus sentimientos se le veían en la cara. Parecía que alguien le había dado un millón de dólares—no podía dejar de sonreír.

—¡Salvador!—dijo Domingo, tomando a su hermano menor en sus brazos y dándole un gran y apretado abrazo y besándolo—. Y, ¿cómo están mamá y Luisa? ¡Bien! ¡Espero! ¿Y cómo te fue en la luna de miel, eh? Hermanito—. Y Domingo abrazó apretadamente a Salvador de nuevo—. ¡Qué gusto de verte—! añadió radiando alegría.

Salvador miró a su hermano con sospecha. Domingo nunca había actuado así, al menos que estuviera borracho, o—y entonces Salvador creyó saber el por qué. Su hermano debía haber perdido la razón y estar completamente loco de alegría por la mariguana—. ¿Así que nuestros amigos te concedieron la buena yerbita para tu té medicinal, verdad?

—¡Ah, sí, me la consiguieron!—dijo Domingo sonriendo todavía de oreja a oreja.

—Y por eso estás tan contento, ¿verdad?—continuó Salvador moviendo la cabeza y mirándolo con complicidad.

—¡Ah, no!—dijo Domingo viendo cómo lo trataba su hermano. ¡No es por esto que estoy tan contento! ¿No has oído?—agregó—. ¡De seguro lo has leído en los periódicos!

—¿Leído qué?

—Las pinches noticias, hermanito.

—¿Qué noticias?—preguntó Salvador—. Fred Noon ha estado llamando durante una semana, pero no pudo conseguir que nadie le diga nada. ¡Así que no, no sé que *chingados* está pasando, Domingo!

—¡Pues, me lleva la chingada!—dijo Domingo, rascándose la cabeza mientras columpiaba el cuerpo hacia adelante y hacia atrás—. Te apuesto a que estos pinches gringos no dejaron salir las noticias. En serio no sabes, ¿verdad?

Salvador negó con la cabeza.—¡No, carajo, no sé!

—Pues, nos hemos apoderado de la prisión—dijo Domingo sonriendo de alegría—. Nosotros, los mexicanos nos hemos apoderado de la pinche prisión.

Salvador estaba muy sorprendido. ¿Ustedes se apoderaron de la prisión?; ¿Ustedes, los mexicanos, son ahora los que manejan este lugar?

—¡Órale! ¡Ahora sí entendiste! Y hemos llegado a un acuerdo con los guardias y el director, ¡ahora no hacemos ningún trabajo que los gringos no hagan también!

—¿Qué?—gritó Salvador, completamente asustado por esta última aseveración—. ¡Ahora los mexicanos no hacen ningún trabajo que los gringos no hagan?

—¡Órale!—dijo Domingo, lleno de gusto. Entonces abrió la boca en toda su extensión para echar un grito allí en la sala de visitantes—. ¡Ahora Todos somos IGUALES!

Los ojos de Salvador parecían querer salírsele de las órbitas. Apenas si podía creer lo que acababa de oír.—¡Dios mío!—dijo Salvador, entendiendo ahora el impacto total de las palabras de su hermano. Porque él, Salvador, había estado en prisión tantas veces en este país para saber cómo eran las cosas dentro de la prisión. ¡Si esto era increíble! ¡Éstas eran las más impactantes noticias que Salvador había oído desde que había cruzado la frontera para entrar a este país hacía más de trece años! ¡Los gringos habían perdido su poder abusivo!

—Pero Domingo—dijo—, ¿cómo sucedió este milagro? ¡Por Dios, esto es por lo que nuestra madre había estado rezando! ¡Un milagro con diez mil ángeles!

—¡Sí, estaba rezando!—Domingo gritó ahora—. ¡Pues, yo los vi! ¡A todos los diez mil! ¡Dile a mamá que sus oraciones fueron contestadas! Ay,

Salvador, te digo—, añadió Domingo con lágrimas en los ojos—, ¡fue una visita directamente del Cielo! Eso fue lo que pasó exactamente, ¡una visita de DIEZ MIL ÁNGELES directamente del CIELO que vinieron a evitar el desastre para que todo el mundo VIERA!

—Dile a mamá cuando la veas que mientras viva, ¡nunca más, nunca más dudaré de sus poderes—dijo Domingo—, y dile que nunca más usaré en vano el nombre de Dios Nuestro Señor y que no la voy a fastidiar más cuando me diga que habla con Dios, porque así como te veo en este momento, ¡yo vi los Ángeles que ella nos mandó aquí en esta prisión!

—Los vi bajar del Cielo y uno de ellos—más resplandeciente que los demás—entró al cuerpo de este pequeño indito prieto cuando iba a pelear contra este gigante Goliat, ¡igual que el pequeño rey David! ¡Lo juro por Dios! ¡Vi a los Cielos abrirse y sonreírnos, Salvador! ¡Dios nos ama! ¡Es de a de veras y es a toda madre!

Mientras Domingo hablaba Salvador miraba a los ojos de su hermano y vio que este hermano suyo había sido tocado por la Mano de Dios—¡igual que su querido papá grande, don Pío, había sido tocado por la Mano de Dios allá en sus montañas de Jalisco!

Y ahora Salvador escuchó a su hermano Domingo contar esta increíble historia de los gemelos de Guanajuato y cómo uno de ellos dio la vida—empalándose a propósito—¡para que sus hermanos pudieran vivir con igualdad y respeto!

—¡Vi su alma!—dijo Domingo—. ¡Su pinche ALMA—! Las lágrimas le escurrían por la cara a Domingo, pero él no se molestó en limpiarlas—. ¡Y el Verdugo Blanco no vio nada de esto! Estaba tan lleno de odio y furia, como si tuviera una enfermedad que no le permitía ver el milagro que estaba sucediendo frente a él.

Domingo continuó y a Salvador se le llenaron los ojos de lágrimas. Poco a poco se daba cuenta por qué Domingo había dicho:—¡nosotros, los mexicanos, hemos salvado al mundo entero!

Sí, algo extraordinario había pasado.

¡Su testarudo hermano era otro hombre! Se le veía en los ojos. Los ojos de Domingo estaban ahora vivos y llenos de amor y corazón, de compasión y de sabiduría; cualidades que no había tenido antes.

Y las lágrimas que corrían ahora por los ojos de Domingo no eran de enojo o las de un mariguano intoxicado; no, eran las lagrimas de alegría, de gusto, de . . . ; eran las lágrimas de un hombre que finalmente había visto la Luz de Dios! Esa luz de la cual su madre les había hablado siempre, y que hasta no verla, ¡ni siquiera habían Nacido!

Las lágrimas seguían corriendo por la cara de Domingo, y Salvador abrazó a su hermano mayor, que era más grande que él, y estuvieron allí abrazados por un largo tiempo.

—¿Entonces estás bien?—preguntó Salvador.

—Estoy más que bien—dijo Domingo con fuerza—. Nos dan de comer bien tres veces al día, porque ahora el cocinero principal es un mexicano y tenemos un buen techo sobre la cabeza que no gotea. ¡Te juro que por primera vez me siento, bueno, que estoy vivo, Salvador! ¡Y el futuro es bueno—! dijo golpeándose el pecho—. ¡Aquí dentro de mi corazón y de mi alma! Y dile a mamá que cuando salga voy a encontrar a mis hijos que dejé regados al viento como perro, ¡y que voy a hacer una casa! ¡Porque ahora sí veo con todo mi corazón que Dios me ama! ¡Sí, me ama, y de hoy en adelante voy a ser un hombre de los buenos! Carajo, somos buena gente, Salvador—, añadió—. Si podemos cambiar completamente a una prisión, ¡imagínate lo que podemos hacer por todo este pinche país!

Salvador se limpió los ojos riéndose.—Le voy a decir a mi mamá,—dijo—. ¡Y va a estar muy orgullosa de ti!

—Bueno—dijo Domingo—, ¡ya era hora *chingado*!

¡Y se dieron otro abrazo, de corazón a corazón, sintiendo más amor del que nunca antes habían sentido!

POR LA TARDE, en el camino de regreso, Salvador trató de explicarle a Fred Noon todo lo que Domingo le había dicho. Pero era difícil especialmente la parte de los Ángeles y la Luz de Dios.

Finalmente Fred Noon le dijo,—Deja de hablarme en inglés, Sal. Carajo, nadie puede hablar de milagros y de ángeles en inglés sin parecer tonto.

—Oye, creo que tienes razón—dijo Salvador y cambió al español y toda la historia fue mucho más fácil de entender y de creer.

Noon tenía razón, nadie podía hablar en inglés de milagros y ángeles sin parecer, bueno, medio artificial o santurrón.

Al oír toda la historia en español Fred estaba asombrado.—Dios mío—dijo—, con razón nadie dice nada. ¿Te das cuenta lo que esto significa Sal? Si se llega a enterar la gente, va a haber motines en todas las prisiones del país—. Respiró profundamente—. Recuerda mis palabras, Salvador, tu hermano tiene razón, la verdad no se puede mantener en secreto por mucho tiempo. Van a empezar a haber trastornos sociales por todas partes. Nos guste o no, este país se va a ver forzado a empezar a vivir según sus ideales, de la gente, para la gente, la tierra de los hombres libres.

Y sintiéndose agigantados Fred Noon y Salvador bebieron café y whiskey todo el camino de regreso al Sur de California, y hablaron y se rieron y se hicieron aún más amigos. También ellos estaban ahora enraizados en la realidad de la Luz de Dios, ¡Puerta que al ser abierta, lo hacía todo posible dentro de las Maravillas Milagrosas de la Creación!

LUPE ESTABA EN la casa de sus padres en Santa Ana. Salvador la había dejado allí unos días antes, y desde entonces, Lupe había hablado sin parar con su madre haciéndole todo tipo de preguntas. ¿Cómo había nacido ella, Lupe y cómo se había sentido su madre durante el embarazo?

—Bueno, dime, mamá—dijo Lupe—, ¿cómo se llevaban tú y mi papá de recién casados?

—*Mijita*—dijo doña Guadalupe—, ¿me estás tratando de decir que crees que ya estás embarazada?

La cara entera de Lupe se puso roja.

Estaban en el porche del frente con vista a la calle. Era la media tarde. Todavía no regresaban de trabajar en los campos el hermano de Lupe, Victoriano, y su hermana. El papá de Lupe, don Victor, había salido a caminar por el vecindario durante la tarde.

Cuando la dejó Salvador, Lupe se había asombrado de ver cuánto habían envejecido sus padres. Caramba, si sus padres habían envejecido en el mes y medio que había estado fuera. Nunca se había dado cuenta que su padre se encorvaba dando la apariencia de ser casi un jorobado y que su madre tenía toda esta piel suelta colgándole abajo de la barbilla y del cuello.

Al principio Lupe casi se había avergonzado de verlos por miedo a que pudieran leer sus pensamientos.

Respirando profundamente, Lupe asintió—Sí mamá—, dijo—, creo que puedo estar embarazada.

Los ojos de la anciana estallaron de entusiasmo y miró a su hija menor—la bebé de la familia—y estaba llena de gusto—. Ah, *mijita, mijita*, dijo la vieja india yaqui—, ¿pero por qué no me lo dijiste cuando llegaste?

—Porque, bueno, no sé . . . pero no le he dicho a nadie, ni siquiera a Salvador—, dijo Lupe—. Y no sé por qué, pero es casi como si no quisiera compartir este sentimiento que tengo dentro de mí con nadie. Tú eres la primera persona a la que le digo, mamá—, añadió Lupe.

Doña Guadalupe se quedó asombrada con las palabras de su hija.—Ay, es exactamente así como me sentía yo también con mi primer embarazo, *mijita*.

—¿De veras?—dijo Lupe.

—Sí, por supuesto—dijo su madre—. Recuerda querida que nosotras las mujeres hacemos una gran parte del trabajo de nuestras vidas silenciosa, casi invisiblemente. Hacemos el amor, y de la semilla del hombre se planta la vida aquí, dentro de nosotras, para que crezca un niño igual que el maíz crece dentro de la tierra. ¡Un verdadero milagro de Dios! Este es nuestro destino sagrado *mijita*, el saber cómo sustentar a un niño aquí dentro de nosotras—. Los ojos se le llenaron de lágrimas a la vieja—. Estoy tan orgullosa de ti, querida—. Y cuando se acerque tu tiempo, sin saber por qué, súbitamente serás tan fuerte, tan sabia, tan llena de . . . bueno, hasta tendrás miedo de las arañas y las culebras y querrás lavarte las manos constantemente. Es la naturaleza diciéndote que es hora de limpiar el nido para el niño que llega.

—Hemos dado la vuelta completa, *mijita*—agregó la anciana, mirando al bebé de la familia con mucho amor—. Ahora tú eres la madre y entonces . . . pum, los años volarán y un día despertarás y estarás aquí como yo, la abuela.

Lupe asintió y por primera vez en su vida entendió que toda la vida era verdaderamente circular, ¡Redonda, Circular y Completa! ¡Si apenas ayer ella había sido la bebé!

—Sí mamá—dijo—, como siempre has dicho, el maíz, se siembra, crece muy rápido, viene la cosecha, y hay que sembrarlo de nuevo. Niña, madre, abuela y niña otra vez. Es como si, bueno, mamá—, dijo—, por fin . . . aquí en mi corazón todas estas cosas que me has dicho toda la vida una y otra vez, empiezan a tener sentido. No sólo en la mente, sino en el corazón también, y es como si de repente viera estas cosas que en realidad no había visto antes. ¡Y tengo hambre de aprender todo lo que pueda para que se lo pueda enseñar a mi bebé como tú me enseñaste—! Los ojos de Lupe se humedecieron—. El mundo entero me parece tan diferente ahora. Enséñame. Dímelo todo, por favor. ¿Cómo te sentías durante el embarazo? ¿Cómo construyeron su nido mi papá y tú? ¿Qué tal la luna de miel? ¿Era tan . . . bueno . . . maravillosa que empezaron a pensar que se volverían locos?

Al ver el entusiasmo de su hija, doña Guadalupe miró a su hija con un nuevo amor, respeto, honra, y sí, adoración. Su bebé plantaba los pies en la rica tierra de sus antepasados femeninos y empezaba a crecer. Y crecería durante los siguientes nueve meses.—Tus palabras son música para mi corazón, *mijita*. Parece que por fin, después de tantos años de lucha, Dios nos está acogiendo finalmente entre Sus brazos una vez más. Me encantaron todos mis embarazos—, dijo—, y especialmente el tuyo.

—Te aseguro que sólo al estar embarazadas—continuó la anciana, estirándose el delantal en el regazo—, sabemos nosotras las mujeres que somos el terreno al que se le confiaron las Semillas de la Creación. Recuerdo la primera vez que sentí esa pequeña sensación de tener una vida aquí, dentro de mi cuerpo. Te digo que la sentí después de una hora. Y por eso yo también fui con mi mamá, así como tú has venido a mí, y le pedí que me contara todo, y tampoco podía dejar de hablar.

—Pero quiero que sepas, *mijita*—continuó la anciana—, que no tienes nada de qué preocuparte. Has visto mucha vida, mucha alegría, muchos dolores, y así en tu alma y tu corazón ya sabes todo lo que necesitas saber. Este fue el milagro que Dios nos dio a las mujeres cuando salíamos del Paraíso, que aquí, instintivamente, sabemos cómo amar—, dijo dándose golpecitos en el pecho—. Y con amor, nosotros los humanos, podemos adquirir sabiduría rápidamente.

—Así lo espero, mamá—dijo Lupe—, pero a veces simplemente no sé que me está pasando en mi interior. Como cuando me di cuenta que me pasaba algo raro, no sabía lo que eran esas cosquillitas. Pero repentinamente, lo supe, Así de sencillo, sabía que—¡ay, Dios mío, estaba embarazada! Y le quería decir a Salvador, porque es a todo dar, mamá, pero sin saber por qué, simplemente no se lo podía decir. Y me sentía muy mal por no decirle, pero, bueno, dijo, riéndose—, la verdad es que quise venir y decírtelo a ti primero.

Al oír esto la anciana tomó la mano de Lupe acariciándola.—*Mijita*, yo hice lo mismo.

—¿De veras?

—Sí, claro. Durante semanas no le dije a mi marido. La verdad es, Lupe, que nosotras las mujeres a veces pensamos que somos como esa araña grande que mata a su esposo y se lo da de comer a sus crías—así somos de posesivas con esta sensación de vida que llevamos dentro de nuestros cuerpos. Y los hombres saben esto, *mijita*. Lo pueden percibir, es por eso que están siempre tan determinados en inmiscuirse entre nosotras y nuestros hijos.

—Llegan a ser doctores, sacerdotes, o cualquier profesión que inventen, pero la única ocasión que no pueden interferir entre nosotras y nuestros hijos es cuando tenemos al bebé aquí, en el vientre—, dijo con una gran sonrisa—. Te digo cuando estaba embarazada, habría matado a cualquier hombre que hubiera tratado de interferir entre regalo y yo. Así que sí, por supuesto, fui a ver a mi mamá primero. Después de todo fue allí donde había empezado mi vida también.

—¡Sí, eso es, mamá!—gritó Lupe. ¡Así es como me siento! Es por eso que vine a verte—porque mi vida comenzó contigo. Y ahora necesito que me digas todo para poder proteger a esta pequeña alma que llevo en las profundidades de mi interior. Porque, bueno, no me siento tan preparada y— . . . Se le humedecieron los ojos a Lupe—. ¿Qué pasa si no sé cuando llegue el tiempo, mamá? Este embarazo es tan importante, mamá. Es como si estuviera guardando el más grande y precioso regalo en todo el universo y que quizá no sepa qué hacer . . . ¡ah, tengo miedo mamá!

La anciana respiró profundamente y le besó la mano a su hija.—Sólo cierra los ojos, *mijita*—, dijo sonriendo—, y recuerda aquellos días y noches en nuestro querido cañón y recuerda cómo la Luna estaba llena la noche que nacieron los gemelos.

Lupe cerró los ojos y su madre la transportó al pasado contándole una vez más la historia del Sol y la Luna y las estrellas de . . . de aquella noche mágica cuando el meteorito pasó como rayo por los Cielos y besó la Madre Tierra sobre su hogar en el cañón, prendiéndole fuego a los pinos blancos, y cómo ella y don Victor habían hecho el amor aquella noche porque pensaban que era el fin del mundo.

—Pero nos sorprendimos cuando nueve meses después de ese día, tú naciste, Lupe—justo cuando llegaba la Revolución Mexicana a nuestras montañas. Así que tú eres nuestro bebé del meteorito, el regalo de una estrella fugaz.

—Es por eso, *mijita*, que no quiero que pienses ni por un momento que tu padre y yo sabíamos siempre lo que hacíamos. No, muchas veces estábamos tan espantados y confundidos como cualquier otra pareja joven. Pero teníamos nuestro amor—, dijo—. Y con amor, *mijita*, dos personas siempre pueden hallar cómo vivir. Después de todo, somos hijos de las estrellas, sembrados aquí en la Madre Tierra como el maíz, ¡para crecer y alcanzar los Cielos de los cuales venimos!

—Ay, mamá, ¡qué bonito es eso! Pero de veras tú y papá eran. . . .

—Sí, así es—dijo la anciana sonriendo—. ¡Aunque te parezca extraño, tu padre y yo fuimos jóvenes inexpertos también!

Lupe empezó a reír y a reír. Claro, esto era absolutamente cierto. Nunca se había dado cuenta durante toda su vida que sus padres habían sido una vez inexpertos y jóvenes también.

Siguió riéndose desaforadamente. Estaba tan contenta de no haber compartido con Salvador sus sensaciones secretas. Su madre tenía toda la razón, estas sensaciones, este milagro de vida que sentía en lo más profundo de su ser, sólo podían ser compartidos con la madre de uno—la persona con quien había empezado su propia vida.

Pobres hombres, no importaba cuánto amaran a sus hijos o cuánto quisieran compartir en el embarazo de su mujer, no podrían hacerlo nunca. No de la misma manera que una mujer.

Lupe respiró profundamente. Amaba a Salvador, de verdad lo amaba, y le hubiera encantado decirle acerca de su venidero hijo, pero no sabía si había hecho lo correcto al venir a decirle a su madre primero.

Sintiéndose tan cerca a su madre, Lupe la tomó en los brazos. Era como si su madre se hubiera vuelto mucho más joven repentinamente, y ella misma, mucho más vieja, y estaban ahora en casi la misma edad—madres, ¡sí, madres, las dos, madres sagradas!

EN LAS PRIMERAS horas de la tarde del siguiente día, Salvador manejaba por la calle llena de árboles verdes y altos para recoger a Lupe en casa de sus padres. Inmediatamente Lupe salió corriendo de la casa para decirle a Salvador que el padre de ella estaba en el hospital.

—¿Qué pasó?—preguntó Salvador.

—No sabemos—dijo Lupe—, ¡pero creemos que a la mejor tuvo un ataque al corazón! Estaba pálido cuando regresó de su caminata ayer y después se desmayó. ¿Dónde has estado—? añadió ansiosamente. ¡Has estado fuera tres días, Salvador! ¡Y dijiste que sólo ibas a Corona a ver a tu madre!

—Tienes razón, Lupe—dijo—, lo siento pero, bueno, tuve que hacer un viaje rápido a San Francisco con mi abogado Fred Noon.

—¿A San Francisco?—dijo Lupe—. ¿Quieres decir hasta el norte—? Estaba asombrada.

Él asintió con la cabeza.—Sí, pero salió bien. Ya hablaremos más tarde. Ahorita sólo dime si podemos ir a ver a tu padre.

—Sí—dijo Lupe—. Ha estado preguntando por ti. Pero primero pasa a saludar a mi mamá y después lo vamos a ver.

Pero aunque trataba de mantener la calma, cuando hablaba le latía su corazón fuertemente. ¿Para qué diablos manejaría hasta San Francisco un transportista de fertilizante? ¿Y por qué llevar a un abogado?

Súbitamente, Lupe tuvo la sensación que miraba dentro de un largo y oscuro cañón de pistola . . . algo que no se había permitido ver antes. Pero se mantuvo, aguantó, tragó saliva rehusando pensar más en eso en ese momento.

En este momento tenía que asistir a su madre y a su padre. ¡El corazón se le quería salir del pecho! Se sentía como si el mismo Diablo hubiera entrado en su cuerpo. ¡Y Dios del Cielo, estaba embarazada!

Tragó saliva de nuevo determinada a mantener la calma.

Al entrar Salvador pudo notar que su suegra estaba también preocupada, pero muy contenta de verlo.—Salvador—dijo—, como se tuercen las cosas en la vida. Había creído que por fin don Victor y yo íbamos finalmente a tener unos días de paz y descanso, y pasa esto.

—Sí, señora, éstas son las vueltas de la vida de las que siempre habla mi madre—le dijo Salvador a doña Guadalupe.

—Y ¿cómo está tu mamá? Bien, espero.

—Sí, está bien—contestó.

—Como te ha de haber dicho Lupe, no sabemos exactamente qué es lo que le pasa a mi esposo—dijo—. Estaba cocinando en la estufa—. ¿Tienes hambre? Estoy preparando algo para Carlota y su hermano para cuando lleguen del trabajo.

—No, gracias, acabo de comer—dijo Salvador.

—Bueno, siéntate y come poquito, porque nadie pasa por mi cocina sin probar al menos un bocadito. Siéntate.

Salvador no tenía hambre, pero hizo lo que se le decía; se sentó. Y cada vez que Lupe pasaba, trataba de verla a los ojos o acariciarle la pierna sin ser visto. Y claro, la anciana sabía lo que estaba pasando, así que volteó la vista pretendiendo no notar nada.

Después de comer dos tacos, Salvador y Lupe pudieron al fin salir. Ya en el carro Salvador le puso la mano en las nalgas de Lupe frotándoselas en toda su extensión mientras le ayudaba a subir al carro.

—¡No!—dijo cortantemente—. ¡Por favor no, hasta que ya no nos puedan ver! Además estoy embarazada—, agregó enojada.

—¿Estás qué?—dijo completamente sorprendido.

—Embarazada—dijo bruscamente de nuevo. ¡Estaba encabronada! Primero este hombre la había embarazado, entonces le parecía que también a propósito había metido en su hogar al Diablo de la duda y el temor.

—¿Quieres decir que vas a tener un . . . ?—tragó saliva, sin poder decirlo. Se metió al carro de un brinco y rápidamente dio vuelta a la calle y se paró al lado del camino—. Lupe—, le dijo—, ¿de qué estás hablando? ¿Que nosotros, tú y yo, vamos de verdad a tener un bebé?

—Sí—dijo Lupe—, lo vamos a tener.

—¡Dios mío!—dijo entusiasmadamente—. ¿Pero, cómo pasó?

—¿Cómo?—repitió—. ¿Bueno, cómo crees tú?

—No, no quiero decir cómo—dijo confundido por la alegría—. Quiero decir cuándo. ¿Cuándo pasó, o cuándo supiste?

—Bueno pensaba que estaba embarazada antes de que te fueras, pero no estaba segura hasta que mi madre y yo fuimos a ver al doctor de mi hermana Sofía.—Lupe respiró profundamente—. Pero ahora dime por qué fuiste hasta San Francisco . . . y tú, ¿tú te llevaste a un abogado? ¿Por qué Salvador? Estoy embarazada—añadió con lágrimas en los ojos—, ¡y necesito saber lo que está pasando!

Salvador respiró profundamente. Ahora era él quien se sentía estar mirando al largo cañón oscuro de una pistola.—Fui a ver a mi hermano Domingo—dijo simplemente.

Lupe había conocido al hermano de Salvador, Domingo, antes de la boda en uno de los bailes de Archie. Pero no lo había vuelto a ver. Ni siquiera en su boda.—¿Y para qué llevaste a un abogado?—preguntó.

Su corazón le latía fuertemente. Estaba segura que iba a escuchar lo que nunca había querido oír. Cerró los ojos pidiéndole ayuda instintivamente a Papito Dios.

—Por qué, bueno—su corazón de Salvador latía ahora fuertemente también. ¡Detestaba la mentira en que vivía! Y ahora iban a tener un bebé. Un niño. El Milagro de la Vida—. Domingo está en prisión—, dijo.

—¿En prisión tu hermano?—dijo Lupe completamente sorprendida—. ¿Pero por qué?

—Por el licor.

—¿El licor? Ah, entonces es él es el *butleguer* en tu familia—, dijo Lupe con cara de haberse quitado un peso de encima.

Al ver su reacción, Salvador asintió.

—Ah, por eso no querías hablar de eso—continuó—. No querías hablar mal de tu propio hermano.

Cómo estas palabras le gustaron, Salvador asintió una vez más, abriéndole la puerta al Demonio.

—Salvador, debiste haber tenido confianza en mí—dijo.

—Sí—dijo—, debí haberte tenido confianza. Tragó saliva. Carajo lo había hecho una vez más. Podía sentir al Diablo riéndose—. ¿Y lo del bebé es un hecho—? preguntó, queriendo sacarse los sentimientos del Demonio.

—Sí, Salvador—dijo Lupe—. Ya es seguro. ¡Estamos empezando nuestra propia familia! ¡Y no eres un *butleguer*—! agregó con los ojos bailándole de alegría.

—Lupe—dijo al ver su confianza, su amor, su alegría—. Pero debes saber también— . . . Dejó de hablar. Se estuvo quieto. Respiró. Había tanto que quería decirle, para parar todas estas pinches mentiras, pero tenía miedo de perderla.—Lupe , dijo de nuevo, quiero que vayamos a ver a mi mamá. Ven, vamos. ¡Le va a dar tanto gusto saberlo!

Se dio la vuelta y tomó el volante para poder ir porque sabía muy bien que su mamá era la única persona en el mundo con la que podía hablar sobre este asunto y recibir ayuda antes que el Diablo se apoderara de sus vidas.

—Salvador dijo Lupe sonriendo—, ¿no se te olvida algo?

—¿Qué?

—Íbamos camino del hospital para ver a mi papá.

—¡Ah, sí! ¡Se me olvidó! Lo siento—dijo

Camino al hospital Salvador no podía dejar de ver a Lupe. ¡Si se veía más hermosa que nunca! Ah, pero en su interior se sentía un pinche mentiroso. Y claro, al Diablo le encantaba. Uno de los hijos de la Zorra había logrado zafársele, ¡pero a éste el Diablo lo tenía agarrado de los *tanates*!

En lo más profundo de su ser Salvador podía oír al Diablo hablarle tan claramente como tantas veces había oído la voz de Papito Dios. Y el Diablo le decía,—Ya la regaste cabrón, bueno *pa nada*, mentiroso, traicionero, hijo de la chingada, ¡y vas a echar a perder todo! ¡Y ella te va a odiar! ¡Y te lo mereces, pendejo!

—A menos que sigas mintiendo y escondiéndote . . . entonces yo te ayudaré y llegarás lejos—, añadió el Diablo—. Después de todo, mira a tu alrededor y dime quiénes son las personas exitosas en este mundo . . . desde luego que no son los santos ni nadie de buen corazón. No, los verdaderamente exitosos son los de corazón duro, los fuertes, los astutos, todos los que se parecen a ti y a mí, amigo, la gente que tiene agallas para enfrentársele a la realidad y hacer lo que haya que hacer para lograr su objetivo, ¡Ahorita! ¡Pronto! Carajo, tú y yo sabemos que necesité tenerlos bien puestos para dejar el lado del Todopoderoso y salir por cuenta propia. ¡Soy *un macho a lo cabrón*! Y mira me va ¡A TODA MADRE! ¡El futuro es NUESTRO, te digo!

Salvador negó con la cabeza y respiró profundamente, no quería estar pensando en nada de esto. Y estaba a punto de decirle al Diablo que lo dejara en paz, que dejara todos estos pensamientos estúpidos, cuando el Diablo GRITÓ dentro de su cerebro.

—¡PIENSA EN SERIO, amigo! ¡Todas las naciones están fundadas en la mentira, en la codicia y en la manipulación! ¡Te está yendo perfectamente! ¡Estoy aquí contigo para asegurar tu éxito! ¡*Chingado*, muéstrame un hombre o una nación que no esté fundada en mis principios para el éxito y te enseño un fracaso, una tierra hambrienta!

Al oír esto Salvador asintió considerando que esto era absolutamente verdad.

El Diablo dio un salto de alegría feliz de por fin haber agarrado bien a Salvador.

—Bueno—dijo el Diablo—, fantástico, tan sólo mira al cielo en cualquier noche, amigo—, continuó el Diablo hablando tan suavemente dentro de la mente de Salvador que no podía dejar de escuchar—, ¿y dime qué ves, más estrellas o más oscuridad? Oscuridad desde luego. ¡Pues los poderes de la oscuridad son infinitos! Y cada generación trae más y más gente a nuestro lado. La mentira es sólo una herramienta. ¡No tiene nada de malo mentir, Salvador, sé hombre! Después de todo es sólo una mujer, una tardía ocurrencia, una cosa que tuvo que ser creada para que el hombre pudiera reproducirse. Eso es todo. Nada más. Recuerda que Eva fue la causa de la caída de Adán, amigo.

En el hospital no había ningún récord de don Victor, Pero finalmente, después de mucho insistir, localizaron al padre de Lupe que estaba con cinco hombres más en un cuarto pequeño de la parte de atrás. Los cinco estaban apretujados como sardinas en lata. Y don Victor se alegró de verlos, pero se veía mal y tenía un color amarillento en la cara. Podían oír gritos que venían de otro cuarto del pasillo. El cuarto apestaba horriblemente. La ventana estaba cerrada y no había aire fresco.

—Me da tanto gusto que hayan podido venir los dos—dijo don Victor sonriendo como mejor pudo a Salvador y a Lupe.

—Claro que pudimos venir—dijo Lupe, besando a su padre—. ¿Cómo te imaginas que no hubiéramos venido? ¿Te tratan bien, papá?

—Bueno, ¿qué se puede esperar?—dijo—. Nos tienen tan apretados que nos olemos los pedos mutuamente, y aquí no hablan español y no tienen frijoles ni tortillas; luego le quitan toda la sal a mi comida, así que ¿cómo puedo estar? Débil, desde luego, y muriéndome de hambre por una buena comida en lugar de esta horrible sopa que nos dan aquí y que no sabe a nada.

El viejo había dicho la verdad, el cuarto apestaba por todas partes a pedos rancios y a cuerpos enfermos y en decadencia progresiva. Casi no se podía respirar. Salvador trató de abrir la ventana, pero estaba pegada.

Los gritos seguían oyéndose al final del pasillo.

—Salvador—dijo el viejo al ver la ansiedad de su yerno—, recuerda esto, mientras vivas, ¡nunca vengas a ningún pinche hospital a menos que estés en perfecta salud! Porque si vienes y si estás un poquito débil, ¡te rematarán—! Y se rió tratando de ser fuerte, pero no pudo lograrlo. Le temblaban las manos.

Salvador salió del cuarto para poder respirar, halló una silla en el pasillo y la metió al cuarto para Lupe. Apenas si cabía la silla al lado de la cama del padre de Lupe. Al sentarse Lupe tomó las manos de su padre y empezó a acariciarlas. El viejo sonrió y poco a poco las manos dejaron de temblarle. El simple acto de ser tocado hizo sentirse al viejo en el Cielo.

Los gritos continuaban. Finalmente dos enfermeros pasaron corriendo por su puerta.

—Bueno, Salvador—continuó don Victor—, parece que después de todo, quizá tú y yo no vamos a poder ir por ese oro a la Lluvia de Oro. Y, ah, te digo, sé exactamente donde están esas pepitas. *Chingao*, me hubiera gustado ser rico siquiera una vez en la vida antes de morir. ¡Tan rico que toda la familia estuviera orgullosa de mí!

—Pero papá, ya estamos orgullosos de ti—dijo Lupe llevándose la mano de su padre a sus labios y besándole las puntas de los dedos.

—Ves cómo me miente—dijo don Victor, volteándose a Salvador—. ¿Orgullosos de mí, por qué? Porque los abandoné. Porque me rehusé a hacer trabajos que no fueran de mi oficio de carpintero fino y por eso su madre tuvo que trabajar día y noche para mantener a la familia junta.

—Pero no miento—insistió Lupe—. Siempre estuvimos orgullosos de ti. Todos los días que iba a la escuela y me sentaba en una de esas sillas que hiciste, me sentía tan orgullosa de ser tu hija. Todos los días que veía alrededor de nuestra pequeña casa, me sentía tan orgullosa que tú la habías construido con tus propias manos para nosotros.

—Pero era más un jacal que una casa—dijo el viejo—, y esas sillas de la escuela las hice toscamente.

—Sí, nuestra casa estaba hecha principalmente de palos y lodo y nuestras sillitas de la escuela estaban hechas de madera tosca, pero papá, tú hiciste todas esas cosas con tu hacha y serrucho y con amor, de aquí de tu corazón. No lo ves, papá, toda nuestra vida hemos sido ricos con el amor de nuestra familia.

Al ver la sinceridad de su hija, las lágrimas brotaron del anciano. Extendió las arrugadas manos, torcidas y callosas, tomó las de Lupe entre las suyas y cuidadosamente las llevó a su viejo y curtido rostro oscuro, temblando mientras apretaba esas manos contra su mejilla.

Y Salvador miraba y le parecía tan hermoso. Hija y padre y qué sentimientos abiertos de amor.

¡Pero al Diablo no le gustaba esto nada! ¡Porque al ver Salvador toda esta mierda de amor y perdón podría empezar a pensar que Lupe también lo perdonaría!

Las mujeres, y especialmente las mujeres de buen corazón con su amor ignorante y estúpido, ¡habían sido una espina metida en el culo del Diablo desde el principio de los tiempos!

Lo que le gustaba a él, al Diablo, ¡era una mujer vanidosa y arrogante!

¡Mujeres que fueran mañosas, ambiciosas y egoístas!

¡Mujeres que pudieran hacer florecer lo peor de los hombres!

¡Mujeres que fueran desconfiadas, especialmente en el amor, y fueran LUJURIOSAS!

¡Estas BELLEZAS eran el PODER del Diablo! ¡Mujeres que trajeran la cabeza de un hombre en una charola de plata! ¡Ay, cómo odiaba a las mujeres sinceras y pensativas!

—Tienes razón *mijita*—decía don Victor—. Tienes toda la razón, pero a los hombres se les sigue olvidando la sencilla verdad de la vida. Gracias *mijita*, éramos ricos de amor, ¿verdad?

—Sí, papá, éramos y todavía lo somos—agregó.

Y lloraba ella y lloraba él y los dos se abrazaban. Lupe meció a su padre igual que Salvador había mecido a su madre muchas noches. Santo. Total. Círculo completo. El bebé de la familia estaba ahora arrullando a su propio padre con amor.

Los demás pacientes del cuartito trasero no tenían ningún visitante y la escena los estaba afectando. El amor era contagioso.

¡Y ahora era el Diablo que se retorcía y se estaba enojando tanto que podía gritar! El Diablo salió corriendo por el pasillo en un ataque de ira, y repentinamente, se oyó un gran ruido lejos, luego un grito, ¡un aullido horrible! Y luego todo paró. Así mismo. No más aullidos ni gritos. Todo estaba en silencio.

Don Victor asintió con la cabeza.—Es la tercera vez que oigo eso desde que he estado aquí—, dijo—. Te juro, lo que he visto y oído aquí en este hospital durante los últimos dos días, jamás lo hubiera creído si no lo hubiera visto con mis ojos. Nos abandonan hasta que empezamos a gritar, entonces . . . ah, ah—. Se lamió los labios—. El dinero, sólo el dinero es lo que te da respeto en este país. Creo que la sonrisa de una enfermera cuesta el salario de medio día.

—Mira Salvador, tú y Victoriano van a tener que hacer ese viaje sin mí. El también sabe dónde están las pepitas de oro. Porque, te juro, la vida tiene tantas vueltas y recodos que empiezo a creer que quizá nos habría ido mejor si nos hubiéramos quedado en México en vez de venir a este país—. Miró a los otros pacientes, y se acercó a Salvador, susurrándole—. Te juro. Te lo juro, nos ven como si fuéramos perros. ¡Necesitamos dinero, Salvador, necesitamos oro! Pero tampoco seas necio como yo, date cuenta que no todas estas vueltas y recodos de la vida tienen que ver con las curvas y torceduras de la Fortuna como les gusta pensar a los hombres. Te juro que de haber sabido entonces lo que sé ahora, qué diferente habría sido mi vida. A mi hija le encantaban esas sillitas que hice para la escuela. Yo no lo sabía. Mi orgullo me cegó. Verdaderamente vivimos en nuestro corazón, Salvador.

Salvador asintió con la cabeza, pensando cómo también su propio padre los había abandonado. Sí—dijo—, creo que tiene razón. El corazón es donde vivimos.

—Sí, exactamente, pero yo no podía ver eso cuando era joven, que aun las vueltas y recodos de la vida ayudan a que su corazón crezca fuerte—, dijo don Victor—. Era tan testarudo que, bueno, que pensé que era mi deber controlar la vida. ¡Qué tonto fui! Al pensar que si sólo tuviera suficiente dinero. Te juro, la triste verdad es que Dios nos da sabiduría sólo en la vejez, ¡cuando es demasiado tarde!

—Eso es lo que siempre me dice mi mamá—dijo Salvador—. Dios nos tiene miedo, por eso nos guarda la sabiduría para la vejez.

El viejo se rió.—Me lleva, creo que tal vez tu madre tiene razón—dijo don Victor y se le iluminaron sus viejos ojos—. Dios nos teme y el Diablo nos tienta, porque con lo que sé ahora . . . sería un hombre amoroso y paciente y no—, agregó mirando a los ojos de su hija—, un viejo tonto perdido.

—Pero tú no eres un viejo tonto perdido, papá—dijo Lupe que todavía sostenía la mano izquierda de su padre y la acariciaba suavemente—. ¡Eres un hombre rico rodeado de amor!

Al oír esto el Diablo regresó intempestivamente al cuarto. Si una persona moría en paz, la perdía pues se iba al Cielo. Necesitaba que don Victor estuviera lleno de una ira santurrona que lo hiciera culpar y odiar—¡porque estos eran los ingredientes que alimentaban los fuegos del Infierno!

Pero doña Margarita también había entrado al cuarto, en forma de una flor entre las que habían llevado a un paciente, y estaba lista mirando todos los movimientos del Demonio. No iba a permitir que Lucifer hiciera de las suyas con sus seres queridos. ¡Ah, estaba agazapada y lista como una tigre!

—*Mijita*—decía el viejo—, si sólo hubiera sabido lo que sé ahora, no me hubiera perturbado tan fácilmente cuando la vida me echaba una vuelta o una torcida. Por ejemplo, quizá no me hubiera afectado tanto cuando ya no tenían trabajo de carpintero para mí en la mina. Tal vez no me hubiera ido— . . . Se mordió el labio inferior—. Me hubiera tragado mi orgullo y me hubiera quedado, porque, ay, cómo extrañé a mis hijos, a ti en especial, Lupe, a quien apenas conocí.

Las lágrimas fluían de sus viejos ojos.—Perdóname, querida—, dijo llevando su mano a sus labios y besando las puntas de sus dedos una vez más—. Por favor, perdóname por abandonarlos.

En este momento el Diablo se adelantó para plantar palabras de resentimiento en la boca de Lupe para que no perdonara a su padre, pero doña Margarita era una guerrera de primera clase, así que cuando el Diablo se adelantó, ella brincó y le metió una larga vara de rosas llena de espinas por el culo con tal poder que el Diablo se quitó de en medio con un brinco. Lupe había sido liberada.

—Pero papá, no hay nada que perdonar—dijo Lupe limpiándose las lágrimas de los ojos—. Todo ha resultado bien. Ahora estás aquí con nosotros y te quiero mucho, mucho.

—¿De veras, *mijita*, me perdonas y . . . me quieres?

—Claro que sí—dijo Lupe—, te quiero con todo mi corazón y te perdono y . . . bueno, te tenemos una sorpresa—, añadió volteándose y tomando la mano derecha de Salvador—. Papá, Salvador y yo vamos a tener un niño.

—¡UN NIÑO!—¡gritó el viejo con los ojos humedecidos—! Un niño—, repitió con alegría. ¡Un pequeño bebé de mi bebé! ¡Ay, la vida es un milagro! Dios mío, que contento estoy de haber vivido para ver este Día Festivo.

Don Victor batallaba por sentarse en la cama para poder tomar a Lupe entre los brazos. Rápidamente Salvador se acercó y ayudó al viejo a sentarse derecho. Se dio cuenta que la espalda de don Victor se le había convertido en puros huesos.

—Ah, *mijita, mijita*—dijo el anciano tomando a su hija en los brazos. Y allí la tuvo por un largo tiempo con los ojos cerrados y respirando profundamente. Tenía los ojos rojos de tanto llorar cuando los abrió y vio a Salvador observándolos—. Ah, ¿no son maravillosas las mujeres? ¿Verdad, Salvador? ¿No son la verdadera maravilla de nuestras vidas? Las lágrimas le volvieron a brotar pero esta vez no se preocupó por secárselas—. Los quiero tanto mijitos. A los dos, mucho—. Atrajo a Lupe más cerca de él mientras estiraba la vieja mano arrugada para estrechar a Salvador también—. Ustedes muchachas y su madre son absolutamente lo mejor que me ha sucedido en la vida. ¡Dios, Dios, las quiero tanto, tanto! Y aquí estás ahora, casada y esperando un niño. Éstas son las verdaderas riquezas de la vida, pero no las podía ver sino hasta ahora que ya casi es demasiado tarde. ¡Perdóname Dios mío, perdona Dios mío a todo hombre que haya abandonado su hogar!

—Salvador—añadió ahora—, vas a ser padre ahora, el que protege y mantiene el hogar vivo y lleno de amor contra las artimañas del Diablo que es muy rápido para engañar a los hombres con sus sueños de gloria y . . .

Pero don Victor no pudo terminar la frase.

Pues al oír estas palabras del hombre que estaba camino del Infierno, el Diablo se enojó tanto que GRITÓ, ¡abriendo la ventana de una patada y largándose del cuarto!

Todos se sorprendieron cuando aparentemente la vieja ventana, que creían que no se había abierto en años, se abrió por sí sola y una dulce y deliciosa brisa de aire fresco entró al cuarto.

Salvador respiró profundamente, aceptando completamente las palabras de don Victor que sí, él mismo era ahora el padre responsable de su hogar.

Y afuera—el Diablo apenas si lo podía creer—doña Margarita todavía lo perseguía. Agarró al Diablo del cuello con tal fuerza y convicción que venía de su Alma que por poco lo ahoga antes que pudiera escapar, ¡aullando, subiendo y subiendo por los techos de las casas en dirección al Cielo antes de darse cuenta hacia donde iba y darse vuelta rápidamente a su propio dominio de Condena Terrenal!

Doña Margarita volaba por las nubes, ¡riéndose a carcajadas!

—Casi te ahogo, ¿ah, Diablo? ¡Te sorprendí tanto que casi llegaste al Cielo otra vez en vez de al Infierno!—¡Hijo de la chingada! . . . ¡HIJA DE LA *CHINGADA*!—le respondió gritando el Demonio a doña Margarita.

—Ay, *pa que* me insultas ya—le dijo calmadamente—. Admítelo, estás enamorado de mí.

—¡ENAMORADO DE TI!—gritó el Diablo escupiéndoles de asco a las llamas rojas y anaranjadas que lo rodeaban—. ¡Te odio! ¡Mira lo que les he hecho a ti y a tus hijos, estúpida INDIA ignorante! ¡He violado, matado de hambre y matado y mutilado a tus hijos por cientos de años! ¡LO HICE! ¡Hallé la manera de HACERLO!

—Sí, lo sé—dijo doña Margarita con lágrimas en sus viejos ojos arrugados—, y yo . . . yo te perdono, don Lucifer.

—Pero cómo puedes perdonarme, ¡yo soy el Diablo! ¡TIENES QUE ODIARME!

—¿Odiarte?—dijo doña Margarita suavemente—. ¿Pero cómo puedo odiarte? Si tú también en algún momento viniste de Dios. Ven, mi pobrecito perdido Hijo de las Tinieblas, y déjame tenerte y abrazarte y darte Amor de madre. Debes estar cansado y agotado de todas las cosas malas y endiabladas que haces. Ven, déjame *apapacharte*.

—¡NOOOOOOOOOOO! ¡VIEJA CONDENADA!—gritó el Diablo—. ¡No me vas a engañar de nuevo! Ay, le pido a Dios que llegue el día en que todos ustedes ignorantes indios retrasados, sin razón, sean borrados de la faz de la tierra para que pueda ser libre al fin de hacer lo que quiera en nombre del progreso y la codicia y—¡ya párale! ¡DEJA DE AVENTARME BESOS, imbécil! ¡Jesús, te odio!

El Diablo se paró en seco. Dándose cuenta que acababa de usar el Nombre Sagrado de Jesús y antes de eso . . . le había, bueno, rezado a Dios, ¡el Demonio metió freno a sus palabras y se dio una bofetada en la boca y se disparó a las profundidades del Infierno esperando finalmente hallar alguna paz!

Y doña Margarita se quedó rodeada de nubes y lágrimas escurriéndole por la cara. Porque verdaderamente podía ver que su Amor empezaba a molestar al Diablo mismo.

Se persignó dándole gracias a Papito.

Y Dios sonrió.

AL DEJAR EL hospital Salvador y Lupe volvieron por sus cosas a la casa de sus padres para ir a Corona a ver a la mamá de Salvador para contarle lo del bebé. Carlota y Victoriano, que acababan de regresar de trabajar en el campo, ¡estaban comiendo en la mesa de la cocina como jóvenes lobos hambrientos!

—Hola—dijo Salvador sonriendo alegremente—. ¿Qué tal las cosas?

—¡Calientes como siempre para nosotros que tenemos que trabajar para ganarnos la vida!—dijo Carlota.

—¡*Mijita*!—dijo doña Guadalupe.

—Ay, no me digas *mijita*—dijo bruscamente Carlota enojada—. ¡Victoriano y yo trabajamos duro mientras que esta princesa y su bueno *panada*, envenenador de pescados esposo no hacen nada todo el día!

—¿Envenenador de pescados?—dijo la anciana sorprendida por estas palabras.

—Sí, te lo dije mamá, Salvador trató de envenenarme con un pescado cuando fuimos a cenar a Long Beach y habló en chino, escondiéndonos la verdad.

—Ay Carlota—dijo Lupe—, ¿cómo puedes decir eso? No comiste nada del pescado y los que lo comimos no nos envenenamos.

—¡Ya ves!—gritó Carlota—, ¡así son de mañosos los chinos! ¡Pero yo lo sabía, lo sabía, por eso es que yo no fui tonta y no comí nada de ese pescado!

Nadie supo qué decir. La lógica de Carlota era única.

—Perdón—le dijo Victoriano a Salvador—, pero necesito saber, ¿has visto al Sr. Whitehead últimamente?

El Sr. Whitehead era un agricultor del lugar para el cual Victoriano había estado trabajando por varios meses.

—No—dijo Salvador—, de hecho hace mucho que no lo he visto.

Originalmente Salvador le había presentado a Victoriano al Sr. Whitehead meses antes que él y Lupe se casaran. El Sr. Whitehead era un hombre que le gustaba beber y que hacia años Salvador había conocido por los hermanos Moreno de Corona. Por más de diez años Whitehead había sido uno de los capataces principales del viejo Irvine, pero hacía unos cuantos años había comprado tierra y empezó a cultivar por su propia cuenta. Había plantado una huerta de naranjas y empezado a cultivar jitomates, pepinos, ejotes y otras verduras.

Whitehead era un hombre bueno. Cualquier persona que hubiera trabajado para él tenía un alto respeto por el hombre. Whitehead les pagaba a tiempo a todos sus trabajadores y nunca trató de hacerles trampa en sus horas trabajadas—como hacían muchos de los otros cultivadores del área —incluyendo al viejo Irvine.

Y Irvine era uno de los terratenientes más grandes y ricos del área. Sus tierras se extendían de la mar de Newport a las montañas del Cañón de Trabuco en la parte posterior de Orange County. Originalmente las tierras de Irvine habían sido una Concesión Española de Tierras, igual que los terrenos de O'Neil y el enorme Rancho Santa Margarita.

—¿Por qué preguntas?—preguntó Salvador.

—Porque el Sr. Whitehead ha desaparecido—, dijo Victoriano—. Nadie lo ha visto en días. Y su esposa está preocupada sin saber si él . . . bueno, ella dice que el año pasado cuando perdió la cosecha de naranjas, se consiguió unas botellas y que trató de bebérselas hasta matarse.

—Sí, recuerdo eso—dijo Salvador recordando—. Y no hubo ninguna helada ni nada parecido que matara los capullos de naranja. Raro. Muy raro.

—Exactamente—dijo Victoriano—, y esta tarde su esposa me pidió que se lo hallara. Pobre mujer, me dijo que la última vez lo hallaron en un cuarto de hotel en la calle 17 de Long Beach y que estaba casi muerto. ¿Me puedes ayudar Salvador? Mi *troquita* no anda muy bien. Creo que la he sobrecargado mucho, muchas veces.

—Claro, el Sr. Whitehead es un buen hombre—dijo Salvador respirando profundamente—. Pero ¿qué pasó? ¿Perdió otra cosecha?

—Sí, sus ejotes, y ahora . . . van a perder todo—, dijo su esposa.

—¡Ejotes!—dijo Salvador—. Pero dime, ¿cómo *chingaos* puede un hombre perder ejotes? Los ejotes son muy duros, especialmente en este clima, ¡siempre sobreviven! ¡Carajo, qué pinche suerte!

Salvador le dio un beso a Lupe de despedida y siguió a Victoriano que ya salía.

—¡Ya era hora que se fuera!—gritó Carlota mientras Salvador y Victoriano salían.

—¡Carlota!—dijo su madre con una voz seria—. ¡Vas a lavar los platos por ser tan irrespetuosa!

—¡No, haz que los lave ella! ¡Ella no trabaja! ¡Yo estoy muy cansada!

—¡Pero no estás cansada para insultar a un huésped en nuestra casa!

—¡Pero ya no es huésped! ¡El bueno *pa nada* es su esposo ahora!

—¡Empieza a lavar! ¡Ahorita!

—¡Ah, podría matar con este sartén!

—Salvador—dijo Victoriano una vez que se habían alejado de la casa—, su esposa también me dijo que se llevó su pistola.

—Su pistola—dijo Salvador abriendo la puerta de su Moon—. ¿Pero que haría Whitehead con una pistola? Es uno de los gringos más amables, tranquilos que puedas conocer.

—Sí—dijo Victoriano—, pero los rumores en el barrio son . . . que bueno, el viejo Irvine envenenó sus cultivos.

—¡No!—gritó Salvador. También conocía al viejo Irvine muy bien. Y Irvine podía ser duro, ¡pero no había palabras para esto!

—Sí, dicen que el viejo Irvine, todavía encabronado que uno de sus mejores capataces dejara de trabajar para él y que empezara su propio cultivo, se arregló con los atomizadores del condado para que envenenaran la cosecha de Whitehead después que terminaran su atomización temporal para evitar insectos.

—Me lleva—, dijo Salvador—. ¿Pero cómo lo supiste?

—Porque, Salvador—, dijo Victoriano—, uno de los hombres que hicieron la atomización es mexicano, y habló y dijo que no tenía ni idea de lo que estaban haciendo en ese momento.

—¿Entonces tú crees que Whitehead se llevó la pistola para matar a Irvine?

—No, Salvador, el Sr. Whitehead es uno de estos gringos buenos, de todo corazón, que no cree que el Diablo viva adentro de la alma de las gentes, aunque lo viera cara a cara, mirándolo a la cara.

Salvador asintió y se subieron a la Moon y salieron. Salvador sabía exactamente de lo que su cuñado hablaba. Parecía que algunos gringos tenían tan buen corazón que no podían creer el hecho sencillo que el Diablo vivía Aquí en la Tierra, igual que el Sol salía y se metía.

—Bueno, entonces, dime—dijo Salvador—, ¿por qué lleva pistola White-head si no va a matar a Irvine?

—Para matarse el mismo—, dijo Victoriano.

—¡QUÉ!—gritó Salvador, casi saliéndose del camino de la gran sorpre-sa que recibió—. ¡Pero ningún hombre piensa en matarse!

—Entre los gringos, sí—dijo Victoriano persignándose—. Su esposa se está volviendo loca. Lo han perdido todo.

—¡Y eso qué! ¡La mayoría de nosotros vivimos toda la vida sin nada!

Victoriano se rió.—Sí, nosotros, los mexicanos. Pero entre los gringos, Salvador, la mayor parte de sus vidas siempre han tenido algo, así que na-da es algo de lo cual no saben nada.

—Bueno, está bien, pero matarse por nada, no tiene sentido.

Victoriano asintió.—Estoy de acuerdo.

—Dios mío, Dios mío—dijo Salvador—. Entonces dices que este pobre tonto está en verdad sufriendo porque tal vez termine sus días sin nada.

Victoriano asintió de nuevo.—Exactamente.

—Pero aún así—, dijo Salvador—, cómo puede pensar que matarse es la respuesta. ¡*Chingao*!—gritó Salvador, poniéndosele los músculos del cue-llo como gruesos cordeles y pegándole al volante. ¡*Chingao*, primero mata-ría a Irvine en un segundo, entonces quemaría su casa y arrastraría su cuerpo por las calles, jalándolo con mi coche para que todos lo vieran, di-virtiéndome a lo *macho cabrón*, antes de pensar en matarme!

—¡Pero claro—dijo Victoriano riéndose—, eres un indio sin razón, no un gringo de buen corazón!

Escuchando esto, Salvador se echó a reír. Oh, la vida estaba llena de contradicciones ilógicas. ¡Carajo, había pensado que sólo los mexicanos tenían problemas! Si los pobres gringos estaban también enredados en la lucha de la vida.

Al llegar a Long Beach, Victoriano vio la *troca* de Whitehead estaciona-da enfrente de un hotelito.

Salvador y Victoriano rompieron la puerta del cuarto de Whitehead en el momento que el hombre alto y bien parecido, en sus tempranos cuaren-ta, estaba poniéndose el largo y negro cañón de la .38 Special en la boca.

¡Victoriano gritó y la .38 Special EXPLOTÓ!

¡Cientos de pájaros salieron volando de la pequeña ensenada de agua atrás del pequeño hotel que habían llegado con la marea de la hermosa y verde mar!

9

El Diablo estaba cansado, verdaderamente exhausto, pero
aún así estaba muy lejos de darse por vencido, estaba
determinado a colársele a la vieja Zorra . . . ¡pero entonces
escuchó el Canto de las Piedras!

ESTABA OSCURO CUANDO Salvador y Lupe llegaron a Corona, pero la madre de Salvador no estaba en casa para decirle del bebé. Luisa les dijo que tal vez todavía estuviera en la iglesia, pero cuando Salvador y Lupe llegaron a la iglesia, hecha de piedras del río, la hallaron cerrada. Entonces vieron a una de las viejas amigas de iglesia de doña Margarita y la anciana les dijo que hacía unas horas había salido con el sacerdote joven.

—¿Sabe usted adonde fueron?—preguntó Salvador.

—No—dijo la anciana—, pero oí que tu madre halló una bolsa llena de dinero dentro de la iglesia.

—¿De veras?—dijo Salvador.

—¡Sí, mucho dinero!—dijo la vieja.

Salvador le dio las gracias a la anciana y él y Lupe se volvieron a la casa de Luisa. Dentro Luisa les estaba dando de comer a sus muchachos.

—¿No pudieron encontrarla?—preguntó Lupe.

—No—dijo Salvador—. Nos dijeron que salió hace horas con un padre joven. Que dentro de la iglesia se encontró una bolsa con mucho dinero.

Salvador estaba molesto. Le quería contar a su mamá lo del bebé antes que Lupe y él tuvieran que regresar a Carlsbad.

—Pero, por Dios Salvador, por qué estás preocupado—, le dijo Luisa a su hermano en su voz alta, alegre y ruidosa—, nuestra madre está muy vieja para que salga embarazada, así que qué le puede pasar si se queda hasta tarde con un sacerdote divirtiéndose con todo el dinero que se halló.

Al decir esto Luisa se echó a reír y reír, verdaderamente divirtiéndose. Pero Lupe no se reía, estaba asustada que una mujer hablara así, y especialmente enfrente de sus propios hijos.

Al ver la mirada de susto de Lupe, Salvador le gritó a su hermana.—Luisa, carajo, ¿tienes que hablar así de loco siempre?

—Loco, ¿cómo? Porque soy lo suficientemente realista para admitir que los sacerdotes son humanos y que se divierten, o que nuestra madre es capaz de . . .

—Luisa, ¡cállate!

—¡No ¡No en mi casa! Ahora, siéntense y coman ¡y tómate un trago para que te calmes! Nuestra madre está bien. Va a regresar en cualquier momento.

—¡Luisa!—dijo Salvador volteando los ojos hacia Lupe

—¡Ah, carajo!—dijo Luisa—. Deja de esconderte de Lupe. No es ninguna tonta. Sabe que, bueno, tú y yo nos echamos un traguito de vez en cuando. ¿Verdad, Lupe?

—Sí—dijo Lupe—. Especialmente desde que hallé esa botella, Salvador—, añadió.

—¡Ya ves!—dijo Luisa—. ¡Te lo dije!

Entonces Luisa llenó una copa para Salvador y otra para ella de una botella que tenía bajo el fregadero y le ofreció un trago a Lupe también. Lupe no aceptó, diciendo no, gracias y miró cómo Salvador y su hermana tomaban su trago. Lupe empezó a notar que cada rato un hombre diferente venía con una jarra diferente y Luisa se la llevaba a la parte de atrás de la casa y después se volvía a encontrar con el hombre. Lupe se preguntó si la hermana de Salvador, Luisa, igual que Domingo, estaba también en el negocio de la *butlegada* y estaba vendiendo jarras de whiskey de su casa.

Pero no, Lupe no se atrevió a hacer esta pregunta. Además, no le importaba lo que la gente hacía en la intimidad de su hogar.

Era casi la media noche cuando el joven sacerdote llegó con doña Margarita en un *Model* T. Lupe se había dormido desde hacía mucho en la sala donde los dos sobrinos mayores de Salvador, José y Pedro, dormían por lo general. El bebé, Benjamín, dormía en la cama de Luisa.

Desde que Lupe se había acostado, Luisa y Salvador habían tomado y hablado tonterías. Y ahora era Luisa la que estaba preocupada por el paradero de su madre y Salvador era quien la trataba de calmar. Toda su vida Lupe había visto como el alcohol cambiaba tanto a las personas. Le pedía a Dios que este tipo de comportamiento no fuera algo normal en Salvador. Luisa se portaba como una loca.

—Mamá—gritó Luisa, corriendo a la puerta del frente cuando el sacerdote se había ido—, ¿dónde has estado? ¡Es casi la MEDIANOCHE!

—Cálmate, *mijita*—dijo la anciana india entrando en la casa—, he estado fuera haciendo el trabajo de Dios. Y mira lo que te traje. Los ricos no viven como tú y yo. ¡No, tienen el más parejo, el más liso, el más suave papel limpiaculos que nunca jamás he sentido! ¡Y sus excusados son tan cómodos que cualquier rey se sentiría honrado de usarlos para hacer sus necesidades diarias!

—¿Tú y ese sacerdote compraron papel higiénico con todo el dinero que hallaste en la iglesia?—preguntó Luisa mirando a su madre con sospecha—. Ay, Dios mío, tengo miedo de preguntarte qué es lo que estuvieron haciendo todo este tiempo tú y ese joven padre.

—Entonces no preguntes—dijo doña Margarita, riéndose alegremente.

—Pero mamá—dijo Salvador—, ¿dónde has estado? Lupe y yo te hemos estado esperando para que podamos . . .

—¿Tienes hambre, mamá?—gritó Luisa, interrumpiendo—. ¡Te guardé algo de cena!

—¡Claro que tengo hambre! ¡A veces es duro hacer el trabajo de Dios mientras Él se sienta en su traserito allá en el Cielo, relajándose como el Hombre perezoso que es! Sabes—, continuó doña Margarita sentándose a comer—, después de limpiarme con este papel fino, me puse a pensar por qué tantos de nosotros los mexicanos no sabemos leer muy bien. *Chingao*, por tanto tiempo le hemos aplicado la palabra escrita a la parte equivocada de nuestro cuerpo, que las palabras nos parecen al revés cuando nos las llevamos a los ojos para leerlas!

Al decir esto la vieja estalló riéndose con tantas ganas que Lupe—que estaba acostada en el cuarto de al lado—supo ahora quién había heredado los gritos y la actitud blasfema. Si Lupe no supiera la verdad, habría creído que la mamá de Salvador era una india salvaje. ¿Cómo podía alguien con cordura acusar a Dios de sentarse en Su perezoso? . . . Ay, ella no podía ni siquiera concebir este pensamiento, ¡era tan horrible!

Ahora todos hablaban a la misma vez—Salvador, Luisa y doña Margarita—cuando Salvador ahogó los gritos de los demás con el suyo propio, ¡el más fuerte de todos! ¡VAMOS A TENER UN BEBÉ!

El cuarto entero quedó en silencio repentinamente. Ni un sonido más. Dona Margarita fue la primera en hablar.

—¿Un bebé?—preguntó, ah, tan dulcemente.

—Sí, un bebé—dijo Salvador lleno de entusiasmo.

—Un bebé de mi bebé—dijo la anciana.—¡Ay, Señor Dios, gracias! ¡Se han contestado mis oraciones! ¿Y dónde está Lupe? ¿Dónde está esta maravillosa mujer llena de la Santa Gracia de Dios?

—En el otro cuarto, durmiendo—dijo Luisa.

—Vamos a espiarla. ¡Sssssh!—añadió doña Margarita.

Lupe los podía oír ahora colándose en la habitación y tratando de no hacer ruido. Pero Salvador y Luisa estaban borrachos y tropezaban con las cosas, criticándose mutuamente, y haciendo tanto ruido que Lupe apenas si podía contener la risa.

Cerró los ojos pretendiendo estar dormida. Entraron a la habitación con aliento a whiskey, como su padre olía cuando llegaba borracho a casa.

—Mírala nada más, Salvador—dijo su madre en voz baja—, ¡es un ángel! ¡Dios del Cielo, no ha habido mujer viva más hermosa!

—Bueno, sí, claro—dijo Luisa—, y todos nosotros seriamos más guapos si no fuera por ti mamá.

—Bueno, hice lo mejor que pude—dijo la madre—. Me casé con un hombre muy guapo.

—Sssssh—dijo Salvador—. Ustedes dos la van a despertar.

—¡Nada de despertarla!—dijo Luisa—. ¡Está tan perdida como un pedo entre los estruendos de los truenos!

—¡Sssssh! ¡Ustedes dos, cállense!—dijo doña Margarita.

Todos salían ahora de puntillas, tropezando con las cosas. Salvador se pegó en la cara contra la pared, casi se cae y su hermana Luisa tuvo que ayudarle a salir.

Con un ojo abierto, Lupe miró que doña Margarita se paraba en la puerta antes de cerrarla y se persignaba.—Amado Señor Dios—, Lupe oyó a su suegra decir en voz baja—, Santo sea Tu Nombre, ¡por favor dale a esta joven madre tranquilidad interna para que pueda mantener la calma al amamantar a este niño en su Vientre Sagrado con los Santos Ritmos de Tu Eterno Amor!

Lupe vio a la anciana persignarse una vez más tocando esta vez el centro de su frente besándose la punta de los dedos y aventarle un beso a Lupe—. De nuestra familia a Tu Más Santa Familia—, dijo—, así en el cielo, como en la tierra también.

Y no te preocupes Papito, puede que me esté poniendo un poco sorda y que mis modales no sean buenos, pero mi familia y yo todavía estamos fuertes, así que Tú y Tus Seres Queridos pueden seguir contando con nosotros para que les hagamos Tu Trabajo Terrestre.

—Y en cuanto a Tu perezoso trasero, Dios, bueno, estaba un poco cansada y con hambre, así que no Te enojes mucho. Estamos haciendo un Buen Trabajo, Tú y yo, Dios, un Buen Trabajo. ¡Así que buenas noches, María, Papito y Todos los Santos! ¡Y ayuda a que Lupe sueñe como un ángel para que su leche sea tan dulce como la miel!

Diciendo esto, la anciana se persignó una vez más y cerró la puerta silenciosamente.

Y Lupe miraba.

Lupe miraba y ahora se podía dar cuenta que esta anciana verdaderamente le hablaba a Dios como si fueran buenos amigos.

Lupe se secó las lágrimas de los ojos. Quería que también Dios fuera su buen amigo, especialmente ahora que tenía un niño creciéndole en el vientre. En ese momento sintió un pequeño movimiento dentro de ella. Pero fue tan débil que pensó que lo había imaginado. O tal vez no. Un milagro crecía en sus entrañas.

MÁS TEMPRANO ESA tarde, doña Margarita había estado rezando en la iglesita de piedra cuando dos mujeres americanas bien vestidas entraron. Pero doña Margarita no les había dado ninguna importancia porque sabía muy bien que las luchas con el Diablo no iban a acabar muy pronto y continuó rezando en voz alta con toda su alma y su corazón.

—. . . sí, María—, decía—, me doy cuenta perfectamente que Tu Más Santo Esposo Dios me respondió con Diez Mil Ángeles para salvar el alma inmortal de *mijo* Domingo que está en prisión, y Tú, Tú Misma me ayudaste para poder estar en el hospital y agarrar al Diablo de su larga cola de comadreja, pero Tú y yo sabemos que nuestra lucha dista mucho de estar terminada aquí en la Madre Tierra. Porque el Diablo sigue persiguiendo a mi hijo Salvador, aunque esté en su viaje de luna de miel.

—¡Y esto no lo voy a tolerar! ¡Me oyes María!—dijo poniéndose de pie—. Porque Tú y yo sabemos que el matrimonio es ya de por sí muy difícil para que venga el Diablo a visitarnos en nuestra luna de miel—cuando tenemos el corazón abierto y somos más vulnerables que nunca. ¡Así que Tú y yo, de mujer a mujer, tenemos que concebir un plan aún más grande que la última vez y cambiar toda esta situación!

Entonces doña Margarita dejó de rezar pensando que tal vez estaba siendo muy ruda con el Cielo, especialmente cuando seguía ayudándola, así que decidió calmarse y contarle a Nuestra Gran Señora Madre de Jesús un chiste, porque ella sabía muy bien que a María siempre le gustaba oír los últimos chistes para llevárselos al Cielo y compartirlos con Sus Dos Maridos, San José y Dios.

—Y éste, Amada Señora—empezó doña Margarita, hablando más calmadamente—, es de don Cacahuate, y cómo llegó a casa después de una ausencia de un año. Al entrar a casa, aventó un peso sobre la mesa.

—¿Un peso?—gritó Doña Cacahuate, su esposa—. ¿Después de estar fuera un año?

—Y si hubiera estado fuera un millón de años—gritó don Cacahuate, parándose el hombrecito tan derecho como podía, ¡serían un millón de pesos!

Al decir esto, doña Margarita se echó a reír y a reír. Fue entonces que notó que las dos norteamericanas, que estaban al otro lado del pasillo del lado derecho de la iglesia, el lado que usaban los norteamericanos, la vieron feo, se levantaron y salieron por la puerta lateral.

Doña Margarita se alzó de hombros y siguió hablándole a la Virgen María.

—¿No lo entendiste, Señora Mía?—preguntó doña Margarita a la estatua de la Madre de Dios que no reía—, nosotros, los mexicanos, tenemos tanta fe en la eterna bondad de la vida, que ahora todos pensamos que nos vamos a hacer millonarios; ves, ¡es sólo cuestión de tiempo!

—Ah—dijo María y ahora también se reía.

—Te digo, Señora Mía, todos los días que nosotros, los mexicanos, despertamos respirando, creemos que estamos en el gran peligro de hacernos ricos porque—en lo más profundo de nuestro ser, o somos locos, ¡o Tú y Tus dos Esposos nos han bendecido con una fe indestructible!

—Y ahora que hablamos de fe—continuó doña Margarita, muy contenta de cómo le había dado vuelta a la conversación para dirigirla a donde quería desde un principio—, quiero hablarte un poquito acerca de revisar el trato que tenemos nosotros los mortales con Ustedes en el Cielo. Porque ves, he pensado últimamente que la fe tiene dos caras. Así, no es suficiente que nosotros aquí en la Tierra tengamos fe en Ustedes que están en el Cielo; ha llegado la hora en que Ustedes los de Arriba también tengan fe en nosotros. No sólo nosotros en Ustedes, ¿verdad?

Al oír esto la estatua de la Virgen María se echó a reír con tal fuerza que aun las piedras de los muros que rodeaban la estatua sagrada empezaron a vibrar con la risa de la Santa Madre. ¡Piedra a piedra! Produciendo una Música Santa.

Fue entonces que entraron dos damas norteamericanas bien vestidas; El padre Ryan las seguía. El padre Ryan había estado comiendo y todavía masticaba su comida y se limpiaba la boca con la servilleta.

Al ver que era doña Margarita en su banca de siempre cerca del lado izquierdo del frente de la iglesia, casi se ríe, pero no lo hizo. Después de todo, doña Margarita y él eran muy buenos amigos. Después de todo fue ella la que convenció a Salvador para que les trajera whiskey a él y a otros sacerdotes. También había sido él, quien casó a Salvador y a Lupe. El padre Ryan tosió con su mejor tosido sacerdotal, se enderezó, y les hizo una seña a las dos mujeres para que lo esperaran atrás mientras él se encargaba de la situación.

—Buenas tardes—dijo el padre Ryan en español acercándose a doña Margarita. Todavía se estaba riendo.

—Debió haber estado aquí hace unos minutos—dijo la anciana y arrugada mujer al alto y bien vestido hombre—.¡Hace unas horas el Diablo y yo tuvimos una de nuestras mejores peleas! ¡Pero al final lo agarré con tal fuerza que en la confusión casi se regresa al Cielo por la sorpresa que recibió! Después de esto vine a visitar a La Santa Madre y le conté un chiste que la hizo reír tanto que se podían oír los muros de la iglesia cantar de alegría.

El padre Ryan se rió.—Así que todavía estás ocupada haciendo el trabajo del Señor, ¿verdad?—dijo en un español perfecto.

—Claro—dijo doña Margarita—. ¿Hay algún otro trabajo que valga la pena?

—Señora—dijo el padre Ryan—, necesito hablar con usted.

—Qué bueno—dijo doña Margarita pensativamente—, porque yo necesito hablar con usted también. Vea Ud., padre, últimamente he hallado al Diablo muy cansado, así que le he empezado a mandar mi amor.

—¿Le has mandado al Diablo tu amor?—preguntó el sacerdote sorprendido.

—Claro, padre, después de todo, en un tiempo era el Ángel más Grandioso de Dios.

—Sí, señora, pero amar al Diablo . . .

—Ah no, nunca dije que amo al Diablo, padre. Dije que le mando mi amor, y por supuesto, le mando este amor a través de Nuestro Salvador Jesucristo. Vea usted, ya es hora que Dios y el Diablo hagan las paces. Quiero decir, ¿cómo es que Dios espera que nos llevemos bien aquí en la Tierra, si todavía está enojado con el Diablo?

El sacerdote asintió con la cabeza. En los últimos años, él y doña Margarita había hablado a fondo sobre muchos asuntos religiosos. Hallaba refrescante su manera de pensar.

Vea padre, últimamente le he dicho a María que ya no es suficiente que nosotros tengamos fe en el Cielo. ¡Que ya llegó la hora en que el Cielo empiece a tenernos fe también!

—¿Y qué es lo que ha dicho María acerca de esto?

—Bueno, al principio simplemente se echó a reír para entretenerme, pero más tarde—cuando seguí insistiendo, vio el impacto total de lo que le decía, que no hay día que pase que Lucifer no se sienta solo y perdido ya que fue corrido del Paraíso Terrenal. Ha empezado a estar de acuerdo conmigo.

—Muy interesante—dijo el padre Ryan—, pero espero que te des cuenta que no fue Dios quien echó fuera al Diablo del Paraíso. Fueron las acciones del Diablo.

Doña Margarita se rió.—Sí, ¿pero quién lo condenó al Infierno por toda la eternidad? Dios es famoso por su ira, ¿sabe?

—Bueno, sí, pero, ah, yo . . .

El padre hubiera seguido hablando porque estaba muy interesado en la conversación, pero en eso recordó a las dos mujeres que todavía esperaban que se deshiciera de esta vieja. Miró en su dirección de nuevo. Se veían muy impacientes.

—Mírelo de esta manera—dijo doña Margarita—, hoy cuando estaba rezando a la Virgen María, cerré los ojos y me llevé las dos manos, aquí, al Corazón, y recé por la salvación del Diablo gracias al poder de Jesús, y lo podía sentir aquí, en lo más profundo de mí, que la separación del Diablo y de Dios es sólo temporal. Pues me inundó una gran sensación de paz. Dios es Amor, padre. Su ira es sólo nuestro infantil malentendido del pasado—, añadió concentrándose con los ojos cerrados.

—¿Entonces, tú realmente crees que ha llegado la hora en que el Diablo regrese a su hogar con Dios?—preguntó el padre Ryan.

—¡Definitivamente, padre!—dijo, abriendo los ojos—. Cuando cierro los ojos entonces puedo ver con el Ojo de mi Corazón y entonces sé que toda la vida es Redonda y Completa y Circular; de hecho Sagrada, y así entre más y más pensamos que Lucifer se aleja de Dios, en realidad se acerca más y más, para decir Verdad, está regresando a Papito Dios una vez más. La Tierra nunca fue plana, padre.

—¿Está usted hablando de la Segunda Llegada del Señor, señora?

Ella se sonrió ampliamente.—Padre, eso lo tienen que decidir usted y el Papa. No yo. Yo sólo soy una madre y una abuela con grandes intereses aquí en la Tierra. ¡No lo siente aquí, padre, dentro de sus huesos, que el amor de Dios está siempre revoloteando alrededor de nosotros en gran abundancia! Después de romperse un hueso, ¿no ha sentido cada pequeño cambio de clima? Los huesos son los instrumentos de las sensaciones, especialmente los huesos rotos. No fue por accidente que le atravesaron con clavos las muñecas al Salvador, Nuestro Señor Dios. Las muñecas rotas son uno de los niveles más altos de sensación.

—¿Pero cómo sabes esto?—preguntó el sacerdote—, ¿que los clavos atravesaron las muñecas de Jesús y no sus manos?

Doña Margarita vio al sacerdote como si él no estuviera en sus cabales.—Su madre me lo dijo—, contestó.

—¿Su madre María te lo dijo?

—Sí, claro que sí, padre.

El padre miraba fijamente a doña Margarita como si no la hubiera visto antes.—¿Y todo esto pasó hoy cuando estabas hablando con la Virgen María—? preguntó el sacerdote, mirando una vez más en dirección a las dos damas que esperaban todavía que sacara a la vieja india.

Doña Margarita volteó y vio a las mujeres también.—Miren, he estado hablando con Nuestra Sagrada Señora María por años. Tiene muy buenas conexiones en el Cielo, saben, por eso es fácil que Ella averigüe cualquier cosa que yo quiera saber. ¿Se siente bien, padre—? añadió acercándose un poco más a él.

Miró a las dos mujeres una vez más. Podía ver que estaban enojadas.—Perdón—le dijo a doña Margarita—, pero, bueno, me haría usted el honor de acompañarme a tomar un trago en la parte de atrás de la iglesia, para que podamos discutir esto más a fondo. ¡Es muy interesante!

—Claro que sí—dijo doña Margarita chupándose los labios. Pero sólo un traguito. No me gusta caminar a casa borracha con ese nuevo perrito suelto. Ese cabrón—, agregó riéndose—, me mordió la última vez que caminé a casa después de echarme unas copitas con usted.

—Voy a pedirle al sacerdote joven que la lleve a casa hoy—dijo.

—¡Entonces a beber!—dijo—. ¡Y se lo explico todo! ¡Además, he descubierto que uno o dos buenos tragos después de un pleito con el Diablo, saben riquísimo!

Con su mejor sonrisa sacerdotal, el padre Ryan les hizo una señal con la cabeza a las bien vestidas mujeres mientras acompañaba a doña Margarita por el pasillo hacia la rectoría.

EL PADRE RYAN y doña Margarita ya se habían tomado varios tragos cuando oyeron los toquidos en la puerta. El joven sacerdote estaba asombrado al encontrar al padre Ryan riéndose a carcajadas y abrazando a la vieja india.

—Vine para llevarla a casa—dijo.

Antes de salir doña Margarita le pidió al joven sacerdote que la ayudara a acostar al padre Ryan. El joven sacerdote estaba enojadísimo que el padre Ryan estuviera tan borracho, pero doña Margarita ignoró su enojo y le ayudo al sacerdote mayor a acostarse en su cama. Entonces le quitó los zapatos, dándoles masaje a las plantas de los pies, asegurándose que las profundas grietas de su mente masculina estuvieran abiertas a sus propios poderes femeninos. Pues sólo al abrirse a su propio ser sexual opuesto, podrían las personas solteras balancearse y empezar a hacer uso de sus Trece Sentidos completos.

Doña Margarita masajeó vigorosamente la parte interior del dedo gordo del pie del padre Ryan. Pronto notó que se estaba quejando, soltándose, viajando entonces por el Décimo Sentido de regreso al Cielo mientras soñaba. El visitar el Cielo mientras dormía fue lo que había salvado a doña Margarita de no perder la razón durante esos terribles días de la Revolución. Dormir con la mente abierta era traer los Poderes del Todopoderoso al Corazón y la Alma de uno.

Al bajar los escalones de la iglesia fue cuando doña Margarita vio la cartera apretada de dinero en el peldaño inferior. Al recogerla volteó y la mirada que vio en los ojos del joven sacerdote, la asombró. Caramba, la estaba viendo como si pensara que ella se fuera a robar la cartera.

Lo perdonó y se acordó de las dos mujeres bien vestidas las cuales había preocupado al padre Ryan en la iglesia.

—¡Ven!—dijo, tomando control de la situación—. Porque ésta es una señal que Dios nos está dando la oportunidad para hacer cosas grandes.

La casa a la que el joven sacerdote llevó a doña Margarita quedaba hasta Santa Ana. Era una enorme, imponente casa hacienda con una hilera de
grandes eucaliptos que conducían al camino de entrada. La mujer que
abrió la puerta era la más joven de las dos que doña Margarita había visto
en la iglesia.

—Sí—dijo la mujer. Era una esbelta norteamericana bonita que no llegaba a los treinta. Estaba asombrada de ver a la indita a su puerta—. ¿Le
puedo ayudar en algo?

—No—dijo doña Margarita—, usted no puede ayudarme. ¿Cómo podría hacerlo? Vengo con Dios, así que no necesito la ayuda de los mortales. Aquí tiene su cartera que olvidó en la iglesia. Y sí, allí está todo el
dinero, pero como veo que usted me está viendo con gran desconfianza,
entonces desde luego, cuente el dinero. Porque todos los Santo Tomás
que dudan tienen un camino difícil de andar en las grietas oscuras de sus
pequeños y asustados cerebros.

—¿Quién es?—gritó la voz de una mujer mayor de dentro de la casa.

—¡Doña Margarita, a sus órdenes!—la prieta india, chaparrita y flaca
que estaba medio borracha—. ¡A sus órdenes con mis milagros diarios!
¡Quién está enfermo y muriéndose! ¡Desde aquí puedo oler su peste!—
Agregó olfateando.

Como entendía español, la joven estaba furiosa de oír a doña Margarita
hablar así de su tío, pero se asombró aún más cuando la indita entró por su
lado olfateando el aire como un sabueso.

Allí estaba el mismo viejo Irvine, el terrateniente más poderoso en todo
California, sostenido por una docena de almohadas en una cama en medio
de la sala. Su hermana y su sobrina habían venido a verlo. Hacía ya semanas que estaba enfermo, pero los doctores no podían encontrarle nada
malo.

Doña Margarita se dirigió directamente a él y le dijo,—¡hueles a muerte!
Necesitas bañarte en hierbas y ponerte en una dieta específica. No sé lo
que hiciste, pero te has envenenado seriamente.

—¿Quién eres?—preguntó el viejo.

—Es la que estaba riéndose y gritando en la iglesia—, dijo su sobrina.

—Sí, hasta Dios se aburre y necesita un poco de diversión de vez en
cuando—, dijo doña Margarita, riéndose y dando unos rápidos pasitos de
baile.

En ese momento entró la hermana de Irvine y cuando vio a doña Margarita bailando y riéndose como lo había estado haciendo en la iglesia, ¡su
cara se llenó de ira! Pero antes que pudiera calmarse lo suficiente para poder hablar, el joven sacerdote entró.

Cuando por fin pudo hablar, la hermana de Irvine dijo, ¿qué es lo que pasa? ¿Quién trajo a esta mujer aquí?

—Devolvió tu billetera, madre—dijo la hija.

—Sí—dijo el joven sacerdote—. Yo la traje. Doña Margarita es, bueno, una buena amiga del padre Ryan y . . . Dejó de hablar, estaba completamente avergonzado.

La mujer mayor parecía lista a hacer una barbaridad . . . ¡estaba tan enojada! Pero el viejo Irvine sonreía, disfrutando de todo el lío. El caos era su fuerte.

—¿Es usted una doctora?—preguntó en español—. ¿Una curandera? Todos los Irvine hablaban mucho español.

—Sí, dijo doña Margarita—, lo soy.

—¿Cree que me puede ayudar?—preguntó el viejo.

—¡Por favor!—dijo su hermana—. No vas a tomar en serio a esta . . . indita sucia, ¿verdad?

Rehusando darse por insultada, doña Margarita simplemente dijo—sucia, tal vez, pero chiquita, con el Espíritu de Dios, no lo soy. ¿Tienen whiskey?—agregó.

—¿Cómo se atreve? ¡El licor es ilegal!—dijo la hermana de Irvine.

—Ay, baja la voz—dijo el viejo—, y tráeme la botella.

—Es para los pies y para la espalda—dijo doña Margarita, olfateándolo—, para frotárselo. Tiene esta caca atorada dentro de usted y lo está envenenando. La puedo oler. Usted apesta muy feo—, agregó, riéndose. Ninguna mujer decente, ni siquiera indecente se quisiera acostar con usted.

Irvine se empezó a reír también.

Cuando llegó la botella, doña Margarita la tomó, se echó un trago, dijo que estaba muy bueno, y empezó a masajear los pies del viejo con el whiskey, frotando vigorosamente entre los dedos de los pies y el frente de la planta de cada pie.

Al principio le dolió al viejo Irvine y le pidió que no siguiera, pero ella apretó aún más la parte interior de su dedo gordo causando que sintiera un rayo por todo el cuerpo—. ¡Estate quieto!—le dijo—. ¡Y aguántate como una mujer!

Poco a poco los puntos de dolor debajo de los cinco dedos le empezaron a doler menos y menos y pronto empezó a ronronear como un gatito . . . ¡se sentía tan bien!

—Ah, esto sí que es maravilloso—, dijo.

—Sí, porque, vea, los cinco dedos del pie son la entrada a nuestro Santo Ser. Nuestros cinco dedos del pie, cinco dedos de la mano—la cabeza, las dos piernas, los dos brazos—son Nuestra Sagrada Llave Humana de cinco para ponernos en armonía con los ritmos de *la planeta*.

—No tengo ni idea de lo que está usted hablando—dijo.

—Claro que no. Es usted un viejo ignorante que está acostumbrado a dar órdenes. El poder no es lo mismo que el conocimiento, igual que el músculo no es la fuerza. El balance es la llave al verdadero poder del cuerpo, mente y alma. Y usted tiene mente, pero muy poca alma, y así ha arruinado su balance como un tonto. Pero empieza a sentirse bien ahora que le di el masaje, ¿verdad—? dijo echándose otro trago de whiskey.

—¿Me puede dar un trago a mí también?—le preguntó a doña Margarita, sin entender mucho de lo que había dicho.

—*Sure*—dijo en inglés.

—Pero los doctores te han dicho que no . . .

—¡Ay, baja la voz!—le dijo a su hermana—. ¡No han hecho ni papa por mí!

—¿Papas?—dijo doña Margarita—. ¡Ah sí, papas de la olla con un poco de barro le harán muy bien! ¡Usted está débil! Lo que usted necesita es . . .

—Una mujer joven—dijo.

—No, una chiva, dijo ella.

—¿Una chiva?

—Sí, leche de chiva.

—Ah, está bien, dijo él.

—Me parece bien leche de chiva y whiskey después de toda esa mierda cara que estos carajos doctores me han estado dando.

—Y una baño caliente para hacerlo *sweet*.

—¡Sweet!—dijo—. ¿Como dulce? ¿Hacerme dulce?

—No, *sweet*—dijo doña Margarita.

—Oh, *sweat,* ¡sudar! ¡Ah sí, para quitarme la peste!

—Sí—dijo ella—, ¡*pa sacarte* toda la caca!

Para cuando doña Margarita llegó a la espalda, el viejo Irvine ya no sentía dolor. Ni ella tampoco, que se echaba de vez en cuando un trago mientras le masajeaba el cuerpo con sus manos, codos, puños, pies como un enjuto y fuerte changuito gateando sobre una peña dura.

Hizo que el sacerdote joven y la sobrina de Irvine fueran a recoger hojas de eucalipto de los árboles de la entrada y que los hirvieran con sal y tomates y lodo del arroyo. Entonces echó toda aquella mezcla en la tina para que el viejo Irvine se remojara.

Cuando estuvieron solos, doña Margarita le explicó claramente a Irvine que la razón que los doctores no le habían hallado nada era porque no tenía nada malo físicamente. Le explicó que los doctores americanos sólo sabían curar el cuerpo de la misma manera que un mecánico arregla un carro y no sabían nada de cómo llegar a su corazón y a su alma.

—Y usted, viejo apestoso, está enfermo de su corazón y de su alma—, le dijo—. Porque usted hizo algo muy malo y ahora se lo están cobrando. Vea

Ud., el Diablo está cansado, por eso ya no se espera a que nos muramos para meternos al infierno por nuestras faltas. No, ahora nos mete en nuestro propio Infierno privado mientras estamos todavía aquí en la Madre Tierra. Y usted, usted es tan rico y tan testarudo y tan acostumbrado a hacer su santa voluntad que ahora tiene el cuerno del Diablo metido en el culo, ¿verdad—? Se rió—. Usted es como un burro, testaduro, por eso se siente que se ahoga.

—Es cierto—dijo él—. Me he sentido un dolor en el pecho que me ahoga.

—Claro, la gente inteligente que sólo escucha la razón son los pendejos más grandes del mundo, y usted sabe a qué me refiero, porque usted es un estúpido pendejo cuando se trata de cosas del corazón, ¿verdad cabrón?

—Me lleva la chingada—dijo sonriendo el viejo Irvine—, hace años que nadie me insulta tanto. ¡Y usted lo hace con tanto gusto!

—¡Gusto su madre!—dijo doña Margarita, riéndose—. ¡No se excite conmigo, viejo condenado! Escúcheme, usted hizo algo muy malo, verdad, tan malo que lo está envenenando a sí mismo. El Diablo lo está esperando para llevárselo a la condenación eterna, si usted no despierta. ¡Así que no se me ande poniendo caliente conmigo sólo porque les di un poco de placer a sus dedos de los pies!

Al decir esto, doña Margarita dejó de reír y lo miró fijamente a los ojos, y cuando él empezó a quitarle la mirada, le sujetó la cara y lo mantuvo mirándola.

Finalmente respiró al mirarla de ojo a ojo y respiró de nuevo. Entonces estiró las manos y suavemente puso las manos de la anciana en las de él.— Tiene razón—, dijo, poniéndose serio por primera vez—, tiene toda la razón. Hice algo que hasta a mí me sorprendió. Pero está hecho—, dijo—, está hecho. Así que no hay nada que pueda hacer ahora.

Acariciándole las manos como una madre, doña Margarita dijo—Ya veo, ya veo, no puedes hacer nada porque ya está hecho. Pero te pregunto, le dice la primavera al verano—, mira, ya lo hice, está hecho, así que no puedo hacer nada más ahora. Le dice el verano al otoño, mira lo hice, está hecho, así que ya no puedo hacer nada más. Le dice el otoño al invierno, mira lo hice, está hecho, así que ya no puedo hacer nada más.

No, la primavera, el verano, el otoño, el invierno, todos ellos saben que la vida es Circular, Sagrada y Eterna, y así lo que pasa, regresa; por eso cuando envenenas a tu vecino, te envenenas a ti mismo.

Súbitamente el viejo Irvine se puso pálido—¿Pero cómo lo supiste?

—¿Qué? ¿que las estaciones del año van en círculo, funcionando juntas como los cinco dedos de la mano?

—No, acerca del envenenamiento—¿sabes acerca de mi vecino?

—¿Ah, eso? Todo mundo lo sabe.

—¿De veras?

—Claro, lo podemos oler. Hueles a veneno. Y por lo general la gente no se envenena a sí misma.

—Ya veo—dijo—, ya veo—. ¿Entonces es así de fácil para los mexicanos ver este tipo de cosas?

—Claro, allá en las montañas de México no teníamos teléfonos, pero aún así sabíamos cómo llamar a larga distancia. Nos poníamos las manos sobre nuestro corazón y mandábamos nuestras ideas a la persona con la que queríamos hablar. El corazón no conoce distancias cuando lo hacemos a través de Dios. ¿Cómo podría haber distancias? Dios está en todas partes y nosotros también cuando estamos conectados con Él. Y ahora usted está viejo y se está muriendo, sin lugar a dudas. Apesta a muerte.

—¡Por Dios!—dijo—. ¿Son estos sus modales de cama?

—Dios, sí—dijo—, modales no. Porque a menos que esté dispuesto a abrirse y hablarle a Dios, ¡usted es un viejo, apestoso pato muerto—! agregó riéndose con ganas—. ¡Y usted lo sabe!

Él se empezó a reír también.

—Bien, la risa es el primer paso para desatorar a la enfermedad de un cuerpo cerrado como el tuyo. El siguiente paso es que se enfrente a lo que hizo, lo admita, y le pida a Dios que por favor lo perdone. Esto es lo que es el libre albedrío, el escoger estar en Gracia con el Todopoderoso. Desde que salimos del Paraíso la enfermedad no es ningún accidente, viejo. Y la enfermedad nunca empieza como un malestar físico. No, la enfermedad empieza como una falta de armonía en la Alma y dura mucho hasta que termina por hacer sucumbir al cuerpo.

Sus ojos se abrieron y se quedó quieto mirando a la distancia, a un sitio a donde rara vez iba, entonces asintió con la cabeza una y otra vez y sus ojos empezaron a humedecerse allí en la tina llena de agua caliente y hojas de eucalipto, jitomates, sal y barro.

—Usted no es un hombre malo—continuó en una voz suave acariciante—. Nadie nace malo. Lo que pasa es que recogemos muchos temores al pasar por este terreno áspero y sinuoso de la Vida en nuestro viaje al Hogar de Dios. Usted es un buen hombre, un muy buen viejo, lo que necesita es descansar un poco, confiar un poco, o todas estas riquezas que tiene se van a convertir en nada, nada, *nothing*. Ahora descanse y cierre los ojos y sepa que Papito Dios lo quiere mucho.

—¿De veras? ¿Aún después de todo lo que he hecho?

—Sí, aún después de todo lo que ha hecho.

—También les he hecho cosas terribles a su gente—dijo.

—Sí, lo sé—. Muchas de sus Almas están Aquí en esta habitación ahorita mismo. De hecho, los viejos de la tribu que usted echó de sus Tierras Sagradas están aquí, con toda su vestimenta, visitando del Otro Lado.

—¿Usted puede ver sus almas?—, preguntó.

—Claro y hablar con ellas también

—¿Cómo es eso posible?

—Usted puede oír el radio, ¿y no viene el radio de una gran distancia? Es lo mismo. En un tiempo todos éramos como perros y gatos que pueden oír y oler lo que los humanos no podemos oír u oler. Podíamos ver y oír el Mundo Espiritual. Todos nuestros sentidos estaban intactos.

—Estas almas han venido a verme sufrir y morir, ¿verdad?

—No, han venido a rezar para que usted vea por fin la Luz—, dijo ella.

—¿De veras?

—Sí, de veras—, le contestó ella—. No hay sentimientos de codicia o venganza en el Otro Lado, a menos que sean las semillas que sembró aquí. Mire, Aquí ES Todas Partes una vez que muera. El Diablo y Dios no están tan separados viviendo en el Infierno y en el Cielo. Los dos viven aquí, dentro de nosotros, por eso es nuestro deber encarar al Diablo diariamente y luchar con él—sin miedo y sin odio—¡sino con el gusto de Vivir! ¡La vida, ah que alegría!

—Usted no es un hombre malo; es sólo un hombre que resiste la Luz. Mire, Aquí no puede haber Luz sin Oscuridad, Sonido sin Silencio, Vida sin muerte, Dios sin el Diablo—porque Todo es Redondo, Completo y Pleno—. Lo besó en la frente—. Usted es un buen hombre, un muy buen hombre, y ahora llegó la hora de que se balancee en Amor.

Lloraba como un bebé. Él, que estaba tan acostumbrado a ser duro y malo y a tener todo bajo control.

—Está bien—dijo ella, sosteniéndole la cabeza y dándole masaje en la espalda—. Está bien. Enséñeme un hombre rico y en cada caso yo le mostraré un hombre cuyo temor es el de nunca tener suficiente *chiche*. Muéstreme un hombre poderoso, y yo le mostrare un niño muerto de miedo que sus *tanates* sean muy chicos. Muéstreme, eh, ya le queda muy poco a esta botella, así que bebámonosla, ¿*okay*?

—Tómeselo usted.

—Ah sí, siempre lo hago.

Así que dejó de masajearlo con el whiskey y se terminó la botella, eructando fuertemente.

—¿Cuánto le debo?—le pregunto.

—¿Cómo puede pagarme?—le contestó—. El dinero y yo no tenemos ningún interés mutuo, y el dinero es todo lo que usted tiene y que lo llevó a la enfermedad en la que se halla.

Asintió y se dio cuenta que había lastimado sus sentimientos.—Mire, ¿usted quiere pagarme?—dijo—, entonces págueme dándome algunos rollos del papel de excusado que tiene aquí. Este es el limpiaculos más suave, que se siente mejor que jamás haya sentido, y me acordaré de usted cada vez que . . .

La risa que brotó del viejo era tan alta, tan llena de gusto, que todos vinieron corriendo para ver de qué se trataba el escándalo.

El joven sacerdote casi tuvo que cargar a doña Margarita al coche porque estaba tan tomada y cansada y, al mismo tiempo, feliz, ¡Verdaderamente Feliz!

EN CORONA LAS estrellas habían salido por millones. Ya pasaba de la media noche. Acostada en el cuarto del frente, Lupe podía escuchar la conversación de Salvador, Luisa y la madre de ellos. Era una familia tan diferente a la de ella. La asustaba como se trataban entre sí, gritando tanto.

—Pero mamá, Luisa tiene razón—, Salvador decía con gusto—, ¿si estás tan cerca de Dios, por qué eres tan fea?

—¿FEA YO?—gritó la vieja riéndose tanto que hasta espantó a Lupe en la habitación contigua—. ¡Caramba, *mijito*, no sabes que soy el estándar contra el cual se mide toda la belleza! ¡Si no fuera por mí, no habría gente bella! Chihuahua, cuando vengo por la calle la gente dice, a veces en voz alta—, miren a esa sucia y fea ancianita. Pero en realidad están diciendo—, oye, me veo joven y bonita comparada a ella. Los hago sentirse a toda madre. Los he hecho sonreír. ¡Vamos, toda la gente rica y arrogante de este mundo estarían perdidos sin mí! ¡Soy la BASE de toda BELLEZA!

Salvador y Luisa se reían a carcajadas. A su anciana madre nunca la podían asombrar. En su mundo era Completa y Redonda y Plena como la Creación.

Doña Margarita terminó de comer. Los hijos de Luisa dormían con cobijas en el piso.—*Okay*, estoy cansada—dijo la anciana. Llévame a la casa, Salvador, necesito dormir. Hoy tuve un día largo haciendo el Trabajo de Dios.

—Sí, mamá—dijo Salvador.

—Buenas noches, Luisa—dijo la anciana—, y que todos duerman con los angelitos—. Ay, nada más mira a tus hijos Luisa, son tan buenos, tan guapos. Que los bendiga Dios.

Luisa y su madre se abrazaron y se besaron y entonces Salvador llevó a su madre a su casa por la puerta trasera al excusado de afuera, mientras su mamá entró al pequeño cuarto, él hizo sus necesidades bajo el aguacate.

El aire era vigoroso y fresco y las estrellas titilaban cerca y brillantes, sonriéndose.

Al terminar, Salvador se abotonó los pantalones y entró a la pequeña choza de su madre, encendió la lámpara de petróleo y empezó la pequeña estufa de leña para calentar un poco el lugar.

—Debes estar tan contento—dijo doña Margarita entrando a su pequeño jacal.

—Lo estoy—dijo Salvador—. Quiero tanto a Lupe y ahora estamos esperando un niño. ¿Quieres una taza de hierbabuena para entrar en calor
mamá—? Ella asintió y se fue a su cama. Hacía mucho frío—. Mamá—,
continuó Salvador—, tengo un problema.

—¿Por qué?

—Bueno, todavía le estoy mintiendo a Lupe sobre cómo me gano la
vida.

—Ya veo—dijo la anciana metiéndose dentro de las cobijas para calen-
tarse—. Y esto te preocupa, ¿verdad?

—Sí, claro, mamá.

—¿Por qué?—dijo riéndose—, ¿no eres lo suficientemente hombre para ser un buen mentiroso?

—Bueno, sí, creo que sí, pero mamá, no quiero seguir mintiéndole
siempre a Lupe.

—¿Por qué no?

—Bueno, porque, ay mamá, estamos casados ahora y me gustaría ser
sincero. Además, lo más seguro es que tarde o temprano lo va a saber.

La anciana se echó a reír,—¡Es verdad! Mentir no le molesta a la mayoría de la gente, ¡es el temor de ser descubierto lo que molesta la mayoría de
las almas!

Se puso rojo.—Mamá—dijo—, ¿pero por qué siempre tienes que ser
tan franca?

—¿Y por qué no?—dijo—. ¡No temo ni a la vida ni a la muerte, ni a Dios
ni al Diablo, y estoy muy vieja para empezar a pretender! ¡Carajo, a esta
edad mis propios pedos se me escapan sin saberlo! ¡Así que no, no me voy
a preocupar te lo digo!

—Así que le has estado mintiendo a Lupe, mintiéndole sobre todo lo
que haces, y ahora no es tu conciencia, ¿sino el miedo de ser descubierto
el que esta poniendo en peligro estas bien colocadas mentiras—sobre las
cuales has construido tu matrimonio? ¡Te digo, me da pena el Diablo con
tanta gente que le quiere ganar a ser Diablo!

—Pero, por Dios mamá, qué es lo que estás diciendo, ¡fuiste tú la primera que me sugeriste que le mintiera a Lupe sobre mi fabricación de
whiskey!

—¿Y te puse una pistola en la cabeza, ah, para forzarte a seguir mi suge-
rencia? Ah no, hiciste lo que te sugerí porque era lo que estabas pensando.
¡No trates de ser más listo que el Diablo conmigo porque yo conozco las
malas mañas del Diablo tan bien como los caminos de Dios!

—Pero te tengo compasión, *mijito*—añadió—, así como le estoy empezando a tener compasión al Diablo también.

—¿Compasión por el Diablo, mamá? ¿Aún después de todo el mal y todas las muertes que ha causado en nuestra familia?

—*Mijito*—dijo la anciana—, debiste haber estado conmigo en la casa de este pobre hombre rico.

—¿Qué casa?

—Donde llevé la billetera llena de dinero a una grandiosa casa al sur de Santa Ana que tiene una larga entrada de eucaliptos.

—Ésa es la casa de Irvine—dijo Salvador.

—¿Errr—iiivin qué?—dijo doña Margarita—. No sé. Nunca le pregunté su nombre al viejo, pero estaba todo envenenado por dentro.

—¡Se lo merece!—dijo bruscamente Salvador poniéndose de pie de un salto—. ¡Envenenó la cosecha de Whitehead, un buen hombre que trabajó para él por años!

—Mijito—dijo la anciana persignándose—, te lo he dicho mil veces que no es a nosotros a quien nos toca juzgar o culpar. Cada persona es su propio mundo y cada mundo tiene que hallar su propia luz, como cualquier otra Estrella del Cielo.

—¡Pero el Sr. Whitehead trató de matarse con una pistola por lo que le hizo Irvine, mamá!

—Y este Errr—iiivin trató de matarse con veneno—dijo ella—. Ten compasión *mijito*, estos pobres gringos despistados son gente que se odia a sí misma. Te digo, cuando llegué, este Errr—iivin apestaba peor que un zorrillo con una semana de muerto. Pero le masajeé los pies y lo bañé en hierbas medicinales, dándole un poco de placer, ¡y el viejo cabrón se excitó todo conmigo!

—¿Se excitó contigo, mamá?

Doña Margarita se rió a carcajadas.— ¿Dices esto *mijito* porque estás furioso por mi comportamiento moral, o por qué te parece imposible que un hombre se caliente por mí?

Salvador no supo qué decir.

Doña Margarita siguió riéndose.—Ay, que poco has visto. Todavía me ves con los ojos de niño. ¡Tu anciana madre es una mujer mayor, muy sensual! ¡Para no ir muy lejos, solamente hoy, el padre Ryan me estaba abrazando y besando todo lo que podía hasta que lo paré!

—Mamá—dijo Salvador.

—¡Ay, ya párale y crece! ¿Cómo crees que hice para que tu padre se casara conmigo? ¿Cómo crees que pude quitárselo a todas las otras muchachas del pueblo que estaban locas por este alto y guapo fuereño pelirrojo? Pues, le hice ojitos así, caminé con una postura perfecta, para que mi mono trasero se columpiara *pa allá y pa acá* con tal . . .

—Mamá, por favor—gritó Salvador.

— . . . anunciando que aquí se movían las *nalgas de salsa* más calientes del mundo! Se rió—. ¡Para cuando nos casamos, a tu padre le colgaba la lengua tres pies y cómo nos pusimos a hacer el amor! ¡Ay, los primeros quince años de nuestro matrimonio fueron maravillosos, dos, tres, cuatro, cinco, seis veces al día! Pero entonces vino ese invierno terrible y todo en las montañas se puso blanco y los lobos bajaron en manada—tú conoces bien el resto de la historia. Él perdió la fe en Dios y en la vida, y hasta en nuestro . . . amor.

Se limpió las lágrimas de los ojos.—Quise a tu padre tanto. Tanto—, dijo ella—. Pero no te preocupes, este Eeeervin y yo no hicimos nada todavía. Sólo le mostré un poquito de amor y comprensión y al viejo tonto se le paró la herramienta. Si hasta él se sorprendió—. dijo riéndose—. Creo que no se le había parado tan duro en años—, añadió—. Estos gringos, parecen saber tanto de dinero y poder, pero están completamente perdidos cuando se trata de hallar paz aquí en sus corazones—. Tomó aliento—. Lo podía ver en sus ojos; si había hecho algo que ni al Diablo mismo se le había ocurrido.

Se persignó.—Perdona a Eeeervin, Padre querido, porque no sabe lo que hace. Y perdona al Diablo también porque se siente sólo y quiere regresar a Casa Contigo, Papito.

—¡Mamá, ahora sí me confundiste!—gritó Salvador—. ¿Quieres decir que el Diablo quiere ahora regresar al Cielo y estar con Dios?

—Y ¿por qué no? ¿No lo queremos todos, incluyendo a este Eeeervin?

—Bueno sí, creo que sí, mamá—dijo Salvador.

—*Mijito*, ahora que tú y Lupe están a punto de tener un bebé, deben entender que no pueden vivir separados de Dios. Tienen que dar sus vidas completamente al Santo Espíritu de la Creación, o estarán siempre sufriendo Aquí, en sus almas y corazones.

—¿Cómo lo hacemos, mamá?

—Se hace con cada Santo Aliento que tú y Lupe respiren y expiren—, dijo—, persignándose y besándose la punta de los dedos—. Dios es la Luz, ustedes el Mensaje. Dios es la Mar, ustedes la Ola. Dios es el Pensamiento, ustedes la Acción. Dios es el mismo Aire que respiran y expiran.

Salvador no dijo nada, nada, nada. Se quedó allí sentado mirando a su madre.

—Y no te preocupes, mijito—, añadió la anciana—, no necesitas entender lo que te acabo de decir. Vas por buen camino, especialmente con eso de no querer mentirle más a Lupe. Porque, y escucha atentamente, las mentiras y el amor no son buenos compañeros por mucho tiempo. A propósito le dije a este Eeeerrrvin que le mandaría unas chivas contigo.

—¿Chivas, mamá?

—Sí, chivas de leche, *mijito*. Y las puedes hallar con los Moreno en *Mo-*

reno Valley, pero ahora no hablemos más de esto, necesito dormir. Ay, te digo, hacer el Trabajo de Dios puede cansar mucho, especialmente cuando Él se sienta Allí en el Cielo en . . .

—¿ . . . en Su perezoso Culo?

Como un relámpago la vieja se paró de la cama y estaba enfrente de la cara de su hijo.—¡Nunca más vas a hablar así de Papito Dios!—dijo con enojo—. Yo que he estado a Su servicio por setenta y seis años, habiendo hecho miles de Milagros, dije esto sobre Nuestro Señor en broma, ¡porque Somos viejos Amigos, Él y yo! Pero tú que todavía tienes mucho que aprender, hablarás de Nuestro Padre Celestial sólo con el respeto más profundo, o te juro, ¡tus hijos pagarán por tus acciones por trece generaciones!

—¿Me entiendes? Se tienen que respetar y honrar las Fuerzas de la Creación, y esto incluye al Diablo también, ¡quien por su propia voluntad vino a esta Santa Tierra como voluntario para darnos a escoger entre la Luz y las Tinieblas!

—*Okay*, mamá, *okay*, no quise . . .

En ese momento se abrió la puerta de enfrente y el aroma de flores frescas llenó el cuarto. Al ir a la puerta Salvador halló un ramo de rosas rojas acabadas de cortar amarradas con un listón rojo, pero al mirar a su alrededor no vio a nadie. Recogió las flores y las metió.

—Encontré estas rosas, mamá—dijo Salvador al regresar—. Pero no había nadie afuera.

—Ponlas en agua fresca—, dijo doña Margarita volviendo a la cama y tapándose con las cobijas—. Te veo en la mañana. Buenas noches, *mijito*.

—¿Pero quién te traería rosas tan tarde, mamá?

—Un viejo admirador—dijo la anciana—. No te preocupes. Hablaremos mañana. Además, estoy demasiado vieja para embarazarme—, agregó con una risita feliz.

Salvador hizo lo que se le pidió. Y las rosas, ¡de verdad eran las más hermosas que jamás hubiera visto y tan aromáticas!

MÁS ABAJO EN el cañón de Corona, a unas veinte millas, en el *Lake* Elsinore, el esposo de Luisa, Epitacio, que le cuidaba la destilería a Salvador, despertó con un sobresalto. Había oído algo afuera de la ventana. Y probablemente era sólo un gato otra vez, pero ah, todos estos meses de trabajar en la destilería finalmente lo habían puesto muy nervioso.

Sudaba.

Pasándose la mano por la frente, Epitacio sintió el sudor que le escurría por la cara.

El fuego de la estufa en la que llevaban a cabo el proceso de la destilación despedía un misterioso resplandor en el cuarto donde dormía Epitacio en el suelo sobre un colchón, cuidando la estufa día y noche.

Se paró para ir al baño ¡y fue entonces cuando vio todos estos ojos mirándolo!

¡Gritó y siguió gritando! Desde que habían arrestado a Domingo en *Watts* y que lo habían mandado a la penitenciaria, Epitacio había tenido un sueño recurrente que miembros del departamento del alguacil irrumpían repentinamente con hachas y rompían todo . . . ¡enormes gigantes uniformados de ojos amarillos, que parecían más una manada de lobos que humanos, destrozándolo con sus dientes!

Epitacio salió de la casa gritando todavía, ¡dejando la puerta de entrada completamente abierta! Los coyotes aullaban en la distancia. Epitacio siguió corriendo. Arriba el Cielo Padre estaba lleno de estrellas. Era una noche maravillosa, gloriosa.

—NO PUEDES DORMIR, *mijito*—le dijo doña Margarita al despertar y ver a su hijo Salvador tomándose una taza de café al lado de la pequeña estufa de leños.

—No, no puedo—dijo Salvador negando con la cabeza. Se veía muy pensativo.

—La quieres mucho, ¿verdad?

—Sí—dijo Salvador asintiendo—, mucho. Y he estado pensando en lo que dijiste.

—¿De qué?

—Bueno, de tu nueva compasión por el Diablo. Por Dios, mamá, nos morimos de hambre cuando veníamos al norte huyendo de la Revolución. Vi a mis hermanos y hermanas— . . . Se le llenaron los ojos de lágrimas—. ¿Cómo puedes hallar compasión por todo el mal por el que hemos pasado, mamá?

La anciana respiró profundamente.—Escucha atentamente, mijito, si no hallamos compasión y amor con las vueltas y las torcidas de la vida, entonces acabamos envenenándonos con odios y amarguras. ¿Qué hizo Nuestro Señor el Salvador en la cruz? Perdonó a sus verdugos.

—¡Pero mamá, no nos puedes comparar con Cristo!

—¿Y por qué no? ¿No debemos tratar de alcanzar lo mejor que Dios Nuestro Señor nos ha mandado aquí en la Tierra a atestiguar? Mira, tú amas a Lupe mucho, ¿verdad?

—Sí—dijo Salvador.

—Y les ha ido bien a los dos, ¿verdad?

—Ha sido el paraíso, mamá.

—Bueno, bueno. ¿Y ahora tienes miedo de contarle acerca de tus negocios porque crees que va a arruinar el amor que tú y ella sienten?

De nuevo asintió.—Sí.

La anciana respiró.—Mijito—, dijo sentándose—, hay mentiras y hay
mentiras, y la verdad es que todo mundo miente . . . especialmente los
que dicen en voz alta que nunca mienten. Así que las mentiras no son las
que destruyen un hogar. Es la mentira del amor lo que amarga el corazón
de una mujer. Y nunca has mentido acerca de tu amor por Lupe, *mijito*.

—Ah, no, mamá, en cuanto a mi amor he sido completamente sincero—
dijo Salvador—. Por eso ya no me siento bien mintiéndole.

La vieja Zorra alcanzó la mano de su hijo.—Bueno, *mijito*—, dijo—, esto tiene sentido. Porque Lupe y tú han pasado ahora por el ojo de la aguja
del verdadero amor y han entrado a la Luz de Dios—. Tomó aliento—.
Han plantado su primera Semilla Sagrada de los Trece Sentidos, *mijito*—,
añadió con entusiasmo—. Vas ya camino a sembrar las raíces de todos
nuestros Sentidos Dados por Dios y de aprender cómo hacer tus propios
milagros aquí en la Tierra.

—Así espero—, dijo.

—Ten confianza en mí—, dijo sonriendo—. Y este amor que tienen ahora es tan intoxicante que tú y Lupe están resbalando y cayendo en ese Lugar Sagrado de la Canción de Dios, el Latir del Universo, en el cual todas
las parejas jóvenes hallan la sabiduría para construir su propio mundo.

Dejó de hablar. Respiró. Podía ver en los ojos de su hijo que empezaba
ahora a comprender lo que era el Amor—un humano que se convertía en
un Ser Espiritual.

—Mira—, dijo—, ¿quién crees que corría a tu lado el día que corriste
tras el tren allá en México? Sólo tenías diez años de edad y sin embargo
corrías sin agua y sin comida, descalzo por el calor del desierto, más lejos
que ningún hombre maduro podría hacerlo.

Los ojos se le humedecieron a Salvador.—Tenía tanto miedo de haberte perdido, mamá y que nunca más te volviera a ver, así que corrí detrás del
tren.

—Sí exactamente, el miedo te empujó por atrás, *mijito*, pero también,
ve—, dijo cerrando los ojos y concentrándose—, también te jalaba el amor.
Estas son nuestras Dos Grandes Fuerzas en esta Santa Tierra Firme:
Amor y Temor.

Los ojos se le encendieron.—Sí, lo puedo ver ahora. ¡Tenía tanto miedo
de perderte, mamá! ¡Y . . . Y tú eres mi Amor, mi Todo! ¡No quería perderte! ¡Y corrí! ¡Y corrí!

—¡Corriste más lejos que cualquier ser humano! ¡Corriste más lejos de
lo que puede correr un hombre a caballo! ¡Corriste más allá que la luz del
Sol parado en el cielo! ¡Corriste sin parar, más de ciento cincuenta kilóme-

tros! Y estabas listo para seguir corriendo para siempre pues tenías Temor y tenías Amor—balanceados—y cuando tenemos Amor y Temor balanceados, ¡entonces somos el Poder Completo de Dios!

Los ojos de Salvador se pusieron enormes . . . no sabía qué pensar y se quedó, sin decir nada.

—¿Y qué es lo que jala y te empuja de nuevo?—preguntó.

—Ay, mamá, mamá, mamá—fueron las palabras que le salieron finalmente de la boca—, el Temor me empuja una vez más, el Amor me jala. ¡O, Dios mío! ¡DIOS MÍO! Esto no lo había visto antes, mamá.

—Pero ahora lo ves—dijo.

—Sí, ahora lo veo. ¡Necesitamos los dos mamá! ¡Éste es nuestro Poder, cuando el Amor y el Temor están balanceados dentro de nosotros! ¡Ay, mamá, por primera vez en toda la Vida tiene mucho más sentido!

—Exactamente, porque ahora puedes ver que Aquí no puede haber Luz sin Tinieblas, Sonido sin Silencio, Dios sin Mal, Dios sin Diablo. El inglés es una interesante *lenguamóvil* que muestra esto más claramente que cualquier otra lengua creativa que conozco. Dime, cómo se dice live deletreado al revés en inglés, sí, así es, *e-v-i-l*, y cómo se dice lived al revés, sí, así es, *d-e-v-i-l*. O sea vivir es malo y vivido es el Diablo.

—¿Entonces el Diablo es solamente Dios al revés?—preguntó Salvador.

Asintió.—Sí, Aquí no hay accidentes, *mijito*—, dijo. Pero no uses "el" antes, de Diablo. No usamos "el" antes de Dios, ¿verdad? "El" es una palabra traicionera. Que yo sepa, ninguna de nuestras lenguas—creativas nativas lo usa. De hecho, apenas me enteré que sólo la lingüística con base en la lengua europea usa la forma "el". El resto del mundo está libre de esta ilusión, ¿ves?

Pero ella podía ver que él no entendía.—Está bien si no entiendes ahora, mijito. Lo único que tienes que comprender es esto; ¿puedes ver ahora por qué tu padre, el pobre—, añadió persignándose—, pensaba que Dios nos había abandonado cuando perdimos todo allá en México durante la Revolución?

—Bueno, sí, porque si entendemos el Balance—, dijo—, entonces nos damos cuentas que los tiempos malos son necesarios para los tiempos buenos, igual que la oscuridad es necesaria para que haya luz, así que Dios nunca nos puede abandonar. El Diablo, quiero decir, Diablo es sólo parte de Dios.

—¡Exactamente!—lo dijo llena de alegría—, ¿Y qué se siente saber esto, eh?

—¡Maravilloso!—dijo—. Me siento libre.

—¡Sí, exactamente! Y busca esta palabra 'maravilloso' que acabas de usar. Originalmente significaba estar lleno de maravilla, y estar lleno—de—maravilla ES, este Lugar Sagrado de la Libertad donde todos SO-

MOS Hacedores de Milagros. Mira *mijito* hace apenas seis o siete mil años que en general—por la falta de uso del lenguaje—creativo—nosotros los humanos nos hemos privado de ser Hacedores Diarios de Milagros con Papito.

—¿Y fue entonces que dice la Biblia que comimos el fruto prohibido?

—Exactamente—, dijo—. Antes de eso, Dios no era ningún mistero sino nuestro Mejor Amigo. No es un accidente, *mijito*, que perdiéramos nuestros Sentidos Completos y que nos los redujeran a cinco. Y, como están las cosas ahora, el Sentido del Sentir, del Tacto, ha sido combatido por casi cuatrocientos años. Si los humanos pudieran ser reducidos a sólo la vista, el olfato, el sabor, y el oído, entonces seríamos unas máquinas perfectamente obedientes y haríamos cualquier cosa que nos dijera el estado, incluyendo el matar mujeres y bebés—pues no sentiríamos nada. Y sin sentimientos, no tendríamos compasión.

Cerró los ojos para concentrarse.—No es ningún accidente *mijito*, que el sentido del Balance no fuera anotado en Europa y que le quitaran a las mujeres el Sentido de Intuición.

—¡Ay, mamá, lo veo tan claro ahora! ¡Si sólo tenemos cinco sentidos vivimos con miedo al Diablo!

Se sonrió.—Así es. De hecho, el padre Ryan me dijo que no fue sino hasta el siglo catorce, durante la Plaga Negra de Europa, que se creó el concepto de "infierno" que tenemos hoy y "el" Diablo se hizo tan aterrorizante. Antes de eso, "infierno" y "diablo" no eran malos y horribles, sino más como bromistas.

—Imagínate, se quemaron pueblos enteros con cuerpos humanos apilados de diez en diez. El Siglo Catorce fue un Infierno Viviente en la Tierra. Y debido a su limpia comida *kosher*, los judíos no contrajeron la plaga, así que fueron odiados más que nunca. Entiende, lo desconocido planta el terror en el corazón de las gentes que no están usando todos sus sentidos. ¿Cómo puede ser de otra manera? Toma todos Sentidos Dados por Dios para enfrentarnos a lo desconocido con la visión de Papito.

—Pero mamá, ¿por qué no me dijiste nada de esto antes?

—¿Estabas listo para escuchar?

Salvador respiró profundamente y se alzó de hombros.

—No nos hagamos como el burro tapado. ¡*Mijito*, eres muy testarudo! ¿No fui yo la que vio primero a Lupe, pero tú no querías saber nada, así que tuviste que irte por tu lado y conocerla en otra parte? ¿Y tú no tenías idea que ella era la que Dios y yo ya habíamos escogido para ti?

—Aquí en la Vida no hay accidentes, *mijito*, sino las pendejadas estreñidas que nos rehusamos a aprender de ninguna otra manera.

—¡Ay mamá, qué dura eres!

—Gracias—dijo con una ligera reverencia—. Y ahora que tú y Lupe han pasado por el primer ojo de aguja y llegado a este Lugar Sagrado donde todas las parejas Bailan los Pasos Desenfrenados del Cielo, ya no tienen más problemas, *mijito*. Ahora sólo tienes que abrir los ojos y ver con los Ojos de la Creación y entender que todos los problemas ya han sido resueltos—. Paró para agarrar aliento—. Y por qué es cierto esto, simplemente porque la Vida en su Totalidad ya está Perfecta, mijito. Dime, a quién le reza y le tiene confianza Lupe, ¿eh?

—Bueno, Dios, por supuesto.

—¿Y a través de qué organización lo hace?

—Bueno, a través de la Iglesia Católica.

—¿Y en Quién esta fundada la Iglesia Católica?

—En Cristo, el hijo de Dios.

—¿Y cuál fue el primero milagro de Cristo?

Salvador se alzó de hombros.

—Vamos, fue su Madre quien Le pidió que lo hiciera.

—Ah, dijo Salvador abriendo de repente los ojos—. Volvió el agua en vino, mamá.

—Sí, exactamente. Jesucristo, el Hijo de Dios, volvió el agua en vino, y no solamente vino común y corriente, ¡sino en el mejor de los vinos!

—Sí, mamá, el mejor—, dijo Salvador.

—Sí mijito, ¿y a quién conoces que es miembro de la Iglesia Católica y que dice que tu whiskey es el mejor?

—Pues, al padre Ryan, por supuesto, mamá—, dijo Salvador súbitamente lleno de tanto gusto que brincó—. ¡Piensa que mi whiskey es el mejor que ha probado desde que salió de Irlanda! ¡Ay, mamá, lo veo ahora! ¡Lo veo! ¡Sólo llevaré a Lupe a ver al padre Ryan y le pediré que le explique todo a ella, porque a él le tendrá confianza!

—Exactamente—dijo la anciana—. Porque lo que está pasando Aquí en este Momento Sagrado no es que tú le estés mintiendo a Lupe; no, la estás educando. La estás orientando al mundo que tú conoces y que poco a poco, con paciencia . . . ¡quítate esa risita inmediatamente!

—¡Ni se te ocurra pensar que estoy diciendo que un hombre debe enseñar a su esposa! ¡Porque créemelo *mijito*, al final las lecciones que vas a aprender de Lupe van a hacer palidecer lo que tú le hayas enseñado! Son Trece Sagradas Semillas que sembrarán ustedes dos durante los tres primeros años de su matrimonio—les guste o no—¡y las que ella siembre en lo profundo del terreno de su matrimonio harán parecer las tuyas enanas! ¡Porque acuérdate, los hombres llegan al matrimonio con solo seis sentidos y las mujeres con siete! Y la Séptima de la Intuición es de donde el Balance saca ALAS, empujándonos a los Brazos de la Creación, regalándonos el Octavo, Noveno, Décimo . . . ¡todos los Trece! ¿Entiendes—? añadió.

—Sí, mamá, entiendo, me has dicho esto mil veces, la Hembra es la base toda Vida, ¿pero por qué, por qué?—¿por qué te enojas tanto?

—Porque, *mijito*—dijo con lágrimas en los viejos y arrugados ojos de lagartija—, esta es la despedida. Esta es la despedida para nosotros. La vida que tú y yo hemos conocido juntos . . . se acabó, se fue, se completó, y ahora les toca a ti y a tu joven esposa salir del Paraíso, comer de su propio Árbol de la Ciencia, y salir a su propio Mundo. La historia de la Creación nunca acabó con los antiguos judíos, sino que sigue, ahora mismo, Aquí, para siempre. ¡Adán y Eva SON USTEDES!

Las lágrimas le corrían por el rostro.—Te amo con todo mi corazón *mijito*. Eres un buen hijo, un magnífico hombre. Eres todo lo que siempre quise que fueras cuando te tomé bajo mi tutela para educarte como a una mujer. En ti, está el futuro de nuestra gente. Porque tú eres la escultura, la pintura, la sinfonía que tanto tardé en Crear, ¡con el FAVOR de DIOS! Y eres perfecto, Amor mío. Perfecto con todas tus faltas y contradicciones. De hecho, son éstas las que más me gustan, tus imperfecciones.

—¡Le mentiste a Lupe—, dijo, riéndose de repente—, igual que el hombre típico y ahora estás preocupado! ¡Ah, que interesante será ver cómo van ustedes a resolver esto!

—Te quiero, *mijito*, y siempre estaré contigo, Aquí, dentro—, dijo golpeándose levemente el pecho—, en tu Corazón latiendo como un gran tambor igual que cuando estabas en mi vientre y apenas podías oír el latir de mi Corazón son, son, sonando, sonando con amor—¡tú, amor mío, me oirás—SIEMPRE!

Se empezó a reír de nuevo.

—¿Pero, que es tan chistoso, mamá?

—Que afortunadamente el mundo entero es todavía un gran precioso relajo y tú debes arreglar tu precioso relajo, no yo.

—¿Crees que esto es chistoso?

—¡Ah, esto! ¡En verdad, es para morirse de la risa!

Y se reía a carcajadas—. ¡Pero!—dijo—. ¡NUNCA le eches la culpa a Lupe cuando Papito Dios venga y te pregunte por qué comiste del fruto prohibido! ¡Porque tú eres un mexicano que fue criado por UNA INDIA DE LAS BUENAS! ¡Y los mexicanos, Dios los perdone, tienen muchas faltas, pero créemelo, soplones NO LO SON!

—Así que cuando llegue el tiempo y conozcas a Dios cara a cara, le dirás con los *tanates* en la mano, ¡YO LO HICE, DIOS! ¡Yo acepto TODA la RESPONSABILIDAD! ¡Y no vas a echarle la culpa a la mujer que quieres! O no será Dios ni Diablo quien te venga a buscar, ¡SERÉ YO! ¡Tu MADRE, la GARRRR—AAA—PATA metida en tu CULO ESPIRITUAL por toda la ETERNIDAD!

Salvador se reía y lloraba al mismo tiempo.

—Te lo prometo, mamá, te lo prometo, no voy a echarle la culpa a Lupe cuando Papito Dios venga a preguntar.

—Bueno, porque—ah, esa historia por sí sola me demuestra, que no sólo fue la Biblia—que conocemos—escrita por hombres, sino por hombres débiles y espantados. ¡Porque ningún hombre con *tanates* le echa la culpa a su Amor como lo hizo Adán con la pobre de Eva!

Llorando y riendo, Salvador abrazó a su madre.—¡Ah, te quiero mamá! ¡Te quiero tanto, tanto—! dijo.

Por supuesto, ¡las mías fueron las primeras *chiches* que mamaste!

—Ay, mamá, eres tremenda—, dijo riéndose.

¡Las estrellas bailaban!

Arriba las estrellas cantaban, bailaban, se regocijaban—¡LA SONRISA DE DIOS!

AL AMANECER LLEGÓ Epitacio a la casa de Corona. Casi no se podía mantener en pie. Había corrido todo el trayecto desde *Lake* Elsinore. Y ya no era joven. ¡Era un gordo, de edad mediana que acababa de correr la carrera de su vida!

—¡YA NO PUEDO SEGUIR HACIÉNDOLO!—le gritaba a Luisa—. ¡Salvador va a tener que hacerlo él solo!

—¡Epitacio!—Luisa trataba de decirle—. ¡Lupe está aquí! ¡Lupe está aquí!

Pero el asustado hombrecito no se podía callar. Fue entonces que entró corriendo Salvador, pistola en mano.

—¿Qué *chingaos* es este escándalo?—gritó.

—¡Ya no puedo hacerlo!—gritó Epitacio—. ¡Mataron a mis dos hermanos mayores enfrente de mí!

—¿Quién los mató?

—¡Los rurales! ¡Los soldados! ¡Los colgaron y les cortaron las entrañas!

—¿Quieres decir allá en México?

—¡Sí, en la Revolución! ¡Ya estoy cansado de correr, Salvador! ¡Estoy cansado de tener miedo de cada ruido! No quiero ir a la prisión como Domingo. ¡No soy valiente! Pregúntale a quien quieras. ¡Te lo dirán! ¡Nunca he sido valiente!

—*Okay*—dijo Salvador al ver a Lupe mirando a la pistola que tenía en la mano—. Está bien. Cálmate y vente afuera para que podamos hablar—. Se puso la .38 cañón corto en el bolsillo trasero.

—No, afuera hay coyotes! Quiero irme a la cama. ¡Luisa está gordita y redonda y caliente y quiero que me abrace! ¡No soy valiente! ¡No soy valiente! ¡Pregúntale a quién quieras!

Salvador respiró profundamente y miró a su hermana Luisa que se disponía a abrazar al asustado hombrecito y a darle amor. Se volteó y miró a Lupe, su joven esposa, acostada en la cama y mirándolo, sin saber qué pensar, pero también llena de afecto y compasión por el asustado hombrecito.

Y Salvador supo que era hora de detener sus impulsos, hora de ser amable y comprensible, especialmente enfrente de estas dos mujeres, ¡pero no podía! Pues él también había pasado su niñez en la guerra—mucho más joven que Epitacio—había visto también a sus hermanos y hermanas violadas y asesinadas enfrente de sus ojos por los soldados, ¡en nombre de la justicia! ¡Pero aún así, no había huido de sus responsabilidades!

No, ¡se había puesto los pantalones a los diez años y se había convertido en la cabeza de su familia!

Así que Salvador dio un brinco, agarró a Epitacio del cuello y le dio vuelta, empujándolo hacia afuera por la puerta de atrás, ¡sin prestar atención a los gritos de protesta de Luisa! ¡Y pasando al lado de Lupe que lo veía con ojos espantados!

—¡Súbete al carro!—rugió Salvador arrastrando a Epitacio al Moon—. ¡Tenemos trabajo que hacer! ¡Y no me importa si eres valiente o no! Vas a terminar lo que empezamos, ¡y ahorita mismo, hijo de la chingada! ¡Tiene la mujer opción cuando está dando a luz! ¡Tiene opción el venado cuando el león lo tiene por el cuello!

—Los negocios son negocios, ¡y nosotros vamos a terminar nuestros PINCHES NEGOCIOS!

Luisa aullaba como una vaca que hubiera perdido su becerrito. ¡Recogió entonces una piedra tratando de pegarle a Salvador en la cabeza cuando empujaba a Epitacio dentro del carro!

—¡Ya párale, Luisa!—le gritó Salvador evitando la piedra y empujando a su hermana tan duro que cayó de culo—. ¡Deja de actuar como una vaca a la que le están quitando su becerro! ¡No voy a matar al cabrón este! ¡Sólo le voy a enseñar responsabilidad en los NEGOCIOS!

—Poniéndose de pie Luisa agarró otra piedra, una enorme piedra, y la arrojó con toda su fuerza haciendo añicos la ventana trasera de la Moon cuando se arrancaba con Epitacio.

Lupe estaba parada en la puerta trasera mirando todo lo que pasaba. No sabía qué pensar ni qué hacer.

En una agonía que partía su corazón, Luisa se dio vuelta y vio a Lupe mirándola y bramó, aún más fuerte que antes—. ¡Qué *CHINGAOS* estás MIRANDO! ¡Nadie te pidió que estuvieras mirando!

Se fue sobre Lupe como una vaca enfurecida empujándola de los escalones que iban a la puerta mientras corría a su casa, dando un portazo y cerrando con llave.

Pero Lupe era rápida, así que pudo brincar de los escalones antes que Luisa le pudiera dar un buen empujón.

¡Detrás de la puerta cerrada Luisa siguió llorando conmovedoramente como si estuviera en una agonía!

Lupe se quedó sola en la temprana luz de la mañana, todavía sin saber de qué se trataba todo esto, restregándose los brazos para quitarse el frío. Fue entonces que Lupe oyó una voz que cantaba dulcemente cerca del árbol de aguacate. Era una voz preciosa y parecía feliz y en paz.

Al caminar hacia ella, Lupe descubrió que el canto provenía del excusado exterior. Vio entonces un pequeño movimiento bajo la puerta parcial y se dio cuenta que estaba viendo la parte inferior de la falda de la madre de Salvador que se columpiaba hacia adelante y hacia atrás en el excusado de un asiento.

—¿Eres tú, Lupe?—preguntó la vieja.

—Sí, doña Margarita—dijo Lupe.

—Bueno, pues te invitaría a que pasaras a hacerme compañía, *mijita*—dijo la anciana—, pero este sólo tiene un asiento.

Al decir esto, la anciana abrió la puerta y Lupe vio que estaba sentada, enredada en un rebozo, su Biblia y su rosario en mano, un cigarrito hecho en casa le colgaba de la boca, una taza de café en la otra mano y se veía tan feliz. Había una vela encendida a su lado con una imagen de Jesús y la estatua de la Virgen María.

Lupe por poco y se ríe. Sin el menor indicio de vergüenza, doña Margarita estaba haciendo sus necesidades diarias.

—¿No es un nuevo día precioso?—dijo la anciana—. Mira esa suave luz tempranera que baja por las grandes y hermosas ramas del aguacate. Sabes, este gran y hermoso árbol y yo nos hemos ayudado mutuamente durante años. Hago mi buena caca en este excusado dándole comida a sus raíces y él me da los más grandes, jugosos y sabrosos aguacates en todo el barrio. Aaaah, somos tan felices juntos, este árbol y yo—, dijo fumándose su cigarrito casero y se veía tan en paz como el excusado lleno de pequeñas nubes de humo—. Y Dios trabaja con nosotros dos todos los días bendiciendo a este árbol y a mí con luz y calor todo el día. Verdad que somos afortunados. Después para desayunarme me hago una tortilla fresca de maíz, corto unas rebanadas de aguacate, le agrego un poquito de sal y salsa y, ah, es el Cielo aquí en la Tierra, créemelo, ¡Mmm mmm! Así que dime, ¿cómo dormiste anoche mijita? Espero que bien.

—Bueno, sí, pero perdone, ¿no oyó el escándalo señora?

—¿Ah, eso? Bueno sí, claro, lo oí. ¿Pero no hemos oído estos escándalos antes? Bostezó, estirándose y soltando una risita de alegría. Mijita, cuando todo haya pasado, todas estas distracciones no serán más que un pedo al viento. Estás esperando. No dejes que estos subibajas de la vida te distraigan de tu tarea más importante. Lo que estás haciendo—lo que está pasando dentro de tu cuerpo—es un Milagro Sagrado, es una Bendición directa de Papito Dios y no puede ser disturbada.

—¿Entonces no está preocupada por esta pelea que acaba de pasar ni cómo Salvador agarró a ese pobre hombre tan violentamente?

—¿Preocupada yo? ¡Ah, no, primero se preocuparán las Estrellas del Cielo que yo! Mi única preocupación que tengo ahora—mejor dicho, lo que me interesa para ser más exacta—es esta larga, grandota y jugosa caca que finalmente la siento venir, que viene—que viene—¡ah, qué bien se siente! ¡Aaaah! ¡Ooooh, sí! ¡Sí! ¡Aaaah, sí! Te digo, mijita, a mi edad una buena evacuación intestinal le puede dar al cuerpo el placer que el sexo nos daba cuando éramos jóvenes.

—Mira estas hormigas—continuó doña Margarita mientras sentaba su taza de café en un estante al lado de la veladora prendida cerca de la estatua de María.

—Ya se acabó la temporada de hormigas, pero todavía trabajan tan duro. Sabes—, dijo mientras tomaba la vela para reencender su cigarrito haciendo unos grandes ruidos al chupar el aire—, la hormiga reina es la que está a cargo de todo. Y todos los machos se portan bien. Me encanta verlos y aprender de ellos. Caminamos juntos, sabe, las hormigas y yo, igual que este árbol y yo hablamos juntos, también. Y el año pasado las hormigas y yo llegamos a un acuerdo, y ahora he empezado a darles de comer afuera durante los meses de verano cuando están tan activas, y así no entran a mi casa. Excepto, claro, durante la temporada de esas termitas que comen madera, entonces nada las puede mantener alejadas. Ah, de veras que limpian mi casa de esas termitas come madera. No es maravilloso—, dijo sonriendo—, como todo en el mundo funciona junto tan maravillosamente en el Sagrado Círculo de la Vida si sólo nos relajamos, y miramos y aprendemos y no nos metemos en problemas, dándonos cuenta que ya todo es perfecto y que ha sido perfecto por millones y millones de años y continuará siendo perfecto . . . ¡para siempre!

—Y nosotros y nuestra pequeña estadía en la vida, con todo nuestro conocimiento acumulado, es menos que un pedo. Si este árbol es más inteligente de lo que nosotros seremos en la vida. Y estas hormigas son también más inteligentes.

Se rió levantando su taza de café y saludó a la estatua de María y a la imagen de Jesús, pero entonces—cuando se lo iba a beber—halló la taza vacía—. Ah, María, que bromista eres, te bebiste mi café otra vez cuando yo no estaba viendo, ¿verdad? Tú lo viste, ¿verdad Lupe?

—No—dijo Lupe sorprendida—, no vi a la Santa Madre beberse su café.

Doña Margarita se rió.—No, quiero decir que viste que la taza todavía tenía café cuando la puse en el estante, ¿verdad?

—Bueno, sí, fue lo que pensé—dijo Lupe.

—Lo viste. Nunca pongas en duda tus sentidos. Aquí conmigo María ha aprendido muchos malos hábitos. ¿Te gustaría una taza de café, Lupe?—preguntó la anciana.

—Pues sí me gustaría—dijo Lupe.

—Bueno, puedes ir a mi casa y servirte una taza y tráele a María otra fresca con mucha azúcar—¿qué María? Ah no, ahora no, María, más tarde. Es muy temprano para empezar a beber. Sí, así es. *Okay, okay.* Mira, a María le gusta un poquito de *whiskey* en su café pero le dije que no.

—Ya veo—dijo Lupe—. ¿La Virgen María bebe whiskey?

—Principalmente vino, como sabes, pero yo no quiero nada de *whisquito* en este momento. Apúrate, Lupe y, ah sí, María dice también que vengas y compartas nuestra discusión, si quieres.

—Después de todo, ahora eres una mujer casada y embarazada, dice María, y ya es hora que aprendas los secretos de nuestra profesión—, dijo la anciana riéndose con alegría mientras le alargaba a Lupe su taza. Ay, ahora María está llamando lo que sabemos las mujeres, ¡nuestra profesión! ¡Ay, María es tan chistosa! Todos los días María y yo intercambiamos cuentitos. Así que sigue, María, cómo estabas contando.

Lupe tomó la taza de doña Margarita, se dio vuelta y se dirigió al jacal por la parte de atrás. De muchas maneras la madre de Salvador le recordaba a Lupe de la india tarahumara que era la partera en su pueblo. Había sido el escándalo de su pueblo—vieja y mal hablada y casada con un hombre que tenía la mitad de la edad de ella.

Al abrir la puerta Lupe instantáneamente se sorprendió con el aroma fantástico de las rosas. La fragancia era el Cielo puro. Entonces las vio; ¡eran las más hermosas rosas que jamás hubiera visto!

—¡ESA CABRONA DE mi hermana!—gritó Salvador mientras él y Epitacio salían volados del barrio. Tomaron el camino que daba la vuelta al pueblo y bajaba por el cañón que iba de Corona a *Lake* Elsinore—. ¡Cuando regrese la voy a matar! Y tú, ¿cómo pudiste dejar nuestra destilería así nomás Epitacio? Al menos cerraste la casa, ¿verdad?

Epitacio no contestó. No, sólo se quedó sentado allí petrificado.

—Ay, Dios mío—dijo Salvador mirándolo fijamente—, No la cerraste, ¿verdad? ¡Hijo de la chingada! ¡Saliste corriendo sólo porque oíste algo!

—¡Y también vi algo, Salvador!

—¿Qué?

—¡Ojos!

—¿Ojos?

—¡Sí, y eran ojos grandes, Salvador! ¡Grandísimos! ¡Y estaban por todas partes! ¡Dos ojos aquí, dos ojos allí! ¡Dos ojos por todos lados!

—¡Estabas borracho!

—Yo no bebo, Salvador. Eso lo sabes tú.

—Dos ojos, ¡no me chingues!—dijo Salvador. Pero al oír su historia se
agachó y sacó de debajo del asiento su .45 automática.

Era un camino de tierra estrecho y sinuoso por todo el cañón de Corona a *Lake* Elsinore. Había un arroyuelo, robles y de vez en cuando grupos
de sicomoros.

Calmadamente Salvador encendió un puro.—Está bien, ahora dime todo, Epitacio, y especialmente cualquier cosa inusual que haya pasado en
los últimos días. No quiero que nos vayan a agarrar como al Tigre de Santa Julia con los pantalones abajo. Un hombre que tiene los pantalones abajo está en una posición muy peligrosa.

Toda la cara de Epitacio se le puso roja.—Bueno, una vez cuando salí a
comprar provisiones, ellos, bueno, ah—, pero el hombre asustado no terminó sus palabras.

—¡EPITACIO!—grito Salvador agarrándolo del cuello—. ¡HABLA! ¡A
MÍ NO ME ANDES CON *CHINGADERAS*! ¡Nuestra vida está en peligro!

—Me dieron un aventón a la casa—, agregó rápidamente—, porque había comprado tanto.

—¿Y por qué compraste tanto?

—Porque, bueno, yo . . .

—¿Los invitaste a que entraran a la casa?

Epitacio tragaba saliva, no podía dejar de tragar saliva.

—Los invitaste, ¿verdad?

—¡No! ¡No! ¡No! ¡Salvador! Nunca entraron.

—Pero vieron dónde vives, Epitacio—dijo Salvador—. En una buena
casa del lado gringo del pueblo. ¡Eso parece sospechoso! *Chingao, chingao, chingao*—, agregó Salvador, pero ya no estaba gritando—. Has terminado, Epitacio, dijo calmadamente. Has terminado. Tenías razón. Ya no
puedo tenerte más como empleado. Estás buscando que nos agarren.

—Has llegado a ese sitio en el juego de póquer de la vida en el que a un
hombre ya no le importa ganar o perder. Todo lo que quiere es salir, de
una manera o de otra. Lo he visto mil veces. No hay accidentes. Domingo
pedía que lo agarraran. Había perdido el valor y es por eso que peleó y ac-
tuó tan valientemente contra los policías cuando ya nos tenían. Los cobardes, no los valientes, son los que siempre están buscando guerras.

Al decir esto Salvador respiró profundamente una y otra vez.—¿Y quiénes eran éstos que te trajeron a casa?

—La gente de la tienda.

—¿Un hombre, una mujer? ¡Vamos, habla! ¡Explica! ¡CARAJO!

—Un hermano y una hermana.

—*Okay*, pero nunca entraron, ¿verdad?

Epitacio asintió.

—Bueno—dijo Salvador—, pero tú has terminado, tenías razón, no eres valiente.

—Nunca lo he sido—dijo Epitacio.

— *Okay*, entiendo, pero ahora todavía necesito tu ayuda. Vamos por la casa, miramos alrededor y entonces vamos a la tienda y vemos cómo te tratan. Leeré sus ojos, especialmente el ojo izquierdo y entonces decidiremos qué hacer.

Epitacio asintió.—¿Entonces podré regresar con Luisa?

—Sí, entonces puedes regresar con Luisa.

—¡Ah, qué bueno!—dijo lleno de calor y gusto.

Salvador casi se rió. Carajo, era él, que estaba de luna de miel, no este hombre gordo de mediana edad.

Al manejar por la casa Salvador vio que la puerta del frente estaba abierta de par en par. ¡Sus ojos se agrandaron enormemente! Miró a Epitacio.

Epitacio tragaba saliva tan rápidamente que apenas podía hablar.—Creo que, bueno, tal vez la dejé abierta cuando salí corriendo—, dijo.

—Dios mío—dijo Salvador—. Dios mío—. Y ahora él también tragaba. Pero no por miedo, ¡sino con furia! ¡Tenía ganas de matar a este idiota sentado al lado de él! ¿Ahora, dónde está esta tienda—? Preguntó lo más calmadamente que pudo.

Epitacio le dijo, fueron allí y entraron. Salvador tenía su .45 bajo la camisa y su .38 en el bolsillo de atrás. Quién sabía, a la mejor esta gente le había puesto una trampa a Epitacio, robado todos sus barriles de whiskey y ahora los estaban vendiendo allí en la tienda. Pero tenía que mantenerse calmado, calmado como un reptil del desierto, con los ojos medio cerrados y casi sin respirar, para poder estudiar a esta gente de una manera calmada.

Al observarlos cuidadosamente, Salvador se dio cuenta que Epitacio verdaderamente les caía bien a la gente de la tienda, especialmente a la mujer. Y no estaban nada nerviosos. Parecían muy relajados y sinceros. Epitacio y Salvador compraron algunas cosas y salieron a la Moon. Al ver la ventana estrellada del carro, Salvador recordó a su hermana Luisa y respiró profundamente.

—Has estado jugando al cuu cuu cuuu con esa mujer, ¿verdad?—le dijo Salvador a Epitacio—. Por eso compraste tantas provisiones, para impresionarla, ¿verdad?

Epitacio no dijo nada. Sólo se volvió a poner todo rojo.

Salvador movió la cabeza molesto.

—No le vas a decir a Luisa, ¿verdad?—preguntó Epitacio cuando subían de nuevo a la Moon.

—No estoy pensando en esto ahora—dijo Salvador—. Ahora tenemos trabajo que hacer.

Regresaron a la casa y se estacionaron en un gran campo abierto, lejos detrás de la casa. La vigilaron mientras comían algunas de las provisiones. Nunca vieron ningún movimiento. Finalmente era hora. Aquí ya no había que esperar, mirar, o desear más. Salvador abrió la puerta de su Moon y salió, se sacudió las migajas de su pantalón y camisa.

—Sabes, Epitacio, ni siquiera sé cómo un hombre como tú piensa. Y no te digo esto con enojo o con malicia, sólo digo que no puedo entender cómo tú o mi hermano Domingo piensan. Dios mío, Epitacio, teníamos algo bueno que nos daba dinero, una pequeña mina de oro; por eso, ¿cómo pudiste ser tan estúpido y descuidado?

Epitacio solamente asentía y escuchaba sentado en la Moon.—A la mejor, Salvador—dijo finalmente en voz baja—, Domingo y yo no pensamos. A la mejor eso es todo.

Salvador arqucó la ceja izquierda.—Me lleva—dijo—. Muy bien. Tal vez tengas razón. Carajo, mi padre no sabía pensar tampoco.

—La mayoría de la gente no lo hace. No todos tienen una madre como la tuya.

La ceja de Salvador se arqueó una vez más.—Me lleva—dijo—. Tal vez tengas razón. Pero no vamos a hablar más, llegó la hora Epitacio. Tú manejas y te paras enfrente de la casa, te bajas y vas a la puerta del frente. Si todo está bien, me verás dentro de la casa, ¿*okay*?

—¿Pero cómo vas a saber si entrar o no a la casa?—preguntó Epitacio.

—Pues, voy a hacer lo que hizo mi hermana—dijo Salvador riéndose—. Aventaré una piedra a la ventana y si no hay tiroteo, ¡no tenemos de qué preocuparnos! Carajo, le debo a Luisa por enseñarme esto.

—¡Allí está!—gritó Epitacio entusiasmado—. ¡Allí está, Salvador!

—¿Allí está, qué?—preguntó Salvador.

—¡La prueba de que piensas!

—¿Que pienso?

—Sí—dijo entusiasmado—. ¿No lo ves? ¡Luisa le tiró una piedra a tu carro y rompió tu ventana y de esto pensaste y aprendiste! Y la mayoría de la gente no haría esto. No, todavía estarían encabronados con su hermana por haberle dañado el carro y no podrían ver nada más. Ves, tú y Luisa han aprendido de su madre a ver las cosas de una manera diferente de la mayoría de la gente.

—Me lleva—dijo Salvador—. Creo que tienes razón. Creo que tienes mucha razón.

—Y Luisa y tú aprendieron esto desde niños, aprendieron a pensar, a ver la vida claramente desde varias perspectivas diferentes. Y la mayoría de la gente no sabe cómo hacer esto, especialmente los hombres grandes y fuertes que siempre tratan de hacer su voluntad por medio de la fuerza.

—Me lleva—dijo Salvador una vez más—. Creo que has dado en el clavo. Porque mi mamá siempre nos decía que la gran astucia de la zorra le venía no por ser lista, sino por ser tan chiquita. Que el coyote era tan grande y fuerte que nunca tuvo que aprender a ser astuto. ¡Ay, Epitacio, eres un cabrón inteligente!

El pequeño hombre se avergonzó.—Nunca fui valiente, Salvador, y por eso tuve que hallar otros modos para poder vivir también.

—Ya veo, y en realidad quieres a Luisa, ¿verdad?

Se puso rojo de nuevo y asintió.

—Gorda y redonda y caliente, ¿verdad?

—Inteligente también—agregó Epitacio—. Conoce mis debilidades pero no me odia por ellas. Me perdona mis otras mujeres.

—Entonces, ¿Luisa sabe de esta otra mujer?—dijo Salvador.

Epitacio respiró. ¡Luisa lo sabe todo! Es bruja, sabes, igual que tu madre. Y créemelo, no digo esto para ofender, pero bueno, es lo que los hombres llamamos a las mujeres que son tan capaces.

Salvador asintió.—Creo que tienes razón. *Okay*, no quiero oír más. Vamos a trabajar, ¡y vamos a hacerlo a lo *chingón*!

Y Salvador revisó sus dos armas, se las puso en la cintura y calmadamente encendió otro puro.

Epitacio se subió en el asiento del chofer, arrancó el motor y llevó la Moon al campo del frente de la casa.

Con el puro en la boca, Salvador empezó a caminar directamente hacia la casa con pasos mesurados y firmes, mirando cuidadosamente cualquier movimiento en las ventanas.

Cuando estuvo cerca arrojó su puro, recogió una piedra y la aventó a la ventana más cercana mientras corría al lado de la casa acercándose tanto que nadie de adentro podría dispararle.

Con su corazón latiendo fuertemente se estuvo quieto por un momento. Respiró. No podía oír tiros o policías adentro, así que le hizo una señal a Epitacio, que estaba al frente. Salvador entró violentamente por la puerta de atrás mientras Epitacio entraba por la puerta delantera. Se quedaron asombrados al ver que de un agujero de la alacena de la cocina salía una familia de mapaches.

Salvador se desternillaba de risa.—¡Los ojos que viste que te estaban mirando eran los de estos mapaches!

—Ah, no, Salvador, ¡aquellos eran ojos grandes, enormes!

—¡Claro, grandisísimos! ¡Vente, vamos a cargar todo y a largarnos de aquí! Estoy casado. ¡No me voy a arriesgar más!

Era casi la medianoche cuando llegaron a Corona. Les había tomado cinco viajes de la Moon para sacar todo de la casa y llevarlo a las colinas. No les habían robado ni un barril de whiskey. Todo estaba allí, excepto las provisiones que Epitacio había comprado y que, claro, los mapaches se habían devorado.

Al llegar a Corona, Salvador se paró en la iglesia de piedra antes de llegar a casa.

—Ah, le vas a dar las gracias a Nuestra Señora—dijo Epitacio.

—No, no exactamente—dijo Salvador. Le voy a dar una caja de este whiskey al sacerdote y le voy a pedir un favorcito.

10

¡EL AMOR estaba en el Aire! ¡EL AMOR estaba por
Todas Partes! Las Locuras de la Vida, saltaban ahora con los
FUEGOS DEL INFIERNO Y DEL CIELO Aquí sobre la
¡MADRE TIERRA!

NTONCES ME MENTISTE, Salvador!—le gritó Lupe. ¡Ay Dios
mío! ¡Y te pregunté si eras un butleguer, Salvador ¡Y me mentiste!
¡ME MENTISTE!

—Sí, lo hice—dijo en voz baja—, tienes razón, te mentí.

—Ay Salvador me siento como si me hubieras atravesado el corazón
con una espada. ¡Siento tanto dolor dentro de mí!—dijo con la cara llena
de lágrimas.

Estaban estacionados en una arboleda de robles un poco al sur de Temecula, más o menos a mitad del camino entre Corona y Carlsbad.

—Todos sabían—continuó Lupe—, pero me rehusé a creerles, porque
yo tuve confianza en ti. Dime, ¿cómo te puedo tener confianza de nuevo?
¡Ay, si no estuviera embarazada, te dejaría!

Al decirle esto lo miró directamente a los ojos.—Y también cómo te
atreves a comparar lo que tú haces a que mi mamá se tome un trago de vez
en cuando. ¡Lo que haces está mal! ¡Toda la vida nuestra madre nos explicó a nosotras que el licor y la baraja habían destruido más hogares que la
guerra! Yo había pensado que éramos especiales, Salvador. Había pensado
que la gente nos admiraba en el barrio y que podríamos . . . ay, me siento
tan sucia, tan, tan . . . ¡Dios mío, Dios mío! Dime Salvador, al menos no
eres jugador, ¿verdad?

Salvador respiró y respiró de nuevo. Podía oír un arroyuelo por las piedras al otro lado de los robles. Eran unos robles enormes con raíces grandes y gruesas que bajaban a las aguas subterráneas de la cama del arroyo.
Estos árboles habían visto mucho de la vida; muchas inundaciones y muchas sequías. Las raíces estaban a la vista donde la tierra había erosionado.

—Lupe—dijo Salvador—, el juego es mi profesión principal.

Sus ojos se abrieron. Trató de hablar, ¡pero no le salía nada de la boca! No, todo lo que podía hacer ahora era sentarse en la Moon, mirando fijamente a este hombre, esta persona con la cual se había casado, ¡pero a la cual no conocía!

En ese momento no pudo resistir la idea que él la habiá acariciado, o que ella hubiera permitido que su "cosa" entrara a su cuerpo.

Empezó a hipar y cuando él alargó la mano para tratar de ayudarla, ella la agarró y la mordió con tal fuerza que pensó que le había arrancado los dedos. Mientras él gritaba de dolor, ella salió del carro y se echó a correr.

¡El mundo entero giraba, volteaba, se revolvía a su alrededor!

Los robles se columpiaban, bailaban, cuando ella pasó entre ellos tratando de correr pero sin poder hallar las piernas para hacerlo.

¡Ay, como odiaba estar embarazada!

¡Debió haberse casado con Mark! ¡Su hermana Carlota había tenido razón! ¡Salvador era un mentiroso bueno para nada!

Podía sentir que se estaba volviendo loca mientras continuaba corriendo más y más lejos en el robledal y la maleza. Entonces el robledal se puso tan tupido que tuvo que ponerse de rodillas para poder gatear.

Se detuvo. Estaba empapada de sudor, y no podía respirar. Se sentía como si la hubieran apuñaleado en el pecho. Empezó a jadear para poder respirar. Pensó que se iba a morir.

Entonces creyó oír algo. Aguantó la respiración para poder oír mejor, y sí, podía oír una cascada. Tenía el mismo sonido de aquellas cascadas preciosas que tenían allá en su cañón de la Lluvia de Oro. Fue entonces cuando también oyó el crujido de las hojas y se volteó y vio a Salvador que venía tras ella por la maleza, doblado como oso mientras entraba y salía de los matorrales.

—¡No!—gritó.

Se puso de pie y salió corriendo tan rápido como pudo, corriendo agachada por la maleza y enderezándose y corriendo en los espacios libres como había hecho allá en México cuando era niña y había ido a correr a las barrancas con su venado mascota.

¡Y era rápida! ¡Y se sentía tan bien ser libre otra vez y correr a campo traviesa!

¡Pues allá en México sólo los indios tarahumaras, los mejores corredores del mundo, habían sido más rápidos y capaces que ella! ¡Salvador nunca la alcanzaría! ¡Ningún hombre la alcanzaría ya! ¡Era la hija de su madre, después de todo, una yaqui de piernas largas y odiaba a Salvador!

¡Odiaba el haberlo amado!

Salvador brincaba por la maleza tratando de cortarle el paso. Pero no prestaba atención por donde andaba y se salió del terraplén del robledal y la maleza. El tonto no había escuchado la cascada. Cayó, cayó y cayó al precipicio con el torrente del arroyo al fondo mientras gritaba, ¡LUU-UUU—PEEEEE!

Lupe salió de los árboles y la maleza a un gran claro al lado del inclinado y angosto declive y allí vio a Salvador todavía rodando y cayendo a unos cien pies de la cascadita. Todavía gritaba ¡Luuuuu—peee!

Ella pudo ver que él iba a dejar de rodar cuando parara en unos nopales. Empezó a reírse; ¡le dio un gran placer cuando le pegó a los nopales, CHILLANDO como un loco!

—Te lo mereces—dijo—. ¡A la mejor te matas! ¡Qué alivio! Pero entonces recordó a la madre de Salvador y cuánto la quería y ya no quiso que muriera. ¿Qué le diría a su madre? Empezó a llorar.

—¡Lupe! ¡Lupe! ¡Por favor, ayúdame! ¡Tengo espinas de nopal por todo el cuerpo!—gritó Salvador.

—¡Qué bueno!—gritó devolviéndole el grito—. ¡Ojalá y te duelan!

Al decir esto, levantó la vista y vio el ancho y hondo río y pudo ver el arroyuelo y la cascadita. Se dio cuenta que nunca antes en su vida había pensado en matarse. Nunca, durante todo el sufrimiento de la Revolución, nadie de su familia había pensado en dejar la vida, porque, bueno, simplemente habían tenido tanto amor y confianza entre ellos.

Se daba cuenta ahora que la confianza era una palabra muy grande. Quizá más grande que el Amor.

Se le llenaron los ojos de lágrimas y pensó en sus votos matrimoniales y en las palabras que habían usado. Habían dicho que prometían ser Fieles uno al otro para bien y para mal, en salud y en enfermedad, Amarse y Respetarse todos los días de sus Vidas. Y también habían dicho, para tenerse y protegerse, para bien y para mal, en riqueza y pobreza, en salud y enfermedad, hasta que nos separe la muerte. Pero nunca se había usado la palabra "confianza" Y podía ahora ver claramente que toda la ceremonia del matrimonio se había basado en la Confianza. La confianza era en verdad una palabra muy importante y ella ya no la tenía en Salvador.

Las lágrimas le seguían corriendo de los ojos y respiró y se mantuvo parada, aquí al borde del arroyo, ignorando los gritos de ayuda de Salvador, y miró la cascada. No era una cascada muy grande; no, era una pequeña cascadita comparada con las grandes cascadas de su cañón, pero ah . . . qué tranquilidad podría alcanzar si brincara y se fuera deslizando, resbalando con el agua sobre la cascada y dejar de tener preocupaciones, problemas con estas dos . . . tan importantes palabras, Confianza y Amor.

¡Y ella había sentido estas dos preciosas palabras con Salvador! ¡Las dos sinceras palabras completamente! ¡Con toda su Alma y su Corazón!

Siguió llorando, pero ya no estaba fuera de sí.

Después de todo, su madre le había dicho una y otra vez, que una Mujer de Substancia nunca pone todo su Amor en el hombre, sino en el nido, en la familia. Porque los hombres eran del viento, la piedra y el fuego, ¡así que no tenían un verdadero entendimiento de la mujer que venía del agua, del árbol, y de la misma Madre Tierra!

Al limpiarse los ojos Lupe recordó la cancioncita que cantaba con las otras niñas del pueblo cuando jugaban a brincar la cuerda.

—¿Qué mueve a qué?—decía la canción—. ¿Es la piedra la que mueve el árbol, o es el árbol que mueve la piedra? ¡Pero, claro, es el árbol que mueve la piedra ya que poco a poco sus raíces buscan agua y sustento!

—¿Qué mueve a qué?—continuaba la canción—. ¿Es el fuego que mueve el agua, o es el agua que consume el fuego? ¿Qué mueve a qué? ¿Es el viento macho que mueve los árboles, aguas y arenas, o son las hembras árboles, aguas y arenas, que calentándose con los rayos del sol, brincan regalándonos el baile y el significado al viento?

—¿Qué mueve a qué?—Lupe se halló diciéndose a sí misma estas palabras mientras estaba parada al borde del profundo arroyo. ¿Es la Madre Tierra con su rico suelo y grandes aguas que mueven al Padre Cielo, o es el Padre Cielo con sus grandes nubes y tormentas que mueve a la Madre Tierra? ¡Pues es Dios Quien mueve Todo! ¡Es Papito Dios que bajó Aquí a esta Madre Tierra gracias al Milagro de la Virgen María y movió los Corazones de toda la Humanidad!

Después de decir todo esto, Lupe respiró y se sintió mucho mejor. Todo tenía mucho más sentido ahora. Todo se sentía mucho más comprensible.

Desde que tenía uso de razón ella y sus amiguitas del pueblo habían cantado estas canciones que les decían qué fuertes y especiales eran las Fuerzas Hembras del Mundo.

Lupe se dio cuenta que Salvador había podido finalmente librarse del nopal, pero todavía gritaba de dolor como un pequeño cachorro de coyote en agonía.

No le hizo caso y se sentó para descansar un poco. Estaba cansada. Y estaba embarazada, así iba a hacer lo que le había dicho su suegra que hiciera y no iba a dejar que estas subidas y bajadas de la vida la disturbaran.

Sentada a la sombra de un roble, Lupe arrancó una hoja de pasto y empezó a masticarla. Sí, los hombres eran Fuego y las mujeres Agua. Los hombres eran Viento y las mujeres eran Tierra. Los hombres eran Piedra y las mujeres Árbol.

Respirando, masticando, tarareando, Lupe miró a su alrededor y vio la gran Madre Tierra por todos lados y al enorme Padre Cielo arriba. Y vio las piedras abajo en el arroyuelo haciendo la corriente para aquí y para allá y vio la tierra de los terraplenes manteniendo el agua y las piedras en su lugar.

Las lágrimas le asomaron a los ojos, pero ya no estaba agitada. No, estaba calmada. Llegó una brisa y empezó a cantar en las ramas de los árboles arriba de ella. Lupe miró hacia arriba y vio las ramas del enorme árbol bailando con el deslumbrante cielo azul como trasfondo. Vio las hojas, la corteza oscura que se veía tan bonita contra la infinita vastedad del Cielo Padre, y repentinamente, Aquí en su Corazón, supo de nuevo por qué su madre siempre le había explicado—allá en la Lluvia de Oro—que toda mujer necesitaba tener su propio Árbol de Lágrimas para poder sobrevivir las dificultades de la vida y del matrimonio.

Una gran paz llenó el Corazón de Lupe. Y ahora podía ver claramente que el agua, las piedras, las raíces, todo estaba entremezclado junto igual que el amor y el odio, las esperanzas y lo que esperaba de este hombre Salvador con quien se había casado para bien o para mal . . . en la riqueza y en la pobreza, en salud y en enfermedad, hasta que la muerte los separe.

Los ojos se le llenaron de lágrimas de alegría pura. Al limpiarse las lágrimas de los ojos, respiró y puso su mano derecha sobre su Centro, manteniéndose firme, y ahora empezó a cantar también, igual que la brisa en los árboles. Y su voz joven y dulce se esparció por el arroyo y por la empinada cuesta sobre la barranca pedregosa al sur de Temecula.

En un instante Lupe pudo ver con el ojo de la mente que ella y sus amigas de la Lluvia ya no eran niñas que jugaban a brincar la cuerda, sino mujeres adultas que vivían la vida. Y por toda la Madre Tierra—no importaba donde estuvieran o lo que estuvieran haciendo—Aquí en sus Corazones, estas mujeres, sus Hermanas Sagradas, también cantaban estas canciones de su juventud.

¡Canciones que les daban esperanza!

¡Canciones que les daban Poder!

Canciones que las mantenían ancladas a la Eterna Bondad de la Vida, ¡sin importarles cuántas piedras los hombres de sus vidas les pusieran enfrente!

Canciones que les enseñaban cómo moverse con facilidad y dexteridad igual que este pequeño torrente a sus pies.

Y las aguas del torrente podían apagar el fuego fácilmente, así pues, sí, las Mujeres de Substancia tenían que tener mucho, mucho cuidado de sus Poderes Especiales para no matar a los hombres de sus vidas, sino trabajar con ellos, ayudarlos, nutrirlos, redondearlos como lo hacían las aguas del río a las piedras, haciéndolas lisas y plenas y sí, finalmente Completas.

Esto es lo que su madre había hecho con su padre. Esto es por qué su padre todavía adoraba a su madre, ella había trabajado con él, lo había perdonado, y nunca lo había dejado de amar—aun cuando los había abandonado.

Esta era la misión de la mujer.

Este era el tesoro de la mujer, ¡el conocer su propia fuerza increíble!

¿Quién movió a quién? Ay, que inocente cancioncita había sido la que habían cantado cuando niñas allá en México mientras brincaban la cuerda.

Y así Lupe podía ver ahora claramente lo que sus madres habían hecho en su cañón.

Dieron un paso adelante como Mujeres de Substancia en medio de esos terribles días de violaciones y saqueos—llamados Revolución por los hombres—¡y habían dado un paso adelante con el Poder del Agua que cae en una gran cascada, esparciendo Amor y Esperanza, Sabiduría y Calor para Todos!

Las lágrimas le bañaron el rostro a Lupe, pero no, ya no estaba triste. ¡Estaba alegre! ¡Estaba feliz! ¡Estaba llena de entusiasmo! Sabía ahora en lo profundo de su ser que no era la primera—o la última mujer en venir a este doloroso lugar de engaño, ¡en el que había sentido que su amor verdadero le había mentido acerca de todo!

No, no estaba sola.

¡Pues, en este mismo momento podía sentir a la misma Madre Tierra respirando bajo ella mientras se sentaba en el suelo bajo este Grande y Viejo Árbol!

Podía sentir a la Madre Tierra respirar y podía ver al Padre Cielo sonriendo y podía oír al Árbol Femenino cantar en la suave y pausada brisa.

No, nunca más se dejaría arrastrar por el pánico otra vez.

Después de todo, era la hija de su madre y estaba embarazada, así que tenía que recordar como su madre siempre le había dicho, que los hombres vienen y se van igual que el Viento y el Fuego, así que le correspondía a la mujer—en quien Dios había puesto su confianza para llevar al bebé— el mantener vivas la Santas Aguas de la Creación.

Lupe respiró de nuevo y se sintió llena.

Dios estaba con ella.

Dios estaba Aquí, ahorita mismo, así como había estado con la Virgen María, Madre de Jesús, ¡cuando también había estado embarazada con la vida Sagrada!

Lupe empezó a Rezar.

Había hallado su Árbol de Lágrimas, Aquí en este terreno desconocido, así que estaba bien, igual que su madre y sus abuelas habían estado bien antes que ella—¡con Papito Dios!

ESA NOCHE, DE regreso a su casa de Carlsbad, Lupe le ayudó a Salvador a sacarse las espinas nopal de las piernas, manos y espalda. Pero no pudieron sacarle las pequeñas espinitas que se le metieron entre los dedos, así que a estas las frotaron con una mezcla de limón, ajo y masa de maíz. Pero aún así, la comezón de estas pequeñas espinitas entre los dedos lo tuvo despierto gran parte de la noche provocándole pesadillas terribles.

A la mañana siguiente Salvador le sugirió a Lupe que fueran a ver al padre que los había casado.—Y lo que él diga, yo lo hago, Lupe—, dijo Salvador—, porque todo lo que quiero es que nosotros seamos felices. No quiero otra noche de pesadillas. Hemos sido tan felices, Lupe, y eso es lo quiero para nosotros: felicidad.

—Ay, que bueno—dijo Lupe—. ¡Así le podemos dar todo nuestro dinero a la iglesia y limpiar nuestras almas!

—¡Qué!—gritó Salvador—. ¡Espérate! ¡Tranquila! ¡Nunca dije nada de darle todo nuestro dinero a la Iglesia!

—Pero es dinero sucio, Salvador—dijo Lupe—. Así que necesita ser bendecido para estar puro. Ven, vamos, para que nos podamos limpiar una vez más, aquí dentro.

—¿Quieres decir ahorita?—dijo.

—Sí—dijo ella—. ¡Quiero decir vamos a dar todo nuestro dinero ahorita!

Ahora era Salvador el que no estaba seguro de ir a ver al sacerdote.

—Mira, Lupe—dijo tragando saliva—, tal vez podríamos resolver este asunto entre nosotros.

—Pero Salvador—dijo Lupe—, tú fuiste el que dijo que deberíamos ir a ver al sacerdote y que harías cualquier cosa porque querías que fuéramos felices.

—Si, lo dije—dijo Salvador rascándose el lado izquierdo de la cabeza mientras trataba de pensar. Ya había arreglado todo con el padre Ryan sobre cómo manejar la situación de su fabricación de whiskey con Lupe, pero por Dios, esta joven esposa le había puesto un gran obstáculo a todo con su idea de darle su dinero a la Iglesia.

—Bueno, entonces yo estoy de acuerdo contigo—dijo—. Es una buena idea, así que vamos y ya que estemos allí, le hablaremos al padre de tu afición al juego, también. ¡Ay, que fantástico! ¡Estoy tan contenta por nosotros, Salvador, vamos a ser gente de honor una vez más!

Ahora era Salvador que no estaba seguro quién estaba moviendo a quién. Lupe se pasó tres días más hablándole a Salvador hasta que lo convenció de ir a ver al padre que los había casado.

En el camino de Oceanside a la iglesita de piedra de Corona, Salvador sudaba gotas de sangre. Lupe estaba tan entusiasmada que no dejaba de sonreír.

Al llegar a la iglesia, Salvador empezó a sentir más confianza en que tal vez, tal vez las cosas se resolvieran a su favor. Porque cuando se había pa-

rado en la iglesia aquella noche, unos días antes, le había dado a este clérigo una caja de su mejor whiskey añejo de doce años y le dijo que ya no le
podría traer más porque Lupe creía que el alcohol era el arma del Diablo y
no quería que lo siguiera fabricando.

—Ya veo—dijo el alto y digno clérigo—. Bueno, si así están las cosas,
por qué no la traes por aquí para que me vea antes de que haga algo preci-
pitado.

—Bueno, si usted insiste—había dicho Salvador, actuando inocente-
mente.

Así que él y Lupe ahora estaban aquí estacionando su carro enfrente de
la iglesia y se sintió seguro que tal vez todo iba a salir como él quería ya
que había preparado las cartas a su favor.

Por otra parte, Lupe lo había puesto entre la espada y la pared con su
idea de querer regalar todo su dinero.

Adentro, el anciano sacerdote los esperaba y los recibió con una gran
sonrisa generosa y los acompañó por el pasillo atrás del altar, a sus habitaciones privadas. Lupe nunca había estado en esta parte de una iglesia antes. Podía oír el eco de sus pasos en el brillante piso de madera. Caminaba
de puntillas sin querer ofender a Dios.

Al final del largo pasillo llegaron a una gran puerta pesada. Adentro estaba el estudio del sacerdote, al lado de donde él y doña Margarita habían
estado bebiendo. Cuando habían entrado cerró la pesada puerta con un
ruido seco. Vio cómo Lupe inmediatamente empezó a ver las paredes llenas de libros. También notó cómo ella lo miraba cuando se puso tras de su
escritorio, se sentaba y ponía las manos juntas como una tienda encima del
escritorio.

—Por favor, tomen asiento—dijo

Lupe y Salvador hicieron lo que se les pedía. El servidor de Dios respiró profundamente.

—Te gustan los libros, Lupe—preguntó el servidor de Dios al ver cómo
Lupe leía ahora los diferentes títulos de sus libros.

—¡Ah, sí!—dijo con entusiasmo al sentirse bien de estar cerca de tantos
títulos legendarios.

—Qué gusto oír eso—, dijo respirando profundamente varias veces—.
A mí también me gustan mucho los libros, especialmente los clásicos.
Nunca tuve la suerte de viajar mucho, ves, pero te puedo contar de todos
los lugares a donde he estado gracias a los libros. Los libros fueron mi primer amor cuando era joven. Creo que fueron ellos los que me mantuvieron alejado de problemas y los que eventualmente me llevaron a estudiar
para el sacerdocio.

Lupe nunca había oído a un sacerdote hablar de su vida personal antes.
De repente se sintió muy relajada.—Es lo que hacíamos mi mejor amiga y

yo en nuestro cañón en México también—dijo Lupe—. ¡Manuelita y yo le-
íamos, especialmente libros de geografía, y viajábamos por todo el mundo
cada oportunidad que teníamos! ¡Me encantaba leer y aprender cómo viven otras gentes en lugares lejanos!

—Bueno, espero que no hayas dejado de leer, ¿verdad querida?—preguntó el padre.

—Bueno, sí—dijo Lupe avergonzándose—. Los libros son, bueno, caros
y mi familia y yo siempre nos estábamos mudando de un lugar a otro para
seguir las cosechas.

—Pero ya no te mudas—dijo—. Salvador me ha dicho que ahora ustedes tienen una buena casa en Carlsbad.

Ella asintió.—Sí, es verdad—, dijo enorgulleciéndose. Pero entonces se
acordó por qué habían venido a ver al sacerdote—. Pero vea, padre—. No
sabía qué decir. Se sentía muy nerviosa—. No me he sentido muy bien—,
agregó.

—¿Ah, es por esto que no has ido a la biblioteca a sacar libros para leer,
hija?—preguntó.

Lupe se volteó a Salvador.—He estado muy alterada—, dijo—. Dile por
qué, Salvador.

—Bueno—dijo Salvador enderezándose en su silla—, vea padre, Lupe y
yo hemos venido a verlo porque, bueno, tomamos muy en serio nuestros
votos matrimoniales, pero, vea . . . Lupe, tú eres la que estás alterada.
Creo que tú debes decirle.

Ella negó con la cabeza. Se sentía morir de vergüenza. Estaban aquí,
dentro de la Santa Casa de Dios y Salvador quería que ella dijera cosas re-
lacionadas con el Diablo.—No—dijo ella—, dile tú.

—Bueno, está bien—dijo Salvador un poco cohibido—. Vea, padre, yo
me gano la vida haciendo whiskey.

—¿De veras?—dijo el padre Ryan chupándose los labios.

—Sí, y Lupe aquí, quiere que deje de hacerlo.

—Ya veo—dijo el sacerdote asintiendo varias veces, como si estuviera
digiriendo esta información por primera vez—. ¿Y es esto hija mía—, dijo
volteándose a Lupe—, lo que te está alterando?

—Pues sí, claro—dijo, completamente sorprendida por la pregunta del
sacerdote.

—¿Y por qué te molesta?—preguntó el sacerdote.

—¿Por qué?—dijo Lupe en voz mucho más alta de lo que hubiera pensado.

Salvador se removió en su asiento. ¡Este clérigo era verdaderamente
bueno, inteligente y mañoso! ¡Carajo, podía ser cardenal!

—Sí—continuó el padre Ryan—. ¿Por qué te molesta, querida?

—Porque, bueno, padre, ¡el licor es la substancia del Diablo!—dijo rápidamente y siguió hablando con una voz asustada y rápida—. Y cuando usted nos casó, padre, usted dijo que somos responsables uno del otro, para que cuando muramos nuestro amor continúe en el Cielo. Pero este licor, padre—, añadió con lágrimas en los ojos—, ¡va a mandar a Salvador al Infierno por toda la eternidad y no va a poder estar conmigo en el Cielo—! y al decir esto rompió a llorar.

Salvador miró fijamente a Lupe. Nunca pensó que todo esto le estuviera dando vueltas en la cabeza. Caramba, la pobre joven había estado sufriendo todo este tiempo mucho más de lo que había pensado. Le tomó la mano a Lupe y se la acarició. También quería ir al Cielo para estar con Lupe después que muriera.

—Bueno, hija mía—dijo el sacerdote—, entonces, si te entiendo correctamente, crees que el alcohol es en sí un gran mal, ¿verdad?

—¡Pues sí, claro!—dijo Lupe santurronamente—. ¡Mi madre siempre nos dijo que el alcohol y el juego habían destruido más matrimonios que la guerra—! agregó en voz más alta de la se imaginaba. ¡Estaba muy asustada pues estaba hablando de estas horribles cosas en la Casa de Dios!

—Y tu madre fue muy sabia al decirte esto—dijo el clérigo—. Porque a través de los tiempos, el abuso del licor y la baraja han sido uno de nuestros más grandes problemas.

Lupe se volteó y miró a Salvador como diciendo "Ya ves". Ah, le caía muy bien el sacerdote ahora.

—Pero, también hija—continuó el sacerdote, barriendo con sus manos la suave y limpia superficie de su amplio escritorio—, debemos considerar que Dios en su sabiduría infinita, nos dio a todos el libre albedrío para que pudiéramos escoger entre el bien y el mal y, así, pudiéramos hallar nuestro camino—repito, nuestro camino—como individuos responsables durante nuestra vida en la tierra y en Su reino Celestial—. Dejó de hablar poniendo sus manos en forma de tienda sobre el escritorio una vez más—. ¿Entiendes, hija mía?

Lupe negó con la cabeza,—No—dijo—, no entiendo.

—Bueno, hija, simplemente, si no hubiera mal o tentación en este mundo, ¿entonces que mérito tendría escoger a Dios?

—¿Está usted diciendo que el licor es bueno, porque es malo y así nos obliga a escoger?

Al oír esto, consideró sus palabras cuidadosamente y asintió.—Sí, es lo que digo—, dijo. O, ahora velo de esta manera; también estoy diciendo que cada uno de nosotros, en el acto de escoger, se convierte en la persona que es. Por ejemplo, ¿cuál fue el primer milagro que Nuestro Señor Jesucristo hizo en la tierra?

Dejó de hablar, chupándose los labios una vez más, pero sin quitarle los ojos a Lupe ni un momento.—Así es—, dijo—, te acuerdas; lo puedo ver

en tus ojos. Fue durante una fiesta de bodas. Sí, vamos, dilo. A los anfi-
triones se les había acabado el vino y, para que no se avergonzaran más,
Nuestra Querida Señora le pidió a su Muy Santo Hijo que por favor cam-
biara . . .

—¿El agua en vino?—dijo Lupe.

—Exactamente. ¿Y se negó Nuestro Señor Salvador?—preguntó el sacerdote—. No, por supuesto que no. Decidió concederle el deseo a su madre, y no sólo lo cambió por vino ordinario. Ah, no, cambió esa agua al
mejor de todos los vinos—así como tu esposo aquí, hace con su magnífico
whiskey—según me han dicho—, agregó rápidamente, tosiendo unas
cuantas veces.

Lupe sintió que le daba vueltas la cabeza. Caramba, si toda su vida había sabido, sin ninguna duda, que el licor era malo y una herramienta del
Diablo; y ahora este clérigo le estaba recordando que el Mismo Cristo había hecho también alcohol.

—Como te decía—continuó el hombre de la sotana—, creo que Dios en
Su Infinita Sabiduría, sabía lo que estaba haciendo cuando le dio a tu esposo estos poderes especiales para hacer whiskey, y hasta, podría agregar,
lo hizo su tocayo cuando le dio el nombre de Salvador en honor de Su único Hijo verdadero, ¡Nuestro Señor Jesucristo, el Salvador!

Lupe ya no sabía qué decir ni qué pensar. Se sentía como si estuviera
perdiendo la cordura.—Bueno, entonces, padre, quiere decir—dijo—,
¿que mi esposo es como Jesús al hacer el trabajo de Dios cuando hace
whiskey?

—Bueno—dijo el sacerdote levantando la ceja izquierda. No esperaba
volarse la barda—. No diría eso. Pero sí te digo que lo que hace Salvador
no es contra las leyes de Dios.

—Pero es contra la ley en este país—dijo Lupe—. Y no quiero que lo
agarren y que se lo lleven a la cárcel. Vamos a tener un hijo y—¡ah, Dios
mío—! dijo—. ¡Estoy tan, tan, tan confundida!

—Entonces, vamos a rezar—dijo el sacerdote tranquilamente—, para
que tu esposo nunca vaya a la cárcel y para que tú comprendas que el alcohol en sí, no es malo. También recuerda que a través de los siglos mucha
de la mejor gente de nuestra Iglesia estuvo en la cárcel. ¿No estuvo el Mismo Cristo encadenado y fue forzado a cargar Su propia cruz?

—Lo que creo que debes hacer, hija mía, es rezar todos los días por la
seguridad de tu esposo. Después de todo, los tiempos son difíciles para
todos. Como estoy seguro que sabes, es difícil para algunas personas aun
poder poner comida en la mesa.

—Bueno, sí, lo sé—dijo Lupe—, pero, bueno, simplemente no sé . . .
había pensado que estábamos viviendo en pecado, padre—, añadió.

—Así que vinieron a verme y yo creo que eso es muy loable—dijo—. Después que se casan, muchas parejas jóvenes se olvidan de sus necesidades espirituales. Te felicito, María Guadalupe, por tu carácter. Pero ahora, al menos que tengan alguna otra cosa que quieran discutir, tengo otras personas esperando.

Al decir esto el sacerdote se puso de pie. Hacía mucho tiempo que el clérigo había aprendido que era mejor concluir las cosas rápido para que la gente pudiera irse a casa a digerir las cosas ellos mismos.

—Bueno, gracias por su tiempo—dijo Salvador pensando que todo había salido bien y que ahora él y Lupe se deberían de largar antes que ella se acordara que le quería dar a la Iglesia todo su dinero de la *butlegada*.

Pero Lupe no iba a desviarse de su objetivo. Permaneció sentada y dijo—Padre, casi se me olvidó; también vinimos a darle el dinero de todo el licor que Salvador ha vendido.

—Ah—dijo el sacerdote volteándose a Salvador—. ¿Y cuánto será eso, hija mía?—El sacerdote se dio cuenta que Salvador se revolvía en su asiento cagándose de miedo.

—Se lo queremos dar todo a usted—dijo ella—. Son casi trescientos dólares.

Salvador, que había estado columpiándose hacía adelante y hacía atrás, se cayó de espaldas al piso rompiendo el respaldo de la silla.

—Está bien—dijo el clérigo poniéndose de pie—, era una silla vieja. ¿Estás bien?

—Si—dijo Salvador. Estaba completamente agitado.

—Miren—dijo el sacerdote, dándose cuenta que estaban hablando de una fortuna—, eso es muy generoso de ti, hija mía—agregó, volteándose a Lupe—. Pero ahora que hemos hablado de este asunto, creo que tú y Salvador necesitan hablar. Sin embargo una pequeña donación de, digamos, sesenta dólares, que es el veinte por ciento, es adecuada por ahora.

—Pensé que la Iglesia tomaba el diez por ciento—dijo Salvador, poniéndose de pie y llevándose la mano al bolsillo para sacar el dinero. Carajo, pensó que en todos estos años ya le había dado al pinche cura más del diez por ciento en whiskey, ¿pero qué podía hacer? No le podía decir a Lupe que el hombre bebía como una esponja y que ya le significaba un alto gasto mensual.

—Aquí tiene veinte dólares—dijo Salvador al hombre de la sotana—. No tengo más dinero conmigo en este momento. Todo nuestro dinero está en el banco—, añadió, mintiéndole al sacerdote.

—Como debe ser—, dijo el sacerdote tomando los veinte y poniéndoselos en su propio bolsillo—. Y esto es más que suficiente—, añadió. Olvídate de los otros cuarenta—. No quería enojar a Salvador y que le cortara su suministro de whiskey—. Muchas gracias. Y recuerda, Lupe, que sí, *butle-guin* es contra las leyes de esta tierra, ¡pero no contra las leyes de Dios! ¡Vayan en paz, hijos míos!

Al salir de la Iglesia Lupe no sabía qué pensar. Todo el mundo se estaba volviendo loco a su alrededor. El padre había dicho que el alcohol no era malo; que el Mismo Jesucristo había hecho vino, y que Dios también les había dado a los hombres libre albedrío para escoger entre el bien y el mal para caminar por la vida hacia el Reino de Dios.

Ay, sentía que la cabeza le explotaba—¡estaba tan confusa!

Y Salvador se esforzaba por no sonreírse abiertamente. Caramba, no había salido tan mal como había pensado. Y esta cosa del libre albedrío, de veras le gustaba. Era exactamente lo que su madre le había dicho toda la vida, que aun Dios necesitaba ayuda para hacer milagros aquí en la Tierra. Y en efecto, un milagro acababa de ocurrir—¡era ahora un *butleguer* con la Bendición de Dios!

DESPUÉS DE LA visita al sacerdote, la vida entre Salvador y Lupe seguía tensa. Se le estaba acabando el *whiskey* a Salvador y tenía que volver a instalar su destilería, pero no le quería decir a Lupe. Decidió ir al barrio de Carlos Malo, al otro lado del pueblo, para hablar con Archie. Lupe había dicho que vendría con él y compraría provisiones en el mercadito mexicano enfrente del billar.

—¿Y qué es lo que quieres de mí?—le dijo Archie a Salvador. Estaban en el cuarto de atrás del billar de Archie. El billar—no la Iglesia—era el verdadero centro del barrio. Era el lugar donde se congregaban todos los solteros y recibían su correo. También el ser dueño de este lugar le facilitaba al vice alguacil estar enterado de lo que pasaba y de hacer cumplir la ley.—¿Me estás pidiendo protección, o sólo consejo?

—Creo que un poco de los dos—dijo Salvador.

—Entonces te va a costar un barril por semana.

—¡Oye, Archie, no te puedo pagar tanto!—gritó Salvador—. ¡Ya no tengo a nadie confiable que me pueda ayudar a hacer el whiskey! ¡Tengo un negocio pequeño! Tendré que hacerlo yo solo, ¡y también, recuerda, que ahora estoy casado!

—Sí, ya vi a Lupe entrar al mercado de enfrente. ¿Y cómo está su linda hermanita? ¡*Chingao*, es un culito caliente!

—Entre menos vea de esa mujer, más contento estoy—dijo Salvador.

—¿Ya sabe Lupe a qué te dedicas?

Respirando profundamente, Salvador asintió.—Sí, tuve que decirle, y mano, ya apenas si me habla.

Archie se echó a reír golpeándose la pierna.—¡Así que por fin son una verdadera pareja casada!

A Salvador no le pareció chistoso.

—Mira, puedes instalar tu destilería en Escondido—dijo Archie.

—¿Y tú le hablas al *sheriff* de allí?

—No necesito hacerlo—dijo Archie—. Eso está tan cerca de la frontera que nadie anda buscando *butleguers*—. En México el alcohol todavía era legal.

—¿Y te voy a tener que pagar por esto?

—Sí, me vas a pagar. Un barril cada . . . digamos, dos semanas; o ahora que ya sé dónde vas a estar, ¡te meto al bote si no me lo das!

—Eso es chantaje, Archie.

—Así es, ¿no te gusta? ¡Recibir una cornada de tu mujer por un lado y de la ley por el otro! La cara de Archie se iluminó de alegría, se reía y se reía, ¡verdaderamente divirtiéndose! El mundo está al revés, ¿verdad? ¡Tu mejor amigo te la mete y tu esposa no teda nada!

—¿Cómo puedes dormir por la noche, Archie?

—Duermo como un bebé. Estoy pensando en postularme para alcalde. O tal vez para gobernador y mi lema será, "¡Archie el Indecente—su político franco, tramposo y ladrón!" ¡Carajo, te apuesto que gano casi todos los votos!

—¡Eres peor que ningún sacerdote!

—Gacias—dijo Archie—. Esos artistas de la estafa se habrían apoderado de toda California si hubieran podido.

Al terminar sus asuntos con el policía grandote, Salvador iba saliendo por la puerta del frente del billar cuando vio a un gringo alto y grande caminar hacia su coche Moon. Lupe estaba poniendo las provisiones dentro del carro y el gringo se agachó metiendo la cabeza dentro de la ventanilla del Moon y empezó a hablarle suavemente.

¡Su corazón de Salvador EXPLOTÓ! Se buscó la pistola, pero no la tenía encima. Estaba bajo el asiento de la Moon.

—¡Oiga, amigo! —gritó Salvador avanzando hacia él.

El hombre alto se volteó sonriendo lascivamente y mostrando unos enormes dientes blancos, y enderezó toda la longitud de su estatura sobrepasando a Salvador por un pie. Pero Salvador no iba a dejarse intimidar y brincó pegándole abajo de la barbilla con toda la fuerza de su bajo, grueso y compacto cuerpo.

La fuerza fue tan grande que los dos pies del hombre se despegaron del suelo y salió volando hacia atrás pegándose con el lado de la Moon en la cabeza. Archie salió corriendo.

—¡Lárgate de aquí, Sal!—dijo Archie—. Este es un gringo, ¡pinche pendejo! ¡Un gringo! ¡Menos mal que vi que él te atacó primero y tuviste que pegarle en defensa propia!

Salvador temblaba de lo agitado que estaba. Se había vuelto loco cuando había visto a ese hombrote metiendo la cabeza dentro de su carro para coquetear con Lupe. ¡Todos los años de querer proteger a su madre y hermanas le salieron violentamente!

—¡Que te vayas al carajo!—le dijo Archie de nuevo—. ¡Creo que de verdad lo lastimaste!

—¡Vamos, Salvador!—dijo Lupe.

Por fin Salvador se subió al Moon y se fueron.

—No había necesidad de pegarle a ese hombre, Salvador—dijo Lupe una vez que habían salido del barrio. Sólo estaba borracho. No quiso hacer ningún mal. Además, probablemente se emborrachó con tu whiskey.

—¡LUPE!—gritó Salvador—. ¡No me hables así! ¡Desde que vimos a ese padre me has estado hablando mal!

—¿Y por qué no? ¡Me mentiste, Salvador! ¡Me mentiste acerca de todo!

—¡Párale, Lupe! ¡Párale! ¡Te lo advierto!—agregó.

—¿Me lo adviertes?—dijo—. ¡Me adviertes que harás qué! ¡Que también me pegarás! ¿Que me agarrarás del cuello como agarraste a Epitacio aquella mañana? ¡Ah, no, Salvador, soy tu esposa y te guste o no te guste, voy a hablar!

¡Gritando, Salvador metió los frenos y brincó fuera del Moon! No sabía qué hacer. ¡Quería matar! ¡Quería matar a Lupe!

Siguió gritando y bramando como un toro furioso. En ese momento se fue contra el árbol más cerca—un hermoso eucalipto, grande y hermoso—y empezó a patearlo tan duro como podía y después a golpearlo con sus gruesos y pesados puños de herrero.

—¡Vi cuando los soldados violaron y asesinaron a mis hermanas con mis propios ojos!—bramó—. ¡Y era muy chico para poder hacer algo, Lupe! ¡Era muy chico! ¡Iba a matar a ese hijo de la chingada, si Archie no me hubiera sacado!

—¡Era un gringo borracho, Lupe! ¡Un gringo borracho! ¡Y qué crees los gringos borrachos les han estado haciendo a nuestras mujeres todos estos años! ¡NO TE HAGAS LA TONTA CONMIGO, LUPE! ¡LUPE TE AMO! ¡Tú eres mi esposa! ¡Y se te respetará, Lupe, me oyes, mataré a TODA ESTA NACIÓN!

Le clavó las uñas al árbol arrancándole la corteza, mordiéndola, y pateando el árbol una y otra vez . . . hasta que por fin se lastimó el pie derecho y no pudo patear más, y empezó a llorar. Se cayó abrazando la base del Gran Árbol, llorando como un niño.

¡Los tambores sonaban!

¡El Corazón Colectivo de la Humanidad sonó, Sonaba, SONABA!

—Violaron a mis hermanas—añadió Salvador en voz baja—, enfrente de mí y de mi madre, y querían torturarnos también y yo era muy pequeño para poder hacer algo. Muy chiquito, Lupe. Muy chiquito, Lupe—, tragó saliva—. Emilia, mi hermana, se quedó ciega de vergüenza. La guerra no es buena. Nunca es buena. Las mujeres y los niños siempre . . . pierden los dos.

Las lágrimas le corrían por la cara a Lupe mientras, sentada en la Moon, veía a Salvador abrazar la base del enorme eucalipto y llorar de dolor también.

Lupe sabía exactamente de lo que hablaba Salvador. Había pasado lo mismo en su cañón acantilado. Nunca importaba quién había ganado, villistas o carrancistas, al fin de todo, ellos, la gente, siempre perdía. En verdad, la guerra no era buena. ¡Nunca! ¡Sólo los hombres—lejos de sus casas—podrían pensar que la guerra era grandiosa y arriesgada!

Empezó una deliciosa y suave brisa y Lupe miró hacia arriba y vio las hojas del Gran Árbol Bailando en la luz del sol, convirtiéndose en un Mar de pequeños Ángeles.

Respiró y respiró de nuevo, abrió la puerta y bajó de la Moon para ir a ver a Salvador. ¡Los Ángeles tarareaban en su Corazón!

—Lo siento—dijo sentándose en la tierra al lado de él—. Lo siento, Salvador, no entendía.

Le quitó el cabello de los ojos y se miraron en la luz del sol que bajaba por las ramas del Gran Árbol, y se vieron todos nuevos y con tanto . . . Amor y Calor y Bondad.

Sus corazones se habían abierto.

¡El Paraíso era ahora, Aquí, dentro de ellos, y alrededor de ellos!

Respiró. Lupe, ¿qué clase de hombres hacen esto? Violar a una niña enfrente de los ojos de su propia madre. A mi madre le hicieron esto . . . una y otra vez—. Sus ojos derramaban lágrimas—. ¿No tenían madres ni hermanas?

—No eran hombres—dijo Lupe—, eran almas perdidas.

Asintió.—Sí, tienes razón—, dijo todavía con lágrimas en los ojos—. No eran hombres. Es también lo mismo que dice mi madre siempre y después . . . los perdona. Ah, Lupe, tenemos que cuidar nuestro amor. Tú eres mi esposa, Lupe, ¡mi esposa!—añadió.

—Sí, lo soy—dijo Lupe—, y tú eres mi esposo.

Él respiró.—¡Te amo, Lupe!

—Y yo te amo a ti—le contestó

Se tomaron uno al otro entre los brazos y la brisa arreció y las enormes ramas del Gran Árbol se columpiaron, y Aquí estaba la cara de María, la Madre de Dios, arriba en las altas ramas del eucalipto. Y las hojas—que habían tomado la forma de Diez Mil Ángeles para que todos los que tuvieran el Corazón para Ver, los Vieran, y para que todos los que tuvieran el Alma para oír, Oyeran.

Una vez más una pareja casada había dado un paso adelante por el ojo de la aguja, recuperando el Paraíso en la base del Santo Árbol de la Vida. Lupe se levantó y le extendió a su marido una mano para que se levantara y se miraron a los ojos y se besaron suave, tiernamente de una manera completamente diferente.

Al ir a su coche Moon, Lupe tuvo que ayudar a Salvador. Había pateado tanto que se había lastimado el pie derecho, el lado masculino, y cojeaba.

Camino a casa no dijeron nada y esa noche hicieron el amor como no lo habían hecho antes. Lentamente. Suavemente. Sin cansarse nunca. Sin dudar nunca. Hora tras hora. Con los ojos abiertos, sintiendo sólo las sensaciones más abiertas, más tiernas de sus Corazónes y de sus Almas.

AHORA LUPE SE sentía muy diferente cuando veía que salía Salvador todos los días. Lo abrazaba y lo besaba, y el temor y la desesperación habían desaparecido. No, ahora estaba de acuerdo en que él saliera para hacer su trabajo y que ella fuera a estar sola. De hecho, le daba gusto verlo salir, para poder hacer las cosas ella misma.

Así que esta mañana Salvador salió y Lupe empezó a limpiar la casa, cantando y sintiéndose muy bien cuando se topó con la lata llena de dinero abajo del fregadero. Y de repente, como un relámpago, en vez de asustarse o enojarse, vio todo tan claro, tan diferente. Pues podían poner esta lata de dinero en el banco. Es lo que hacían los ricos con su dinero. ¡No tenía que temerle al dinero! El dinero era sólo papel, como se lo había dicho muy bien Salvador.

Lupe se mareó de sólo pensar porque nadie en toda su familia había estado nunca dentro de un banco, y mucho menos depositado dinero en uno.

Por primera vez en varias semanas se sintió entusiasmada y con la mente clara.

No podía esperar que llegara a casa Salvador para decirle.

Esa noche después de cenar Lupe miró a Salvador al otro lado de la mesa y dijo,—Querido, hoy cuando estaba limpiando la casa, me topé con tu . . . quiero decir, nuestra lata de dinero y—no, no te enojes. No es nada malo. Es bueno—, dijo sonriendo con gusto—. Y pensé lo que podemos hacer con él, para que no me dé miedo cuando sales y me quedo sola.

—¿Qué?—dijo mirando su alegría, pero todavía un poco aprensivo.

—Salvador—dijo entusiasmada—, lo podemos poner en el banco.

—¿El banco?—dijo él.

—Sí—dijo ella—, así como los ricos—quiero decir como la gente que tiene dinero.

Y dejó de hablar esperando que Salvador se entusiasmara con su idea, pero en lugar de eso se paró de un salto de la mesa y empezó a dar vueltas por el cuarto diciendo que no, no, no, ¡estaba totalmente en contra de esta idea del banco!

Pero en las últimas semanas Lupe se había vuelto muy fuerte y no se echó para atrás. No, ahora cerró los ojos para no tener que ver su cara furiosa, y habló calmadamente, explicándole de una manera lenta, constante, razonable, que él estaba fuera gran parte del tiempo y por eso ella no se sentía segura de estar sola en casa con todo este dinero.

—Salvador—dijo finalmente—, has trabajado duro por este dinero y no quiero que lo perdamos. Recuerda—, dijo abriendo los ojos—, roban las casas. Y los bancos son seguros.

Al oír la última parte, Salvador se volvió a sentar.—*Okay*, Lupe—dijo en voz baja—, me has convencido, pero ahora te tengo que decir algo que esperaba no decirte nunca en la vida.

Lupe cerró los ojos.—¿Qué es?—preguntó, tratando de pensar qué cosa podría ser peor que el juego y la fabricación de whiskey. ¿Era también un asesino? ¿Mataba también a gente por dinero?

Lupe—dijo sintiéndose tan avergonzado que apenas podía hablar—, no sé cómo . . . cómo leer. Así que no puedo ir a ningún banco—, continuó—, porque le dan a uno papeles para que . . . los lea—. Lloraba, temblaba, se veía enfermo de lo apenado que estaba.

—¿Y esto es todo, Salvador?— le preguntó Lupe mirándolo estupefacta— . ¿Es esto lo que esperabas nunca tener que decirme en toda la vida?

Salvador asintió.—Sí—dijo con los ojos humedecidos—. Porque, mira, que tú estés enojada conmigo o que me odies, bueno, eso lo puedo aguantar, pero si tú alguna vez— . . . No podía hablar—, si alguna vez sintieras vergüenza de mí, ya no podría vivir, Lupe.

Al ver a este hombre fuerte sentado enfrente de ella, tan espantado, aniñado y vulnerable, el corazón de Lupe se enterneció completamente.— ¿Cómo podría avergonzarme nunca de ti, Salvador—dijo—. Eres un hombre fantástico y un buen esposo y estoy orgullosa de ser tu esposa, Salvador.

—Sí, he estado enojada contigo, es cierto, pero no estoy ciega.

—¡Ay, Lupe! ¡Lupe!—dijo—. ¿Estás segura que estás diciendo la verdad?

—Claro que sí—dijo ella.

—¡Estas palabras son MÚSICA para mis OÍDOS!—gritó a los Cielos.

Lupe tragó saliva. También ella se ahogaba de emoción—. Pero dime una cosa—, dijo—, ¿por qué no te enseñó a leer tu mamá? Ella siempre está leyendo la Biblia.

Salvador respiró profundamente y se secó los ojos.—Trató de hacerlo, Lupe—, dijo sentado al lado de ella—, pero, bueno, por alguna razón simplemente no pude aprender a leer. Y ella me explicó que mucha gente—del lado indio de la familia—nunca habían aprendido a leer. Y estos no eran los más tontos de la familia, no que va. Muchas veces los que no podían leer, bueno, sabes, eran como los ciegos que con ojos especiales del corazón podían ver cosas que todos los demás no podían ver. Como mi hermano José, el Grande, no podía leer, pero ah, podía volar hacia abajo de la ladera con los ojos cerrados y podía hablar con las Nubes, el Cielo, los Árboles, ¡con toda la Creación! Lo siento, Lupe, nunca quise ser una vergüenza para . . . para ti—, añadió, y una vez más le brotaron las lágrimas de los ojos.

—¡Salvador!—dijo Lupe tomándolo en sus brazos—. Nunca podrás ser una vergüenza para mí. Tú eres mi esposo. Y la semana pasada, cuando le prestaste todo ese dinero a mi hermano para su *troca*, pude ver que eres un hombre generoso de buen corazón, Salvador.

—¡Ah, Lupe! ¡Lupe! Siempre te quise decir antes de casarnos que no podía leer y que era un *butleguer*, pero tenía miedo de perderte, ¡y te quiero TANTO! Desde el primer día que te vi, ¡tú eres mi VIDA! ¡El ÁNGEL de mis SUEÑOS!

Se acercaron y se besaban suave, tierna, cautelosamente, y una vez más empezaron a hacer el amor y era . . . Santo de verdad, una pareja casada visitando el Cielo.

AL DÍA SIGUIENTE fueron a Corona a llevarle un barril a Luisa para que pudiera seguir vendiendo whiskey por pinta y luego fueron al banco en la parte gringa del pueblo y Lupe lleno los papeles para que depositaran $540 en efectivo, ¡todo el dinero que tenían en el mundo!

Era el 20 de octubre de 1929, días antes del derrumbe de la Bolsa de Wall Street.

Pero, claro, de esto no sabían nada, ni siquiera cuando ocurrió el derrumbe y la gente saltó de las ventanas en la ciudad de Nueva York.

No leían los periódicos ni escuchaban las noticias en el radio. Eran gente del barrio.

Salvador vio cómo Lupe llenaba las formas en el grande y ancho escritorio del banquero, ¡y se sintió muy orgulloso de ella! ¡Podía leer y podía escribir! ¡En inglés y en español! ¡Escucho cómo su pluma cantaba al hacer rasguños sobre los papeles haciendo intrigantes y magníficos diseños! ¡Ay, su esposa Lupe no sólo era bella, sino educada también! Le había dicho que casi había terminado el sexto grado.

¡Salieron del banco sintiéndose orgullosísimos! Lo habían logrado. Juntos habían ido a un lugar donde Salvador nunca había soñado entrar.

De regreso a la casa de Lupe, Salvador hizo el error que hacen muchas parejas jóvenes cuando quieren compartir su felicidad con el resto de la familia. No podía dejar de presumir de Lupe, su hermosa y educada esposa; presumió tanto que finalmente Luisa se sintió menospreciada.

Pues lo que Salvador estaba diciendo en realidad, de acuerdo a la opinión de Luisa, era que antes de Lupe, ella y su familia habían sido un montón de indios sin educación, sin razón.

Y para hacer las cosas aún peor, Salvador dejó a Lupe con Luisa y se fue con Epitacio. Iban a ir a las colinas a desenterrar un par de barriles que Salvador había enterrado en un cauce de río seco para entregarlos a Riverside. Y como Riverside era sólo parcialmente su territorio, tenía que tener mucho cuidado de no cruzar la línea y terminar en un tiroteo. Pues los cabrones del italiano y del filipino todavía le daban problemas.

Cuando Salvador y Epitacio regresaron, Lupe estaba sola, sentada afuera cerca del excusado exterior y quería irse a su casa de Carlsbad inmediatamente. Salvador pudo darse cuenta que algo no estaba bien, pero cuando trató de cuestionar a Lupe, ella sólo negó con la cabeza y no decía nada.

A mitad del camino a *Lake Elsinore* Salvador ya no pudo aguantar más.—Lupe—dijo saliéndose del camino en un robledal—, ¡qué carajos está pasando! Sé que pasó algo. Cuando estaba entregando esos barriles tuve esta sensación dentro de mí que te estaba pasando algo a ti. ¡Háblame, por favor!

—Está bien—dijo Lupe—, pero sólo bajo la condición que no interfieras. Esto lo tengo que resolver yo. No tú, ¿entiendes?

—*Okay, okay*—dijo Salvador—. Entiendo. Ahora dime, ¿qué pasó?

—Bueno, después que salieron tú y Epitacio, estaba allí en la cocina con Luisa—porque tu madre había venido de la iglesia un poco cansada y se fue a su casa a echarse una siesta—y este hombre llegó a comprar, creo que algo de *whiskey*. Y Luisa lo vio mirándome y en vez de decirle al hombre que estaba casada contigo, su hermano, me dijo que le sirviera un trago y que me sentara a hacerle compañía.

—¡LUISA HIZO ESO!—gritó Salvador—. ¡La mato! ¡Le quemo la casa! ¿Y cómo era este *jijo* de su madre? ¡Lo voy a castrar y a arrastrar por las calles con mi Moon!

—¡Salvador!—gritó Lupe—, ¡no vas a hacer nada de eso!

—¡Pero tengo que hacerlo! ¡Soy tu esposo! ¡Tu protector!

—¡Escúchame, Salvador! ¡Escúchame! ¡No vas a hacer nada! Necesito resolver esto yo misma. O, si te metes y me proteges, Luisa nunca me tendrá respeto. ¿No lo ves, ella sólo estaba tratando de herirme a mí por lo que le hiciste a su esposo Epitacio? Y le echaste leña al fuego cuando no podías dejar de presumir lo que yo había hecho en el banco.

—Ah, entonces estás diciendo que todo esto es culpa mía, ¿verdad?

Y Salvador se chupó los labios y Lupe podía ver que estaba a punto de enfurecerse una vez más. Pero no iba a permitírselo. Después de todo, no sólo se había hecho mucho más fuerte en las últimas semanas, sino que su amor por él ya no era ciego. No, era una mujer enamorada, pero con . . . ¡los dos ojos bien abiertos!

—Salvador—le dijo—, ¿cómo esperas que te hable si te enojas cada vez que hablo? No te estoy echando la culpa a ti. Simplemente te estoy diciendo lo que creo que está pasando. Me senté a esperarte, allá afuera, al lado del aguacate cerca del excusado exterior, así que tuve mucho tiempo para pensar. Pues en este momento que estamos hablando, te apuesto que Luisa está, bueno, como tú dirías, ensuciándose en el vestido, esperando que yo no te cuente lo que trató de hacerme.

—Mira, Salvador—añadió—, sé cómo defenderme. No le serví el whiskey al hombre. Simplemente le dije, "Estoy casada y estoy embarazada y no me siento bien. Y aunque me sintiera bien, no le serviría a ningún hombre sino a mi propio esposo, Salvador, el hermano de Luisa".

—Al oír tu nombre, el hombre inmediatamente se quitó el sombrero, me pidió disculpas, pagó su pinta y se fue; yo me salí por la puerta trasera y me senté allí a esperarte. Luisa salió tres veces invitándome a regresar a la casa y diciéndome que sólo había estado bromeando, pero yo simplemente la ignoré. Y soy muy buena para ignorar a la gente, Salvador. Te lo hice a ti por casi un mes.

Sonriéndose, Salvador se salió del carro y caminó por los alrededores respirando profundamente. Y cada vez que miraba a Lupe movía la cabeza y se sonreía de nuevo. De repente saltó en el aire echando un grito de gusto y empezó a danzar en un pequeño círculo, aullando mientras lo hacía.

—¡Ah, ah, ah qué fuerte eres, Lupe! ¡Qué fuerte eres! ¡Pobre Luisa, en este momento probablemente se está cagando en el vestido! ¡Por Dios, mi mamá siempre tuvo razón!—agregó brincando como conejo en un pie y después en el otro—. ¡Ahora le has dado en la madre a Luisa—! agregó—. ¡Y, qué fantástico es esto! ¡De verdad sabes cuidarte a ti misma!

Al decir esto Salvador se acercó al carro.—Lupe—le dijo en voz baja mirándola, —te quiero—. Me oyes, te quiero y te respeto y estoy tan orgulloso de ser . . . tu esposo. Nuestros hijos están seguros, Lupe; ¡porque tú eres una gran mujer fuerte, lista y astuta!

Al ver sus ojos mirarla con tan sincero y ganado respeto, el corazón entero de Lupe se conmovió y estaban a punto de besarse . . . cuando los dos vieron a una pequeña zorra viéndolos del otro lado del arroyuelo seco. Y la pequeña zorra tenía dos cachorros con ella y les sonreía.

—¡Esa es mi mamá!—gritó Salvador lleno de alegría—. ¡Mírala, mi madre, la vieja zorra y esos cachorros somos tú y yo que nos está sacando al mundo para que aprendamos!

Y Lupe sabía que Salvador había dicho la verdad porque ella también había alcanzado a ver la zorrita el día que había estado gateando por la maleza tratando de escapársele a Salvador. Y aquella zorrita le había sonreído igual que esta zorra hacía ahora.

Respiró. Aquel día de gatear entre la maleza y de ver a Salvador rodar a un nopal le parecía haber sido hacía muchos años—había pasado tanto desde entonces.

En ese momento Lupe recordó una de las muchas cosas que doña Margarita le había dicho aquel día que estuvo con ella y la Santa Madre en el excusado exterior.

—*Mijita*—le había dicho la vieja Zorra sentada en el excusado con su Biblia en la mano y un cigarrito que le colgaba de la boca—, recuerda siempre que el amor no es eterno como los poetas dicen. No, el amor viene y se va, *mijita*, así que debe haber confianza y respeto entre las partes, si no el amor decrecerá cada vez hasta que, "puf", ya no sabemos dónde se fue.

—El respeto, *mijita*, es la fundación de todo amor. Porque el respeto es la llama que reenciende el amor. ¿Por qué crees que ese viejo rico y tonto de Tustin sigue mandando su carro para recogerme?—añadió riéndose—. No es por mi gran belleza, te digo. No, es porque ya hacía años que nadie se le había enfrentado. Me respeta. Y ese respeto ya ha durado lo suficiente para convertirse en confianza. Y estos, confianza y respeto no se pueden comprar. Es por eso que estaba tan solitario, *mijita*, como sólo los ricos y poderosos pueden estar solos—al tener todo y sin embargo nada al mismo tiempo. Y llegué yo, sin estar impresionada de nada de lo que tenía, excepto su papel higiénico y el viejo tonto se entusiasmó tanto, al reencender su amor de la vida con tal gusto, que ahora piensa que está enamorado de mí.

—Su familia y los sirvientes se salieron de la casa diciendo que yo soy una bruja que lo ha hechizado, y tal vez lo soy, porque cuando lo baño con hierbas dándole masaje a sus pies se pone tan contento y no le importa lo que la gente piense.—Respiró—. También, *mijita*, el respeto y la confianza—gracias a Dios—no se pueden conseguir de entre las piernas como nuestros húmedos y calientes fuegos pasionales, sino que deben ser ganados en las profundidades de nuestras Almas. El respeto es el lado curativo de los celos, y la Confianza es el lado curativo del temor, y juntos son la dulzura que mantiene fuerte a una pareja durante los tiempos difíciles de la Vida.

Respeto y Confianza era lo que tenía ahora Lupe en Salvador cuando la acercó hacia sí y se besaron. El respeto, el más dulce de los besos, la Confianza la más dulce de las caricias, empezaba a ver ahora que cada día tenía más y más por Salvador así cómo lo iba conociendo mejor, Y, sí, también podía ver que él empezaba a tener más y más Respeto y Confianza por ella.

Así que sí, le permitió que la atrajera hacia sí y se besaron y se besaron de nuevo.

Los tambores sonaban.

El Corazón Colectivo de la humanidad latía, Latía, ¡LATIENDO!

Y Aquí estaba la misma vieja Zorra, la gaa—rrrra—pata metida en su culo espiritual para toda la eternidad cuidándolos desde el otro lado del pequeño cauce seco.

UNOS DÍAS DESPUÉS Salvador estaba haciendo entregas a sus clientes al menudeo cuando por casualidad pasó por Oceanside y vio a Archie con un montón de gente en la puerta de enfrente del banco. Una vieja india gritaba histéricamente y las otras personas parecían estar a punto de gritar también.

Ya que había visto gente desesperada toda su vida, Salvador se estacionó al otro lado de la calle asegurándose que podía escaparse rápido si tenía que hacerlo, entonces se bajó de la Moon, miró a su alrededor, y fue a ver qué era lo que estaba pasando. Estaba listo. Igual que el conejo o el venado, Salvador sabía muy bien que la sobrevivencia de los humamos dependía de la precaución y la rapidez de los pies.

—¡Ese dinero era mío!—gritó la mujer de la Reservación India Pala agarrando a Archie de la chaqueta y sacudiéndolo con toda su fuerza—. ¿Qué voy a hacer, Archie? ¿Qué voy a hacer? ¡Lo perdí todo! Y abrazó apretadamente al policía grandote, llorando aún más.

Otro alto, grandote y enorme indio estaba pateando las puertas del frente del banco, bramando hasta más no poder.—¡Hijos de la *chingada*! ¡Cabrones mentirosos, traicioneros hijos de la *chingada*! ¡Regrésennos nuestro dinero!

—¿Qué pasa?—dijo Salvador acercándose a Archie.

—¿No lo sabes?—dijo Archie volteándose para ver a Salvador mientras tenía a la anciana en los brazos. ¡Por todo el país los bancos se están derrumbando! ¡La nación entera se está desintegrando!

—¿Quieres decir que alguien se robó el dinero de todos los bancos?— preguntó Salvador—. ¿Pero cómo puede ser eso—? Salvador no podía concebir de tan gran robo de bancos—. ¡Pero eso tomaría todo un ejército de ladrones, Archie!

¡El enorme indio que estaba pateando las puertas del banco se volteó y le gritó a Salvador!—Fue un robo de los mismos banqueros, cabrón pendejo! ¡Los banqueros y sus amigos ricos allá en la ciudad de Nueva York se robaron nuestro dinero y se fueron del país!

—¡Dios mío!—dijo Salvador súbitamente sintiendo que la cara se le ponía pálida. ¡Le había dicho a Lupe que no les tenía confianza a los bancos! ¡Ay, Dios mío, entonces ellos también habían perdido todo!

—¿No lees los periódicos?—dijo Archie enojado—. ¿No escuchas el radio?

—No—dijo Salvador—. No hago eso.

—¡Bueno, entonces tú tienes que ser el único cabrón en toda la nación civilizada que no te estás volviendo loco!—gritó Archie.

La mujer estaba ahora ahogándose y tenía convulsiones. Archie se quitó la chamarra y la puso en la banqueta y le ayudó a la anciana india a acostarse sobre ella.

—¿Traes alcohol contigo?—le preguntó Archie a Salvador—. Esta es mi tía Gladys. Perdió hasta el último centavo que tenía.

Salvador miró a su alrededor. No quería hablar de su negocio de *butlegada* aquí, enfrente de todos.—Archie—dijo—, no sé de qué me hablas.

—¡Carajo!—bramó Archie—. ¡No me vengas con esa mentira de tu *butlegada* secreta! ¡Necesito alcohol y lo necesito ahora! ¡Esta gente ha perdido todo lo que tenía—TODO!

Y Archie, este enorme y poderoso gigante empezó a llorar también.— Sal, te juro que esto es como cuando nos quitaron todo hace años y nos forzaron a salir de nuestros manantiales en la parte de atrás de las Montañas Palomar y mudarnos a este otro lado en Pala. ¡Nos quitaron nuestras tierras, nuestros hogares—nuestros Sagrados Manantiales Curativos! ¡Tráeme un poco de whiskey, Sal! ¡Por Dios, tráeme un poco de whiskey, ahorita, carajo!

—¿Quieres decir un litro?

—¡No, no quiero decir una botella! ¡Quiero decir un barril entero! ¡O te refundo en la cárcel por no leer periódicos!

—*Okay, okay*, regreso enseguida—dijo Salvador dándose cuenta que Archie no estaba bromeando—. Voy por él—. Y se subió a su Moon y manejó al cauce del río San Luis Rey, media milla al oeste de la misión, donde acababa de enterrar un par de barriles. Miró a su alrededor para asegurarse que nadie estaba mirando y desenterró un barril y se regresó a Oceanside.

Ahora ya había más de cien personas y no todos eran indios, sino negros, blancos, mexicanos, filipinos y japoneses—estaban todos atrás del banco en el callejón, llorando y gritando, o simplemente sentados en el suelo mirando sin dirección fija en un estado de susto total.

Cuando Archie vio a Salvador llegar, corrió y con enorme fuerza, arrancó el barril de la cajuela como si no pesara nada, entonces bramó.

—¡Whiskey gratis para todos! ¡Vengan, vamos a beber! ¡Todos se tienen que emborrachar! ¡Me van a traer un novillo también y nos vamos a hacer una barbacoa gratis en la playa cerca del muelle, ¡y todos se tienen que caer de borrachos! ¿Qué es el dinero, después de todo? ¡Es sólo un montón de papel inservible cuando se tienen amigos! ¡Vengan, emborrachémonos! ¡Comamos la barbacoa de Archie! ¡La mejor! *Chingao*, la vida apenas está empezando! ¿Quién necesita dinero cuando se tienen amigos, y comida, y suficiente whiskey gratis?

—¡Claro que sí!—gritó un hombre—. ¡Con whiskey gratis tenemos todo!

Y la gente se le vino encima a Archie y él vació el licor en sus sombreros, en sus manos y en sus gargantas. Pronto se empezó a reír la gente y un par de hombres empezaron a tirarle piedras a las ventanas del banco. Y Archie, que traía su placa y su pistola, sólo se rió.

Archie se acercó a Salvador y puso su enorme brazo alrededor de él.— Gracias, Sal—dijo Archie mirando a toda la gente bebiendo y riendo a su alrededor—. ¡Pobres pendejos, no saben ni la mitad de lo que les espera todavía—! Respiró profundamente—. Esto es sólo el principio. Van a perder sus casas y sus ranchitos también. Los negocios van a empezar a quebrar a izquierda y derecha . . . y no va a haber trabajos, Sal, y entonces estas buenas gentes—mis amigos, mi familia—van a empezar a robar y . . . y . . . yo soy la ley, Sal, y tendré que venir por ellos.

¡Las lágrimas corrían por la larga y enorme cara de Archie y le dio a Salvador un gran abrazo!

—Pero, Archie—dijo Salvador tratando de entender lo que se le estaba diciendo—, ¿cómo pasó todo esto? No veo ningún cambio. Quiero decir, al manejar por el camino todo está igual que ayer, el ganado gordo, muchas naranjas en los árboles, grandes cosechas de aguacate que se aproximan, y acres y acres de jitomates y lechuga, y gente trabajando y yéndole bien. ¿Entonces, que pasó? ¿Hay una revolución o qué?

—Sí, creo que le puedes llamar a esto una revolución—dijo Archie—. Mira, según me han dicho, todos nuestros principales bancos de todo el país están en la ciudad de Nueva York. Como alguien me trataba de explicar ayer, esos bancos prestaron demasiado dinero, con muy poca garantía colateral, a sus amigos ricos para que compraran bonos y acciones, y ahora estos ricos están en bancarrota y no pueden pagarles a los bancos.

—Ya entiendo—dijo Salvador—. ¡Ese es el truco más antiguo de la baraja! Sacas un montón de fichas a crédito, entonces cuando llega el momento que la casa pague las fichas, no hay suficiente dinero y entonces se ponen en bancarrota.

—Exactamente—dijo Archie—. Así que ahora nuestros banqueros locales están igual de arruinados y confundidos que esos grandes bancos de la ciudad de Nueva York, Sal.

—Ya veo, ya veo—dijo Salvador, rascándose la cabeza—, ¿pero cómo puede ser tan estúpido un país? No tiene sentido. Alguien sabía, Archie. Y éste que sabía ganó mucho dinero de todos los demás que están en quiebra.

—Sí, eso tiene sentido—dijo Archie—, algunos de esos ricos en Nueva York deben haber sabido, y así se robaron todos los pollos de todos los gallineros antes del derrumbe.

Salvador asintió.—He visto muchas casas de juego hacer esto. Simplemente dejan que la casa quiebre, porque la gente de la casa no es responsable. ¡Carajo, si la ley dijera que colgaríamos a los que administran la casa, entonces esto nunca pasaría!

—Carajo, tienes razón—gritó Archie—, y en ese momento recogió un ladrillo y se lo aventó al mismo edificio del banco—. ¡Cabrones tramposos, codiciosos, los deben colgar hasta que mueran!

Al ver Archie, la ley, hacer esto, la gente lo festejó y Archie se rió y aventó otro ladrillo.

Rápida, calladamente, Salvador se escabulló, se metió a su Moon y se fue. Le pedía a Dios que Lupe pudiera llegar a su banco de Corona antes que cerrara también.

Nunca debió haber escuchado a Lupe y poner su dinero en el banco. Esto era lo que había causado toda la Revolución Mexicana también. En vez de cuidar el gallinero por el bien de la gente, Don Porfirio, el gran lobo les había dado México a todos sus amigos ricos extranjeros, pedazo a pedazo, todo en el nombre del progreso.

Al llegar a su casita rentada en la huerta de aguacates de Carlsbad, Salvador respiró profundamente, tratando de calmarse. Pero el corazón le seguía latiendo rápidamente. ¡Una gran parte de él tenía ganas de entrar corriendo y decirle a Lupe que era toda su pinche culpa que hubieran perdido todo! ¡Que desde un principio nunca había querido poner su dinero en el banco!

Pero Salvador se daba cuenta también que esto no ayudaría. Que lo tenía que hacer era agarrar sus dos *tanates* en la mano, encararse al Diablo de Culpar a otros y sacar a Lupe de la casa y llevarla lo más pronto posible a Corona a su banco

Respirando profundamente, Salvador se salió de la Moon y entro a su casa. Allí estaba Chingón, su perrito, en la casa.

—Lupe—dijo acercándose a ella por atrás—, tenemos que ir a Corona—, añadió tan calmadamente como pudo.

—Pero ya tengo la comida lista—dijo.

—Lupe, esta es una emergencia—dijo tratando todavía de calmar su corazón que le latía desaforadamente.

—¡Ah, tu madre! Por qué no me dijiste. ¡Voy por mi bolsa y por mi abrigo!

—Bueno—dijo agarrando la comida que había estado cocinando en el sartén con un par de tortillas—. ¡Y tráete la libreta del banco! Se comió la comida mientras regresaban al carro. Mientras manejaban le contó a Lupe lo que había visto en Oceanside y de cómo Archie le había ordenado que trajera un barril de whiskey.

—La gente se volvía loca—dijo Salvador—. Y Archie me explicó que esto es sólo el comienzo, que ahora la gente va a empezar a perder sus casas y sus ranchitos también. Y que cuando empezaran a robar para alimentar a sus familias, él, Archie iba a tener que venir tras ellos.

Lupe estaba en silencio. No dijo ni una palabra. Los ojos se le humedecieron.—Me odias, ¿verdad, Salvador?—finalmente preguntó.

Él respiró profundamente. Lupe—le dijo—, no sabemos si perdimos nuestro dinero todavía. Corona es chiquito, no es grande como Oceanside. Así que, bueno, a la mejor la gente de allí no lee los periódicos.

—Gracias, Salvador—dijo Lupe.

—¿De qué?

—Por hallar esperanza—dijo—. Por no gritarme, por no aventarme en la cara cómo te pedí que pusiéramos nuestro dinero en el banco.

—No me des las gracias todavía—dijo Salvador respirando profundamente—. Vamos a seguir esperando que en este momento nos den buenas cartas en este juego en el que estamos metidos.

Al oír esto Lupe preguntó—¿Entonces para ti, Salvador, todo es un juego?

—Exactamente. ¡Toda la vida! ¡Completamente! Vivir es jugar.

—Ya veo—dijo Lupe.

Y no dijeron ni una palabra más. Cada uno se refugió en su propio mundo tratando de dar sentido a lo que les estaba pasando, en términos que pudieran entender. Y sus términos eran muy diferentes. Cada cabeza, un mundo.

Al llegar a Corona Salvador inmediatamente manejó a la parte gringa del pueblo donde habían depositado su dinero en un banco. Se estacionaron, salieron rápidamente de la Moon y se acercaron al banco. No había nadie alrededor como en el banco de Oceanside.

Salvador se rió pensando que tal vez todo estaba bien. Pero al llegar a la puerta del frente, vio que las puertas estaban todas entabladas.

¡A Salvador se le cayó el corazón a los pies y después le brincó a la garganta! ¡Se estaba ahogando, atragantando, al probar esa porquería de metal verde que le subía de la boca del estómago!

Su banco se había puesto en bancarrota y había cerrado las puertas. Ellos también habían perdido todo su dinero. Dios mío, por qué había escuchado a Lupe. ¡Los hombres se volvían débiles y estúpidos una vez que se casaban!

Si no fuera por el hecho que Lupe estaba embarazada con su hijo, ¡la mandaría a casa de sus padres ahorita mismo! ¡No podía darse el lujo de tener a una mujer débil e ignorante a su lado que no tenía ninguna idea de lo que pasaba en el mundo y que sin embargo seguía portándose como alguien poderoso y autoritario tratando de decirle qué hacer!

Al carajo con los consejos de la madre también, sobre eso que los hombres necesitaban escuchar a las mujeres. ¡Acababa de perder todo su dinero por haber escuchado los consejos de una mujer! Y había trabajado tan duro para ganarse su dinero, laborando dieciséis y dieciocho horas al día, ¡y se estaba preparando para terminar de pagarle a su amigo Kenny White!

Y Salvador estaba listo para empezar a gritar igual que la gente de Oceanside. Estaba devastado. Y Archie había dicho que esto era sólo el principio, que los negocios iban a empezar a cerrar a izquierda y derecha.

Agarrándose el estómago para no vomitar, Salvador empezaba a voltearse para ir a su carro cuando vio que Lupe estaba leyendo un letrerito en la puerta del lado.

—Salvador—le dijo—, ven a ver, este letrero dice que el banco se cambió a una nueva localidad al doblar la esquina.

—¿Qué?—dijo Salvador.

—Este letrero dice que el banco se ha cambiando a una localidad al doblar la esquina—, repitió.

—Dios mío—dijo Salvador, acercándose y mirando el letrero que tenía una flecha apuntando hacia la derecha , entonces, a lo mejor, Lupe, ¡sólo a lo mejor, este banco no se ha puesto en bancarrota como el de Oceanside, pero se ha, bueno, cambiado a una nueva localidad!

—Sí—dijo Lupe—, creo que pudiera ser esto.

¡Súbitamente el corazón de Salvador le regresó al pecho y le latía desaforadamente! Se dio vuelta caminando rápidamente en la dirección que apuntaba la flecha y después . . . ¡estaba corriendo! ¡Y Lupe, ella estaba detrás de él y corría también!

Al dar vuelta a la esquina, todavía corriendo, Salvador y Lupe vieron un nuevo edificio a la mitad de la calle en el lado opuesto. Salvador ni se molestó en mirar a la izquierda o a la derecha mientras corría cruzando la calle por el tráfico, ¡causando que los vehículos frenaran violentamente!

Al llegar a la otra banqueta Salvador hizo una pausa para recuperar el aliento y tomó a Lupe de la mano cuando llegó. Ella lo tomaba mucho mejor que él. ¡Ay, Dios mío, se sintió mareado! No había respirado todo el tiempo que estuvo corriendo. ¡Estaba bañado en sudor!

Salvador sopló hacia fuera y recuperó el aliento y entonces él y Lupe caminaron juntos hacia el nuevo edificio. Y, en efecto, este nuevo edificio era el banco y sí, este banco estaba abierto. Podían ver a la gente haciendo sus transacciones.

Salvador tuvo que respirar profundamente varias veces antes de poder abrir la puerta a Lupe. Al seguir a Lupe la sangre le empezó a regresar a la cara a Salvador.

Olía tan bien dentro del nuevo edificio. La pintura, la madera, el piso de mármol. Los dos tuvieron que respirar profundamente varias veces para poder tranquilizas sus corazones. Entonces se miraron a los ojos—¡ay, era como magia entre los dos, estaban tan contentos!

Salvador le apretó la mano a Lupe. Y ella le apretó la de él. Había sólo unas cuantas gentes en el banco, así que Salvador y Lupe caminaron rápidamente al primer cajero disponible. Lupe abrió su bolsa y sacó la libreta de banco y pidió su dinero. El cajero ni siquiera pestañeó.

—Por supuesto—dijo—, ¿lo quiere en billetes de veinte o de cincuenta?

—Creo que un poco de los dos—dijo Lupe—. Pero principalmente de a veinte. ¿Está bien así, Salvador?

—Ah, sí, así está muy bien!—dijo él

—Bueno—dijo el cajero.

—Sí, bien—dijo Salvador—. ¡Muy bien!

Y Salvador y Lupe nunca olvidarían la alegría, el placer absoluto, que les llegó a sus corazones cuando estaban parados viendo al cajero abrir su cajón y sacar una pila de relucientes nuevos billetes de veinte y cincuenta y contar su dinero con un pequeño sonido quebradizo.

¡Era música para sus corazones!

¡Ningún hombre ni mujer habían salido jamás de las puertas de un banco más orgullosos que Salvador y Lupe cuando salieron del brazo con una protuberancia de dinero tan grande y gorda que amenazaba romper las costuras de la bolsa de Lupe!

—Salvador—le dijo Lupe una vez que habían salido del banco e iban caminando por la calle—, voy a tener que comprar una bolsa más grande si seguimos haciendo esto.

—*Okay*, cariño, no hay problema. Te conseguiremos una bolsa más grande.

¡Pasearon por esa calle, allí en la parte gringa de Corona, como la más feliz y orgullosa pareja jamás vista en todo el planeta hembra de esta Madre Tierra!

¡EL CIELO *se reía a carcajadas!* ¡El Amor, *amor,*
AMOR *estaba ahora*
Creando un PARAÍSO *totalmente nuevo en la* TIERRA *así*
como en el CIELO!

LOS TAMBORES SONABAN!
¡Los Tambores Sonaban, Sonaban, Sonaron, BATÍAN, BATIEN-
DO, GOLPEANDO en Unísono con el Latir del Universo! ¡La Única
Canción de DIOS!

Salvador y Lupe estaban ahora enamorados de una manera totalmente
nueva y más plena. ¡Su vida era ahora completamente independiente!

Pero los retos no iban a cesar. Lupe padecía ahora náuseas de embarazo
y se sentía mal frecuentemente. Y Salvador estaba ausente tanto que le
causaba un nuevo tipo de temor. Que tal si surgiera una emergencia y tuviera que ir al doctor. Su doctor estaba en Santa Ana, a más de una hora de
distancia y no tenía cómo llegar allí.

Para acabarla de amolar, Salvador se había ido antes del amanecer esa
mañana diciendo que estaría fuera un par de días, que iba a parar a pagarle a Kenny White el resto del dinero que le debía y entonces tal vez tendría
que ir al norte a ver a un chino en Hanford, cerca de Fresno.

Lupe no dijo nada porque veía cómo trabajaba Salvador de duro, pero
cuando no regresó a casa esa noche—se asustó. Estaba en peligro una vez
más. Lo podía sentir aquí, dentro de ella. Al día siguiente estaba acostada
en la cama enferma y se sentía tan mal y débil que apenas se podía mover.
Fue entonces que alguien tocó a su puerta. Lupe escuchó el toquido tratando de averiguar qué pasaba ya que Chingón, su pequeño y confiable
perrito no había ladrado anunciando la llegada de nadie.

Lupe se levantó cautelosamente tratando de adivinar quién podría ser y
si esta persona venía a decirle que a Salvador lo habían matado o lo habían
puesto en la cárcel. Lupe tuvo que llevarse la mano izquierda a la parte ba-

ja de la espalda. Se sentía tan débil, y ahora, durante los últimos días, le dolía la espalda también. Nunca había tenido ni la más mínima idea de lo que pasa una mujer durante el embarazo.

—¡Ya voy!—gritó Lupe entrando al baño, sentándose en el excusado y cepillándose el pelo hacia atrás. Los toquidos continuaron. Atravesando la sala camino a la puerta Lupe pudo oír que su perro, Chingón, estaba contento con quien quiera que hubiera venido.

Lupe se remojó los labios y trató de alisarse lo mejor que pudo.—¿Quién es?—dijo a través de la puerta cerrada.

—Helen—dijo la alemana. Helen y Hans les rentaban esta casa a Salvador y a Lupe—. ¡Salvador me pidió que pasara y te echara un ojo, querida!

—Gracias, pero estoy bien—dijo Lupe que no se sentía bien y no quería ver a nadie.

—Lupe—dijo Helen—, abre la puerta, querida, te traje pan fresco recién horneado y . . . ¡LUPE!—gritó Helen al ver a Lupe cuando abrió la puerta—. ¡Niña cómo has bajado de peso! ¡Y se te ha ido el color! ¡Vente, vamos a ponerte en la cama otra vez, voy a matar un pollo y hacerte una buena sopa y pedirle a Salvador que te lleve al doctor en cuanto pueda—! añadió con autoridad.

—Pero estoy bien—dijo Lupe—. De veras, no quiero molestarla. No estoy tan enferma.

—Querida, tú no quieres esperarte hasta que estés 'TAN enferma'. ¡Tenemos que cuidarte ahora, antes que te pongas peor! Ven—, dijo entrando en la casa—. ¡Te voy a poner de regreso en la cama y a Salvador le voy a decir el huevo y quién lo puso cuando lo vea!

Helen hizo exactamente lo que dijo que haría. Puso a Lupe en la cama cobijándola, le dio un pedazo de pan caliente con mantequilla recién hecha, entonces atravesó la huerta, mató uno de sus pollos más gordos y regresó y le hizo una olla de sopa a Lupe.

Al estar acostada y escuchar a Helen trabajar en la cocina, Lupe se sintió transportada mágicamente a su querido cañón acantilado y podía oír las voces de su familia—sus hermanas, su madre y su hermano. Victoriano talando madera con ese ruido de tala-tala-talando. Y Carlota, María y Sofía ayudándole a su madre en la estufa de leña a hacer tortillas con ese ruido de palmadita, palmadita, sopapear, sopapear-sopapeando, y el olor a nopalitos y otras hierbas y animales naturales del lugar.

No se había dado cuenta que echaba de menos esos sonidos y aromas. Caray, el olor de lo que cocinaba Helen era el mismo Cielo, un regalo directamente de Dios. Ninguna casa podía ser un hogar sin el aroma de la comida cocinándose.

Lupe comió con gusto por primera vez en varias semanas.

Devoró el pan caliente recién salido del horno y le encantó la manera en que Helen le sostuvo la cabeza mientras le daba de comer como a un bebé. Ay, cómo extrañaba a su madre y a sus hermanas. El amor del hombre era maravilloso, pero no podía reemplazar aquellos tiernos sentimientos entre hermanas y madre.

TARDE EN LA noche del segundo día regresó Salvador más cansado que un buey.

En Hanford había hablado con su amigo, el Padrino Chino, y resultó ser exactamente lo que se había temido, una confrontación directa con los italianos. Pero habían sido los chinos los que habían venido a ver a Salvador y no los italianos, con los que había estado negociando semana a semana desde que había estado preso con Al Cappola en Tulare. Los dos lados se dieron cuenta que Salvador tenía el comodín porque los mexicanos tenían ahora el control de las prisiones en el suroeste y si alguno de los suyos iba a la cárcel, tenían que transar con los mexicanos, les gustara o no.

Las cosas habían casi llegado a los balazos, pero—desarmado—Salvador había logrado que los dos bandos pusieran las armas a un lado y llegaran a convenios satisfactorios a todos.

Pero ni ver a Salvador más cansado que un buey hizo que Helen desistiera de su propósito ni una pizca.

La alemana había estado peleando con su esposo, Hans, desde que se habían unido cuando ella era una adolescente. Estaba sobre Salvador como perro sabueso diciéndole que llevara Lupe al doctor a primera hora del día siguiente, que estaba agotada y que tenía que alimentarse adecuadamente y recibir atención.

—¡Lleva a tu hijo en el vientre, Salvador!—gritó Helen—. Y vas a ser responsable y te vas a quedar aquí con ella.

Salvador se quedó estupefacto.

Lupe trató de levantarse para venir a la cocina a explicarle a Helen que no tenía que estar tan enojada con Salvador. La gente mexicana no iba al doctor por cualquier cosita y Salvador era tan atento como podía cuando estaba en casa. Pero Lupe se sentía muy débil para levantarse, así que se quedó en cama y continuó escuchando a Helen regañar a Salvador.

Al mismo tiempo había una gran parte de Lupe que se sentía muy bien que esta mujer regañara a su esposo. Porque era verdad, aquí estaba embarazada con su hijo y él, el hombre, era libre de revolotear y hacer lo que quería mientras ella estaba encerrada en casa.

—Y si tú no puedes estar aquí con ella—continuó Helen como si hubiera adivinado los pensamientos de Lupe—, ¡entonces te traes a la hermana de Lupe para que esté con ella y le pagas a su hermana por su ayuda! ¡Una muchacha embarazada necesita a su familia con ella para no estar en casa sola!

—¡Su hermana!—gritó Salvador respondiendo por primera vez—. ¡Ah, no! ¡Usted no entiende, Helen!

—¡Ah, sí, yo sí entiendo! ¡Eras tú el que no entiende! ¡Eres hombre, Salvador y tú no sabes lo que es estar embarazada y sentirse indefensa y sola! ¡Vas a traer a su hermana y lo vas a hacer ahorita por el bien de tu familia! ¡Y le voy a decir a Hans! Para que él también te hable. Somos tus amigos, Salvador. ¡Y los amigos hablan contundentemente!

Después que salió Helen, Salvador estaba anonadado. Su confrontación con los dos bandos armados había sido fácil en comparación a esto. El traer a Carlota a su casa era una idea horrible.

Fue a la habitación a ver a Lupe respirando agitadamente. —Mi amor—dijo—, no tenía idea que estuvieras tan enferma. Pero ahora puedo ver que Helen tiene razón, que has perdido el color—. Se sentó en la cama al lado de ella—. Vamos a ver al doctor a primera hora mañana. Pero acerca de Carlota, bueno, no sé, Lupe.

—Estoy bien—dijo Lupe—. Helen estaba molesta cuando me halló sola. No necesitamos traer a mi hermana.

—Pues sí, tal vez no—dijo Salvador tomando su mano y acariciándola—, pero a la mejor sí—. Y al decir esto respiró y respiró de nuevo—. Te quiero, Lupe—, dijo en voz baja—, y haremos lo que haya que hacer por ti y por nuestro hijo.

Los ojos se le llenaron de lágrimas a Lupe. Éstas eran las palabras más dulces que había oído porque sabía que Salvador no aguantaba a Carlota para nada. Se quedó acostada en la cama mirando los ojos de Salvador mientras le acariciaba la mano—. Ven te quiero besar, Salvador.

Y se besaron suave y tiernamente.

ERAN LAS NUEVE de la mañana cuando Salvador y Lupe llegaron a la oficina del doctor en Santa Ana. Habían salido de Carlsbad de madrugada, pararon en San Clemente, cargaron gasolina y comieron una grande y deliciosa pieza de pan. Pero a Lupe el pan le dio náuseas.

Cuando la alta y guapa enfermera vio a Lupe, inmediatamente la pasó a ver al doctor. Salvador se quedó en el cuarto de espera. Había otras dos mujeres con niños en el pequeño cuarto de espera. Una de las mujeres era mexicana. Parecía que tenía poco más de veinte años, pero ya tenía cinco niños y amamantaba al más pequeño. Salvador le empezó a hacer muecas al niño mayor tratando de hacerlo reír, pero tenía como diez años y lo ignoró, actuando como si ese fuera un juego tonto para un niño de su edad.

Riéndose Salvador empezó a hacerle muecas a la pequeña niña de tres años. Pero ella sólo se sonrió y se escondió rápidamente tras de su madre, asomando su carita morena y redonda de vez en cuando para ver a este hombre que estaba actuando de una manera tan rara, haciéndole muecas a ella.

La madre estaba muy cansada para gozar del comportamiento de Salvador, así que no hizo nada mientras Salvador seguía jugando con sus niños por casi una hora. Salvador se empezó a poner nervioso. Se paró y le preguntó a la enfermera si todo estaba bien.

—El doctor lo llamará cuando esté listo—dijo la mujer alta.

Salvador tuvo ganas de inclinarse sobre el mostrador y agarrar a la enfermera por el cuello. No le agradó su frialdad. Empezó a pasearse de un lado a otro. Le pidió a Dios que Lupe estuviera bien. No quería que le pasara nada. Que tonto había sido al traer todo ese dinero a casa forzándola a aceptarlo cuando sabía muy bien sus sentimientos acerca del licor y del juego. Si le pasaba algo, sería culpa de él completamente porque estaba seguro que eran las preocupaciones las que la habían debilitado.

—*Okay*, Sr. Villaseñor—dijo la enfermera acercándosele—, por favor sígame. El doctor lo verá ahora.

Salvador siguió por el pasillo a la alta y esbelta mujer vestida toda de blanco. No lo había notado antes, pero esta enfermera era una mujer atractiva, sólo que estaba demasiado flaca. Abriendo una puerta al final del pasillo le dijo a Salvador que por favor pasara y se sentara y que el doctor estaría con él en un momento.

—Pero, ¿dónde está Lupe?—preguntó—. ¿Está bien?

—Sí, está bien—dijo la enfermera—. Al doctor le gusta ver al futuro padre a solas durante la primera visita de una pareja.

—Ya veo—dijo Salvador entrando.

Mirando a su alrededor Salvador pensó que ésta sería la oficina privada del doctor. Tenía un gran escritorio oscuro y un enorme sillón de cuero detrás del escritorio y dos paredes llenas de libros y revistas. Decidió ir detrás del escritorio y sentarse en el sillón para probarlo, pero entonces oyó voces afuera en el pasillo, así que rápidamente tomó una de las sillas verticales enfrente del escritorio grande. La puerta se abrió y entró el doctor. Era un hombre alto, esbelto y guapo en sus cuarenta. Salvador se puso de pie.

—No, por favor, siga sentado—dijo el doctor yendo detrás de su enorme escritorio. Parecía que estaba de prisa hasta que llegó a su sillón. Puso las manos en los apoyabrazos del sillón y se sentó en este bello sillón con un cuidado y facilidad que mostraban su verdadera apreciación por este bello mueble—. Ha sido una mañana muy ocupada—, dijo—. He ido dos veces ya al hospital.

—¿Lupe?—dijo Salvador—. ¿Tuvo que ir al . . . ?

—Ah, no—dijo el doctor viendo el miedo en los ojos de Salvador—, Lupe está bien. No tuvo nada que ver con mis viajes al hospital. Siento no haber sido más claro.

—Mire—dijo recostándose en la comodidad del suave y profundo sillón de cuero—, le pedí que entrara porque me gusta platicar un poco con los padres sobre sus esposas y el futuro de la familia.

Salvador tragó saliva.—*Okay*—dijo—. Pero pensé que dijo que Lupe está bien.

—Sí, está bien—dijo el doctor obviamente disfrutando la sensación del precioso sillón.

Salvador trató de relajarse pero se sentía más y más incómodo cada minuto que pasaba. Su madre nunca había ido al doctor en toda su vida y había tenido diecinueve hijos. No tenía idea de lo que estaba pasando.

—¿Le gustaría algo de beber?—preguntó el doctor al ver lo perturbado que estaba Salvador.

—¿Medicina?

—No, quiero decir un trago de *schnapps*. Es una bebida alemana.

—¡Ah, bebida! ¡Claro!—dijo Salvador inmediatamente chupándose los labios y haciéndosele agua la boca.

El doctor abrió un cajón de su escritorio y sacó una botella y dos pequeños vasos. Sirvió un trago para cada uno—. Aquí tiene—, dijo dándole uno a Salvador—,¡a su primer hijo!

—¡A mi hijo!—dijo Salvador y se echó todo el vaso de un trago, pero era tan dulce y grueso que sabía horrible. Empezó a ahogarse.

—El *schnapps* se bebe a sorbitos—dijo el doctor—. Leeentaameente.

—Ah—dijo Salvador con los ojos empezando a llorarle—. Está bueno—, añadió todavía ahogándose.

—Le voy a dar un poco más, pero esta vez sórbalo despacio—dijo el doctor sirviéndole a Salvador muy poco esta vez.

—*Okay*, está bien—dijo Salvador golpeándose el pecho para limpiarse la garganta. Esta vez trató de reclinarse hacia atrás como el doctor, pero su silla no se reclinaba. Algún día le gustaría tener una silla como la del doctor pero a la mesa del comedor para que pudiera reclinarse entre bocado y bocado tranquilamente como toro que come lo mejor de la tierra.

—Salvador—¿está bien si lo llamo Salvador?

—Pues sí, claro—dijo Salvador viendo cómo el doctor sorbía su trago lentamente con aire de gran señor en su enorme sillón.

—Salvador, he sido doctor por casi veinte años—dijo el hombre vestido de blanco y durante esos años he aprendido que para ser un buen doctor familiar, es necesario que sepa todo acerca de mis pacientes y de sus familias.

—Por ejemplo, he estado ayudando a Sofía—la hermana de Lupe—y a su familia por casi cinco años y a veces sé cuando van a venir enfermos días antes que vengan. Mire, una familia es un organismo vivo, un grupo de células, un grupo de individuos que están unidos, aunque tengan vidas separadas. Esa mujer, Sofía, y su familia se han ganado mi respeto. Usted se casó con una mujer que viene de una familia fantástica, Salvador, y usted y Lupe pueden tener una larga vida juntos con mucha alegría y éxito.

Dejó de hablar y sorbió su *schnapps* de nuevo. Y Salvador lo copió, sorbiendo un poquito también; al beberla así, era una buena y suave bebida.

—Dígame, Salvador—continuó el doctor—, ¿cuánto hace que se casaron usted y Lupe?

—Pues, déjeme ver—dijo Salvador sintiéndose mucho mejor ahora que el licor le empezaba a hacer efecto y lo ponía más amigable—. ¿Es el primero de noviembre, verdad? Así que hemos estado casados casi tres meses—, dijo Salvador.

—Casi tres meses, ¿y ya están esperando su primer niño?

—Sí, claro—dijo Salvador—, preguntándose a qué se debía la pregunta. Carajo, si al toro le bastaba montar a la vaca una vez para preñarla.

—Bueno, Salvador—dijo el doctor—, he estado en California diez años y durante ese tiempo he visto a muchas hermosas parejas mexicanas que vienen a verme, como usted y Lupe—y créame, estas parejas no tienen ningún problema para concebir—y las mujeres se embarazan año tras año, cada dieciséis o dieciocho meses, sin fallar—. Dejó de hablar y se inclinó para estar más cerca de Salvador. ¿Cuántos niños planean tener usted y Lupe?

—¿Planeamos tener?—dijo Salvador. Estaba perplejo. Caray, nunca había oído una pregunta más ridícula— . Bueno, no sé—, dijo   , creo que los que Dios nos mande.

—Ya veo—dijo el doctor reclinándose—. ¿Y, si Dios les manda veinte, van a tener veinte?

—Creo que sí. Mi madre tuvo diecinueve.

—¡Diecinueve!—dijo el doctor.

—Bueno, sí, claro, pero su hermana, que se casó con el hermano de mi padre, tuvo veintidós y todos los veintidós vivieron. Pero mire, sólo catorce de los diecinueve de mi madre vivieron, así que éramos una familia chica.

—¡Una familia chica de catorce!—dijo el doctor. Y ahora era él quien parecía trastornado. Se terminó su *schnapps* y se sirvió otro trago. No le ofreció nada a Salvador esta vez y guardó la botella—. Mire—, dijo—, aunque le parezca extraño, Salvador, los niños no sólo vienen de Dios. Una pareja tiene también la habilidad de escoger qué grande o chica quieren que sea su familia.

—¡De veras!—dijo Salvador. ¡Estaba estupefacto!

—Bueno, sí, por supuesto. Dígame, ¿tiene usted idea cuánto le cuesta cada embarazo al cuerpo femenino? ¿Le quedan dientes a su mamá?

—¿Dientes?—dijo Salvador sorprendido—. Bueno, no, no tiene muchos, pero todavía camina a la iglesia todos los días y tiene buena salud.

—Bueno, me da gusto que tiene buena salud y que camina a la iglesia todos los días—dijo el doctor—. Es usted un hombre muy afortunado. Pero vea, Salvador, con cada embarazo una madre le da al niño nutrientes de su cuerpo—calcio de sus dientes y huesos. Una mujer necesita años para reponer a su cuerpo lo que ha dado después de cada embarazo.¿Se fijó en mi esposa—la enfermera que lo trajo a mi oficina? ¿Cuántos años cree que tiene, Salvador?

Salvador alzó los hombros.—Tal vez, ah, treinta y cinco.

—Patricia va a cumplir cincuenta el mes que entra. Mire, yo quiero mucho a mi esposa, Salvador, y quiero que viva una larga y saludable vida, y por eso decidimos hace mucho tener sólo tres hijos. Y hubiéramos tenido sólo dos, si hubiéramos tenido niño y niña las dos primeras veces.

Salvador no sabía qué decir. ¡Por Dios, nunca había oído cosas tan descabelladas en toda su vida! Después de todo, ¿quién creía este doctor que era él? Los niños eran un regalo directamente de Dios, ¡todo mundo lo sabía! Caramba, si su madre hubiera dejado de tener niños después de dos o tres, él mismo, Salvador, ¡ni siquiera hubiera nacido! ¡Esto era horrible! ¿Cómo podía este doctor decir estas cosas tan terribles? Todos sabían que para ser un verdadero hombre, se tenían que tener los más hijos posibles. ¡Doce, cuando menos!

Fue entonces que Salvador entendió la verdad. Este doctor tenía celos ya que él y su flaca esposa huesuda sólo habían podido tener tres hijos. Después de todo, ¿qué clase de familia era esa? ¡Tres hijos no era nada! ¡Absolutamente nada, nada! Salvador casi se echó a reír. Por eso su flaca esposa había sido tan arrogante con él, estaba toda seca y celosa de no poder tener más hijos. Esto era lo que en realidad sucedía. ¡Celos!

—Deme su vaso—dijo el doctor—, le sirvo otro poquito. Supongo que mucho de lo que le he dicho le puede, bueno, parecer un poco raro.

—Sí—dijo Salvador—, muy raro.

—Pero si me escucha, Salvador, le aseguro que no sólo es posible planear cuántos hijos tendrán sino que también valdrá la pena. ¿No tiene hermanos y hermanas a los que les ha ido mejor que a otros?

—Bueno, sí, claro—dijo Salvador.

—Bien, al limitar el número de niños que usted y Lupe tendrán, ustedes podrán pasar más tiempo con cada uno de ellos y educarlos de una manera que no es posible con una familia más grande. La educación es la llave del éxito en este país.

Al llegar aquí, el doctor dejó de hablar y miró a Salvador.—Y por favor—el doctor añadió—, no rechace muy rápido todo lo que le he dicho, Salvador. Porque yo sé que quiere mucho a Lupe. Es una bella joven y me di cuenta lo preocupado que estaba usted cuando cometí el error de mencionar el hospital antes.

—Sin embargo, lo que sí digo es que si usted y Lupe siguen teniendo hijos, año tras año, no sólo va a perder ella los dientes, sino que no tendrá una vida muy larga. Por otro lado, si usted y Lupe planean el número de niños que van a tener, usted la puede mantener joven y bella con todos sus dientes por muchos excelentes y estupendos años.

Salvador estaba atónito. No sabía qué decir, ni siquiera qué pensar. ¡Caramba, toda esta conversación era un ultraje!

Cuando llegué por primera vez a California—continuó el doctor—, venían a verme muchas bellas parejas mexicanas y antes que me atreviera a hablarles ya tenían seis u ocho niños. Pero ahora he descubierto que funciona mejor cuando les hablo a las parejas inmediatamente que van a tener su primer hijo. Por favor, Salvador, me gustaría que discutiera esto con su esposa y, si están interesados, a mi esposa y a mí nos daría mucho gusto discutir el asunto con cada uno de ustedes para que ustedes continúen disfrutándose uno del otro, como hombre y mujer, y aún así tener un largo matrimonio feliz y un número adecuado de niños.

Toda la cara de Salvador se le puso roja. Chihuahua, este doctor estaba hablando de sexo ahora. Y nadie iba a discutir el sexo abiertamente fuera de su familia más cercana.

Al ver la reacción de Salvador, el doctor agregó—Espero que me haya escuchado, Salvador, y que lo piense. Y si no, también eso está bien. No voy a tocar este tema más. La decisión es de ustedes. Gracias por escucharme.

—Bueno—dijo Salvador, rascándose la cabeza—, había pensado que me había traído aquí para hablar de Lupe para saber si está bien o no. Nunca esperé nada de esto—, agregó.

Lupe está muy bien en este momento—dijo el doctor—. Es joven y tal vez tenga un poco de dificultad en las mañanas durante su primer embarazo, pero los mexicanos son gente muy fuerte y todos los días los veo atravesar por dificultades que pondrían a la mayoría de la gente en el hospital. Sí, Salvador, Lupe está muy bien ahora.

—Bueno—dijo Salvador—. Porque me estaba espantando con todo eso de planear a los bebés.

—Bueno, no fue mi intención espantarlo, Salvador. Pero Lupe no es tampoco una de esas mujeres poderosas que pueden tener niños año tras año. Piense todo lo que le he dicho, y cómo dije, usted y Lupe pueden todavía disfrutarse mutuamente como hombre y mujer todo lo que quieran, pero lo que digo es cada vez que lo hagan no tienen que salir con niño.

Al oír esto, Salvador tuvo que respirar profundo. La cabeza entera le daba vueltas.—Pero los sacerdotes—dijo Salvador—, siempre nos están diciendo que disfrutarse mutuamente—usted sabe, como un hombre y una mujer, sin tener niños es un gran—como se dice . . .

—¿Pecado?—preguntó el doctor.

—Sí, eso es—dijo Salvador—. ¡Un pecado! ¡Un pecado serio!

—Mire—dijo el doctor al verlo tan trastornado—, a mí me criaron allá en Alemania en una familia católica también. Pero cuando se trata de asuntos de amor y de familia, francamente hace mucho que dejé de poner atención a hombres que no tienen hijos ni esposa.

Salvador estaba asombrado. Empezó a sudar. ¡Esto era un atropello! Aun cuando había estado muy enojado con Dios, nunca hubiera dicho que no escucharía lo que un sacerdote dijera.

—Dígame—continuó el doctor—, ¿llevaría su carro a arreglar a alguien que nunca ha tenido o manejado un auto?

—Bueno no, claro que no—dijo Salvador, jalándose el cuello y limpiándose el sudor de la frente.

—Entonces le sugiero que escuche a los sacerdotes cuando hablen acerca de cosas de Dios, pero no acerca de niños y mujeres. ¿Qué podría saber un sacerdote? En el mejor de los casos los pobres viven una vida muy limitada, Salvador.

Salvador se quedó mudo. Instintivamente Salvador tuvo ganas de persignarse para protegerse de este hombre. Pensó qué diría su madre sobre las ideas de este doctor. Pensó que diría Lupe cuando le dijera. Por Dios, necesitaba un trago de su propio whiskey, ¡ahorita!

Los tambores sonaban.

¡Los tambores sonaban, Sonaban, SONARON!

Y Salvador quería preguntarle a este hombre si todavía era católico y si todavía creía en Dios, pero tenía miedo de preguntar.

DOÑA MARGARITA ESTABA dentro de la iglesita de piedra del lado izquierdo, dos bancas atrás del frente, y estaba de pie, gritándole a la Virgen de Guadalupe.—¡Dánoslo, María! ¡Dánoslo María Guadalupe! ¡No tengas miedo! Los *chingazos* de la vida no son nada nuevo para nosotros los mexicanos! ¡No te vamos a fallar! ¡Somos FUERTES de FE!

En el ojo de su mente la madre de Salvador todavía podía ver los cañones de la Revolución relampagueando en los días que oscurecían mientras que decenas de miles de gente desarmada—principalmente mujeres y niños—¡caminaban por la vía del tren con sus recién nacidos en los brazos mientras los soldados subían sus caballos a los vagones!

¡Gente desposeída!

¡Gente muriéndose de hambre!

¡Gente asustada!

¡A todo su alrededor las ametralladoras cantaban! ¡Los cañones reventaban!

Norteamericanos y alemanes probando sus más recientes innovaciones de la guerra en México en lo que eran los primeros destellos de la Primera Guerra Mundial.

—¡Santa María, Madre de Dios! ¡Santa María, Madre de Dios! ¡Santa María, aaaaaaaaaa-yuuuuuuuuudaaa-NOS! ¡Santa María, Madre de Dios!

—¡Santa María, Madre de Dios! ¡Santa María, Madre de Dios! Santa María, aaaaaaa-yuuuuuudaaa-NOS! ¡Santa María, Madre de Dios!

Doña Margarita continuó cantando, rezando estas palabras sagradas en la iglesia, y con su Ojo del corazón se vio a sí misma y a todas estas madres siguiendo allí por la vía del tren camino al norte con la esperanza de llegar a la frontera de los Estados Unidos; esa tierra, ¡ese país, esa tierra prometida donde los sueños se hacían realidad!

¡Las tropas de Carranza estaban de un lado con sus ametralladoras alemanas cantando! ¡Y sus cañones alemanes abriendo boquetes por todo el cielo!

¡Las tropas de Villa estaban del otro lado con sus cañones americanos pesados y sus ametralladoras escupiendo ráfagas de fuego también!

El Padre Sol apenas se ponía y el día empezaba a refrescar. Un grupo de carruajes elegantes llegó a la ribera norte del Río Bravo y gente bien vestida se apeó y sus sirvientes negros . . . pusieron mesas y sillas para un gran *pícnic*—futuros generales americanos de la Primera y Segunda Guerra Mundial empezando a aprender su oficio de muerte y destrucción como jóvenes tenientes aquí en México.

El cielo occidental estaba veteado de colores rojos y anaranjados, rosados y de lavanda y la elegante y bien educada gente se reía y sorbía champaña mientras veía al otro lado del río, ¡las masas de gente que escapaba!

Gente morena. No su gente. 'Prescindible' era su nueva palabra, ¡porque tenían todo el mundo en las manos! Y qué *chingados*, la guerra era natural.

Doña Margarita seguía rezando dentro de la iglesita de piedra y en su Ojo del Corazón todavía podía verse a sí misma y a todas estas madres mientras salieron en masa por sobre un grupo de pequeñas colinas de arena blanca, ¡gritando de gusto cuando por fin vieron el Río Bravo abajo de ellas!

La gente al otro lado del río bebía de sus copas de pata larga y miraba a esta masa de gente de piel morena que dejaba la vía del tren y corría por las colinas de arena hacia el río, como gente que había llegado a la tierra prometida.

La gente elegante y bien vestida continuó bebiendo champaña y comiendo pequeños aperitivos mientras oía a los niños gritar de placer y empezar a chapotear en las aguas pardas de poca profundidad

Del lado norte del río, abajo de la gente de los carruajes, estaba el Ejército de los Estados Unidos. Los jóvenes soldados miraban a las masas de gente que inundaba las colinas de arena blanca y que gritaba de gusto mientras corrían hacia las aguas frescas del río.

Los oficiales gritaban órdenes de mantener la línea.

Los sargentos gritaban que no se movieran.

Pero los piel morena seguían viniendo y viniendo, ¡eran miles!

¡Finalmente un par de soldados jóvenes, confusos y espantados, abrieron fuego sobre las mujeres y niños desarmados!

El Río Bravo se tiñó de sangre.

Y dentro de la iglesia de piedra, doña Margarita siguió rezando, recordando como había estado llorando de dolor al tratar de agarrar el cuerpo de un niño y sólo sacar sus intestinos en las manos, y GRITÓ a los CIELOS, y fue cuando vio a esta gente de los carruajes lujosos al otro lado del río sobre el terraplén, riéndose, comiendo y bebiendo bajo la fresca sombra de sus sombrillas, mientras la gente era acribillada a su alrededor y ella tenía en sus manos lo que quedaba del cuerpo de este niño.

—¡SANTA MARÍA, MADRE DE DIOS!—Doña Margarita seguía rezando, cantando con lágrimas en los ojos, de pie, dentro de la iglesita de piedra, con los brazos extendidos, con las palmas hacia arriba, ¡Cantando, Salmodiando, Rezando! ¡Dánoslo, Señora! ¡Dánoslo! Porque nuestra fe es fuerte. ¡Porque no te vamos a fallar! ¡No te vamos a fallar! ¡NO TE VAMOS A FALLAR! Porque los *chingadazos* de la Vida, igual que para los antiguos judíos, ¡no son nada nuevo para nosotros los mexicanos! ¡DÁNOSLO! ¡Porque los pecados del mundo se tienen que purificar de una vez por todas! ¡La Prisión o el Matrimonio, no me importan! ¡Mis hijos crecerán! ¡Porque estamos aquí en esta Tierra Firme para matar los Diablos! ¡Y somos gente fuerte con mucha fe! ¡Y MUY *CHINGONES*!

Después de decir esto, doña Margarita finalmente se sentó. Estaba agotada. Había acabado. Pero todavía podía oír los cañones y las ametralladoras y la gente gritando de terror y todavía podía sentir los resbalosos y sanguinolentos intestinos calientes del niño al apretarse las mano tratando de limpiarse.

Y esta matanza de mujeres y niños no era nueva. En su viaje al norte, cuando los soldados de Villa y Carranza no podían matarse, los dos bandos volteaban sus armas y disparaban hacia las masas desarmadas.

Salvador y Lupe Villaseñor en sus bodas de oro, 1979

La familia Villaseñor en el Rancho Villaseñor, 1979

El centro de Carlsbad, California, 1930

St. Edward's Catholic Church
Corona, Calif.

La Iglesia Católica de Piedra en Corona, California, 1920

Salvador y Lupe, 1930

Salvador, 1931

Carlota y Archie en la Ciudad de México, 1932

Lupe con Hortensia, 1930

Doña Margarita continuó hablando entre dientes—¡Santa María, Madre de Dios! ¡Santa María, Madre de Dios! ¡Santa María, Madre de Dios! Una y otra vez, mientras le corrían las lágrimas por la cara.

Tanta gente había sido muerta a balazos a su alrededor.

Debió haberse quedado dormida pues no tuvo conciencia hasta que despertó sobresaltada.—Ah, lo siento, Señora—, dijo—. La Virgen Sagrada, Madre de Dios, había salido de su estatua y estaba parada frente a ella—. Debo haberme quedado dormida.

—Está bien—dijo la Madre de Dios—. Descansa, todas las madres necesitamos nuestro descanso. Esperaré aquí, a tu lado.

—Gracias—dijo doña Margarita—, sé que insistí mucho llamándoTE, pero necesitamos hablar.

—Muy bien, ahora descansa.

Y la Madre de Dios empezó a tararear como una tórtola despidiendo tal amor y calor que poco a poco, doña Margarita se volvió a quedar dormida.

Éste era su sitio, su lugar, su estación sagrada, a la izquierda de la iglesia de piedra, a dos bancas del frente, desde donde hablaba con el Mundo Espiritual y encontraba la fuerza para continuar. Y toda mujer necesitaba un lugar así desde el cual observar la Vida, de otra manera todo se podía volver demasiado abrumador, incontrolable.

La Madre de Dios siguió Tarareando, Cantando, y esta vez doña Margarita despertó. Se sentía mucho mejor.

—Ay, eso estuvo de maravilla, Señora—dijo la vieja zorra. Se estiró y bostezó y después sonrió—. A propósito, Señora—, dijo sintiéndose refrescada y llena de travesura—, ¿ya oyó el de don Cacahuate cuando iba a misa el Viernes Santo?

—No, no lo he oído—dijo la Virgen de Guadalupe.

—Bueno, ahí estaba don Cacahuate—dijo doña Margarita—, y toda la gente seguía al sacerdote por todas las Estaciones de la Cruz, de una en una, mientras rezaban el rosario. Y conforme llegaban a una estación el sacerdote describía la imagen antes de rezar—. Y aquí—, decía el padre—, tenemos a Nuestro Señor Jesucristo siendo flagelado mientras llevaba la cruz al subir la colina.

—Ah, decía don Cacahuate para sí mismo, ¡lo quisiera ver casado con mi esposa Josefina tan sólo por dos minutos!

—Entonces se iban a la siguiente estación y el padre decía—Y aquí tenemos a Nuestro Señor Dios Jesucristo cayendo en una rodilla y luchando por levantarse mientras los soldados lo flagelan.

—Ay—, decía don Cacahuate—, ¡Lo quisiera ver casado con mi esposa Josefina tan sólo por dos minutos!

—Y así pasaron por todas las Santas Estaciones de la Cruz, Señora—, dijo doña Margarita—, y al llegar a la última, no sólo dijo don Cacahuate—sino toda la gente dijo ahora con él—¡Ah, eso no es nada! Nos gustaría verlo casado por sólo dos minutos con doña Josefina.

En ese momento entró en la iglesia la esposa de don Cacahuate, Josefina, y todos se desparramaron, ¡aún el padre que corría más que todos!

Al decir esto, doña Margarita se reía y se reía.—No le parece el colmo, Señora, hasta el sufrir las torturas de Tu Hijo, el Señor Jesucristo, ¡son poco comparados al temor que tienen algunos de estar casados!

—¿Y cómo sucedió este fenómeno humano? ¿Ah, Dime? Porque como yo lo veo, Señora, debería ser al revés y la gente debería estar feliz de ser emparejados para que puedan resolver sus diferencias en la Amada Unión del Matrimonio.

—Pero muchos de nosotros no lo somos. Vamos, si ahora mismo que hablamos, hasta mi hijo más joven a quien crié como mujer para que respetara a las mujeres, todavía tiene problemas enfrentándose a los dilemas que surgen en la vida sin querer echarle la culpa a su esposa, Lupe.

En ese momento en que hablaban la Virgen María y doña Margarita, Jesucristo llegó caminando.

—Ay no, ahora no—dijo doña Margarita al ver a Jesús—. Tu mamá y yo estábamos hablando y, bueno, Tú sabes lo que pasa una vez que empiezas a hablar.

—¡Margarita!—dijo la Virgen María.

—Ah, no—dijo doña Margarita cerrando los ojos para concentrarse—, y es cierto no me voy a intimidar por Ti, Señora, o por Tu Más Santo Hijo. Esta conversación es entre Nosotras, Mujeres de Substancia, y por eso Tu Hijo, Jesús, ¡puede esperar a que acabemos, Señora!

Jesús se empezó a reír y a reír.—Está bien, Madre—, le dijo a la Santa Virgen—, con gusto esperaré y escucharé y . . . ¡aprenderé!

Y Jesús se sentó en una banca descansando mientras Su Madre y doña Margarita continuaban su conversación. Jesús se veía tan contento y tan lleno de paz . . . como si estuviera en un prado soleado con Árboles y Pájaros alrededor de él mientras masticaba una hoja de pasto—¡verdaderamente Divirtiéndose!

SALVADOR ESTABA MUY callado. Camino a la casa de los padres de Lupe, después de la visita al doctor.

—¿Pasa algo?—preguntó Lupe mientras manejaban por la calle alineada de árboles enfrente de la casa de sus padres.

—No—dijo—, todo está bien—. No tenía ninguna idea de cómo expresar todo lo que sentía desde que le había hablado ese doctor.

—Bueno, está bien—dijo Lupe—, pero desde que dejamos la oficina del doctor has estado muy callado

—Sí, es verdad—dijo Salvador y quería hablar, decirle a Lupe todo, pero no sabía dónde empezar. Sus pensamientos todavía le revoloteaban en la cabeza con todas las cosas que le había dicho el doctor.

Al entrar a la casa de los padres de Lupe vieron a Sofía con sus niños y Salvador casi le preguntó en el acto a la hermana mayor, si el doctor también les había hablado a ella y a su esposo sobre la planeación familiar.

Pero Sofía se veía tan llena de vida y travesura que no quiso tocar este horrible tema. ¡Dios mío, no se podía planear a los niños! ¿Sería eso equivalente a planear la compra de un carro? ¿Cómo planear qué víveres comprar? ¿O cómo decidir qué animales se aparearían en el rancho? ¡Ay, que repugnante! Tuvo que escupir, ¡la idea era tan repulsiva!

—Le estaba diciendo a mi mamá—les dijo Sofía a Lupe y a Salvador—, que mi esposo y Victoriano van a llegar tarde hoy. Están con el señor Whitehead, que está trabajando una vez más con el viejo Irvine.

—¿Pero, no murió?—preguntó Salvador.

—No—dijo Sofía—, tú y Victoriano le salvaron la vida cuando lo sorprendieron. El tiro solo le rozó la cabeza y los doctores pudieron salvarlo.

—Ah, no lo sabía—dijo Salvador—. Es un buen hombre. Me da gusto que haya sobrevivido.

Sofía se empezó a reír.—Los rumores son que el viejo vive ahora con un montón de chivos dentro de la casa.

—¿Dentro de la misma casa?—dijo Salvador . . .

—Sí, eso es lo que dijeron—dijo Sofía llena de malicia—. Y su familia se ha enojado tanto con él que lo han abandonado para irse a vivir a ese frío pantano apestoso lleno de mosquitos de Puerto Nuevo, creo que lo llaman New Port, porque el viejo Irvine no quiere deshacerse de sus chivos.

—Y creo que los chivos han hecho maravillas por su carácter—continuó—, porque todos dicen que Irvine ha cambiado completamente y que ahora trata a sus trabajadores y al señor Whitehead muy bien. Creo que fue la leche de chiva la que lo ayudó.

—Claro—dijo don Victor jugando con uno de sus nietos—, los hombres que no fueron amamantados lo suficiente cuando eran bebés, nunca hallan la paz hasta que los ponen a dieta de leche de chiva—. Y las chiches de chiva son todavía mejores—, añadió don Victor—. Te apuesto que por eso tiene las chivas en la casa, para poder mamar la leche directamente de ellas—, y don Victor se reía.

—Yo le lleve los chivos—dijo Salvador.

Todos voltearon y miraron fijamente a Salvador.

Salvador le contó a la familia de Lupe la historia de su madre y de la billetera llena de dinero y cómo el joven sacerdote había llevado a su mamá a la casa de Irvine.

La risa hizo eco fuera de la casita y por todo el barrio cuando Salvador terminó de contar la historia.

Pero la mamá de Lupe, doña Margarita, no halló la historia chistosa y se persignó y los puso a rezar a todos por el alma atormentada de la familia Irvine, la más rica de la zona.

SE ESTABA HACIENDO tarde y Salvador y Lupe decidieron hablar con Carlota para que se viniera a quedar con Lupe en Carlsbad para hacerle compañía mientras estaba embarazada y él estuviera fuera.

—¡Ja!—dijo Carlota, sospechando algo—, sólo quieren una criada que les limpie la casa, ¡no me voy a dejar engañar! ¡Además gano mucho dinero en el campo y tengo la responsabilidad de ayudarles a mamá y a papá!

Salvador estaba listo para olvidarse de la idea.—Olvídate de ella—le dijo a Lupe—. Encontraremos a alguien del barrio para que venga y se quede contigo.

—No—dijo Lupe—. No quiero a nadie del barrio. Quiero a mi hermana. Ella es mi familia y quiero su apoyo.

—Bueno, qué podemos hacer, no quiere venir—dijo Salvador.

De repente le vino un brillo al ojo izquierdo de Carlota.—Se acuerdan de ese vestido rojo que vimos en ese aparador de Long Beach, ah, Lupe—, dijo Carlota—, cuando Salvador me trató de envenenar con el pescado—, añadió.

—Sí—dijo Lupe—, recuerdo el vestido, era muy bello.

—Pero yo no traté de envenenarla con ningún pinche pescado—dijo Salvador. Por Dios, ahora ya nadie se molestaba en preguntarle sobre esa historia del envenenamiento de pescado. Simplemente se aceptaba como si fuera verdad.

—¿Y recuerdas los zapatos rojos, Lupe?—continuó Carlota.

—Sí—dijo Lupe.

—Bueno, si Salvador me compra estas dos cosas. Lo perdonaré e iré para quedarme contigo Lupe, ¡pero no voy a hacer todo el quehacer!

—Nadie te lo está pidiendo—dijo Lupe—. Sólo necesito alguien que esté conmigo cuando Salvador no esté y . . .

Pero Lupe nunca pudo terminar sus palabras. ¡Carlota estaba ahora brincando y gritando acerca de su nuevo vestido y zapatos rojos de baile que Lupe y Salvador habían prometido comprarle!

ESA NOCHE SALVADOR y Lupe iban muy callados camino a su casa de Carlsbad. Tenían que volver a recoger a Carlota en dos días. Tenía que avisar donde trabajaba con Victoriano y el esposo de Sofía. Después de todo se dificultaba más hallar trabajo fácilmente. Los agricultores ya no estaban mandando tantas verduras y frutas al este. Al ir por el largo camino de entrada a su casita rentada, Salvador y Lupe sabían que algo muy grande les acababa de suceder en su vida matrimonial.

Al entrar a casa, Salvador luego luego se fue a la parte de atrás de su casa y sacó la botella de litro de whiskey que tenía guardada bajo su ropa de trabajo y sus botas. Y se iba a echar un buen trago allí, escondido, cuando llegó Lupe.

—¿Es una botella de whiskey?—preguntó.

—Sí—dijo Salvador—. Había sido un día largo y desde la visita con el doctor, Salvador se había sentido inquieto—. Pensé echarme un trago—, dijo sintiéndose atrapado—. Si no tienes inconveniente.

—Claro que no tengo inconveniente—dijo Lupe—, mirando a Salvador y a su botella—. Ésta es tu casa, después de todo. Y si vas a tomarte un trago, creo que es mejor que no te escondas. Mi madre también guardaba una botella para echarse un trago de vez en cuando. De hecho, la primera vez que la vi bebiendo fue la noche que nacieron los cuates.

—Bueno, entonces, consideremos éste un trago a nuestro primer niño—dijo Salvador, siguiendo a Lupe a la cocina donde se sirvió su primer trago en su propia casa, aquí, enfrente de su propia esposa, y se lo bebió de un trago.

—Me voy a cambiar—dijo Lupe, saliendo de la habitación. Toda la tarde le pasaba algo muy extraño a Salvador. Lo podía sentir aquí, dentro de ella.

—Aquí te espero—dijo Salvador, sirviéndose otro trago.

En la recámara Lupe se quitó el abrigo y caminó al baño para alistarse para la cama. Sabía que cualquier cosa que estuviera preocupando a Salvador tenía que ver con la visita al doctor, pero ella no iba a insistir.

Después de alistarse para la cama, Lupe regresó a la cocina y se halló a Salvador sentado en la mesa de la cocina. La luz de la luna entraba por sus espaldas. La botella grande de *whiskey* estaba medio vacía.

—¡Salvador!—gritó Lupe—. ¿Pero qué es lo que pasa? ¿Por qué estás bebiendo así? ¿Es porque tienes miedo de que mi hermana venga a vivir con nosotros?

Tenía los ojos inyectados de sangre. Se veía muy mal.—Bueno, no, quiero decir sí, pero no es sólo ella, Lupe—, dijo arrastrando sus palabras y los ojos bailoteándole por la borrachera—. ¡Te quiero tanto—! Y hemos sido tan felices, especialmente en la cama, pero ahora, bueno, ¡carajo—! gritó—, ¡todo tiene que parar, amor mío!

—¿Pero qué es lo que tiene que parar?—preguntó, acercándose y olfateándolo.

—¡Nosotros! ¡Tú y yo! ¡Nuestras sesiones de amor! ¡Todo! —Gritó.

Lupe lo miró, allí sentado, rodeado de luz de la luna que entraba por la ventana, y no tenía ni idea de lo que estaba diciendo.—Pero Salvador, ¿por qué dices que necesitamos dejar nuestras sesiones de amor? Ella sintió como si un cuchillo le acabara de partir su corazón—. No entiendo, Salvador.

—Porque, Lupe—dijo mirándola fijamente—, ¡no quiero que pierdas los dientes!

—¿Los dientes?—preguntó.

—Sí, el doctor me dijo que tener muchos niños no llena a una mujer como siempre me habían dicho. No, que tener muchos niños la matan. Y cuando le dije que mi madre había tenido diecinueve hijos, me preguntó si le quedaban aún dientes. Y, bueno, ¿qué le podía decir? Yo siempre había creído que los niños eran una bendición de Dios, y que nunca serían demasiados los hijos, porque Dios nos amaba, y Él sabía lo que nos convenía, pero este doctor dijo no, no, no, si queremos mantener nuestros dientes y tener una larga y feliz vida, como él y su flaca y seca esposa, ¡entonces no podemos tener una casa llena de niños!

Lupe casi tuvo ganas de reír. Todo esto era tan ridículo, tan disparatado.—Salvador—dijo—, me estás diciendo que el doctor te dijo que no debemos tener más hijos o si no, ¿pierdo mis dientes?

—Ah, no, podemos tener unos cuantos hijos—dijo rápidamente—, pero no cada dieciocho meses o te gasto toda. Esa enfermera, ¿te acuerdas? La que te llevó a verlo, ¡es su esposa y ya tiene cincuenta años! ¡Pero, Dios mío, pensé que tendría treinta y cinco años!

—Sí, me lo dijo—dijo Lupe—. Fue muy amable conmigo.

—También me dijo que apenas después de unos cuantos meses de casados, lo vienen a ver jóvenes y hermosas parejas mexicanas, como nosotros, y que vuelven como por reloj, cada dieciséis o dieciocho meses, como la mujer que estaba en la sala de espera conmigo, y ella sólo tiene veintiséis años. Así que no quiero que te pase eso, amor mío. ¡Te quiero y te quiero joven y hermosa durante el mayor tiempo posible! ¡Como la esposa del médico! Y ellos sólo tienen tres hijos, y tal vez nosotros deberíamos tener tres o cuatro y no muy cerca uno de otro para que tu cuerpo pueda, pueda, ya sabes, recuperarse, ponerse fuerte de nuevo entre niño y niño—, dijo—. Lupe, no quiero que pierdas los dientes como mi mamá.

Lupe estaba estupefacta. Nunca había visto a Salvador así antes. Y el doctor no le había dicho nada de esto. Sólo la había revisado para ver si estaba embarazada, y eso había sido todo.—Pero Salvador—dijo—, ¿no es Dios quien decide cuántos hijos tenemos?

—¡Exactamente! Yo también, es lo que siempre pensé, pero el doctor me dijo que no, que ésa es nuestra decisión también, que podemos planear cuántos hijos queremos.

Lupe estaba anonada.—Pero no es un sacerdote—dijo Lupe—. ¿Cómo puede hablar así?

—Eso es lo que pensé—dijo Salvador—. Y luego me preguntó si llevaría a arreglar mi carro a un hombre que no manejara o tuviera coche. Y yo dije no, claro que no, después me preguntó por qué hablar con un sacerdote acerca del matrimonio y niños si ellos no estaban casados y no tenían esposa a quien querer ni hijos a quienes criar.

—¿Dijo todo eso?—dijo Lupe, persignándose. Estaba asombrada. Tuvo que sentarse—. ¡Pero él es católico—dijo—. ¡Es por esto que Sofía fue con él la primera vez!

—Sí, lo sé—dijo Salvador—, y fue entonces que sacó una botella y me ofreció un trago. Creo que empecé a tener cara de enfermo.

—¿Quieres decir que te dio un trago de licor en su oficina?—preguntó asombrándose todavía más.

—Sí, me dio *schnapps* alemán o algo parecido. Sabía horrible, pero, aún así me ayudó. Me sentí mejor.

Lupe se agarró la frente. Esto era terrible. Nunca pensó que su doctor fuera un bebedor.

—Salvador—dijo Lupe—, simplemente no sé qué hacer. A la mejor ya no vamos a poder regresar a ver a ese doctor más. ¿Cómo puede un doctor decirle a alguien que no escuche a un sacerdote? Respiró profundamente—. Ven, vamos a dormirnos, amor mío. Todo esto me ha cansado mucho.

—A mí también—dijo Salvador, tratando de pararse, pero se tambaleaba mucho y se cayó en su silla—. Pero, Lupe me tienes que prometer que nosotros no . . . no lo hacemos, o, amor mío, ¡NO QUIERO QUE PIERDAS TUS HERMOSOS DIENTES—! ¡Gritó a los Cielos!

Lupe se empezó a reír—. Pero, Salvador—dijo—, tomando sus manos y jalándolo hacía ella—, ya es demasiado tarde. Ya estoy embarazada.

—Ah, sí es verdad—dijo—. Entonces está bien, ¡lo podemos hacer esta noche!

—Sí—dijo ella.

Y se apresuraron por el pasillo.

UN SUAVE REPIQUE de plas, plas despertó a Salvador. Llovía.

En cama, al lado de Lupe, Salvador escuchaba la lluvia. Las gotas se reunían en las hojas del grande y oscuro aguacate afuera de la ventana de su recámara, doblando las hojas con su peso y resbalando, deslizándose por las grandes y lisas hojas con pequeños y rápidos canales de sonido de agua que cae.

Lupe se movió y Salvador la atrajo hacia sí, y la lluvia continuaba lavando el polvo de las hojas del aguacate, goteras pardas de agua que caía del final de las hojas, creando una música de ping pong cuando pegaban en el frío, liso metal de su Moon. La suave, lenta lluvia continuó, y pronto todo el camino de entrada a su casita rentada se llenó de pequeños baches de agua.

Todo el mundo cambiaba alrededor de Salvador y Lupe. Estaban enamorados, estaban en paz, y sin embargo sentían que les habían arrancado el corazón. Sentían que todas sus creencias culturales habían sido destrozadas, como si la misma tierra en la que pisaban se las hubieran quitado.

Las gotas continuaban congregándose en el aguacate fuera de su ventana, plas, plas, plas, formando largos y constantes canalitos. Por aquí y por allí, en las alturas, las nubes se abrían y parches de brillante cielo nocturno irrumpían.

Salvador pensó en lo que le había dicho el doctor y pasó la mano sobre las curvas del cuerpo maravilloso de Lupe, resbalando las puntas de los dedos, ah, tan suave, tiernamente, hacia adelante y hacia atrás sobre los valles y las colinas. Se intoxicaba al acariciarla. Y el aroma de ella lo mandaba volando al Cielo. Pero aún así no podía dejar de pensar en las palabras del doctor. Porque . . . si la gente de veras podía planear el tamaño de sus familias, entonces ellos podrían hacer otras cosas que siempre habían pensado que era el dominio exclusivo de Dios.

Las nubes se alejaron y las últimas gotitas de agua bajaron en cascada de las grandes hojas de los árboles de aguacate. Lupe se despertó y vio que Salvador, su verdadero amor, estaba despierto y mirándola con tanta ternura, sentado en la cama, al lado de ella.

Sonriendo alargó la mano y tocó su mejilla izquierda con la mano derecha. Y mientras le acariciaba la cara, continuó sintiendo las puntas de sus dedos acariciándole la espalda tan suave, tan tiernamente, tan perfectamente. Caray, si sabía cómo acariciarle el cuerpo perfectamente. ¡Su tacto era mágico!

Ella respiró y respiró de nuevo, y acercándosele puso su cabeza en el arco de brazo, y ahora podía oír su corazón latiendo en su oído. Y en la distancia, también podía oír las últimas gotas de agua que caían de las hojas de los aguacates y haciendo plas, plas en su Moon estacionado afuera de su ventana. De vez en cuando un pequeño rayo de brillante luz lunar entraba y bailaba en la pared de su recámara.

Tampoco Lupe podía dejar de pensar en las palabras del doctor. Le parecía que el mismo suelo en el que habían sido criados les había sido arrancado por debajo de ellos, poniéndolos en una tierra muy inestable.

Cerró los ojos escuchando el latir de Salvador. Ella se sentía muy insegura de su futuro. Pero también en lo más profundo de su ser, sabía que iban a estar bien, porque se sentía tan segura y cómoda en sus brazos, recargada contra todo su grueso pecho

Y así la Madre Tierra continuó girando y los siglos vinieron y se fueron, pero los asuntos del corazón se mantuvieron firmes.

Sexta Parte

———◆———

CIELANDO

¡Y así ahora se le pedía a la Humanidad que Cantara y
Bailara y Adorara la SEGUNDA LLEGADA *del* SEÑOR*!*

A ÚLTIMA HORA de la mañana Salvador y Lupe decidieron salir a
desayunar al Montana Café. Ir a un restaurant en la mañana le parecía
muy raro a Lupe. La mañana era para que la gente hiciera su mejor trabajo
en el campo, antes que el Padre Sol calentara tanto que les exprimiera la
energía. También, Salvador y Lupe habían salido a comer juntos más veces de las que ella lo hiciera con su familia durante toda su vida.

Al entrar al Café, directamente enfrente del famoso Twin Inns, Helen
vino inmediatamente a abrazar a Lupe.—Ah, ya tienes un poco de color
otra vez—dijo—. ¡Sabía que era cuestión de comer bien e ir a ver al doctor!
¡Y tú, Salvador, necesitabas ese regaño que te di para que te despertaras!
Ninguna mujer puede estar encerrada todo el día, ¡especialmente cuando
está embarazada—! añadió Helen con contundencia.

Lupe se rió. Aquí estaba la alemana regañando a Salvador una vez
más.—Helen, ya hablamos con mi hermana Carlota—dijo Lupe—, y hoy
vamos a traerla para que se quede conmigo.

—¡Qué bueno!—dijo Helen en voz alta—, ¡me da gusto oír eso! Las mujeres necesitan compañía. No sólo los hombres. Vengan, siéntense y les
sirvo. ¡El *beef stew* está muy bueno hoy, Lupe!

—Ay, no, no creo poder acabarme todo eso—dijo Lupe.

—Entonces, ¿qué te parece puré de papas con un poco de *gravy* y unas
verde-verduras?

—Me parece estupendo—dijo Lupe.

—A mí me da el *beef stew*—dijo Salvador—, ¡y también tráigame mucho
de su pan casero!

—Claro—dijo Helen—. ¡Recién salido del horno, igual que nuestra mantequilla es de leche recién salida de la vaca!

Hans y Helen tenían cinco acres con aguacates, limoneros, naranjos, ganado y pollos. Su sueño era conseguir un sitio de 40 acres, tierra adentro, en la ciudad de Vista, donde tendrían la casa en una colina con vista al mar, para que aún en días calientes pudieran disfrutar de la fresca brisa del océano y mirar sus tierras.

Salvador fue a la cocina a saludar a Hans mientras Helen y Lupe hablaban. Parecía que Lupe y Helen verdaderamente se caían bien a pesar que la alemana tenía como veinte años más. Salvador quería consultar con Hans lo que le había dicho el doctor. Hans era un hombre inteligente y desde hacía dos años, Salvador valoraba en mucho la opinión de Hans. Se preguntaba lo que diría Hans acerca de esa idea desatinada que los niños no vienen directamente de Dios, sino que la gente puede planear el tamaño de su familia.

Después de saludarlo, Salvador le dijo directamente lo que le había dicho el doctor y que ellos habían bebido *schnapps* juntos.

—La razón que te platico todo esto—añadió Salvador—, es porque, bueno, Hans, yo siempre entendía que cada niño es un regalo de Dios; una bendición, como mi madre siempre me decía.

—Tu madre tiene razón—dijo Hans, entusiasmándose con la conversación. Hans había querido ser maestro en Alemania, pero no había tenido dinero para completar sus estudios—. Los niños son un regalo de Dios, una verdadera bendición, exactamente. Pero—, agregó Hans, llevándose a Salvador a un lado para no ser oído por los demás—, también lo son los campos y las colinas y los árboles y las flores y todo lo demás, una verdadera bendición de Dios. Y sin embargo ya no sólo andamos caminando sobre colinas y campos. No, ahora cultivamos los campos. Podamos los árboles y las flores.

—Mira esos nuevos árboles de aguacate que George—conoces a George Thompson—está injertando aquí en Carlsbad. Es un nuevo tipo de aguacate que va a revolucionar toda la industria del aguacate—dijo Hans lleno de entusiasmo—. Porque estos aguacates tienen una cáscara más fuerte y pueden ser enviados hasta el este, y van a dejar buen dinero.

—¡Te lo digo, Sal, vivimos una época muy emocionante de la historia! Todo el mundo ha cambiado más rápido en los últimos diez años que en los mil años anteriores. ¡Así que claro, estoy de acuerdo con este doctor en cuanto a poder planear la familia, Salvador! ¡Y hoy en día todo hombre y mujer civilizados deberían empezar a hacerlo!

—¿De veras, Hans?—dijo Salvador.

—Sí—dijo Hans—. ¡Absolutamente! ¡Mira, aquí en California la gente está mimada pensando que la tierra es inacabable! Pero te platico que en

Europa hay millones de gente apelotonada, y una vez que descubran este buen clima que tenemos en California, va a haber una 'fiebre de oro' de gente queriendo venir—no por miles, como fue durante la Fiebre de Oro de California, ¡sino por millones por el clima! Los días de la familia grande se han ido para siempre, Salvador. Helen y yo tenemos un niño, y nos gustaría tener una niña también, pero después de eso no queremos más porque queremos que nuestros hijos se eduquen y estén listos para poder con este mundo de grandes cambios.

—Me lleva—dijo Salvador—. Nunca lo hubiera visto así, Hans. Y este doctor, dijo también que yo no llevaría mi carro a un hombre que no manejara o que no tuviera su propio coche, así que cómo es que iba a consultar con un padre sobre cuestiones de matrimonio y esposa y niños.

—¿Y este doctor es alemán? ¿Y es católico? Bueno, te digo Salvador, te habló de hombre a hombre. Mira, Sal, no hace mucho—continuó Hans—, los granjeros de Europa mataban y se comían las mejores y más grandes reses, pollos y patos. ¿Y qué pasó entonces—? ¡Hans echaba humo de lo excitado que estaba—! Bueno, que los gorgojos se apareaban unos con los otros y pronto todo el ganado de las granjas se empezó a hacer más pequeño y enfermizo.

—Pero entonces, un día, un hombre del valle donde vivía mi abuelo descubrió que en la naturaleza, sólo los más fuertes y más listos vivían lo suficiente para aparearse, ¡y por eso es que los animales salvajes eran siempre tan fuertes! Este granjero, como te dije, que vivía en el valle cerca de la casa de mi abuelo, se empezó a comer a sus gorgojos—lo cual la gente creyó que era repugnante—y sólo apareaba a sus animales más grandes y mejores, ¡y en pocos años este hombre tenía el mejor ganado en toda Alemania! ¡Y Alemania es un país muy civilizado!

—Y por eso te digo que se puede hacer lo mismo con los niños. Necesitamos tener sólo unos cuantos y criarlos bien. Las familias grandes sólo daban resultado cuando la gente era salvaje, Salvador, y la mayoría de los jóvenes morían a manos de las bestias o de enfermedades.

Hoy en día nosotros mismos tenemos que hacer nuestra propia poda, igual que cualquier granjero bueno. Y tú y Lupe pueden podar su familia y dejarla en dos o tres niños y criarlos con tiempo y dinero, y formarán la nueva generación de gente mexicana con mucho corazón, como dices—¡y disciplina y conocimientos alemanes! ¡No hay límites, Sal! ¡No hay límites aquí en esta hermosa California, si el hombre es listo!

Al oír esto, Salvador se quedó mudo. Nunca había oído cosas tan fantásticas.

—Me lleva—dijo Salvador negando con la cabeza—. Pero aún así, Hans, tú y Helen son católicos, ¿cómo está eso de no poner atención al sacerdote?

—Salvador, en asuntos de religión yo no me meto pues la religión es una cuestión de creencia, y con las creencias, bueno—, dijo alzándose de hombros—, no se habla.

—Ya veo—dijo Salvador, dándose cuenta que Hans era siempre un hombre inteligente y que tenía tacto—. Ya veo, ¿entonces no te molesta que la iglesia diga una cosa y el doctor otra?

—Sal, toda profesión tiene sus limitaciones.

—¿Limitaciones?

—Sí, es una manera de pensar. Dime, ¿tu madre hace siempre lo que le dice el padre?

—Bueno, no siempre—dijo Salvador—. De hecho, frecuentemente se les enfrenta y les dice que ha leído la Biblia más años de los que ellos han vivido y que Dios también le dio a ella un cerebro con qué pensar.

Hans se reía.—No tengo más que decir—. Escucha a tu madre, Salvador. Como me lo has dicho docenas de veces, es una mujer inteligente tan sólo por el hecho de haberte traído a ti y a tus hermanas aquí sanos y salvos. Si se trata de sobrevivir, le voy más a tu mamá que a ningún sacerdote. Y también hazle caso a este doctor. Es un hombre muy inteligente, Salvador. Y ya que bebe *schnapps*, tiene que ser un buen alemán—, añadió con orgullo Hans.

—A la mejor tienes razón—dijo Salvador—. A la mejor tienes razón. Muchas gracias, Hans. Pero yo siempre pensé que los niños eran un regalo de Dios.

—Y lo son, Salvador, lo son, pero también tenemos que pensar, planear, imaginar. Es por eso que tú y yo nos llevamos tan bien; yo hablo, tú escuchas, ¡y siempre estamos de acuerdo—! añadió Hans con una carcajada.

—Eso es verdad—dijo Salvador—. ¡Siempre estamos de acuerdo cuando tú eres el único que habla, Hans!

—¡Sí, porque entonces los dos somos muy listos!—añadió Hans.

Se dieron un gran abrazo. Eran buenos amigos de verdad. Nunca dejó de sorprender a Salvador que, después de Archie, Hans y Kenny White, gringos los dos, eran sus mejores amigos.

Y el hecho que Hans era autoritario y testarudo no molestaba a Salvador. Hacía mucho que había aprendido que con un hombre como Hans, no se discute. Uno escuchaba, y hacía preguntas, y trabajaba con él, y aprendía de todo el conocimiento que tenía que dar.

Después de todo, el jugador profesional nunca contaba sus fichas a la mitad del juego.

DESPUÉS DE DESAYUNAR, Lupe y Salvador caminaban hacia el Moon cuando Salvador se agarró repentinamente el pecho, ¡sus ojos se pusieron en blanco y se puso todo pálido!

—¡Salvador!—gritó Lupe, agarrándolo—. ¿Qué pasa—? Dios mío, su padre acababa de tener un ataque al corazón hacía apenas unas cuantas semanas, ¡y ahora también su esposo estaba aquí agarrándose el pecho—! ¡Háblame!

—Mi madre—dijo Salvador, sintiendo un dolor tan terrible en el pecho que tuvo que agarrarse del árbol debajo del cual estaba estacionado el carro—, ¡se va! Lo puedo sentir aquí, dentro de mí, ¡se va! ¡No, mamá—! Le gritó—. ¡No, NO LO HAGAS, MAMÁ! ¡Quédate aquí hasta que nazca nuestro bebé, óyeme! ¡Quédate, mamá! ¡No te atrevas a morirte ahora!

Lupe se persignó dándole gracias a Dios que se trataba de un aviso y no de un ataque al corazón. Le ayudó a Salvador a subirse al Moon. Se sentó en el carro y respiró hasta que se sintió mejor.

—¿Quieres que pasemos a ver a tu mamá antes de recoger a mi hermana?—preguntó Lupe.

—Sí—dijo—, me gustaría, pero espera—. Se llevó las dos manos al pecho como había visto hacerlo a doña Margarita toda la vida cuando quería revisar un aviso—. No—, dijo después de respirar un par de veces—, no necesitamos pasar a verla. Ya está bien. Dice que no nos va a dejar. Sólo fue en una de sus visitas a Papito—. Se rió—. Dice que Dios y ella están planeando algo, pero que no nos preocupemos. Mi mamá sabe cómo portarse en el Cielo y en el Infierno—. Salvador se sintió mejor ahora. Se le había ido el dolor—. Nadie impone su voluntad sobre mi mamá—, añadió—. ¿Te he contado la historia de cuando mi mamá fue a Guadalajara durante la Revolución para sacar a mi hermano José de la prisión—? Lupe negó con la cabeza—. Bueno, déjame decirte mientras llegamos a Santa Ana. ¡Ah, mi mamá es la Fuerza del Universo! Allí estaba ella, harapienta, descalza, y necesitaba ayuda, pero no conocía a nadie que pudiera ayudarla, excepto al enemigo de la familia, un hombre que nos odiaba tanto que deseaba que todos nos muriéramos—. Salvador sonrió—. ¿Pero intimidó esto a mi mamá? ¡Ah, no, ella no conoce el significado de la palabra Miedo! Quiero tanto a mi mamá, Lupe. Ella lo fue todo para nosotros. Sin ella hubiéramos muerto una y otra vez.

El se persignó y Lupe también. Ambos se sentían mejor ahora. Se subieron al Moon y se encaminaron al norte, y el espíritu de Margarita estaba con ellos.

DOÑA GUADALUPE y don Victor jugaban a la baraja una vez más en el porche de enfrente de su casa cuando Salvador y Lupe llegaron. Cada uno de ellos tenía un montón de frijoles pintos enfrente de ellos, pero era diferente de la última vez, parecía que don Victor iba ganando.

—¡Ven aquí pronto, Salvador!—gritó don Victor al ver a Lupe y a Salvador llegar por el sendero. ¡Mira como tengo a esta vieja cogida del cuello esta vez! ¡Tengo buenas cartas, mira! ¿Qué te parece?

Salvador saludó con la cabeza a doña Guadalupe y entonces miró de reojo las cartas de don Victor. El viejo canoso todavía se veía bastante mal. Desde que había salido del hospital ya no se parecía al que era antes. El viejo tenía dos reyes y dos dieces.

Salvador tuvo una sensación extraña como que, bueno, habían estado allí hasta que miró a doña Guadalupe y ella le cerró el ojo. Caramba, la vieja estaba dejando ganar a su marido a propósito. Y el viejo tonto estaba tan entusiasmado con lo que él veía como un cambio de suerte, que no se dio cuenta.

—Se ven bien—dijo Salvador—. ¡Muy bien!

—¡Sí, así creo yo! ¡Me encanta la baraja cuando estoy ganando! ¡Te apuesto veinte frijoles! le dijo a su esposa doña Guadalupe, poniendo un montón de frijoles pintos en la apuesta.

—Está bien—dijo doña Guadalupe—, y te apuesto veinte más.

—*Okay*—gritó don Victor—. ¿Quieres jugar de a de veras, ¿verdad? Bueno te pago tus veinte y te apuesto veinte más—, dijo, él con un rayo de entusiasmo en sus viejos ojos.

—Dos reinas—dijo doña Guadalupe, volteando sus cartas.

—¡Dos reinas!—explotó el viejo—. ¡Entonces yo gano! ¡Dos pares! ¡Reyes y dieces—! Y estaba tan contento cuando recogió todos los frijoles.

Salvador le tomó la mano a Lupe, apretándosela mientras miraba a su madre poner sus cartas rápidamente con el resto de la baraja. Tenía tres reinas, igual que la última vez, pero . . . a diferencia de la última vez, había escogido enseñar sólo dos.

Salvador respiró profundamente con la mano de Lupe cerca del corazón. La mamá de Lupe era de verdad una buena vieja sabia. El doctor había tenido razón cuando le dijo a Salvador que se había unido a buena familia al casarse.

Todo el corazón de Salvador derramaba amor, compasión y entendimiento. Y le pudo comunicar todo esto a su verdadero amor, no con palabras, sino con un sólo y sencillo apretón de mano.

Avanzaban, eran una pareja casada que se comunicaba, no sólo con palabras, sino con el tacto, el gesto, una mirada.

Todos reían cuando entró Carlota con estruendo. Estaba bien vestida y sin siquiera saludar, dijo—He decidido que no quiero salir de Santa Ana, Lupe. Todas mis amigas viven aquí y, además, ya me cansé de estarme cambiando. Por eso nunca me casé, porque siempre nos estábamos mudando al seguir las cosechas, y yo no soy como tú. ¡Soy responsable! Yo cuido a mamá y a papá y por eso no quiero ir—, agregó santurronamente.

Pero Lupe no se tragó el anzuelo que su hermana le había aventado. Movió las caderas y se plantó como todas las mujeres casadas lo han hecho desde los principios del tiempo y le apretó la mano a Salvador tranquilizándolo que ella iba a resolver esto.—Carlota—le dijo Lupe con toda la paciencia que podía tener—, pero tú ya habías dicho que sí y te hemos arreglado un cuarto, y manejamos hasta acá para venirte a buscar. Y Salvador tiene mucho trabajo que hacer y dejó de trabajar. Por favor, piénsalo. Me gustaría que vinieras a estarte con nosotros.

—Carlota—dijo doña Guadalupe, metiéndose también—, tu padre y yo podemos cuidarnos solos, y tus amigas pueden ir allá a verte. ¡Ésta es tu hermana, tu familia!

—Ah, bueno—dijo Carlota, sintiéndose perdida ante su mamá y su hermana—. Iré, si es lo que quieres, mamá, ¡pero me tendrán que comprar el hermoso vestido rojo y los zapatos rojos primero!

Al oír esto, Salvador se arrepentía interiormente tan rápido como podía. A su parecer, la hermana de Lupe, ¡Carlota, había probado una vez más ser la mujer más estúpida, más egoísta que jamás había conocido! Y Dios mío, si viniera a su casa de Carlsbad, estaba seguro que su matrimonio seguramente se iría al carajo.

El corazón de Salvador le latía fuertemente. Estaba listo para decir—No vengas, Carlota, no te necesitamos—, cuando sintió la cadera de Lupe frotándole el lado—diciéndole que se calmara, que se tranquilizara, que todo estaba bien. Respiró. ¡El sólo sentir sus caderas le dijo muchísimo!

En ese momento llegó Archie en su Hudson negro y grande. Estaba bien vestido también. Salvador y Lupe se vieron de reojo. Por esto había cambiado de opinión Carlota. Archie y ella habían planeado esta cita desde hacía tiempo.

—¡Hola! les dijo Archie a todos cuando subía las escaleras—. Es un día precioso, ¿verdad?

—Sí, lo es—dijo Salvador.

—¿Cómo está?—dijo doña Guadalupe—. ¿Cómo está la familia—? añadió la astuta vieja, dejando entender a Archie que sí, de verdad, todos sabían que estaba casado y que tenía familia.

—¡Bien, bien, gracias! Los niños están con su madre. Y, bueno, pensé que recogería a Charlotte, quiero decir Carlota, temprano para que podamos comer algo antes que me ayude con el baile.

Todos se miraron entre sí. Nadie había oído antes que le dijeran a Carlota, Charlotte.

—¿Así que estás organizando otro baile?—dijo don Victor.

—Sí, aquí en el mismo centro de Santa Ana. Traje un par de músicos de Los Ángeles. Su hija es una buena negociante. Agarra en la puerta a todo

Fulano, Mengano y Zutano que se quiere colar sin pagar y los hace pagar antes de entrar.

—¿Fulano, Mengano y quién?—dijo don Victor, sintiéndose molesto por tantos nombres masculinos asociados con su hija.

—Es sólo una expresión—dijo Archie—. Hablaba rápido y estaba nervioso—. En realidad no quiero decir Fulano, Mengano y Zutano. Quise decir sólo que, bueno, Carlota es estricta y la gente no le da borrego, digo gato por liebre.

—Gato por qué . . .

—Ay, carajo—dijo Archie al ver que se estaba metiendo en más problemas—. Ésa es sólo otra expresión. En realidad no tiene nada que ver con un gato o una liebre, ni con Fulano, Mengano y Zutano, ni con nadie más.

—Ya veo—dijo don Victor—. ¿Entonces no hay gato? ¿Y tampoco gringos?

—No, ninguno—dijo Archie, tocándose el sombrero—. Bueno, ha sido un placer platicar con usted. La regreso temprano—. Entonces se volteó hacia Salvador y Lupe—. ¿Quieren venir con nosotros? Sólo vamos a ir al parque de diversiones de Long Beach para comer algo antes del baile.

Ahora súbitamente Salvador y Lupe entendieron todo al mismo tiempo. Caramba, Carlota lo había planeado todo para que fueran a Long Beach donde ella había visto ese hermoso vestido rojo. Los había engañado una mano muy tramposa.

Lupe miró a Salvador con una miradita de entendimiento, tomó su mano apretándola de nuevo. Está bien—dijo—, podemos hacer eso, ¿verdad Salvador? Pero después te vienes con nosotros a Carlsbad, ¿verdad, Carlota?

—Sí—dijo Carlota—, ¡con mi vestido rojo nuevo y los zapatos!

—¿Cuál vestido rojo nuevo y zapatos?—preguntó Archie.

—Los que Salvador y Lupe me van a comprar—dijo Carlota, ¡y estaba fuera de sí de alegría!

—¡Fantástico!—dijo Archie, sintiéndose aliviado, sin duda por haber pensado que era él quien debía comprarle un vestido nuevo. —¿Por qué no dejas la Moon en el centro, fuera del salón de baile, Sal, y nos vamos en mi coche que es más grande cómo la última vez, está bien?

—Por nosotros está bien—dijo Salvador, dándole masaje a la mano de Lupe. Ah, se sentía tan enamorado de su esposa.

Salieron rápidamente.

Archie no quería estar mucho tiempo más en la casa de los padres de "Charlotte" y ser interrogado con más preguntas sobre su familia.

Chingado, él y su esposa habían terminado hacía ya años. Y además, no era que él y Charlotte estuvieran saliendo juntos, después de todo. Y por eso no sabía por qué tenía que aguantar todo este cuestionamiento de mierda del sur de la frontera. ¡Éstos eran los Estados Unidos de América y a los dieciocho, una muchacha era libre. ¡Y carajo, Carlota tenía casi veinticuatro años!

¡AL LLEGAR A Long Beach Carlota chillaba de alegría! Nunca había tenido un vestido nuevo de una tienda en toda su vida. Y había tenido vestidos antes, pero no se trataba de eso. Su hermana mayor, Sofía—que no había asistido a la boda de Lupe y Salvador porque ella y su esposo no habían tenido la ropa adecuada—era una modista excelente, y por eso le había hecho todos los vestidos a Carlota por años.

¡Este sería su primer vestido comprado del aparador!

Caminando por el paseo a la pequeña tienda donde Carlota y Lupe habían visto el vestido rojo y los zapatos rojos, al llegar encontraron la tienda entablada. Vieron también que el parque de diversiones estaba vacío. Ninguno de los juegos mecánicos funcionaba ya.

—Te lo dije—le dijo Archie a Salvador—, los negocios van a empezar a cerrar a izquierda y derecha. Te apucsto a que el restaurant chino también está cerrado.

Pero al llegar allí, el restaurant chino sí estaba abierto. Cuando Carlota vio esto se puso furiosa y le dijo malas palabras a Salvador, ¡y lo acusó de haber ocasionado que esa tienda de vestidos cerrara para que ella no pudiera adquirir su nuevo vestido, y de hacer que el restaurant chino estuviera abierto para tratar de envenenarla con pescado una vez más!

—¡Pero no podrás hacerme comer pescado otra vez! ¡Conozco el pescado! ¡Se puede oler!

Y así Carlota comió langosta esa noche por primera vez en su vida, ¡y le encantó! Y cuando alguien dijo que la langosta era pescado, Carlota gritó.

—¡Ah, no!—gritó—. ¡Ustedes no me pueden engañar! ¡La langosta no puede venir de la apestosa y sucia mar! ¡Es deliciosa!

Después del baile en Santa Ana, Carlota se fue con Salvador y Lupe a su casa. Todos estaban muy callados. Había media Luna, y ella, la Madre Luna, los siguió dándoles luz mientras pasaban por la costa de San Clemente. Iban en su camino, una pareja casada—¡con destino a casa!

¡SALVADOR DESPERTÓ SOBRESALTADO!

Llovía afuera y la cara de su madre destellaba en su pensamiento. Se estuvo en cama tratando de calmarse, pero no podía. Sabía, hasta en los huesos, que algo grande estaba pasando con su madre.

Pero no podía comunicarse con ella, a menos que manejara hasta Corona para verla. Salvador no tenía teléfono, y Luisa y su madre tampoco tenían uno. Los teléfonos eran instrumentos para las tiendas y doctores, para los muy ricos únicamente, de acuerdo a la gente del barrio.

Salvador se quedó en cama respirando profundamente.

—¿Qué pasa?—preguntó Lupe despertándose—. ¿Es tu mamá otra vez?

Salvador asintió.

—Entonces más vale que la vayas a ver—dijo Lupe—. Yo estaré bien. Mi hermana está bien. Ella me ayudará, si necesito algo.

—Gracias—dijo Salvador, sentándose y sosteniendo la cabeza en las manos—. Pero no puedo ir a verla hoy. Le prometí a Archie que le ayudaría.

Archie había tenido razón; la gente perdía su trabajo, su casa y sus ranchitos. Los tiempos eran muy difíciles. Nadie sabía lo que estaba pasando. Y esta mañana, Salvador le había prometido al policía grandote que le llevaría al amanecer una caja de whiskey a la laguna, para él y sus amigos policías.

Todas las semanas Archie y sus cuates alguaciles iban a la laguna, entre Carlsbad y Oceanside, y mataban cientos de patos. Entonces sacaban a los prisioneros de la cárcel en Oceanside y los hacían nadar en las aguas frías para recuperar los patos. Los prisioneros podían ayudarlos a pelar los patos y ayudar a asarlos cerca del muelle de Oceanside a cambio de whiskey, o podían regresar a la cárcel.

Durante las últimas semanas gente buena quebraba la ley intencionalmente para que los arrestaran y así pudieran estar en una de las cacerías ilegales de patos de Archie. También querían que los escogieran para recuperar los patos para pelarlos y asarlos y así poder comer y beber whiskey gratis cerca del muelle.

Salvador se talló la frente, se levantó, fue al baño, se lavó la cara y después hizo algo que no había hecho en mucho tiempo. Salió para darle bienvenida al Padre Sol y pedirle a Papito Dios que por favor lo ayudara a entender qué era lo que le pasaba a su mamá. Porque lo podía sentir aquí, dentro del pecho, que su madre estaba metida en algo mucho más grande que sus quehaceres normales de todos los días. Empezó a rezar.

Y era verdad, en ese mismo momento, doña Margarita estaba en la iglesita de piedra de Corona hablando directamente con el Mismo Dios. No con la Virgen María, no con Jesucristo, sino con el Todopoderoso, y le hablaba con tal fuerza y contundencia que las piedras del río de las paredes de la iglesia cantaban y vibraban, llenándose de vida con el Espíritu de la Santa Creación.

—Bueno, Dios—doña Margarita le decía al Todopoderoso—, le pedí a María que arreglara esta reunión entre tú y yo, porque, como Le dije hace unas semanas, ya no es suficiente que nosotros los mortales aquí en la Tierra, tengamos fe en Ustedes que están en los Cielos. Ya es hora que Tú empieces a tener Fe en nosotros. Mira, Papito, ya no somos niños, sino Seres Humanos completamente desarrollados, que Te hemos estado haciendo Tu Santo Trabajo aquí en esta Tierra Madre por cientos de miles de años, así que ya llegó la hora para que Tú—como cualquier Padre Bueno—escuches lo que tienen que decir tus hijos.

—¿Qué? Ah, no, Dios, ¡tiene que haber cambios aquí! Escúchame atentamente, he leído tu Santa Biblia todos los días durante casi sesenta y tres años—lo cual, me gustaría agregar, es mucho en tiempo de los humanos—y discutido Tus Santísimos Libros con cada sacerdote que he conocido. Y te comunico que hemos avanzado mucho desde aquellos días en que necesitábamos un Papito Dios enojado que estaba lleno de Relámpagos y de Ira.

—Lo que quiero decir es, mira mi caso únicamente, Dios querido. Me casé con un hombre que siguió cada una de Tus palabras y dijo sus oraciones tres veces al día pero él—como tanta de su gente que vino de Europa—no salieron del mensaje de Tu ira, pensando que tenían que esparcir Tu Santa Palabra a todo el mundo con la espada en mano. Y cuando les tratamos de explicar nuestro propio entendimiento de Ti, Nuestro Mismo Señor Creador, sencillamente ignoraron nuestras creencias, llamándolas ignorancia salvaje y superstición.

—Bueno, María y yo hemos platicado sobre esto en gran detalle y el otro día Tu Más Santo Hijo, Jesús, se Nos unió. Fue paciente y también me escuchó, porque como ves, Dios, es fácil llamar las ideas religiosas de otros superstición. Para eso no se necesitan agallas ni mucha inteligencia. Lo que precisa de agallas y una alta inteligencia es abrir el Corazón y el Alma de uno a la posibilidad que el conocimiento religioso de otros es también Verdad, sin importar qué tan extraño parezca a primera vista. Y aquí es donde estamos Colectivamente—no, por favor, ¡no me interrumpas, Dios! ¡Escucha y escucha bien! Ah, ¿no estabas interrumpiendo? ¿Estabas de acuerdo conmigo? Ah, gracias Señor. Me da gusto eso pues Tu Más Santo Hijo, Jesús, también estuvo de acuerdo conmigo, como Su Madre, y Los Dos sugirieron que viniera Contigo directamente para presentarte mi caso. O más exactamente Nuestro caso, el caso en el que nos encontramos ahora todos los humanos. Y este caso es sencillamente éste: una gran confusión empezó hace mucho con los judíos, Tu Gente Escogida, lo que, estoy segura, Te hizo que no tuvieras mucha fe en nosotros aquí en la Tierra.

—Porque dime, cómo en el nombre del Cielo estos judíos llegaron a la conclusión que había originalmente Doce Tribus y que todas las demás tribus se perdieron, excepto ellos, la Tribu Escogida. Eh, eso no tiene ningún sentido. Porque cada chivo o cochino o caballo o vaca del rancho

tiene la suficiente inteligencia para deducir que si se halla súbitamente solo, ¡entonces el perdido es él, y no el rebaño!—añadió en voz alta.

—¿Eh, ya ves a dónde voy Papito? Así que por supuesto, Tú perdiste
la fe en nosotros y tuviste que mandar a Tu Único Hijo Unigénito unos
cuantos miles de años después para que les hablara a estos judíos y los regresara al rebaño, porque ellos habían sido los que se habían perdido,
¿verdad? Y no el resto de nosotros, alrededor de todo el resto de la Madre Tierra.

—Y para empeorar las cosas, esta otra gente, que no eran judíos, vinieron y tomaron el poder en el nombre de Jesús, creando la Cristiandad y
condenando a cualquiera que no creyera como ellos.

—Lo que quiero decir, Dios, es que nos pongamos serios. Yo me doy
cuenta por qué Tú estás teniendo problemas. Hemos estado siguiendo a
una gente perdida que adoptó las costumbres de una tribu perdida, y . . .

Pero doña Margarita no pudo redondear su pensamiento, ¡porque Dios
se empezó a reír a carcajadas! Y Jesús y María también reían. ¡Toda la iglesita de piedras empezó a Vibrar con la Santa Risa de los Cielos!

Doña Margarita se levantó de estar arrodillada y se paró extendiéndose
a lo largo de toda su estatura de cuatro pies y diez pulgadas.—¡Todavía no
acabo!—gritó—. ¡ Y no me va a callar la risa ni la aprobación!

—¡Dios, TE ESTOY HABLANDO A TI!—gritó—. ¡Y sólo a Ti! Así
que pon atención, porque María, Tu Esposa, y yo hemos resuelto todo esto, así que más vale que me escuches bien mientras estoy aquí en la Tierra
todavía, ¡o te juro que me vas a oír cuando llegue al Cielo! Recuerda que
nosotros los humanos estamos hechos a tu imagen, ¡así que también somos muy *chingones*!

La risa cesó.

—¡Gracias! Gracias, Dios—dijo doña Margarita—. Ahora como te iba
diciendo, Amado Señor, ha llegado la hora de que Tú hagas las paces con
Tu Más Glorioso Ángel, el Diablo. ¿Qué? Ah, no, ¡escúchame! Lucifer
nunca ha dejado de Amarte a Ti, Papito, y Tú sabes esto, porque Tú eres
El que sabe todo, ¿te acuerdas?

—Y qué con que haya cometido un grande e imperdonable pecado hace años. ¿No perdonó Jesús, Tu Hijo, a aquellos que lo crucificaron, eh?
¿No les he perdonado yo a mis hijos sus faltas? ¿Y no he perdonado a la
gente que destruyó a mi familia en aquellos traicioneros días de la Revolución?

—¡Nosotros, Jesús y yo, querido Dios, hemos perdonado una y otra vez
con todo nuestro Corazón y toda nuestra Alma! Las lágrimas le brotaron
de los ojos—. ¡Entiende Dios que no sólo he estado leyendo Tu Más Santo Libro, la Biblia, pero la he estado viviendo también! ¡Y si Jesús y yo po-

demos hacerlo, entonces Tú también puedes Papito! ¡Y AHORA MISMO! ¡En este mismo momento!

Y fue aquí, en este momento, que Salvador que estaba fuera de su casa en Carlsbad rezando, sintió que su madre necesitaba toda la ayuda posible.

Salvador miró hacia arriba al Cielo Padre y él también gritó—¡Es una buena mujer, Papito! ¡Así que escucha bien! Salvador podía ver con el Ojo del Corazón a su madre, de pie y hablándole a Dios con toda su fuerza. Para rezar con todo el Corazón y el Alma, su madre siempre les había dicho, era Unirse como Uno con Papito Dios, entonces y sólo entonces, ¡lo peor se convertiría en lo mejor pues las situaciones extremas del ser humano son las oportunidades de Dios!

—Porque la Biblia no fue escrita para ser tratada como si hubiera sido escrita en la roca, ni que fuera, ¡para toda la ETERNIDAD!—decía ahora doña Margarita—. El objetivo de la Biblia fue que se usara como un Testimonio Viviente que Aspira y Exhala con cada Santo Aliento que aspiramos, acercando a cada generación más y más a Tu Más Santo Ser, para que entonces nosotros, juntos, ¡Tus Hijos seamos toda tu Gente Escogida, equitativamente, y podamos ayudarte en el acto de la Creación Misma!

—Así que ahora, yo, Tu hija, te pido, te ruego, te exijo, Amado Dios que des un paso hacia adelante y hagas las paces con Lucifer, Tu Mas Santo Mensajero de la Oscuridad, y Juntos como Una Santa Familia, ¡Ustedes Dos nos guíen hacia adelante con Amor y nos dejemos de esta Ira y Temor!

—¡Yo lo hice! ¡Jesús lo hizo! Y así, ahora Tú lo harás, también, ¡Mi Señor Dios Papito! ¡Porque me rehúso a tener un testarudo, un negado al cambio, Padre que es vengativo y que está lleno de ira! ¡TE QUIERO! ¡Me oyes! Tú eres mi Padre, mi Luz, y por eso Nosotros avanzaremos ahora con Amor, tomados de la mano en una Sociedad completa, Tú y Nosotros, aquí dentro de Nuestros Corazones y Almas.

—¡Porque nunca fuimos nosotros, las Otras Once Tribus que se perdieron y tuvieron temor! Bueno, ya acabé—agregó—. Ya terminé. No tengo nada más qué decir, y por eso Te veo aquí en, ah, está bien, tres días, y Tú tendrás Tu respuesta a primera hora de la mañana. Gracias. Y salúdame a todos los Santos y Angelitos. A Dios, a María y a Jesús.

—Ah, y a propósito, Amado Dios, casi se me olvida, ya discutí esto en gran detalle con Lucifer, y él también espera tu respuesta ansiosamente. Y ha recogido unas hermosas rosas para Ti—y entre Tú y yo—las vi y tienen un precioso aroma y no tienen espinas. Está muy serio en querer hacer las paces Contigo, querido Dios. Nunca dejó de Amarte. Recuerda Papito, no hay mal que por bien no venga. Gracias y sigo siendo Tu humilde, aunque no muy humilde servidora.

SALVADOR SE SINTIÓ mejor ahora. El aviso de su mamá había terminado. Lo podía sentir aquí, dentro del pecho. Una y otra vez durante la Revolución, su anciana madre había llamado a Dios Aquí a la Madre Tierra para interactuar con su familia a través de la Santa Oración.

De regreso a casa Salvador se despidió de Lupe y se fue. Tenía que llevarle a Archie la caja de whiskey. Los prisioneros se veían tristes al salir temblando tanto de la laguna. Rápidamente Archie les dio una cobija a cada uno y una botella del whiskey de Salvador para que la pasaran entre ellos. Archie y sus cuates policías habían matado más de cien patos. ¡Iban a tener un banquete!

—Salvador—le dijo Archie llevándoselo aparte—, gracias por llegar a tiempo; pero ahora te voy a pedir otro favor. Y ya sé que no es parte de nuestro trato original, pero las cosas han empeorado en las últimas semanas. Así que, bueno, quiero que me consigas un barril de whiskey—será tu donación a toda la gente hambrienta del Condado del Norte, ¿okay?

—¿Me puedo negar?

Archie sólo se rió.

Salvador asintió.—Así lo pensé.

Así que mientras Salvador se fue a traerle a Archie el barril de whiskey, Archie nombró asistentes de policía a algunos de sus parientes bravos de la Reservación Pala y les dijo que cortaran la cerca del Rancho Santa Margarita—que no tardaría mucho en convertirse en la Camp Pendleton Marine Base—y que confiscaran las dos primeras reses gordas que se salieran del rancho y traspasaran a los terrenos propiedad de la ciudad.

Entonces esa misma tarde Archie y sus parientes de Pala mataron a las reses que habían agarrado en propiedad de la ciudad, las mataron y las asaron *a la Archie Freeman* para alimentar a toda la gente hambrienta y sin hogar de todo el Condado Norte de San Diego. Cuando los caca grande del centro de San Diego lo arrestaron por cuatrerear, Archie dijo que lo que estaba haciendo era cobrar el "Impuesto de Rancho".

Después de entregar el barril de whiskey a Archie y a sus cuates alguaciles, Salvador le dijo que no, no se podía quedar para el asado, que lo vería más tarde, y se fue a Escondido. Salvador tenía que atender a su destilería y después hacer sus entregas. Era muy duro trabajar solo, pero no conocía a nadie que le pudiera ayudar sin empezar a robarle whiskey.

ERAN LAS ÚLTIMAS horas de la tarde del día siguiente cuando por fin regresó a la zona de Oceanside-Carlsbad. Había trabajado todo el día y toda la noche y estaba muerto de cansancio cuando llegó a casa. Al entrar vio a Lupe lavando un altero de traste. Carlota y dos de sus amigas estaban en la habitación del frente riéndose y bailando. Salvador casi explotó. ¡Carlota había venido a ayudar a Lupe, no a darle más trabajo!

Pero cuando se llevó a Lupe a un lado y le comentó esto, en vez de ver que él estaba de su lado tratando de ayudarla, Lupe dijo:—Ah, Salvador, ¿por qué siempre has de imponer tu voluntad sobre los demás? ¿No ves que sólo se están divirtiendo?

Salvador estaba aturdido.—¡Pero Lupe, no estoy tratando de imponer mi voluntad! Estoy pensando en ti y en que ella vino a ayudarte . . . no a darte más quehacer. ¡Mira todos estos trastes que les estás lavando!

Lupe se agarró la espalda a la altura de la cintura, haciendo gestos de dolor—. ¡Ay, por favor, Salvador—! Él dejó de hablar en ese instante y la tomó del brazo ayudándola para ir a la habitación a recostarse.

—¡Carlota!—gritó hacia el siguiente cuarto—. Lupe no se siente bien. ¡Ven aquí y ayuda!

—Salvador—dijo Lupe—, ¡por favor tranquilízate! ¡Estoy bien!

Carlota y las dos jóvenes entraron en la habitación. Traían las caras rojas por el baile y sus pechos les subían y les bajaban. Vieron a Salvador y a Lupe como si fueran gente de otro planeta—de ese lugar llamado, gente casada.

—Carlota—dijo Salvador—, ¡te trajimos para que le ayudaras a tu hermana, no para que bailaras y le amontonaras trastes para que los lavara!

—¡Salvador, por favor!—dijo Lupe.

—Voy por mi mamá—dijo una de las muchachas y las dos salieron.

—¡Ya ves lo que hiciste, acabas de correr a mis amigas!—gritó Carlota—. ¡Yo me voy también!

—¡Carajo, Carlota!—gritó Salvador—. ¡Deja de pensar en ti misma por un minuto, y ven y ayuda a tu hermana!

—¡Tú no quieres ayuda!—dijo Carlota—. ¡Lo único que quieres es gritarme!

Y Carlota se dio vuelta y también salió corriendo. Y allí se quedó Salvador, solo con Lupe, y sin saber qué hacer.

—¿Quieres que vaya por Helen?—preguntó Salvador, sintiéndose completamente inútil.

—No, ya has hecho suficiente—dijo Lupe—, ¡ya los corriste a todos!

—Ah, ahora me echas a mí la culpa, Lupe, por su comportamiento, ¡cuando yo sólo trato de ayudar! ¡Dios del Cielo, qué pasa aquí! ¡Es como si Diablo estuviera aquí en esta casa torciendo cada una de nuestras palabras!

—Por favor, Salvador, deja de gritar. Siéntate conmigo y estate tranquilo. ¡Estoy bien!

Pero no lo estaba. Y vomitaba para cuando las dos amigas de Carlota regresaron con su madre. La madre era una mujer del barrio que andaba en los cuarenta e inmediatamente puso el dorso de la mano en la frente de Lupe y le pidió a una de sus hijas que pusiera a hervir en la estufa las plantas que había traído, y le dijo a Lupe que no comiera nada por dos días, excepto té y sopa—menudo sería mejor.

Salvador se había quedado dormido con la boca abierta en el piso al lado de la cama de Lupe. Había estado muerto de cansancio y apenas podía mantener los ojos abiertos cuando llegó a su casa en la *troca* por el largo camino de entrada.

Después que se fue la mujer Lupe luchó para pararse de la cama y colocar una almohada en la cabeza de Salvador; le aflojó el cinto y lo tapó con una cobija. Salvador durmió dieciséis horas y cuando despertó no sabía dónde estaba. Entonces se dio cuenta que no estaba en su destilería en Escondido, sino aquí en casa, en Carlsbad, con Lupe. Se puso de pie de un brinco, pero se tropezó con su propia ropa y cayó al suelo.

—¿Qué pasa?—preguntó Lupe.

—¿Qué hora es? ¿Qué hora es?—gritó Salvador.

—Son como las nueve de la mañana—dijo.

—¿Pero como puede ser la mañana? ¿No llegué en la tarde a casa?—preguntó.

—Bueno sí, pero te quedaste dormido, por eso te tapé con una cobija y dormiste toda la noche.

—¡Ay, Dios mío!—dijo—. ¡Tengo que ir a Escondido rápido, Lupe! ¡La estufa pudo haber explotado!

—¿Cuál estufa?

—En mi destilería.

—¿Cocinas el licor?

—Sí, así es cómo se hace—dijo vistiéndose.

—Yo voy contigo, Salvador.

—¡No, tú estás enferma! ¡Tú necesitas estar en casa!

—Salvador, no estoy enferma, sólo un ratito todos los días, después estoy bien. Y soy tu esposa y si así te ganas la vida, te voy a ayudar. ¡No te voy a dejar que te mates trabajando!—agregó—. ¡Por Dios, pensé que te habías muerto cuando te quedaste dormido ahí tirado!

—Bueno—dijo—, ¡pero apúrate! Nos tenemos que ir ahorita mismo. ¿Y Carlota?

—Nos puede esperar aquí.

—¿A quién puedo esperar?—preguntó Carlota entrando por la puerta del frente.

—Nos vamos a Escondido—dijo Lupe—. Nos puedes esperar aquí hasta que regresemos.

—¿Van a regresar a la noche?

—Tal vez no—dijo Salvador—. Depende de varias cosas.

—Entonces yo voy también—dijo Carlota. No me van a dejar aquí toda sola en esta casa en medio del campo. No nos criaron para que fuéramos rancheros, ¿sabes?

Salvador hizo un gesto. Estaba cansado de esta referencia a los rancheros que Carlota hacía siempre, pero que no quería decir nada. Recogieron algunas cosas y estaban en camino en cuestión de minutos.

Al llegar al Valle de Escondido, un pueblo a sólo veinte millas tierra adentro de Oceanside, Salvador se dirigió a una casa grande de dos pisos al sur del pueblo.

—¿Quién vive aquí?—preguntó Carlota.

—Yo—dijo Salvador.

—Ah, así que tienes otra familia escondida, ¿eh?—dijo y sus ojos se iluminaron repentinamente con alegría.

Salvador ni siquiera se molestó en contestarle, salió del carro y entró a la casa.

—Carlota—dijo Lupe—, ¿cuándo vas a aprender a esperarte para pensar antes de hablar?

—Bueno, él fue el que dijo que ésta era su casa, no yo.

—Sí, pero nunca dijo nada acerca de otra familia.

—No, porque lo está ocultando—dijo con entusiasmo.

—Carlota, si lo estuviera ocultando, ¿Por qué nos trajo aquí?

—Porque tenía miedo que nos enteráramos—dijo—. ¡Te dije que es un bueno *pa* nada, tramposo cobarde desde el principio!

—¡Carlota, por favor, cállate!—dijo Lupe—. Ya le había colmado el plato y estaba muy cansada para discutir con su hermana.

—¡Ahí estás otra vez, poniéndote de parte de él contra tu propia sangre!—dijo Carlota bruscamente.

Lupe ya no se molestó en contestarle a su hermana.

Salvador volvió después de revisar la estufa.—Estamos bien—dijo—. Por algún milagro de Dios, el fuego se apagó, o—¡bum, toda la casa habría explotado!

—¿De qué estás hablando?—preguntó Carlota.

—Por favor, sólo cállate y mira—dijo Lupe—. Y podrás aprender muchas cosas Carlota, sólo por mirar. Por favor, estoy cansada, no te quiero oír hablando o haciendo preguntas por un rato.

Carlota le hizo una mueca a Lupe y juntó los labios. Estaba cansada que su hermana siempre actuara como alguien superior.

Al entrar Carlota y Lupe vieron inmediatamente que la casa no tenía muebles. El sitio entero estaba completamente vacío. También vieron que había una docena de barriles grandes en un cuarto, pero estaban contra las paredes; no había barriles en el centro de la habitación.

—¡Aquí apesta peor que un chiquero!—dijo Carlota.

Lupe se volvió y le echó una mirada fulminante.

—¡Ya sé! ¡Ya sé!—dijo Carlota—. ¡Se supone que me calle! Que piense antes de hablar. ¡Pero quién necesita pensar cuando puede oler! No huele. ¡Apesta horriblemente! *Okay*, me callo. Ni una palabra más—, dijo, y se cubrió la boca con la mano.

—¿Por qué están todos los barriles contra la pared?—preguntó Lupe.

—Buena pregunta—dijo Salvador—, mira, son muy pesados y si los pones en medio, se hunde el piso.

—¿Ya ha pasado?

—Sí, una vez, allá en *Watts*, el piso se me hundió.

—Me lleva—dijo Lupe—. ¿Y qué es ese olor?

—Es del proceso de fermentación. Ves, esos barriles están llenos de agua y azúcar y levadura, así que la levadura . . .

—¿Ah, cómo cuando al hacer pan la levadura hace que se levante y que dé ese olor agrio?

—Sí, exactamente.

Caminaron a otro cuarto por el pasillo y allí había un tanque grande en una estufa en medio del cuarto y el tanque tenía un tubo que le salía por la parte de arriba en grandes rizos espirales y terminaban en una barril chico.

—Ya ves—dijo Salvador—, después que el contenido de los barriles se ha fermentado en el otro cuarto, lo que toma dos o tres semanas, entonces vacío toda esa fermentación en este tanque y lo pongo a hervir. Y el vapor que sale por ese tubo enroscado en la parte de arriba es alcohol puro; y conforme se enfría, gotea en ese barril pequeño.

—Entonces en aquel otro cuarto tengo el alcohol terminado, el cual añejo con una larga aguja especial hecha en Francia, y así puedo hacer whiskey de doce años de añejamiento en, ah, yo diría seis horas, y sabe muy bien.

—Ya veo—dijo Lupe—. ¿Entonces debe tomar horas y horas para hacer solo un barril de whiskey?

—Sí—dijo Salvador—, encantado con el razonamiento de Lupe. Era muy inteligente y rápida y sabía cómo llegar al meollo del asunto.

—¿Whiskey?—dijo Carlota—. ¿Quieres decir que aquí haces whiskey—? gritó—. ¡Ay, Dios mío! ¡Déjenme salir de aquí antes que nos lleven a todos a la cárcel—! Y diciendo esto salió corriendo del cuarto—. ¿Por qué me trajeron aquí? ¿Por qué no me dejaron en Carlsbad?

—Tratamos de dejarte—dijo Lupe yendo al otro cuarto también—, pero insististe en venir.

—¡No lo habría hecho si hubiera sabido que eran *butleguers*!—dijo Carlota.

—Y si te hubiéramos dicho, le habrías contado a todo el barrio antes que regresáramos.—dijo Lupe.

—¡Ay, son unos SUCIOS!—gritó Carlota—. ¡Desde que conociste a Salvador te has vuelto sucia, Lupe! ¿Por qué no pueden ser como otras personas decentes y que respetan la ley como Archie? ¡No, tuviste que casarte con un *butleguer*, cuando desde el principio te dije que no era bueno!

—¿Te das cuenta, Lupe? ¡Tu esposo es un . . . ay, Dios mío! No pudo terminar de lo excitada que estaba. Rápidamente se dirigió a la puerta del frente—. ¡Me largo de aquí ahorita mismo! ¡No quiero morirme y después ir a la cárcel!

Al oír esto Lupe por poco y se ríe, pero no lo hizo. Salvador miró a su joven esposa cruzar la habitación con pasos rápidos, bien medidos, y alcanzar a Carlota antes que llegara a la puerta de entrada, y le dijo—¡La expresión no es 'morir e ir a la cárcel' sino 'morir e ir al infierno'! ¡Y no vas a salir por esa puerta gritando como una tonta! ¡Me oyes, Carlota, te vas a estar quieta y te vas a calmar! ¡No nos vas a poner en peligro!

—Sí, Lupe, pero está fuera de la ley—susurró.

—Ya párale, Carlota—dijo Lupe—. Salvador y yo fuimos con el sacerdote y nos dijo que hacer licor es contra la ley en este país, pero no contra la ley de Dios. Que el mismo Jesucristo convirtió el agua en vino. ¿Y quién crees que vende la mayoría del licor de Salvador, Carlota? ¡Es Archie el que lo hace!

—¿Archie?—dijo Carlota abriendo los ojos enormemente.

—Sí, Archie, y no nos hagamos tontos. Tú lo sabías. En cada baile organizado por él siempre se vende licor por la parte de atrás.

—Bueno, entonces—dijo Carlota con los ojos abiertos y sin poder creer—, Salvador engañó a Archie, también.

Al oír esto Salvador ya no pudo aguantar y se paró enfrente bloqueando la puerta de entrada con su cuerpo.—Todavía quieres ese vestido rojo—, preguntó sencillamente.

Súbitamente los ojos de Carlota dejaron de brincar por todas partes. —Bueno, sí, claro—, dijo.

—Bueno, entonces, te estás tranquila como te dijo Lupe y así podré terminar mi trabajo aquí y entonces te puedo ir a comprar ese vestido.

—Y los zapatos también—dijo Carlota—. Recuerda que me prometiste zapatos rojos, también.

—Zapatos rojos también—dijo Salvador—. Ahora ayúdame a mover un par de barriles, Carlota, para que pueda encender la estufa de nuevo, y entonces salimos a cenar.

—¿A un restaurant?—dijo Carlota.

—Sí a un restaurant—dijo Salvador.

—Ah, bueno, pero no quiero pescado esta vez.

—Pero te encantó la langosta—dijo Lupe.

—Bueno, sí, pero la langosta no es pescado.

—Bueno, tal vez no lo sea, pero viene de la mar.

—No me hables así, Lupe, sólo me estás tratando de engañar.

Lupe se echó a reír sin poder hacer nada más. Entonces Salvador se empezó a reír también.

—Ustedes dos están locos—dijo Carlota bruscamente—. ¡Aquí estamos, en el mismo infierno, y a ustedes les parece chistoso! ¡Vamos a mover esos barriles para salir de aquí!

A LA MEDIA mañana Lupe y Carlota estaban solas en la casa de Escondido. Salvador estaba haciendo entregas. Durante semanas los tres habían estado trabajando noche y día. Y esta mañana Lupe barría el piso de la cocina y tarareaba. Carlota lavaba los trastes del desayuno y cantando alegremente. Se habían convertido en una pequeña fábrica de empleados trabajadores y dedicados.

Pero entonces Carlota miró hacia arriba y a través de la ventana de la cocina vio que el carro del alguacil había entrado en su cochera. ¡Sus ojos le explotaron de terror! Y trató de hablar, de prevenir a Lupe, pero no podía hablar.

—¡Lu-Lu-Lupe!—por fin dijo, agachándose para esconderse llena de miedo—. ¡Es el *Sher-rifife*! Al decir esto las piernas se le fueron de debajo y se cayó al piso como un trapo húmedo.

Inmediatamente Lupe corrió hasta la ventana, miró fuera y vio el coche del alguacil y corrió a la puerta de entrada para asegurarse que estaba cerrada. Se volvió rápidamente justo cuando Carlota se estaba recuperando.

—¡Lupe!—chilló Carlota—. ¡No quiero morirme e irme a la cárcel!

—No se llevan a los muertos a la cárcel—dijo Lupe mientras le ayudaba a su hermana a pararse y la acompañó por la estufa y los mostradores a la parte de atrás de la casa—. Y ya te he dicho muchas veces, Carlota, ¡que Salvador y yo hablamos con el padre que nos casó y nos dijo que hacer licor no es un pecado contra Dios!

—¡Pero no es Dios quien ME PREOCUPA!—gritó Carlota—. ¡No quiero ir a la cárcel y morir virgen!

—Pero ya tienes veinticuatro años Carlota y algunas veces tú y Archie se quedan fuera hasta muy tarde—, dijo Lupe.

—¡Sí, pero no dejo que me lo—tú sabes, Lupe—meta! ¡Ay, si me muero ahora, nunca sabré lo que es el amor—! Y Carlota lloraba y lloraba.

Lupe por poco y se echa a reír pero no lo hizo.—¡Cállate!—le dijo—. No te quiero aquí cuando abra la puerta.

—¡Abrir la puerta!—gritó Carlota—. ¡No lo hagas, Lupe! ¡Por favor, por el amor de Dios, no abras la puerta!

En ese momento el policía empezó a tocar a la puerta. Carlota iba a gritar otra vez, pero Lupe le cubrió la boca con el delantal tapando casi todo el sonido.

—¡Carlota!—le dijo Lupe—, sintiendo su propio corazón empezar a latir furiosamente—. ¡Tienes que controlarte, o de seguro vas a causar que nos agarren!

—¡Pero no es nuestro licor!—dijo Carlota sacándose el delantal de la boca—. Le diremos que Salvador nos forzó a quedarnos aquí. ¡Que él es el *butleguer*! ¡Y el alguacil sólo se lo llevará a él a la cárcel, y nos dejará libres a nosotras!

—Carlota—dijo Lupe pausadamente—, ¡Salvador es mi esposo! ¡Ahora cállate!

Al decir esto, Lupe agarró repentinamente a su hermana mayor que era más fuerte, con tal fuerza y determinación que pudo arrastrarla por el largo pasillo y aventarla en un *closet*.

—¡No, déjame salir!—gritó Carlota.

—Por amor de Dios—dijo Lupe—, ¡cállate! ¡O te juro que no tendrás que preocuparte de la cárcel porque yo misma te ahorcaré!

Carlota vio los ojos de su hermana y le creyó y se mordió los labios para estarse quieta. Empezó a rezar como nunca antes había rezado, le pedía a Dios que por favor la hiciera invisible.

Lupe cerró la puerta del closet, se enderezó, se arregló el vestido y el cabello lo mejor que pudo y se persignó y regresó por el largo pasillo. Atrás de ella podía oír a su hermana rezando en el closet, y enfrente de ella al *sheriff* tocando en la puerta de entrada.

Al entrar a la cocina, Lupe vio que la llave del fregadero estaba todavía abierta y que el agua se había derramado. Rápidamente cruzó el cuarto, cerró la llave, y continuó hacia la puerta de entrada. Los toquidos se habían vuelto tan altos que le recordaron a Lupe a los soldados allá en su pueblo de la Lluvia de Oro en aquellos días de violaciones y saqueos.

—Sí—dijo, abriendo súbitamente la puerta.

El policía sorprendido dio un paso atrás.—¡Ah, hola! Empezaba a creer que no había nadie en casa, pero pensé ver movimiento cuando llegué—. Trató de ver tras de Lupe, pero ella tenía la puerta entrecerrada.

—Esa era mi hermana—dijo Lupe—. Fue a buscarme. Está de visita sólo por unos días.

—Ah, ya veo—dijo el policía—. Y ahora miró más de cerca a Lupe y vio su increíble belleza y elegancia natural. Inmediatamente se quitó el sombrero, igual que tantos hombres lo hacían automáticamente cuando veían la belleza extraordinaria de Lupe—. Bueno, señora—, dijo ahora respetuosamente—, mire, he venido a cobrar la renta.

—¿La renta?—dijo Lupe—. ¿Un *sheriff* cobra la renta—? Trataba de que sus palabras parecieran calmadas, pero dentro su corazón latía tan fuerte que temía se fuera a reventar. El miedo de Carlota le había quitado su entereza.

—Bueno—dijo enderezándose—, vea, mi esposa y yo somos los dueños de esta casa y como andaba por el barrio, pensé pasar y recoger nuestro dinero.

Lupe casi se desmaya. No podía creer que todo esto sólo tenía que ver con la renta. Repentinamente se le fue el miedo; ¡ahora estaba enojada!

—¡Señor policía!—dijo parándose derecha—, mi esposo le llevó la renta a su casa esta mañana, ¡y si puedo añadir algo, no se vence sino hasta dentro de tres días! Al decir esto, casi le da con la puerta en las narices pero recapacitó y dijo—, ahora perdóneme pero, estoy embarazada, como puede ver, y estaba recostada cuando usted llegó. No me siento bien.

Y cerró la puerta, dándole vuelta a la llave. Entonces fue a la cocina y se quedó allí por dos minutos completos recargada contra el mostrador, temblando de miedo.

—¡Por Dios!—dijo Carlota saliendo del closet después que se había ido el alguacil—. Oí todo, Lupe, ¡y nunca pensé que pudieras hacerlo! Dios mío—, dijo maravillada—, ¡si te portaste igual que mi mamá el día que salvó a nuestro hermano Victoriano de que lo colgaran!

Pero Lupe no dijo nada y súbitamente corrió al baño donde empezó a vomitar. ¡Había estado muerta de miedo!

SALVADOR NO REGRESÓ a su casa de Escondido sino hasta las últimas horas de la tarde. Estaba muy contento. Acababa de vender cinco barriles y le pagaron por tres en efectivo. Todo mundo quería whiskey. Estaba ganando tanto que Lupe y él iban a poder irse a su casa pronto.

Al entrar a la casa Carlota se le echó encima gritando con tanta furia que no supo lo que estaba pasando.

—¡Nos engañaste, cabrón!—le gritó tratando de arañarle la cara—. ¡Sabías que iba a venir el alguacil y huiste como el cobarde que siempre supe que eras, y nos dejaste a Lupe y a mí para pagar por tus crímenes!

—¿De qué carajos estás hablando?—gritó Salvador empujándola lejos de sí.

—¡Sabes perfectamente bien de lo que hablo!—gritó Carlota recogiendo un par de tijeras—. ¡El alguacil vino a casa cuando tú estabas fuera puteando y ahora Lupe está tan enferma que va a perder al bebé y toda la culpa es tuya!

Al oír esto el corazón de Salvador se llenó de temor y casi cachetea a Carlota. Pero no lo hizo. No, sólo la empujó lejos de sí una vez más, evitando las tijeras, y corrió por el pasillo a la recámara. Halló a Lupe tratando de salir del pequeño catre de emigrante, de segunda mano que le había traído.

—¿Qué pasó?—le preguntó.

—Nada—dijo ella haciendo un gesto de dolor—. Fue únicamente un terrible error. El alguacil vino a recoger el dinero de su renta.

—¿El alguacil?—dijo Salvador, todavía sin entender.

—Sí, él y su esposa son los dueños de esta casa—dijo Lupe.

—¡Ay, Dios mío!—dijo Salvador mirando al techo—. ¿Que nos estás haciendo, Dios mío? ¿Nos estás mandando al Diablo y a todas sus fuerzas del mal para que nos prueben?

—Vente—le dijo a Lupe ayudándola a sentarse en la cama—. ¡Déjame sacarte de aquí a ti y a Carlota. ¡Ahorita mismo!

—Pero no hemos acabado con la destilación todavía—dijo ella.

—¡Olvídate de eso!—le dijo—. ¡Vamos a sacarte de aquí!

—Pero tengo que remplazar ese barril que Carlota dejó quemar—Su hermana había echado a perder un barril de whiskey la semana anterior.

—No—le dijo ayudándola a sentarse—. Eso no es importante. Necesito llevarte a casa. ¡Por Dios, renté esta casa de un corredor de bienes y raíces! ¡Cómo carajos iba yo a saber quién era el dueño! ¡Carajo!

—Pero Salvador, también le prestaste dinero a mi hermano—dijo Lupe con lágrimas de frustración—. Déjame hacer mi parte y terminar la destilación por ti. Por favor, entiende, el alguacil sólo quería su renta, no va a regresar, Salvador—. Entonces añadió—, ¿pagaste la renta de esta casa en la mañana, verdad?

La miró a los ojos y pudo ver que tenía un dolor terrible, pero aún así tenía la entereza de hacerlo a un lado y preguntarle sobre el dinero de la renta.

—Ay, Lupe, Lupe, Lupe—dijo tomándola entre los brazos—. Acabas de pasar por el mismo Infierno y todavía te acuerdas de la renta. ¡Te quiero, te adoro, te respeto! ¡Eres mujer entre las mujeres! ¡Carajo, estoy tan orgulloso de ser tu esposo—! añadió—. ¡Estás hecha de hierro! La forma en que te le enfrentaste a tu hermana el primer día que vinimos, agarrándola y hablándole con tanto sentido común. Ah, te quiero más hoy que el primer día que te vi—¡y entonces pensé que eras un Ángel directo del Cielo! ¡Eres una mujer de poder que sabe el Poder de Dios!

Y empezó a besarla, pero ella lo mantuvo alejado. Y afuera en el pasillo, Carlota se acercaba al cuarto furtivamente con un par de tijeras en mano que sujetaba como un cuchillo.

—La renta—Lupe dijo de nuevo—. ¿La pagaste, verdad?

El se rió—Claro. Fue lo primero que hice esta mañana. Ese pinche alguacil es un cabrón codicioso al venir tan temprano. ¿Qué es lo próximo que va a querer? ¿Que la gente empiece a pagar la renta todo un mes por adelantado?

—Probablemente—dijo Lupe—, dejándolo que la besara ahora.

—Nos vamos a casa—le dijo a Lupe entre beso y abrazo—. Tú y tu hermana ya no necesitan estar aquí conmigo. Me han ayudado lo suficiente para pagarle a Kenny el último pago del dinero que me prestó, y también unas cuantas deudas más que tenía. Ahora yo puedo solo. Mira, hasta traje algo de dinero a casa. Vendí cinco barriles hoy. Todos quieren whiskey. Desde que empezaron los problemas de los bancos, la gente bebe más.

Al decir esto sacó un rollo de dinero del bolsillo dándoselo a Lupe. Se sentó en el pequeño catre de trabajador emigrante y empezó a contar el dinero, poniendo los de a uno en una pila, los de a cinco en otra y los de diez y veinte también en sus propias pilas.

—Pero pensé que te daban de sesenta a ochenta dólares por cada barril—dijo, después de contar el dinero.

—Así es—dijo.

—En el pasillo Carlota no quería ni respirar para oír todo lo que decían mientras estaba afuera contra la pared.

—Bueno, aquí hay sólo suficiente para tres barriles a sesenta cada uno.

—Vendí dos a crédito. Me dan ochenta por esos.

Al oír esto Lupe frunció los labios haciendo una mueca de desilusión. Salvador se echó a reír.

—¿De qué te ríes? preguntó

—¡De tu cara! ¡Te ves tan a disgusto porque no traje a casa todo el dinero!

—Bueno, pues lo estoy—dijo ella—. Trabajamos tan duro haciendo esos barriles. ¡No te rías de mí! ¡No es chistoso!

—Pero lo es—dijo con alegría—. ¡Tú, que odiabas mi dinero de la bebida, ahora estás peleando por tener todo el dinero!

—Bueno, el sacerdote dijo que hasta Cristo hizo vino, y, bueno, ¿qué tal si no te pagan los otros dos barriles, Salvador?

—Sí lo harán—añadió—. Y nos ganamos esos veinte dólares extras con cada barril que venda a crédito.

—¿Pero que tal ese tonto al que le pegaste con un leño porque no te quiso pagar? ¿Va a pasar eso de nuevo?

—Ah, no, ése fue mi error. Nunca trataré de cobrarle dinero a un hombre en cama con su mujer, nunca más. Me pidió disculpas después, Lupe. Es un buen hombre.

—¡Pero te pudo haber matado! Y entonces mi hijo no hubiera tenido padre. Te tienes que cuidar mejor, Salvador. Por favor, los dos tenemos que vivir para que podamos construir nuestro hogar juntos y ser una familia de . . .

—¡Párenle!—gritó Carlota, saltando al cuarto con las tijeras en mano—. ¡Los he estado escuchando y están enfermos! ¿Qué crees que es Salvador, un santo? ¡Es un *butleguer* bueno para nada! ¡Es un mentiroso! ¡Es el Diablo! ¡Se casó contigo con falsedades, Lupe!

Lupe veía las tijeras en la mano de su hermana.

—Carlota—le dijo Lupe muy calmadamente—, ¿pero qué estás haciendo con esas tijeras?

—Lo voy a matar, Lupe. ¡Me pegó! ¡Y no tenía ningún derecho!

—No te pegué. Tratabas de sacarme los ojos y te aventé—dijo Salvador—. ¿Quieres ver lo que es un verdadero golpe? ¡Te lo enseño! ¡Bocona tonta, me llamas cobarde y me dices que estoy puteando cuando estoy trabajando!

—¡Los vi a los dos contando todo ese dinero—gritó Carlota—. ¡No creas que soy estúpida! Lupe y yo hacemos todo el trabajo y tú andas afuera divirtiéndote como todos los hombres y ahora eres rico y nosotros pobres!

—¡Estás loca, Carlota! Yo no estoy rico, perrita putona, que sale con Archie, un hombre casado, y con todos esos otros hombres también. ¡Éste es sólo mi capital para trabajar!

—¡Cabrón mentiroso!—gritó Carlota—. ¡Sólo estás tratando de zafarte de comprarme mi vestido rojo y mis zapatos!

—¡Párenle! ¡Párenle! ¡Los dos!—gritó Lupe.

Pero no paraban. Carlota entró tirándole cuchilladas a Salvador con las tijeras y continuaron gritándose como dos carnívoros furiosos.

Lupe se agarró el estómago y se iba a desmayar.—¡Ay, por Díos, Dios mío, por favor, paren! Con todos esos gritos el alguacil va a regresar.

Instantáneamente Carlota bajó las tijeras y se fue al lado de su hermana.—¡Mira lo que hiciste!—le gritó a Salvador.

—¿Yo? ¡Fuiste tú la que entró con esas tijeras!—le contestó con otro grito.

—¡Por el amor de Dios, paren! ¡Los dos!—dijo Lupe—. ¡Párenle!

—¿Yo?—preguntó Carlota—. ¿Pero qué hice yo?

—Bueno, primero que nada, te volviste loca cuando llegó el alguacil—dijo Lupe—. ¡Él no fue ningún problema para mí! ¡Él problema eras tú!

—Ay, Dios mío—dijo Carlota abriendo los ojos sin creer lo que oía—. Mira, se está volviendo loca, Salvador. No sabe lo que dice y ahora me echa la culpa. Nunca te voy a perdonar por lo que le has hecho a mi querida hermana—. Y Carlota soltó las tijeras y empezó a llorar. Lloró todo el camino de regreso a Carlsbad.

Salvador se fue por un camino vecindario atravesando San Marcos en caso que el alguacil los estuviera buscando. Enterró dos barriles en la maleza a la entrada del Rancho Leo Carrillo.

Al llegar a su casa de Carlsbad, Lupe inmediatamente se fue a la cama. Tenía un gran dolor y de vez en cuando sentía nauseas y ganas de vomitar otra vez, pero no le subía nada.

—Pobre hijo mío—dijo Lupe retorciéndose del dolor—, ¿qué está sintiendo el pobrecito? ¡Esto es horrible! Yo quería un hogar tranquilo, amoroso para que mi niño pudiera . . . ¡ay, Dios mío!—dijo retorciéndose de dolor una vez más.

—¿Viste lo que hiciste?—le dijo Carlota a Salvador mientras le arreglaba las almohads detrás de la cabeza de su hermana. ¡Has destruido a mi hermana, y nunca te lo voy a perdonar!

Salvador se dio la vuelta y salió del cuarto. No sabía qué más hacer. Quería matar a esta mujer. Desde que Carlota había venido a vivir con ellos, parecía que el Diablo le había hecho un hechizo a su casa.

Fue a la cocina y bajó la botella grande de a litro de whiskey y se sirvió un vaso lleno. Podía oír a Carlota hablándole a Lupe en tonos apagados.

—Lupe, tienes que venir a casa conmigo, ahorita. Él no sirve, te lo dije el primer día que lo vi.

—No—dijo Lupe—. Por favor entiende, él es el padre de mi hijo y éste es mi hogar ahora.

—Ah, no, Lupe!—dijo Carlota—. ¡No puedes hablar en serio! ¡No sirve para nada! ¡Te mintió! ¡Es un monstruo! Debes dejarlo ahorita mismo y venirte a casa y tener tu bebé con mi mamá que sabe cómo cuidarte. No hay ninguna otra solución. ¡Créemelo, es malo!

—Sí, la hay—le dijo Lupe a Carlota—. Que te vayas, Carlota, y que nos dejes a Salvador y a mí resolver nuestros asuntos.

Salvador no podía creer estas palabras.

—Pero Lupe, ¡yo soy tu hermana! ¡Tenemos la misma sangre!

—Carlota te tienes que ir a casa—dijo Lupe, suave pero firmemente—. Fue un error el haberte traído sabiendo como te has sentido siempre acerca de Salvador.

¡Carlota GRITÓ!

Y este grito fue el sonido más hermoso que Salvador había oído en su vida. Con lágrimas en los ojos devolvió el vaso de whiskey a la botella— estaba tan conmovido. Después de todo, su joven esposa iba a estar con él. En realidad consideraba este lugar la Casa de su Corazón.

¡En las alturas los Ángeles cantaron y los Cielos se regocijaron! ¡Una vez más una pareja casada había sembrado sus raíces en lo profundo del rico suelo del Alma de la Madre Tierra!

TODA LA NOCHE Salvador echó viajes a Escondido para sacar todas las cosas de la casa rentada y esconderlas a la entrada del Rancho Leo Carrillo y también cerca del Kelly Ranch. Entonces a primera hora del día siguiente se llevó a Carlota a su casa de Santa Ana. Salvador no dejó de silbar por todo el camino por estar tan contento.

—Me las vas a pagar—dijo Carlota al entrar a Santa Ana—. ¡No creas que esto se va a quedar así! ¡No sirves *pa* nada! ¡Acabas de engañar a mi pobre hermana, pero me las pagarás! ¡Les voy a contar a mis padres todo lo de tu *butlegada*!

—Sí, claro, ándale—dijo Salvador—, y yo les diré de tu puteadero con Archie y Juan y todos esos otros tipos.

—¡Eres un desgraciado!—gritó—. ¡Eso no es verdad!

—¿Qué no es cierto?—dijo—. ¿Que eres demasiado estúpida para que te paguen, o que no mencioné suficientes hombres?

El grito, el bramido que irrumpió de Carlota fue tan fuerte que hasta a Salvador lo agarró de sorpresa y viró bruscamente el volante casi saliéndose del camino. Salvador estaba seguro que si hubiera tenido las tijeras lo habría matado. ¡ME LAS PAGARÁS, AUNQUE SEA LO ÚLTIMO QUE HAGA! Bramó, abriendo la boca con tal fuerza que los músculos del cuello se le pararon como cuerdas.

Al llegar al barrio de Santa Ana Salvador se sentía muy mal. Aunque odiara a Carlota, no debió haberle dicho lo último que le dijo. Después de todo, ella y Lupe habían pasado un gran susto en Escondido y además estar peleando como perros y gatos con Carlota no iba a ayudar su vida con Lupe.

—Mira, Carlota—dijo—, siento lo que dije, porque, bueno, vamos a estar juntos mucho tiempo y por el bien de Lupe, creo que nosotros debemos tratar de . . .

—¡Tú deberías sentirte mal, cobarde mentiroso!—le gritó a la cara—. ¡Hiciste parecer como tontos a toda mi familia, mintiéndonos a todos! ¡Pero ah, no te preocupes, tú y Lupe no van a estar juntos por mucho tiempo cuando termine de contarles a mis padres la verdad de ti!

—Carlota, por favor—dijo tomándole el brazo—, ¿no podemos dejar los insultos y tratar de llevarnos bien, tú y yo?

—Ah, ahora quieres que tú y yo nos llevemos bien, ¿verdad?—gritó jalando su brazo de la mano de Salvador con repugnancia—. ¿De veras crees que yo tendría algo que ver contigo, pendejo feo? ¡No eres más que un sucio viejo apestoso!

—Oye, espera, ¿qué es lo que estás diciendo ahora?—preguntó Salvador—. ¿Crees por un minuto que estoy tratando de tener algo que ver contigo? ¡Ay, Dios mío, estás loca!

—Sí, estoy tan loca que desde un principio sabía que en realidad me querías a mí, pero yo sabía que no servías *pa* nada, y yo tenía razón, ¡así que entonces te fuiste tras de Lupe! ¡Eres un *butleguer*, eres un mentiroso, y no sirves *pa* nada! ¡Pero tú no me pudiste engañar, así que engañaste a mi pobre inocente hermana como engañaste a Archie!

—Ay, dulce Señor Jesucristo—dijo Salvador negando con la cabeza. Dejó a Carlota en la casa de sus padres y siguió manejando. Ni siquiera pasó a saludar a sus parientes políticos. Por Dios, no podía entender lo que estaba pasando. Todo se estaba volviendo tan absurdo.

Decidió ir inmediatamente a Corona a ver a su madre, la persona más sabia, más práctica en todo el mundo.

13

¡El mismo Diablo había hecho un Círculo Completo y él
también esperaba ansiosamente con un ramo de flores en la
mano la SEGUNDA LLEGADA *del* SEÑOR*!*

LO PRIMERO QUE hizo Lupe cuando Salvador salió con Carlota
para llevarla a su casa de Santa Ana, fue dar un paseo. A pesar de vivir
a sólo dos cuadras del océano nunca había ido a pasear por la mar. Tenía
tanto de qué pensar. Por Dios, había mandado a su hermana a casa. ¿Cómo pudo haber hecho esto? Nadie de su familia le había ordenado nunca
a un pariente que se fuera de su casa.

Al salir del largo camino de entrada rodeado de aguacates, Lupe dio
vuelta a la izquierda y siguió por media cuadra hasta la esquina y después
dobló a la derecha. Pasó por la parte principal del centro de Carlsbad, cruzó la vía del tren y subió la pequeña colina para llegar a la carretera. Allí se
estuvo viendo el tráfico por varios minutos pensando adónde iría tanta gente; después pasó por el grande y bello Carlsbad Hotel y de allí a la playa.

Al bajar del empinado farallón a la arena, Lupe vio a varias personas
bien vestidas y pensó que eran huéspedes del hotel. Estaban sentados bajo grandes parasoles. Al verlos más de cerca, Lupe juraría que había visto
a una de las jóvenes en alguna película.

Lupe trató de no mirar la bella ropa de la mujer y de seguir caminando,
pero era muy difícil. Sentía que ahora la gente la estaba mirando a ella también. Deseó que no se estuvieran burlando de ella. Después de todo no estaba vestida como ellos. Llevaba un vestido sencillo blanco que le había
hecho su hermana Sofía. Tenía dos rosas rojas bordadas sobre el corazón.

Antes de darse cuenta Lupe, había caminado hacia el norte hasta Oceanside. Y no había querido llegar tan lejos. Pero se había divertido tanto
viendo las olas y los pájaros marinos de patas rápidas, que no había puesto atención.

Se sentó. Estaba cansada y necesitaba decidir qué hacer. Después de todo, no sólo había mandado a su hermana a casa, sino que su hermana estaba tan furiosa con Salvador que Lupe estaba segura que ahorita, en este
mismo momento, Carlota probablemente les estaría contando a sus padres
sobre el negocio clandestino de Salvador. Lupe no sabía cómo iba a poder
ver a sus padres cara a cara otra vez. Su familia había sido tan respetuosa
de la ley toda la vida.

Lupe se sintió sobrecogida por la angustia y se le llenaron los ojos de lágrimas mientras miraba la mar; se dio cuenta que el muelle de Oceanside
no estaba muy lejos. Se preguntó si tendría la fuerza para caminar hasta allí
y después regresar a Carlsbad, pero se dio cuenta que tenía hambre y que
no había traído su bolsa ni dinero tampoco.

Lupe siguió sentada en la arena a un lado del camino de concreto que
iba de la playa al muelle. Miró las olas y las olas le empezaron a hablar, cantándole mientras undulaban al entrar como altas y suaves colinas azul verdes, lenta, graciosamente, para repentinamente acelerar y revolcarse hacia
el frente con un rugido de fuerza de truenos, volviéndose blancas y llenas
de espuma mientras subían por la orilla del mar. Lupe se sentó allí en la
arena y miró las olas cuando entraban a la costa una y otra vez.

El tiempo pasó y pasó y el sonido de las olas le daba masaje a su mente.
Bostezó y se acostó en la suave y caliente arena al lado del camino de ce-
mento. Empezó a relajarse y pronto ya no pensaba nada, nada, mientras las
olas continuaban llegando a la playa con furia y estruendo. A unas yardas
detrás de Lupe pasaba un auto y la gente miraba por las ventanillas y veía
a Lupe, que se veía tan bonita dormida en la arena con la luz del sol.

Cuando Lupe se despertó apenas si podía recordar dónde estaba. Se
sentó mirando a su alrededor. Se sentía tan refrescada y bien, y aún, bueno, algo confusa también. Se sentía como si verdaderamente hubiera salido de sí misma y hubiera regresado a su niñez

Lupe se sentó por lo menos cinco minutos respirando tranquila.

Habían sido tan felices allá en la Lluvia de Oro—sin importar lo pobre
que habían sido—pero aquí en la tierra de la paz y la abundancia, el mundo entero se había vuelto negro y horrible . . . le había ordenado a su hermana que se fuera a su casa.

Había roto el Círculo Sagrado de la familia. ¿Pero qué otra cosa podía
haber hecho? Ella también se había asustado mucho cuando el alguacil tocó a la puerta, pero a ella no le había dado pánico. Y más tarde también
comprendió que no había sido la culpa de Salvador ¿Cómo podía haber
sabido que el alguacil y su esposa eran los dueños de la casa que había rentado de la oficina de bienes raíces?

Un grupo de pequeños pajaritos llegó volando enfrente de Lupe. Ate-
rrizaron rápidamente en sus rápidas patitas y empezaron a buscar en la

arena cada vez que la ola retrocedía, tratando de hallar algo que comer. No, simplemente no podía haber hecho otra cosa. Estaba embarazada y el padre de este niño era Salvador y formar su hogar con él . . . para bien o para mal, en la riqueza y en la pobreza, hasta que la muerte los separara.

Al ver trabajar tan duro a los pajaritos de patas rápidas para ganarse el sustento, pensó cómo debió haberse sentido la familia de su madre cuando ésta había seguido a su marido a las alturas de la Barranca del Cobre para hallar trabajo en una mina de oro, y se le humedecieron los ojos. Ese también había sido un rompimiento del Círculo Sagrado de su madre.

Lupe respiró viendo la mar y los pequeños pajaritos y cómo parecía que éstos apenas si escapaban con su vida cada vez que una nueva ola llegaba reventando a la playa. Poco a poco Lupe empezó a ver que si sólo abría los ojos, entonces aquí, en el presente, había también un lugar maravilloso. La arena suave y caliente se sentía tan bien debajo de sus piernas y sus caderas y la océana olía tan limpia que se veía tan triunfante. Y las olas bailaban, cantaban, al llegar a la playa ofreciéndoles un banquete a los pequeños y rápidos pajaritos.

Lupe se sentó respirando tranquilamente y recordando cómo su amada suegra le había dicho—el día del pleito entre Salvador y Epitacio—como ella y el gigantesco aguacate al lado de su excusado exterior se habían ayudado mutuamente todas las mañanas; ella dándole al árbol substancia cuando hacía sus necesidades diarias y el árbol que le daba la más grande y jugosa fruta de la zona.

Lupe se quitó los zapatos sonriendo y movió los dedos en la arena. La arena estaba tan caliente y le hacía cosquillas y poco a poco se empezó a recuperar completamente. Al sentirse completa y plena se levantó y empezó a tararear para sí misma caminando de regreso a Carlsbad. Y mientras avanzaba se sentía dentro de un suave resplandor, en un lugar especial de calurosa sapiencia como en los sueños. La suave húmeda arena debajo de sus pies y la brisa en sus piernas desnudas la hacían sentir en el mismo Cielo.

Al caminar y escuchar las olas Lupe también recordó lo que su suegra-amada le había dicho acertadamente aquel mismo día en el excusado cuando le preguntó si había oído la pelea entre Salvador y Luisa y Epitacio.—Claro que la oí, pero *mijita*, cuando todo esto pase, estos desórdenes no serán más que un pedo al viento. Estas embarazada, así que no dejes que estos altibajos de la vida te distraigan de lo que tienes que hacer. Lo que estás haciendo aquí, dentro del cuerpo, es una bendición directa de Papito Dios y no se debe perturbar.

Y era verdad que Lupe ahora sentía que lo que pasaba dentro de su vientre mientras caminaba por la playa era tan enorme y poderoso como la misma Madre Mar.

Lupe siguió caminando mirando las olas, los pájaros marinos y sintiendo la arena húmeda y brillante bajo los pies, y supo que de alguna manera se enfrentaría a sus padres cara a cara y que todo iba a salir bien. Después de todo el mundo era enorme y tenía muchos caminos y ella era una mujer casada con marido y con un niño en camino y por eso no iba a permitir que nadie, ni siquiera un miembro de su propia familia, le causara ninguna preocupación innecesaria.

Se sentía más fuerte ahora y sentía una confianza que nunca antes había sentido en su vida. Resultó como su madre le había dicho, una vez que una mujer se casa y empieza su hogar, entonces igual que todas las mujeres, necesitaba encontrar su propio camino para así hallar sus soluciones especiales a los altibajos de la vida. Y Lupe podía ver ahora que este gran cuerpo de agua, la mar, le había ayudado a encontrar su camino de la misma manera que el Árbol para Llorar le había ayudado a su mamá a hallar el suyo. Después de todo las mujeres venían del Agua tanto como del Árbol.

De repente Lupe tuvo ganas de gritar, de bailar—¡se sentía tan bien! Podía ver ahora claramente que estaba contenta de haber mandado a su hermana a casa, aun si Carlota les decía todo a sus padres.

Lupe siguió caminando devorando millas y ahora se sentía bien y fuerte. Más adelante, a la distancia, vio los parasoles de colores brillantes de la gente que había visto del Hotel Carlsbad. Pero estaban tan lejos que parecían pequeños chocolates envueltos individualmente, como los que su hermana Sofía había recibido de su pretendiente allá en la Lluvia.

Lupe se rió y siguió caminando sintiéndose más fuerte con cada paso. Los parasoles de colores brillantes se acercaron más y más y finalmente llegó tan cerca que pudo ver que la gente debajo de ellos estaba sentada y leía libros.

La cara de Lupe se iluminó de alegría.—¡Ay, que esplendida idea!—se dijo a sí misma viendo lo que hacían estos gringos fantásticos—. ¡Si a mí nunca se me había ocurrido! ¡Venir a la playa a leer un libro mientras se escuchaba al océano!

Lupe empezó a caminar aún más rápido. Encontraría la biblioteca del pueblo y empezaría a leer de nuevo.

—¡Sí, le voy a leer a mi hijo aquí dentro de mí!—dijo entusiasmadamente—. ¡Claro los libros pueden llegar a ser nuestros mejores compañeros!

En ese momento Lupe se sentía tan feliz que quería llegar a su casita tan rápido como pudiera. Estaba contenta de haber venido a la playa sola. Estar sola era fantástico, especialmente cuando se podía sentir la Semilla de la Vida dentro de uno.

Cuando Lupe iba pasando cerca de la gente bien vestida bajo los parasoles, la joven y bella estrella de cine levantó la vista y la vio. Y Lupe se sorprendió enormemente cuando la joven sonrió y agitando la mano le dijo—¡Hola! ¡Qué precioso vestido para el sol!

Lupe se puso de todos los matices del rojo de la vergüenza. Caramba si traía el más simple de los vestidos y se sentía tan común y corriente comparada con estas gentes elegantes. Pero aun así le sonrió a la estrella de cine y le dijo 'gracias'. Entonces voló subiendo el escarpado de la playa a grandes y garbosas zancadas como siempre lo había hecho al subir las barrancas, allá en la Lluvia de Oro. Esperaba poder alejarse antes que la gente empezara a reírse de ella para no oírlas. En el nombre de Dios, qué la había poseído para regresarle la sonrisa a una mujer tan bien vestida y famosa.

Lupe se apresuró al pasar el Carlsbad Hotel y bajar la corta colina y cruzar las vías. Quería prepararle una cena especial a Salvador esa noche. Salvador y ella habían sido tan felices juntos cuando estuvieron solos.

Se sentía entusiasmada al entrar al camino de entrada de su casita. Iba a recoger su bolsa e ir al mercado del barrio a comprar provisiones como cualquier mujer casada. Estaba tan feliz que empezó a cantar. Y en el mercado Lupe no lo podía creer, tenían un canario de venta, así que también compró el pajarito. Había canto en el aire—¡lo podía sentir en su CORAZÓN!

CUANDO SALVADOR LLEGÓ a la casa de su madre, halló a su hermana Luisa chillando como una mujer loca.—¡Salvador!—gritó—, ¡he estado rezando para que vinieras! Mamá se ha vuelto loca y nos está poniendo en peligro a todos.

—¿De qué estás hablando, Luisa?—dijo Salvador.

—Ven aquí conmigo, lejos de ella, y te digo—dijo su hermana persignándose. Doña Margarita estaba sentada al otro lado del cuarto de Luisa y los muchachos bebiendo calmadamente una taza de té. Luisa se persignó de nuevo asegurándose de mantener la distancia de su madre, como si estuviera esperando un relámpago que bajara del Cielo en cualquier momento.

—Vayan afuera, muchachos—les dijo Luisa a sus hijos—, ¡y no regresen hasta que los llame! Después de sacar a sus hijos de la casa, Luisa se volteó a su hermano.—¡Mamá—le dijo a Salvador—, habló con el Mismo Dios exigiéndole que hiciera las paces con el Diablo! ¿Puedes creerlo Salvador? Nuestra madre hizo esta cosa tan terrible ignorando completamente que se supone que nosotros temamos la Santa Ira de Dios.

—*Mijita*, cálmate—dijo doña Margarita.

—¡No me voy a calmar!—dijo Luisa con lágrimas en la cara. ¡Dile a Salvador lo que me dijiste a mí mamá! Y siento decir esto, mamá, pero yo tengo hijos de quienes preocuparme, así que al menos que estés dispuesta a arrepentirte de lo que le dijiste a Dios, te voy a pedir que te vayas a tu casa y que no regreses a la mía más. ¡Por Dios, tienes suerte que Dios no te ha fulminado con un rayo RELAMPAGUEANTE! ¡Cómo pudiste hacer esto, mamá, ¡poniéndonos a todos en peligro! Recuerdas aquella mujer en la Biblia—¿Cómo se llama? ¿A la que Dios volvió piedra por qué se atrevió a mirar hacia atrás? Tengo miedo, mamá—, añadió Luisa.

—Ah *mijita*—dijo doña Margarita—, mujer de tan poca fe, no ves que . . .

—¿Fe? ¡Ah, yo tengo fe, mamá, mucha fe, por eso no meto la nariz donde no debo, porque tengo FE que me la CORTARÁN si la meto ahí!

Al oír esto doña Margarita empezó a reírse.—*Mijita*, eso no es fe, es miedo.

—¡Bueno, entonces tengo FE en mi MIEDO, mamá! Porque nomás mírame, soy un saco de nervios, que tiembla como una hoja desde que me contaste lo que hiciste, y que pediste—sino que exigiste—que Papito Dios te dé una respuesta mañana. ¡Sí te va a dar una respuesta—UN RAYO DE LUMBRE por la garganta, mamá!

—Luisa, Luisa, cálmate—dijo la anciana—, o mejor todavía, ven conmigo en la mañana y verás que Dios es . . .

—Ah no, mamá—gritó Luisa interrumpiéndola—. ¡Te seguí por las montañas a las batallas de la guerra! ¡Te seguí a través del desierto sin agua ni comida! ¡Pero no voy a ir a la iglesia contigo mañana para ver qué tiene que decir Dios sobre el Diablo!

—¿Y por qué no, *mijita*?—dijo la anciana amablemente—. Dios ya está Aquí . . . a todo nuestro alrededor mostrándonos su amor eterno. Eso es todo lo que Dios es, *mijita*, Amor más que nada. ¿Quién crees que estaba con nosotros durante todos esos tiempos difíciles de la Revolución, Luisa?

—Dios, sí, ya sé todo eso, pero él estaba, bueno, invisible . . . ya sabes lo que digo. Pero esto, bueno, esto . . . ¡ah no, no, no! ¡No estoy pura, mamá! ¡No puedo ir contigo a ver a Dios cara a cara! ¡Ni siquiera tengo CALZONES nuevos!

Al oír esto Salvador se empezó a reír.—Mira Luisa—dijo—, si eso es todo, yo te los compro.

—Ah, sí, búrlate de mí—dijo Luisa—. ¡No has oído todos los chismes que andan en el barrio! Mamá le ha dicho a Dios lo que tiene que hacer, ¿no ves? ¡Y ella no es el Papa! ¡Es sólo una pobre mujer ignorante!

Al oír estas palabras, 'solo una pobre mujer ignorante', doña Margarita cerró los ojos y se concentró.—¿*Mijita*, después de tantos años de lucha, no has podido ver que somos nosotros, las pobres, ignorantes mujeres las que hemos estado sacando adelante al mundo desde el principio del tiempo?

Doña Margarita abrió los ojos respirando.—Somos la fuerza, *mijita*—añadió. Somos la Fuerza Sagrada de toda la Creación. Dime, ¿dónde estaría el Todopoderoso sin nosotras? ¿Aun Dios necesitó de María para que nos pudiera dar a Jesús, eh?

—Ah, simplemente no sé—dijo Luisa apretándose una mano con otra—. Oigo lo que me dices mamá—. Pero dime, ¿qué tal si Dios está de mal humor? Quiero decir, sí, claro, ya sé que Él es Todo Amor, Todo Bueno, pero qué tal si pasa una mala noche hoy, ¿entonces qué?

—Mira mamá, te digo lo que haré—añadió Luisa que parecía que iba a explotar de tan espantada y nerviosa que estaba—. Iré y le diré al padre que le diga a Dios que estabas sólo bromeando, ¿está bien? Qué no fue tu intención empezar todos estos problemas.

—Tú harías eso por mí, *mijita*—dijo doña Margarita—. ¿Tú irías a la iglesia sintiéndote como te sientes?

—Bueno, sí, claro, mamá—dijo Luisa con los ojos súbitamente llenos de lágrimas—. Porque, ay, mamá, ¡tú eres nuestra sagrada madre y te quiero con toda la fuerza de mi corazón!

—Ay, Luisa, ven y déjame abrazarte, eres una buena y valiente hija.

—Bueno ni tan valiente, mamá—dijo Luisa—, porque no entraré en la iglesia. Iré a ver al cura por la puerta de atrás, esperando que no me vea Dios.

El torrente de carcajadas que salió de la anciana llenó la casa con el sonido de la risa.—Ven aquí—le dijo a su hija—. ¡Ven aquí y déjame abrazarte y darte mi amor!

Rápidamente Luisa se acercó a su delgada y anciana madrecita y se hincó en el piso poniendo su larga cara, mojada por las lágrimas, en el pequeño regazo de su madre. Lloraba y lloraba mientras su madre le acariciaba la cabeza con sus viejas manos, arrugadas y prietas. Salvador respiró más tranquilo. Se veían tan bellas juntas. Cuando pensaba que se estaban calmando, Luisa súbitamente sacó la cara del regazo de su madre.

—Mamá—preguntó—, ¿no invitaste también al Diablo para que viniera a verte mañana por la mañana en la iglesia, verdad?

—Pues sí, claro que sí—dijo doña Margarita—, la única razón que he arreglado esta reunión es para que los dos . . .

Pero doña Margarita nunca pudo terminar porque Luisa lanzó un espeluznante CHILLIDO de puro terror y salió corriendo por la puerta trasera espantando pollos, chivos y la marrana y sus marranitos

Luisa siguió gritando como una loca histérica hasta que los vecinos salieron de sus casas para ver qué era todo el escándalo. Y cuando Luisa les contó del apuro de su madre, que había arreglado una reunión entre Dios y el Diablo para la mañana del día siguiente en la iglesita de piedra, mucha de la gente se persignó rápidamente y se regresó corriendo a sus hogares cerrando las puertas pensando que esta loca vieja india finalmente se había sobrepasado, ¡y de seguro iba a ocasionar el fin del mundo!

Pero algunos no salieron corriendo de miedo y algunos de éstos fueron a ver a doña Margarita y la hallaron sorbiendo té tranquilamente en la cocina y le dijeron que ya era tiempo que alguien le hablara a Dios, porque era verdad lo que había estado diciendo toda la semana, ¿cómo esperaba el Santo Creador que se llevaran bien uno con el otro Aquí en la Tierra si Él no podía hacer las paces con el Diablo en el Cielo?

Salvador llevó a su mamá a su propio jacal detrás de la casa de Luisa. Empezó un pequeñ fuego en la estufa de leña y le preguntó a su madre si estaba bien.

—Estoy bien, *mijito*—dijo—. No tienes que preocuparte de mí. Todo está saliendo bien, de hecho, perfecto—, añadió besando el crucifijo de su rosario.

—¿Entonces por qué está Luisa tan perturbada?

—Porque, *mijito*, hasta que una persona haya hecho la paz con la Oscuridad que todos llevamos dentro, el Miedo al Diablo es más grande que nuestro Amor a Dios. El Balance, recuerda, es la llave a todos nuestros sentidos.

—Ya veo, así de sencillo, ¿verdad mamá?

—Claro, enséñame una persona que tenga miedo del Diablo y yo te enseño a una persona que no tiene Paz ni Armonía en su Alma.

Pensó en Carlota y cómo estaba tan llena de miedo y que pensó que él, Salvador, era el Diablo.—Entonces, mamá, ¿cómo se trata a una persona que tiene tanto miedo, mamá?

—Esta es precisamente la razón que he arreglado esta reunión entre Dios y el Diablo, mijito. Para que una vez que la gente vea que Dios, Nuestro Padre, ha hecho las paces con Lucifer, entonces el Miedo a la Muerte y el Miedo al Diablo desaparecerán de toda la Madre Tierra como una pesadilla, ¡y por toda a tierra irrumpiremos en un Sentido de Armonía y Paz por miles de años!

—Mañana, *mijito*, es el día que hemos esperado por mucho tiempo. Les agradezco a la Bendita Madre y a Jesucristo por haberme permitido unirme a ellos en este gran evento—añadió persignándose. Estaba radiante.

Salvador asintió.—Sabes, mamá, te vine a ver porque estaba todo confuso—, dijo—. Últimamente muchas cosas han salido mal entre Lupe y yo, y no sabía qué pensar, pero ahora que estoy aquí contigo un ratito, te juro que todo me parece fácil y entendible. Puedo ver ahora por qué la hermana de Lupe, Carlota, siempre ataca nuestro matrimonio a cada oportunidad. Es que está celosa y llena de miedo, mamá.

Doña Margarita se rió.—Bueno, entonces, desde luego dales las gracias

a Carlota cada noche antes de dormir. Pues por sus acciones les ahorra a ti
y a Lupe mucha angustia.

—¿Cómo está eso?

—Porque—dijo la anciana cerrando los ojos y concentrándose, si no
fuera por Carlota, tú y Lupe estarían peleándose para aprender las lecciones de la vida destinadas a ustedes. Carlota, *mijito*, es tu Santa Cruz, gracias a Dios—, agregó.

Salvador se echó a reír. —Aunque hubiera vivido un millón de años,
mamá, ¡nunca habría imaginado que estaría dándole gracias a Dios por mi
bocona cuñada! ¡Tú eres la mejor! ¡Te adoro, mamá!

—¡Por supuesto, las primeras chiches que mamaste fueron las mías!—
dijo.

Se estaba haciendo tarde cuando Salvador se dio cuenta que debería
emprender el viaje de regreso a casa. Lupe no tenía a nadie en la casa y no
quería que estuviera sola. Pero entonces recordó que le había prometido a
Lupe que la llamaría, si alguna vez iba a llegar tarde, que llamaría al mercadito de Eisner cerca de su casa para que alguien le llevara el recado.

—Mamá—dijo Salvador—, voy a ir al pueblo para poder llamar a Lupe.
No ha estado muy bien y quiero que sepa que voy a llegar tarde—¿o debo
quedarme, mamá, para ir contigo a la iglesia en la mañana?

—No, no, tú te vas a casa con Lupe—dijo la anciana—, no necesito tu
ayuda Aquí, *mijito*. Todo está hecho ya. ¿Crees de veras que yo hubiera
podido hablarle al Todopoderoso como lo hice, si Él, de hecho, no hubiera concebido esa idea dentro de Su Ser? Recuerda Él es el Pensamiento y
nosotros la acción. Él es la Mar, nosotros la Ola. Él es la Sinfonía, nosotros
la Nota. Todo ya está Perfecto Aquí, *mijito*. Tú te vas a casa y te estás con
Lupe. Lo de ustedes es la verdadera prueba de traer al Diablo y a Dios
Juntos, pues ustedes están en la mitad de la tormenta Viviendo la Vida. Vete con mi bendición, hijo de mi corazón. Y cuando llegues a casa, tú y Lu
pe recen por mí—, agregó santiguándose.

—Lo haremos—dijo Salvador abrazando a su madre. Rezaremos con
toda nuestra alma y corazón.

Entonces se encaminó sintiéndose agigantado. ¡ Ah, su anciana mamá
sabía exactamente cómo traer el Cielo Aquí a la Tierra!

CUANDO SALVADOR LLEGÓ a Carlsbad esa noche y dobló en la
huerta de aguacates pudo sentir una diferencia desde la mitad de la huerta. El Padre Sol se ponía y todo el cielo occidental estaba pintado de bellos
colores de anaranjado y dorado. Lupe y su perrito Chingón salieron a recibir a Salvador. La reunión se convirtió en un momento mágico de besos
y abrazos con el trasfondo de las ventanas de su casita iluminada.

—Gracias por llamar que ibas a llegar tarde. Fue un gesto bello, Salvador.

—De nada, amor mío. No te quise causar ninguna preocupación después de lo que pasaste con el alguacil. Por Dios, Lupe, estábamos haciendo whiskey en la misma casa del alguacil. ¿Qué más podemos hacer—? Entonces le pegó como un rayo—. ¡Lupe—! Gritó con entusiasmo—, ¡de esto es de lo que hablaba mi madre! Tú, Lupe, le trajiste paz a tu alma cuando te enfrentaste al *sheriff*. Ves, por eso fue que pudiste pensar tan claramente. El Diablo no te tenía en su poder.

Lupe no tenía ni idea de lo que hablaba Salvador. Se estaba poniendo frío rápidamente. Los royas del Sol parpadeaban entre las hojas del aguacate mientras se resbalaba en la mar.

—Apúrate—dijo—. Ven adentro conmigo. Te tengo una sorpresa.

Al entrar Salvador pudo oler algo muy delicioso que se cocinaba. Y había un brillante canario amarillo cantando en su jaula.

—Compré un canario—dijo Lupe silbándole al pájaro—. Nuestra madre siempre tenía uno en la cocina de la casa—, y adivina qué, ¡estoy cocinando chiles rellenos otra vez!

—Ay, no—dijo riéndose.

—¡Ah, sí! Dijo con convicción—. Y esta vez, ya sé cómo hacerlos. Le pregunté a la mujer de la tienda. Y me dijo que la última vez había tenido el sartén muy caliente y que por eso habían explotado.

—Sabes—dijo ella, bajando un poco el fuego de su estufa campestre de dos quemadores—, debido a que había comido tantos de los fantásticos chiles rellenos de mi madre, pensé que ya sabía cómo cocinarlos, pero no. *Okay*, échate para atrás—, le dijo—. ¡Aquí viene el primer chile! Es grande, gordo y largo, ¡y más le vale que no brinque!

Al decir esto puso el chile relleno en la manteca hirviendo y el chile bailó por todos lados en el sartén, pero no explotó No, simplemente se quedó cocinando con pequeños brinquitos en la manteca caliente, cantando una pequeña melodía chirriante.

—¡Lo logré!—gritó Lupe con entusiasmo.

—Sí, lo lograste—dijo Salvador.

—Esto es fantástico—dijo Lupe—. Pero ahora, si sólo pudiera voltearlo y cocinarlo del otro lado sin—ah, no, no hagas eso, ¡gordo chile feo! Tú te quedas allá en aquel lado del sartén—, ordenó Lupe—, para que haya espacio para poder meter también a tus amigos en el sartén.

Salvador se empezó a reír.

—¿De que te ríes?

—Bueno, teníamos una bruja en nuestro valle y todos decían que estaba loca porque les hablaba a los árboles frutales, y ahora aquí tú . . .

—Así que piensas que soy una bruja loca porque le hablo a mi gordote . . . ¡ah, no, ni te atrevas!—le dijo al primer chile—. ¡Tú te quedas allí!

—A ver, déjame ayudarte—dijo Salvador—. Creo que la estufa no está nivelada y por eso se resbala a un lado del sartén.

Salvador sacó un plato y lo volteó de cabeza y lo resbaló debajo de la parte de abajo de la estufa.—Allí va, ¿está mejor?

—Sí—dijo Lupe—. ¡Ahora échate para atrás! ¡Aquí viene el chile número dos! ¡Y más le vale también portarse bien!

Y puso el siguiente chile en el sartén y no explotó tampoco.

—¡Lo logré otra vez!—gritó Lupe sintiéndose muy orgullosa. ¡De veras lo logré!

—Sí, lo lograste—dijo Salvador—. Estaba tan contento de estar en casa solo con Lupe. Era un sueño hecho realidad. Esto era todo lo que había querido—un hogar con la mujer que quería.

—Ah, Lupe—dijo llegando por detrás y pasando los brazos por su cintura y besando su cuello—, estoy tan contento que estemos solos en nuestra casita.

—No, no hagas eso ahorita—dijo empujándolo—. ¡Estoy ocupada cocinando! ¡Tú te me vas allí y te sientas!

Se rió y se sentó en la mesa. Esto era fantástico. Podía oír todas las paredes de su casita cantando de alegría. Algo había cambiado de verdad.

—¿Dónde compraste el pájaro?—preguntó.

—En el mercado—dijo ella—. Y ya sé que debí haberte consultado primero—porque costó un montón de dinero—pero, bueno, cantaba tan precioso que simplemente no pude resistir, Salvador.

—Amor mío, no tiene que estar preguntándome si puedes gastar un poco de dinero aquí o allí, tú tienes nuestro dinero para la casa, ¿te acuerdas?

—El pájaro costó tres dólares—dijo.

—¡Tres dólares!—dijo—. ¡Eso es una fortuna, Lupe! La mayoría de los hombres tienen suerte si ganan un dólar al día. Pero, bueno, me da gusto que lo hayas comprado—, agregó—. En verdad, canta como un ángel.

—¿Entonces de verdad no Estás enojado?

—No, claro que no, Lupe. Ésta es tu casa, mi amor, nuestra casa, el nido que tú estás haciendo para nuestra familia.

—¡Ah, Salvador!—dijo abrazándolo.

—A propósito, Lupe, se me había olvidado—dijo mientras se abrazaban y besaban—. Le prometí a mi mamá que rezaríamos por ella. Estará haciendo un gran milagro mañana en la iglesia.

—¿En Corona?

—Sí.

—Bueno, entonces mejor rezamos por ella ahorita mismo, Salvador—dijo Lupe guardando su cuchara grande y el cuchillo.

Y así Salvador y Lupe rezaron por doña Margarita mientras los restos del Padre Sol desparecieron pestañeando en el horizonte y todo el cielo occidental se volvió sedoso con colores rosados, dorados y plateados. En las alturas cientos de mirlos de hombro rojo descendían camino a la laguna justo al norte de Carlsbad. Otro glorioso día había pasado.

ESA SANTA NOCHE en Corona hubo un maravilloso espectáculo de estrellas fugaces que cruzaban los Cielos, y a las primeras horas—justo antes del amanecer—llegaron unas grandes nubes blandas que con una suave lluvia lavaron la Tierra y las Rocas y los Árboles, regalando Nueva Vida a toda la Tierra.

Al oír las gotas haciendo plas, plas, afuera de su ventana, doña Margarita se retorcía en su sueño empezando a despertar poco a poco. Se estiró y bostezó y escuchó la blanda y suave lluvia que lavaba la Tierra. Había pasado una noche maravillosa. Había dormido como un angelito.

Al sentarse doña Margarita vio que el gato estaba acurrucado al pie de su pequeña cama. Era el gato de Luisa, pero últimamente la pequeña gata había venido más y más a pasar la noche con ella. Después de todo, los animales sabían instintivamente cuando algún miembro de la familia necesitaba ayuda en sus aventuras espirituales.

—*Okay*, despiértate gatita—le dijo al gato—. Tenemos trabajo que hacer hoy, ¿verdad?

Al principio el pequeño gato manchado no quería moverse pero finalmente se levantó estirándose y bostezando también. Doña Margarita y la gata se parecían un poco. Las dos eran viejas y escuálidas pero aún muy rápidas una vez que calentaban sus viejos huesos.

La suave y blanda lluvia continuaba con su música de plas plas afuera de la ventana cuando doña Margarita atravesó su pequeño jacal en la oscuridad y encendió una vela con un largo cerillo de madera. Hacía frío, por eso puso papel y unos trocitos de madera en la estufa de leña, encendió el papel con la vela y empezó a hervir agua para el café.

Se sonrió. Hoy, después de tantos años, se iba a reunir por fin con el mismo Dios en la pequeña iglesia de piedra y el Todopoderoso le iba a dar una respuesta en cuanto a lo del Diablo. Se rió moviendo la cabeza. Algunas veces ni ella misma podía creer los problemas en los que se metía. Luisa tenía razón. No era sino una anciana loca.

Se rió de nuevo y les sopló a las pequeñas llamas que empezaban. Poco a poco hizo que el fuego de la estufa creciera. Le añadió unas ramitas secas y le sopló un par de veces más; entonces agarró su chal y se puso sus huaraches viejos para poder salir al excusado.

Ya en la puerta recogió su rosario, su Biblia y su vela, y salió. Doña Margarita se sorprendió al salir. Había media docena de personas paradas en la lluvia, la mayoría mujeres, con velas encendidas esperándola también debajo del aguacate.

—Ay—dijo con una sonrisita alegre—, ¿pero qué hacen todos ustedes ahí parados en la lluvia? ¿Vinieron para acompañarme al excusado? Bueno, pues lo siento, pero solo tiene un asiento. Así que déjenme pasar.

Riéndose, la gente se hizo a un lado como el Mar Rojo y la anciana india pasó apurada entre ellos a su excusado. Al cerrar la puerta sus ruidos se oyeron inmediatamente—grandes pedos fuertes y caca sin ninguna vergüenza.

Una de sus viejas amigas le tenía lista una taza de café cuando salió del excusado doña Margarita. Aceptó la taza y se reunió con la gente debajo del gran aguacate y sorbió su café con grandes sorbos ruidosos mientras todos veían nacer al nuevo día. En la distancia había truenos y relámpagos.

Poco a poco doña Margarita se empezó a sentir mejor. La noche anterior el Diablo había tenido serias dudas y le había hecho un escándalo. Pero doña Margarita se había mantenido firme en su Fe en la Eterna Bondad del Todopoderoso y había tomado de la mano al Diablo durante sus arranques de miedo y lo había hecho calmarse.

—Bueno—dijo terminándose el café—, sólo me lavo la cara y nos vamos, con el favor de Dios.

Puso su taza en la pila de leña debajo del aguacate, se metió en la casa, se lavó la cara y salió. Había llegado más gente. Caminaron rápidamente a la iglesia.

Desde su casa Luisa vio a su madre acompañada de una docena de viejos amigos tomar el camino de tierra y salir del barrio. Luisa no quería tener que ver nada con ellos. En su opinión no eran sino un montón de desdentadas mujeres viejas y unos cuantos hombres tullidos y una manada de nietos. Algunos de estos hombres y mujeres eran aún más viejos que su madre—gente de la Revolución—sin brazos o piernas, con las caras cicatrizadas. Luisa no podía entender por qué se andaban metiendo en problemas con Dios. ¡Carajo, tenían suerte de estar con vida!

Luisa salió de la casa y los miró seguir por la calle cojeando con sus muletas mientras al oriente los relámpagos iluminaban todo el Padre Cielo. Una parte de ella deseaba tener un poco más de fe para poder reunírseles, pero no lo hizo. Había visto muchas escenas de terror para tener mucha fe en la eterna bondad de la vida o de Dios. Se le llenaron los ojos de lágrimas. Había visto matar a sus hermanos y hermanas a su alrededor, y su primer marido, José Luis, el amor de su vida, asesinado en su propia mesa del comedor la mesa por dos insignificantes soldados ladrones que les querían robar la comida.

Entonces Luisa vio un enorme relámpago EXPLOTAR con un BRA-

MIDO ATRONADOR justo al otro lado de su madre y sus amigos, y arriba aparecieron entre las nubes parches luminosos y brillantes del Padre Cielo en una gloriosa lluvia de oro. Luisa se persigno rápidamente. Su corazón le latía fuertemente mientras la suave y blanda lluvia continuaba haciendo plas, plas, a su alrededor.

Luisa no podía ver donde terminaba la Tierra y el Cielo comenzaba.

—Mamá—dijo Luisa—, juntando las manos como para rezar—. Ay, a dónde has llegado y, ¿qué es lo que has hecho?

Doña Margarita cantaba cuando ella y sus amigos salieron del barrio y entraron a las bien pavimentadas calles de la parte gringa de Corona. La gente cantaba la Santa Canción de Gloria a Dios mientras seguían por la sección gringa del pueblo y las gotas caían del Cielo, Bendiciéndolos.

Al oír el canto, algunos gringos se asomaron a sus ventanas y vieron a un lastimoso montón de viejos mexicanos pobres cantando en la lluvia y cubriendo con una mano la vela para que la lluvia no apagara la llama.

Cuando doña Margarita vio a una anciana gringa mirándolos por la ventana, le sonrió ampliamente y sintiéndose tan contenta que marcó unos cuantos pasos de baile moviendo sus viejos pies. La anciana gringa se rió y se fue corriendo por su abrigo. Para cuando llegaron a los escalones de la iglesita de piedra, se les había unido media docena de gringos. No traían velas, pero traían impermeables y paraguas.

Doña Margarita y toda su gente podían oír el Canto de las Piedras de la Iglesia cuando empezaron a subir los escalones. Fue entonces que apareció Luisa, súbitamente corriendo y gritando—¡Mamá nosotros también vamos contigo!

—Ay, qué bueno—dijo la anciana al ver a su hija llegar corriendo con sus nietos—. ¡Por fin has visto la luz!

—Luz, un carajo—dijo Luisa—. ¡No quiero perderme esto!

La gente se echó a reír y doña Margarita tomó a su hija en sus brazos—. Eres una buena hija—, dijo—. Una hija excelente y admiro tu honestidad. ¡Bienvenida, *mijita*, a este Nuevo y Glorioso Día que debía haber pasado hace mucho tiempo!

Entonces se volteó hacia sus tres nietos.—Gracias por venir también—, les dijo.

—¿De veras nos está esperando Dios adentro de la iglesia, mamá grande?—preguntó el segundo hijo de Luisa.

—¿No nos está esperando siempre, *mijito*—, preguntó la anciana—? Y hoy especialmente Nuestro Santo Padre nos espera feliz . . . porque Él ve que finalmente nos estamos adelantando más allá de nuestras infantiles y auto impuestas ilusiones de temor y separación y reunión con Él en Su Plena Gloria—¡por toda la tierra! ¡Ven, dame la mano y verás!

Al decir esto se dio vuelta y con Luisa y sus nietos de la mano siguió subiendo los escalones a la entrada de la iglesia y fue entonces que las gruesas y pesadas puertas de roble de la Iglesia de Piedra se abrieron repentinamente por sí solas y vieron que toda la Santa Estructura estaba a reventar, ¡Llena de Ángeles!

¡Los Ángeles estaban por todos lados, planeando por aquí y por allí sobre la gente que entraba a la Iglesia!

¡Doña Margarita se dio cuenta entonces que toda la gente de su pasado también estaba Aquí!

¡Su padre, don Pío, que había muerto hacía más de doce años, estaba Aquí!

¡Su madre, Silveria, que había dejado este mundo hacía casi veinte años también estaba Aquí!

¡Y aquí también estaban todos los hijos que había perdido en esa horrible Revolución!

¡Los viejos ojos arrugados de doña Margarita se derramaron de lágrimas!

¡Caramba, Todos estaban aquí para aquellos que tenían los Ojos para Ver!

Y le pasaba lo mismo a toda la gente que había tenido la Fe para venir esta mañana—ellos también tenían Aquí ahora enfrente—¡a Todos los seres queridos de su Pasado Terrestre!

¡Era GLORIOSO!

¡MARAVILLOSO, MILAGROSO!

¡EL CIELO y LA TIERRA estaban UNIDOS EN UNO!

Y entonces el padre Ryan estaba listo para principiar la misa y se veía tan guapo.

Doña Margarita soltó un grito de gusto—¡simplemente porque no pudo evitarlo! ¡Pues Aquí estaba también su vieja amiga que había dado su vida por ella allá en las montañas de Jalisco cuando los soldados les habían echado los perros!

Aquí estaban también los dos gigantes—sus sobrinos Basilio y Mateo—¡sonriendo de oreja a oreja como los niños grandes que siempre habían sido!

¡TODOS estaban REALMENTE AQUÍ!

¡Y sus cuerpos deshechos estaban intactos!

Aquí también estaba ese niño—cuyo cuerpecito sin vida había tomado en sus manos en el río el día que los soldados norteamericanos habían abierto fuego sobre ellos en El Paso y toda esa gente bien vestida había observado desde la sombra de sus carruajes—¡y esta niño estaba ahora entero!

¡Doña Margarita y este Niño Ángel se dieron un gran abrazo y esta Niña se adelantó y empezó a Cantar y todos los demás Ángeles lo siguieron en coro!

¡Se estaba realizando una Iluminación de un millón de Años Luz!

Doña Margarita supo que ella, y toda la gente que había venido con ella, acababa de pasar por las Puertas del Cielo y que ahora estaban Unidos en Uno en este Santo Sitio donde los Ángeles cantaban la canción de Dios—Aquí en la Tierra como en el Cielo.

Pero entonces súbitamente se acordó del Diablo.—Perdónenme—, dijo—, ahorita regreso. Salió apresuradamente por las puertas de entrada de la iglesia de piedra. En medio de todo su entusiasmo se había olvidado de Lucifer. Le pedía a Dios que todavía estuviera afuera esperando con sus rosas en la mano.

Al mirar a su alrededor doña Margarita no lo vio al principio, pero entonces Aquí estaba, parado debajo de un árbol con las rosas en la mano y la suave lluvia cayéndole por todos lados. Lo llamó—Vente—, gritó—, ¡todos están esperando!

Pero Lucifer no se movía. Se quedó Aquí y parecía no estar muy seguro de sí mismo

Doña Margarita se le acercó. Mira—le dijo—, vamos, no podemos continuar sin ti. Acuérdate, como te dije, tú eres la única razón que hemos organizado todo esto. Ven, dame la mano y yo entro contigo.

Pero el Ángel Más Grande que jamás había sido Creado no se movía todavía. Tenía miedo. Porque en realidad nunca había dejado de Amar al Todopoderoso.

Mira, Lucifer—le dijo doña Margarita—, tú y yo hemos tenido nuestros encontrones a través de los años, pero nunca te he visto asustado ni tímido, así que entra.

Pero todavía no se movía. No, sólo se quedó parado con las rosas en la mano, pateando la tierra como un joven nervioso.

—Lucifer—dijo doña Margarita—, finalmente impacientándose—, ¡agárrame la mano y entra ahorita mismo! Seamos francos, qué alternativa tienes, ¿eh? Nadie te tiene miedo ya. Carajo, los niñitos están haciendo más diabluras que el Diablo mismo, ¡así que básicamente hiciste tan bien tu trabajo por tanto tiempo que ahora ya no tienes chamba a menos que agarres mi mano ahorita y llevemos la Creación a un Nuevo Nivel!

Al oír esto, a Lucifer se le dibujó una amplia y hermosa sonrisa y vio a doña Margarita con tanto Amor y Respeto, ¡y después terminó riéndose a carcajadas! Nadie, absolutamente nadie, le había hablado nunca así.—*Okay*—dijo—, tomando la vieja y arrugada mano—, llévame. ¡Soy todo tuyo, Margarita!

—Claro que eres mío, pendejo—dijo—, ¡porque soy abuela y tengo hijos y nietos, y toda esta mierda de temer tiene que parar! ¡El mundo nunca fue plano y no vamos a seguir pretendiendo que lo fue alguna vez!

Y así Toda la Iglesia de Piedra se columpiaba, cantaba, bailaba de alegría cuando doña Margarita entró con Lucifer de la mano.

Y Aquí estaban el padre Ryan y María, la Virgen de Guadalupe, la madre de Dios—así como lo habían planeado doña Margarita y el padre Ryan—y María se adelantó saludando a Lucifer. Y ella, doña Margarita, una mujer de substancia, le entregó a Lucifer a María y juntos, el sacerdote y la Madre de Jesús condujeron al Ángel de las Tinieblas por el pasillo hasta Dios.

Se podía oler el "temor" que exhalaba Lucifer.

Se podía oír el Corazón del Universo Batir, Batir, Batiendo.

¡El Único CORAZÓN Colectivo de Todo Ser Viviente Batía, Batía BATIENDO! ¡BATIENDO, GOLPEANDO con AMOR!

Y Lucifer, llevado de la mano de la Santa Madre, parecía tan nervioso y ansioso como un joven novio guapo camino a su boda mientras la Virgen Bendita lo conducía por el pasillo central.

El Padre Ryan rezó y los bendijo con su humeante bola de incienso.

En el altar María le dio a Lucifer un besito en la mejilla, le palmeó la mano para darle confianza y lo mandó solo al altar pare reunirse con el Todopoderoso y con Nuestro Señor Salvador Jesucristo.

Todos en la iglesia contuvieron el aliento.

¡Toda la Iglesia de Piedra Vibraba ahora con tanto Amor, que la Misma Madre Tierra empezó a ronronear!

¡La suave y blanda lluvia continuaba por la tierra y todos los seres vivientes se regocijaron!

Y Jesús, la Pura Nota de la Creación, se adelantó para tomar ambas manos de Lucifer en las Suyas.

Sin embargo Lucifer estaba tan espantado que parecía que iba a salir disparado hasta que Jesús sonrió. Y Su Santa Sonrisa era tan calurosa y Llena de Compasión que el Corazón de Lucifer se derritió y pudo estarse quieto.

Jesús besó a Lucifer en la mejilla derecha, luego en la izquierda y dijo— ¡Bienvenido a Casa, Grandioso Ángel Nuestro! Has hecho tu trabajo, Santo Hermano Mío, así que ha llegado la hora que regreses a casa y te reúnas con Nuestra Familia.

Las lágrimas brotaron de los ojos de Lucifer.—¡Gracias, mi Dios, Hijo de Dios!—dijo.

¡Y Jesús se volteó regalándole la mano derecha de Lucifer al Señor Todopoderoso que se levantó para recibirlo!

¡Y cuando sus Santas Manos se tocaron, EL CIELO EXPLOTÓ ABRIÉNDOSE POR COMPLETO!

LA MADRE TIERRA REMOLINEÓ, LAS ESTRELLAS REVEN-TARON, y TODA LA CREACIÓN se unió con Un VERSO, una CAN-CIÓN, ¡una SINFONÍA DE BUEN DIOS DIOSANDO!

Y a un lado la Bendita Madre tomó la mano de doña Margarita y dijo—¡Gracias, señora! ¡Pues podía ver que tan emocionado estaba Su Esposo, DIOS TODOPODEROSO!

—¡Gracias!—le dijo doña Margarita a María—. ¡Juntas lo logramos!

—Sí, lo logramos—dijo María.

—¡Le dimos en la madre al Cielo!

María se rió. Después de tantos años no había nada que pudiera hacer para que esta anciana terrestre dejara de usar ese vocabulario tan atrevido.

¡Dios se acercó a Lucifer, mirándolo cara a cara, entonces suavemente lo acercó más y le dio un abrazo de corazón!

Y después de esto, el padre Ryan comenzó la Misa Solemne.

Séptima Parte

TERRAQUEANDO

¡DIOS estaba Feliz! ¡PAPITO Sonreía! Cantaba a través de
cada Piedra, cada Árbol, cada Gota de Agua, cada Hoja de
Pasto — ¡Estaba tan CONMOVIDO!

SALVADOR DESPERTÓ SOBRESALTADAMENTE. Su cora-
zón le latía fuertemente pero no estaba asustado. Estaba contento. ¡Locamente contento! Pero no sabía por qué.

—¿Qué pasa?—preguntó Lupe.

—Mi mamá—dijo Salvador con entusiasmo.

—¿Qué le pasa?

—Creo que lo logró. ¡Creo que verdaderamente lo logró! ¡Reunió a
Dios y al Diablo una vez más!

—¡Salvador!—dijo Lupe bruscamente.

Él se rió.—Pon la mano sobre el corazón—dijo poniéndose su propia
mano derecha sobre tu corazón—. ¿No lo puedes sentir? Es como si le hubiéramos dado la vuelta completa al círculo—, dijo—. Mira está lloviznan
do afuera y sin embargo hay una luz brillante que pasa a través de las
nubes.

—Entonces va a salir el arcoíris—dijo Lupe.

—Sí—dijo él sonriendo con gusto. Se sentía como en el Cielo—. Vente,
vamos a ver.

Se pusieron ropa y salieron rápidamente y sí, había un precioso arcoíris
hacia el norte. Habían salido tan rápido que no se habían molestado en
ponerse zapatos. Parado en los pies desnudos Salvador movía los dedos
de los pies hacia uno y otro lado en el piso mojado mientras tenía a Lupe
en los brazos. Toda la tierra estaba viva de color y luz. Los pájaros gorjea-
ban en los árboles encima de ellos. Entonces oyeron un chirrido y un
enorme Halcón Colirrojo bajó junto a ellos dándole voz a todo el mundo.
El Águila Roja aterrizó en un aguacate enfrente de ellos.

—¡Lupe!—dijo Salvador con lágrimas en los ojos—. Esa es mi mamá y nos está diciendo que sí, que tenemos un Mundo completamente Nuevo.

—Me da gusto saber esto—dijo Lupe—, porque ayer cuando llevaste a Carlota a casa de mis padres di un largo paseo por la playa por mí misma, Salvador, y pude pensar—. Respiró profundamente—. Carlota les va a decir a mis padres, Salvador.

Él asintió—Sí—dijo—, me dijo que lo iba a hacer.

—Sí—dijo Lupe—, y he estado pensando cómo lo van a tomar mis padres. Tenemos que prepararnos—añadió.

Al darle vuelta a Lupe para verla en los ojos, a Salvador le brillaban los ojos. Su joven esposa no iba a dejar de sorprenderlo nunca. Aquí estaba agarrando al toro de la vida por los cuernos en medio de la tormenta. No se quejaba ni se ponía histérica. No, estaba pensando calmadamente con la misma compostura que había usado cuando había venido el alguacil a tocar a su casa en Escondido.

—Lupe—dijo Salvador—, mi mamá me dijo ayer que me viniera a casa para estar contigo. Que no necesitaba que yo fuera a la iglesia con ella esta mañana, a pesar que Luisa se estaba volviendo loca de miedo, porque la verdadera prueba de su reunificación de Dios y el Diablo no estaría dentro de esa iglesia, sino aquí con nosotros, tú y yo, dos personas casadas en lo más reñido de vivir la vida, y tú lo has hecho, mi amor. Me estás hablando de esta situación que tenemos con tus padres con tal audacia. ¡Eres la mejor, Lupe! ¡Eres la mujer de mis sueños! ¡Te adoro, mi amor! ¡El Diablo no tiene ninguna influencia en ti!

Fue a besarla, pero ella no se lo permitió.—No—dijo—, nada de eso ahorita. Necesito hablarte. Estuve pensando mucho ayer en la playa.

Se sonrió.—Habla, Lupe. Te escucho.

—Bueno—dijo ella.

Y regresaron dentro de la casa para hablar mientras el Águila Roja los cuidaba lanzando todavía un grito más.

Y SÍ, LA noche anterior Carlota les había contado a su padre y a su madre que Salvador era un *butleguer* y que había sido un cobarde que a propósito había puesto en peligro a ella y a Lupe. Doña Guadalupe y don Victor escucharon atentamente mientras Carlota les contó acerca de Escondido y de cómo apenas habían podido escapar con sus vidas.

—Si no hubiera sido por mi valentía—Carlota les decía a sus padres con lágrimas en los ojos—, ¡nos habían atrapado y mandado a la cárcel!

Después de oír todo el cuento, doña Guadalupe y don Victor estaban muy molestos. Pero don Victor no dijo nada, simplemente se excusó y salió. Se sentó en su sillón mecedor en el porche y trató de encender un cigarrito, pero no pudo. Sus manos le temblaban mucho. Las manos le habían estado temblando desde que regresó del hospital.

Finalmente después de muchas tentativas, don Victor pudo encender su cigarro. Meciéndose y fumando finalmente se pudo calmar. Había algo sospechoso con este cuento. Pero aún así, ¿le había pedido él a su esposa alguna vez que bajara a la mina cuando él estaba en las profundidades del infierno para hacer su trabajo de carpintero? ¿Metía a su esposa un ranchero cuando estaba correteando ganado salvaje por el chaparral? ¡No había excusa para lo que había hecho Salvador! ¡El trabajo del hombre era el trabajo del hombre!

Don Victor todavía fumaba y se columpiaba cuando llegó su hijo Victoriano. Durante el último mes Victoriano había estado trabajando para el señor Whitehead de nuevo. Don Victor miró la *troca* que manejaba su hijo. Si Salvador no le hubiera prestado a Victoriano esos doscientos dólares, ni siquiera estaría trabajando ahorita. Los tiempos andaban mal y se pondrían peor. Estaban a finales de enero de 1930 y las fiestas Navideñas habían llegado y pasado sin que nadie lo notara. Pero aún así, había algo que don Victor no se podía sacar de la cabeza: sencillamente no era costumbre de Salvador involucrar a sus dos hijas en el trabajo de un hombre.

Esa noche don Victor y doña Guadalupe tuvieron una gran discusión.

Don Victor había determinado confrontar a su yerno y decirle directamente que cómo se atrevía a poner en peligro a Lupe, su hija más chica. Pero doña Guadalupe pensaba diferente sobre el asunto y le dijo a su marido que se tenía que callar la boca.

—No podemos interferir—dijo con labios temblorosos—, no debemos decir ni una palabra a menos que Lupe nos pregunte. La avergonzaríamos y le causaríamos una gran vergüenza. Debemos actuar—, continuó la sabia anciana, aplanándose el delantal en el regazo—, como si ni siquiera supiéramos. Además recuerda, nuestra hija Carlota siempre ha exagerado, ¿así que quién sabe cuál será en realidad la verdad? Debemos mantener la calma, viejo, y tratar de ayudar. Después de todo, los tiempos son malos y Salvador trae el dinero a casa.

Don Victor miró a su mujer.—¿Dices esto porque yo jugaba?—dijo bruscamente—. ¡Al menos yo no puse en peligro tu vida pidiéndote que bajaras a la mina conmigo! ¡FUE UN IRRESPONSABLE—! Gritó el anciano con la cara roja de furia—. No sé si me podré quedar callado—¡ESTOY TAN ENOJADO!

—Yo también—dijo la anciana—. Pero, bueno, que podemos hacer, está embarazada y cada pareja joven tiene que hallar su propio camino. Recemos—, dijo—. Vamos viejo, vamos a rezar para que con el favor de Dios esto pase.

—¡No tengo ganas de rezar!—gritó don Victor—. ¡Tú reza! ¡Voy a caminar!

Salió de la casa molesto. Doña Guadalupe se quedó dentro. Encendió
una vela, se echó el chal sobre la cabeza y empezó a pedirle consejos a
Dios. Sabía muy bien que frecuentemente el mundo no era lo que uno
pensaba, así que con la ayuda de Dios los humanos podíamos comprender
que el bien sólo viene del mal si nos mantenemos con el corazón abierto.

Y ESE AÑO la primavera llegó con un torrente de lluvia, truenos y relámpagos. Lupe ya iba en su séptimo mes y todavía se veía muy delgada
pero el doctor de Santa Ana dijo que estaba en buena salud. Por otra parte a doña Guadalupe no le gustaba ver a su hija más joven tan delgada, así
que un día astutamente le preguntó a Salvador si Lupe podía venir a quedarse con ellos unos meses para que la pudiera atender personalmente.

Acababan de regresar de ver al doctor y Salvador miró a Lupe. Podía
ver en sus ojos que ella lo quería y que estaba comprometida con él, pero
aún así quería estar con su mamá. Y además ya era hora de que empezara
a hacer whiskey de nuevo, así que estaría fuera gran parte del tiempo.

—Claro que sí, doña Guadalupe—le dijo Salvador a su amada suegra—,
ninguna hija debe estar lejos de su mamá cuando está a punto de dar a luz
a su primer bebé.

—Gracias—dijo la anciana mirando a su marido.

—¡Gracias, ja!—dijo entre dientes don Victor cuando salía del cuarto.

Al ver salir al viejo con tanto apuro Salvador supo que la familia de Lupe sabía lo de su *butleguin*. Era seguro que Carlota les había dicho. Pero
los padres de Lupe no habían hablado de eso y él, por supuesto, tampoco
lo iba a hacer.

Salvador y Lupe regresaron a Carlsbad ese día y Lupe empacó sus cosas, incluyendo al canario, y a la siguiente mañana Salvador la llevó de regreso a Santa Ana con sus padres.

—Salvador—dijo Lupe—, no tenemos que hacer esto. Soy tu esposa, recuerdas.

—Ya lo sé—dijo Salvador encantado de oír esto—, pero creo que es lo
mejor por ahora. También tengo mucho trabajo que hacer y no quiero que
estés sola en Carlsbad sin tu familia. Helen tiene razón, una mujer embarazada necesita a su familia.

—*Okay*, Salvador—dijo Lupe—, gracias.

—Gracias, Lupe—dijo respirando profundamente.

Se besaron y el canario empezó a cantar. Después que le ayudó a entrar
a Lupe se fue inmediatamente a ver a Archie. El policía grandote se había
separado de su familia hacía mucho tiempo y vivía solo en una casa al otro

lado del pueblo en Tustin. Él y Carlota salían juntos ahora abiertamente.

Salvador halló la puerta abierta de par en par al llegar. Podía oír a Archie cantar solo en algún sitio de la parte de atrás de la casa.

—¡Archie!—gritó Salvador.

—¡Pasa!—gritó Archie—. ¡Puedo ser un pinche cabrón, pero vivo con la puerta del frente abierta de par en par!

Salvador entró.—¿Abierta para quién?—preguntó.

—¡Para todo el pinche mundo!—dijo Archie—. Mucha gente piensa que soy un hijo de la *chingada* porque me salí de mi casa, ¡pero carajo, todavía les pago la renta a mi esposa y a mis hijos y los veo todo el tiempo!

—Y ahora dime—dijo—, ¿qué te puedo sacar esta preciosa mañana—? Archie estaba de buen humor. Estaba en el baño mirándose al espejo mientras se enjabonaba la cara con una barra de jabón de rasurar. Tenía la pistola y la funda en la parte de atrás del excusado para alcanzarla fácilmente, y también una botella de whiskey a medio tomar.

—Bueno—dijo Salvador—, ya es hora de que eche a andar la destilería de nuevo y, bueno, me preguntaba cuál sería el mejor lugar para hacerlo.

—Bueno, Escondido queda descartada—dijo Archie suavizando la navaja—. Hombre, de veras la regaste, Sal. Te dije que tuvieras cuidado o que ese alguacil *Jorgito* iba a sospechar. Después de unos días regresó, halló el lugar hecho un asco, y se encabronó porque se dio cuenta que le había rentado la casa a un *butleguer* y que no le habían dado su "mordida". Archie se rió lavando el jabón de rasurar de la navaja.

—Sal—le dijo mientras continuaba rasurándose—, vas a tener que instalarte en Tustin donde te pueda echar un ojo. Las cosas andan muy mal por todo el país—. Lavó la navaja de nuevo y la pasó por el cuero unas cuantas veces más antes de seguir. Para Salvador era muy interesante ver a un hombre rasurarse con una navaja de peluquero. El agua caliente, la barra de jabón, la navaja afilada, el olor. Era el único recuerdo favorable que tenía Salvador de su padre.

—Personalmente yo creo que todo se debe a estas pinches películas de *gangsters* que no saben un carajo de la vida real y por eso nos dan la imagen que los *butleguers* y la ley tienen que estarse balaceando como unos locos idiotas en vez de llevarse bien y trabajar mano a mano para resolver los problemas. Tú sabes lo que quiero decir—, agregó Archie y movió la cara de un lado a otro rasurando los restos de la espuma y constantemente lavando la navaja—, es la pinche mentalidad de los *cowboys* y los indios de nuevo, eso de esa estúpida ignorancia de 'no vivir y no dejar vivir'.

Salvador sólo asintió sin decir una palabra y se limitó a ver a Archie terminar de rasurarse, lavarse la cara, mirarse al espejo y después hacer esa gran mueca de sonrisa que parecía estar oliendo a caca.

—¡*Chingado*, Archie!—Archie se dijo a su imagen en el espejo—, ¡porque no naciste rico en vez de ser tan guapo! Y se aventó un beso a sí mismo con los grandes labios fruncidos haciendo un ruido como que le salía rodando de sus tripas como caballo garañón. ¡Aaaaah, que macho!

Salvador tuvo que reírse. Para él, Archie tenía que ser uno de los hombres más feos que hubiera conocido, pero esto es lo que se decía Archie todas las mañanas enfrente del espejo.

Archie alcanzó la botella de whiskey de la parte de atrás del excusado, le dio un buen trago, se puso un poco en la mano izquierda y se la frotó en la cara.—Es la mejor loción para después de rasurarse que hay en este pueblo—dijo todavía admirándose en el espejo—. Ah qué bueno es sentirse tan bien como me veo—¡carajo qué suerte tengo! ¿Entonces qué Salvador, trato hecho?

Salvador asintió.—Está bueno, creo que sí. ¿Pero cuánto me va a costar, Archie?

Archie se dio la vuelta y miró a Salvador por primera vez.—No mucho, Sal—, dijo riéndose de oreja a oreja—, ¡sólo un ojo de la cara! Y por el amor de Dios, renta una granja esta vez—, añadió poniéndose la camisa, bajándose los pantalones para ponerse la parte baja de la camisa dentro, y apretándose el cinturón se puso la funda al hombro—. ¡Y réntala del mismo granjero esta vez, carajo!—. Se puso su *Stetson* y se vio por última vez al espejo—. ¡*Chingado*, y pensar que antes que se ponga el sol hoy, una afortunada mujer se comerá a este garañón de hombre con todo y pistola! Se apuntó con el índice como si fuera pistola—. ¡Pum! ¡Pum! ¡Pum! ¡Carajo, como me quiero! *Okay*, ahora sí, invítame a desayunar, Sal—, añadió—. ¡Carajo, con el hambre que tengo me como una res!

Le tomó a Salvador una semana para instalar su nueva destilería en una granja de buen tamaño un poco al sureste del centro de Tustin. Y después de esto le dijo a Lupe donde estaba en caso que lo necesitara. Pero desde luego, Lupe y él no le dijeron a su familia dónde estaba localizada su nueva planta.

Salvador se puso a trabajar como loco una vez más, trabajando todo el tiempo, día y noche. También hizo un trato con Kenny White para que el anciano le hiciera algunas entregas a domicilio. Kenny ya no tenía mucho trabajo en su taller, así que le dio gusto trabajar para Salvador. Por todas partes la gente se quedaba sin trabajo. No tenían dinero para arreglar sus carros, pero tenían dinero para beber whiskey.

APENAS LLEVABA LUPE unos días cuando se dio cuenta cuánto estaba cambiando el mundo a su alrededor. En Santa Ana familias enteras estaban empacando sus cosas y regresando a México. Todos los bancos habían cerrado. No había dinero por ningún lado. Ahora casi ningún ranchero tenía dinero para pagarle a la gente que le recogiera la cosecha y se la empacara. Los envíos por ferrocarril de California a la Costa Este habían casi desaparecido.

Los salarios eran inexistentes. La gente se peleaba por los pocos trabajos que quedaban. Los negros y los blancos estaban ahora compitiendo por los trabajos que antes siempre habían hecho los mexicanos.

Había peleas y se trajeron carretadas de gringos grandes y fuertes—llamados *okies*—con macanas y golpeaban a los trabajadores para que dejaran sus trabajos y entonces su propia gente pudiera conseguir el trabajo.

Un día golpearon a Julián, el esposo de Sofía, tanto que apenas si pudo caminar a casa. Había pedido su salario y el ranchero hizo que dos hombres grandes lo golpearan en vez de pagarle.

Al día siguiente Lupe y su familia salieron a las colinas cercanas para atrapar conejos y buscar nopales y otras cosas comestibles. Julián trató de pararse para ir a ayudar, pero no podía moverse—lo habían golpeado tanto. Mientras buscaban comida en las colinas ese día, la hermana de Lupe, Sofía, había llorado como no lo había hecho desde que abandonaron su pobre país destrozado por la guerra. Cómo pudo Dios permitir que le pasara esto a su querido Julián, un hombrecito de buen corazón que nunca había levantado un dedo para hacerle daño a nadie.

Cuando Salvador vino a visitarla el siguiente fin de semana, Lupe le preguntó si tenía dinero para ir a comprar provisiones para su familia. Toda su gente tenía hambre. También habían golpeado a Victoriano. Salvador le dijo que claro que sí, tenía dinero. Lupe le dio las gracias a su buena suerte.

Ese domingo cuando Lupe fue a la iglesia con su familia y Salvador, se quedó atónita de no ver a la mitad de las familias mexicanas que generalmente veían en la iglesia. Parecía que había habido una muerte dentro de la misma casa de Dios.

Las comunidades mexicanas de todo el sur de California regresaban a México. ¿Regresaban a qué? México era todavía una tierra de harapos y miseria que trataba de sanarse de su terrible Revolución. La palabra 'repatriando' se empezaba a usar en casi todas las conversaciones. Lo cuál queriá decir que la gente regresaba a su tierra natal.

Esa semana el ranchero que había hecho golpear a Julián vino con el sombrero en la mano y con regalos y le pagó a Julián el salario que le debía y se disculpó una y otra vez por el terrible mal entendido y dijo que esta situación no pasaría nunca jamás y que Julián tenía trabajo, si lo quería, y Victoriano también, desde luego.

—Fue como un milagro—le dijo Lupe a Salvador el siguiente fin de semana cuando la vino a ver y a llevarla a comprar provisiones para su familia. Ese ranchero se disculpaba y se disculpaba. ¿No es maravilloso,

Salvador, como puede cambiar la vida tan rápido y cómo puede venir tanto bien de una situación mala?

Salvador asintió.—Sí, estoy de acuerdo. La vida está llena de sorpresas.

Y él, el hombre que no hacía mucho se había hecho amigo del Diablo y de Dios, no dijo nada más mientras escuchaba a su esposa contar acerca de este milagro que acababa de pasar. Porque él también creía en milagros aquí en la tierra, pero también sabía muy bien que de vez en cuando necesitaban un poquito de ayuda. Y ese ranchero que había venido con el sombrero en la mano, nunca más soñaría en mandar golpear a uno de sus trabajadores. Era un hombre cambiado. También había visto al Diablo y el nombre del Diablo era Juan Salvador Villaseñor.

Esta semana Salvador y Lupe también descubrieron que aun el dinero no resolvía todos los problemas. La tienda a la que iban normalmente casi no tenía mercancía.

—No te preocupes—dijo Salvador—, ¡conozco una tienda grande al otro lado del pueblo y el dueño tiene mucho de todo!

Pero cuando entraron a la tienda en la sección gringa del pueblo, hallaron los estantes casi vacíos. Y allí estaba este viejo gringo con cara de tristeza en la caja.

—¡Dios mío!—dijo Salvador.

—¿Qué pasa?—preguntó Lupe.

—Ese hombre, él es el dueño—le susurró Salvador a Lupe—. Me ayudó hace años cuando empezaba con el negocio del licor y no sabía cómo conseguir las cantidades de azúcar que necesitaba. ¡Carajo, estaba tan lleno de vida! ¡Estaba orgulloso y feliz con esta tienda, siempre estaba llena de montones de comida!

A Salvador le dieron ganas de darse la vuelta y salirse, pero no lo hizo. Respiró profundo y caminó hacia el hombre.—Hola, amigo—dijo con una amplia sonrisa tratando de subirle los ánimos al hombre.

Pero el hombre no reconoció a Salvador y sólo respondió con un débil, 'hola'.

—¿No se acuerda de mí?—preguntó Salvador—. ¡Usted me ayudó!

—Bueno, está bien, me da gusto, ¿y en qué lo puedo ayudar?

—Con comida—dijo Salvador—. Mi esposa y yo queremos muchas provisiones.

—¿Tienes dinero?—preguntó el hombre cautelosamente—. No puedo seguir ayudando a la gente, sabes.

—¡Claro que tenemos dinero!—dijo Salvador—. ¡Billetes! ¡Muchos billetes!

—¿De veras? ¿Dinero en efectivo?—dijo el viejo gringo con apariencia desgastada que probablemente andaría en sus cuarenta—. Bueno, por favor, pásenle.

Mientras el hombre les mostraba lo que le quedaba, Salvador lo miró que trataba de recuperar la fuerza y la confianza que había tenido antes, pero no podía.

Salvador compró cajas y cajas de provisiones—cosas que ni siquiera necesitaban—y le dijo al hombre que regresaría—. Así que ordene más mercancía, amigo, ¡porque voy a venir una vez por semana de hoy en adelante!

—¿De veras?—dijo el hombre—. ¿Y va a traer efectivo?

—¡Te traeré dinero en efectivo todas las semanas, amigo!—dijo Salvador.

—¡Ah, qué bueno!—dijo el hombre y le dio las gracias a Salvador una y otra vez por haber venido. Pero la siguiente semana cuando Salvador y Lupe regresaron, la tienda estaba toda entablada.

—Dios del Cielo—le dijo Salvador a Lupe.

—¿Qué pasa?—preguntó Lupe.

—Se mató—dijo Salvador sintiendo un calosfrío que le subía y bajaba la espina dorsal.

—¿Pero cómo lo sabes?—preguntó Lupe.

—Lo puedo sentir aquí, dentro de mí—dijo aspirando y exhalando profundamente—. Los gringos hacen esto, sabes. Tu hermano Victoriano me lo explicó, Lupe; tienen miedo de acabar sin nada.

—Ah, no—dijo Lupe—, no es que le tengan miedo a nada. ¡Es que quieren al dinero más que a su familia—! Agregó enojada.

—¿Pero por qué te enojas?—dijo Salvador—. El hombre debe haber estado sufriendo muchísimo para matarse.

—¡No me importa cuánto estaba sufriendo! —dijo Lupe bruscamente . ¡Estoy embarazada y haré todo lo que pueda para mantenerme viva y mi hijo pueda NACER! ¡No tenía ningún derecho de ser egoísta! ¡Cobarde, ojalá y se vaya al INFIERNO!

—Lupe, Lupe, por favor, cálmate—dijo Salvador riéndose. Nunca la había oído hablar así—. Era un buen . . .

¡No, NO ME VOY A CALMAR! Salvador—gritó—. ¡Yo viviré! ¡Y tú vivirás también! Y eso es todo, ¿me oyes? ¡NO HAY EXCUSAS!

Al ver su determinación y enojo Salvador trató de dejar de reírse. Todos los días su joven esposa no dejaba de sorprenderlo. *Okay, okay*, viviré—dijo—. ¡Te prometo que viviré!

Salvador todavía podía ver con el ojo de su mente cómo había destazado a ese puerco allí en la cama con ese agricultor y entonces le había acercado la antorcha ardiente a la cara del hombre mientras le explicaba qué es qué en la vida. Le había aventado la antorcha a la cama del hombre, y el aterrorizado hombre había tenido que apagar el fuego para evitar que toda la casa se incendiara.

—Salvador—le dijo, tomándolo de la mano—, puede que yo no sepa mucho de muchas cosas, pero sé que la vida es sagrada y que no tenemos derecho a tomarla, especialmente la nuestra.

Se le infló el pecho a Salvador.—Estoy completamente de acuerdo contigo—dijo—. Nadie se debe quitar nunca la vida, especialmente cuando el otro todavía está respirando.

Al decir esto miró a los ojos de Lupe y pudo ver que ella y él habían crecido mucho desde que se habían casado. Caray, se estaba convirtiendo en su heroína, igual que su mamá.

—Lupe—le dijo—, entre más te conozco, más te amo.

—Más te vale—le dijo—, llevo tu hijo dentro.

La fuerza de ella se estaba convirtiendo en el alimento de su alma.—Por Dios—dijo riéndose de nuevo—, mírate, Lupe, cuánto hemos crecido en los últimos meses. ¡Eres una mujer de HIERRO!

—Salvador, este tendero no supo cómo ser pobre en dinero y rico en Corazón.—dijo—. Y eso es lo que le está pasando a todo el país. Esta gente quiere al dinero demasiado y eso no está bien. Te digo. Todas las familias pasan por tiempos difíciles. Eso es sólo parte de la vida.

Salvador asintió.—Tienes toda la razón, mi familia y yo hemos visto tiempos muy difíciles y, bueno, siempre hallamos alguna salida.

—Claro que encontraron una salida, Salvador, encontraron el camino de Dios—dijo Lupe, santiguándose—. Mira lo que le pasó al esposo de Sofía; lo golpearon para no tener que pagarle y lo dejaron tan lastimado que apenas si pudo llegar a casa; y aún así, ese día se halló un conejo muerto que un carro había atropellado y unas cebollas que se habían caído de una *troca*. ¡Mi hermana hizo un banquete—! dijo con una orgullosa sonrisa. Entonces después de una semana vino el agricultor y le pidió disculpas. La vida está llena de milagros, Salvador. ¡Nadie tiene el derecho de matarse!

—Estoy completamente de acuerdo—dijo Salvador enfocándose con el ojo de la mente en el miedo de ese hombre cuando le había arrojado el destripado puerco que chillaba y la antorcha encendida al lado de su cama—. Los mexicanos somos muy buenos y correoso, ¿verdad?

—Con el favor de Dios—dijo bajando la cabeza.

Sí, con el favor de Dios, pensó Salvador, pero también con un poco de ayuda del buen Diablo viejo.

—Eres un buen hombre, Salvador—dijo tomando suavemente su enorme y gruesa mano en las de ella y mirándolo a los ojos.

—Gracias, mi amor—dijo.

Y se sentía tan contento y en paz, pero que lo perdonara Dios . . . ah, cómo había disfrutado el gran terror que le había causado y que vio en los ojos de aquel agricultor esa noche.

El Cielo era de ellos, pero las Puertas del Infierno también estaban abiertas de par en par.

HALLARON OTRA TIENDA, compraron unas cuantas cosas y se fueron a la granja donde Salvador había puesto su destilería. Al ver la instalación, Lupe se dio cuenta que su marido trabajaba a toda hora del día y de la noche. Tenía un petate y un par de cobijas en el piso al lado de la estufa.

—¿Allí es donde duermes?—preguntó.

—Sí—dijo—, así puedo cuidar la estufa noche y día para que no explote.

—¿Pero no estarías más seguro en otro cuarto?

—En realidad, no—dijo—. Si explota, Lupe, explota como una bomba y se lleva toda la casa.

—Dios mío—dijo—. Nunca me había dado cuenta de eso. Vámonos afuera entonces—, dijo Lupe.

—Okay—dijo Salvador.

Así que sacaron afuera el petate y las cobijas y las pusieron bajo el pirul del frente. Era un precioso y caluroso día de primavera. Se recostaron y comieron disfrutando el momento. Entonces Salvador notó una planta grande con enormes flores color morado violeta al otro lado del patio al lado del taller de herramientas.

—¿Sabes cómo se llaman esas flores grandes, mi amor?—preguntó apuntando al otro lado del patio.

—Hortensias—dijo Lupe—. Son las preferidas de mi mamá.

—Caramba—dijo—. Mira cómo se ven con la luz del sol. Nunca había visto una flor como ésta. Son tan grandes y bellas. Sabes—dijo—, si tenemos una niña, me gustaría quizá ponerle Hortensia, como estas flores.

—Hortensia, sí es un nombre precioso—dijo Lupe—. Y sabes, si miras una de esas flores con detenimiento, verás que no es sólo una flor, sino cientos de florcitas.

—No, ¿de veras?—dijo Salvador y se levantó, se sacudió el asiento de los pantalones, y caminó y cortó una de las enormes y redondas hortensias y volvió con ella. Traía su .38 en el bolsillo delantero de sus pantalones sueltos. Había dos campos entre ellos y sus vecinos más cercanos. El agricultor que le había rentado este lugar a Salvador había estado muy contento de recibir el dinero en efectivo. Salvador pensó que no tenía de qué preocuparse, pero aún así, un hombre dedicado a lo que él hacía, no podía confiarse mucho.

—Tienes toda la razón, esta flor está hecha de cientos de pequeñas florcitas—dijo Salvador acostándose de nuevo al lado de Lupe. Estaban rodeados de una brillante luz y un calor delicioso—. Sabes—, dijo—, si tenemos niño, me gustaría ponerle José, como mi hermano, el gran José.

—Pero a mí me gusta tu nombre, Salvador—dijo Lupe—. ¿Por qué no lo llamamos Salvador o, bueno, José Salvador?

—Sí, me gusta ése—dijo—. José Salvador. Me lleva, es cómo milagro, ¿verdad? Cómo la vida continúa y continúa sin terminar nunca, ¿verdad?

—Sí—dijo ella sonriendo con alegría—. Vuelta y vuelta, generación tras generación, sin terminar nunca, para siempre. Y estaba pensando el otro día que vengo de una larga línea de mujeres que se han estado casando y teniendo niños desde el principio de la humanidad. No estamos solos Salvador, lo puedo sentir, aquí dentro de mí—, dijo palmoteándose su barriguita—. Todo nuestros antecesores nos están guiando.

—Sí, yo también siento eso—dijo—, pero de verdad no quiero pensar en mi padre—. Respiró profundamente—. Me gustaría brincármelo y pensar en mi abuelo. ¡Ese sí que era un hombre! Oye, si es un niño me gustaría llamarlo Pío por mi abuelo, en vez de Salvador.

—No—dijo Lupe—, quiero que le pongamos tu nombre, Salvador.

—¿De veras, quieres que usemos mi nombre, Lupe?

—Sí, el tuyo y el de tu hermano José. Eres un buen hombre, Salvador.

Al oír esto por segunda vez, que era un buen hombre, Salvador respiró tan profundamente que tuvo que mirar hacia arriba al Padre Cielo. Era todo lo que siempre había querido oír de los labios de la mujer que amaba, un carro pasó por allí.

—*Okay*—dijo Salvador que ya había visto ese carro antes—, entonces si es niño lo llamaremos José Salvador, pero si es niña, la llamaremos Lupe Hortensia, como tú mi amor, y esta preciosa flor, que no sólo es una flor sino un tesoro de cientos de florcitas—¡así como también será nuestro hijo un tesoro de cien maneras diferentes!

Lupe se le acercó a Salvador y lo besó. Una bandada de cuervos pasó volando de los campos de verduras. Se pararon en las ramas de arriba del pirul e inmediatamente empezaron un ruido escandaloso.

—Lupe—dijo Salvador al oír los pájaros—, después de tantos años de sufrimiento parece que el mundo está finalmente en paz con nosotros, ¡así que vamos a hacer la fiesta de bautizo más grande que este país haya visto—! agregó con la cara llena de gusto. ¡Sí, vamos a hacerlo Lupe, como lo hacía la gente allá en Los Altos de Jalisco antes de la Revolución! Recuerdo a mi abuelo, don Pío, que mataba una res, un par de puercos y la gente celebraba por días el bautizo de un año.

—¿Podemos costear una fiesta así?

—¡Hay que hacerla como a dé lugar!—gritó Salvador sonriendo de oreja a oreja—. Aun durante la Revolución hacíamos fiestas. Nunca se me olvidará, el pueblo había sido incendiado y las mujeres y niños habían sido matados como bestias, pero aun así, esa noche, después de enterrar a nuestros seres queridos, hicimos una fiesta. ¡Y mis padres hasta bailaron! ¡Necesitamos bailar siempre, Lupe! ¡Necesitamos tener fiesta siempre! ¡Necesitamos reírnos siempre y amar y vivir sin importar qué tan torcidas y horribles nos parezcan las cosas! ¡Así que vamos a celebrar el bautizo de nuestro primer hijo para marcar la primera de muchas celebraciones para nuestra gente aquí en éste nuestro nuevo país!

Lágrimas de felicidad le corrían por la cara a Lupe.—¡Vamos a hacer la fiesta—! dijo.

Los cuervos se convirtieron instantáneamente en Ángeles para los que tenían ojos para verlo. ¡Dios estaba Feliz! Finalmente sus hijos empezaban a Despertarse.

¡Los tambores sonaban!

¡Los tambores sonaban, SONABAN, SONARON! ¡Cantando la única Canción de AMOR de Papito Dios!

ARCHIE LLEGÓ RUGIENDO con su carrote negro Hudson a la destilería de Salvador en Tustin—a unas cincuenta millas al oeste de Corona—tocando el claxon desaforadamente.—¡Vamos—le gritó a Salvador—, ya llegó el circo!

No importaba qué tan pobre estuviera la gente, siempre tenían dinero para el circo. Pero Salvador no quería ir. Estaba muerto de cansancio. Llevaba casi dos semanas trabajando noche y día. Necesitaba dormir. También durante todo el día había sentido cosas extrañas sobre su madre.

—No, Archie, estoy muy cansado—dijo Salvador.

—¡Mentira! ¡Vístete! ¡Te ves de la *chingada*! ¡Vamos por Lupe y por Carlota y las llevamos también y nos divertiremos en grande!

—Ah, *okay* dijo Salvador—, pero tengo que bañarme y rasurarme.

—¡Menos mal!—dijo Archie—, ¡apestas a caca!

Después de bañarse Salvador se sintió mucho mejor. No había salido de la casa en trece días. Casi había acabado con el trabajo de la destilería. Mañana iría a ver a su mamá. Desde la mañana del día anterior había tenido estas pequeñas visiones acerca de su mamá y un enorme incendio atronador. Al salir de la casa Salvador halló a Archie echando un barril de whiskey en su cajuela.

—Me ibas a decir, Archie—dijo Salvador cuidadosamente—, ¿o era sólo otro ojo de la cara que iba a perder?

—¡Claro que te iba a decir, Sal!—dijo Archie cerrando la tapa de su cajuela—. ¿Crees que tu *sheriff* es un pinche ladrón? ¡Soy la ley, carajo! Mi honradez tiene la longitud del día, que podría decir—, dijo con ojos risueños—, ¡se me alarga mucho en los meses de verano!

Al decir esto se destornilló a carcajadas. Realmente era un buen amigo del Diablo.

Antes de subirse al Hudson con Archie, Salvador fue a la mata de hortensias al lado del jacal de herramientas. Y puso el revólver bajo la mata. Tenía cierta premonición. Entonces se subió al carro con Archie y salieron a recoger a Lupe y a Carlota. Sofía y su esposo Julián y sus niños estaban de visita así que Archie—siempre tan generoso—dijo—, ¡todos están invitados, los niños también! ¡Salvador paga!

En ese momento María, Carlota y las otras hermanas de Lupe llegaron con sus niños y Archie los invitó también. Y nadie supo nunca cómo cupieron veinte personas en el Hudson de Archie y la *troca* de Victoriano.

El circo estaba en el cauce del río en las afueras de San Juan Capistrano. En todas sus vidas Salvador y Lupe nunca volvieron a hacer un viaje en el que fueran tan apretados. Pero nadie se quejaba. Ni siquiera los niños que tuvieron que viajar en la cajuela del Hudson con la tapa bien abierta.

En el circo todos se divertían ampliamente oyendo la música, y viendo los leones y los payasos, y oliendo toda clase de comida y dulces, y los olores extraños de los animales.

La atracción principal fue anunciada por un enorme gigante gordo que traía el sombrero de copa más alto que jamás haya sido visto y los bigotes más largos y gruesos que se hubieran imaginado. Tenía un altavoz y gritaba que la atracción principal costaba sólo cincuenta centavos extra por persona, pero que era demasiado espantosa para las mujeres de corazón y los niños menores de dieciocho años.

—¡Por primera vez en la historia Moderna!—bramaba el enorme hombre—, ¡se ha capturado un hombre salvaje en los picos más altos de las montañas de la Sierra Madre! ¡Una bestia salvaje tan indomada e incivilizada que rehúsa usar ropa y escupe y ruge y aterroriza a cualquiera que se atreva a verlo!

—Y también, para que los hombres no se asombren ni se avergüencen, les digo que si alguna gente lo ve a los pies tal vez lo llamen pie grande, pero si lo ven más cuidadosamente, ¡verán que no son sus pies lo que llaman grandes! ¡Esta bestia humana avergüenza aun a la mayoría de los garañones!

—¡Carajo!—dijo Archie riéndose—. ¡Parece que están hablando de alguno de mis parientes de Pala! ¡Vente chiquita, vamos a ver—! le dijo Archie a Carlota—. ¡Vamos a ver!.

—Yo no voy—dijo Carlota—, ¡aunque me maten!

—¿Por qué no?—dijo Archie—. ¡Tú no eres una mujer cobarde!

—¡Cállate, Archie!—le dijo Carlota.

Archie sólo se rió.—Al carajo, vamos Sal ¡Y ustedes también—! dijo volteándose a Victoriano y a Julia, el esposo de Sofía—. ¡Vamos los cuatro para ver cómo la tiene esta bestia en comparación a nosotros los machos!

Victoriano no quiso ir. No quería gastar más dinero. Pensaba que era una tontería haber venido al circo. Claro, el agricultor se había disculpado y les había regresado sus empleos, pero carajo, ahora el agricultor no tenía dónde mandar sus verduras. La gente simplemente no estaba comprando. Campos enteros de verduras se quedaban allí para que se pudrieran. Ni siquiera tenía dinero para la gasolina de regreso a su casa.

Así que Archie pagó el dólar y cincuenta centavos extra por los tres boletos y se pusieron en la cola junto con otros hombres que esperaban para ver a este horror de horrores. Y los niños querían ver también. Ninguno de ellos había visto un hombre salvaje que rugiera y escupiera—y quién podía decir, dijo un niño pequeño, ¡la bestia hasta los podía mear!

—Si lo hace, yo también lo meo con mi cosota—dijo Archie riéndose—. ¡Me meto en la jaula con él y veremos quién es más salvaje!

Archie, Salvador y Julián se morían de la risa cuando entraron a la tienda. En cuanto desaparecieron en la tienda Lupe y Carlota y Victoriano y Sofía oyeron el VOZARRÓN BRAMANTE de Archie gritar algo terrible.

Se arremolinó una muchedumbre a la entrada de la tienda. Todos querían pagar rápidamente los cincuenta centavos para entrar. ¡Por Dios, si el hombre salvaje había infundido tal terror en el corazón de su *sheriff*, entonces valía la pena verlo!

Pero lo que pasó fue que Archie se había sacado la botella de pinta del bolsillo trasero, se echó un trago y le estaba pasando la botella a Salvador cuando se dio vuelta y vio al hombre salvaje. Y el hombre salvaje no era otro que su propio sobrino de la Reservación India Pala al pie de la Montaña Palomar.

Archie empezó a protestar inmediatamente diciendo que lo habían robado y que quería que le devolvieran su dinero, pero justo en ese momento, el hombre salvaje vio a su tío Archie y recogió un poco de la caca que le habían puesto en la jaula para hacerlo parecer auténtico, y se la aventó a Archie para callarlo.

Al sentir la caca en la cara, Archie RUGIÓ de tal manera que aterrorizó a todos en la tienda. Entonces Archie se arrojó sobre la jaula tratando de agarrar por el cuello a su sobrino desnudo para ahorcarlo. Pero su sobrino le agarró la mano a Archie y lo mordió bramando como un hombre salvaje.

Archie soltó un grito espeluznante tratando de levantar la jaula entera para descuartizar al hijo de tía Gladys miembro por miembro. El anunciador y dos hombres más fueron necesarios para quitar a Archie de la jaula.

La gente gritaba, vociferaba y los mástiles de la tienda se caían con la presión de la muchedumbre que trataba de entrar para ver qué era lo que estaba pasando. Adentro, Archie le pegó con toda su fuerza al gigantesco anunciador en el estómago. Pero el enorme anunciador ni se movió—en un *show* le dispararon balas de cañón en el estómago.—y le preguntó a Archie si podía hacer lo mismo todos los días y dos veces durante los fines de semana.

—Es mi PINCHE SOBRINO, ladrón—bramó Archie.

—Mejor todavía—dijo el anunciador—. ¡Los podemos poner a los dos en el *show*!¡La bestia salvaje y su tío, el policía!

Salvador se reía histéricamente.

Cuando finalmente Archie y Salvador y Julián pudieron salir de la tienda, había cientos de personas haciendo cola para entrar. El esposo de Sofía decía que no se había reído tanto en años. A Archie no le pareció nada chistoso. Estaba encabronado y todavía se limpiaba la caca de la cara.

Todas las mujeres y los niños querían saber qué había pasado.

—Lo que pasó—dijo Julián—, ¡es que acabo de descubrir que nosotros los indios nunca nos vamos a morir de hambre! Si no podemos ganar dinero trabajando, siempre podemos ganarlo actuando como locos.

Todos los niños querían entrar a ver.

—Sólo vean a Archie—dijo Salvador cayéndose de la risa—, y verán todo. ¡Es su pinche sobrino!

—¿Tenía su cosa como la de un caballo?—gritó un niño.

—Dile a Archie que te enseñe—rugió de risa Salvador—. ¡Es su pariente!

Salvador siguió riéndose. ¡Archie era el mejor *show* del pueblo!

CUANDO SALIERON DEL circo, Archie se paró en la casa amarilla de un amigo en el centro de San Juan Capistrano a un lado de las vías del tren, y compró un chivo macho y lo echó a la cajuela de su Hudson junto con los niños.

Al regresar a la casa de los padres de Lupe en Santa Ana, Archie encendió una fogata en el patio de atrás y dejó que los niños jugaran con el chivito para que el animal se calmara. Entonces enfrente de todos lo acarició suavemente y lo degolló; todo esto mientras le hablaba en una voz calmada mientras lo desangraba. En un dos por tres Archie le había sacado las tripas y había despellejado al animalito poniéndolo al fuego, y olía a Gloria.

Empezaron a llegar vecinos gracias al olor exquisito y Archie les enseñó a los niños como estirar y salar la piel del chivo. ¡Todos los chicos del vecindario querían su propio chaleco de la piel de este chivo con el que se habían divertido y jugado!

Archie puso el barril de whiskey a vista de todos. Ya nadie se tenía que esconder de doña Guadalupe y de don Victor. Archie se había cansado ya de esconderse. Se había enamorado de Carlota la primera vez que la vio hacía dos años allá en Carlsbad cuando había organizado aquel baile en-frente del billar. El solo verla lo hacía resoplar como caballo.

Se ponía el sol. Salvador miraba a la distancia y estaba muy callado. Sa-bía que algo muy grande estaba sucediéndole de nuevo a su mamá. Lo po-día sentir en el estómago.

—Sabes, éste es un país del carajo—dijo Archie acercándose a Salvador mientras sorbía su whiskey—. Ese loco sobrino mío está ganando ahora más dinero que nunca actuando como hombre salvaje. Es un chingón pa-ra boxear también. Hace unos años tiró al mismo Jack Dempsey en una pelea de exhibición.

—¿Dempsey?—dijo Salvador. Todavía estaba absorto mirando a la dis-tancia.

—Jack Dempsey—dijo Archie—. ¡Ya sabes, el campeón! ¡Oye, qué te pasa, Sal!

—No sé—dijo Salvador—. Pero tengo un presentimiento raro, Archie.

—Carajo, lo que necesitas es un trago—dijo Archie—. ¿Qué te pasa? ¿Te dijo la esposa que no te le acerques? Eso es lo que siempre me decía mi exmujer. Pronto me aburrí de oírlo.

—No, esto no tiene nada que ver con Lupe—dijo Salvador—. Es mi ma-má, constantemente— . . . Dejó de hablar. Tuvo una visión de un enorme y estruendoso incendio y de gente bailando alrededor de él.

—¡Salvador!—Archie le gritaba—. ¡Vamos, necesitamos hablar! Final-mente me pude comunicar con el viejo Palmer—, dijo Archie acercándo-se a Salvador. Palmer era una caca grande, un Jefe Vicealguacil en San Diego—. Y dijo que sí, que está dispuesto a patrocinar a Domingo para que lo dejen salir antes de su tiempo en libertad condicional, pero te va a costar.

—¿Cuánto?—preguntó Salvador. Había estado trabajando con Archie desde hacía meses para conseguir que soltaran a Domingo antes de su tiempo, pero le costaba más y más cada vez que hablaba. Empezaba a sos-pechar algo.

—Doscientos—dijo Archie.

—¡Doscientos!—gritó Salvador—. ¡Archie, me está yendo bien, pero no así de bien!

—No grites tanto—dijo Archie—. Tal vez pueda hablar con Palmer para que te lo rebaje a ciento cincuenta.

—¡Carajo!—dijo Salvador—. ¡Más me conviene decirle a Domingo que se quede otro año en prisión y le doy los ciento cincuenta cuando salga!

—Bueno, está bien, si así lo quieres, Sal—dijo Archie—. Pero un año es mucho tiempo.

En ese momento llegó Victoriano con el camión lleno de melones que un agricultor había dejado en sus campos para que se pudrieran. Allí estaba todo el vecindario. El whiskey gratis había sacado a toda la gente de sus casas.

Lupe y sus tres hermanas salieron de la casa con tortillas recién hechas y una enorme olla de frijoles.

El chivo estaba listo y a todos se les hacía agua la boca. La salsa que había hecho Archie para el asado tenía un aroma delicioso. Lupe y su familia no estaban acostumbradas a ver cocinar a un hombre. Pensaban que Archie Freeeman era de verdad un tipo muy raro. ¿Pero qué podían decir, era un grandulón de buen corazón y parecía que él y Carlota se iban a convertir en pareja.

Llegó un par de hombres tocando sus guitarras.

Salvador no le dijo nada más a Archie. Había aprendido hacía mucho que esto no era el final de la situación. Era sólo el principio. Finalmente empezaba a aprender cómo tratar con un hombre codicioso como Archie. Se le tenía que trabajar muy lentamente y entonces accedía.

Carajo, a la mejor este Palmer ni siquiera estaba pidiendo tanto dinero. Después de todo Palmer era un hombre educado y los hombres educados, Salvador empezaba a descubrir—mientras más tratos tenía con ellos—eran por lo general directos y honrados. Carajo, no había nadie más honrado que su abogado, Fred Noon.

—¡Ya está listo!—gritó Archie volteándose a todos—. ¡El chivito bonito maaaaaa está listo!

La gente vino de todas partes. Estaban muertos de hambre. Toda la cara de Archie se iluminó de felicidad mientras veía a la gente llenarse los platos chupándose los dedos. Había visto mucha hambre en su día, y le daba un verdadero placer ver que la gente tenía mucho que comer.

El sol ya se había metido y Salvador seguía viendo un enorme y estruendoso incendio en el ojo de su mente. La cara de su madre aparecía como una visión en las llamas del incendio. Las llamas subían veinte o treinta pies en el Padre Cielo y su madre bailaba alrededor del fuego con un grupo de personas con las caras pintadas. Le daba n escalofríos de lo real que parecía todo. Respiró profundamente y le pidió al Todopoderoso que cuidara a su anciana madre.

*¡Los RELÁMPAGOS resplandecieron por toda la tierra y los
TRUENOS rugieron por los cañones con la SANTA VOZ
DE LA CREACIÓN!*

S ALVADOR NO LO sabía, pero por tres días y tres noches su madre
no había llegado a casa. Había desparecido una tarde con tres indios
jóvenes de la localidad diciendo que se iba sólo por esa tarde. Conduciendo hacia Corona, Salvador pudo oír los gritos de su hermana Luisa tan pronto como salió del carro. Al entrar, encontró otra vez a su madre sentada en silencio a la mesa de la cocina bebiendo hierbabuena y tarareando una canción mientras Luisa continuaba chillando a más no poder.

—¡Te fuiste por casi una semana! ¡Nadie sabía dónde estabas! Me estaba volviendo loca, mamá. No puedo seguir viviendo así. Parece que no sabes o no te importa lo que me haces pasar. Te juro que he envejecido VEINTE AÑOS en esta semana.

—Bien, me parece que pronto tendremos la misma edad, *mijita*—dijo alegremente la vieja.

—Esto no es chistoso—dijo Luisa—. Te habías ido. ¡Creí que te HABÍAN APEDREADO A MUERTE!

Entonces Luisa se dio cuenta que Salvador había entrado en el cuarto. Luisa se volvió furiosamente hacia Salvador

—¡Y dónde estuviste!—rugió—. Mamá se había perdido. Acaba de entrar. ¡Tú también te habías perdido! ¡Pensé que la tierra se había abierto y se los había tragado a los dos!

Luisa cacheteó a Salvador con toda su fuerza, luego se echó a llorar y lo abrazó tan fuerte que parecía que iba a romperle la espalda.

Pasó bastante más de una hora antes que Luisa se calmara lo suficiente y se acostara. Salvador entonces salió por la puerta trasera y llevó a su mamá a su jacal a la parte de atrás. ¡La Madre Luna había salido y estaba hermosa!

—Ah, nomás mira la luna, *mijito*—dijo doña Margarita—. Si Luisa hubiera visto con su Corazón abierto a la Madre Luna, sabría que aquí dentro no tendría que preocuparse por mí. ¿Qué crees tú que la gente hizo durante todos esos miles de años antes del teléfono? Solamente tenían que ponerse las manos sobre su corazón y mirar a la luna; y la Madre Luna les decía todo sobre sus Seres Queridos. Háblale siempre a la luna, Salvador cuando tú y Lupe tengan problemas. La madre Luna es tu guía en lo que se refiere a las cosas del Corazón y del Alma. Luneando es el lenguaje de la familia—, añadió persignándose.

—Estoy cansada—dijo doña Margarita después de haber entrado en el jacal.

—Ayúdame a acostarme, *mijito*. Hemos hecho tanto Trabajo Sagrado, todos estaban allí, ¡todos! ¡Todo el mundo! Sabes que la misma Gloria está ciega.

—¿La Gloria?—preguntó Salvador.

—Ah, no te platiqué *mijito*, que Dios envió a Tres Santos Ángeles para llevarme a visitar al Cielo. Está justo sobre la montaña detrás de San Bernardino en un hermoso lago rodeado de enormes y viejos pinos. Ahí es donde conocí a La Gloria.

—El Mismo Dios del Nuevo Sol de la Creación donde ahora estamos entrando.

—¿Y Ella está ciega?

—Sí, del todo—dijo su madre—. Así que le pregunté cómo había ocurrido eso, y Ella me dijo que había enceguecido de rabia. Le pregunté cuánto tiempo le había durado la rabia que la había cegado y Ella sonrió y dijo que no mucho, un poquito más de cien años. Las dos nos echamos a reír y a reír. *Mijito*, así es como yo siempre recordaré a esta Gran Mujer de Dios. Sus ojos se abrieron hasta quedarse blancos, y toda la Tierra se llenó con su Gran Risa.

—Deberías haber estado conmigo, *mijito*, estaba tan bonito en esa alta región del Cielo. Podíamos verlo todo y las aguas del Lago Sagrado eran tan transparentes que podía ver todas las piedritas del fondo, sin importar la profundidad.

Salvador dejó de escuchar mientras arropaba a su madre en la cama. Ella parecía no tener idea de lo molesto que les era a todos el que ella hubiera desaparecido todos esos días y noches sin haber dicho una palabra a nadie. Vaya, incluso él que no la había estado esperando en Corona; tenía dolores de estómago.

—¿Por qué no me escuchas, *mijito*?—Se detuvo ella y preguntó.

—¿Quieres saber la verdad?

—Claro que sí.

—Porque a veces pienso que estás loca, mamá, por la manera en que no te das cuenta cómo alteras a la gente—dijo.

—¿Altero a la gente, eh?

—Sí, sí que lo haces. Te queremos mamá y tú nomás desapareciste. Esta vez estoy con Luisa. Tiene toda la razón para estar enojada contigo.

—Ya veo. ¿No es la gente que se altera ella misma con sus propios miedos y dudas?

—Mamá, no tuerzas mis palabras. Tú sabes lo que quiero decir.

—¿Yo estoy torciendo tus palabras para cuestionar lo que dices, *mijito*? Ah, no, tú y tu hermana son los que se alteran y parece que piensan que porque me quieren tienen derecho a decir que yo los altero.

—Pero mamá, tú desapareciste. ¿Qué iba a pensar Luisa?

—Bueno, entonces dejen de pensar—dijo ella—. ¿No lo comprendes todavía? Pensando con la cabeza es como perdimos el Edén que teníamos en la Tierra. Es tan solo cuando regresamos al Corazón, Aquí en Nuestro Centro, que recobramos todos los sentidos perdidos y atravesamos la ilusión de la separación para volver al Edén. *Mijito* hemos completado el círculo. Lo que hicimos en la iglesia no es una realidad aíslada. Nuestra Sagrada Unión de la Luz y la Oscuridad está ahora envolviendo a toda la Madre Tierra con el Sol y la Luna, incluso ahorita mismo mientras hablamos.

Salvador no dijo nada. Se quedó mirando a su anciana madre.—Entonces mamá—dijo—, ¿me dices que todos esos días de tu ausencia estuviste de veras en el Cielo visitando a Papito?

—¿No vamos a volver todos al estado de Gloria?

Él dijo que sí con la cabeza.—Sí, creo que sí—dijo.

Entonces—le dijo a Salvador—, como la Belleza, la Armonía y la Paz habían bajado del Cielo una mañana en la forma de los Tres Hermosos Jóvenes Indios para recogerla. Se fueron en camión hasta el pie de la montaña de Big Bear donde se les descompuso el viejo camión y tuvieron que subir a pie a la montaña.

—Yo subí la montaña volando. ¡Me sentía tan llena de energía!—le dijo doña Margarita a Salvador—. Y en la cima de la montaña llegamos al hermoso Lago Sagrado que la gente llama el Ojo de Dios porque sus aguas son tan claras que reflejan el cielo, poniendo el Cielo Aquí en la Tierra.

—Hacía tanto frío que hicimos una gran hoguera la primera noche—añadió.

—Ya lo sé—dijo Salvador—. He visto a esa gente bailando con las caras pintadas y con piedras en las manos alrededor de la hoguera.

—Éramos nosotros—dijo doña Margarita. Esa primera noche calentamos unas grandes piedras, y entramos en una caverna medio enterrada y pusimos hierbas y agua sobre las piedras calientes. Se calentó toda la caverna con el vapor y parecía ser el regreso al vientre materno.

—La Segunda noche hicimos otro gran fuego y le enseñé a la gente cómo bailamos sobre ascuas en nuestro pueblo. La gente venía de los alrededores desde cientos de millas. La Gloria usó su Festival de Primavera para Honrarme por lo que yo había hecho aquí en las tierras bajas con el Diablo y Papito Dios.

—Era muy lindo, mijito; ellos también sabían que no había nada de nuevo en lo que yo había hecho. En efecto, cada uno de nosotros necesita hacer las paces entre Dios y el Diablo para Equilibrar nuestro Ciclo de Armonía. Entonces, nosotros los mortales, podemos ver al Diablo como a un bufón que se había dado de voluntario para caminar en la Belleza por la Oscuridad de lo Desconocido.

—¡La Gloria dirigió nuestro Canto Sagrado y los coyotes vinieron a unirse a nosotros en la canción y las Águilas Doradas chillaron desde los Cielos y los Viejos y Grandes árboles alrededor del lago se adelantaron y se unieron al Canto Sagrado de las Piedras! Todo estaba en sintonía. Todo fue tocado por el Hálito Sagrado de la Creación.

—Ay, podría seguir hablando por días; hablando de los Corazones Sagrados a los que Viajamos en el Más Allá como Huéspedes de Dios, pero ahora estoy cansada, *mijito*, así que hablaremos mañana. Buenas noches. Siento haberlos preocupado tanto, pero si Luisa hubiera tan sólo buscado en su corazón en vez de su cabeza, se habría enterado que yo estaba bien. A propósito—le dijo a su hijo mientras éste la arropaba bajo las cobijas—. Ella anda sobre el agua.

—¿Quién?—dijo Salvador.

—La Gloria—dijo su anciana madre.

—¿Tú viste a la Gloria andar sobre el agua?—preguntó Salvador.

—Sí, todos la vimos. Era de madrugada, cuando la Madre Luna se escondía y el Padre Sol se levantaba regalando su Luz a Toda la Tierra, estábamos en la playa y todos la vimos andar sobre las aguas del lago con dignidad y con el paso de una mujer en lo mejor de su vida y—¡Dios mío! ¡Dicen que tiene más de doscientos años de edad!

—Entonces, ¿La Gloria es un espíritu, mamá?

La anciana se rió.—¿No lo somos todos nosotros cuando nos damos cuenta de la Realización del Ser?

—Pues sí, creo que sí, pero entonces quiero decir, ¿es Ella de carne y hueso también mamá?

—Claro que sí. Es de carne y hueso—dijo doña Margarita mientras cerraba los ojos para dormirse—. ¿No lo eran también María y José y Jesús? *Mijito*, nuestra Sagrada Historia de la Creación nunca dejó de ser. Todos seguimos siendo Caminantes y Vivientes Estrellas en el Hálito Sagrado del Todopoderoso. Y ella se veía tan feliz y en Paz—Soñando.

—La Gloria estaba ahora andando . . . sobre las Sagradas Aguas de la Creación sobre San Bernardino bajo un Cielo Cubierto de Estrellas.

¡ELLA! ¡La Gloria!

¡ELLA LA GLORIA!

ELLA ¡¡¡LA GLOOOOO—RRRRRIII—AAAAAA!!! Una estrella caminando sobre el agua.

CUANDO SALVADOR REGRESÓ a la destilería en Tustin, encontró a Kenny White todo alterado. Y Salvador sabía bien que Kenny no era un hombre que se alterara con facilidad, así que algo raro debía haber ocurrido.

—No eran más que niñas, Salvador—dijo el viejo. Estaba medio borracho.

—Pequeñas niñas rubias, ojos azules con no más de doce o trece años de edad, y se prostituían, Salvador, mientras los padres miraban esperando ganar el dinero suficiente para comer.

—Me enfermó—dijo el viejo canoso mientras lloraba—. ¿A qué hemos llegado en este país? ¡Eran gente decente, Sal! Gente buena, Cristianos, y allí estaban deseosos de vender a su propia sangre por un dólar. Así que cuando vi a esos dos tipos llegar en ese lindo carro nuevo, ansiosos por comprar esas niñas, enloquecí, Sal, y supe que no debería haberlo hecho, pero carajo, esos padres podrían haberse echado al monte como tu gente y cazar conejos y codornices y vivir de la tierra, en vez de vender sus . . .

—¿Qué hiciste, Kenny?—dijo Salvador interrumpiéndolo. Él también había visto ese tipo de cosas desde hacía algún tiempo, especialmente en esos lugares que habían sido los más ricos, y que más tenían que perder.

—Les choqué el carro con tu camión, y seguí golpeándolo hasta que el carro cayó al océano. Entonces a los padres de las niñas les di un barril de whiskey y les dije que les pondríamos un negocio de licores, pero que si nos enterábamos que volvían a prostituir a sus hijas otra vez, tú—el Al Capone del Sur—¡los harías quemar y enterrar vivos!

Salvador se echó a reír y a reír. Había sido Kenny White a quien había llevado con él la noche que fue a decirle al granjero cuántos eran dos y dos. Había pensado que un hombre blanco fuera con él para que el granjero viera que no era algo racial.—¿Al Capone del Sur? ¿De dónde carajos sacaste eso, Kenny?

Kenny se encogió de hombros.—No lo sé exactamente, Sal—dijo él—. Se me ocurrió, no más, Capón, ¿no quiere decir en español capador?

Salvador levantó la ceja izquierda.—Carajo—dijo—, nunca pensé en eso. Tienes razón capón en español quiere decir "capador".

—Ves—dijo Kenny con una sonrisa enorme—, nadie merece ese apodo más que tú. ¡Carajo, probablemente lo mereces más que el mismo Capone!

—Además—añadió—, quise asustar de veras rápidamente a esos tipos y no se me ocurrió otra cosa—. Respiró—. Creo que más vale que le eches una mirada a tu camión, Sal. De veras pisé el acelerador cuando choqué su carro.

—No te preocupes, Kenny—dijo Salvador aún riéndose—. Solamente arréglamelo o consígueme uno nuevo.

—Probablemente un camión nuevo sería mejor. Deberías verlo. Lo puse en marcha atrás y ya iba yo volando cuando choqué con esa gente. Luego me fui tras ellos con la .45 que guardo bajo el asiento—. Ahora también él se reía—. Corrieron como conejos. ¡Carajo, qué bien me sentí en ese momento! ¡Habían visto al diablo!

—¡Qué bueno, Kenny, mostrarles el Diablo a algunas personas es el idioma que comprenden! Así que, qué te parece, ¿nos venderán ese barril?

—Carajo, Sal, ¡van a ser tus mejores vendedores! Ahora mismo están trabajando en la calle Principal de San Clemente.

—¡Un pinche lugar estupendo!—dijo Salvador

LOS LECHEROS ORDEÑABAN las vacas y tiraban la leche. Los agricultores enterraban sus cosechas de ejotes, calabazas y melones. Victoriano manejaba lo más rápido posible recogiendo cubetas de leche y vegetales en cajas y llevándolo todo al barrio para repartirlo entre la gente, quienes ni siquiera tenían gasolina para sus viejos vehículos y poder ir a recoger la comida gratis.

Un viaje Victoriano volvió a la casa con un camión lleno de hermosas y maduras sandías. Un tipo sin semilla, inventado por Whitehead. Pero no se podía comerciar con nada y no importaba que tan maravilloso fuera. Ahora todos los agricultores dejaban que los trabajadores recogieran para ellos lo que pudieran. Victoriano estacionó la *troca* repleta de hermosas sandías delante de la casa de sus padres y dijo a todos en la calle que tomaran lo que quisieran. Rápidamente se convirtió en la fiesta de la sandía. Adultos y niños, cabras y gallinas, todos comieron hasta hartarse.

Entonces, esa misma tarde, justo cuando comenzaba a refrescar, Lupe, quien ahora permanecía dentro de la casa la mayor parte del tiempo, sintió algo de calor y decidió salir a refrescarse. Al salir por el patio trasero vio que su hermano estaba cortando por la mitad otra grande y hermosa sandía bajo un nogal. Fue y se sentó en el banco junto a él. Lupe no se sentía bien del todo.

—Quédate acá, junto a la sandía—le dijo Victoriano a su hermana—. Enseguida me regreso. Voy a entrar y dejar que se refresque unos minutos. Con un calor como este normalmente toma unos diez minutos para que la sandía se ponga fría como el hielo.

—MUY BIEN—DIJO Lupe, pues sabía muy bien cómo funcionaba el proceso de la evaporación—. Me sentaré aquí para que los pájaros no se la coman.

—Gracias—dijo Victoriano y entró en la casa.

Lupe se pudo sentar al lado de la sandía bajo el gran árbol. Mirando a su alrededor recordó que éste era el mismo lugar donde ella estaba cuando Salvador vino con el cura a pedir su mano.

Lupe se puso las manos sobre el vientre. Algo ocurría dentro de ella. Había ido al médico hacía dos días y éste le dijo que empezara a tomar aceite de ricino y desde entonces ella había estado yendo repetidamente al excusado.

Respiraba con facilidad tratando de relajarse y disfrutaba los últimos rayos del sol que desaparecía. Grandes bandadas de pájaros pasaron aleteando al unísono para llegar a sus nidos. Podía oler los naranjos que había detrás de ella y oír a los pájaros que la sobrevolaban. De veras, Santa Ana se había convertido en un lugar maravilloso para Lupe y su familia. Los naranjos emitían la fragancia del Cielo y el océano, allí a la distancia daba un dulce frescor a la tarde.

Victoriano regresó para mirar la sandía.—Ah, ya está fría—dijo y se cortó una grande y jugosa tajada—. Toma—, le dijo a Lupe cortando una rebanada para ella—. ¡Pruébala! Te juro que éstas son las sandías más dulces que yo haya comido en mi vida, y se están pudriendo a miles en los campos, mientras la gente del pueblo se muere de hambre.

—Es verdad—dijo Lupe tomando la rebanada de sandía y empezando a comérsela. Pero entonces sintió algo raro en el lado izquierdo de la cara, y paró de comer. Le estaba ocurriendo algo muy raro. La sandía no le sabía a nada.

—Pobre señor Whitehead—dijo Victoriano sacudiendo la cabeza—. Es un hombre bueno y ésta es la mejor cosecha que haya tenido, pero ni modo, porque se va a arruinar otra vez. Las mejores sandías que yo he cultivado—nos dijo—pero no tengo dónde venderlas, muchachos—nos dijo a todos los trabajadores. ¡Así que tomen las que quieran! Y el pobre hombre se fue. Espero que no se emborrache otra vez. Pobre hombre. Pero por lo menos no fue el viejo Irvine quien había envenenado la cosecha esta vez.

Al ver a su hermana mayor, Victoriano gritó hacia la casa.—Sofía, sal con tus hijos. Esta sandía está más dulce que la miel. Vengan.

Lupe tuvo que cubrirse los oídos. No sabía lo que le estaba ocurriendo. Sentía que tal vez tuviera que ir otra vez al excusado. Pero no se podía mover. Toda la parte izquierda de su cuerpo se le estaba quedando insensible. Se quedó sentada oyendo a Victoriano mientras cortaba más rebanadas de sandía para Sofía y sus hijos.

—Te lo juro, Lupe—siguió Victoriano—, tan sólo en esta temporada he traído a la casa más camionadas de los mejores aguacates, jitomates, pepinos, ejotes, melones y naranjas. Carajo, sólo nos falta un poco de sal y unas tortillas y tendremos todo aquí gratis en el barrio. Otra vez se volvió hacia la casa—. Todos, dense prisa—, gritó.

Sofía reía y jugaba con los niños mientras venía por el pasto. Al llegar al enorme árbol bajo el que Victoriano cortaba la sandía, no más miró una vez a Lupe, y explotó—. ¡Tu hijo está naciendo!

—¿Qué dices?—dijo Lupe.

—Que tu hijo está naciendo—repitió Sofía—. Ven, entremos rápido antes de que el Diablo haga alguna de las suyas. ¡Victoriano, ayúdame! ¡Y ustedes—dijo a los niños—, corran a la tienda de la esquina y que llamen desde allí inmediatamente al médico!

Los niños se fueron comiendo sandía mientras corrían.

—Quiero a Salvador—dijo Lupe, mientras Sofía la metía en la casa.

—No te preocupes, pronto estará aquí—le dijo Sofía.

—¡No, lo quiero aquí, ahora mismo!—dijo Lupe, dándose cuenta de las contracciones que llevaba sintiendo ya hacía un tiempo. ¡Dios mío, Sofía, por favor, que venga mi esposo!

—Apúrate Victoriano—dijo Sofía—, ayúdame a meterla a la casa, después vete inmediatamente a buscar a su esposo.

—Seguro—dijo Victoriano—. Yo lo encontraré, Lupe.

Pero cuando llegó el médico treinta minutos después, doña Guadalupe y Sofía ya tenían todo bajo control. Pero Lupe, al contrario, no sabía qué estaba sucediendo. Todo ocurría tan rápidamente, y Salvador no estaba a su lado—. ¡Salvador!—gritó—. ¡Salvador! Entonces empezó a murmurar algo sobre una sandía.

—Ay, por favor, Diosito lindo—Lupe decía entre las contracciones—, que sea una sandía chiquita. ¡Por favor Diosito, una sandía muy chiquita!

—Pero, ¿de qué estás hablando?—preguntó la madre de Lupe.

—Ay, ¿no te acuerdas?—dijo Sofía riéndose—. Dice lo que nos decía siempre la comadrona allá en la casa de La Lluvia, que tener un bebito es como hacer el amor a una sandía.

—¡Esa mujer mal hablada, nunca me gustó!—replicó doña Guadalupe.

—Ahorita no te preocupes, *mijita*, todo está bien. No más relájate y no pelees contra el dolor.

Pero las contracciones eran cada vez más seguidas y Lupe podía sentir que sus huesos empezaban a moverse. Empezó a sudar. Sus hermanas María y Sofía le hablaban y le sobaban las piernas, las caderas, y le decían que mantuviera la calma, que se relajara y que dejara irse al dolor.

Su madre estaba también con ella, y Lupe sudaba más y más. Sofía empezó a secar el sudor de la cara de Lupe con un paño fresco que la hacía sentirse muy bien a Lupe, pero por alguna razón, Lupe sólo podía sentir el paño en el lado derecho de la cara. Era como si no sintiera absolutamente nada en su lado izquierdo, el mismo lado que ella había sentido algo extraño cuando trató de comer la sandía afuera hacía poco tiempo.

VICTORIANO SE LLEVÓ el carro para buscar a Salvador. Había oído que Salvador tenía una casa justo al sur de Tustin donde fabricaba su whiskey, pero nunca había estado allí. Por fin, a unas cuantas millas al sureste de Tustin, al lado de la gran casa vieja de Irvine, vio el gran Hudson negro estacionado delante de una granja y pensó que tal vez Archie estaría visitando a Salvador.

Al llegar pudo ver a Archie y a Salvador bajo un gran pirul al lado de la casa. Estaban hablando y parecían muy enojados por algo. Se estacionó y corrió hacia ellos, Victoriano oyó mencionar el nombre de Domingo. Y los rumores eran que el hermano de Salvador estaba preso en San Quentín.

—Salvador—dijo Victoriano—. ¡Lupe está dando a luz!

—¿Qué dices?—exclamó Salvador.

—¡Que está dando a luz a tu hijo!

—Ay, Dios mío. ¿Está bien ella?—preguntó Salvador sintiendo el latir de su corazón. Por fin se dio cuenta que éste había sido un embarazo difícil para su joven esposa.

—Sí, ella está bien—dijo Victoriano mintiendo. No quería ser él quien le dijera a Salvador que no sentía nada del lado izquierdo de su cara y que estaban preocupados porque temían que esto bajara y afectara todo el lado de su cuerpo y podría afectar el nacimiento—. ¡Pero ella está preguntando por ti!

—Bien, Archie—dijo Salvador. ¡No más no le diré ni una pinche palabra! ¡Ni dónde estoy! ¡Ni nada! ¡Créeme tampoco quiero que Domingo se entremeta en mis asuntos otra vez cuando salga!

—Bueno—dijo Archie—, ¡porque no puedes permitir que chingue todo! Ahorita, ¡lárgate de aquí y vete a ver a Lupe!

—Sí, ¡pero tú te vas antes!—dijo Salvador—. No quiero que te quedes y te aproveches de mis barriles.

Archie no más se rió.—¡Carajo, Sal! ¿No me tienes confianza? ¿Cuándo vas a confiar en otros?

—¡Nunca! Tú representas la ley, y desde el principio de los tiempos, los policías han sido los peores ladrones. Incluso son demasiado perezosos para robar ellos mismos, así que esquilan como a las ovejas a los buenos y honrados ladrones, escondiéndose detrás de su placa de policía.

—Eso me parece bien—dijo Archie sonriendo.

—Eres un cabrón—dijo Salvador subiéndose a la Moon y siguiendo a Victoriano.

—¡Sí, pero MIS PUERTAS están siempre abiertas de par en par!—gritó Archie detrás de Salvador—. ¡Las de adelante y las de ATRÁS!

EL BEBITO NACIÓ antes de que Salvador y Victoriano llegaran a la casa. Era una niña grande y hermosa, y Lupe nunca olvidaría cuando el médico cortó el cordón umbilical y entregó la niña, no a ella, sino a su madre. Lupe se preguntó si era así como ella se había visto en los brazos de su madre cuando nació. La niña parecía un conejo despellejado.

Entonces la niña se echó a llorar, así que doña Guadalupe la envolvió en una pequeña cobija y se la devolvió a Lupe. Lupe inmediatamente puso en sus pechos a la niña y ésta empezó a buscar con sus manitas y su boquita, y pronto estuvo mamando, así de fácil—naturalmente, como si lo hubiera estado haciendo toda su vida.

Salvador y Victoriano llegaron corriendo. Salvador vio a Lupe con la niña mamando y le vio el orgullo en la cara.

—¿Es niño o niña?

—Una niña—dijo Sofía.

—¡Una niña! ¡Ah, qué bien!—dijo Salvador—. Y se ve igual a mi madre. ¡Todita llena de arrugas!

—Acaba de nacer, Salvador—dijo Sofía riéndose—. Engordará en pocos días y todas sus arrugas se irán. Ven y tómala en tus brazos.

Sofía tomó al bebé de Lupe y se lo dio a Salvador, pero éste al principio no supo cómo tenerla entre sus brazos. Luego, cuando ya tenía al bebé, se dio cuenta que Lupe tenía extrañamente torcida la boca hacia la izquierda, y que parecía querer hablarle, pero que no podía decir nada.

Salvador no sabía qué hacer. Le devolvió la niña a Sofía y se acercó para besar a Lupe en la frente y acariciar su pelo. El médico entró y le dijo a Lupe que no más descansara y que todo estaría bien. Luego se llevó a Salvador a la cocina.

—Mira, no te quiero alarmar—le dijo a Salvador—, pero vas a tener que dejar a Lupe en la casa de su madre por lo menos una semana para que yo pueda verla todos los días.

—Sí ¿Pero qué le pasa en la cara?—preguntó Salvador.

—No es nada raro—dijo el médico—, pero si no se le va en unos días, comenzaré a ponerle unas inyecciones. No te preocupes. Todo está bien.

Esto pasa a menudo—, dijo mintiendo—. Y Lupe y la niña están muy sanas. Felicidades, Salvador—. Has comenzado una pequeña familia. Ahora, ¿a ver si puede seguir siendo pequeña?

Salvador aprobó con la cabeza y acompañó al doctor a su carro y le regaló un litro de su mejor whiskey.

—Ah, gracias—dijo el médico—. Eres muy amable.

—Y éste no se lo tome a sorbitos—dijo Salvador sonriendo. Éste se bebe a grandes tragos rápidos.

El médico se rió recordando cómo él le había dicho a Salvador que bebiera a sorbitos su *schnapps*—. Muy bien, tal vez pueda hacer eso. Y como he dicho, no te preocupes, todo está bien. Lupe es joven y pronto estará bien.

—Salvador asintió con la cabeza y entró en la casa. Toda la parte izquierda de la cara de Lupe se veía muy rara. Era difícil para él mirarla sin mostrar lo preocupado que estaba. Rezó en silencio por ella. Ah, cómo deseaba haber visto a su madre durante el embarazo en vez de a un médico americano.

AL DÍA SIGUIENTE Lupe ya no sentía nada en todo su lado izquierdo. Llamaron al médico que vino y le puso una inyección. Ahora doña Guadalupe también se preocupó, y quería saber qué es lo que estaba ocurriendo, pero el médico, una vez más sólo dijo que no se preocuparan y que todo iba bien.

Esto continuó dos días más, y ni Salvador ni doña Guadalupe pudieron averiguar del médico qué estaba pasando. Salvador tuvo que irse a vender su whiskey. Mientras él estaba fuera, María, la otra hermana de Lupe, llegó con su marido Andrés y con muchas prisas y les dijo a todos que había tenido una horrible pesadilla y que había que bautizar inmediatamente a la niña de Lupe.

—¿Pero cuál fue tu sueño?—preguntó doña Guadalupe.

—¡No te lo puedo decir!—dijo María—. Estaba molesta y no hacía sino persignarse—. Todo lo que sé es que tenemos que bautizar a la niña, ¡AHORA MISMO! ¡INMEDIATAMENTE!—gritó.

—Pero nomás espera—dijo Carlota—. A mí puede no gustarme Salvador, pero no puedes hacer esto sin él.

—Estoy de acuerdo con Carlota—dijo Sofía—. Sueño o no sueño, yo no quiero saber nada de esto, María.

—Muy bien—dijo María—, piensa lo que quieras, pero el alma inmortal de la niña peligra, y con la condición de Lupe, ella no puede pensar claramente, ¡y por ello, no voy a dejar que el Alma de la niña de mi hermana vaya al Purgatorio para Toda la Eternidad!

Al decir esto, María—una mujer poderosa como una amazona, al igual que la propia hermana de Salvador, Luisa—pasó echando a todos a un lado y le quitó de los brazos la niña a Lupe, quien estaba profundamente dormida. María dijo—. Ven mamá, rápido, ven con nosotros para que seas la madrina, y tú Andrés, serás el padrino.

Nadie supo qué decir. Todo ocurrió muy rápido. Y bautizar a una niña es un gran evento. Lo que María estaba haciendo iba totalmente contra la tradición. Los padres eran quienes debían escoger al padrino y a la madrina, no una tía. Una tía no raptaba así como así a una niña como ésta. Pero allí estaba María saliendo por la puerta y, antes de que nadie se diera cuenta de ello, yendo calle arriba a la iglesia donde Salvador y Lupe se habían casado. Todo ello antes de que nadie pudiera pensar cómo detenerla.

Y, en la iglesia, cuando el cura preguntó por los padres de la niña, María no más dijo—¡Mi hermana, Lupe, está enferma y el padre está de viaje! Así que no pudieron venir, y tenemos que hacer esto ahorita mismo. ¡Inmediatamente!

Al ver lo ansiosos que estaban todos, el cura los llevó al pequeño y oscuro baptisterio en la parte delantera de la iglesia. Y cuando el religioso preguntó cuál era el nombre de la niña, María no supo qué decir, pero afortunadamente doña Guadalupe estaba allí y ella dio un paso adelante.

—Yo oí a Salvador y Lupe diciendo algo sobre Hortensia, la flor.

—Ah, pero ése es un hermoso nombre—dijo el cura—. Hortensia. Así es que bautizaremos a esta niña con el nombre de María Hortensia en nombre de la Madre Bendita.

Y así fue como esta primera hija de Lupe y Salvador fue nombrada y bautizada—sin que ninguno de ellos estuviera presente, y sin que supieran nada del suceso.

CUANDO AL SIGUIENTE día volvió Salvador y le dijeron lo que había ocurrido, se enojó y se puso a gritar.—Pero en el nombre de Dios, ¿cómo han podido hacer tal cosa?—preguntó a su suegra, quien lo había recibido en la puerta de entrada y le había contado las noticias.

—No lo sé, Salvador—dijo doña Guadalupe llena de culpa y de pena. Pero todo ocurrió muy rápido. María llegó diciendo que había tenido una pesadilla. ¡Ay, cómo lo siento, Salvador! ¡Lo siento tanto!

—¿Y así es como le pusieron María a mi hija? ¿Por culpa de la pesadilla de María, la hermana de Lupe? ¡Cielo Santo!—gritó. Quería matar, estrangular a María, la hermana de Lupe, pero pudo controlarse. Se volteó y se metió a su carro.

—¿Pero, no quieres ver a Lupe ni a la niña?—le grito la suegra.

—¡No!—chilló y rápidamente se alejó en su gran carro.

Cuando Lupe se despertó y se enteró de que Salvador había venido y se había enojado del bautismo, y que se había ido muy enojado, hizo que llamaran al médico.

—Doctor—dijo Lupe tan pronto como éste llegó—, debe ponerme buena hoy mismo. No puedo estar aquí ni un día más. Tengo que ir a mi casa y estar con mi marido.

El doctor empezó a discutir, pero al verle la determinación en la cara, simplemente asintió con la cabeza.—Está bien—dijo—, pero no me gusta nada—. Y le aumentó la dosis.

CUANDO VICTORIANO LLEVÓ al día siguiente a Lupe y a María Hortensia a la casa de ellas en Carlsbad, descubrieron la mesa de la cocina hecha pedazos, y que Salvador no estaba allí.

Victoriano quería ir a los billares en el barrio y preguntar allí si alguien había visto a Salvador, pero Lupe dijo que no y le pidió a su hermano que por favor se quedara con ellas en la casita y esperara allí. Lupe no se sentía bien. Pero entonces, cuando comenzó a oscurecer, Victoriano se puso nervioso.

—Mira—le dijo—, quédate aquí. Yo voy a ver si lo encuentro. Por favor, Lupe, sé lo que hago.

—Muy bien—dijo Lupe—, pero por favor no te quedes por ahí mucho tiempo. Seguía teniendo dificultades con la parte izquierda de su cara. Las inyecciones que el médico le había puesto le habían quitado el dolor, pero no habían mejorado la situación.

—No, no tardaré mucho—dijo, y se fue. Temía que Salvador estuviera de parranda y regresara borracho con otra mujer. Salvador se había ido loco de remate el día anterior. Al preguntar por el barrio, Victoriano se enteró que nadie había visto a Salvador desde hacía días.

SALVADOR ESTABA RABIOSO el día que salió de la casa de los padres de Lupe. Él había ayudado a la familia de Lupe durante meses, y ahora le hacían esto. Sintió que todos se aprovechaban de él. Había hecho tantos planes para el bautismo de su primer hijo. ¡Dios mío, cómo se atrevieron Lupe y su familia hacerle eso a él! ¡Sintió como si le hubiera caído un rayo! Carlota debía haber planeado todo.—Sí, seguro—se dijo—. Eso es lo que ha ocurrido. ¡Esa *chingada* mujer me odia y quiere destrozar mi matrimonio!

Al llegar a Carlsbad Salvador pateó la mesa de la cocina una y otra vez, luego se bebió medio litro de whiskey, agarró un hacha y destrozó la mesa, salió y cortó un árbol frutal, ¡rabiando y chillando! Toda su vida había soñado con eso, con tener un gran bautizo para su primer hijo. Se bebió otra botella, se metió en el coche y subió a la colina justo sobre el rancho de

Palmer. Iba a hablar con el viejo Palmer sobre la Libertad bajo Palabra de Domingo, cara—a—cara sin que Archie fuera de pinche intermediario.

—¡PALMER!—gritó Salvador, golpeando la puerta con su puño—. ¡Abre! ¡Quiero hablar contigo de HOMBRE—A—HOMBRE!

Su corazón latía a un millón de millas por hora. Sabía muy bien que si él no estuviera borracho, ni tan enojado con la familia de Lupe, nunca se habría atrevido a hacer esto.

Toda su vida Salvador supo cómo enfrentarse a hombres con pistola y cuchillo, pero hablar con la autoridad, especialmente con la buena y educada autoridad de un gringo, ¡eso estaba tan lejos de Salvador que casi se orinó en los pantalones al tocar la puerta trasera de ese hombre! Él y el Vicejefe habían bebido juntos whiskey y se conocían bien el uno al otro, pero aun así, Salvador sentía un miedo profundo. ¡Después de todo, se trataba de un gringo!

—Sí—dijo Palmer llegando a la puerta con grandes y sonoros pasos. Era el único hombre más grande que Archie en todo Carlsbad—. ¿Qué carajos quieres?—gritó al abrir la puerta—. ¡Ah, eres tú, Sal!

—¡Sí, soy yo!—gritó Salvador a la cara del hombre, sin retroceder un centímetro—. ¡Quiero saber por qué me cobras doscientos dólares por ayudar a la libertad bajo palabra de mi hermano!

—¡Doscientos dólares!—gritó el Vicejefe Palmer, restregándose los ojos. Parecía que había estado durmiendo—. ¡De qué carajos hablas! Yo le dije a Archie que eran dos cajas de *whiskey* y que tenía que hablarte, porque, bueno, dijo bostezando y restregándose los ojos otra vez—. Yo le platiqué a mi primo Jeffrey en San Quentín, y la única forma en que se puede conceder la libertad condicional a tu hermano es si yo digo que él es un especialista en agricultura—tú sabes uno de esos pinches modernos doctores en aguacates—y decir que lo necesitamos aquí ahora para la industria del aguacate. Yo nunca dije nada de doscientos dólares, Sal.

—Me lleva—dijo Salvador—, ¡mi hermano es un doctor en aguacates! Casi se echó a reír, pero la cabeza todavía le daba vueltas por los efectos del alcohol.

Instantáneamente vio a Archie bajo una nueva perspectiva. Carajo, el mestizo hijo de la gran *chingada* lo había engañado tratando de robarle doscientos dólares para embolsárselos él. Y Archie era su amigo, carajo, su mejor amigo, siempre listo para ayudar a sus amigos mexicanos e indios. El desgraciado traidor, hijo de la *chingada* no era sino un ladrón con una placa de policía, como le había dicho en broma Salvador hacía unos días.

—¿Qué pasa entonces?—dijo Palmer—. ¿Archie te dijo que yo había pedido doscientos dólares?

Salvador necesitó de toda su fuerza de voluntad para detener su pensamiento y miró a Palmer a los ojos. Y todo esto en una millonésima de segundo, Salvador tomó una muy importante y definitiva decisión, una decisión que lo llevaría con el tiempo a ser el comerciante más poderoso de la zona—. No—, mintió—, creo que, bueno, me he confundido.

—¿Estás seguro?—preguntó Palmer. El hombrón estaba de veras preocupado. Salvador respiró hondamente, miró otra vez a Palmer a los ojos, y mintió otra vez—. Sí, estoy seguro, Palmer, me equivoqué.

Y el por qué Salvador dijo esto no fue porque él fuera un buen tipo y pensaba proteger a Archie; No, era porque él había visto en los ojos del policía grande que aunque él de veras pudiera llegar a conocer la verdad de lo ocurrido—había también miedo en sus ojos que se descubriera esa verdad.

Y la verdad, su anciana madre le había repetido una y otra vez, asustaba aún más que la muerte a la mayor parte de las buenas personas.

—Muy bien, muy bien—dijo entonces Palmer, respirando fuertemente y restregándose otra vez los ojos—. Entonces Archie no te pidió esos doscientos dólares

—No, no me los pidió—mintió Salvador por tercera vez—. Mira, mi esposa Lupe y yo acabamos de tener nuestro primer hijo y, bueno, el médico dice que tiene algún problema, así que yo estoy un tanto inquieto.

—Ah, ya veo—dijo el enorme vicejcfc, viéndose más relajado. Después de todo, Archie era uno de sus principales asistentes y Palmer no querría creer que tenía un traidor entre sus filas—. Siento tener que oír eso de Lupe—, añadió ahora totalmente relajado—. Entra, Sal—, dijo abriendo la puerta de par en par.

—Mildred, mi mujer se ha ido a ver a su familia en San Francisco, así que la casa es una pocilga, pero si no te importa eso, entra y tomaremos un trago a la salud de tu hijo. ¿Es niño o niña?

—Una linda muchachita—dijo orgullosamente Salvador—. Se ve muy bien, aunque esté tan arrugada como mi madre.

—Las niñas son estupendas— dijo Palmer—. Te abrazan y besan mucho más que los niños. Yo tengo uno de cada uno. Siento que Lupe tenga problemas. Espero que no sea nada serio.

—Ay, no, el médico dijo que ella estará bien.

—Bien—dijo Palmer.

Entraron en la cocina. Era una cocina grande expandida con una hermosa vista que iba hasta el océano, más allá de Carlsbad. Salvador nunca había entrado antes a la casa de un gringo rico. Supo entonces que había hecho lo correcto al decirle a Palmer lo que éste quería oír, y eso era que Archie era de fiar.

—*Mijito*—la madre de Salvador le había dicho más de mil veces—, desde que se perdió el Paraíso todas las gentes en la tierra necesitan creer en algo. Los políticos en la política, los policías en la ley, los médicos en la medicina, los militares en la guerra, los comerciantes en los negocios, los religiosos en una religión. Y los ricos en el dinero. Nadie, especialmente los hombres, puede estar desnudo sin alguna creencia por la que morir. Así que siempre da al César lo que es del César y desde allí, desde ese sagrado lugar de la Generosidad, es donde nosotros, la gente, podemos hacer milagros tan bien como Jesucristo, nuestro Salvador.

—Aquí es donde yo fui para sacar a tu hermano José de la cárcel en medio de la Revolución. No llevaba sino unos trapos viejos sobre estos viejos huesos, pero a todos, incluyendo a nuestros enemigos—les di lo que querían y cuando me abrieron su corazón, abrieron puertas que de otra forma hubieran quedado cerradas a esta pobre india vieja.

Salvador vio que eso era exactamente lo que acaba de hacer. Tenía la astucia de dar a este rico y poderoso gringo lo que éste quería, y había resultado lo que su madre le había dicho. Allí estaba él, dentro de la casa de un poderoso gringo y este policía importante se estaba lavando la cara con agua fría en la cocina como si fueran buenos amigos.

Salvador no podía dejar de sonreír. Cada día de su vida, no podía dejar de darse cuenta de lo astuta que era su mamá; tan lista como una zorra. Había ido a la casa de ese hombre en la confusión de una borrachera, no importándole nada un carajo, ¡y había acabado haciendo su primer milagro reconocido como hombre casado!

Después de lavarse la cara con agua fría en el fregadero, Palmer agarró una toalla y se secó. Se veía mucho mejor. Salvador comprendió entonces claramente que los ricos y poderosos deseaban por encima de todo, paz y tranquilidad. Palmer de veras no quería oír que había problemas entre él y Archie

El policía grande sacó una botella medio llena de whiskey y sirvió un par de tragos grandes. Era el *whiskey* hecho por Salvador. Por años, Palmer había sido uno de los mejores y más fieles clientes de Salvador.

—A tu salud, a la de tu mujer y de tu niña—dijo Palmer.

—Gracias—respondió Salvador.

Terminaron la botella y Salvador fue a la Moon y bajó una botella nueva, y siguieron bebiendo hasta bien entrada la noche. Palmer le dijo a Salvador que él y su esposa eran de San Francisco, que la familia de su mujer tenía dinero y una educación excelente. A la mujer no le gustaba el sur de California, decía que era un desierto cultural y que San Francisco era la única ciudad civilizada en todo el hemisferio occidental con excepción, naturalmente, de la capital de México, donde habían visitado durante su luna de miel a sus amigos de la universidad.

Palmer hablaba muy bien el español y le preguntó a Salvador si había estado en la capital de México.—No—dijo Salvador—, nací en un pueblito en las montañas de Jalisco no muy lejos de Guadalajara. Luego vino la guerra, y emigramos a los Estados Unidos junto con otros muchos pobres. Mis padres conocían la capital y Guadalajara, pero no nosotros, sus hijos.

—¿Así que sólo conoces México por la guerra?—preguntó Palmer.

Salvador asintió con la cabeza. A él no se le había ocurrido eso antes—. Sí—dijo—, mi mujer y yo, es casi todo lo que hemos visto.

—Vaya, eso no está bien—dijo Palmer—. Deberías visitar México alguna vez como turista. ¡Es un hermoso país, Sal!

Palmer comenzó a contarle a Salvador cosas de Guadalajara y de la capital, comparando estas ciudades con San Francisco. Le explicó a Salvador que su esposa había ido a una escuela privada en San Francisco donde iban las hijas de las mejores familias de todo México. Salvador nunca había oído tales cosas y estaba maravillado. No sabía absolutamente nada de cómo vivían los mexicanos ricos.

—Sabes—dijo Palmer—, nosotros los gringos cometimos una estupidez en este país cuando pusimos una frontera entre México y los Estados Unidos. Esos dos países deberían estar juntos más que lo están el este y el oeste de los Estados Unidos. Carajo, yo me llevo mejor con los mexicanos que con todos esos malditos del este, que piensan que el oeste del Misisipí es todavía una pradera salvaje.

Hablaron hasta la madrugada, así que Salvador no fue esa noche a su casa. Se enrolló en una cobija que Palmer le dio y se tumbó sobre el sofá de la sala y se echó a dormir. Muy dentro de él, Salvador sabía que si hubiera dicho la verdad a Palmer, que Archie había mentido y tratado de engañarlo, Palmer nunca lo hubiera invitado a su casa ni hubiera estado tan amistoso. El instinto de supervivencia en Salvador lo había aconsejado bien cuando le dijo lo que ese policía grande quería oír.

Al dormir esa noche en el sofá, Salvador supo que había dado un paso muy importante. Estaba durmiendo en la casa de su enemigo, un gringo y un policía. Además él era un forajido que había llamado a la puerta trasera de esa casa rabioso y vengativo.

Salvador se echó a reír a carcajadas porque pudo claramente comprender que si María no hubiera llevado a bautizar a la niña, entonces él, Salvador, ¡nunca se habría enojado tanto al regresar a su casa, ni habría roto la mesa, ni se habría bebido un litro de whiskey, ni cortado un árbol, ni habría tenido el valor de ir a llamar a la puerta trasera de Palmer!

SALVADOR SE DESPERTÓ sobresaltado.

Miró a su alrededor. Al principio no recordó dónde estaba. Luego recordó que estaba en la casa del viejo Palmer y se llevó las manos a la frente. Qué le había hecho pensar que podía ir a golpear la puerta de un gringo rico. Confió en que Palmer no haría que lo arrestaran. Se sentó sosteniéndose la cabeza. ¡Mano! ¡Qué cruda tenía!

—El baño está al fondo del pasillo—dijo Palmer al entrar en el cuarto. Se veía limpio y afeitado y listo para salir—. ¡Prepararé un desayuno para nosotros, compadre!

Al oír la palabra compadre, Salvador sintió que sus sentimientos le producían escalofríos en la espina dorsal. Cielo Santo, Palmer estaba diciendo que era de la familia, como si la noche anterior de veras hubieran celebrado el bautizo de la niña, y ahora él, Palmer, era el padrino de Hortensia.

Salvador se levantó y se fue al baño. Palmer se quedó en la cocina preparando el tocino y los huevos. ¡Qué bien olía! El baño era el baño más grande que Salvador había visto nunca antes. Desde allí también se veía una vista magnífica que iba desde la colina hasta el mar. Nunca hubiera pensado que una cocina o un cuarto de baño tuvieran una vista panorámica. Era un mundo nuevo para Salvador. Tal vez él y Lupe pudieran algún día construir una casa sobre una colina con vista desde cada cuarto.

Se lavó la cara con agua fría y usó la toalla más pequeña que encontró, luego orinó larga y ruidosamente. Se alegró de que el Vicejefe silbara mientras cocinaba. Todo era tan extraño para Salvador. Nunca ni en sus sueños más locos pudiera él haber pensado que algún día un gringo lo llamaría compadre, ¡ni que estuviera además preparándole el desayuno!

—¡Ven a comer!—gritó Palmer.

—¡Seguro que sí!—Contestó gritando Salvador.

—Pon aquí tus nalgas, compadre.—Dijo Palmer con gusto.

—Aquí estoy, amigo, dijo Salvador. Gritaba muy excitado, pero también estaba consciente para usar él mismo la palabra compadre.

Así que juntos compartieron un buen desayuno con muchos huevos y gruesas rebanadas de recién y bien curado tocino, así como mucho café caliente. Palmer llevó afuera a Salvador a su huerta de aguacates para enseñarle cómo curar árboles. Mientras el enorme viejo le hablaba, Salvador se sentía como si de veras hubiera entrado en el paraíso.

¡Carajo, ni su propio padre lo había nunca tratado tan bien!

Salvador ya no veía a Palmer como a un gringo, ni siquiera como a un policía. ¡No, ahora no veía al hombrón como a un ser humano! Por primera vez Salvador vio claramente que ese país de los Estados Unidos podía ser también su hogar, tanto como lo eran los Altos de Jalisco, o cualquier otro lugar.

—Mira Sal—, decía Palmer—, vas a tener que explicar todo esto de la mordida a tu hermano, Domingo, como te estoy mostrando yo, que si alguien le pregunta algo, él no parezca ignorante del todo.

—Muy bien—dijo Salvador, tratando de concentrarse.

—Para empezar—dijo Palmer—, injertamos estos árboles porque los aguacates originales producen una fruta con un hueso muy grande y además la cáscara no es lo suficientemente gruesa para poder mandarlos al este. Pero entonces cortamos estos árboles viejos hasta dejar sólo el tronco, entonces injertamos esta otra variedad de aguacate, lo que nos da mucho más carne en la fruta y el tipo de cáscara gruesa y dura que necesitamos para embarcarlos.

—Ya comprendo, dijo Salvador,—Muy bien.

El viejo Palmer y Salvador trabajaron juntos bajo el calor del sol y mientras trabajaban el policía agricultor siguió hablando, y Salvador se enteró de muchas cosas sobre su familia y de que sus hijos no venían muy a menudo a verle, por lo menos no tan a menudo como él quisiera.

A eso del mediodía, Hans, quien también tenía aguacates, llegó con una canasta llena de comida y con cerveza de la que él hacía en su casa, que era muy mala, pero estaba bien, y comieron y bebieron juntos a la sombra de un gran eucalipto.

Salvador no podía recordar haberla pasado tan bien nunca, después que él y su familia tuvieron que escapar de su querido Jalisco.

YA TARDE SALVADOR fue a su carro y sacó una botella de su mejor whiskey, y él y Hans y Fred Palmer se tomaron un par de buenos tragos y siguieron trabajando. Y trabajaron rápido y duro, aprendiendo el nuevo oficio de doctores en aguacates, y no como peones pagados—¡sino como amigos, compadres, HOMBRES LIBRES!

¡Ay, Salvador nunca había experimentado nada parecido en toda la vida! ¡Caramba, trabajar podía ser divertido! ¡El sudar se podía sentir bien! ¡Era el Paraíso cuando un hombre libre podía trabajar en la finca de su amigo con las propias manos que DIOS LE HABÍA DADO!

—Saben, dijo Hans, cuando terminaron el trabajo del día—,muchos de mis amigos y familiares en New Jersey siguen sin gustarles los aguacates que les envío.

—Carajo, eso es porque no saben cómo comerlos—, dijo Palmer.—¡Los aguacates son deliciosos! El padre de George Thompson fue un *chingado* genio al traer estas joyas de México. ¡Dentro de poco, los aguacates van a ser la cosecha más importante en toda esta zona!

—Sí, seguro que eso puede ser verdad, dijo Hans con un fuerte acento alemán.—Pero antes tenemos que planear la forma de venderlos, o vamos a arruinarnos, como les ocurrió a ésos con los eucaliptos en el este del pueblo.—Dime—dijo él, volviéndose a Salvador—, ¿cómo comen ustedes los aguacates en México?

—Bueno—, dijo Salvador, sintiéndose bien al ser incluido en la conversación entre dos hombres tan educados—los ponemos sobre las tortillas. También los machacamos y los mezclamos con salsa, ¡y saben muy ricos!

—¿Cómo? Enséñanos—dijo Hans—. Yo soy cocinero. Me encanta aprender nuevas recetas.

—¿Tienes jitomates y chile?—preguntó Salvador.

—¿Es católico el Papa?—dijo Palmer—. Carajo, yo cultivo mis propios chiles y jitomates no más por eso. ¡Me encanta la salsa!

Así que Salvador cortó tres aguacates y los machacó en un gran tazón, luego añadió varios jitomates recién cortados, cebolla, y chile, después echó sal y pimienta y el jugo de un limón grande.

A Hans y a Palmer se les hacía agua la boca al probarlo.

—Oye, ¡esto está muy rico!—dijo Hans—, ¿Cómo se llama?

—Guacamole, respondió Salvador—, pero le falta algo de cilantro.

—¿Guaca-qué?—dijo Hans.

—Guacamole—repitió Salvador.

—¡Gua-que-carajo!—dijo Hans.

—Mira, tómate unos tragos de whiskey—dijo Palmer riéndose—. Tienes que aflojar los labios para poder hablar español. Por eso las señoritas mexicanas son las que mejor besan en todo el mundo. Tienen esos rápidos y relajados labios y lengua. Mi mujer se enteró de eso por sus amigos mexicanos. ¡Practican sus besos por horas ante un espejo!

El Padre Sol se hundía en la mar y Hans seguía bebiendo más y más whiskey, tratando de lograr el que su lengua alemana pudiera pronunciar guacamole, pero no podía decir esa palabra.

Salvador y Palmer reían y reían, bebiendo tanto como él. Luego Salvador sugirió que fueran al barrio a comprar un par de kilos de tortillas de maíz y carne asada, ¡y así podrían ver lo que de veras era el guacamole!

Al volver, casi chocaron con el viejo Kenny White y el camión que éste había encontrado para Salvador. Kenny pudo ver que estaban medio borrachos y bromeaban. Le encantó verlos y los siguió en el nuevo camión de Salvador hacia la casa de Palmer.

Al entrar en la casa, Kenny puso el brazo en los hombros de Salvador y le murmuró que su cuñado lo buscaba. Salvador bajó la cabeza, pero no dijo nada. Todavía estaba enojado. Kenny le dijo a Salvador que condujera con cuidado porque cada vez que la familia de Palmer se iba del pueblo, Palmer se volvía loco a lo mexicano.

—¿Cómo a lo mexicano?—dijo Salvador—. ¿Qué es eso?

—Tú no más mira y te enterarás, dijo Kenny—¡unos tragos más y él empezará a ladrar y aullar a la luna! ¡Carajo, es el que mejor imita al coyote en toda la zona! Hasta las gallinas salen huyendo cuando lo oyen. Mira, al principio, los Palmer llegaron de Tucson, Arizona. Eran mineros en los dos lados de la frontera y ganaron toneladas de dinero. Todos hablan español como si fueran mexicanos. Pero su mujer, carajo, ella es aún más rica que él, pero no se cree mejor que nadie.

—*Chingado*—dijo Salvador riéndose, ¿y a eso es lo que tú dices loco a lo mexicano, eh? ¿Un hombre que aúlla y es feliz? Y recordó todo el dinero que el sobrino de Archie estaba ganando actuando como loco. También, se preguntó qué significaría el que Victoriano lo buscara.

Rezó a Dios que Lupe y la niña estuvieran bien.

Ya en la gran cocina de Palmer, Kenny y Salvador pusieron la carne asada en un sartén, cortaron una docena de jugosos aguacates grandes e hicieron un gran tazón de guacamole. Kenny y Salvador se habían hecho aún más amigos desde que el viejo había empezado a transportar su whiskey. Salvador no se lo podía creer—ahí estaba él con tres anglos—hombres educados, hombres que sabían leer y escribir—¡y él lo estaba pasando mejor que nunca!

Kenny y Salvador calentaron las tortillas de maíz y los cuatro se hartaron con los tacos de carne asada y con el tazón de guacamole. ¡Hans y Palmer estaban seguros que ésa era la mejor botana con la que un hombre podía acompañar un trago!

—¡Hemos encontrado oro!—dijo Palmer, ¡echando un aullido de coyote!

—De acuerdo, ¡este guaca-carajo y estas tortillas son de lo mejor!—dijo Hans besándose las puntas de los dedos, luego dio un aullido también.

—Pues tú sabes que no me va a ser fácil convencer de ello a mi familia en New Jersey. Porque, bueno, eso de comer fruta con el *whiskey* o con la cerveza, no va muy bien, ¿eh?

—Bueno, pues al carajo—, dijo Kenny riéndose , ¡no más di que los aguacates son un vegetal! ¿Qué carajo saben los de New Jersey?

—Carajo, yo mismo, yo lo llamaría especialmente así, ¡es el vegetal mexicano para que los que beben no tengan cruda! Eso es, yo lo llamaría una cura, una cura para tu cruda, como se dice en mexicano. ¿Verdad, Salvador?

—Sí, es verdad. ¡Una cura para tu cruda!

—Eso, yo puedo vender eso en buen inglés como el que yo hablo. Dijo Hans destrozando las palabras.—¡De veras que lo podríamos llamar vegitable! Tú sabes, como la papa que se puede comer asada o machacada y va tan bien con la cerveza, el vino, o el *whiskey*.

—Eso es, dijo Palmer—, desde ahora llamaremos vegetal al aguacate, el vegetal milagroso del viejo México que ayuda a ir al escusado, mejora la artritis, las crudas y todo lo demás—, añadió Palmer, aullando otra vez al cielo.

Cada vez estaba más loco a lo mexicano.—¡Y también tu acento natural añade años a la vida!

—Sí, seguro—, dijo Salvador. Mi madre come montones de aguacate, porque son, bueno, blandos y no le hacen daño en las encías ni en el estómago.

—Entonces los viejos los comen para su salud, dijo Hans.—¡Por Dios, nos vamos a hacer millonarios!

—Me parece muy bien—, dijo Kenny. Yo arreglaré tus camiones y la maquinaria del rancho y también me haré rico.

—¡Y yo venderé mucho whiskey!—dijo Salvador.

Los cuatro se emborracharon completamente, bebiendo a la salud del aguacate, el nuevo vegetal milagroso de México que daba una vida larga y sana a la gente.

Pronto se pusieron todos a AULLAR a la Madre Luna, mientras que alrededor de ellos el país se deshacía en pedazos. Nadie tenía dinero. Pueblos enteros se arruinaban.

AL ESTARCIONARSE, SALVADOR pudo ver a Lupe con su hermano por la ventana de la cocina. ¡Su corazón se le subió a la boca! Su amor estaba en casa y tenía a su hija en los brazos. Respiró una y otra vez, sentado en el carro, no más miraba por la ventana. Salió de la Moon, dio las gracias a las estrellas en el cielo, y se acercó a la puerta de la casa.

Estaba temblando, era muy feliz. Lupe y Hortensia se miraban muy felices, allá en la bien iluminada cocina, con Victoriano de visita.

—Lupe—llamó al entrar—. ¿Cuándo volviste a casa?

—Esta tarde, dijo ella. Todavía tenía problemas en la cara al hablar, pero por lo menos podía decir bastante bien las palabras—. ¿Dónde has estado? ¡Mi hermano te ha buscado por todas partes!

—Allá en la cocina, en el rancho de Hill, dijo él.—Hola Victoriano. He injertado aguacates con Hans y el viejo Palmer todo el día. Me estoy volviendo doctor en aguacates, añadió.

—¿Doctor?—dijo Lupe.

—Sí, así es como se llaman los hombres que saben hacer injertos en los aguacates—dijo Salvador—. Sabes, Lupe, algún día quiero que compremos un rancho para cultivar aguacates. Son el futuro, Victoriano. Van a ser la cosecha número uno en toda la región—. Miró a la niña—. ¿Cómo está Hortensia—? preguntó.

—Qué bueno que por fin te acordaste de preguntar—dijo Lupe.

—Lupe—dijo él—, no hagas eso. Yo no soy quien se olvidó. Fuiste tú. Eh, ¿cómo pudiste bautizarla sin mí, querida? ¿Nuestro primer hijo, y lo hiciste sin mí?

—Pero yo no lo hice—dijo Lupe. De repente, tenía problemas otra vez para hablar—. Yo estaba bien dormida cuando María llegó y se llevó a la niña.

Salvador apenas podía comprender ahora. Ella tuvo que repetirlo varias veces, y mucho más despacio.

—Ah, ¿entonces tampoco tú lo sabías?

—No, cómo iba a saberlo, Salvador. Estaba enferma y medio mareada. Yo nunca hubiera permitido que lo hicieran de haber estado yo buena—añadió ella, pronunciando con dificultad las palabras.

Victoriano que había presenciado todo sentado, se levantó.—Bueno, me tengo que ir ahora, dijo él. Se ve que los dos se portan como matrimonio y que tienen mucho que platicar y el médico ha dicho que no nos preocupemos por ella, Salvador; en unos días ella estará bien. ¿Por qué no te quedas esta noche?—dijo Salvador que en realidad quería que se fuera—. Ya es tarde.

—No, necesito regresar. Whitehead y yo nos vamos a reunir mañana por la mañana con Irvine. El viejo chino tiene una idea.

—Bueno, te acompaño—dijo Salvador y fue con su cuñado hasta el camión. Se alegró de que Victoriano se fuera. Quería estar a solas con Lupe y con la niña—. Toma—dijo dándole a Victoriano un billete de cinco dólares—. Para la gasolina. Gracias por traer a Lupe a la casa.

—No tienes que pagarme, Salvador. Es mi hermana. Lo hice por ella.

—Ya lo sé. Ya lo sé. Pero aquí la gasolina está cara. Los agricultores no nos dan gasolina.

—A propósito y hablando de agricultores, dijo Victoriano sonriente—, ¿fuiste tú, Salvador, quien hizo que ese agricultor viniera a la casa a pedir perdón?

—¿Yo? Ah, no—dijo Salvador—. Misteriosos son los designios de Dios.

—Ya veo. Ya veo, pero tú le ayudaste algo a Dios, ¿verdad?

—Bueno, tal vez mis oraciones le llegaron al hombre.

—¿Tus oraciones, eh?—dijo riéndose Victoriano—. Seguro, creo que ya he oído de tus oraciones. Pueden ser muy convincentes.

Salvador asintió.—Sí, estoy de acuerdo, mis oraciones son muy convincentes a veces, Victoriano.

No se dijeron nada más. No más se miraron el uno al otro sonriendo con los ojos. Ellos, también habían avanzado mucho en su relación como cuñados.

—Cuídala bien, Salvador—Victoriano dijo por fin—. El médico, dijo a Lupe que estaba todavía muy débil para regresar hoy, pero ella insistió cuando se enteró de que habías venido y te habías marchado furioso. Te quiere mucho, Salvador.

—Lo sé, y yo también la quiero mucho. Mira, toma los cinco dólares. Sé que usas tu gasolina cuando traes comida al barrio.

—No, Salvador—dijo Victoriano—. No quiero ser de esos que andan siempre sacándote dinero. Me ayudaste a comprar el camión, y eso fue bastante. No más estoy contento de poder darte un poco a cambio.

—Está bien, dijo Salvador, guardando el dinero en el bolsillo. Nos vemos, compadre. Buenas noches. Eres un hombre bueno, Victoriano, un hombre muy bueno.

—Tú, también—dijo Victoriano—. Y les diré a mi familia que les mandas recuerdos.

Salvador respiró—. Sí, seguro, díselo, por favor.

Victoriano se fue. Salvador respiró profundamente otra vez, miró al Cielo y entró en su casita. Lupe estaba en la cocina. La niña no se veía en ninguna parte. Lupe la había puesto a dormir.

—Tu hermano es un hombre bueno—dijo Salvador.

—¿Qué es lo que te dijo?—preguntó Lupe—. ¿Que estoy mala? ¿Que el médico dijo que no me viniera a casa? Bueno, pues no estoy mala. Yo puedo, bueno, casi hablar bien otra vez—. Respiró profundamente—. No sé qué es lo que les pasaba a todos. Creo que tenían miedo porque estaba embarazada, así que no supieron qué hacer cuando María llegó y dijo que había que bautizar inmediatamente a la niña.

—¿Ah, así que fue María quien lo hizo? Yo creí que había sido Carlota.

—Bueno, pues te equivocaste. Carlota te defendió, Salvador. Pero ella y Sofía dijeron a María que tú debías haber estado allí y que ellos no querían saber nada.

—Carajo—dijo Salvador—. Carlota me defendió. No lo puedo creer. Entonces, ¿quién estuvo en el bautismo de la niña?

Lupe no quería decírselo, pero lo hizo.—Mi madre, y María y Andrés hicieron que mi madre y Andrés fueran los padrinos.

—Ya veo, dijo Salvador, procurando no enojarse otra vez—. Así que por eso le pusieron el nombre de María Hortensia por tu hermana María en vez de Lupe Hortensia.

—No, me dijeron que fue el sacerdote el que añadió el nombre de María al de Hortensia, por Nuestra Santa Señora.

—Ah, ya veo—dijo Salvador caminando de un lado a otro—. ¡Dios mío, nuestro primer hijo y ni siquiera le podemos poner el nombre! ¡El Diablo nos está jugando unos juegos insensatos!

Los ojos se le llenaron de lágrimas a Lupe.—Lo siento, Salvador. En verdad lo siento, pero es difícil discutir con los sueños de las personas. Nadie supo qué decirle a María.

—Pero, ¿por qué no? ¿Es que tu familia es supersticiosa? No saben que el mal no existe al otro lado, ¿sino que lo llevamos nosotros en nuestros corazónes?

—Por Dios. ¡Mi mamá no habría dejado que María hiciese eso nunca!

—Salvador—dijo Lupe—. Estoy tan molesta como tú, pero no hay por qué insultar a mi familia.

—Yo no les estoy insultando—dijo él—. No más estoy diciendo que cuando se trata del espíritu o de una confrontación, tu familia se escapa o no quiere hablar del tema. Mira cómo me trata tu padre desde que Carlota le contó lo que nos pasó en Escondido con el *sheriff*.

—Salvador, no vine a nuestra casa pelearme contigo—dijo Lupe comenzando a tener otra vez dificultades para hablar. Parecía que cada vez que se enojaba empezaba a tener problemas con el habla.

—Mira, cuando descubrí lo que había ocurrido y que tú habías venido y te habías ido enseguida, hice que viniera el médico y me pusiera una inyección para que yo . . . —Tuvo que dejar de hablar y respirar varias veces profundamente para poder continuar—. Salvador dijo con lágrimas de frustración—, yo quería venir y estar contigo. Soy tu esposa, Salvador, y tú eres mi marido, y yo . . . yo . . . yo te juro que no importa lo mala que esté la próxima vez, esto . . . esto no volverá nunca a ocurrir—, añadió mientras las lágrimas le caían por las mejillas—. Lo siento estaba enferma y no podía pensar. ¡No lo sabía, Salvador, no más no lo sabía!

Salvador sintió latir su corazón. Se acercó a ella, la abrazó.—Lo siento querida. Me equivoqué al salir de aquí. Bueno, quedé tan desengañado. Yo quería estar allí. Había perdido el parto, además había planeado una gran fiesta para el bautismo de Hortensia.

—Yo también—dijo Lupe—. Yo también. Ahora, por favor, abrázame. ¡Te he echado tanto de menos!

—¿De veras? ¿De veras?

—Claro que sí—dijo ella—. Tú eres mi marido hasta que la muerte nos separe—, añadió Lupe, respirando hondo.

—Sí—dijo él, respirando hondo también—. Hasta que la muerte nos separe. Ah, te quiero tanto, Lupe. ¡Tú eres mi vida, mi amor, mi mujer!

Se besaron una y otra vez, ¡abrazados con un gran abrazo de corazón!

Y en la recámara de al lado estaba su hija, y aunque ella estuviera profundamente dormida, ella también podía sentir en su corazón el Amor de la Casa que ella había escogido mientras estuvo en los brazos de Papito, mirando desde el Cielo hacia abajo.

El Diablo Giraba, Se Arremolinaba, Bailaba — ¡de lo
CONTENTO que estaba! Todavía trabajaba en la tierra
ofreciendo una alternativa entre lo Bueno y lo Malo, ¡pero
Ahora todas las Noches, él, también se reunía con PAPITO
DIOS!

A LAS PRIMERAS horas del domingo llegó Archie volando por el
largo camino de entrada entre los aguacates a la casita rentada de Salvador y Lupe en Carlsbad. Salvador estaba en la parte de atrás, pero estaba listo. Había estado esperando a Archie desde que había ido a la casa del
viejo Palmer para confrontarlo por los doscientos dólares.

—Hola Lupe—le dijo Archie dulcemente cuando le abrió la puerta—.
¿Qué tal están tú y la chiquita?

—Mucho mejor, gracias—dijo Lupe—. Había recuperado su voz otra
vez casi a su estado normal. Le habían ayudado inmensamente a sanar el
tomar infusiones de plantas y sentirse bien de estar sola con Salvador y
Hortensia en su propia casa.

—Qué bueno—dijo—. ¿Está Salvador?

—Sí—dijo Lupe—, está atrás. Nos preparábamos para salir.

—Ya veo—dijo Archie.

—Estoy aquí—dijo Salvador entrando por la puerta de enfrente.

—Quiubo, mano—dijo Archie con esa misma sonrisa encantadora que
le mostró a Lupe—. Vine a verte porque necesito hablar contigo, Sal—añadió sonriendo todavía.

—Claro—dijo Salvador casi riéndose. Había estado en tantos juegos de
pokar que sabía lo que estaba sucediendo. Archie estaba súper encabronado porque había ido a ver a Palmer sin él y estaba actuando amigablemen-
te para entraparlo—. Regreso enseguida Lupe—, Salvador le dijo a su
esposa—. Tú sigue y ten las cosas listas. Me va a tomar sólo un par de minutos.

Ahora que Lupe se sentía mejor, Salvador quería que fueran a Corona para presumirles a Hortensia, a su madre y a su hermana Luisa y a los niños.

—Puede que tome más de unos pocos minutos—dijo Archie.

—No lo creo—dijo Salvador poniéndole las espuelas a las costillas de Archie.

Entonces Salvador salió por la puerta del frente y se llevó a Archie a la parte de atrás.

Apenas habían doblado la esquina de la casa cuando Archie agarró a Salvador del hombro y le dio vuelta gritándole a la cara como toro enfurecido. Pero ya que estaba listo Salvador se mantuvo tan calmado como un reptil al Sol del mediodía que rehúsa ser provocado.

—¿Qué *chingaos* crees que estás haciendo al ir a ver a Palmer a mis espaldas? ¡Hijo de la *chingada*! ¿Crees que tú eres el único trato que tengo con él? ¡Yo tengo negocios con él todo el tiempo! ¡Y no voy a permitir que me eches todo a perder por unos cuantos pinches dólares, carajo!

—¿Doscientos son unos cuantos pinches dólares?—dijo Salvador sonriendo.

—¡Doscientos no son tanto!—grito Archie. ¡La gente se está muriendo! ¡La gente se está suicidando! ¡Todo el país se está yendo a la *chingada* y yo te he estado protegiendo el culito, y no me pagan un carajo por ser vicealguacil! Hago todo mi trabajo sólo para ayudar a la gente. ¡No recibo dinero como tú, Sal! ¡Carajo te está yendo mejor que a cualquier otro que conozco!

Salvador no dijo nada. Sólo miró al policía grandulón mientras seguía enfurecido. Sabía que ahora traía todos los aces, de otra manera Archie no estaría tan enojado. Dejó al policía gritar y gritar. Después de todo podía darse el lujo de estar calmado. No había ya nada que le pudiera hacer Archie. Porque él, Salvador, no sólo tenía ahora el dinero, sino los contactos también.

Archie se había cavado su propia tumba.

—¡Conozco a Palmer desde la escuela secundaria!—siguió gritando Archie—. ¿Crees de verdad que él te hubiera hablado siquiera si no te hubiera presentado? ¡Carajo, no! ¡Su familia viene de San Francisco!

—Pensé que eran de Tucson, Arizona—dijo Salvador frotándole un poco de sal a la herida.

—¿Qué? ¿Tucson? Ah sí, eso fue antes de San Francisco, cuando estaban metidos en la minería. ¡Es una de las familias más influenciales y antiguas de todo el oeste! ¡No tenías ningún derecho de ir a verlo atrás de mis espaldas, cabrón! ¡Debería darte una madriza en este momento!—gritó Archie, levantando los brazos mientras seguía insultando a Salvador y amenazándolo con golpearlo.

Finalmente Salvador se cansó y mostró su primer as.—Lo que pasa es que te pusiste un poco codicioso—, dijo calmadamente.

—¿Cómo dijiste?—gritó Archie sin haberlo escuchado completamente debido a sus propios gritos.

—Muy codicioso—repitió Salvador—. Tienes un muy buen juego y pudo seguir eternamente, Archie, si sólo no te hubieras vuelto tan codicioso.

Archie dejó estar furioso y respiró profundamente subiéndose el cinturón de la pistola y mirando largamente a Salvador.—¿Muy codicioso, eh?

—Sí—dijo Salvador dejando caer su segundo as—, si me hubieras pedido cincuenta, nunca hubiera ido a hacer preguntas, Archie.

—¿Cincuenta, eh?

—Sí, o aun cien, y los hubiera pagado porque tienes razón, Palmer no me hubiera hablado si no nos hubieras presentado, y por eso te correspondía algo de dinero, pero no doscientos.

—*Okay*—dijo Archie tranquilizándose y agarrándose la larga nariz con su enorme mano y jalándoselas—. Bueno, sí, a la mejor te pedí demasiado. ¿Pero cuánto me toca ahora, eh? ¿Setenta y cinco?

—No, nada—dijo Salvador bajando su tercer as.

—¡Nada!—gritó Archie—. ¡Óyeme cabrón!

—NO, ¡TÚ ERES EL CABRÓN!—bramó ahora Salvador! Ya lo tenía cansado y le iba a enseñar a Archie todo el poder de no sólo tres aces, ¡sino todos los cuatro! Vas por ahí actuando como si fueras el héroe de nuestra gente, haciendo siempre esto y eso, dándoles comida y bebida y todo lo demás, ¡pero siempre te llenas los bolsillos con nuestro dinero! ¡Nos mientes, Archie, diciéndonos que no podemos ir con el gringo y hablarle directamente, sino que lo tenemos que hacer a través de ti! Actúas como si sólo tú supieras hacer esta magia gringa, y no es ninguna magia. ¡Palmer es un tipo bueno, común y corriente! ¿Por qué no tuviste las agallas para darme una mano honrada, Archie, y decirme que querías dinero para ti por ayudar a cerrar el trato?

—Porque, bueno, yo . . . ah—titubeó Archie sin saber qué decir.

—Porque la verdad es, Archie, que te gusta mantenernos—a tu propia gente—débiles y espantados para que tú parezcas grande, inteligente y fuerte.

—¡Eres como lo peor de la Iglesia Católica! ¡Igual que uno de esos malos sacerdotes refunfuñones de allá de México que andaban siempre predicando el infierno y la condena, contándonos del Diablo y del fin del mundo para poder tenernos esclavizados con el TERROR!

—¡No te debo NADA, Archie! ¡Nada, nada, NADA! ¡Me oyes, NI un pinche quinto! ¡De hecho, tú eres el que me debe ahora—! añadió Salvador, poniendo su último as sobre la mesa con la contundencia de un hom-

bre que había sido amigo del Diablo y de Dios. Así que Aquí, no había manera de espantarlo ni con uno ni con el otro.

—¿Yo te debo a ti?—dijo Archie todavía sin entender—. ¿Y cómo carajo llega usted a esa conclusión, señor creído?

—Porque te hice un favor—dijo Salvador—. El favor más grande que se
le puede hacer a un ser humano en este país.

—¿Y qué será eso?—preguntó Archie—. ¿Le contaste a Palmer que soy
un ladrón que traté de robarte?

Salvador sólo sonrió. Le encantaba. Había ganado. Se había ahorrado
doscientos dólares y Archie iba a estar de acuerdo con él—. No, Archie—,
dijo calmadamente—. Hice lo opuesto, no le dije nada. Ése es el favor que
te hice, no le dije nada.

—¿Nada?—dijo Archie. Estaba completamente desorientado.

—Sí, nada, nada, *nothing*.

—¿Quieres decir que no le dijiste nada de los doscientos dólares que te
estaba cobrando?—preguntó.

—Exactamente, no le dije nada—dijo Salvador.

Archie todavía no comprendía.—¿Por qué no—? preguntó sospechando algo.

—Porque le caes bien a Palmer y te respeta, Archie—dijo Salvador. Y
por eso no quise que supiera de nuestros problemas personales.

—Me lleva—dijo Archie entendiendo ahora lo que le decía Salvador.

—No quería que pensara mal de ti ni de mí—continuó Salvador—. No,
quiero que este hombre rico y educado y bien conectado piense sólo lo
mejor de nosotros, que los dos somos honrados, trabajadores y buenas
gentes, Archie. Para que se sienta bien y seguro cuando esté trabajando
con nosotros y con nuestra gente en el futuro.

Al oír esto, Archie hizo una mueca de risa.—¡Qué cabrón mañoso que
eres—! dijo riéndose—. Sabes, a veces creo que ya te conozco y después
me sales con cada cosa como ésta y me doy cuenta que no te conozco para
nada. ¡Carajo, qué listo eres, *chingado*! ¡Y tienes razón, te debo una! ¡De
veras, te debo una, cabrón!

—Sí y ésta que me debes es grande—dijo Salvador con una sonrisita de
alegría.

—Oye, espérate, espérate—le dijo Archie—. ¡Más vale que no te hagas
ilusiones locas de sacarme dinero a mí, cabrón!

Salvador únicamente se rió.—No me las voy a hacer—, dijo. Soy un jugador profesional, Archie, y un jugador de baraja profesional nunca pone
mucho dinero en una sola carta. A un profesional le gusta ganar con muchas manos para que ninguno se sienta quemado.

Archie explotó a carcajadas.—Bueno, cualquier cosa que me estés diciendo, todo lo que sé es que acabas de partir muy bien la baraja, Sal. ¡Sí tengo que admitir que me ganaste ésta!—dijo.

—No, Archie, tú solo te entrampaste.

—¿Yo solo me entrampé?

—Sí.

—Mira—le dijo Archie—, yo no soy ningún jugador profesional ni nada, así que lo único que sé es que perdí doscientos dólares y que estoy endeudado contigo, ¡hijo de la *chingada*! ¡Pero la próxima te voy a ganar!

Y Archie se reía y se reía y Salvador pudo darse cuenta ahora que este hombre no había entendido nada. No iba a haber una próxima vez. Ese juego se había acabado. Archie de verdad se había colgado solo. Acababa de perder todo su poder sobre Salvador por unos cuantos avariciosos doscientos dólares.

La codicia no le tenía respeto al poder, ni lo entendía.

Pues hacía mucho que Salvador había aprendido que la Codicia se basaba en el Miedo, y el Miedo desde luego, no tenía una influencia duradera.

Salvador miró a los Cielos y le dio las gracias a las Estrellas del firmamento por haber tenido la buena suerte de ser criado por mujer que le había enseñado que el Verdadero Poder de la Vida no se mide en músculos o armas, o de los pies a la cabeza, ¡sino de la cabeza al Cielo porque éramos GIGANTES que sabíamos cómo vivir sin el temor de la Vida o de la Muerte, del Diablo o de Dios!

—LUPE—DIJO SALVADOR al entrar de nuevo a la casa después de despedir a Archie—, ¡vamos a ponernos nuestra mejor ropa! ¡Quiero que celebremos! ¡Nos acabo de ahorrar un montón de dinero y de poner a la ley de mi parte!

Salvador y Lupe se pusieron su mejor ropa, la ropa que les había sido hecha a la medida por esa pequeña sastrería exclusiva de Harry en el centro de Santa Ana. Se puso su precioso traje azul marino de rayas y doble solapa y su sombrero blanco de Panamá con la ancha banda negra y la plumita roja que se la había arrancado a un cuervo de hombro rojo. Ella se puso su hermoso traje azul royal y su abrigo con el suave cuello de piel oscura alrededor del cuello.

—En cuanto mejoremos un poquito—dijo Salvador mientras salían por la puerta con su hija y se subían a su Moon—. ¡Quiero regresar a la sastrería de Harry y comprarnos más ropa nueva, amor mío! Ese judío, Harry, siempre fue bueno conmigo. Fue el primer hombre que me vendió fiado. ¡El crédito, me explicó Harry, es el futuro!

—Pero mi ropa está muy bien—dijo Lupe.

—¡Sí, pero quiero que gastemos un dinerito por puro gusto!—dijo Salvador—. Además, probablemente Harry y su esposa Bernice necesitan el dinero. ¡Todo el mundo tiene problemas con el dinero, Lupe—! Era la media mañana cuando Salvador y Lupe salieron de Carlsbad para ir a Corona a ver a la familia de Salvador. Casi al llegar a *Lake Elsinore*, Lupe le pidió a Salvador que se parara para poder cambiar a Hortensia.

—Quiero ponerle el vestidito bonito que le hizo Sofía—dijo Lupe—, para que la vea tu mamá, Salvador.

Salvador se estacionó debajo de una arboleda de grandes sicomoros de California. Hortensia tenía ya casi un mes y crecía como lo había predicho Sofía. Era una bebita preciosa. Tenía las facciones de Lupe y los ojos oscuros con las pestañas largas y gruesas de su padre.

Salvador se salió del carro para estirar las piernas y hacer sus necesidades. Se quedó atónito al sólo mirar a Lupe y a su hija. Respiró profundamente varias veces y miró a su mujer hablando como bebita mientras cambiaba a su hija y le dieron ganas de abrazarlas, apretarlas, comérselas y hacerlas parte de él.

¡Les quería decir tanto a su esposa y niña que quería sacarse el cerebro y el corazón y dárselos a ellas para que pudieran comprender cuánto las quería!

Miró a Lupe terminar de cambiar a su hijita, y vio los piececitos de Hortensia y su manita y esas pequeñas uñitas en cada dedo de la mano y del pie . . . se le llenaron los ojos con lágrimas de felicidad. Era de verdad un Bendito Momento Santo.

Se secó los ojos y le pedía a Dios que pudiera vivir lo suficiente para ver crecer a esta niña. Le pedía siquiera llegar a los cuarenta sin que lo mataran o lo mandaran a la cárcel. Ningún hombre de su familia había pasado de los treinta sin terminar tras las rejas.

Salvador respiró y miró cómo Lupe le ponía unos zapatitos tejidos que también había hecho Sofía, y estaba tan contento de estar vivo tras todos estos años de correr, esconderse y capear balas.

Las lágrimas de felicidad continuaban cayendo de los ojos de Salvador.

AL LLEGAR AL barrio, un chivito negro se atravesó la carretera. Salvador tuvo que dar vuelta rápidamente para no pegarle. El dueño del chivo salió corriendo de su casa gritando. Era el antiguo maestro de Monterrey, México, Rodolfo Rochin, que durante los dos últimos años había tenido problemas con la vista.

—¡Fíjese por donde anda o me va a pagar un chivo!—gritó Rochin.

—*Okay*—dijo Salvador—¡le pago el chivo ahora mismo!

—¡Ah, es usted mi general—dijo Rochin.. Había llamado a Salvador 'mi general' desde que habían tratado de organizar una huelga en el *rock quarry* afuera de Corona unos años antes—. ¿Cómo ha estado?

—Muy bien—dijo Salvador—. Lupe y yo acabamos de tener nuestro primer bebé. Por eso, por qué no le compro ese chivo, me lo trae a casa y lo asamos. Eh, ¡y se trae a toda la familia y tendremos una fiesta!

—El honor será mío—dijo el viejo elegante—. Gusto en verla señora—. añadió dirigiéndose a Lupe y tocándose el sombrero.

Lupe asintió. El había estado en su boda—. Mucho gusto en verlo de nuevo—, dijo.

Rodolfo se inclinó respetuosamente—Y el chivo—dijo, será un regalo mío para tu primer hijo Salvador.

—Muy amable de su parte—dijo Salvador—. Pero los tiempos no están para eso, Rodolfo. Déjeme que le pague por el chivo.

—Bueno, si insistes—dijo el maestro de escuela.

—¿Cuánto?

—Bueno, digamos cincuenta centavos—dijo Rodolfo.

—¿Que tal cincuenta centavos y una pinta de whiskey?—dijo Salvador sabiendo muy bien que al hombre le gustaba beber—. ¿Y después usted me ayuda a matarlo y a asarlo?

—Será un honor—dijo, tocándose el sombrero de nuevo ante Lupe.

Lupe asintió una vez más y entonces ella y Salvador se fueron a casa de su mamá a solo una calle de distancia.

Al estacionar el Moon, y toda la familia de Salvador salió corriendo para verlos. Luisa, Epitacio, José, Pedro y el pequeño Benjamín. Después llegó la gran dama anciana, doña Margarita. Tenía un pañuelo blanco enredado en la cabeza.

—Ay, qué bonita es—decía todo el mundo de Hortensia.

—A ver, déjenme cargarla—dijo doña Margarita estirando los brazos.

—No mamá—dijo Luisa, interrumpiendo—. Mejor te sientas. Ya sabes cómo te has sentido últimamente.

—¿Qué le pasó en la cabeza?—le preguntó Salvador a Luisa.

—Ay, en la iglesia, una de sus viejas amigas la apedreó y yo sabía que iba a suceder.

—¡Sssssh!—dijo doña Margarita—. La única razón que me apedreó fue porque tú casi la ahogas y le diste la idea.

—¡Y ahora me echas la culpa a mí, mamá! ¡A mí que te salvé la vida!

—Pero de qué están hablando—dijo Salvador—. ¿Qué mujer te apedreó y por qué?

—¿Ha importado el por qué alguna vez?—dijo su madre—. Lo importante es que ya pasó. Ahora, déjame cargar a la bebé. ¡Ay, qué linda es! ¡Mírenle los ojos!

Salvador se dio vuelta hacia Luisa.

—A mí no me veas—dijo su hermana—, fue nuestra mamá la que hablaba con Moisés y ocasionó toda la catástrofe ella misma.

—¿Hablabas con Moisés, mamá?—dijo Salvador—. ¿El Moisés de la Biblia?

—Sí, por qué no—dijo bruscamente la anciana—. Pero basta de eso. Quiero a mi nieta—agregó, empujando a Luisa a un lado y estirando los brazos hacia Hortensia una vez más.

Pero cuando tomó a la bebé de los brazos de Lupe perdió el equilibrio por poco y se cae. José agarró a su abuelita en los brazos y le ayudó a sentarse en el estribo de la vieja *troca* abandonada en su patio. La vieja nunca soltó a la bebé apretándola contra el corazón.

—¿Cómo le van a poner?—preguntó doña Margarita—. ¿Ya han decidido?

Salvador miró primero a Lupe y después a su madre.—Ya, ah, le hemos puesto nombre. Se llama María Hortensia. Pero, bueno, en realidad no fuimos nosotros quienes le pusimos ese nombre, mamá.

Hubo un gran silencio. Todos miraban a Salvador tratando de entender.

—Fue María, la hermana de Lupe—continuó Salvador—, quien le quitó la niña a Lupe mientras dormía y la llevó a bautizar llamándola María Hortensia sin nuestro conocimiento—. Tragó saliva. Se sentía muy avergonzado. Podía ver que toda su familia estaba asombrada—. Lo que pasó es que la hermana de Lupe tuvo un sueño horrible y tal vez por eso se espantó tanto que ella . . .

—¡Bueno, no se diga más de esto!—dijo doña Margarita al ver lo incómodos que estaban Salvador y Lupe al contar el suceso—. ¡Lo importante es que fue bautizada y le pusieron un nombre tan bonito! ¡Si tiene el nombre de la Madre de Dios y además la bendijeron con el nombre de una primorosa y grande flor! ¡Prefecto para una niña tan bonita! ¡Ahora salgan todos! ¡Necesito hablarle a solas a mi nueva nietecita!

—Pero, mamá—dijo Luisa—, realmente no deberías . . .

—¡FUERA!—dijo bruscamente la anciana. ¡Salgan todos! ¡O ahorita les doy de varazos! ¡Y no crean que no puedo! ¡Todavía soy muy rápida!

Y se rió disfrutando del momento y le empezó a cantar a María Hortensia. Lupe no sabía qué hacer. No quería dejar a su bebé con esta vieja de la cabeza vendada.

—Vente—le dijo Salvador a Lupe—. Crió a docenas de niños. Sabe lo que hace.

Aunque no le gustaba, Lupe empezó a salir con Salvador a regañadientes. Sentada en el estribo del viejo y descascarado camión rojo, doña Margarita mecía a la niña en los brazos cuando vio a Lupe.—¡No, tú no, Lupe! ¡Tú te quedas conmigo!

—Ah, *okay*—dijo Lupe regresándose con la anciana y su niña.

Mira, Lupe—dijo la anciana acercando a Lupe al estribo—, ¡nosotras las madres tenemos que darle la bienvenida al mundo a esta pequeña mujercita!

Al oír esto María Hortensia chilló de alegría pateando con sus piecitos.

—Ya ves, me entendió—dijo la anciana besando a la niña una y otra vez—. Entiende, por favor, Lupe, que los niños—no importa que tan jóvenes sean—comprenden exactamente lo que dice la gente. De hecho, te diré que la vida de muchos niños se ha arruinado por los padres que no se dan cuenta de esto y dicen cosas odiosas enfrente de ellos. Te juro Lupe que los niños entienden más de lo que decimos que nosotros mismos. Igual que los perros y los gatos entienden lo que está pasando en una familia—aun antes que la familia misma lo sepa—y los niños también porque ellos son nuestros últimos mensajeros directamente de Dios.

—¿Eh, no es verdad *mijita*?—dijo la anciana mirando a María Hortensia—, tú ya sabes todo lo que hay que saber, ¿verdad? Pues tú eres un Angelito, nuestro último relámpago, pararrayos de los Cielos. María Hortensia miró directamente a la anciana y comenzó a patear desaforadamente de nuevo—. ¡Ya ves, Lupe, ella sabe, Sabe!

Lupe estaba atónita.—Nunca la he visto patear así antes—dijo.

—Mira esto—dijo doña Margarita—. Hortensia, ¿recuerdas que volabas en los Cielos con Papito Dios y los Ángeles?

Al oír esto los ojos de Hortensia se iluminaron de alegría y empezó a mover sus brazos como si fueran alas en los Cielos.

—Pon atención, Lupe—dijo doña Margarita cerrando los ojos para concentrarse—, entre más y más pasamos de este sol al Quinto Sol, nuestros hijos nacerán con mayores memorias. No está muy alejado el Santo Día en que la mayoría de Nuestra Humanidad Despierte. Esto aun los incas y los mayas lo sabían. ¿Verdad que sí, María Hortensia—? agregó doña Margarita volviendo a mirar a la niña—, ya estás segura, amorcito, al estar aquí en esta Madre Tierra con tu familia y podrás mantener tus recuerdos del Cielo pues estás rodeada de Amor! Dile Lupe, necesita oírlo de ti, su madre.

—Pues sí, claro—dijo Lupe—, pero ya sabe que la queremos, señora.

—Sí, pero tú debes decírselo con palabras, Lupe—, dijo doña Margarita—. Las palabras, Lupe, eran originalmente sonidos, cantos, Vibraciones que nos daban Amor de un Corazón a otro Corazón así que estos Sonidos-Vibraciones deben ser repetidos varias veces al día por la persona que la alimenta y le da calor para que la niña se sienta anclada.

—Hay tanto que te tengo que decir, Lupe. Debí empezar a decírtelo hace meses como lo han hecho las parteras sabias con todas las madres jóvenes desde el principio de los tiempos. Ves, los hombres simplemente no comprenden este viaje el cual acaba de hacer Hortensia para venir Aquí a la Tierra de las Estrellas.

—Cada niño, *mijita*—dijo la anciana—, es una Sagrada Bendición llegada aquí en el Hálito de Dios. Cada uno de ellos es la reflexión de la Estrella en la que viajaron. *Esta planeta* es una escuela, si así quieres llamarla, para develar el Entendimiento de la Creación, de Dios y de Nosotros. Y por eso Lupe—agregó—, cuando te recuestes a dormir pon siempre a Hortensia en tu pecho para que pueda sentir tu Corazón, latir, Latir, Latiendo, así crecerá Conociendo el Latir de la Creación dondequiera que vaya.

—¿Verdad que sí, *mijita*?—dijo la anciana mirando a la niña una vez más—. El Latir del Corazón de tu madre fue la Primera Canción del Universo que te latió, Latió, Latiéndote mientras estabas dentro de su vientre. Te Cantaba, Cantaba, Cantaba Noche y Día, mandándote Amor y Buenos Deseos, enseñándote a relajarte y Confiar en el Universo mientras dormías. Bueno, *mijita*, quiero que sepas que aquí, en este mundo lo mismo es cierto y aquí hay también un latir y es el Latir del Corazón del Santo Creador que seguirá enseñándote acerca del Universo cada vez que duermas y tu Angel Guardián te lleve a visitar a Papito Dios. ¿Eh, te acuerdas, verdad? ¿Sabes de qué te habla tu abuela?

En ese momento la bebita empezó a gritar una vez más como si de veras hubiera entendido cada una de las Palabras Sagradas.

Nunca antes había visto Lupe a un bebé, ni siquiera a un adulto, comportarse así. Se le llenaron los ojos de lágrimas a Lupe. Se sentía dichosa de tener una amada suegra como doña Margarita.

—Recuerda siempre *mijita*, ¡tú eres la Nota Única de Dios en Su Gran Sinfonía!—continuó la anciana india—. ¡Eres Especial, Única, nadie, pero nadie como Tú fue Creada antes en todo el Universo! Y todas las noches cuando te duermas, acuérdate siempre que tu Ángel Guardián vendrá y te llevará de la mano de regreso al Cielo para que puedas dormir con Papito Dios. ¡Entonces cuando te despiertes en la mañana te sentirás maravillosamente bien! ¡Bienvenida a nuestra familia, mujercita! ¡Bienvenida a tu corta estadía *a la planeta* Tierra!

María Hortensia gritó de nuevo pateando y pateando.

¡Había sido ANCLADA!

¡Su Alma había sido REAFIRMADA!

Lupe no cabía en sí de felicidad. Se le había olvidado que su propia madre, una india yaqui, había hecho casi lo mismo con ella cuando había nacido.

¡Todos y cada uno de los niños debía ser presentado a las Estrellas y a la

Madre Tierra para que su Alma fuera Reafirmada, de otra manera estarían perdidos y vagando sin dirección toda sus vidas!

Las lágrimas le corrían por la cara a Lupe.

—¿Qué te pasa, querida?—le preguntó la anciana.

Lupe se alzó de hombros.—Ay, no sé. ¡Es que cada vez que nos reunimos me siento tan bien, señora!

—Siento tanto que María se llevara a Hortensia para bautizarla sin que usted estuviera presente, pero, bueno, tuvo este horrible sueño y, ¡ah, no sé—! añadió Lupe frustrada.

—Lupe, lo hecho, hecho está—dijo la anciana—, y quién sabe, los sueños pueden predecir el futuro, así que tal vez tu hermana hizo lo correcto. No hay accidentes. Ahora dame la mano y ponla suavemente aquí en el estómago de Hortensia.

—Ahora—agregó la anciana—, ¿oyes la respiración de la niña? El respirar es la cosa más importante que podemos enseñarle a cualquier niño. El respirar lentamente, lentamente, calmadamente, especialmente cuando las cosas no van bien; éste es el Verdadero Bautizo que una madre le da a su niño. Estos sacerdotes y sus sotanas de ceremonias no saben de bautizar a los niños. Es todo un espectáculo. Pero nosotras las mujeres debemos perdonarlos, Lupe. Son sólo hombres, nunca tuvieron el milagro de la Vida pulsándoles dentro como te pasó a ti por nueve meses. ¡Ay, Lupe, tú eres ahora la Hacedora de Milagros de tu casa!

—Así que perdona a tu hermana María—siguió doña Margarita—. Yo también fui joven y tuve muchos sueños poderosos y no sabía qué hacer. De hecho, ésta es la razón que Moisés y yo hemos pasado tanto tiempo juntos.

—Entonces, ¿de verdad ve a Moisés?

—Pues sí, claro—dijo la anciana riéndose—. No entiendo por qué la gente se sorprende de oír esto. El hablar con la Virgen y Jesús se acepta fácilmente en nuestra cultura, sin embargo la gente se asombra cuando alguien dice que tuvo una conversación con Moisés.

Al ver la reacción de Lupe la anciana se rió de nuevo.—*Mijita*, está bien. No estoy más loca hoy que lo que estaba anteayer. Mira, Moisés y yo estamos rehaciendo los Diez Mandamientos.

—Usted y Moisés están rehaciendo los Diez Mandamientos?—dijo Lupe asombrada.

—Por supuesto. ¿Crees que fueron escritos en piedra?—agregó doña Margarita riéndose a carcajadas.

Pero podía ver que su amada nuera no se reía. Lupe se veía muy asustada.

—¿Pero por qué estás espantada, *mijita*?—preguntó la anciana.

—Bueno, porque—dijo Lupe no pudiendo creer que su amada suegra no estuviera temblando de miedo—, ¡los Diez Mandamientos son las LEYES DE DIOS, señora!

Doña Margarita se echó a reír de nuevo—Y también el Respirar. Y también el Dar a Luz. Y también el Amar. Y también es . . . podría seguir por horas, por días, *mijita*. Todo lo Viviente son los Mandamientos de Dios. Estos diez—, añadió—, recibieron más atención, y ni siquiera son los diez principales.

Lupe asentía moviendo y moviendo la cabeza—¿Y Moisés estuvo de acuerdo con usted en esto?

—¿Cómo podía no estarlo, lo tenía agarrado de los *tanates*.

Fue muy difícil que Lupe oyera nada más después de esto. Sólo la imagen de su amada suegra agarrando al Gran Hombre Bíblico de sus partes privadas era demasiado fantástico para ella—pero entonces Lupe recordó lo que había aprendido desde que se había casado, y no podía creer lo que salió de su boca.

—¿Le gustó?—preguntó.

—¿Le gustó qué?—preguntó doña Margarita.

Lupe se puso de mil colores y se avergonzó.

—Ah, ¿Moisés?—dijo doña Margarita—. ¿Cuándo lo tenía de los huevos? ¡Ah, sí, le encantó! ¡Hacía años que nadie le había tocado!

Y ahora las dos se reían a carcajadas. Salvador y Luisa las veían por la ventana de la cocina. Las dos mujeres se veían tan bonitas riéndose juntas en el estribo del viejo y abandonado *Model T* sin puerta y sin motor. Era un antiguo camión chocado al que la gente del barrio le había quitado partes durante años.

—¿Cómo fue que la apedrearon, señora?—preguntó Lupe limpiándose los ojos.

Doña Margarita se pasó la mano por su vendada cabeza respirando profundamente.—*Mijita*—dijo lentamente estirando la mano para acariciar la mano de Lupe—. No estaba sola cuando hablé con Moisés. Muchas de mis amigas de la iglesia querían hablar con Moisés también, así que las invité a que vinieran. Y bueno, el dar a luz ha espantado a las mujeres desde el principio de los tiempos. Y, mira, reunirse con alguien como Moisés del Otro Lado, es nacer uno mismo fuera del mundo chato y estrecho de los cinco sentidos y regresar al Pleno, Completo, Amplio Universo de Todos nuestros Trece Sentidos.

Al oír esto Lupe no dijo nada. Sólo miró a su amada suegra sin saber ya qué pensar ni siquiera qué sentir.

—Entonces, ¿quién la apedreó, Señora, las otras mujeres?

—No, fue mi vieja amiga, Dolores que se sintió menospreciada cuando no pudo hacer el Viaje con el resto de nosotras. Que Dios Bendiga su Alma atormentada.

La anciana dejó de hablar y se santiguó. Lupe se quedó quieta. Llegó una brisa arrastrando con ella un pequeño remolino de hojas.

—Señora—dijo Lupe—. Puedo entender algunas de las cosas que acaba de decir porque allá en México mi mamá también nos hablaba de la Creación mientras crecíamos. Pero aún así una gran parte de mí puede entender el miedo de su amiga Dolores porque cuando usted primero mencionó lo que había hecho con Moisés, sentí que todo el estómago . . .

Lupe dejó de hablar, no sabía cómo decir lo que quería decir sin que se oyera mal.

—Sentiste como si te hubieran hundido un cuchillo filoso en el estómago y parte de ti quería hacerme daño.

Lupe se puso roja de vergüenza.

—Está bien, *mijita*—dijo doña Margarita—. ¿Por qué crees que crucificaron a Nuestro Señor Jesucristo. La gente ataca lo que no entiende.

—Me dolió tanto aquí dentro cuando dijo que usted y Moisés están rehaciendo los Diez Mandamientos que no sabía qué pensar ni qué hacer. ¡Toda la vida se nos enseñó que estas leyes vinieron directo de Dios y que son la base de la civilización y que no pueden ser criticadas!

—Y entonces llega esta vieja loca desdentada y deshace todo—dijo doña Margarita riéndose.

Lupe asintió con la cabeza.

Bueno, *mijita*—agregó la anciana—. Puedo entenderte perfectamente. Las emociones son lo que rigen *esta planeta*. Por eso tenemos tantas guerras. Y qué significa la palabra emoción, simplemente.

Sensaciones en movimiento, sensaciones cambiantes. Y los hombres temen cambiar sus sentimientos aun más que las mujeres. Por esto aún Moisés, el Gran Hombre, también tuvo dificultad conmigo al principio—. Cerró los ojos para concentrarse—. En realidad toda la gente Teme los Dolores del Cambio y el cambio no es otra cosa que el Nacer de una Nueva Vida. Y todo este Nacer es lo que llamamos Creación y la Creación es . . . el Todopoderoso. Recuerda *mijita*, las situaciones extremas del humano son las oportunidades de Dios.

La vieja abrió los ojos. La pobre de Dolores no pudo actuar de ninguna otra manera con un nombre como Dolores. Tuvo que infligir lo que su nombre indica, dolor.

—Ves lo que te digo, *mijita*. Las Palabras son Santas, Son las que nos hacen lo que somos. Danos Diez Mandamientos llenos de 'no hagas esto' y 'no hagas eso' y esos 'nos' son exactamente lo que llegamos a ser. Danos un dios lleno de ira y venganza y así es como nos vamos a tratar uno al otro no importa cuánto nos prediquen que no lo hagamos. ¿Tiene esto sentido, *mijita*?

Lupe respiró profundo y se alzó de hombros—Sí, creo que sí señora, pero no sé, señora.

—Perfecto. Porque cuando llegue el día que sepas todo esto, hasta lo más profundo de tu alma, tú, mi mujer jamás será intimidada por los hombres y sus acciones de nuevo,—dijo doña Margarita y cerró los ojos una vez más para concentrarse—. Ya que se sintieron fuera, los hombres crearon el cuento que Dios es únicamente hombre. Ya que se sintieron fuera, los hombres tuvieron que inventar que la mujer vino de la costilla de Adán, en vez de directamente de Dios. Al sentirse fuera es la razón que las guerras y los imperios y el poder son los niños más amados por los hombres. Y siento decirlo, pero esto incluye también a mi hijo Salvador—, dijo la gran anciana abriendo los ojos—, ¡a quien quiero con todo mi corazón!

Sonriendo alargó la mano y tomó la de Lupe.—A ti, *mijita*, confío ahora Nuestro Futuro. Respiró el Hálito de Dios—. Y no porque no quiera y respete a mi buen hijo, pero simplemente, porque . . . mira cómo te ve tu hija, Lupe. Ya conoce entre todos tu olor y tu voz. ¡Eres su todo! Y ningún hombre puede sentir este milagro, Lupe.

Es por esto Lupe que, finalmente fue el Mismo Jesucristo Quien dio un paso adelante y le dijo a Moisés, en términos que él pudiera entender, que había llegado el tiempo para que quitemos los Mandamientos de la piedra y los pongamos en Su propia sangre.—Dijo la anciana—. Por esto fue la crucifixión; Dios mandó a su Unigénito aquí abajo para que nos diera su Sangre para Perdonarnos, y darnos Compasión y Entendimiento de los Mandamientos.

Esto es lo que cada generación necesita hacer con su propia sangre para que continuemos añadiendo a Nuestro Entendimiento del Todopoderoso—añadió señalando con el dedo índice con cada palabra que hablaba—. Moisés, el pobre, no pudo hacer nada, nada, nada sino estar de acuerdo con nosotras. No tenía ninguna idea que la Creación es algo que está en constante movimiento. No importaba cuánto le hablara Dios, estaba empantanado—en el mundo chato y estrecho del pensamiento egipcio. No podía comprender de ninguna manera que un día pronto el Santo Creador necesitaría mandar a Su Propia Sangre para Salvar al Mundo de la Humanidad de aun un nuevo tipo de esclavitud. Entiende que la Creación continúa aún ahora que hablamos y nosotros, los humanos, no somos el fin de la Creación. Carajo, las hormigas saben más que nosotros.

—Señora—dijo Lupe—, ¿cómo es que usted sabe tanto?

—Ah, no *mijita*—dijo la anciana riéndose—, hace mucho dejé de saber y le di mi Vida al Espíritu.

Al decir esto besó el Crucifijo de su rosario, y le tocó la frente con él a su amada nuera, bendiciéndola. Una fuente de Luz Dorada rodeó a las Tres Generaciones de mujeres—. ¿Verdad que sí, *mijita*—? le dijo a Hortensia mirándola—. Tú sabes de qué te habla tu mamá grande, ¿verdad? ¡No sabemos nada, nada, *nothing*, excepto lo que nos viene Aquí, dentro, directamente de Dios!

Besó el Crucifijo una vez más ligeramente tocando con él a Hortensia esta vez en el pecho y murmuró una pequeña Oración.

La niña pateó con sus piecitos y manoteó con las manitas. Había entendido perfectamente.

Lupe respiró profundamente.—Así que, dígame, señora cuáles son estos nuevos— . . . Dejó de hablar, todavía no podía pronunciar la palabra—, que usted y sus amigas crearon—, añadió.

—¿Quieres decir los Mandamientos?—dijo doña Margarita.

—Sí—dijo Lupe, todavía un poco nerviosa.

—*Mijita*—dijo la anciana—, no creamos ninguno—cómo los llamarías—nuevos mandamientos. Eso no hubiera significado ninguna mejora. Mandar, gobernar o controlar son ideas masculinas, creadas por el miedo. Dime tú, Lupe, ¿qué fue lo que creamos?

—No sé, señora—dijo Lupe sorprendida que su amada suegra siquiera le preguntara.

—Ah, sí, lo sabes—dijo la anciana, cerrando los ojos mientras continuaba hablando con una cadencia de concentración calmada y deliberada—. Estás casada, has dado a Luz, así que ahora todo lo que tienes que hacer es . . . Aspirar a Dios, ¡y entonces Todo el Conocimiento de las Edades vendrá a Nacer en ti!

Al decir esto, doña Margarita misma Aspiró profundamente de Papito también.—Y ahora, dime, *mijita,* qué fue lo que creamos. Vamos, habla, Tú sabes.

Las lágrimas le brotaron a Lupe.—Usted dijo Amor, señora, ¡que debemos amarnos los unos a los otros con Toda nuestra Alma y Corazón como una sola Familia! ¡Que nadie es mejor que otro! ¡Que todos somos Hijos de Dios! ¡Y Dios Nos Ama a todos por Igual—y no importa qué—! agregó casi gritando.

—Perfecto—dijo doña Margarita persignando a su amada nuera—. De hecho este el Primer Entendimiento en que estuvimos de acuerdo nosotros también vinimos con Moisés. Continúa ¿cuál fue nuestro Segundo Entendimiento?

Lupe negó con la cabeza—No más, por favor, señora.

—Vamos, *mijita*, todas salen tan fácilmente una vez que pasamos nuestros miedos personales de esta Tierra Firme.

Todavía Lupe se rehusaba a continuar.

—Vamos, *mijita*—dijo sonriéndose—, profundiza en tu ser. Tú sabes. ¡Tú sabes! Todas las mujeres lo saben, especialmente cuando se casan y dan a Luz.

Lupe sólo movió la cabeza.—Usted me pide mucho, señora, no tengo ni idea. Hay tantos problemas de hambre y guerra y odio en el mundo, ¿así que dónde empiezo?

—*Okay*, y ya que estás pensando en eso agrega el prejuicio y el racismo—como mi pobre esposo tenía para con nuestra familia. Y avaricia y abuso de las mujeres, y la violación de la Madre Tierra, y desde luego, el adorar antes que nada el poder y el dinero. ¿Dónde empezó todo este desorden? A muchos de nosotros nos gusta pensar que empezó cuando los europeos llegaron a nuestras costas.

—Pero no, *mijita*—dijo riéndose—, ya teníamos muchos de esos problemas aquí. Mucha gente nuestra ya iba camino a la conquista, la esclavitud, y al querer construir imperios, y por qué . . . porque, simplemente—vamos, dilo, habían perdido la Fe en Dios.

—Cierra los ojos, *mijita*—doña Margarita añadió—. No fue ningún accidente que el mismo Nuestro Señor Jesucristo escogiera estar ciego por trece años para que pudiera abrir el Ojo de su Corazón para ver en esta Tierra Firme. Los dos ojos que tenemos en la cabeza son tan dominantes que se convierten en una distracción. Ahora aspira a Papito Dios. ¡Vamos, Aspira, Aspira, y cierra los ojos y ábrelos bien abiertos con la Visión de Aquí, dentro de tu Corazón!

Lupe hizo como se le pedía. Cerró los ojos y Aspiró del Todopoderoso, y repentinamente, ¡en un segundo estaba REVENTANDO! ¡Señora, todos esos problemas empezaron cuando la gente dejó de aspirar de Dios con cada Santo Hálito que aspiraron!

La anciana se sonrió.

—Le veo tan claro ahora que tengo los ojos cerrados—siguió Lupe—. Entonces al perder a Dios, el hombre se asustó y para esconder su miedo empezó a creer que era mejor que el resto de la Creación. Llegó a creer que él sólo estaba hecho a imagen y semejanza de Dios.

—Así es. ¡Sigue *mijita*!

—Esa fue nuestra Caída de la Gracia, señora, y después de eso el hombre—en su falsa arrogancia—empezó a pensar que también era mejor que . . . su propia hermana.

—¡Exactamente! ¡Aquí fue donde comenzó la separación! La avaricia tampoco es parte de la naturaleza humana. El miedo a las alturas y a la muerte no son parte de la naturaleza humana tampoco. Todo esto vino después de la Separación. Antes de la Separación toda la Creación estaba Junta y era una parte de Dios y por eso todo se podía comunicar con todo. Los árboles, las Piedras, los Pájaros, los Animales, las Criaturas Marinas y los Humanos, Todos tenían un lenguaje común, un lenguajeando. Todo estaba en Balance, en Armonía, en Paz dentro del Círculo Sagrado de Nuestros Trece Sentidos Sagrados. Aquí en este lugar—llamado ahora el Jardín—no había misterios. Todo se entendía. Gobernar, controlar, mandar eran conceptos que ni siquiera se conocían. Así que, qué pasó *mijita*, ¡vamos, dime Todo, tú lo Sabes!

—Bueno, después de la separación—dijo Lupe cerrando los ojos una vez más—, veo, bueno, una oscuridad—. Empezó a temblar—. ¡Una enorme y horrible Oscuridad Negra—, añadió—, aquí dentro de cada uno de nosotros—puedo sentirla claramente dentro de mi ser—ay, Dios mío, el Diablo—! ¡Está sonriéndose!—, dijo jadeando.

—Sí—dijo doña Margarita—. Sigue. El Diablo vino a Ser. Lo dijiste. ¡Fantástico!

—Ay, señora—dijo Lupe abriendo los ojos—. Lo vi tan claro y después se me perdió—. Estaba llorando. La visión de la sonrisa del Demonio la había asustado de verdad.

—No, tú, no la perdiste, *mijita*—dijo la anciana cerrando los ojos—. Nunca perdemos nada. Es que algunas veces llegamos a lugares dentro de nosotros donde no queremos ver . . . lo que pasa es que lo vimos y este lugar—desde la Separación—lo podemos llamar el mal.

—Y Lupe, créemelo, no te estoy culpando ni criticándote. Todos lo hacemos. Yo lo he hecho. Tu madre lo ha hecho. Es parte de ganar confianza y después pasar por el ojo de la aguja de la Oscuridad. Ahora sólo relájate y aspira de Papito, *mijita*—, dijo la anciana—, y tú podrás ir y ver de nuevo a Lucifer. Recuerda—añadió—, que originalmente también era parte de Dios y por eso tampoco le temíamos. De hecho, Lucifer, la Luz, espera que le mostremos un camino seguro por la Oscuridad en su camino de regreso al Todopoderoso.

—No—dijo Lupe, moviendo la cabeza. ¡Esto está muy complicado para mí! ¡Lucifer es malo! ¿Por qué me habría de llevar a Dios? No quiero hacer esto más, señora.

—Está bien—dijo doña Margarita—. Entiendo, el temor asusta. Pero, y éste es el más grande pero de toda tu vida, *mijita*, te enfrentarás a este temor. Y si no ahora, aquí con guía, entonces más tarde. Porque esto es donde Dios—, dijo cerrando los ojos para concentrarse una vez más—, vino a preguntarle a Adán de la fruta prohibida y Adán no pudo aguantarse, así que le echó la culpa a Eva, su amor. ¿Por qué? Porque él también había visto la Sonrisa del Diablo y lo había aterrorizado, Lupe.

—No se dio cuenta que es de Aquí, *mijita*, del Temor a su Sonrisa dentro de nuestra propia Oscuridad que vienen todos nuestros Poderes. Perdí dieciséis hijos, Lupe—, agregó con lágrimas en los ojos—. ¿Qué crees que hice para no volverme loca? Pues, ver esa Sonrisa de cara a cara Aquí en la Oscuridad de mi propio Corazón con la Plena Confianza que el Alma es Eterna y Dios es Bueno. Fue entonces que pude entender que cada uno de mis hijos había hecho su Trabajo Sagrado y que no importaba qué tan corta había sido su estadía Aquí en esta Madre Tierra. El Diablo no pudo engañarme. Tenía una Fe indestructible en la Eterna Bondad del Universo, y entendía que la Oscuridad es sólo esa parte del Cielo que todavía no se ilumina.

La anciana respiró.—Ves, *mijita*, la Biblia es un Libro mucho Más Grande de lo que aun el Papa entiende. Esta Biblia no es la historia de una gente que vivió hace mucho tiempo. No, la Biblia es la Llave para la Comprensión de la Historia de la Humanidad en Este Momento, incluyendo Nuestros Primos, en las *Otras Seis Planetas.* Noé no cargó un pequeño bote en *esta planeta* con todos los animales del mundo, sino en *Nuestra Planeta Gemela* en Una Nave Maestra que Navegaba por el Gran Cielo de más de sesenta kilómetros de diámetro. Y tú sabes esto Lupe, Aquí dentro de ti misma, todos lo sabemos, una vez que aceptamos quienes Somos en Realidad—¡Estrellas Caminantes de Iluminación!

—Así que no, no necesitas continuar ahorita mismo, Lupe, pero entiende esto, *mijita*, cuando Adán venga acusándote como acusó a Eva, tú te le enfrentas en tu matrimonio y te encaras con el Miedo a lo Desconocido, poniendo los dos pies en las profundidades de la Madre Tierra, y habla por ti misma, porque si no lo haces, créemelo, nadie lo hará por ti, ¡y ésa es la Verdad de la Mujer directamente de la Biblia de la que puedes depender!

—Tu madre me contó cómo tuvo que enfrentarse y tomar las riendas de tu familia cuando tu padre los dejó para ir a buscar trabajo. Y yo, le dije entonces cómo yo tuve que enfrentarme y tomar las riendas de mi familia cuando mi esposo regresó después de dejarnos para buscar trabajo, y nos repudió porque pensó que todos sus hijos de ojos azules habían desaparecido y que todo lo que quedaba de nuestra familia eran mujeres y un hijo aindiado.

Las lágrimas brotaron de los ojos de doña Margarita. Lupe empezó a llorar también.

—Está usted diciendo señora que yo también voy a tener que tomar las riendas de mi hogar porque Salvador va a— . . . Lupe no pudo terminar la frase, el pensamiento le era demasiado atemorizante.

—No, no estoy diciendo eso—dijo la anciana—, porque yo crié a mi hijo para que respetara a las mujeres y a su familia sobre todas las cosas con toda su alma y corazón, así que nunca te abandonará, pero—desgraciadamente— es hombre y se alejará de ti con sueños de poder y riquezas y tal vez otra . . .

—¡No lo diga, señora! ¡Por favor, no lo diga!

—¿Por qué no? ¿Crees que si no lo digo, no se hará realidad?

Lupe se alzó de hombros y después asintió vigorosamente.

La anciana se rió.—Ah no, *mijita*, los hombres han sido hombres por millones de años! ¡Lo que son, ya lo son! Así que nosotras las mujeres debemos enfrentarnos a esto y . . .

—¡Pero no ahora! Somos tan felices ahorita, señora.—Las lágrimas le corrían por la cara a Lupe.

Exactamente—dijo la vieja y dura zorra—. Eres feliz ahorita, es por esto exactamente por lo que puedes ver lo que tienes que ver, sin Temor ni Amargura. Una Mujer de Substancia no pone todo su Amor en el hombre, *mijita*. Una mujer de Substancia entiende cómo funciona el Universo y pone su amor en Dios primero, después en su hijo, después en su nido, para que cuando llegue el día—que llegará—que lo halle con otra mujer— ¡no, no te vayas! ¡Escucha! No importa si esta mujer es el Poder, las Riquezas, o una joven coqueta, a ella no le da el pánico y no corre diciendo, '¡Ay, me ha traicionado!' Porque ningún hombre ha traicionado nunca a una Mujer de Substancia. Una Mujer de Substancia es una Mujer Preparada que se da cuenta que el hombre ha hecho simplemente lo que está en su naturaleza aquí, entre las piernas.

—¿Entonces qué es lo que hace una Mujer de Substancia, *mijita*, cuando su esposo se le ha quedado dormido? Se adentra en lo más profundo de sí misma, sacando sus más Primitivas Fuerzas Salvajes y brinca hacia el frente y lo agarra de los *tanates* y le dice, '¡Estos son MÍOS! Y YO TE QUIERO y yo soy tu ESPOSA y tenemos NIÑOS, y yo camino por el fuego y por el infierno por ti, ¡pero tú nos traes a casa LO QUE ES NUESTRO! ¡Tus pelotas! ¡Esta es la lengua que todo hombre entiende, especialmente si lo tienes agarrado de los *tanates*!

—Así que créemelo, Moisés está reescribiendo los mandamientos en este mismo momento por lo apretado que nosotras, las mujeres, lo tenemos por entre las piernas. Abre los ojos ahora que eres feliz, Lupe y date cuenta que el amor no es jueguito romántico y chistoso. ¡Amar es brincar con los dos pies en medio de la Tormenta de la Creación, en *esta emocional planeta* y salir riéndose con gusto y con los jugos calientes corriéndote por entre las piernas! ¡Tú eres el VOLCÁN! ¡Tú eres el HURACÁN!

—¡Nunca le ruegues a un hombre! ¡EXÍGELE! ¡Y SERÁS RESPETADA! ¡Especialmente cuando te lo llevas a la cama otra vez sin acusar y sin llorar! ¡Yo lo hice! ¡Una y otra vez! Tú madre, ¿qué hizo después de todos esos años de abandono? Le escribió una carta a tu padre y se vistió elegantemente y lo recibió en la cama cuando regresó.

Lupe ya no lloraba. No, ahora se limpiaba las lágrimas de los ojos y recordando que era verdad, todo era verdad, lo que le decía su amada suegra. Lupe respiró largo y profundo y miró a la anciana sentada al lado de ella en el estribo de este viejo camión abandonado.

—Gracias, señora—le dijo—, ¡con toda mi Alma y Corazón, gracias!

—Gracias a ti—dijo doña Margarita—. Tú eres Nuestro Futuro, *mijita*, con el favor de Dios—, agregó haciendo una pequeña reverencia.

AL OTRO LADO del patio una enorme fogata rugía, brincando, haciendo ruidos secos. Salvador se había cambiado de ropa y los hombres les enseñaban a los niños cómo matar un chivo.

—Nadie haga ningún movimiento brusco—dijo Salvador—, y no hagan ruido, ssssh, queremos que el animal esté relajado y respirando tranquilamente para que su carne sepa rica.

Salvador tenía un rifle 22 listo y buscaba ahora donde darle un tiro limpio mientras el bonito chivito se comía el maíz que le habían puesto en el suelo. Rodolfo tenía el cuchillo listo para cortarle el cuello y sangrarlo. Los muchachos estaban nerviosos, especialmente los que nunca habían visto matar un chivo. Uno de los muchachos hizo el grave error de reírse nerviosamente y dos más lo imitaron. Salvador los regañó.

—¡Agárrate los *tanates*!—dijo en voz baja, poniendo su cara en la de los muchachos—. ¡Te dije que te LOS AGARRES! Sí, así, ¡ahora apriétatelos! Duele, ¿verdad? Recuerda esto cuando mates o hagas el Amor. La vida es tierna igual que tus *tanates*, así que no te pongas muy presumido, porque aquí, debajo de tu chile, ¡están tus bolas! ¡Y no es por accidente que los hombres fueron hechos así! ¿Entiendes?

Los tres muchachos asintieron moviendo la cabeza y uno de ellos se persignó.

—Bueno, ahora pueden soltarse las pelotas. Respetamos la vida, y sobre todo, nunca matamos un animal a la vista de otros animales, especialmente de su propia clase. ¡Ustedes, muchachos, fíjense y verán que en las familias que no saben matar con honor y respeto, tampoco saben vivir con honor y respeto!

Volteándose al chivito, Salvador lo acarició suavemente. El chivo miró a Salvador. El animalito tenía grandes y hermosos ojos. Salvador le habló en voz baja calmándolo de nuevo. Entonces apuntó cuidadosamente y le disparó al chivito bonito entre los ojos en un ángulo tal que la bala entró directamente al cerebro—y no hacia abajo al área de la boca y la nariz.

El chivito se desplomó sin saber qué había pasado.

Rápidamente Rodolfo le cortó el cuello debajo de la barba y puso una olla para recoger la sangre, acariciando al animal mientras la sangre salía a borbotes debido a su corazón que aún bombeaba.

—Ya está—dijo Salvador, sonriéndose—, otro trabajo bien hecho. Y la próxima vez lo van a hacer ustedes, los muchachos, y van a saber aquí, en las bolas, el respeto por la vida y la muerte. Ahora, vamos a echarnos nuestro primer trago—, dijo volteándose a Rodolfo.

—¡Órale mi general!—dijo el maestro de escuela de Monterrey, México. ¡El honor es mío!

Y así todos los adultos se tomaron un trago en honor del primer hijo de Salvador, y más tarde se incluyeron algunos de los muchachos para también tomarse su primer trago entre hombres.

En aquellos días no había cosas como los adolescentes. ¡Un muchacho era un muchacho hasta los doce y a los trece era un hombre con pelo púbico, capaz de preñar a una muchacha y se esperaba que fuera responsable, trabajara, y supiera cómo portarse!

Lo mismo con las muchachas. No había excepciones. Después dos años más tarde—en su quinceañera—¡se le daba una fiesta a la jovencita en la que se le declaraba mujer ante el mundo, con el respeto y las responsabilidades de una mujer!

Después de pasar la botella Salvador se llevó a su sobrino José a un lado, le habló, y le dio las llaves de su carro Moon. El joven se fue rápido al carro de su tío y salió disparado.

—Es hora de checar el fuego mientras se enfría la sangre del chivo y deja de patear. Dos de ustedes se quedan aquí con varas y no dejen acercarse a los perros porque se comen el chivo. Y sean firmes. No dejen ni siquiera olfatear a los perros porque después podrían matar ganado. Los perros y los gatos son como las personas; están sólo a un día de ser ángeles cariñosos o cazadores salvajes. Es por eso que nuestros ojos están al frente y no a los lados como los animales pastorales—vacas, chivos, ovejas, venados, conejos. Los que tienen los ojos al lado consumen pasto; los que los tienen al frente están enfocados y matan. No hay errores. La Creación es perfecta. Cuando la gente dice que está mejorando la naturaleza, ¡miente!

Y así los hombres fueron a checar el fuego, a remover los leños, y a poner las piedras—que habían sacado del agujero—de nuevo en el agujero para que las piedras se calentaran y distribuyeran el calor uniformemente una vez que empezaran a cocinar.

Después de arreglar el fuego, los hombres y los jóvenes regresaron con el chivo. Era tiempo de desollar el animalito, destriparlo, destazarlo, cubrir cada pedazo de carne con sal, pimienta y salsa y envolver cada pedazo en tela limpia y envolverlos en un saco de papas húmedo.

Entonces cuando la madera se había convertido en carbones encendidos y las piedras se rompían del calor, los paquetes de carne envuelta eran bajados cuidadosamente con palas al agujero de tres pies de profundidad. Se cruzaron palos de nueva madera verde diagonalmente sobre el agujero, se pusieron ramas de palma sobre los palos y entonces los sacos húmedos o telas viejas se ponían sobre las ramas de palma y ahora todo fue cubierto por tres pulgadas de tierra hasta que no se escapaba ni una bocanada de humo.

¡Habían acabado!

La Madre Tierra cocinaría ahora a este chivo para un banquete que haría agua la boca en unas cuantas horas.

Éste era el método en que los humanos habían cocinado a los grandes mamíferos por miles de años por toda la tierra.

Y mientras los hombres hacían su trabajo, las mujeres—dentro de sus casas—cocinaban enormes ollas de frijoles y arroz y preparaban grandes platones de fruta y verdura.

Y lo más importante de todo, sobre un pequeño fuego, se puso un pedazo plano de metal y allí estaban las mujeres haciendo tortillas a mano y cocinándolas sobre el pequeño fuego.

Y las mujeres no se bebían el tequila solo. No, le sacaban el jugo a los limones, le ponían un poquito de miel o azúcar, y después los entonaban con el alcohol. A doña Margarita y a Lupe se les llevó un poco de esta sabrosa limonada.

Toda la gente trabajaba junta. ¡Se necesitaba todo un barrio para hacer una pachanga!

Llegaron dos hombres con guitarras y empezaron a tocar rancheritas. ¡Se apareció otro hombre con un cajón pesado de madera para las cítricos y empezó a batirlo como si fuera un tambor! Automáticamente la gente empezó a palmotear y a mover el cuerpo al ritmo de la música mientras se preparaban para la fiesta.

El Padre Sol empezaba a ponerse cuando Lupe vio a José el sobrino de Salvador llegar en el Moon con sus padres y Sofía y sus niños. Y su hermano, Victoriano traía a María y a Carlota y a todo el camión lleno de sobrinos.

Lupe había pensado que Salvador había mandado a José para que comprara provisiones en el pueblo y no hasta Santa Ana para recoger a su familia. ¡Ah, qué sorpresa!

Lupe brincó de gusto al ver a su madre, doña Guadalupe, bajar del carro.

—¡Mamá, papá!—gritó Lupe, sintiendo repentinamente un calor por todo el cuerpo—. ¡Carlota! ¡María! ¡Victoriano! Y empezó a reírse—. ¡Ah, que sorpresa tan maravillosa!

—*Mijita*—dijo su madre abrazándola—, ¿has estado tomando?

—¡Claro que no!—dijo Lupe—. ¡Sólo limonada! Yo no bebo, ¡tú lo sabes mamá!

—Sólo limonadas—dijo su padre, chupándose los labios—. ¡Quiero un poco más de esta limonada también!

—Las llamamos Margaritas por nuestra madre—dijo Luisa saliendo de la casa con una jarra grande de esta bebida especial para épocas calientes—. ¡Mamá jura que las Margaritas te acercan a Dios!

¡Me encanta estar cerca de Dios!—dijo el viejo tomando un vaso.

El Padre Sol empezaba a tocar el horizonte lejano cuando destaparon el agujero. ¡Instantáneamente todo el barrio olió el banquete subterráneo! ¡Se sacaron enormes ollas de frijoles y arroz de las diferentes casas! ¡Las tortillas caseras ya estaban apiladas en alto!

—Salvador—dijo Lupe llevándoselo a un lado—. Estaba un poco tomada—. Quiero agradecerte tanto que hayas mandado por mi familia—. Se rió—. Te amo.

—Gracias, te amo también, Lupe.

¡Se habían agregado otros con sus instrumentos caseros al tocar, Tocar, TOCANDO del cajón de madera!

¡Se Abrieron los Cielos y diez mil Ángeles empezaron a Cantar!

¡DIOS estaba CONTENTO!

¡Toda la SANTA FAMILIA SONREÍA!

¡Otra familia había puesto la sangre de la Compasión, del Perdón, y del Entendimiento en su Crucifixión Personal!

Se apareció el padre Ryan y les dio su Bendición. Para estos momentos a todos se les hacía agua la boca y hasta los perros esperaban los huesos ansiosos.

El Padre Sol cerró su ojo por última vez al desaparecer por el occidente. Otro Día Glorioso llegaba a su fin Aquí en el Paraíso de Papito Dios.

Entonces las Estrellas salieron por miles y doña Margarita—después de muchas Margaritas—se paró al frente y empezó a cantar.

—¡Parteras!—gritó.
—Hay parteras,
¡Parteras que parten sus niños!
—Hay parteras,
¡Parteras que parten sus sueños!
—Hay parteras
¡Parteras que parten el mundo que conocemos!
—Hay parteras
¡Que parten sus niños, sus sueños, el mundo que conocemos, y las Estrellas
¡Que nos dan Luz en el Oscurecer del Universo!—¡EL SUEÑO DE DIOS!
—Y estas parteras somos nosotras,
¡Las mujeres con ojos, carne, sangre, y amor!
—¡Por eso levántense todas mis amigas, parteras!
Este baile es para nosotras,
Que hemos partido sangre, niños, sueños, Estrellas—EL SUEÑO DE DIOS,
—¡SOMOS PARTERAS!

La SANTA FAMILIA había bajado del Cielo y Bailaba, Cantaba—¡EL SUEÑO!

¡Todos estaban Aquí Ahora! ¡TODOS! Dios y la Bendita Virgen, Jesús y Lucifer, Todos los Santos y—Miles y Miles de Ángeles

¡No se podía decir dónde terminaba la Tierra y el Cielo empezaba!

Octava Parte

ILUMINACIÓN

I 7

*¡DIOS Giraba, Se Arremolinaba, Bailaba! ¡Sus Hijos final-
mente Despertaban a la Luz y se Amaban uno al otro, tanto
como lo AMABAN A ÉL!*

DOMINGO SALDRÍA DE la cárcel la siguiente semana.
Hortensia ya casi tenía un año. Salvador y Lupe estaban en el cuarto de atrás de su casita de Carlsbad. Era domingo por la mañana y Lupe estaba vistiendo a Hortensia para ir a la iglesia.

Salvador acababa de poner una silla acostada de lado en la puerta entre la cocina y la sala. La semana anterior un carro había matado a Chingón cuando éste había arrastrado a Hortensia fuera del paso del vehículo. Rápidamente habían hallado un perrito blanco y negro para Hortensia para que siguiera teniendo alguien que la cuidara. Quería mucho a Chingón. Era su mejor amigo. Y ahora entrenaban al perrito para que se quedara en el porche y en la cocina cuando no estaban en casa. El poner la silla atravesada resolvió el problema.

De repente oyeron unos toquidos fuertes en la puerta. Salvador y Lupe estaban en el pequeño baño. Apenas si podían moverse de lo apretado que estaban.

—¿Tiró algo el perrito?—preguntó Salvador.

—No sé.—dijo Lupe —Pero termina de vestirte, voy a ver.

Lupe no lo podía creer. Toda su vida había oído que a las mujeres les tomaba mucho tiempo vestirse, pero desde que se había casado notó que le tomaba a Salvador el doble de tiempo que le tomaba a ella. Y ahora todavía podía vestirse y vestir a la bebé antes que Salvador estuviera listo.

—Por favor apúrate y termina de vestirte, Salvador—dijo Lupe al ir al frente de la casa—. No quiero que lleguemos tarde otra vez a la iglesia. Pasó por encima de la silla que bloqueaba la puerta de la cocina y ya camina-

402] VICTOR VILLASEÑOR

ba por la estufa y el fregadero camino hacia la puerta trasera del porche, cuando se paró en seco.

Por el cristal de la puerta de atrás Lupe pudo ver la figura de un hombre grande con un rifle en la mano. ¡Gritaba cómo endemoniado! Al principio Lupe creyó que era su amigo Kenny White, pero después cambió de parecer. Agitaba el rifle alocadamente y gritaba como loco y Kenny siempre hablaba tan tranquilamente.

Lupe se quedó congelada. Instantáneamente pensó que estaba allá en su querido cañón acantilado de México y que hombres armados entraban a saco a su casa para violar y saquear. ¡Empezó a gritar lo más fuerte que pudo!

—¡Salvador!—gritó Lupe lo más fuerte que pudo mientras corría por la cocina y brincaba la silla del piso—. ¡Allí hay un hombre con un rifle!

—¡No, Lupe!—gritaba el hombre afuera de la puerta trasera—. ¡Soy yo, Kenny, por DIOS!

Y al decir esto, Kenny White rompió el cristal de la puerta con la culata del rifle y metió la mano para abrir la puerta.

Salvador se había estado viendo al espejo y silbaba alegremente probándose la corbata cuando oyó los gritos de Lupe. Después oyó el ruido del cristal roto y los pasos de Lupe que corría. Corrió a buscar la pistola.

Abrió el cajón de arriba del armario, sacó su S & W .38 cañón corto y salió disparado por el pasillo con la pistola en mano. Lupe lo pasó con Hortensia en los brazos. El perrito correteaba tras ellos ladrando alegremente, pensando que estaban jugando. En la cocina Salvador se topó cara a cara con Kenny White. El rifle 30/30 del viejo le apuntaba directamente al estómago. Salvador no sabía qué hacer.

—¡Santo Dios!—dijo Kenny al ver la .38 en la mano de Salvador—. ¡Guarda esa pistola! ¡Soy tu amigo, Sal! ¡Acabo de matar a Eisner, y no quiero MORIR SOBRIO!

Al gritar esto el viejo canoso aventó un billete de diez dólares en la mesa de la cocina.—¡Dame una botella del mejor whiskey que tengas!

Salvador no podía entender qué carajos estaba sucediendo. Eisner era el gringo que había llegado hacía como dos años y había abierto una pequeña tienda de comestibles. Pero Salvador no iba a discutir de ninguna manera con un hombre con rifle. ¡Kenny parecía completamente loco!

Rápidamente Salvador le sacó una botella de litro de *whiskey* de debajo del fregadero. El viejo la abrió con ansiedad y se la llevó a los labios y se bebió seis largos tragos y con cada trago que le pasaba por la rojiza y parda nuez de la garganta la hacía moverse como una rápida pelota de acero.

—¡*Chingado*, qué bueno está!—dijo soplando con fuerza—. ¡Siempre hiciste el mejor pinche *whiskey*, Sal! ¡Nunca engañaste a nadie con el *whiskey*! ¡Eres un buen hombre!

En ese momento llegó Hortensia gateando tras el perrito que se había pasado por entre las patas de la silla.

—Ay, qué linda, toda vestidita para el domingo—dijo Kenny sonriendo alegremente—. ¡Y vean a ese perrito, qué bonito también! ¡Igual que Chingón! Se agachó poniendo su 30/30 en el ángulo del brazo izquierdo mientras les hablaba infantilmente a Hortensia y al perrito.

Lupe estaba en la puerta. Ella y Salvador se miraron sin saber qué hacer. Salvador pensó en tal vez quitarle el rifle al viejo, pero recapacitó. Alguien podía resultar herido.

—Bueno, mejor me voy—dijo Kenny enderezándose—. La policía va a llegar en cualquier momento, y no quiero ponerlos en peligro por mi culpa.

—¡Pero me alegro de haber matado a ese hijo de su *chingada* madre!—añadió Kenny levantando su *Winchester* 30/30 de repetición. Cuando llegó al pueblo le presté quinientos dólares, igual que a ti, Sal, de hombre a hombre, sólo con un apretón de manos. ¿Pero saben lo que me dijo hoy el hijo de la *chingada* cuando fui a su tienda para que me pagara? Me dijo '¿Qué dinero?'. Así que yo le dije, 'Oye, no bromees conmigo, Eisner'. ¡Necesito ese dinero o me van a quitar el taller!

—¡Carajo, todo anda mal, Sal, tú lo sabes! Nadie tiene dinero para pagarme su cuenta, excepto tú y un par de tipos más en el pueblo.

—¿Pero sabes lo que dijo la víbora?—dijo—. ¿Tienes testigos que me prestaste ese dinero? ¿Tienes algún pagaré escrito? Le dije—, Eisner tú sabes que no los tengo. El trato fue con un estrechón de manos, de hombre a hombre ¡No me mientas así! Bueno, Dios es testigo que sólo se me quedó viendo fijamente a los ojos, Sal—no lo podía creer, directamente a los ojos—y dijo, '¡Sal de mi tienda! ¡No te debo nada!'. Exactamente así. De la tienda que yo le ayudé a comprar. Así que yo le dije, 'Está bien, pero voy a regresar con mi 30/30, ¡y te voy a matar, hijo de la *chingada*!'.

Así que fui a casa y saqué mi rifle y regresé a su tienda y le disparé cinco balazos a esa víbora—¡cochino, mentiroso, traidor hijo de la *chingada*! Y lo siento por su esposa y su hijo que me vieron hacerlo—de veras lo siento—pero, ¡Dios mío, como quiero a mi tallercito, Sal, y no quería perderlo!

Y Kenny levantó la botella y bebió una vez, entonces le metió una cápsula en la recámara de su *Winchester* Modelo 94 y dijo—Gracias amigos; ¡Han sido como mi familia! Que Dios los cuide. ¡Adiós, amigos míos!

—Lupe—dijo Salvador—, llévate a Hortensia y al perro al otro cuarto.

Lupe lo hizo rápidamente.

—¡Espera, Kenny!—dijo Salvador alcanzando al viejo en la puerta trasera—. ¿Te vio venir aquí alguien?

—¡No, carajo, cuando empezó el tiroteo la gente se dispersó!—dijo riendo.

—Entonces todavía hay tiempo, Kenny—dijo Salvador—. Dame ese rifle y yo te lo desaparezco y yo seré tu testigo. ¡Les diré que estuviste conmigo toda la mañana y que nunca mataste a ese cabrón!

—¿Harías eso por mí?—dijo Kenny con los ojos azules brillando de gusto.

—¡Claro que sí!—dijo Salvador—. ¡Somos amigos! ¡Me salvaste la vida antes que me casara! ¡Somos compadres!

—*Chingado*, Sal—dijo Kenny con lágrimas en los ojos—, ¡eres un verdadero hombre! Y te quiero mucho por eso, Sal, pero como te dije, ¡hubo testigos, no te creerían! Su esposa y su hijo me vieron hacerlo, Dios mío, ojalá y no me hubieran visto, ¿pero qué puedo hacer?

—¡Mira, conseguiré a cincuenta personas del barrio!—dijo Salvador. ¡Todos diremos que estuviste bebiendo toda la noche con nosotros y que nunca nos dejaste! ¡Carajo, la gente te quiere! ¡Eres un macho de los buenos, Kenny!

Kenny se puso la botella en el bolsillo del saco, adelantó el brazo con el 30/30 y rodeó a Salvador con ambas manos.—¡Dame uno de esos abrazos, cabrón—! Dijo con alegría—. ¡Te quiero con todo MI CORAZÓN, AMIGO! Y le dio un apretado abrazo a Salvador—. ¡Abrázame! ¡Sí! ¡MÁS FUERTE, DIOS MÍO! Las lágrimas le corrían por la cara a Kenny. ¡Nunca hice esto con mi viejo! ¡Y Dios mío, lo quería! Pero no sabíamos cómo tocar o abrazar o—carajo, la vida es mucho más fácil con los abrazos, ¿verdad?

—Sí—dijo Salvador abrazando a Kenny con todas sus fuerzas. Se estuvieron así por mucho, mucho tiempo.

—Bueno—dijo Kenny, soltando a Salvador y secándose los ojos—, fue una buena vida; ¡Buenos amigos, buen whiskey, un poco de buen amor aquí y allí, y ahora un buen rifle para acabar con todo!

—Pero, Kenny—dijo Salvador—, ¡serán Archie y nuestros amigos los que vengan a buscarte!

—No te preocupes, Sal—dijo sacando de nuevo la botella de whiskey—. ¡Nunca dispararía para matar a un amigo! Y bebió casi vaciando toda la botella—. ¡Nos vemos en el Infierno, Sal—! dijo—. ¡Qué buena pinche vida! ¡Aunque es una pinche lástima que tenga que terminar así! Carajo, estaba trabajando en dos carros de gente de Oklahoma y necesitaban sus carros pronto, y yo necesitaba el dinero para comprar las partes. ¡Pinche víbora, arruinó muchas vidas!

Al decir esto se dio vuelta y salió rápidamente por la puerta de atrás con el 30/30 en la mano. ¡Nos vemos amigos! ¡Vayan con Dios!

En el momento en que Kenny salía de la puerta, Salvador vio que el gran Hudson negro de Archie estaba estacionado al fin del camino de entrada entre los aguacates. Instantáneamente Salvador se metió corriendo al cuarto de enfrente gritando—¡Tírense al suelo! ¡Tírense al suelo! Pero Lupe ya estaba en el suelo. Desde que tenía uso de razón, ella y su familia habían estado evadiendo balas—. Archie y algunos policías están en la huerta y . . .

La enorme explosión del 30/30 de Kenny detuvo las palabras de Salvador.

—Archie, carajo—bramó Kenny—. ¡No te acerques más! ¡No quiero matar a un amigo! ¡Pero no voy a ir a la cárcel por haber matado a una víbora!

—¡Kenny!—gritó Archie con su enorme voz retumbante—, ¡no lo mataste! ¡Entrégate!

—¡No me mientas, Archie!—dijo Kenny—. ¡Carajo, le disparé cinco balazos al hijo de la *chingada*!

—¡Es verdad le disparaste, pero está vivo!—gritó el Vicejefe Palmer. Palmer y George Thompson estaban también en la huerta.

—¡*Chingado*, Fred!—le dijo Kenny a su buen amigo de borracheras Palmer—, ¡tú y Archie son mis amigos! ¡No traten de engañarme!

—No te estamos engañando. De veras. ¡Eisner está vivo!—grito Archie.

—¡Pinches mentiras!—dijo Kenny y levantó el 30/30 disparando rápidamente dos veces más al eucalipto al otro lado de la huerta y por arriba de las cabezas de Archie y de Fred Palmer—. ¡Me voy a acabar esta botella! ¡Luego voy a mi taller, y me voy a subir a mi carro para irme a México y hallar un par de señoritas! ¡Así que nadie trate de pararme por el amor de Dios! ¡No quiero matar a ningún amigo!

—¡Kenny, baja el rifle para que podamos hablar!—gritó Fred—. ¡No te podemos dejar ir, tú lo sabes! ¡Somos la ley!

—¡Y de verdad no lo mataste!—gritó Archie—. ¡El hijo de su *chingada* madre todavía respira!

—¡Mentira! ¡A huevo que lo maté! En el Viejo México me darían una medalla!—gritó Kenny—. ¡Carajo, me cantarían una canción, un corrido, porque no se pierde el honor cuando se mata una víbora de cascabel!

—¡Es verdad—bramó Archie—. Y yo de seguro que te la cantaría, porque personalmente, me da gusto que hayas matado al hijo de la *chingada* por su manera de tratar a la gente! Pero todavía está vivo, así que tienes que entregarte, Kenny, ¡para que lo puedas rematar el año que entra y acabar el trabajo!

Al oír esto, Kenny EXPLOTÓ DE LA RISA.—Archie, cabrón indio Pala mañoso, hijo de la *chingada*, no sé cómo los blancos los engañaron a ustedes con nada! Pero, *chingado*, yo sé que lo maté a ese Eisner hijo de su *chingada* madre y no voy a ir a la cárcel por matar una víbora de cascabel! Hizo dos rápidos disparos más.

En ese momento llegó un carro chirriando atrás de Archie y Fred Palmer. Dos policías jóvenes de Oceanside saltaron fuera del carro abriendo fuego. Kenny nunca se movió. No, sólo se quedó allí, en medio del camino de entrada disparando sobre sus cabezas, mientras los dos policías jóvenes—uno de ellos llamado Davis—seguían disparándole.

Un par de balazos pasaron sobre Kenny y le pegaron a la ventana donde Salvador había estado viendo. Salvador se tiró al suelo de nuevo.

¡Lupe GRITÓ!

Salvador se volteó y vio una masa sanguinolenta cubriéndole la carita a su hija y a su vestidito blanco de ir a la iglesia. Llegó gateando hasta Hortensia y la vio con el perrito en los brazos. Le faltaba la cabeza.

Los disparos continuaron y más balas pasaron apenas encima de sus cabezas. Salvador le arrancó el sanguinolento perrito de las manos de su hija y lo aventó lo más lejos posible.

Luego los disparos cesaron tan rápido como habían comenzado. Y ahora se podía oír la enorme voz de Archie que bramaba—¡Estúpidos hijos de la *chingada*! ¡No estaba disparando para matar a nadie! ¡No tenían ninguna razón para dispararle, estúpidos, ignorantes, prontos a disparar, NIÑOS BASTARDOS!

Entonces Archie se fue corriendo a la puerta de entrada de Lupe y Salvador.—Lo mataron—dijo—. ¡Dios mío, esos estúpidos, ignorantes, prontos a disparar, niños bastardos de Oceanside lo mataron! ¡Esos estúpidos hijos de la *chingada*! ¡Les grité muchas veces que no dispararan! Cuando vio la sangre finalmente preguntó—. Oigan, ¿están todos bien aquí?

Pero nadie le contestó a Archie.

No, Salvador estaba sentado en el piso con su esposa y su niña en los brazos. Se veían absolutamente petrificados.

—Dios de los Cielos—dijo Archie, al ver a Hortensia bañada en sangre. Y al otro lado del cuarto estaban los restos sanguinolentos de la perrita blanquinegra. Y en la pared color de lima, a unos tres pies arriba del cuerpo del perrito, estaba una mancha sanguinolenta donde el cuerpo del perrito había pegado a la pared cuando Salvador lo había aventado con toda su fuerza.

¡Los tambores Sonaban!

¡Los tambores Sonaban, SONABAN, SONARON! ¡CANTANDO con las FUERZAS DE LA CREACIÓN!

SALVADOR ESPERABA A su hermano Domingo en la estación de Carlsbad cuando el tren llegó por la vía de Los Ángeles. Salvador acababa de manejar de Tustin donde él y Lupe vivían ahora en la granja donde hacía su whiskey. Tenía que explicarle muchas cosas a Domingo.

¡El país entero se estaba yendo al Carajo!

Por todas partes los negocios estaban cerrando sus puertas. Kenny White no era el único hombre bueno y decente que estaba tomando la ley en sus propias manos para resolver sus asuntos de dinero.

Al ver bajar a la gente del tren Salvador estaba entusiasmado con la esperanza de ver a su hermano. Quería decirle todo lo que tuvo que trabajar para sacarlo de la cárcel año y medio antes de su tiempo, y el Vicejefe Palmer le había explicado que Domingo tendría que tener mucho cuidado, o todo el asunto de su libertad condicional podría tener consecuencias adversas.

Pero, apenas vio a Domingo bajar del tren supo que iba a tener muchos problemas. Su hermano se veía violento. No tenía nada de aquella apariencia de saludable calma que le había visto cuando lo había visitado en la cárcel.

—¡Salvador!—gritó Domingo, corriendo a encontrarlo con una gran sonrisa abierta—. ¡Carajo, qué bueno es verte, mano!

Se abrazaron con un gran abrazo, pecho a pecho, y apenas se separaron para verse mejor, cuando Domingo dijo—¿Tienes un trago? ¡Necesito uno rápido! Durante todo el camino estaba pensando qué es lo que querría primero—¡una mujer o un trago! Pero después me puse a pensar que a una mujer le toma cuando menos una hora, ¡así que decidí tomarme un trago primero! Eh, ¿así que tienes algo de *whiskey*, mano?

—No hables tan alto—dijo Salvador viendo a su alrededor. Había gente por todas partes. Acuérdate—, añadió—, estamos en la Prohibición.

—¿Prohibición?—gritó Domingo riéndose hasta más no poder—.¿A quién le importa un carajo la Prohibición? ¡Quiero un trago!

Salvador puso los ojos en blanco mirando al Cielo.

—¿Dónde tienes el carro?—siguió Domingo, chupándose los labios como un lobo hambriento—. ¡Siempre traes una pinta abajo del asiento!

—Mira, ¿no tienes una bolsa o algo?—preguntó Salvador.

—No, carajo—dijo Domingo—. ¡Lo tiré todo! ¡Y en cuanto pueda, quiero titar eata ropa que traigo puesta también! Puso uno de sus brazos sobre los hombros de Salvador volteándolo—. Vamos—, dijo—, necesito que me consigas nueva ropa y un carro y un rollo de dinero y . . .

Salvador dejó de escuchar. Dios mío, este hombre estaba loco. No había cambiado nada. Domingo se había comportado exactamente así antes que lo agarraran y lo mandaran a la prisión. ¿Qué le había pasado a toda esa paz interior que Domingo había hallado en la prisión cuando había visto a esos diez mil ángeles?

—Bueno—dijo Salvador—. Vámonos.

—¡Órale!—dijo Domingo—, sonriendo de oreja a oreja.

Al llegar al Moon, Salvador decidió no llevar a Domingo a la casa de Palmer donde estaría trabajando. El hombre era demasiado peligroso. Primero lo sacaría del pueblo, rodeando la laguna entre Carlsbad y Oceanside y trataría de hacerlo entender un poco en ese bosque de eucaliptos al este del pueblo.

En la parte de atrás de la laguna, Salvador estacionó el Moon y se llevó a Domingo por un sendero atravesando una parte pantanosa sobre un par de troncos. Podían oír las ranas en el agua atrás de ellos.

—¿Tienes unos barriles enterrados por aquí?—preguntó Domingo, chupándose los labios mientras subían una pequeña ladera.

—Sí—dijo Salvador—. Un par.

—¡Ah, qué bueno!—dijo Domingo—. ¡Sirve para empezar! ¡Vamos a bebernos todo un pinche barril y después vamos a buscar unas mujeres con nalguitas buenas y grandes!

—*Okay*—dijo Salvador descubriendo el primer barril. No pensaba ir a ninguna parte con Domingo. Tenía un plan. Iba a dejar que Domingo se pusiera un pedo del carajo y luego iba a llamar a Archie para que le hiciera un truco a Domingo diciéndole directamente que tenía que irse con cuidado o el oficial a cargo de su libertad bajo palabra—el viejo Palmer—lo iba a encarcelar de nuevo. No podía darse el lujo de dejar a su hermano por el mundo sin riendas. El tonto les podía destruir todo lo que él y Lupe estaban construyendo.

Pero las cosas no resultaron como Salvador lo había planeado.

Después de unos cuantos tragos, Domingo no quería escuchar nada. ¡Quería pelear!

—¿Qué *chingados* es eso de que tengo que trabajar para Palmer y que tú no tienes dinero para mí?—bramó Domingo—. He estado encerrado, ¿me oyes? ¡Encerrado como un perro! ¡No quiero trabajar! ¡Quiero vivir!

—Domingo, te sacamos de la prisión antes de tiempo con la condición que serías un doctor de aguacates, ¿no ves?

—¡No, no veo un carajo! ¡Todo lo que veo es que he estado encerrado y tú has estado libre todo este tiempo. ¡Me debes una!

—¿Yo te debo?—gritó Salvador—. ¡Espérate un minuto, espérate, Domingo! ¡No te debo NADA! ¡Para empezar fuiste tú que te buscaste que te metieran en la cárcel!

—¡Mentira! Si fuera verdad, entonces por qué has trabajado tanto para sacarme!

—¡Carajo!—dijo Salvador negando con la cabeza sin poder creerlo—. ¡Trato de ayudarte y ahora te debo otra vez.

—¿Ayudarme?—gritó Domingo—. ¡Carajo, fui yo quien te ayudó a echar a andar el negocio de la fabricación de whiskey! ¡Yo, Domingo, que aprendí todo lo de la *butlegada* en Chiii—cago!

Salvador volvió los ojos al Cielo otra vez. No había manera de hablar con su hermano. Domingo no le había enseñado nada sobre la fabricación de licores. Había aprendido a hacerlo de Al, el italiano. Su hermano tenía ojos de víbora, lo que quería decir que veía todo en reversa, para así poder culpar a todos por todo.

—Mira, Domingo, más vale que entiendas esto ahorita—dijo Salvador—. Me has costado una fortuna. Primero para pagar a mi abogado para que te defendiera cuando hiciste que nos agarraran, luego le pagué más porque te sacara antes de tiempo, sin contar todo el dinero y *whiskey* que perdí porque hiciste que nos descubrieran cuando llevaste a ese pinche agente para que se tomara un trago a nuestra destilería.

Salvador dejó de hablar. Su hermano lo estaba mirando con esa mirada extraña y perdida, como si de veras estuviera viendo las cosas por primera vez desde el punto de vista de otro humano.

—Bueno, si eso es cierto—dijo Domingo—, ¿por qué me quisiste sacar temprano si te cuesto tanto cada vez que te volteas? ¿Eh, dime?

Salvador se mordió el labio inferior y las lágrimas le brotaron de los ojos. Se encogió de hombros—. No lo sé—, dijo—, creo que es porque somos hermanos, Domingo.

Al ver las lágrimas de su hermano, Domingo se echó a reír—. Bueno, entonces, tonto, me debiste haber dejado en la cárcel, pendejo, ¡si de verdad no me tienes dinero—! gritó su hermano—. ¡Tenía todo lo que quería allí en San Quentín! Comida, cama, amigos, ¡los mejores amigos que haya tenido nunca, y respeto! ¡Verdadero respeto! ¡Y mucha mota a lo cabrón! Tenía la cara roja y los ojos inyectados de sangre. Se chupó los labios.

—Ah, no—añadió ya sin reírse—, me sacaste de la cárcel, hermanito, y ahora me tienes que cumplir. ¡No me vas a hacer trampa, tacaño cabrón, ni a dejarme colgado como dejaste a nuestro padre!

Al decir esto, Domingo se le fue encima como un lobo salvaje tratando de agarrar a Salvador por el cuello para matarlo ahogándolo, pero estaba demasiado borracho y Salvador pudo empujarlo. Domingo se cayó hacia atrás sobre un tronco en el lodo y el pasto.

—No empieces todo esto—dijo Salvador—. Te lo he dicho muchas veces, no abandonamos a nuestro padre, Domingo. Él nos dejó.

—¡Mentira! ¿Cómo puede un hombre abandonar a su familia, eh, dímelo?

—¿Cómo pudiste tú dejar niños desde Texas hasta Chicago?

Al oír esto, Domingo vio a su hermano con los ojos inyectados de sangre. Sus ojos verdaderamente parecían ojos de víbora.—Ah, te estás buscando que te rompa el hocico, ¿verdad—? dijo Domingo poniendo su mano izquierda en el tronco y poniéndose de pie—sin quitar por un momento los ojos de su hermano.

Y allí estaban, cara a cara, dos hermanos listos para trenzarse en una lucha y morir peleando.

Y EN CORONA, California, a unas sesenta millas al noreste, doña Margarita se acababa de recostar para tomar un pequeño descanso cuando sintió en el Corazón un dolor, pero al principio no sabía qué era. Aspiró el Hálito de Dios y entonces Supo. La historia de Caín y Abel se desarrollaba una vez más.

DE REPENTE, CON un grito desaforado, Domingo se abalanzó contra Salvador de nuevo rasgándole la manga del saco hasta la mitad cuando trataba de tirarlo al suelo. Pero el lodo y el pasto estaban resbalosos y espesos, así que Salvador pudo soltarse de las garras de su hermano y empujarlo una vez más.

—¡Me debes!—gritó Domingo, agarrándose de una rama para no caerse esta vez. Se veía desesperado—. ¡Me oyes, quiero la mitad de todo lo que tú y Lupe hicieron mientras estaba encerrado! ¡Eso es lo justo, pinche cabrón!

Negó con la cabeza, apesadumbrado.—Allá en México teníamos todo cuando salí para hallar a nuestro padre. Ganado, caballos, un hogar, y cuando regresé—después de estar atrapado en Chiii-acago como un esclavo—todo había desaparecido. ¡No había nada sino ruinas quemadas!

—Domingo, Domingo—dijo Salvador—, ya hemos hablado de esto cien veces. Estaba la guerra. Todo se destruyó. Pensamos que habías muerto. Simplemente desapareciste un día sin decir nada.

—Quería sorprender a papá que se había ido a trabajar, ya sabes, a esa carretera de San Diego a Del Mar, California, pero esos cabrones mañosos de los *Texas Rangers* me arrestaron en la frontera por nada, y me mandaron a Chicago a trabajar por un crimen que nunca cometí a las fábricas de acero. ¡Tenía catorce años! ¡NO SABÍA NADA!

—Mira, Domingo, no podemos seguir hablando de lo mismo o nos vamos a volver locos—dijo Salvador—. Tenemos que parar y pensar qué vamos a hacer aquí, hoy, ahorita mismo. ¿Qué le pasó a esa paz que tenías cuando te vi en la prisión? Todo lo que decías tenía sentido, Domingo.

—Bueno, sí, claro—dijo Domingo arrastrando las palabras como borracho. Todavía se sostenía de la rama para mantenerse en pie—. Todo mundo halla paz y tiene sentido cuando está encerrado, Salvador. ¡Pero cuando sueltas ese perro o caballo, se vuelve loco otra vez, queriéndolo todo! Es sólo natural. Ése es el problema del pinche mundo. ¡Todos tenemos hambre de avaricia!

—¡Ah, te lo digo, y pongo a Dios como testigo, me voy a volver rico, hermanito!—dijo resbalándose y deslizándose en el pasto y el lodo mientras seguía agarrado de la delgada rama—. ¡Tengo la corazonada! Voy a encontrar esa mina de oro, la que te conté antes que fuera a prisión—¡y me voy a volver tan encabronadamente rico que voy a poder recuperar todas las tierras que nuestro abuelo don Pío vendió, y voy a reconstruir el pueblo y me van a llamar '*míster*' acá en el mundo, como me llamaban en la cárcel!

Y se sonrió con esa sonrisa de loco borracho.—*Míster* Señor Domingo

Villaseñor me van a llamar. Y . . . voy a hallar a todos mis hijos de Texas a Chicago y . . . y . . . ¿qué te pasa Salvador—? dijo al ver a su hermano negando con la cabeza—. ¡Carajo, te juro que me estás viendo como si fuera un hombre mandilón que ha olvidado las realidades de la vida! ¡Los hombres lo quieren todo! ¡Y tú lo sabes, cabrón! ¡Es nuestra pinche naturaleza, así que no te me hagas el pendejo! ¡Lo quiero todo, Salvador! ¡Todo! ¡TODO! ¡TODO! Ahora vacíate los bolsillos—, dijo—, y dame la mitad de tu dinero, ¡luego vamos a buscarnos unas viejas con unas nalgas grandes y jugosas! ¡Ah, me encanta la mujer con carne en el culo, para poder agarrarla y apretarla con las dos manos!

Salvador se dio cuenta que no podía hablar con su hermano. Sacó de mala gana el rollo de su dinero y empezaba a contarlo, cuando Domingo brincó hacia él y se lo quitó.

—Bueno—dijo Domingo con los ojos enloquecidos por la avaricia—. Sabía que sólo me estabas haciendo esperar! ¡Me lo llevo todo! Y después que me lo acabe, ¡también quiero la mitad de lo que tú y Lupe tienen escondido en su casa!

—Salvador tragó saliva. Éste era todo el dinero en el mundo que él y Lupe tenían, pero su hermano no le hubiera creído. No, ahora acariciaba el dinero como si fuera la mujer más hermosa que hubiera visto.

De repente, Salvador se dio cuenta por qué un hombre bueno como Kenny White había tomado la ley en sus propias manos y había balaceado al viejo Eisner con su 30/30. No había ninguna duda, él, Salvador, tenía que matar a su hermano. No había forma de evitarlo. Domingo tenía razón, lo debió haber dejado en la prisión.

Salvador pretendió ir a orinar caminando a un lugar privado, pero en vez de eso se abrió el saco—que estaba desgarrado y enlodado—y sacó la pistola. Se estaba haciendo tarde. Los últimos de los grandes patos reales llegaban a la laguna. Las ranas y los grillos hacían más y más ruido. El sol acababa de ponerse y el Cielo estaba lleno de colores espectaculares de azul y color de rosa, y anaranjado con rayas de oro.

Domingo se sentó en el tronco caído atrás de Salvador y empezó a cantar una vieja ranchera de sus añoradas montañas de Jalisco con el dinero apretado contra el pecho. Salvador respiró profundamente. Era hora. Su hermano estaba loco y era peligroso, así que no había ningún otro modo. Se volvió pistola en mano y se acercó por atrás a Domingo.

¡N O !—G R I T Ó D O Ñ A Margarita, sentándose en la cama de su jacalito detrás de la casa de Luisa. El Padre Sol se acababa de poner y ella se había recostado para tomar una siesta—. ¡No lo harás! ¡Me oyes, Salvador! ¡NO LO HARÁS!

Y con el ojo de su mente, la anciana vio a Salvador pistola en mano apuntando a la parte de atrás del cuello de su hermano, listo para disparar. Rápidamente doña Margarita dejó de gritar y empezó a rezar. Pues sólo por la oración se podía Uno Reunirse con el Todopoderoso, y así poder traer a los Cielos Aquí a la Tierra.

TRES GRANDES PÁJAROS BLANCOS salieron del Cielo nocturno en Carlsbad, California, sobrevolando sobre las aguas rosadas de la laguna. Pistola en mano, Salvador miró hacia arriba y vio los preciosos pájaros. Bajó la pistola. No podía hacerlo. Los tres grandes y blancos Gansos de Nieve bajaban con un don de aleteo e iluminaban las aguas. Salvador respiró profundamente sintiéndose inundado con la Belleza del Día que acababa y la Noche que venía. Se puso la pistola en los pantalones y se sentó sobre el tronco caído al lado de su hermano.

Todavía cantando, 'Ay, Jalisco no te rajes', Domingo lo miró con una sonrisa de borracho y le puso el brazo sobre los hombros de su hermano. Al mirar los patos y los gansos en las aguas, Salvador abrió la boca ampliamente y también cantó con su hermano.

MÁS TARDE EN la semana, Lupe estaba en el cuarto del frente durmiendo con Hortensia. Salvador estaba al otro lado del pasillo, en el cuarto de atrás durmiendo sobre un petate. Durante tres días y tres noches Salvador había trabajado día y noche en el proceso de destilación. Había perdido mucho tiempo ayudándole a establecerse a su hermano Domingo para que empezara su trabajo como doctor de aguacates.

Era poco más de la media noche y las llamas del fuego de la olla de cobre cantaban y ardían con una llama azul cuando de repente, ¡EXPLOTÓ como una BOMBA!

El cuerpo de Salvador fue arrojado contra la pared al otro lado del cuarto, haciéndolo perder el conocimiento.

En el cuarto de al lado Lupe fue arrojada de la cama. ¡Hortensia GRITABA! ¡Todo el cuarto de la destilería estaba envuelto en llamas! Lupe se levantó y corrió por el pasillo para ver qué había pasado, pero no pudo abrir la puerta del cuarto de atrás por más que empujaba. El cuerpo de Salvador estaba bloqueando la puerta. Pero Lupe no sabía eso. ¡Todo lo que sabía era que su hija gritaba aterrorizada y que toda la casa se convertía en un infierno ardiente!

Finalmente Lupe se regresó corriendo por el pasillo, recogió a Hortensia, la envolvió en una cobija, luego vio la pistola de Salvador y nunca sabría por qué, pero la recogió. Entonces recordó su lata de dinero y salió corriendo del cuarto por el pasillo, a la cocina, agarró el dinero y salió por la puerta de enfrente con el dinero, la pistola y su hija.

Lupe corrió por el patio, puso a Hortensia en el carro y cerró la puerta. Por alguna razón puso la pistola y el dinero en una horquilla del árbol bajo el cual estaba estacionado el carro. Se dio vuelta y vio que la casa entera estaba sumergida bajo las enormes llamas que subían veinte o treinta pies al cielo nocturno.

Lupe se persignó y nunca titubeó ni una vez cuando corrió por el patio hacia el infierno ardiente. Pasó corriendo por el pasillo y le puso el hombro a la puerta una y otra vez con toda la fuerza que Dios le dio, empujando para pasar a la fuerza. Por fin la puerta se abrió lo suficiente para ver que algo en el piso la bloqueaba. Y cuando, bajo todo el humo y las llamas, se bajó a ver, el corazón le brincó a la garganta. Era la pierna de Salvador.

—¡Salvador!—gritó—. ¡SALVADOR!

Pero no le contestó. Metió la mano por la puerta y le agarró la pierna y se la sacudió. No hubo ninguna respuesta, así que pensó que ya estaba muerto hasta que oyó su voz.

—Lupe—oyó, muy suavemente—, Luuu-pe.

El oír su voz llenó a Lupe de una fuerza que nunca antes había conocido. Era ahora su madre que había ido a la plaza de su pueblo de México para salvar a su hermano, Victoriano, de ser colgado por soldados renegados. Era ahora su abuela yaqui que también había sido ungida por la mano del Todopoderoso cuando había tenido la fe de mandar a su hijo más pequeño a buscar a un hombre cuyos ojos estaban llenos con la Santa Luz del Creador.

Lupe se levantó y le puso el hombro a la puerta otra vez y con todo el poder de sus ancestros dio un GRITO y un empujón a la puerta que se abrió lo suficiente para que pasara al cuarto a gatas mientras las llamas subían por encima de su cabeza.

Agarró el pie de su marido y lo sacó arrastrando de la puerta para poder abrirla completamente, entonces—tosiendo y ahogándose—arrastró su cuerpo fuera del infierno ardiente y por el pasillo. ¡Entonces el primer barril de *whiskey* explotó, destrozando paredes y ventanas como si fueran de juguete!

¡La sirena se acercaba!

Lupe podía ahora oír la sirena chillando más y más cerca mientras arrastraba el cuerpo de Salvador fuera del porche y por el patio hasta llegar al coche. Todavía estaba inconsciente y muy pesado. Lupe abrió la puerta del chofer y trató de subir a Salvador al Moon para que pudiera llevárselos de allí antes que los bomberos y la ley llegaran. Pero no recuperaba el conocimiento, y estaba todo desguanzado, como una bolsa de agua.

Finalmente, dándose cuenta de lo futil de la situación, Lupe arrastró a

Salvador alrededor del carro al lado del pasajero. Y cómo hizo esto, nunca lo sabría, pero levantó a Salvador en sus brazos y lo arrojó en el Moon cerrando la puerta. Entonces corrió y se subió al asiento del chofer. Trató de recordar cómo había visto a Salvador empezar el carro cientos de veces. Pero cada vez que le apretaba a la marcha, el Moon sólo brincaba hacia adelante y se moría. Finalmente, empujando el *clutch* hasta el fondo, pudo prender el carro y se estaba echando en reversa cuando recordó la pistola y el dinero.

Frenó tratando de pensar qué podía hacer, pero el camión de bomberos estaba casi en el camino de entrada y Hortensia estaba llorando de nuevo. No podía recoger el dinero y la pistola en este momento. Arropó a su hija en la cobija, la tranquilizó con una caricia en la cara, tomó de nuevo el volante y salió manejando justo cuando la sirena llegó chillando a su camino de entrada. Casi le pega de frente al camión del bomberos, pero no lo hizo y salió—con los ojos cerrados rezando mientras manejaba.

Media milla más adelante Salvador empezó a recuperar el conocimiento.

—¡Por poco y te matas!—le gritó Lupe—. ¡Por poco y nos matas a todos, Salvador! ¡Ay, estoy tan enojada contigo que te podría matar!

Se hizo a un lado del camino. Podían ver las llamas que subían del fuego aun de la distancia y cada vez que un nuevo barril de whiskey explotaba, todo el infierno subía cientos de pies en el cielo nocturno.

—¿Qué pasó?—preguntó Salvador. Todavía sin poder comprender cabalmente lo que había pasado—. ¿Explotó la estufa?

—¿Puedes manejar, Salvador?—preguntó Lupe

Dos coches de *sheriff* venían hacia ellos con las sirenas chillando en la noche.

—No, creo que no—dijo Salvador.

—Ay, Dios mío—dijo Lupe arropando a su hija una vez más y tomó de nuevo el volante y puso de nuevo el Moon en la carretera. No sabía manejar. Pero no había otra alternativa. Salvador estaba inconsciente una vez más.

Lupe siguió manejando por la carretera hacia los coches de los *sheriffes* que se acercaban, con los ojos enfocados y determinación en la cara. Después de todo, ahora era madre, así que pasara lo que pasara, ella tenía que hacer sus propios milagros, así como había tenido que hacer su madre y la madre de su madre.

Lupe siguió manejando pasando al lado de los dos carros chillantes de los *sheriffes*.

DOÑA MARGARITA TENÍA ambas manos sobre los ojos. Estaba agotada. No quería seguir viendo lo que había visto la Visión de su Corazón. Ah, pero qué orgullosa estaba de Lupe. Ciertamente que su amada nuera iba en camino a ser el eje de la familia.

—Gracias, Señor Dios—dijo una vez más. Gracias con toda el Alma y Corazón. Que se haga Tu Voluntad.

—Gracias—oyó la voz del Creador contestarle.

—Lágrimas de felicidad embargaron a la anciana.—Estamos haciendo buen trabajo, Tú y yo, ¿verdad Papito? Estamos haciéndolo muy bien.

—Sí, lo estamos haciendo.

LUPE MANEJÓ HASTA la casa de su hermana María, que estaba a sólo unas millas de distancia. Aunque Salvador no le había hablado a María desde que les había secuestrado a su hija, Hortensia, para llevarla a bautizar, Lupe no se iba a preocupar por esto.

María y su esposo chaparrito, Andrés, estaban parados en el patio de enfrente cuando llegó Lupe. Los dos habían despertado cuando las sirenas chillaban al pasar por su casa. Y aun desde su casa podían ver y oír las explosiones de los barriles de *whiskey*.

—Ay, Dios mío—dijo María corriendo hacia su hermana cuando Lupe llegó manejando por su camino de entrada y chocó contra su porche—. ¿Qué pasó? ¿Es la casa de ustedes la que se está quemando?

—Sí—dijo Lupe—, y Salvador está medio muerto y nos van a andar buscando. Pero yo no puedo manejar.

—¡Claro que no!—dijo Andrés viendo el daño que le había hecho al porche.

—¡Casi le pego al camión de bomberos también y después a los carros de los *sheriffes*! Estaba fuera de sí.—añadió Lupe.

—Andrés puede manejar por ti—dijo María—. Puede llevarlos a cualquier parte que quieras, ¿pero a dónde irás, Lupe? El carro elegante será reconocido en cualquier parte que vayas.

—No lo sé—dijo Lupe—. Si sólo pudiéramos irnos a Corona y tal vez escondernos antes que empiecen a buscarnos.

—No, Lupe—dijo María sacando a Lupe del carro—, no vas a ninguna parte. Mírate, *mijita*. Estás toda quemada, Lupe. Esto fue lo que soñé cuando vine y me llevé a Hortensia para bautizarla. ¡Tú y Salvador y su hija morían quemados en su casa! He estado rezando por ustedes todas las noches desde aquel sueño. Pregúntale a Andrés, ¡él te lo dirá! Le he estado diciendo por semanas que tú y Salvador necesitan salirse del negocio de la *butlegada*—, dijo persignándose—. Ven, necesitamos meterlos a la casa y conseguir un poco de gordo de puerco para esas quemaduras tuyas y de Salvador.

—¿Pero qué haremos con el carro?—preguntó Lupe—. Lo van a ver aquí.

—Andrés—dijo María—, ¡súbete al carro y llévatelo ahorita mismo!

—¿Pero adónde?—preguntó Andrés.

—¡Eso te lo dejo a ti! ¡Ahora vete! ¡Vete! Y lejos, también. Y déjalo. ¡Simplemente déjalo!

—*Okay, okay*, ya voy—dijo el hombre pequeñito. Estaba verdaderamente espantado, pero sabía que no podía discutir con su esposa, que era una mujer fuerte y dominante, justo como Luisa, la hermana de Salvador.

Andrés se subió al Moon y se fue mientras María le ayudaba a su hermana, a Salvador y a su niña a entrar a su casa. Andrés estaba tan asustado que no manejaba mucho mejor que Lupe, yéndose de un lado a otro. Otro camión de bomberos venía volado por el camino de grava con un carro de *sheriff* detrás. Andrés por poco y le pega al camión de bomberos y se fue a una zanja mientras los dos vehículos lo pasaban.

Para cuando Andrés llegó a la carretera estaba haciéndose caquita, pero ahora hizo algo brillante. Y no porque lo hubiera pensado, sino porque, simplemente, la suerte quiso que no viera mucho tráfico hacia el sur y por eso dio vuelta a la izquierda, encaminándose hacia San Juan Capistrano.

YA ADENTRO, BAJO las luces, María vio la inmensidad de las quemaduras de Lupe y de Salvador. Sólo la niña, Hortensia, no estaba quemada como María había visto en su sueño.

Salvador finalmente recuperaba el conocimiento y la primera cosa que dijo—una vez que se dio cuenta que Lupe y Hortensia estaban vivas—fue,—Lupe, ¿sacaste mi pistola y nuestro dinero?

Lupe asintió.—Sí, Salvador, los saqué los dos—, dijo.

—Bueno—dijo—, bueno, entonces vamos a estar bien.

Y diciendo esto, se volvió a desmayar.

—¡Los hombres—dijo María, poniendo un paquete de hierbas medicinales en la cara de Lupe—, son tan tontos! ¿A quién se le ocurre pensar en pistolas y dinero en una situación como ésta? ¡Tiene suerte de estar vivo!

—A mí—dijo Lupe.

—¿A ti qué?—dijo María.

—Después de envolver a Hortensia en una cobija—dijo Lupe—, no sé por qué, pero pensé en la pistola de Salvador y en nuestro dinero aun antes—que me perdone Dios—que pensara en mi esposo.

María se rió.—¡De veras, eso es horrible, Lupe! ¿Qué te hizo pensar en una pistola y en dinero en una ocasión como esa?

Lupe se alzó de hombros.—No sé.

—Hiciste lo correcto—murmuró Salvador.

Las dos mujeres se voltearon a ver a Salvador. Tenía la cara hinchada y llena de ampollas de quemaduras y sus ojos estaban cerrados y cubiertos de hollín. Se veía horrible.

—Hiciste lo correcto—repitió—, hiciste muy bien. Prométeme, mi amor, que siempre pensarás primero en nuestra niña y en tu propia sobre-vivencia antes de pensar . . . en mí.

—Ay, Salvador—dijo Lupe, levantándose y viniendo a sus brazos—, no quería que oyeras eso. Me siento tan mal que primero fui por . . .

—Sssssh—dijo Salvador extendiendo el brazo hacia Lupe con los ojos todos hinchados y cerrados—, hiciste bien, amor mío; en este mundo de hombres, una mujer necesita una pistola y dinero. A mis hermanas, a mi madre, no les podía ayudar. Sólo tenía diez años.

—Esto lo puedo entender—dijo María—, sólo mujeres como yo que so-mos más fuertes que dos hombres, tenemos alguna oportunidad sin una pistola. Tienes razón, Salvador, pero me sorprende que sepas esto—, Ma-ría se persignó. Su terrible pesadilla había sido invertida por el amor que se tenían Lupe y Salvador. En su sueño había visto a su hermana menor y a su familia morir quemados.

ANDRÉS LLEGÓ CON la Moon a la estación de trenes de San Juan Capistrano, estacionó, miró a su alrededor, y salió del vehículo y corrió al tren que se dirigía al sur. Hizo como si se subiera al tren, pero se bajó de entre los carros y desapareció en el pequeño barrio mexicano de San Juan al otro lado de la vía del tren. Entonces se fue a pie hacia el norte.

Amanecía cuando llegó Andrés a su patio. El camión de Victoriano es-taba estacionado al frente. Todos los días Victoriano pasaba por Andrés para ir a trabajar juntos. Este día Victoriano y Andrés decidieron no ir a trabajar y quedarse en casa para arreglar el porche en el que Lupe había chocado y seguir trabajando alrededor del patio en caso que las autorida-des llegaran a hacer algunas preguntas.

Ese día dos veces habían pasado carros de *sheriff* y una vez parecía que iban a parar pero no lo hicieron. Ya era de noche cuando Salvador pudo por fin pensar en pedirle a Victoriano que se pusiera en contacto con Ar-chie.

La siguiente mañana cuando Victoriano vino al amanecer para recoger a Andrés para que se fueran a trabajar, Lupe se llevó a su hermano a un la-do y le pidió de favor que la dejara en su casa camino de su trabajo.

Victoriano miró a Salvador. Estaba profundamente dormido en un colchón en el piso del cuarto de enfrente.—¿Ya hablaste de esto con tu esposo?—preguntó Victoriano. Lupe negó con la cabeza—. Bueno, entonces no—, dijo Victoriano—, no te puedo llevar allí sin que él esté de acuerdo. ¡Por Dios, Lupe, ustedes dos tienen suerte de haber salido con vida!

—Bueno—dijo Lupe—, rehusando discutir el asunto—, entonces caminaré. No está tan lejos.

Victoriano miró a su hermanita. Desde niña había sido cabeza dura, especialmente cuando se había decidido a algo—. Bueno—, dijo—, pasaremos por allí y si parece seguro, te dejo allí. Pero, en el nombre de Dios, ¿por qué quieres regresar?

Lupe no supo cómo explicarle. Pero la noche antes de la explosión se había quitado el anillo de casamiento—ya sea cuando iba a lavar los platos o cuando se iba a acostar—y quería regresar para hallarlo. También había dejado la tarjeta del coronel. La tarjeta que le había regalado su primer amor cuando había tenido siete años allá en el cañón acantilado de México. Todos estos años había guardado su tarjeta del coronel junto con el rosario y el rodillo para hacer tortilla que su madre le había dado también cuando había cumplido los siete años. Y claro, quería recoger la pistola de Salvador y su dinero del cruce de las ramas del árbol. Ah, cómo le pedía a Dios que no las hubiera hallado la autoridad.

Se subió al camión con su hermano y con Andrés y salieron por el camino hacia donde Salvador y Lupe habían puesto su destilería. Fueron las dos millas más largas que Lupe había viajado en su vida. Cada árbol, cada grupo de matas sobresalía, viéndolos como si estuvieran vivos. Se acordaba del día que se escondió en la espesa yerba cerca del arroyo allá en su cañón acantilado mientras los disparos, los asesinatos y las violaciones pasaban encima de ella en su pueblo. Se había escondido allí por tanto tiempo rezándole a Dios que por favor la hiciera invisible que finalmente había visto al follaje alrededor de ella aspirar y exhalar.

Tres veces Lupe y su hermano y Andrés pasaron por la vieja granja quemada antes de entrar al camino de entrada. Más de cerca Lupe pudo ver que todo lo que quedaba de su casa era la chimenea de piedra y la estufa de hierro de la cocina. El resto de la casa había sido destruido por el fuego. Parecía que el fuego había casi llegado al establo que estaba al otro lado del patio. La tierra enfrente de la casa estaba cubierta de cenizas. Había pedazos de la destilería por todas partes. ¡La explosión inicial había sido devastadora!

—¿Estás segura que quieres hacer esto?—preguntó Victoriano.

Lupe asintió diciendo—Sí.

Andrés se salió del lado del pasajero y le ayudó a salir a Lupe. En cuanto se fueron, Lupe caminó al pirul debajo del cual había estado estacionada el Moon. Podía ver la cacha negra de la pistola y la parte superior de la lata con el dinero. Pero no se les acercó. Respiró. Algo le había pasado en lo más profundo de su ser cuando había salido corriendo por el pasillo en ese infierno ardiente para sacar a su hija. Era como si se hubiera abierto por dentro y ahora tuviera este sentido extra que le permitía saber qué hacer y qué no hacer.

No sabía cómo explicarlo. Pero después de hacer la decisión de ir por el pasillo para recoger a su hija, el mundo entero se había vuelto más lento y entonces había visto todo con absoluta claridad. Ya no estaba sola. Era como si ahora tuviera un santo amigo de sí misma, sobrevolándola a doce o quince pies en el aire y este Santo Auto Amigo tenía una Visión y una Voz propia, diciéndole claramente a Lupe qué hacer.

Como justo en este momento, Lupe pudo oír un carro que se acercaba y esta Voz de su interior le decía que era la ley y que se escondiera inmediatamente.

Sin ninguna pregunta, Lupe hizo lo que la Voz le dijo, metiéndose en el establo.

Mirando por las rendijas de la puerta del establo, Lupe vio que era Archie y otro carro con un par de oficiales a los que nunca había visto antes. Le dio las gracias a su Santo Autoamigo y miró como estos oficiales se salían de sus carros junto con Archie—que los hacía parecer chaparritos—y fueron a la casa y patearon las cenizas. Dos veces miró Archie hacia el establo. Cada vez Lupe se encogió, cerrando los ojos para concentrarse, y rezó con toda su fuerza que no viniera al establo y la hallaran.

Entonces los policías se fueron, sin decir ni hacer nada, y Archie también. Entonces Lupe supo que alguien la estaba cuidando de allá arriba. Se volteó y vio que atrás de ella estaba mirándola una lechuza de ojos grandes en las vigas del viejo establo.

A Lupe le dio un hipo.

El búho, el tecolote, era un agüero muy poderoso entre la gente de su madre, los yaqui. Rápidamente se persignó.

Toda la mañana Lupe buscó su anillo de matrimonio y su tarjeta del coronel entre las cenizas de la casa quemada, pero no los podía hallar. Todo había desaparecido. No tenían nada, nada; no quedaba nada. No había ropa, zapatos, muebles, ni siquiera los trastes de la cocina. Todo había sido quemado o destrozado en pequeños pedazos. Se le llenaron los ojos de lágrimas a Lupe. Se sintió como si una vez más su mundo entero hubiera sido destruido. Pero no perdió la esperanza. La Voz interior la mantuvo calmada. Sin saberlo, Lupe aprendía instintivamente como trabajar con su Noveno, Décimo y Decimoprimero Sentidos.

En las primeras horas de la tarde Lupe caminó por el patio y recogió la pistola de Salvador de las ramas del árbol junto con el dinero y empezó a caminar de regreso a casa de su hermana. Caminó atravesando campos y huertas, alejada de los caminos.

En el momento que Lupe entró por la puerta de enfrente, a Salvador le dio una rabieta. Al ver qué tan alterado estaba su marido, Lupe se empezó a reír.

—No tiene nada de chistoso—gritó Salvador.

—Ah, pero sí lo es—dijo Lupe—. ¿Cuántas veces te fuiste durante días sin decir una palabra, Salvador, y se suponía que yo me quedara en casa y mantuviera mi fe en Dios y no me alterara?

—¡Eso era diferente!—gritó Salvador.

—¿Por qué, porque eres hombre?

—¡Sí! Quiero decir no, sino porque, bueno, estaba fuera trabajando, para traer dinero a casa!

—¿Así que lo que yo hago no es importante entonces?

—Bueno, no, no estoy diciendo eso, lo que pasa es que, bueno, Lupe—¡carajo, no quiero que regreses allí y eso es todo!

—Salvador, voy a regresar mañana—dijo calmadamente, arreglándose el cabello con la punta de los dedos como había visto a su madre hacer cuando tenía situaciones difíciles con su padre.

—¡Pero en nombre de Dios, por qué harías eso!—gritó—. ¡Ya trajiste nuestro dinero y mi pistola!

—Porque—dijo—, no hallé lo que estaba buscando.

Salvador la miró fijamente.—¿Y qué era lo que buscabas—? preguntó.

—Salvador—dijo—, perdí mi anillo de matrimonio en ese incendio y . . . y voy a regresar para hallarlo.

Respiró largamente. Había trabajado tanto para comprar ese anillo. Era un diamante de a de veras. Harry, su amigo judío de Santa Ana que les había hecho la ropa para la boda, le había ayudado a conseguirlo. Este diamante era el primero en la historia de la familia.—Pero Lupe, tengo miedo por lo que pueda pasar—, dijo en voz baja—. Te compraré otro algún día.

—No, Salvador—dijo—, no sería lo mismo.

Se le salían las lágrimas de los ojos. Él no sabía qué decir.

—Yo te acompaño, Lupe—dijo María.

—¡Ah, no!—dijo Salvador—. ¡No digas eso, María! ¡Hazle ver las cosas! ¡Diamante o no, un anillo es sólo un anillo! ¡No hiciste ya suficiente cuando te llevaste a bautizar a nuestra hija sin nosotros!

María se le acercó y miró a Salvador en la cara.—¡No me vas a intimidar con sentimientos de culpa o con razones, Salvador! Me oyes, mi hermana menor te sacó arrastrando de un incendio ardiente, haciendo de un desastre un milagro, igual que nuestra madre, contra toda razón. ¡Mi hermanita es una mujer de poder! Yo iré con ella mañana, si va, y ESO ES TODO—, añadió María.

No había nada más que Salvador pudiera decir. Apenas si se podía mover sin gritar de dolor. Y María era tan fuerte y testaruda como su hermana Luisa. Estas eran mujeres que habrían estado mejor siendo hombres. ¡Tenían los *tanates* tan grandes que los arrastraban por el piso!

Durante tres días Lupe y María fueron con Hortensia todas las tardes a la casa quemada cerca de allí y buscaron entre las cenizas de un pie de profundidad. Al tercer día Lupe no sólo halló su anillo, sino milagro de milagros, halló también el rodillo que su abuelo le había hecho a su madre. Y halló su rosario también.

Lupe recordó de repente que se había quitado el anillo de casamiento y lo había puesto junto con el rosario y el rodillo en la repisa de la ventana arriba del fregadero cuando había empezado a lavar los trastes después de cenar.

¡Y encontró a los tres juntos, anillo, rosario y rodillo! ¡Esto era en verdad una señal directamente del Santo Creador!

Lupe echó un grito de gusto al aire, y se persignó con el crucifijo del rosario dándole gracias a la Madre de Dios a quien le había estado rezando todas las noches desde el incendio.

María también se persignó. No había accidentes.

El antiguo refrán mexicano era verdad, ¡los casos extremos del ser humano son las oportunidades de Dios!

I 8

———

*Y Adán y Eva dieron un paso hacia adelante, no culpándose
el uno al otro sino unidos en el Amor, el Respeto y una
Admiración mutua Natural* — REFLEJOS DEL CREADOR.

SALVADOR NUNCA MIRARÍA a Lupe del mismo modo. Ya no
era la misma muchachita inocente con la que se había casado. Al llegar
esa tarde con su anillo de bodas intacto, se había dirigido a él, brillándole
los ojos. Tenía en ellos una fuerza que él nunca había percibido antes. Todo su cuerpo se movía distinto.

—Mira Salvador—, le dijo, con lágrimas de felicidad.—Encontré el
anillo.

—¡Dios mío!—le contestó él.

—Y encontró el rodillo que su mamá le había regalado junto con su rosario—, dijo María.

—Es un milagro—le susurró Salvador.

—Claro que lo es—contestó María persignándose.—Te lo dije. Las mujeres no podemos sobrevivir más que haciendo milagros.

Lupe se movía con la gracia de una mujer inspirada, como el eje de su
familia.

Salvador observó a Lupe que lavaba el anillo con tal amor y devoción
que se le saltaron las lágrimas. La admiraba tanto. De ella nacerían todos
sus hijos, todo su futuro. Su madre tenía toda la razón. Las lecciones que
Lupe le daría sobre la Vida harían las suyas verse pequeñitas.

Se sentía tan orgulloso de ser marido de esta criatura que sólo la curva de
sus caderas, de sus senos, de su cuello le causaban calosfríos en las ingles.

Después de haber tallado el anillo Lupe se lo entregó a Salvador que todavía estaba acostado en el colchón en el suelo. Él lo tomó, lo observó y lo
besó. Se lo puso en el dedo de ella y le besó las puntas de los dedos, brillándole los ojos.

E S A   M I S M A   N O C H E vino Archie y le preguntó cuál de ellos había estado en su casa hacía unos días y se había estado escondiendo en el establo.

—Y vi que no eras tú, le dijo a Salvador—porque tú estás todavía bastante jo . . . digo, fregado. Pero sé que uno de ustedes estuvo allí.

—¿Cómo sabes eso?—preguntó Lupe.

Archie la miró y se lamió los labios grandes y guangos.—Me lo dijo un pajarito.

Lupe enrojeció.

—Mira, le dijo él. No puedes arriesgarte así otra vez. Lo bueno es que los dos cuates con los que yo andaba no son soplones. Ya ves, Domingo se le desapareció al viejo Palmer. Ha invalidado su libertad condicional. A ver si puedo darle vuelta a este asunto y hacer que le echen a él la culpa. Es tan pendejo que de todos modos lo van a devolver al bote. Pero ustedes dos van a tener que largarse de esta zona para que me salga mi plan. La delegación del Condado de Orange quiere usarte de ejemplo, Sal, y te está buscando por todas partes. ¿Puedes viajar fuera, amigo?—añadió Archie.

—¿Qué otra cosa puedo hacer?—dijo Salvador.

Archie se rió.

—No hay problema—dijo doña Margarita. Había llegado unas horas antes y les curaba las quemaduras a Salvador y a Lupe con grasa de pollo y hierbas. Les había dado litros y litros de un té especial.   No van a tener que irse muy lejos para desaparecer.

—¿Qué piensa usted hacer?—preguntó Archie, riéndose.—¿Los va a matar con sus hierbajos o les va a hacer brujerías como las que dijo Salvador que hizo para que se desaparecieran los barriles de whiskey?

En vez de ofenderse, doña Margarita miró derecho al policía gigante y le dijo,—No Archie. Cuando se necesitan los milagros uno se dirige a Dios pero cuando se necesita protección de la ley se va con el dueño de la ley.

—¿Y ése quién es?—se siguió riendo Archie.—¿El gobernador en Sacramento?

—No, ése me queda muy lejos a mí pero eso no quiere decir que no iría con él para salirme con la mía—. Diciendo esto, doña Margarita se volvió y le pidió a Epitacio que la llevara en su camión.—Regresamos dentro de una hora y que se haga la voluntad de Dios—, dijo al salir.

—Preguntó Archie—. —Oye, ¿se enojó conmigo? No la quise ofender. Estaba vacilando con ella.

Salvador negó con la cabeza.—No eres tan grandote como para ofenderla. Nomás le demostraste lo chiquito que eres en tus creencias. Ella sabe mover montañas. Vas a ver cómo lo hace y en menos de una hora como dijo.

Archie se echó el *Stetson* para atrás y sopló.—Te lo creo todo. Mi abuela era la que contaba las leyendas de mi familia en Texas. Era la que preservaba los cuentos y el idioma y, ah, podía mover el mundo con sus cantos. No entiendo cómo el Blanco nos ha quitado los poderes de nuestros ancianos.

—Mi mamá dice que no los hemos perdido—, dijo Salvador.—Nos estamos tardando un poquito en recuperarnos, nada más.

Al oír esto Archie se rió tanto que casi se ahoga.

UNA VEZ EN camino, doña Margarita le pidió a Epitacio que la llevara a ver a su viejo amigo Irvine.—Me debe una, dijo.—Como el mismo Dios me ha debido en el pasado. Es tarde y ya va a estar a esta hora en su casa con sus cabras. No me importa lo que digan. Irvine tiene buen corazón.

Así es que doña Margarita regresó dentro de la hora prometida. Salvador y Lupe se desaparecieron de la faz de la tierra, escondiéndose en la parte trasera del rancho enorme de Irvine en el Cañón del Trabuco mientras la ley los buscaba por todas partes.

Por todo el sur de California cazaban a los mexicanos como manadas de ganado y los deportaban. Muchos habían nacido en los Estados Unidos y nunca habían cruzado al otro lado pero a los gringos no les importaba esto. El país andaba por los suelos y por eso le tenían que echarle la culpa a alguien. No había suficientes judíos como para eso.

Por donde quiera se desbarataban las familias.

Entre todo esto, se robaron el Moon de Salvador y Lupe del estacionamiento en frente de la estación del tren en San Juan Capistrano. Cuando le avisaron a Salvador se puso a gritar como loco. Adoraba su Moon. ¡Quería matar y mandar al pinche ratero al Diablo!

Pero doña Margarita, su sabia madrecita, sólo le dijo:—Dale gracias a Dios, mi hijito, de haber tenido un coche tan elegante para robar. A muchos no les toca tener un carrazo tan lindo ni por un minuto de su vida.

—Pero mamá—gritó Salvador—. ¿Cómo puedes decir eso? Tenía el abrigo en ese carro. Tenía dinero en la guantera. El abrigo de cuello de piel de Lupe estaba en el asiento de atrás.

—Mejor todavía—le contestó ella, sin inmutarse.—Qué suave que los que te robaron el carro vayan a gozar de todas esas cosas. A lo mejor tenían hambre o tienen un montón de niños. O nunca les ha tocado tanta suerte en su vida. No, mi hijito. Suelta el carro. Ya se lo llevaron. Ahora goza lo que llevas dentro, tus recuerdos del carro.

—Pero mamá, ¿cómo puedes decir eso?—gritó.

—¿Cómo NO puedo decir eso?—repuso la india anciana, tranquilamente. Así tuve que hacerle con todos los hijos que perdí en la Revolución.

Se le llenaron los ojos de lágrimas. Estaban bajo un robledal, acampados junto al riachuelo que pasaba por el Cañón del Trabuco. Salvador y Lupe estaban viviendo como indios salvajes, escondiéndose de la ley. Epitacio y doña Margarita les habían traído víveres y las noticias de su Moon.

—Yo quería tanto a todos mis hijos, siguió.—Alejo, tan alto, fuerte y valiente de ojos azules como tu papá. Teodoro, que se parecía tanto a Alejo pero era poeta de corazón. Emilia, tan bonita y delicada como un ángel. José, menudo y prieto con el alma entera en sus ojos negros límpidos. Lucha, siempre riéndose y bailando desde chiquita; Jesús, María, Lupe, perdí dieciséis en total, cada uno de ellos pasándome entre las piernas con sangre sagrada, cada uno una esperanza, una alegría y un sueño. Y así, como si nada, se me fueron todos con la Revolución. Pero claro que tengo el gozo que pasé con ellos aquí en el corazón, mi hijito, o me habría vuelto loca de pena hace muchos años.

Aspiró a Papito.—Deja que ahora gocen tu carrito estas personas, mi hijito. Deséales lo mejor porque sólo así serás libre y el destino te podrá traer un sinfín de sorpresas. Ves, mi hijito. Si te cierras de odio y furia te vas a matar. Yo lo sé muy bien. Traté de hacer eso y me salió mal. Hay que dejarse abrir y dejar que nos entre Papito con cada Aliento Sagrado.

Sonrió, persignándose. Salvador no quería pero sonrió también. No lo podía evitar. Su mamá era la maga de todo el UNIVERSO.

—Está bien, mamá. Te voy a hacer caso. Que se diviertan esos buenos para nada hijos de la *chingada* que se llevaron mi carro.¡Que se encuentren el dinero de la guantera y se atarraguen con sus hijos!

—Ya ves. Así se dice, mi hijito—, dijo la anciana con gusto.

En ese instante, como por magia, el viejo Irvine se apareció en su camión con media res, un saco de harina, verduras y su último garrafón del whiskey de Salvador.

Riéndose y bebiendo, juntaron leños de los robles, barrieron un espacio para no causar un incendio y encendieron la fogata para asar la carne.

El viejo Irvine se reía sin parar cuando pasaba tiempo con doña Margarita.

Y eso que se decía que era un tipo que nunca se reía. Pero con doña Margarita este hombre, rico y poderoso, se reía constantemente y a carcajadas, sacándole gusto a todas las peripecias de la vida. Le había traído a dona Margarita una caja de papel higiénico, lo que costaba mucho de hallar en esa época. Nadie sabía por qué se le hacía esto tan cómico.

Como si esto no fuera importante, Archie se apareció al día siguiente. Salvador estaba haciendo cecina con lo que quedaba de la res. Archie lo apartó y le dijo que tenía un negocio pero que no tenía nada que ver con

Domingo ni con la ley. Al contrario, este asunto estaba fuera de la ley y tenía que ver con cuando Salvador había castrado los marranitos en Carlsbad para hacer escarmentar a Tomás, y cuando había descuartizado el marrano en la cama del granjero en Santa Ana también para hacerlo aprender una lección.

—Este trabajo es un poco más delicado—le dijo Archie, jalándose la narizota.—Esto se trata de un hombre rico y poderoso que tiene una caballeriza al norte de Los Ángeles. Al parecer este rico viene del Este y alguien le tiene que demostrar que el dinero no le sirve para nada aquí en el oeste salvaje donde nosotros los salvajes todavía andamos sueltos.

—¿Y cuánto paga este trabajo?—preguntó Salvador.

—No te voy a echar mentiras, Salvador, quinientas maracas, dos por adelantado.

A Salvador le saltó el corazón en el pecho. Era una fortuna. En la latita que Lupe había rescatado del incendio había sólo sesenta dólares lo cual era una fortuna comparado con lo que la gente tenía en estos días. Pero todavía miró fijamente a Archie, sin decir palabra. Si Archie había dicho que no mentía, que decía la verdad, quería decir que sí estaba mintiendo como loco. Y si decía que esto iba a ser una cuestión delicada que valía $500, era casi imposible de llevar a cabo. Probablemente valía $1000 y Archie se iba a clavar los otros $500.

También se le ocurrió a Salvador que si estas gentes del contrato habían podido averiguar quién había sido responsable por lo de los huevos del marrano en Carlsbad y lo del marrano en la cama del granjero, eran poderosos, listos y bien organizados.

—Pero no voy a matar a ningún cristiano ¿no?

—Claro que no. Nomás para meterle un susto.

—*Okay*, Archie, pero para esto voy a tener que buscar un par de buenos cuates que me acompañen. Que conozcan bien a los caballos y sepan montar para poder conseguir trabajo en la hacienda y no tener problemas. Me tienes que dar doscientos más porque después de terminar el asunto tenemos que desaparecernos una temporada.

Al decir esto Salvador no le quitó los ojos a Archie para ver si se le hacían para la izquierda y preparaban otra mentira o para la derecha y pensaban en el asunto.

Los ojos de Archie permanecieron fijos hacia adelante. Esto quería decir que era mentiroso profesional. Entonces los volteó rápidamente a la izquierda y luego a la derecha, lo que indicaba que estaba considerando el asunto mientras preparaba otra mentira.

—*Okay*, estoy seguro que te los puedo conseguir después de consultar con los dos hombres, dijo Archie. Se levantó la funda del revólver, se metió la mano en el bolsillo y sacó doscientos dólares que le dio a Salvador.

Este sintió que la sangre le volvía a subir a la cara. El y Lupe ya se habían gastado toda su fortuna y estaban en apuros. Empezó a acariciar la lana como si fuera una hermosa mujer, como lo había hecho su hermano Domingo junto a la laguna. El dinero era como el agua. Cuando no se tenía, no se podía pensar en otra cosa, pero cuando estaba al alcance de la mano, perdía toda su importancia.

Esa noche dejó a Lupe y a su hija con la familia en Santa Ana, sin decirle lo que pasaba. Se fue con Epitacio y su madre a Corona donde los dejó. De allí se fue a ver a los hermanos Moreno. Los contrató ya que eran los mismos que lo habían acompañado en Carlsbad, y se fueron hacia el norte, a la gran hacienda de caballos del otro lado de Los Ángeles.

SALVADOR Y LOS Moreno no tuvieron gran dificultad en conseguir trabajo atendiendo caballos y limpiando los establos. En una semana se sabían perfectamente todo el plano de la hacienda. La noche de luna llena, al aullido de los coyotes, degollaron un flamante potro recién importado. Le cortaron los testículos y el pene y se los sirvieron de desayuno al patrón.

Al alba se oyeron los gritos del ricachón por toda la casa. Habían cumplido su misión. Salvador y los Moreno se fueron al instante. El cuento del caballo descuartizado explotó por toda la zona. La fama de Salvador cundió por todas partes. ¡El Diablo en dos patas se llamaba Juan Salvador Villaseñor!

Después de comprar ropa nueva y un camión usado, Salvador pasó más tarde por Lupe y Hortensia. Tendrían que salir del país y regresar a México, probablemente para no volver. Ahora eran fugitivos Lupe y Salvador.

Sofía, la hermana de Lupe, casi siempre tan dulce y alegre, se enfureció, echando pestes contra Salvador, el bestia, que se llevaba a su hermanita lejos de su familia. Y Carlota, a la que nunca le había caído bien Salvador, los sorprendió a todos al pararse y defenderlo, asegurándole a su hermana Sofía y a sus papás que todo saldría bien porque su novio Archie iba a ayudarlos.

Salvador sacó cinco flamantes billetes de veinte dólares y se las ofreció a don Victor. Pero el viejo estaba tan furioso que los rechazó.

—A mi hija no me la compras—dijo.

—No se la estoy comprando, —repuso Salvador.—Tenga paciencia. Las cosas están difíciles ahora y hago lo que puedo. Por favor, acepte el dinero.

Pero don Victor se negó y se quedó viendo a la bestia que se llevaba a su hija menor y a su nieta, a ese capón, el castrador del Suroeste.

Doña Guadalupe lloraba pero no expresó opinión.—Vayan con Dios, dijo abrazando con amor a su hija.—Que Dios te acompañe en tu corazón.

Todo saldrá bien. ¿No me dijo mi madrecita cuando agonizaba que me echara a los brazos del enemigo que nos disparaba y así estaría segura al ver la Luz de Dios en los ojos de un hombre? Los milagros se dan, mi ángel. Recuerda esto sobre todas las cosas—los milagros son el sustento de las mujeres.

—Ya lo sé mamá, dijo Lupe poniendo el dinero que Salvador le había dado en la palma de la mano de su madre. Esta lo aceptó. No sólo encontré mi anillo de bodas sino también el rosario que tú me diste y el rodillo que Papá grande te hizo de palo de rosa.

Cuando don Victor oyó lo del rodillo que su suegro—ebanista también—le había hecho a su hija, abrazó a Lupe, dándole un beso tras otro, temblándole las manos. Dio un paso hacia atrás, se secó los ojos y tomó a su esposa del brazo.

Doña Guadalupe y don Victor siguieron llorando al ver a su hija menor irse con su marido y su hijita. Empezó a llover.

—¡Vayan con Dios!—les gritó la vieja yaqui.

—Sí, ¡con el favor de Dios!—contestó Lupe, despidiéndose de sus padres y hermanas con la mano por la ventana.

Salvador y Lupe se alejaron en silencio. No tenían nada que decir.

19

Por su propia voluntad Adán *y* Eva *decidieron salir del*
Edén, *dejando a su familia y entrando en el* Mundo
Inexplorado. *Tenían fe absoluta en* Dios *y en su* AMOR.

LUPE NO OLVIDARÍA nunca en toda su vida la noche que salieron
de Santa Ana. Había tormenta. Caían rayos a su alrededor cuando subieron las cuestas al este. A Lupe le parecía peor de cuando era chiquita y había dejado el cañón acantilado en México con su familia. Le parecía que había llegado el fin del mundo. Pero por lo menos iba con su papá y su mamá, con sus hermanas y su hermano. Nunca había ido a ninguna parte antes sin su familia.

Un viento helado cruzaba la calle, soplando por sobre las montañas. Le parecía que su pequeño camión se caería por la pendiente. Al abordar una curva, casi chocan con el tronco de un árbol derribado que un rayo había partido por la mitad y que yacía a media carretera. Caían rayos y centellas. Dos veces casi los devora un desliz de roca y lodo. La angosta carretera no daba espacio para hacerse de un lado al otro.

Lupe apretó a Hortensia contra su seno y rezó con todo su Ser.

De repente pareció que habían llegado al fin del mundo, que se iban derechito al Infierno al descender de la empinada cuesta hacia el desierto en el fondo. Ahora sentían calor. No lo podía creer Lupe: habían pasado de helarse a un soplo húmedo y caliente. Ya no llovía.

Habían dejado atrás la tormenta que parecía un oscuro techo. Debajo de éste venía un nuevo día de amarillos brillantes y cielo azul.

Se sonrieron y se miraron, sintiéndose afortunados de haber salvado la tormenta. Pero antes de gozar esta sensación estaban GRITANDO de miedo, bajando las curvas de la montaña a toda velocidad, sin frenos.

Salvador ponía toda su atención en frenar y controlar el camión que se despeñaba con un precipicio de un lado y un muro de roca del otro. Lupe aguantaba a Hortensia, pensando que quizás le iría mejor si abría la porte-zuela y saltaba. Se podría fracturar los brazos y las piernas pero eso era mejor que matarse cayéndose a uno de esos cañones de mil pies.

Arropó a Hortensia en su cobija y tocó la manija.

—¡NOOOO!—gritó Salvador—. ¡NO TE TIRES! Nos vamos a salvar. Vas a ver. La carretera se hace plana en unas cuantas curvas, creo.

Aspirando a Papito profundamente, Lupe decidió confiar en su mari-do. Soltó la manija y siguieron bajando las peligrosas curvas. Lupe tenía ganas de vomitar pero se aguantó. Cuando llegaban a la base de la cuesta, alguien les pegó por atrás.

Era un camionzote que obviamente había perdido los frenos también. Les iba pegando en la defensa, sacándolos de la carretera hacia las rocas y los cactos.

Viéndose empujados hacia una muerte certera, Salvador le mandó un beso a Lupe y aceleró cuanto pudo, tratando de dejar atrás el camión des-bocado. Lupe apretaba a Hortensia contra su pecho, tratando de no gritar y no asustar a la pobre nena. Pobrecita, ya había aguantado tanto en su corta Vida y todavía ni hablaba.

Entonces, entre este terror sin fin, ¿qué hizo su marido sino gritar de gusto—AYYYYYY-YYYYAAAAAAAAAAY? Lupe no lo podía creer y se echó a reír mientras seguían dando tumbos y bajando las curvas hasta el desierto plano.

Pero se habían salvado. Lupe se hacía pipí en su vestido, ¡porque se estaba riendo tanto! No se habían matado.

—¡AAY! QUE VIDA LOCA, ¿verdad?—gritó Salvador.

—Sí—dijo Lupe—, ¡LOQUÍSIMA!

Pero el camión que los seguía sí se desbarrancó en el cañón profundo de rocas y cactos verdes, golpeándose y dando tumbos hasta explotar e in-cendiarse.

Salvador puso el freno de mano tratando de parar el camión a ver si po-día retroceder y salvar al camionero pero se dio cuenta que tampoco tenía freno de mano. Siguieron bajando la cuesta. Salvador hizo todo lo que pudo con lo que quedaba del freno de mano para que finalmente el camión bajara de velocidad y poder llegar a la gasolinera que estaba a tres millas del pie de la montaña.

Allí le contó al dependiente de lo que había pasado con el camión. El hombre le dijo a Salvador que era el tercer camión en despeñarse en un mes. Luego mandó a su ayudante con la remolcadora para ver qué se po-día hacer.

El dueño de la gasolinera se tardó varias horas en componerle los frenos con unas refacciones de uso y un poco de alambre de púas que encontró por allí. Era un viejo gringo que se parecía mucho a Kenny. El dueño les sugirió a Salvador y a Lupe que esperaran un poco bajo los árboles junto a la gasolinera a que bajara el calor, antes de seguir por el desierto.

Allí estaba una familia de gringos, sentada junto a su viejo camión. Se veían muy estropeados todos.

—Son *okies*—les dijo el dueño.—No me los puedo quitar de encima. Se les descompuso el camión y no tienen casa ni lana. No los van a molestar. Son buena gente.

—¿Qué es eso de *okies*?—preguntó Salvador.

—Gente que viene de Oklahoma, ese estado que está al este de aquí hacia Tejas. Miles de ellos han perdido sus granjas por la sequía y las tormentas de polvo. Vienen por millares a California, buscando chamba. Dan lástima pero la transmisión que necesitan éstos para su camión la tendría que pagar yo así es que no les puedo ayudar.

Salvador se fijó en que estos okies traían tres güeritos y una viejita que le recordaba a su madre.

—¿Cuánto cuesta la transmisión?—preguntó.

—Son caras, hasta las de uso. Yo les cobraría como seis dólares y dos o tres más para instalarla—le contestó el dueño de la gasolinera.

Salvador le dio las gracias al hombre por darle permiso para descansar con su familia bajo la arboleda, pero le dijo que tenían que seguir adelante. Lo que no le explicó fue que tenía miedo de que llegara la policía y los interrogara porque ellos habían sido testigos del accidente con el camión.

—Como quieran, les dijo el viejo que parecía una rata del desierto. Pero llévense un par de bolsas de agua.

—Ya llevamos agua para la niña—contestó Salvador, pensando no gastar más dinero de la cuenta. Entre comprar el camión, y darle dinero a su mamá y a la de Lupe, le quedaba poco de los $500 que le habían quedado.

Iban a necesitar dinero para instalarse en México porque su negocio de la *butlegada* no valdría nada cruzando la frontera. México no era seco. Se podía comprar todo el alcohol que uno quisiera allí.

—No, esto no es para ustedes ni su hija. Es para el camión por si se les calienta. Tiene que tener cuidado, dijo el hombre escupiendo saliva entabacada en el piso.—Tenga mucho cuidado, amigo, sobre todo en esas pinches dunas. La gente se muere allí.

Salvador le pagó al hombre por el trabajo y las dos bolsas de agua de lona. Fueron dos dólares y el hombre había pasado más de una hora en arreglarles el camión. El dueño le había cobrado veinte centavos la hora por su trabajo. Como Kenny, este gringo era un hombre honrado.

—Y aquí tiene Ud. seis dólares más para la transmisión de esas gentes y dos para que se las instale, dijo Salvador.

El hombre se quedó boquiabierto.

—Amigo, le ha salvado Ud. la vida a esa familia.

—A todos nos hace falta que nos salven de vez en cuando—dijo Salvador.

Salvador se subió a su camión y se fue con Lupe.

Novena Parte

RENACIENDO

20

En la Selva, más allá del Edén, Adán y Eva se encontraron
trayendo la Luz de Dios a sus amigos y enemigos — ¡Lucifer
y Papito actuaban otra vez como una sola persona!

E RA PLENO MEDIODÍA cuando Salvador y Lupe salieron del desierto rocoso y llegaron a las lomas arenosas de California. No había vegetación alguna, ni rocas siquiera. Esto era las que se conocían como "las cuestas flotantes de la muerte". Eran de una arena amarilla y blanca, al este del Río Colorado, el que hacía lindar a California con Arizona.

Salvador y Lupe no habían visto ni un solo carro en más de una hora. Habían parado varias veces para echarle agua al radiador. La primera vez les había costado mucha agua porque Salvador había metido la pata y había apagado el motor para que se enfriara. Pero el pinche camión se había calentado más, y cuando Salvador quitó la tapa se bañó de agua hirviente.

Ahora entendía por qué el dueño de la gasolinera le había advertido que nadie, pero nadie, debía viajar durante el calor del día. Ni las serpientes de cascabel o los alacranes lo hacían. Salvador había pensado, por eso, que podía volver las cosas a su favor, manteniéndose tranquilo. Podría ser el mejor momento para que Lupe y él cruzaran la frontera con Arizona sin que nadie les preguntara nada.

Pero no acababa de salirse de la pequeña carretera de grava, en el desierto rocoso, y entrar a un camino de vigas y dunas que se dio cuenta de lo ingenuo que era. Había sacado mal la cuenta.

Las lomas de arena amarillenta y blanca, suave y lisa, se extendían por todos lados, kilómetro tras kilómetro, sin una sola yerba, un arbusto o un cacto. No se veía más que arena en el horizonte. Esta vía diminuta, como de juguete, hecha de tablas como las vigas del tren puestas, una junto a otra, parecía un gusanito que daba risa al arrastrarse por zanjas y dunas. Se sintió tan raro que le pareció que estaban en *otra planeta*.

Decían que hasta ahora no había ingeniero que pudiera inventar un modo de hacer una carretera permanente para cruzar las dunas porque la arena era tan fina que no se podía fijar para construir nada sobre ella.

Cada vez que el viento soplaba por las altas montañas del oeste o del Golfo de California hacia el sur, la arena volaba de un lugar al otro; en unas cuantas horas se trasladaba una duna entera de un lado al otro. Las carreteras que se trataron de construir en el pasado habían desaparecido antes de que se pudieran terminar. Unos años atrás, una docena de personas se habían encontrado muertos en su coche bajo toneladas de arena, después de una de esas terribles tormentas. La carretera de tablas era lo mejor que habían podido inventar los ingenieros hasta ahora. Pero ésta causaba muchos problemas. En primer lugar era tan angosta que no se podía rebasar. Entonces un carro tenía que dar marcha atrás hasta llegar a una lateral para que pudiera pasar el otro y seguir su camino.

Era pleno mediodía cuando Salvador y Lupe pasaron de la carretera de grava sólida, de dos carriles, y entraron en la de tablas, de un carril. Salvador no le mencionó a Lupe cuánto soñaba con tener su Moon. Ese carrazo nunca se le había recalentado aunque lo había corrido duro y por largo tiempo.

Le entró miedo sentirse en las tablas, las llantas tronando, pum, pum, pum, como si fueran en la vía del tren. Pero como estas tablas estaban más pegadas, pum, pum, pum sonaba como si fuera más rápido. Decían que los ingenieros habían decidido usar las tablas porque la arena podía pasar por entre ellas y la carretera no se iba a desaparecer, como las otras que habían construido antes.

El Sol pegaba al rojo vivo. Lupe le había puesto su sombrero de paja a Hortensia para proteger a la nenita de sus rayos. La brisa que entraba por la ventanilla parecía calor de horno. Salvador miró a su esposa y a su hija y se dio cuenta de que estaban aguantando bien la cosa. Pensó que si pasaban las dunas y el río hasta Arizona, saldrían bien. Una vez de ese lado, se podrían esconder unos días allí y descansar. Le parecía que habían estado huyendo desde que habían balaceado a Kenny enfrente de su casa en Carlsbad.

Entonces Salvador vio algo a lo lejos, acercándose hacia ellos pero no pudo adivinar lo que era porque venía bailando en el calor. Le pareció un carnaval brillante, lleno de colores.

Se restregó los ojos, pensando que estaba alucinando. Pero cuando se fue acercando la alucinación, vio que no era circo ni carnaval de banderas ondeantes. No, en las ondas calurosas venía una cola larga de automóviles nuevos, con pendones de colores, silbando fuerte y gente que actuaba como en desfile.

Lupe y Salvador se miraron y se rieron. Cada coche traía dos personas;

TRECE SENTIDOS   [437

algunos eran convertibles. Unos cuantos vieron a Salvador y a Lupe en ese despoblado y se pararon en sus convertibles, blandiendo parasoles y banderas.

¡Qué onda tan loca! Completamente loca.

Salvador frenó y echó marcha atrás para salirse del camino y dejar pasar la caravana de coches y camiones. Era una de las cosas más raras que Salvador y Lupe habían visto en su vida.

El segundo coche, un convertible rojo brillante, se paró junto al camión de Salvador y Lupe. Un hombre tamaño enano, muy bien vestido, se paró en el asiento y les habló con una voz ronca y fuerte que se había descompuesto el tren en el desierto de Arizona y que él tenía que entregar esos coches y camiones nuevos para una exhibición en Los Ángeles que empezaba al día siguiente.

El hombrecito se quitó el sombrero.—Perdonen la molestia, les dijo,—pero nos dijeron que no habría tráfico a medio día.—Adelante—, dijo con brío. Se sentó en su flamante convertible nuevo y prosiguió con su bella acompañante.

Pasaron unos treinta vehículos y Salvador y Lupe dejaron de contar. Ya no se estaban divirtiendo. Salvador había parado el motor y el camión se había sobrecalentado. Tenían calor y sed y se sentían mal esperando en la pequeña lateral junto al camino de tablas. Su hija Hortensia estaba sufriendo. El sol de mediodía les pegaba sin tregua.

Por fin pasó el último coche nuevo y Salvador trató de arrancar el motor pero no pudo. Aspiró profundo para no enojarse. Revisó el agua, pensando que si cada uno daba un traguito, le quedaría lo suficiente para echarle al radiador. A ver si así el camión se enfriaba y arrancaba.

—Toma un trago de agua, le dijo a Lupe.—Dale un poquito a Hortensia. La niña se portaba bien cuando su mamá la abrazaba pero hacía demasiado calor para que se tocaran dos cuerpos.

—No, dijo Lupe.—Estoy bien, Salvador. Tú sí toma y le doy un poco a Hortensia. Voy a mojar un trapo para refrescarle la cabeza. Le puede hervir el cerebro a un bebé si se le calienta mucho ¿sabes?

—No, no lo sabía, le respondió Salvador.—Nunca oí hablar de eso antes.

—ESO LO APRENDÍ en Arizona cuando trabajamos los campos de algodón en Scottsdale. A dos niños se les cocinó el cerebro mientras su mamá recogía el algodón. Tú toma agua, Salvador. Tú vas manejando. Yo puedo dormir y estar más fresca—, dijo sonriendo.

Salvador aspiró profundo. Se daba cuenta de que Lupe no estaba aguantando muy bien. Nunca había podido soportar el calor porque no

sudaba con facilidad. El sudor es lo que refresca el cuerpo y por eso se necesitaba en el calor. El mismo sudaba a chorros. Tenía la camisa empapada. Nunca había tenido problemas para sudar.

—Ándale pues—, mintió Salvador.—Voy a tomar agua. Pero no tenía intención de hacerlo. Después de todo, era hombre y como hombre aguantaba de todo. A él le tocaba aguantar como macho de los buenos para que
su familia sobreviviera.

Vio que Lupe le dio agua a la niña y que mojó un trapo para humedecer
la linda carita y el cuello, refrescándola. Todo su corazón se llenó de amor.
Esta era la niña de sus ojos, la carne de su carne.

Mirando al hirviente Padre Sol, Salvador se salió del camión para
echarle agua al radiador. Pero primero tenía que orinar. Se desabrochó el
pantalón y pensó guardar sus meados para echárselos también. Pero luego
decidió que la orina sale demasiado caliente para enfriar algo. Y no había
meado mucho. No había tomado nada de agua desde que habían salido de
la gasolinera esa mañana y había estado sudando como caballo de carrera.

Abrochándose los pantalones vio que le temblaban las manos. Se tocó
la frente con la mano izquierda y aspiró profundo. Se sintió frío como el
hielo y como mareado.

Respiró varias veces, se enderezó y echó toda su agua fresca y clara en el
radiador. Ya todo estaba decidido. No podía retroceder. Si el camión no
arrancaba y no salían de aquí pronto iban a ser banquete para los zopilo-
tes. O, como decía su mamá, iban a servir de hallazgo para la gente que
cruzara el desierto de noche, llevándose todas sus cosas.

Subiéndose al camión, le sonrió a Lupe, esperando que no se diera
cuenta de lo que le pasaba por la cabeza.—Ahora o nunca—, dijo.

Y empujó el botón de arranque y como de milagro, el motor arrancó.
Así nomás, sin problema.

Pero de mala suerte, cuando entró en primera, las manos le temblaron
tanto que se le resbalaron y dio reversa. Se fueron hacia atrás y se salieron
de las tablas.

Salvador saltó del camión y vio que la llanta trasera estaba enterrada en
la arena. ¡Se habían atascado! Se tapó la boca con la mano derecha para no
gritar de miedo. No quería asustar a Lupe y a Hortensia más de lo que ya
estaban.

De repente se dio cuenta dentro de su ser que se iban a morir si no los
ayudaba alguien. Dio la vuelta a ver si todavía se veía la caravana de los coches nuevos. El último había sido un camión de agua con doce barriles. Y
ahí iba, el último vehículo, desapareciendo en las ondas bailarinas de calor, hacia el oeste.

Salvador se subió a las tablas, gritando y chiflando pero ya iban muy lejos. Mirando a su alrededor se dio cuenta por primera vez lo solo que esta-

ban él y su pequeña familia. No había nada, nada, en dirección alguna a la distancia, sino arena blanca y brillante y el Padre Sol, como una naranja enorme y ardiente.

Respirando profundo, Salvador se sacó la camisa. Respiró varias veces más, tratando de ganar fuerza. ¿Qué podía hacer ahora? ¿Cómo iba a sacar esa llanta y ponerla en las tablas? Si sólo pudiera levantar el camión para ponerle algo debajo de la llanta, podría ponerlo en la carretera. Pero no tenía nada para hacerlo menos su ropa. La llanta enterraría la ropa en la arena. Salvador fue a ver si tenían un gato.

—¿Qué haces? ¿Está todo bien?—le preguntó Lupe.

—Sí mujer, le mintió.—Ahorita saco esto de aquí. Voy a buscar un gato, le dijo buscando entre las cosas que tenía en el camión. Pero luego se detuvo. ¿A quién engañaba? No había gato. Y si lo hubiera no le serviría para nada. La arena se lo tragaría.

Salvador se concentró cerrando los ojos como había visto que hacía su madre mil veces cuando se habían encontrado en apuros. Poco a poco, aspirando y expirando, se llenó de una fuerza en el pecho y el estómago. Le pasaba a los brazos y a las piernas. Se sintió fuerte de la mente. Todas las dudas que tenía desaparecieron. La Mente, el Corazón y el Alma se le llenaron de una claridad cristalina. Podía visualizarlo todo aquí, en el presente, todo lo que iba a pasar antes de que pasara. Estaba *prevenido*.

Las manos dejaron de temblarle. Estaba bien ahora. Acababa de usar con su instinto su Noveno, Décimo y Onceavo Sentido. La Fuerza de la Creación estaba en él.

—Lupe,—dijo, sintiéndose seguro una vez más.—Vamos a salir bien. Lo que necesito ahora es que te pongas al volante y arranques el motor. Cuando yo levante el camión para poner la llanta en las tablas, échalo hacia adelante pero solo medio metro para que no te salgas por el frente de la pinche lateral. Se rió. Ya estaba lo suficientemente calmado para encontrarle algo de humor a la situación.—¿Por qué harán estas porquerías de laterales tan chiquitas? Es un peligro cada vez que uno se mete a ellas para dejar pasar los coches. Me imagino que es por eso que le dicen a uno que no viaje solo por estas dunas.

—Ándale—Salvador, le dijo Lupe, el corazón latiéndole a mil millas por minuto.—Creo que sí puedo. Acelero hacia adelante pero freno y paro rápido ¿no?

—Exactamente. Así lo haces, amor mío.

Lupe cerró los ojos, rezando rapidito, y se sentó al volante. Hortensia se había quedado dormida, gracias a Dios. Lupe le dio al *clutch* hasta abajo como le habían enseñado con el Moon, sintiéndose satisfecha de acordarse de todo esto. Empujó el arranque y se oyó el motor al instante. Sonrió, sintiéndose orgullosa.

—Lista, Salvador—dijo.

—¡Qué bueno!—dijo él y se arremangó la camisa, respirando profundo. Se acordó de sus días de dinamitero en las canteras. Había sido uno de los trabajadores más fuertes.

Estiró los brazos y las manos y sacudió los gruesos hombros varias veces. Ahí iba. Agarró la defensa trasera, se plantó bien en las piernas, puso los pies en la arena y juntó todas sus fuerzas.

Y sí, el camión se levantó de un lado. Él lo empujó hacia adelante para ponerlo en las tablas pero no pudo. Cuando Lupe aceleró el vehículo, la llanta que tenía en el aire dio varias vueltas rápidas pero la otra no se movió para que él pudiera empujar hacia adelante. De repente se acordó que los camiones estaban hechos para que una llanta diera vueltas en el lodo y la otra se quedara inmóvil. Dejó caer el lado trasero del camión en la arena.

—Muy bien, Lupe—, dijo respirando fuerte pero sintiéndose seguro.— Voy a tener que ponerme en medio y levantar todo el camión por atrás. Luego lo voy a empujar para adelante.

—¿Vas a poder, Salvador? No te vayas a lastimar.

—No me queda otra—, dijo Salvador mirando el enorme, hirviente Sol rojo naranja.—No hay otro camino.

El sudor le chorreaba de la cara, la camisa completamente empapada y goteando. Se la había sacado del pantalón para que el sudor cayera al suelo y no le pasara por las piernas. Este truco lo había aprendido trabajando en el ferrocarril allá en Montana.

Cuando agarró el camión por el medio para levantar las dos ruedas al mismo tiempo, le fallaron las fuerzas. Estaba agotado y los pies se le hundían en la arena.

Pero emprendió una y otra vez el proceso hasta que cayó exhausto sobre la arena caliente, tosiendo y arqueándose, tratando de cobrar la respiración.

Lupe apagó el motor. No se había dado cuenta del calor que hacía al sol hasta que se bajó del camión.

—Dios mío—, dijo.—Esto es un infierno, Salvador. No puedes seguir en esto. Te vas a matar, amor.

—Lupe, ¿qué puedo hacer? Tengo que seguir o nos vamos a morir— dijo Salvador sofocado—, repuso, sin saber decirlo de otro modo.

—¡Nada de eso!—le contestó Lupe, dándose cuenta de la gravedad de la situación al mirar la inmensa bola rojinaranja del Padre Sol.—No nos vamos a morir, ¿me oyes, Salvador? ¡Vamos a salir de esto sanos y salvos y ya!

—No vamos a durar mucho sin agua, dijo él.

—Pues entonces, buscamos agua—, dijo Lupe mirando a la arena infinita, pero sin pánico. No, una vez más sintió eso, ese entendimiento que le venía de su Otro Yo Sagrado. La rondaba como Ángel de la Guarda, directamente de Dios. Y en eso lo vio, claramente.—Pero Salvador, sí tenemos agua, tenemos un chorro de agua en el radiador.

A Salvador se le abrieron los ojos de par en par.—Tienes razón, dijo sonriendo.—No se me había ocurrido eso. Miró a su esposa con más amor y respeto del que se había imaginado tenerle a cualquier ser humano, menos su madre.

—Vente, salte de ese sol, mi amor. Ahorita hago una sombrita con una cobija colgada del camión. Después de que descanses me enseñas a robarle un poquito de agua al camión. Tomamos lo necesario para sobrevivir y esperamos que venga alguien o que se refresque el día y luego seguimos. De todos modos, no nos vamos a morir, Salvador. ¿Me oyes? ¡Vamos a sobrevivir y ya!

Si Salvador no hubiera estado tan seco por dentro hubiera llorado. Quería tanto a esta jovencita que tenía con él. Pero no lloró. Le costó trabajo moverse y Lupe lo tuvo que llevar a la parte norte de su camión donde había una pizquita de sombra.

No podía dejar de sonreír. Tremenda hembra que se había conseguido por esposa. Lupe no los iba a dejar morirse de ningún modo. Su madre había tenido razón cuando había opinado sobre Lupe ese día que la familia había pasado por su casa para ordeñar la cabra *malgeniuda* de Luisa. Una madre sabía bien ayudar a su hijo a buscar la mejor esposa.

Acostado en las vigas de la carretera, apoyado contra su camión del lado del chofer, Salvador observó a Lupe deshilachar uno de sus vestidos para amarrar la cobija que les diera sombra. Calculó que tendrían que esperar como una hora para que el camión se enfriara y le pudieran sacar un poco de agua del radiador sin que el agua hirviente se les escapara.

Cuando Lupe acabó de poner la cobija, se metió abajo con Salvador, poniéndose a la niña en el regazo. Se veía tan feliz y orgullosa de sí misma, tan llena de ánimo.

Él cerró los ojos para descansar. Corrió más y más el tiempo. El silencio de la tierra era total y daba un poco de miedo. Nada se movía ni hacía el menor ruido. Lupe empezó a hacerle arrumacos a su hija. Parecía un pajarito en el silencio muerto.

Al fin decidió Salvador sacar un poco de agua del radiador. El agua sabía horrible y estaba caliente pero Lupe la coló con un trapo y pudieron dar sorbos sin que la boca se les hiciera algodón y la lengua se les escaldara.

No pasó ni un auto. El Padre Sol se hacía más y más abrasador. Dormitando, Salvador pensó en su madre y se preguntó lo que ella haría.

De repente se dio cuenta de que ella estaba allí, siempre lo estaba y lo llamaba. Se despertó de golpe. Dios mío, Lupe se había desmayado. Estaba tirada a medias en el sol, la boca abierta y la lengua de fuera. Parecía muerta.

Inmediatamente Salvador se levantó, oyendo la voz de su madre en la cabeza.—Rápido, mi hijito, le decía.—¡Se está muriendo Lupe! Trae el trapo que le puso a Hortensia y mójalo. ¡Hazla que chupe agua antes de que se trague la lengua!

Al levantarse y obedecer la voz de su madre, recordó los días terribles de la Revolución cuando ella lo había salvado a él y a sus hermanas de las garras de la muerte, una y otra vez.

Habían retumbado los cañones a sus alrededores pero su anciana madre nunca se había asustado. No, se había mantenido tranquila, cuerda, y había quitado a sus hijos de entre las patas de los caballos de los soldados. Los había metido en los arbustos y les había dado piedritas redondas y lisas para que las chuparan y no se tragaran la lengua de sed.

Salvador mojó el trapo y se lo dio a chupar a Lupe y le dijo, como le había dicho a él su madre:—Lupe, despiértate y chupa el trapo. Nuestra hijita Hortensia te necesita. Nos vamos a escapar de este infierno con el favor de Dios. Eres el eje de nuestra familia, Lupe. Chupa el trapo, chúpalo, le rogó.

Volviendo en sí, Lupe empezó a chupar el trapo como un recién nacido con el seno de su madre. Era un cuadro bello. Lupe se estaba muriendo pero había oído la voz de su esposo y se había arrastrado desde la sombra negra de la muerte.

Y no tenía miedo. Sobre Salvador—a unos metros de su cabeza—Lupe veía a doña Margarita y a la Virgen María, así como toda una legión de Ángeles. Uno de ellos relucía sobre los demás. Y este Ángel, el más reluciente de todos, Lupe lo sabía, era el mismo Lucifer, una vez más a la diestra del Todopoderoso. Todo el Miedo se le fue. Nuestra Sagrada Familia estaba unida una vez más.

Al ver despertar a Lupe, Salvador sintió gran regocijo.—Has vuelto a la vida, mi amor, le dijo besándola una y otra vez de tanto gusto que tenía.

Rápidamente metió a Lupe y a Hortensia al camión, echó la cobija atrás y se subió al volante, poniendo el engranaje en neutro.

¡Esto era el colmo! Su familia se estaba muriendo y él había descansado. Era mexicano, un macho de los buenos, un tapatío de Los Altos de Jalisco. Ahora iba a levantar todo el trasero del camión al aire y darle un empujonzote para ponerse de vuelta en la carretera. Iban a llegar al Río Colorado.

Se volvió hacia el Padre Sol.—Por favor Señor Dios, ayúdame. Dame la FUERZA de MI PAPÁ.

Al decir esto Salvador se sorprendió de haber pedido la fuerza de su padre. Pero se dio cuenta que ésta era, en efecto, la fuerza que necesitaba en ese momento—esa fuerza bruta de su padre que le había dado el poder de hacer tantas hazañas como la de enlazar y arrastrar la serpiente gigante que había aterrorizado a su pueblito.

Se dio cuenta por primera vez en su vida lo que quería a su padre después de todo. Que le tenía aprecio a ese gachupín alto, pelirrojo, de ojos azules, el que le había pegado en la cabeza porque él, Salvador, era prieto y bajo y parecía indio como su madre y no alto ni ojiazul.

Al instante, sintiendo Amor por un hombre que siempre creyó odiar, Juan Salvador Villaseñor se fue al camión y le levantó la defensa de atrás de nuevo. Enterró los pies bien hondo en la arena y con un GRITO fuerte levantó el camión como sabía que su padre lo podría haber hecho. Pero todavía, ah, no tuvo la suficiente fuerza para empujar el camión hacia adelante hacia las tablas, y se cayó. Y ahora las dos llantas traseras estaban en la arena.

Salvador explotó, gritando a los CIELOS, rugiendo con TODAS SUS FUERZAS.—¡Dios mío, no me vaciles así! Lo vi todo tan claro un instante. ¡Hasta sentí amor por mi papá, carajo!

Se acostó en la arena caliente, jadeando como perro.—Dios, dijo entre jadeos.—Necesito que me ayudes ¿no te das cuenta? ¡Pero ahora mismito, no mañana! Me faltaban unos centímetros para poner las llantas en las tablas. Pero no me voy a dar por vencido, Dios, no me importa lo que me hagas pasar. ¿Me oyes?—gritó a los Cielos.—No me voy a dar por vencido. Soy hijo de mi mamá y ella nunca se dio por vencida, ni una sola vez, ni cuando nos estábamos muriendo en el desierto.

Entonces lo vio todo tan claro—era indio y europeo. Las dos sangres corrían por sus venas. Era mezclado, mestizo, una Fuerza Unida de dos MUNDOS distintos.

Al percibir esto tan claramente Salvador se irguió. Volvió a agarrar la defensa con la fuerza de sus dos culturas ancestrales y se esforzó una y otra vez. Casi lo logró con cada vez pero le faltaba ese poquito de fuerza que necesitaba para que las dos llantas quedaran en las tablas.

Al fin cayó de rodillas, llorando y sollozando. Había defraudado a su familia. Estaba listo para entregar el espíritu y maldecir a Dios por haberlos abandonado como había visto ver a su padre al regresar a su aldea creyendo encontrar a sus hijos de ojos azules todos muertos y el pueblo en ruinas. ¡Pero Salvador no hizo esto!

Por lo contrario. Cerró los ojos como había visto a su madre hacerlo miles de veces cuando creía que les había llegado el fin. Con voz calmada y tranquila dijo,—Dios, mírame, mírame bien. ¿No ves que aquí estoy?—dijo, las lágrimas saltándole en la cara.—Aquí estoy y soy Tu hijo también, mi madre me lo dijo, igual que Jesucristo. Mi madre te ama y vive por ti con todo su ser, como su Mejor Amiga, La Virgen María. ¿No ves, Dios, que Todos somos Una Familia?

Se arrodilló en la arena.—Y sí, sé que hago muchos errores, Dios, pero me esfuerzo como puedo. Ándale, Dios, somos Familia, Tú y yo. Ayúdame un poquito, Papito.

Salvador se volvió a levantar y plantó los pies para levantar la defensa trasera una vez más. No había perdido la Fe. Tenía Confianza en la ayuda de su Padre Celestial, que le mandara un Milagro aquí en Tierra Firme como Dios lo había hecho con su madre muchas veces. Pero cuando se dispuso a darle duro al asunto oyó una voz a sus espaldas que le decía:—¿Puedo servirle en algo?

Se volvió, medio esperando que fuera el Mismo Dios pero no. Era Kenny White.

Sin saber qué pensar, Salvador se quedó pasmado. Kenny White era ahora un joven de cabello largo como los retratos de Cristo. Salvador sonrió.

—Claro que sí, Kenny, dijo.—De veras te necesito.

Sonriendo de oreja a oreja, el muchacho le dio a Salvador una bolsa llena de agua fresca. Le dijo,—Quítate un poco, amigo. Te ves un poco cansado. Entonces Kenny tomó la defensa y levantó todo el camión por detrás como si fuera de juguete. Lo colocó de un tiro en el camino de tablas.

Se volvió hacia Salvador, con esa linda sonrisa y no dijo nada, alejándose por el desierto arenoso y dejando huellas a su paso. Desapareció tan de repente como había aparecido.

Salvador se detuvo un minuto entero, sin pensar ni sentir nada.

Con los ojos bien abiertos, destapó la bolsa de agua, y dio un sorbo. Era la agua más dulce y fresca que hubiera probado en toda su vida. Se echó dos tragos grandes pero nada más. Se sentó al volate, mojó un trapito y humedeció la frente de Lupe. Poco a poco su amorcito volvió en sí.

—Mira Lupe—, le dijo ahora.—Toma. Tenemos agua pero no le tomes tan aprisa. No quiero que te me enfermes.

Lupe tomó y tomó, cobrando aliento entre sorbos. Luego Salvador le dio agua a Hortensia. No andaba tan mal como su madre. Lupe parecía estar al borde de la muerte.

—¿Qué pasó?—preguntó Lupe cuando recobró el color de la cara.—No me acuerdo más de que—creí que nos habíamos muerto, Salvador. ¿De dónde sacaste el agua? Está tan fresquita y rica.

—Fue Kenny—, dijo Salvador.—Vino Kenny desde el desierto de por allí, Lupe, y me trajo esta bolsa de agua. Luego levantó el camión y nos lo puso en la carretera.

—¿Kenny? ¿Nuestro Kenny White de Carlsbad, al que mataron?—preguntó Lupe.

—Sí, el mismito Kenny White—, contestó Salvador.—Pero ya no está viejo, Lupe. Ahora se ve joven y tiene el pelo largo y castaño, como en los retratos de Jesucristo.

—Dios mío—, se persignó Lupe.—¡María me dijo que en su sueño Jesús nos vino a salvar! ¡Que fue el que me ayudó a abrir la puerta y sacarte de ese Infierno!

—Pues entonces van dos veces que nos salva Jesús en dos semanas. Y esta vez lo hizo por Kenny en vez de ti, dijo tomando más agua.—¿No es el agua más dulce que hayas probado?

—Claro—, dijo Lupe,—como la agüita en nuestro pueblo que caía por ese precipicio de oro. ¡Ay Salvador, nos han bendecido! ¿no—? Los ojos se le llenaron de lágrimas de gozo.

Asintió.—Creo que nos morimos y nos fuimos al Cielo.

Al oír esto Lupe le subió y bajó un calosfrío por la espina.

—¿Qué te pasa? ¿Te sientes mal?

Señaló con la cabeza.—No—, dijo.—Me da en la espina que nos morimos, Salvador, y que todo esto es un sueño.

Tragó saliva.—Esto es lo que dice mi madre que hace la gente cuando se les va el Miedo y empiezan a vivir bajo la Gracia de Dios. Se mueren y se van al Cielo para siempre.

Lupe no le habría hecho caso si se hubiera tratado de otra persona. Lo hubiera tomado de guasa. Pero sintiendo lo que sentía por dentro y sabiendo que esto venía de su suegrita adorada, Lupe pudo ver que esto sí había sido el Poder de la madre de Salvador. La anciana se había muerto y había renacido hacía tiempo, como Jesucristo, y había ascendido a los Cielos a los tres días.

—Mi hijita, le había dicho un día a Lupe. Jesús no es un Ser Sagrado inalcanzable. Más bien es un Ejemplo Vivo de Lo Que Podemos Lograr todos.

Aspirando fuerte, Salvador arrancó el motor y se salió de la lateral, siguiendo sobre la carretera de tablas. Iban a 20 o 30 kilómetros por hora una vez más. A esta velocidad iban a salir de las dunas en poco tiempo y llegarían al Río Colorado al anochecer. Iban bien ahora; iban muy bien. Eran marido y mujer y sabían de los Milagros como de las tortillas y los frijoles.

Salvador miró las dunas a su alrededor. Se veían hermosas. Ya no daban miedo. Bailaban y Cantaban, Enviando su Amor.

Entonces se dio cuenta de que su madre había hecho desaparecer los barriles de whiskey. En verdad, una vez que uno entregaba el espíritu, la vida era toda un sueño y en sueños un ser humano podría hacer de la realidad lo que quisiera ¡con el favor de Dios!

Habían conocido a la Muerte y habían descubierto que la Muerte era simplemente otra Apertura Sagrada al Corazón del Creador que — ¡Latía, LATÍA, LATIENDO por todo el UNIVERSO!

CRUZARON EL RÍO en coche. No había nadie en la frontera que los parara y los cuestionara. Habían cruzado de un estado a otro con gran facilidad.

Llegaron al pueblito de Yuma. Compraron provisiones y se fueron al río para pasar la noche del lado de Arizona en la frontera. Hallaron todo un campamento de mexicanos e indios locales en la ribera del río. La mayoría de los mexicanos iban de regreso a México, pero otros simplemente se la pasaban allí esperando día a día y trabajando en los campos en las afueras de Yuma, pensando qué era lo que iban a hacer.

Cuando se puso el sol, los mosquitos se volvieron tan imposibles que todos se volvieron locos. Salvador manejó de regreso al pueblo y compró media docena de puros grandes e hizo que los hombres los encendieran y se echaran el humo en sí mismos y en sus familias. Los mosquitos nunca se les acercaron de nuevo en toda la noche.

Salvador dijo que había aprendido este truco del único otro mexicano que se había encontrado en Montana, que era de Veracruz, y que le dijo a Salvador que en las selvas, el hombre que iba adelante siempre aspiraba de un gran puro para que el humo cubriera a los que lo seguían y mantuviera a todos los bichos lejos, no sólo los mosquitos.

Salvador y Lupe durmieron la mayor parte de dos días y dos noches reponiéndose de la terrible ordalía que habían pasado en el desierto. Cuando compartieron su relato con la gente, muchos de ellos contaron historias semejantes. Parecía que todas las familias—que habían cruzado el río—habían sido ayudados en un momento o en el otro por algún pariente o amigo muerto que vino a ayudarles en el momento que lo necesitaban.

Una india del lugar le dijo a Salvador que él se había visto cara a cara con el Espíritu de las Colinas Sagradas de Arena cuando había visto a Kenny White. Y que a este poderoso Espíritu, ellos, los indios, lo consideraban parecido a lo que los cristianos consideraban a Jesús.

Al oír esto Lupe se persignó. Todo se le hacía más y más claro todos los días. Las últimas palabras de su mamá habían sido tan sabias. 'Y recuerda siempre sobre todas las cosas, *mijita*, los milagros ocurren. Son el sustento de una madre'.

Los ojos se le llenaron de lágrimas a Lupe. ¡Ay, cómo extrañaba a su familia!

EL TRATO QUE recibieron de mexicanos e indios y el descansar bajo los árboles al lado del Río Colorado, hicieron que Salvador y Lupe realmente pensaran que habían muerto y que se habían ido al Cielo. Una persona trajo tamales recién hechos. Otra más compartió con ellos sus frijoles y arroz. Una anciana y gorda india con grandes pies descalzos les dio un plato de codorniz salvaje cocinado con tunas, ¡que era una de las mayores delicias que jamás hubieran probado!

Salvador y Lupe verdaderamente extrañaban a sus familias, pero también se daban cuenta que ahora empezaban toda una nueva vida por sí mismos. Hortensia tenía aquí otros niños pequeños con quienes jugar. Y estaba muy contenta. La horrible noche en que la destilería explotó como bomba les parecía tan lejana. Y aquella noche de truenos y relámpagos que perdieron los frenos cuando iban bajando la montaña, les parecía como si todo hubiera sido un mal sueño.

Al tercer día Salvador se sintió lo suficientemente fuerte para ir a trabajar al campo con los otros hombres. Aquí no trabajaban muchas mujeres. Hacía un calor de 110°F a la sombra, pero no trabajaban a la sombra. No, estaban directamente bajo el sol—donde los termómetros ni siquiera podían medir el calor sin quebrarse.

Ya que sudaba bien, Salvador pudo ajustarse al calor y trabajar muy bien en los campos calientes. Sin embargo al final del día tenía los pies hinchados y le quemaban.

Esa noche Lupe le quitó los zapatos a su esposo y le sobó las plantas de los pies con agua y con lodo del río, y Salvador se sintió en el Cielo. Poco a poco aquellos días terribles de su pasado fueron desapareciendo y ellos se convirtieron en una pequeña familia feliz que vivía aquí entre los árboles y matorrales en la ribera del Río Colorado.

Ese viernes por la noche un hombre consiguió algún tequila de México y empezaron un juego de *póquer* e invitaron a Salvador a jugar. Salvador dijo que no, que no sabía jugar, pero después de mucho insistirle, accedió.

Rápidamente Salvador se dio cuenta que estos hombres tampoco sabían nada del juego. No, sólo bebían y se relajaban. No conocían la existencia del arte de jugar a la baraja. Y así, sin siquiera proponérselo, Salvador empezó a ganar juego tras juego hasta que tenía casi todo su dinero.

Entonces se dio cuenta. Ellos pensaron que era pura suerte. No tenían ni idea que él era un jugador profesional. Rápidamente Salvador hizo algo que no había hecho en toda su vida. A propósito empezó a perder todo el dinero que había ganado, haciendo lo que podía para que cada uno de los jugadores ganaran cuando menos un juego.

Esta vez no iba a ser el lobo que esquilma a las ovejas. Quería agradecerle al Todopoderoso por haberle permitido a Su Hijo Jesús venir en la forma de Kenny White al desierto.

Esa noche Salvador y Lupe hicieron el amor bajo la Madre Luna y las Estrellas en la ribera del Río Colorado. No habían conocido tanta paz y felicidad desde que se habían casado. Su amor estaba ahora anclado . . . con raíces profundas.

LUPE DESPERTÓ SOBRESALTADA. Eran las doce y media de la noche y el pensamiento le corría desbocado.—Salvador—dijo—. ¡Rápido, tenemos que irnos de aquí! ¡Viene la policía!

Salvador le creyó al verle los ojos. Apenas si se habían subido al camión cuando descendió sobre ellos una horda de hombres con garrotes golpeando al que se encontraban. La gente corría y gritaba por todas partes, tratando de escapar. Se les golpeaba también a las mujeres y a los niños. En las luces de su *troca*, Salvador y Lupe vieron la cabeza de una mujer explotar como una sandía mientras corría con un niño de la mano. ¡Y un joven de gran tamaño seguía pegándole una y otra vez con su garrote!

Salvador se paró, pistola en mano, para ir a matar al hombre, pero entonces vio que se acercaban seis más garrote en mano y golpeando al que se hallaban. Salvador bajó su .38 cañón corto y salieron manejando, y sorprendentemente, como iban en un vehículo, nadie se fijó en ellos. Era como si, bueno, esta gente tiene carro así que deben ser de los nuestros.

Mas adelante Salvador y Lupe fueron testigos de cómo dos gringos adultos tiraban al suelo a la anciana india que les había dado ese plato de tunas y codornices, ¡y cómo empezaron a golpearla mientras trataba de proteger a su nieto!

Salvador frenó violentamente y salto de la *troca*. ¡Su .38 cañón corto HIZO EXPLOTAR la noche con DISPAROS DE ARMA! ¡Entonces su .45 automática se oyó como una ametralladora! ¡De repente, los hombres con los garrotes se echaron a correr gritando de dolor mientras Salvador les tiraba a las piernas!

Veintiséis años después, uno de estos mismos *okies* vendría a ver a Salvador y a Lupe en Oceanside, California, pidiendo trabajo en una de sus tiendas al menudeo.—No sabíamos nada—el hombre les decía a Salvador y a Lupe después de dos años de haberse hecho buenos amigos—. Yo no era nada sino un muchacho grande y fuerte de quince años que venía de una granja de Oklahoma; los policías nos dijeron que nos darían trabajo si corríamos a esos huevones, buenos para nada indios mexicanos que vivían al lado del río. Estábamos desesperados y por eso esa noche caímos sobre ustedes, que estaban al lado del río bajo los árboles, rompiendo cabezas sin importarnos si eran mujeres o niños—¡Sólo nos dijeron que no eran blancos y humanos, como nosotros que necesitábamos los trabajos!

—Pero cuando empezó el tiroteo, fue como si todos nos despertáramos de una borrachera y nos diéramos cuenta que éstas también eran personas de verdad. Simplemente no sé cómo explicarlo—me avergüenza decirlo—pero no fue sino hasta que nosotros sentimos dolor que nos dimos cuenta que habíamos estado haciendo algo malo. Los recuerdos de esa noche todavía me persiguen. Sentí que con mi garrote le partí la cabeza a una mujer. Y los policías seguían azuzándonos, y nosotros éramos tan estúpidos y estábamos tan desesperados que no le dimos mucha importancia.

Este hombre se llamaba Thompson, era un exinfante de marina, y durante quince años trabajó para Salvador y Lupe en Oceanside, y cada vez que tomaba un poco más de la cuenta salía con este mismo cuento que lo hacía sentirse peor que cualquier otra cosa que hubiera hecho en el extranjero cuando estuvo en el ejército.

Pero Salvador nunca le dijo que había sido él, Juan Salvador Villaseñor, el mismo Diablo, ¡el que les había apuntado a esos hombres que corrían esa noche con los garrotes en la mano y que los había dejado inválidos en el acto!

Al día siguiente Salvador y Lupe huyeron en la *troca*. Más de veinte personas habían perdido la vida a manos de los garrotes—once de ellos mujeres y niños—y otra docena quedó con los brazos rotos y costillas quebradas. Pero esto a las autoridades, esto no les importaba.

No, ¡estaba buscando al hombre que había usado pistola y que había dejado incapacitados a media docena de personas blancas! La historia oficial era que una vez más un montón de indios mexicanos borrachos había empezado los problemas. Cientos de buenos ciudadanos habían sido nombrados policías suplentes y habían sido traídos para que agarraran a todos esos mestizos peleoneros para ponerlos en el tren y regresarlos a México, a donde debían estar.

Y la mitad de estas personas no eran siquiera mexicanos. Eran indios Yuma pura sangre que nunca habían estado al sur de la frontera antes. Este había sido su hogar, aquí en las riberas del Río Colorado por cientos de años.

A UNAS CIENTO cincuenta millas al este de Yuma, en el pequeñísimo pueblo de Chuichu, en las afueras de Casa Grande, Arizona, llegó un viento tan fuerte que Salvador y Lupe tuvieron que salirse de la carretera y refugiarse en un establo abandonado. Las cosas salieron volando fuera de la *troca*. La bolsa de Lupe con todo su dinero en este mundo fue arrancada de su mano y se fue volando por el aire junto con cualquier otra cosa que no estuviera clavada.

Lupe gritó—¡Nuestro dinero, Salvador—! Y Salvador que había estado amarrando las cosas, salió corriendo tras de la bolsa que desaparecía pronto en el vendaval de polvo.

Lupe se quedó sola con su hija al lado de un establo que también estaba siendo despedazado por los terribles vientos del vendaval de polvo. Lupe estaba segura que había mandado a su esposo a la muerte. Empezó a rezar pidiéndole a Dios que no permitiera que Salvador muriera o se perdiera en el vendaval.

El tiempo que estuvo ausente parecía que eran horas. Lupe estaba a punto de perder toda esperanza cuando llegó Salvador luchando contra el viento y agarrándose de los postes de la cerca para mantenerse en pie.

Cuando entró a la troca con ella, Salvador le dijo que no había podido alcanzar su bolsa, a pesar de las muchas veces que la había visto justo enfrente de él y que había tratado de brincar para agarrarla. Siempre fallaba. Ahora no tenían dinero, gasolina, comida, ni nada. ¿Que sucedía? ¡Por qué estaba Dios probándolos una y otra vez sin misericordia!

Sin embargo, milagro de milagros, al día siguiente cuando había muerto el vendaval y Lupe trataba de atrapar codornices, en la distancia vio algo encima de un promontorio que le llamó la atención. Llamó a Salvador y juntos con Hortensia de la mano caminaron al pequeño promontorio, y allí estaba su bolsa agarrada por un pedazo de alambre de púas, y su dinero estaba intacto.

Lágrimas de alegría bañaron los ojos de Lupe. ¡Dios los amaba y los cuidaba!

Esa noche bajo las estrellas, Salvador y Lupe hicieron una hoguera, sancocharon la codorniz que Lupe había atrapado según le había enseñado la gran abuela india descalza y asaron el pajarito. Fue un banquete delicioso. El Cielo les sonreía.

EL SIGUIENTE DÍA, Salvador y Lupe tuvieron la confianza de hacer una de las decisiones más importantes y aterradoras de su vida. Decidieron manejar—no al sur cómo lo habían estado haciendo—sino al norte al gran pueblo de Phoenix para poder mandar un mensaje a Archie.

Esto les daba miedo. Habían estado mandando telegramas a la misma oficina del *sheriff* exponiendo su localidad. Dios mío, Salvador y Lupe eran ahora buscados no solo por *butleguin* sino tal vez también por asesinato—si cualquiera de esos hombres a los que les habían disparado en Yuma moría.

Por otro lado, el país entero se estaba desmoronando y tal vez ni Salvador ni Lupe serían notados, especialmente ahora que ya no tenían un coche elegante ni ropas finas y se veían igual que todos los demás pobres trabajadores mexicanos.

Salvador contó todas las balas que le quedaban de .38 *Special* y su .45 automática sobre una cobija. En la misma cobija Lupe contó su dinero, incluyendo el cambio suelto. Salvador tenía veintitrés balas para su .38, pero sólo siete para su .45. Pensó que necesitaría un par de cajas para cada una de ellas antes de cruzar a México, porque ya en México sería casi imposible comprar municiones, al menos, claro, que estuviera uno en el ejército o en la policía.

Lupe contó su dinero y les quedaban menos de doce dólares. Adónde había ido todo su dinero, ella no lo sabía. Algunas veces no podía entender a su esposo como cuando le había regalado esos seis dólares al dueño de la estación de gasolina para que les arreglara la transmisión a esa gente.

¡Por Dios, estos eran los mismos *okies* que habían golpeado al marido de Sofía en Santa Ana y habían llegado con garrotes tratando de matarlos cerca del río en Yuma!

—Lupe, Lupe, cálmate—dijo Salvador—. Vamos a salir bien. No hay nada de malo en ayudar a la gente aquí y allí en nuestro camino.

—Ya lo sé, ya lo sé—dijo—, es que, bueno, creo que extraño a mi familia tanto, Salvador. Y ¡ahora parece que nunca vamos a poder regresar por todos esos tiros que disparaste!

—Pero iban a matar a la anciana aunque gritaba tratando de proteger a su nieto—, dijo—. ¡Era mi madre y mis hermanas de nuevo, Lupe! ¡Tienen suerte que no les di en los *tanates*!

—Sí, ya lo sé—dijo Lupe con frustración—. Hiciste bien, lo veo, sólo que—no sé, Salvador. ¿Adónde nos va a llevar todo esto?

—No sé—dijo.

—Y—dijo Lupe con lágrimas en los ojos—, estoy embarazada de nuevo, Salvador, y no quiero cargar todo este miedo dentro de mí junto con mi nuevo bebé. Pensé que habíamos dejado la Revolución cuando salimos de México.

Salvador sonrió.—No te preocupes, hallaremos paz algún día, Lupe, te lo juro, hallaremos paz y haremos un hogar para nuestra niña y para este nuevo bebé.

—Así lo espero, Dios mío—dijo Lupe persignándose y besando la parte
de atrás del pulgar que estaba doblado sobre el dedo índice.

AL LLEGAR A Phoenix vieron más indios de los que nunca antes habían visto, y estos indios estaban tan pobres y desesperados que parecían li-
mosneros. Fueron a la oficina de *Western Union* y le mandaron un
telegrama a Archie. Les costó una fortuna, sesenta centavos por el telegrama y un dólar por entregarlo personalmente a Archie en la oficina del *sheriff* de Santa Ana.

Esperaron y esperaron, pero no hubo respuesta. Decidieron arriesgar
todo y mandar el mismo telegrama a Oceanside para ser entregado personalmente a la estación de policía de allí.

Sabían muy bien que estaban jugando con fuego al tratar de contactar a
Archie en la oficina del sheriff y del departamento de policía, pero no habían podido pensar cómo hacerlo de ninguna otra manera.

Frecuentemente Salvador salía de la oficina del *Western Union* para
asegurarse que su *troca* todavía estaba libre al final de la calle para que pudieran subirse en ella rápidamente y salir si se veían forzados. Tenía ambas
pistolas debajo de la camisa en los pantalones. Por Dios, no quería dispararle a nadie más. Sólo los pequeños cobardes arreglaban sus asuntos con
pistolas. Un hombre fuerte, *aprevenido*, podía siempre hallar alguna otra
manera.

Dentro de la oficina, Lupe esperaba calmadamente.

Al ver dos carros llenos de hombres estacionarse al otro lado de la calle,
Salvador rápidamente caminó hacia Lupe, la tomó del brazo, y le dijo al
hombre del *Western Union* que regresarían en un rato por sus respuestas.

Al salir de la oficina, Salvador se sorprendió al ver que estos hombres
no venían por ellos, como lo pensaba, sino que se metieron al banco al
otro lado de la calle.

—Dios mío—dijo Salvador—, va a haber un robo de banco. ¡Vámonos
al carajo de aquí!

Y apenas se habían subido a la *troca* cuando empezó el tiroteo. No regresaron ese día a la oficina del *Western Union*, y tampoco regresaron al siguiente día.

Cuando por fin regresaron al tercer día, pensando que ya se había calmado todo y que tal vez hubiera un hombre diferente en la oficina del *Western Union*, ¿con quién se toparon? Con Domingo, el hermano de
Salvador—estaba muy bien vestido y tenía por la cintura a una mujer mayor con apariencia de rica con toneladas de maquillaje y muchas joyas.

—¿Dónde carajos te habías metido?—preguntó Domingo—. Llegamos ayer. Mira, quiero que conozcas a Socorro. ¡Nos habríamos ido y salido si no hubieras venido hoy!

Salvador estaba contentísimo de ver a su hermano. Se veía sobrio y contento y bien.

—Y aquí tienes—dijo Domingo, llevándose a su hermano a un lado—, los cien dólares que le mandaste pedir a Archie.

Salvador no le había telegrafiado a Archie pidiéndole cien dólares. No, le había telegrafiado pidiéndole todo el dinero que le debía la gente por los barriles de *whiskey* que les había vendido a crédito. Si Archie había hecho su trabajo, debería haberle mandado a Salvador cerca de trescientos dólares, después de quedarse con unos cien para él mismo.

—¿Estás seguro que éste es todo el dinero que me mandó Archie?—preguntó Salvador.

De repente, así de fácil, ¡Domingo se puso colorado y furioso como un toro!—¡Me estás tratando de decir que yo me robé algo—! ¡Bramó Domingo con los músculos del cuello saltándosele como gruesas cuerdas!

—No, no te estoy diciendo eso—dijo Salvador—. Me da gusto verte y que me hayas traído el dinero, pero mira Domingo, Archie me debe cerca de trescientos dólares.

—Ah—dijo Domingo calmándose tan rápido como se había irritado—. Recuerdo ahora que dijo algo parecido. Algo acerca de no haber colectado todo todavía, y que le volvieras a telegrafiar en una semana.

Habiendo resuelto esto, Domingo estaba contento de nuevo y salieron por la calle a buscar algo que comer, pasaron por unas mujeres indias encuclilladas en la banqueta entablada con una pintoresca cobija frente a ellas donde mostraban sus artefactos de joyería de turquesa hechos a mano.

La cara de Socorro se le iluminó como la de una niñita feliz y quería comprar algunas de las preciosas joyas de plata. Pero Domingo se moría de hambre y por eso sólo se rió y la abrazó fuertemente.

—Mira tonta—dijo—, ya te ves bastante india. Lo que quieres es joyería de gringos, no estas cosas de indios.

—Pero es tan bonita—insistió Socorro.

—Ah, está bien, pero después que comamos—, dijo jalándola y besándola.

—Además, es mi dinero—dijo ella.

—Ay, no, no empieces con eso—dijo repentinamente enojándose con ella—. ¡Estuviste de acuerdo en llamarlo, nuestro dinero, si te dejaba que vinieras conmigo a México para abrir mi mina de oro!

—Está bien—dijo ella—, pero entonces, si estoy dispuesta a llamarlo nuestro dinero, ¿por qué siempre lo llamas mi o mío, en vez de nuestro?

—Porque, como te he dicho mil veces—dijo Domingo abriendo la boca en una bella sonrisa—, una mina de oro vale mucho más que el poquito dinero que has traído a este negocio nuestro, ¿ves?

Al decir esto, Domingo le cerró el ojo a Salvador mientras entraban al restaurant al final de la calle. Estaba feliz de mostrarle a su hermano lo astutamente que había manejado la situación con esta mujer

Después de comer, Socorro compró varias joyas para ella, y una muy simple para Lupe que le había echado el ojo. Lupe le dijo que no, que no era necesario, que sólo la había estado viendo, pero Socorro insistió. Era una persona muy aniñada y generosa que sólo quería hacer feliz a todo el mundo. Dios para ella, era un Dador de Regalos.

Lupe se puso el brazalete sencillo de plata en la muñeca izquierda y se le veía tan elegante. ¡Socorro, al revés, se adornó con los brazaletes más grandes y más trabajados que tenían!

Salieron de Phoenix y se encaminaron al sur de regreso a Mesa Grande donde Salvador y Lupe se estaban quedando afuera de la ciudad.

Domingo y Socorro manejaban un hermoso y grande Packard, uno de los mejores automóviles de aquella época. Salvador y Lupe apenas si los podían seguir en su camioncito. En Mesa Grande, Domingo invitó a Salvador y a Lupe a una habitación en el hotel con él y con Socorro. Lupe se dio un largo y caliente baño, ¡y le pareció el Cielo! Salvador y ella habían estado viviendo en el campo desde que habían salido de Santa Ana.

Una vez que las dos mujeres estuvieron instaladas, Domingo sacó a Salvador para hablar con él. Domingo estaba de un humor excelente. Ahora tenía dinero, dinero, dinero, no sólo para abrir esa mina de oro en Navojoa, Sonora, ¡sino para vivir! ¡Para respirar! ¡Para sentirse LIBRE una vez más!

—Vente conmigo, Salvador—le dijo—, y lo que pasó, pasó, y estoy dispuesto a dejar que vengas conmigo como un socio completo—¡sólo porque eres mi hermano!

—Pero ya tienes un socio—dijo Salvador.

—¿Quién, Socorro? Carajo, no te preocupes de ella. Sólo la tengo cerca porque, ah, te digo, se veía vieja y gastada cuando la hallé. Su esposo, que la había tratado mal durante años—acababa de morir y le había dejado algún dinero y los niños, los inútiles cabrones la estaban matando con su avaricia y sus peleas. Pero yo pude oler, como el buen caballista puede oler un buen caballo, que había fuego ardiendo bajo la gastada vieja.

—Y así la tome con sonrisas como si me pareciera un ángel, y la trabajé durante las noches con suaves y tiernas manos susurrantes. ¡Te juro Salvador que en una semana tenía quince años menos y se convirtió en la mujer más caliente que he tenido en toda mi PINCHE vida! Te digo, sus poderosas piernas y esas erupciones volcánicas que tiene, ¡me llenan con un amor que nunca antes sentí! ¡Y ahora sí la quiero! Pero es solo una mujer, Salvador—, añadió riéndose—, así que no confundas las cosas. Ella recuperará su dinero de mi parte

Al oír todo esto Salvador asintió, preguntándose qué quería decir todo esto en realidad. Su madre siempre les había dicho que el plantar las semillas del amor en el corazón de una mujer, pero no tomarla en serio, era un juego muy peligroso. Su madre también les había dicho que este comportamiento decía más de lo que había en el corazón de un hombre que lo que él pudiera jamás saber.

—¿Así que, qué dices, ah, hermanito?—preguntó Domingo—. ¿Quieres hacerte rico? Carajo, en un año podremos recuperar todas nuestras tierras de los Altos de Jalisco. Nuestro padre—que Dios lo tenga en su gloria—¡podrá vernos desde el cielo y ver qué tan bien nos está yendo—! Se le llenaron los ojos de lágrimas a Domingo—. ¡Te quiero hermano! ¡Tú y yo somos familia!

Debajo de las Estrellas de Mesa Grande, Arizona, Domingo abrazó a su hermano, Salvador, con un gran abrazo, ¡y fue maravilloso!

Esa noche, en la intimidad de su habitación del hotel, Salvador le dijo a Lupe acerca de la oferta de Domingo, pero no le dijo nada de lo que había dicho sobre Socorro. Lupe y Salvador podían oír a Domingo y a su amiga rica haciendo el amor en la habitación contigua. ¡Estaban tan ruidosos y desaforados que la cabecera de la cama le pegaba a la pared como un gran tambor! Lupe y Salvador estaban seguros que todo mundo en el hotel podía oír a Domingo y a Socorro hacer el amor.

Entonces Domingo aullaba y Socorro chillaba, GRITANDO, ¡una y otra vez! Domingo y Socorro siguieron así casi la mitad de la noche antes de que finalmente se durmieran.

¡Lupe pensó que esto era escandaloso! La mujer era una abuela cuarentona, y Domingo era un presumido que quería que todo el mundo supiera lo grande que era porque podía enloquecer a una mujer.

—Esto no es amor—dijo Lupe—, ¡estos son dos pobres desesperados que cierran los ojos a lo que sienten de verdad por dentro!

—Ay, Lupe—dijo Salvador riéndose—. No seas tan dura. Él estuvo embotellado por años y ella estaba atrapada en un matrimonio abusivo, déjalos que se diviertan.

—No los estoy deteniendo—dijo Lupe—, ¡pero eso no quiere decir que me tiene que gustar o que le tenga confianza a todo eso!

Salvador respiró profundamente. No quería admitirlo, pero también tenía este pequeño sentimiento de falta de confianza aquí dentro de él.

Entre más y más oía Lupe de la propuesta de Domingo—mientras manejaban de Mesa Grande al pueblo fronterizo de Nogales, al sur de Tucson—más creía Lupe que había algo muy malo en toda la situación.

Cada día se hablaban menos ella y Salvador.

Desde que Domingo había entrado en sus vidas parecía que Salvador y ella, Lupe, no estaban tan unidos como antes. Había desparecido la sensación de esas conversaciones íntimas que habían tenido en la ribera del río bajo las estrellas en Yuma.

Y habían sido tan felices, ella y Salvador, cuando no habían tenido nada, viviendo bajo los árboles y los matorrales y las Estrellas. Algo había pasado. Era como si la llegada de su hermano—con todo este dinero y grandes sueños—era un tónico que revelaba una parte de Salvador que Lupe nunca antes había visto.

Estaba asustada.

2 2

Adán y Eva Sabían ahora que no fue el Diablo el que los
había tentado —
era su propio Espejo Que Reflejaba sus Dudas y Temores.

N O   T U V I E R O N   N I N G Ú N   problema para entrar a México. En
Nogales, Sonora, enfrente de la frontera, Lupe y Salvador fueron al
banco para telegrafiar a Archie que les mandara el resto del dinero. No podían seguir dependiendo para todo de la generosidad de Domingo, especialmente cuando no era el dinero de Domingo, sino el de Socorro con el
que era tan generoso.

Al otro lado de la frontera el licor era legal, así que Salvador y Domingo
empezaron a beber cerveza como si fuera agua y a beber tequilas seguidos
de sangrita y solo podían hablar ahora de lo grande que había sido su niñez y que iban a regresar a ese maravilloso sitio de su niñez cuando reci-
bieran su oro de esa mina en Navojoa.

Domingo compró docenas de palas y picos y barras de hierro para tra
bajar la mina, y consiguieron que les pasaran clandestinamente una caja de
dinamita del lado norteamericano de Nogales. Se decidió que Salvador y
Lupe llevarían todas estas cosas en su *troca* y toda su ropa y pertenencias
personales viajarían en la cajuela y asiento de atrás del Packard grande.

Los dos hermanos Villaseñor que habían sobrevivido la Revolución regresarían a su casa de los Altos de Jalisco en estilo, manejando sus carros
elegantes uno al lado del otro con sus mujeres al lado y con suficiente oro
para recuperar todas las tierras que habían sido de su rancho grande. No
iban deportados a México como Ganado como le pasaba a miles de su
gente, no, regresaban a su patria por su propia voluntad como hombres de
estaca con pistola al cinto y dinero en el bolsillo.

Todos los días Salvador y su hermano continuaban bebiendo, cantando y celebrando y todas las noches se les oía a Domingo y a su amiga gritar a los Cielos.

Entonces todas las mañanas, Salvador y Lupe iban al banco para ver si el dinero de Archie había llegado. Pero al fin de la semana Salvador ya no iba al banco con Lupe en las mañanas. Lupe iba sola. Salvador estaba demasiado crudo de tanto beber.

Una mañana Lupe fue al banco y llevaba vestido y zapatos nuevos—no caros, sino decentes—que Socorro le había comprado. Lupe estaba descubriendo que Socorro era una de estas indias mexicanas que eran todo corazón, que pensaban que el dar regalos era la virtud humana más alta, ¡una reflexión del Todopoderoso!

Este día, cuando Lupe entró al banco y le preguntó al gerente si su dinero había llegado, le contesto, 'Sí, llegó', pero añadió—, pero no se le pondrá aquí, ni en el gran imperio de la China ningún dinero en las manos de una mujer—. Necesitará traer a su marido—, añadió con arrogancia.

Lupe estaba atónita, y unos meses antes se habría sentido deshecha y no hubiera tenido ninguna idea de qué decir o hacer. Pero había crecido mucho en estos últimos días.

—Señor—dijo Lupe, sintiendo que el corazón le empezaba a latir como un gran tambor—, hace casi una semana que usted me ha visto venir todas las mañanas a este banco con mi esposo y usted ha sido muy cortés conmigo y con mi esposo, hasta hoy que llegó nuestro dinero. ¿Por qué me habla así? ¿Le parezco una persona irresponsable? Y aunque lo fuera, a usted no le importa. ¡Ese dinero es nuestro y quiero que me lo dé ahora mismo!

El hombre bien vestido estaba sorprendido, pero no se había quedado sin palabras.—Señora—dijo en un tono arrogante y condescendiente—, se le ha olvidado a usted su lugar de mujer. Usted ha estado demasiado tiempo en ese frívolo país de los Estados Unidos. Aquí en México sabemos cómo tratar a las mujeres, ¡así que no le puedo dar este dinero ni cualquier otro sin la presencia de su esposo!

Lupe María Villaseñor de Gómez se aguantó, mirando al hombre delante de ella directamente a los ojos. Era un hombre alto, esbelto, en sus treinta, un hombre educado, un hombre guapo, un hombre que creía saber los vericuetos del mundo y cómo se deberían hacer las cosas. Pero ella era la hija de su madre y la nieta de su abuela, ¡y así por sus venas corría la sangre de mujeres que habían mantenido su posición y se habían hecho escuchar desde el principio de los tiempos! Caray, si había visto a su madre mantener la familia unida—después de ser abandonadas por su padre—¡sin nada más que su inteligencia! Había visto a su madre pelear desesperadamente por poner comida en la mesa para ellos, así Lupe tampoco iba a ser intimidada.

—Señor—dijo—, ¿le entiendo correctamente que usted rehúsa darme nuestro dinero? ¡El dinero nos pertenece a mi esposo y a mí!

—Sí—dijo—, sus oídos no están sucios, usted me entiende.

Y ahora se rió de ella jugando con el bigote como si le estuviera coqueteando. Unos cuantos que estaban en el banco se rieron también. Lupe vio a su alrededor. Todos eran hombres. No había ni una mujer trabajando en todo el banco.

Y por qué Lupe tomó esta resolución, en este momento cuando se enfrentó sola al gerente del banco, nunca lo sabría del todo, pero su Otro Santo Yo, habló en su interior y dijo—Esto no es justo. Las mujeres pueden contar dinero y guardarlo tan bien como cualquier hombre o más rápido. He visto a mujeres que lo hacen con manos ágiles y rápidas todos los días en las empacadoras de duraznos, limones y jitomates por todo el sur de California. Y nosotras, las mujeres, tenemos nuestros sueños, así como Salvador y Domingo tienen los suyos, por eso, ahora hago este juramento ante Dios que un día seré rica y que voy a ayudar a que las mujeres tengan la oportunidad de trabajar en los bancos igual que los hombres, porque mi madre—Dios la bendiga—sabía cómo manejar el dinero para beneficiar a toda la familia mucho mejor que mi padre, y también la mamá de Salvador. Sabía manejar el dinero mejor que su esposo. Nosotras las mujeres necesitamos una voz en cuanto a los asuntos de dinero para que progrese el mundo, ¡Se hará, lo juro por Dios!

Al oír esta voz dentro de ella, Lupe sintió una gran paz que la invadía y le dijo al hombre delante de ella—Está bien, regresaré con mi esposo, pero—entienda ahora usted esto, usted y sus amigos van a desaparecer.

—¿Me amenaza usted?—dijo el hombre, haciendo una mueca de diversión mientras se volteaba a ver a sus colegas masculinos.

—No—dijo Lupe—, ¡es una promesa mía, de una mujer!

Al decir esto Lupe se dio la vuelta y empezó a salir, pero estaba tan enojada, que cuando llegó a la puerta de entrada estaba temblando como hoja en árbol. Podía oír al banquero y a sus amigos que se reían, sin duda para felicitarse por haber puesto a otra mujer en su lugar.

Repentinamente, como un RAYO del CIELO, ¡supo que estos hombres eran unos cobardes! Si toda la semana ella y Salvador hubieran estado manejando su excelente Moon y hubieran entrado al banco bien vestidos, nada de esto le habría pasado a ella.

Y en el mismo rayo de intuición, Lupe se dio cuenta por qué había escogido a Salvador como esposo sobre todos los demás. Él era de verdad el hijo de su madre, un hombre que en realidad respetaba a las mujeres, y especialmente a las que sabían defenderse de palabra.

Los ojos de Lupe lloraban lágrimas de felicidad. Esto es lo que diferenciaba a Salvador de su hermano Domingo y de casi todos los otros hombres. Su mamá lo había criado para que fuera un hombre-mujer, como su amada suegra se lo había explicado tan bien. La madre de Salvador le ha-

bía enseñado que la fuerza de la mujer, aquí dentro del hombre, no lo de-
bilitaba, ¡sino que lo fortalecía para hacerlo el más fuerte de los hombres!

Lupe estaba agotada para cuando llegó al pequeño hotel donde se estaban quedando. Ese hombre del banco le había dado dolor de estómago
con sus arrogantes pretensiones masculinas. Y cómo lo habían disfrutado
los otros hombres del banco. Ninguno de ellos trató de intervenir o redu-
cir su vergüenza.

Le dio gusto que Salvador, Domingo y Socorro estuvieran fuera.

Quería recostarse y pensar en lo que había pasado. Ya no se trataba sólo del dinero que por fin habían conseguido que les giraran al banco. No,
esto era ahora acerca de una manera de vivir, de toda su manera de pensar
desde que se había criado en la Barranca del Cobre y había visto a su madre levantarse antes del amanecer día tras día, y hacer milagro tras milagro
sólo para mantenerlos vivos durante esa HORRIBLE REVOLUCIÓN de
los abusos de los hombres!

LUPE DEBIÓ HABERSE quedado dormida pues sólo recordaba despertar con una claridad de pensamiento, ¡que la hizo pensar que Sabía
Todo!

No, Salvador y ella no iban a regresar a México. Sus familias estaban
ahora en los Estados Unidos y por eso iban a hacer su hogar y a criar a sus
hijos con sus primos y tíos.

¿Pero cómo le iba a decir esto a Salvador que tenía grandes planes de
hallar y trabajar una mina de oro con su hermano y de hacerse tan ricos
que pudieran recuperar sus tierras de Los Altos?

Lupe respiró profundamente dándose perfecta cuenta que esta decisión sería trascendental en sus vidas. ¡Se estaba estableciendo! ¡Éste era el
momento! Pero debía tener mucho cuidado en presentarle sus ideas a su
esposo, especialmente ahora que estaban corriendo a toda su gente de los
Estados Unidos.

Lupe se puso las manos sobre el área del corazón, asperando y exhalando de Papito Dios. Casi se quedó dormida pero no completamente.
Estaba en esa zona entre el sueño la vigilia donde podía sentir que le llegaba
el poder—mientras estaba recostada en la cama con los ojos cerrados. Era
extraordinario, todo miedo y confusión se le evaporó rápidamente.

Y ahora se dio cuenta que esto fue exactamente lo que su madre había
hecho antes de ir a la plaza con una pistola bajo el vestido a salvar a su
hermano Victoriano de que lo colgaran esos inútiles soldados renegados. Su madre había ido a ese Lugar Sagrado, aquí en el interior de una
mujer, donde Dios embarazó a una Hembra con la Santa Fuerza de la
Creación.

Lágrimas de éxtasis le brotaron de los ojos a Lupe mientras aspiraba y expiraba el Hálito de Papito.

Su madre, doña Guadalupe, y su amada suegra, doña Margarita, estaban ahora también con ella, guiándola, ayudándola, así como la Santa Madre de Jesús.

ESA TARDE SALVADOR, Domingo y Socorro llegaron todos borrachos y contentos. Inmediatamente Socorro y Domingo se fueron a su cuarto, y una vez más la cabecera empezó a repiquetear cuando la golpeaban contra la pared.

Al entrar a la habitación Salvador vio a Lupe sentada y silenciosa al pie de la cama rodeada de una brillante luz dorada.—¿Qué pasa?—preguntó.

Hortensia estaba en otra habitación cerca de allí jugando con dos niñitas de otros huéspedes del hotel.

—Nada—dijo Lupe—. Después te cuento.

No le quería hablar a Salvador de todo lo que estaba sintiendo mientras él estaba bebido. Pero por otra parte, parecía que ahora siempre estaba bebiendo. Se le humedecieron los ojos. Habían estado tan cerca uno del otro allí en Yuma, en las riberas del Río Colorado.

—Lupe—dijo Salvador con una feliz mueca de sonrisa alcoholizada—, lo podía sentir desde afuera, aun antes de abrir la puerta. Algo muy grande te está pasando. Recuerda que hemos pasado muchas cosas juntos y por eso estamos muy cerca, aquí dentro—, dijo golpeándose el pecho—. Dime.

Las lágrimas le brotaron ahora de los ojos. No había nada mejor que Salvador pudiera haber dicho, porque era verdad, habían pasado tantas cosas juntos y de verdad estaban muy unidos.

—Salvador—dijo—, el dinero ha llegado.

—¡Bueno, eso es fantástico! Entonces, ¿por qué lloras? ¿No llegaron todos los doscientos?

—No sé cuánto es—dijo Lupe—. El banquero no me lo quiso dar.

—Está bien—dijo Salvador—, simplemente vamos juntos por él ahorita mismo, antes que cierren el banco.

—Salvador, no es el dinero por lo que lloro—dijo Lupe—. Lo que me ha alterado es cómo me trató el gerente del banco, porque, bueno . . . ahora entiendo por qué no quiero que regresemos a México.

—¿No quieres qué?—dijo Salvador entrecerrando los ojos y tratando de entender lo que acababa de decir Lupe—. ¿No quieres que regresemos a México—? Preguntó.

—No, no quiero—dijo Lupe—, quiero que usemos ese dinero para regresar a California para estar con nuestras familias.

Lupe no dijo nada más. Salvador la veía fijamente cómo si estuviera lo-ca. Se tambaleaba con una mirada confusa de borracho hasta que aparen-temente se dio cuenta de lo que le decía su mujer. ¡Entonces EXPLOTÓ!

—¿Pero qué estás diciendo mujer?—gritó—. ¿Te has vuelto completa-mente loca, eh? ¡Nos está esperando una mina de oro en las afueras de Na-vojoa! ¡Seremos ricos en un año y después podemos hacer lo que nos dé la gana! ¡Eso es lo que hacen los ricos, lo que les da la gana, aquí o del otro la-do de la frontera!

—No, Salvador—dijo Lupe tan calmadamente como pudo. Su corazón le latía fuertemente. Nunca había hablado así toda su vida. Una verdadera dama no se comportaba así. No, una verdadera dama era linda, coqueta e indirecta; o elegante y hermosa, y sabía su lugar. Esas eran las dos opciones para una mujer. ¡No ésta, a la que ahora estaba dando a luz dentro de ella!

—¿No?—le dijo Salvador—. ¿Es lo que acabo de oír que me dijiste, Lu-pe: No, Salvador?

Tragó saliva. Podía ver ahora que había bebido mucho más de lo que ella había pensado y sabía que tenía un genio tan malo como el de su her-mano, así que tenía que tener mucho cuidado en lo que decía. Pero ésta era su vida también y no se iba a quedar callada la boca.

—Si, Salvador, te dije que no.

—¿Me dijiste que no a mí? ¿Tu esposo? ¿El hombre de la casa?

—Por supuesto que te dije que no, Salvador, tú eres mi esposo, el hom-bre con quien me casé—dijo alzando la voz más de lo que esperaba—. Soy tu esposa, Salvador, la mujer que te quiere y lleva a tu siguiente hijo, aquí dentro, mientras hablamos. La mujer que se puso en cuatro patas y se me-tió gateando al fuego del Infierno para rescatarte de dónde ningún otro ser racional lo hubiera hecho. Así que sí, te digo que no, ¡y TAMBIÉN TE LO DIRÉ EN EL FUTURO—! No había querido gritar, pero lo hizo.

Salvador se estuvo allí, solamente mirándola, después se echó a reír.—Okay, okay, ya dijiste que no. No me tienes que pegar—, añadió—. Sólo quería asegurarme que te había oído bien.

—Me oíste bien, Salvador—dijo y el corazón le latía tan fuerte que sentía que se le iba a salir por la cabeza—. Llevamos ya casi tres años de casados y te he seguido por mar y tierra y te he apoyado con toda el alma y el corazón sin cuestionarte, pero no te voy a seguir más sin decir lo que siento. Lo que me pasó en el banco no es insignificante. Y lo que te está pasando a ti con la bebida y los festejos con tu hermano tampoco es insignificante.

—¡Está bien!—dijo sintiendo la boca seca de todo el tequila y la cerveza que se había tomado—, ¡esto ya se pasó! ¡No quiero oír más! ¡Yo también he arriesgado la vida UNA Y OTRA VEZ, LUPE—! gritó—. ¡Así que no pienses que todo lo has hecho tú sola!

—Si, estoy de acuerdo—le contestó gritándole, rehusando callarse—,

¡también has expuesto la vida! ¡Pero en el pasado siempre hicimos las cosas como tú querías, pero ya no las vamos a seguir haciendo sólo como tu quieras en el futuro! ¿Me oyes Salvador?

—Éramos tan felices allá en las riberas de Yuma cuando te sobaba los pies después del trabajo y . . . y los dos hablando de nuestros sueños. Eran nuestros sueños, Salvador, tuyos y míos, y sí, eran pequeños, estoy de acuerdo, no eran grandiosos como los que tú y Domingo discuten todos los días, pero eran nuestros. ¿Me entiendes? Yo soy parte de este matrimonio también.

Las lágrimas le bañaban el rostro a Lupe y cuando Salvador la miró a los ojos sintió una sincera fuerza dentro del corazón. Lupe le estaba hablando a la cara con toda la pasión del corazón. Se conmovió hasta en los huesos.

—Sí, Lupe—dijo, respirando profundamente—, éramos muy felices allí en la ribera del río ¿verdad amor mío?

—Sí, Salvador—dijo Lupe, con los ojos como grandes lagos oscuros y brillantes mientras el llanto le seguía bañando la cara—. Tú y yo estábamos juntos aquí adentro de nuestros corazones, y todas las noches cuando hacíamos el amor, hablábamos de nuestros sueños, de hacer un hogar, de construir una casa lo suficientemente grande para que pudiéramos cuidar a nuestras madres y a mi padre en su ancianidad. Era fantástico estar juntos, allí bajo las Estrellas, al lado del río, desnudos y sintiéndonos tan bien y tan calientitos.

—Sí, me acuerdo bien—dijo Salvador y el pecho se le infló—. Los pies me quemaban y los tenía hinchados después de trabajar en ese campo caliente y me los sobabas con ese lodo fresco y líquido del río, ¡y me hacías sentir como si estuviera en el Cielo aquí en la Tierra!

—Exactamente, Salvador. No teníamos nada, sino nuestra felicidad, ¡y nuestra felicidad era nuestro TODO!

Salvador lloraba ahora también.—Sí, estoy completamente de acuerdo, ¿pero a qué viene todo esto? ¿Tienes miedo de que si sacamos el oro, no podamos ser felices?

Negó con la cabeza.—No, no, para nada, Salvador. Creo que la gente puede tener algo y ser feliz, es que, bueno—. No sabía cómo decirlo, pero se había criado en un pueblo donde se minaba el oro y había visto el efecto que tenía éste en la gente. Ya les estaba pasando a Domingo y a Salvador. No podían hablar de nada más. Estaban poseídos por el demonio del oro.

Él pudo ver que ella tenía dificultad.—Lupe—le dijo—, ¿por qué no me dices qué te pasó en el banco? No entiendo lo que está pasando.

Lupe le contó a Salvador cómo la había tratado el gerente del banco. Al principio Salvador sólo se rió diciéndole a Lupe que estaba muy sensitiva y consentida por el trato que les daban a las mujeres en los Estados Unidos.

Pero entonces cuando Lupe le recordó a Salvador qué tan difícil había sido en México para su propia madre, y cómo él mismo le había explicado a ella que su familia jamás se hubiera arruinado si su madre, doña Margarita, hubiera manejado el dinero, Salvador recordó sus días de hambre y EXPLOTÓ!

—¡Tienes razón!—le gritó a Lupe—. ¡Mil veces tienes razón! ¡No podríamos haber sobrevivido la Revolución si mi madre no hubiera manejado el dinero!

—Y además, Salvador—le dijo Lupe ahora—, date cuenta que este banquero nunca me hubiera tratado así, si tú y yo hubiéramos llegado toda la semana en nuestro Moon con buenas ropas. La manera en que me habló me puso casi enferma, Salvador—. Le dijo con nuevas lágrimas en los ojos. Así es cómo siempre tratan a las mujeres, especialmente a las pobres. Deberías haber visto como los otros hombres se reían disimuladamente de mí. Eran sólo un montón de cobardes. ¿Pero qué podía hacer? Todo el sistema mexicano los apoya.

A estas alturas Salvador ya no podía oír más. ¡Se había levantado diez pies en el aire, y peleaba contra demonios, cuando recordaba a su querida madre en andrajos, con toda la apariencia de india!

¡Se puso el puño en la boca para evitar gritar de angustia! Sólo había sido un chiquillo de diez años cuando llegó la Revolución a sus montañas, matando y violando. ¡Pero ya no era niño! Era ahora un hombre adulto y los *tanates* le colgaban libremente, ¡y el corazón le latía, Latía, LATIENDO como un poderos TAMBOR del UNIVERSO!

—¡Vente!—le gritó a Lupe—. ¡Vamos ahorita a ese banco para sacar nuestro dinero, y para que te RESPETEN!

—Pero no, Salvador—dijo—, esto no es lo que he tratado de decirte. El comportamiento de este banquero es típico de todo México, ¿no te das cuenta?

—¡Entonces todo México va a cambiar ahorita mismo!—bramó Salvador dándole una patada a la puerta para abrirla y Lupe salió detrás de él, gritando, ¡pero él ya no escuchaba! ¡Era hombre, macho, era un hombre poseído!

Al oír todo el escándalo Domingo salió de su habitación subiéndose los pantalones.—¿Qué pasa—? preguntó.

—¡Ya llegó nuestro dinero!—gritó Salvador—. ¡Pero ese estúpido banquero no se lo quiso dar a Lupe!

—¿Quieres que te ayude?—dijo Domingo con ganas de entrar en acción—. ¡Colgaremos al hijo de su *chingada* de la lengua a lo *chingón*!

—No, sólo es un banco—dijo Salvador subiéndose a su *troca*—. ¡Regreso enseguida!

Pero Lupe no se iba a quedar atrás y se subió a la *troca* con su marido.—

Mira—le dijo—, no entendiste lo que te estaba tratando de decir. No se trata de ir tras ese banquero, Salvador. Se trata de que comprendas cómo va a ser nuestra vida si regresáramos a México.

—Exactamente—dijo Salvador—, y tú eres mi esposa y nuestra vida en México y en cualquier otra parte de *esta* pinche planeta será buena, ¡porque a cada paso se te tendrá respeto! ¡Me oyes, RESPETO, Lupe!

—Pero no nos podemos pelear con todo mundo, Salvador.

—¡No, sólo con cada pinche cabrón hijo de su . . . que no nos muestre respeto!

Lupe no supo qué más decir. Salvador, en realidad ya no la escuchaba. No, ¡estaba borracho y loco de furia!

Al llegar al banco, Salvador abrió las puertas violentamente y rápidamente se fue con el gerente que estaba en su escritorio hablando con un cliente.

—¿Qué significa esto, de no querer darle nuestro dinero a mi esposa?—le bramó al gerente del banco.

—Por supuesto, le daré su dinero, señor—dijo el gerente—. Creo que debe haber habido un malentendido. Lo que pasa es que simplemente la regla del banco es no dar dinero a una mujer—. Se rió, sintiéndose un poco nervioso. ¿Dónde estaría el país si le diéramos dinero a cada esposa que entre aquí—? Añadió.

Pero le había agregado estas últimas palabras al hombre equivocado. La madre de Salvador le había rogado a su padre que vendiera sus chivos o se morirían de hambre. Sin hacer caso, el arrogante tonto de su padre, había vendido todo el rebaño de buenas chivas con leche porque después de dar su palabra, un hombre no se podía echar atrás, aunque el otro hombre fuera una mañoso negociante.

—¡Te voy a decir dónde estaríamos!—le gritó Salvador a la cara del hombre agachándose sobre el escritorio y con todos sus músculos de su cuello de 19 pulgadas saltándole como si fuera toro! ¡Estaríamos en un PAÍS MÁS INTELIGENTE Y ECONÓMICAMENTE MEJOR! ¡Ahora, denos nuestro dinero, ahorita mismo!

—Por supuesto que sí—dijo el hombre, rehusándose ser intimidado.

—Y—agregó Salvador—¡Quiero que le pida disculpas a mi esposa!

El gerente del banco se quedó congelado al oír esto. Ya había aguantado mucho. No iba a aceptar más abuso de estos dos incivilizados rancheros pobres e ignorantes. Sin quitarle un segundo los ojos de encima a Salvador, echó su silla hacia atrás y se puso de pie; era mucho más alto que Salvador y Lupe. Se arregló el saco y se lo abotonó.

—¿Pedir disculpas?—dijo—. ¿Yo pedirle disculpas a su esposa? ¡Caray, si es su esposa la que sólo porque es bonita piensa que puede entrar aquí y hacer lo que quiera! ¡Ah, no, es su esposa la que me debe pedir disculpas! ¡Pero yo soy un caballero y un profesional y por eso voy a olvidarlo y con mucho gusto les doy su dinero, pero primero se queman en el infierno antes que ningún miembro de esta institución les dé ninguna disculpa!

Sonriéndose, haciendo esta muequita de sonrisa que él hacía, Salvador dijo—Ya veo—, ya veo—, y lo dijo tan suave tan calmadamente, que si el gerente no hubiera sido tan creído habría entendido que algo muy grande iba a pasar, pero no entendió—. Y nosotros somos gente sencilla y pobre, ¿verdad? No somos ricos, así que no causaremos ninguna consecuencia a su banco, ¿verdad?

Al decir esto, Salvador se dio vuelta calmadamente con esa muequita de sonrisa y se dio cuenta dónde estaban todos los demás empleados y clientes del banco porque no quería meterse en una situación que no pudiera resolver.

Se sintió satisfecho que sabía dónde estaban todos, y sin ningún aviso, se fue sobre el gran escritorio y agarró al hombre del cuello y lo jaló hasta la mitad del escritorio.—¡Soy de Jalisco, pinche estúpido! ¡Un tapatío! ¡Un loco! ¡Y nosotros INVENTAMOS el INFIERNO para los bueyes como tú!

Diciendo esto Salvador sacó su .45 automática y le puso el cañón de la pistola en la cara del hombre.—¡Usted no va a insultar a la esposa de un hombre—no importa qué pobre sea—y va a pensar que puede reírse y burlarse sin que le den unos *chingadazos*!

—¡Y que ninguno de los pinches cabrones que están atrás de mí piense siquiera en moverse! ¡Los miré a todos y sé dónde está parado cada uno de ustedes! ¡Si se mueven, los mato!

—Y tú—dijo volteándose al gerente—, ¡estás listo a empezar a pedir disculpas, o quieres empezar a sangrar lentamente CAMINO al INFIERNO! Porque no te voy a matar rápidamente, sino que dispararé en un pie, luego el otro, luego en los *tanates*, ¡para que sepas el dolor de parir antes de MORIR!

—¿No tuviste madre? ¿No te enseñaron a respetar? Ahora empieza a hablar.

Nadie se movió, todos estaban congelados. ¡Y este banquero no sabía si gritar o cagarse! Sus ojos le brincaban de un lado al otro. Nunca esperaba esto. Calculó mal quiénes eran estas personas. Y ahora sabía que estaba tratando con un hombre completamente loco, de una gente que seis años después que la Revolución Mexicana terminara—no por su pobreza—sino por su orgullo y su fanatiquismo religioso. ¡Estos jaliscienses eran unos locos cristeros, dispuesto a morir en un momento por sus creencias imposibles en Dios, el Diablo, y la Salvación Eterna!

—Por favor, entienda—decía ahora el banquero—, esto no tiene nada que ver con su elegante esposa, señor. Estoy seguro que su señora es una mujer inteligente y buena—agregó.

—¿Te parece esto una disculpa?—le dijo Salvador a Lupe volteándose a verla—. ¿O te parece un poco más de esas mentiras?

Y por qué Lupe dijo lo que dijo después, siempre se lo preguntaría, porque ella nunca había pensado que era como una de esas mujeres que azuzaban al marido para verlo pelear por ellas. Ese tipo de mujer, su madre siempre le había dicho a ella y a sus hermanas, eran mujeres de la clase baja que no pensaban en los beneficios de toda la familia y se estaban divirtiendo un poco de una manera estúpida y peligrosa.

Pero Lupe se escuchó decir con placer—No, Salvador, eso es casi una disculpa, pero no completamente.

Y con esta palabra, casi, Lupe le dio a Salvador toda la rienda que necesitaba para jalar al hombre por todo el escritorio y azotarlo contra el suelo donde cayó de rodillas, ¡chillando como un TORO SALVAJE!

—¡CASI no es suficiente!—gritó Salvador metiéndole el cañón de la pistola en la boca del hombre.—¿Estaba tu madre CASI embarazada cuando te trajo a este mundo? ¡Estás CASI lleno de caca cuando te bajas los pantalones para cagar! ¡No, tu madre estaba bien embarazada cuando te trajo a este mundo, y tú estás completamente lleno de mierda AHORA MISMO! ¡Carajo, te puedo oler cagándote!

—Pido disculpas—dijo el banquero con lágrimas en los ojos. ¡Estaba aterrorizado! También él acababa de ver al Diablo y el Diablo estaba aquí delante de él parado en dos pies y su nombre era Juan Salvador Villaseñor, que había visto la violación y muerte de sus queridas hermanas frente a él y era el Ángel Vengador de Dios, ¡que se había dado de voluntario para llevar la Luz a la Oscuridad! ¡Y estaba loco por el odio debido a todo el Amor que llevaba dentro del alma! ¡Que me queme en el infierno si no cambio mi comportamiento! ¡Por favor, señora, acepte mis disculpas, no quise ofenderla! ¡Ay, Dios mío! ¡Por favor, por favor!

—¿Es esta una disculpa? Dijo Salvador volteándose a Lupe—. ¡O quieres más!

—Esta es una verdadera disculpa—dijo—. Ya es suficiente.

—Bueno—dijo Salvador—, ¡y en el futuro vas a tratar con respeto a todas las mujeres que vengan aquí!

—¡Claro que sí! ¡Claro que sí! Gritó el banquero—. ¡Lo juro en la tumba de mi madre!

—Excelente—dijo Salvador aventando al hombre sobre el escritorio a su lugar de origen—. Ahora, señor, por favor, denos nuestro dinero. Y entienda que la única razón que soy tan amable con usted es que . . . ¡me agarró de buen humor, pinche cabrón hijo de la chingada!

Salvador y Lupe recibieron su dinero y salieron rápido. Nadie los siguió. Todos estaban estupefactos.

23

DIOS y Lucifer Danzaban. María y Jesús Aplaudían. Todas
las Fuerzas del Cielo se Unían para trabajar juntas una
vez más.

M ANEJANDO HACIA SU hotel, Salvador pensó que todo estaba
resuelto y que podrían seguir su camino a la mina de oro en Navojoa, Sonora hasta que habló Lupe.

—No, Salvador—, le repitió.—No quiero que regresemos a México.

—Pero yo te defendí—, le dijo Salvador.

—Sí, sí lo hiciste y te lo agradezco mucho, mi amor, pero no quiero regresar a un país donde tratan así a las mujeres. Mi mamá y mis hermanas
trabajaron demasiado duro para que yo me eche para atrás.

Domingo se reía de oreja a oreja cuando llegaron al hotel.—¿Conseguiste la lana o te acompaño al banco para que aprendas como los hombres de Los Altos hacemos nuestros tratos?

—Traigo el dinero, respondió Salvador, abatido.

—¿Y luego, por qué esa cara de perro?—preguntó Domingo.

La puerta del cuarto de Domingo estaba abierta. Salvador y Lupe podían ver que Socorro todavía estaba durmiendo.

—Lupe no quiere que regresemos a México—, dijo Salvador.

—¡¿Que qué?!—dijo Domingo, enrojeciendo de rabia como jitomate.—
¡Dale unas buenas cachetadas, Salvador!—gritó—. ¡No dejes que te mande
una vieja! Tienes que ser el hombre de tu casa, el fuerte. ¡No eres ningún
puto mandilón cabrón!

—No es eso. Ella tiene razón. Nuestras familias están en California y lo
que dice es cierto. Hemos bebido tanto y soñado tan alto, Domingo que a
lo mejor nos . . .

—¡NUESTRO PADRE ESTÁ MUERTO!—rugió Domingo—. No vamos a tener nada hasta que no volvamos a construir el rancho con ganado hasta donde alcance la vista. ¡DALE DE CACHETADAS! Ponla en su LUGAR. Si tú no tienes los huevos para hacerlo, deja que yo te lo hago.

Domingo se abalanzó contra Lupe para pegarle pero Salvador se interpuso, agarrando a su hermano en un abrazo de oso—. ¡NO, Domingo! Lupe es mi esposa. ¡No la tuya!

—Entonces, ¡trátala como vieja, idiota, o nos va a joder todo entre nosotros!—Mira, ¡déjame que te enseñe!—gritó zafándose de los brazos de su hermano—. ¡Yo no tengo miedo de mostrarte mi amor de hermano a hermano!

Hablando así, Domingo entró a su cuarto como loco y sacó a Socorro de la cama. Ella gritó y trató de esconder su cuerpo desnudo con una cobija cuando él la arrastró del cuarto. Afuera empezó a cachetearla con furia, demostrándole a su hermano cuánto lo quería y cómo no iba a dejar que una vieja se entrometiera en su amor filial.

La pobre mujer gritaba y gritaba. Salió mucha gente de su cuarto.

Salvador le pegó con su revólver a su hermano en la cabeza para que no la fuera a matar. Pero Domingo no se callaba y seguía gritando.

Lupe metió a Socorro al cuarto y atrancó la puerta. Se puso a curarla. No podía creer nada de esto. Se había soltado el diablo en las últimas semanas.

—Tenemos oro, hermano, rugió Domingo.—¿No ves que tenemos ORO, el REY de la TIERRA? Vamos a hacernos RICOS. ¡No lo mandes todo al diablo por una vieja!

La mirada de Domingo estaba loca de odio cuando se fue contra Lupe para pegarle. Era obvio que ya le había pegado a las mujeres muchas veces. Lupe se daba cuenta de que esto pasaba en muchas familias mexicanas pero, con todos los vicios de su padre, que era borracho y jugador, nunca le pegó a su madre.

Lupe mojó una toalla y se la puso en la cara y en la nuca a Socorro donde Domingo le había pegado, hasta cuando ya estaba en el suelo. Dios mío, la podía haber matado si Salvador no le da con el revólver. Lupe no podía creer todo lo que les había pasado desde que habían matado a Kenny frente a su casa. ¿Cuándo se iba a acabar todo esto?

Socorro no dejaba de temblar.

—Lupe, le dijo, temblando como muerta de frío,—mi marido me pegaba también pero por lo menos sabía por qué. Domingo me atacó como perro salvaje, ¡ay, Dios mío, Dios mío! ¿Qué hice para merecer esta paliza? ¡No le he dado más que amor y dinero!

—No hiciste nada para merecer esta paliza—, le dijo Lupe.—Mi mamá nos dijo a las muchachas que no hay ningún motivo para que un hombre le pegue a su esposa. No te hagas bolas y te eches la culpa. Eres una generosa y buena persona, Socorro, y te recomiendo que te alejes de Domingo ahorita que todavía te quedan algunos centavos.

—Mira, nací en un pueblo de minas de oro—, siguió Lupe.—Yo sé cómo los hombres se ponen locos y se confunden con la idea de hacerse tan ricos que se salen de la realidad de la vida. ¡Tienes que dejar a Domingo ahora mismo, antes de que se haga demasiado tarde!

—Entonces, ¿crees que no existe la mina de oro?

Lupe se dio cuenta de que la mujer no sabía lo que decía.—Socorro, no importa si hay mina de oro o no. Los hombres se vuelven locos con sólo pensar en el oro.

—Entonces, ¿lo dejo ahora?

—Sí, le dijo Lupe.—Le voy a decir a Salvador que nos devuelva a los Estados Unidos y le voy a decir que no lo dejo hacer más *butleguin* tampoco. Lo he seguido bastante ya y es hora de que él me siga a mí. ¡Desde ahora en adelante vamos a obedecer las leyes y vivir como la gente, lo juro por Dios, o me voy de una vez con mi hija y el bebé que traigo adentro, con mi gente! y así será.

Socorro ya no temblaba ni lloraba ni se veía que le importaran los moretones y los golpes. Nada más miraba a Lupe, como ida.—¿Tú lo harías? ¿Le dirías todo lo que me acabas de decir a mí a tu esposo en su mera cara?—preguntó.

Lupe asintió.—Claro que sí. ¿Por qué no?

—¡Ay Lupe!—y las dos se abrazaron bien fuerte, de Corazón a Corazón.

Afuera Domingo estaba de rodillas, abrazando a su hermano y llorando con todas sus fuerzas.—¡Lo teníamos TODO, hermanito! ¿No ves que todo lo teníamos cuando vivía nuestro querido padre? ¿Por qué lo abandonaron tú y mamá?

—Domingo, te lo he dicho mil veces que no lo abandonamos—, dijo Salvador.

—¡Y sí que lo hicieron!—dijo Domingo.—¿No ves que si no, todavía tendríamos de todo, si no se hubieran ido?

En ese instante Salvador por fin se dio cuenta de lo que su hermano le estaba diciendo. Estaba confundiendo a Dios con su propio padre. Había confundido la historia de Adán y Eva y la expulsión del Paraíso con su propia vida, de regresar a Los Altos y encontrar que no había nada.

—Sí—, le dijo Salvador a su hermano.—Ya veo que todo lo teníamos cuando vivía mi padre y que tienes razón, sí lo abandonamos. Bajamos la loma para buscar comida y él decidió quedarse en el rancho, tomando y montando su caballo hasta las montañas distantes, gritando que Dios lo había abandonado y que todos sus hijos estaban muertos.

—¡Ya ves!—le gritó Domingo.—Lo podías haber salvado si no lo hubieras dejado.

—Domingo, no soy de ojos azules como tú. Nunca me reconoció como su hijo. Tú eras al que quería, por el que gritaba en las montañas.

—¿Entonces, fui yo?—preguntó Domingo, sus ojos de serpiente como mirando las cosas de una manera distinta.—Yo fui el que abandonó a mi papacito—, dijo,—¡y yo sólo quería hacer el bien!—gritó.—Quería sorprenderlo cuando estaba trabajando con los caballos construyendo la carretera de San Diego a Del Mar pero esos pinches tejanos me metieron al bote por un crimen que yo no cometí y me mandaron a Chicago a trabajar en una fábrica de acero. ¡YO QUERÍA MUCHÍSIMO A MI PAPACITO, Salvador! No quise abandonarlo.

—¡SOCORRO!—gritó—, ¡SOCORRO! No quise pegarte. Perdóname. Sólo quería hacer bien las cosas. Mi mamá no dejó a mi papá. ¡Ella sólo quería hacer el bien!

Y Salvador podía ver claramente que en este momento Domingo perdonaba, no sólo a su propia madre sino a todas las mujeres, hasta Eva, nuestra madre original, por haber perdido el Paraíso para toda la Humanidad.

En el hotel, Lupe no creía estar oyendo los gritos desesperados de Domingo. Socorro se obligó a levantarse. Y contra todo el dolor que traía por la golpiza, se fue sosteniéndose de las paredes, saliendo del cuarto hacia la puerta para ir donde estaba Domingo.

Cuando Socorro abrió la puerta vio a Domingo arrodillado en el suelo, junto a su hermano, abriéndole a ella los brazos y gritando de todo corazón.—¡Socorro! ¡SOCORRO! ¡Perdóname! ¡Perdóname! ¡NO LO SABÍA!

—¡Domingo!—gritó, cayéndose del dolor avanzando hacia él.

Se abrazaban, lloraban y se besaban.

Domingo le pedía perdón y ella decía que sí, sí, sí, que lo perdonaba. Él le decía que la quería.

¡Lupe estaba furiosa!

A Salvador le corrían las lágrimas por la cara.

¡Y sobre las dos parejas, en el Cielo, andaban Jesús y la Virgen María y doña Margarita, junto a Moisés y Lucifer! La Madre Luna salía y el Padre Sol se ponía. ¡Otro día se iba de Aquí, de *esta planeta*, situado con pasión entre el Infierno y el Cielo!

24

*El SEXTO SOL salía ahora rápidamente para Todo un
Nuevo Día. La Gente ya no podría decir donde terminaban
los Cielos y empezaba la Tierra.*

L UPE NO ESPERÓ. Esa misma noche cumplió con la promesa que
le había hecho a Socorro y le dijo a Salvador,—No, no sólo no quiero
que entremos más en México sino cuando regresemos a los Estados Unidos quiero que tú, Salvador, dejes el *butleguin* y cualquier otra actividad
criminal.

Salvador se quedó atónito.

—¿Qué diablos se te ha metido en la cabeza, Lupe? ¿Te has vuelto loca
de remate? ¿Cómo crees que vamos a regresar a los Estados Unidos y vivir sin el contrabando? Todo allí va en contra nuestra, de los mexicanos,
desde el principio. Ya te lo dijo el padre Ryan . . .

—¡TODO ESO ME IMPORTA UN COMINO!—gritó Lupe.—Esta es
mi vida y la tuya, no la del padre.

Salvador no podía creer esas palabras. Se había pasado de la raya.

—Mira Salvador, siguió más calmada.—¡Quiero que vivamos legalmente y hagamos un hogar sin estar huyendo siempre de la ley! No voy a traer
a otra criatura al mundo de violencia que tuvimos cuando nació la pobrecita de Hortensia. ¡Tiene pesadillas, Salvador!

—Lupe, tú naciste en plena Revolución. Viste muchas más cosas que
nuestra hija y no tienes nada.

—¿Y crees que porque vi cuando incendiaban el pueblo una y otra vez
nuestra hija tiene que pasar lo mismo? Ay no, Salvador, ¡NO Y NO Y
NO!—le gritó Lupe—. Antes de casarnos, Salvador, te pregunté si eras
contrabandista y me dijiste que no. Yo te creí con *TODO MI CORAZÓN* y
mi *ALMA* y ahora me vas a *CUMPLIR* con tu palabra y ya, ¿me oyes?—gritó—. ¡He dicho!

Salvador miraba a Lupe sin saber qué decir o hacer. Era cierto, ella había dicho. Ahora él podía ver claramente que ella era una mujer que no se podía cambiar a ningún lado. No, ahora era una mujer que había reclamado su tierra, como había visto a su madre hacer tantas veces, declarando que esta pieza de Tierra Madre donde ella se paraba, con sus dos pies, era Santa. Que ella, el Árbol de la Vida, movería la Tierra y la Piedra con sus raíces y haría lo necesario para Vivir.

Pero también se preguntó si ella sabía con quién se había metido. También era hombre que se plantaba firme. Creía por un solo segundo que lo iba a obligar a hacer lo que ella mandara. Si iban a dejar una mina de oro para regresar a los Estados Unidos, él no tenía otro recurso que el contrabando. Fue lo que le ganó no sólo dinero sino *RESPETO* en un país donde se hacía de menos a su gente.

—Bueno, le dijo.—Si dejo la *butelegada* como tú dices, Lupe, ¿cómo diablos quieres que nos mantengamos en los Estados Unidos, eh?

—Podemos trabajar en los campos como lo hacen todos los demás, Salvador.

Aspiró profundo y sopló.—Lupe, estamos en una depresión económica. Están deportando a nuestra gente. Tu familia se estaría muriendo de hambre si no les hubiera dado dinero para que tu hermano comprara ese camión. ¡Acuérdate que ese camión lo compré con mi DINERO DE LA *BUTLEGADA*—! le gritó a la cara.

—Salvador—le dijo cerrando los ojos para evitar su mirada desaforada e intimidante—, vamos a encontrar el camino. Dios dirá.

—Claro—dijo—, pero Dios también necesita que le den una manita en la vida, ¡carajo!

Al decir esto dejó de hablar. Se echó un paso hacia atrás y se detuvo, viendo a su joven esposa. Hacía tiempo que había aprendido que todas las exigencias de la vida tenían su precio. Poca gente estaba dispuesta a pagarlo. Se necesitaba tener *tanates* de verdad para arriesgar la vida día tras día.

Se preguntaba si Lupe, con todo lo que hablaba, iba a pagar ese precio si no le salían las cosas que exigía. Porque la exigencia sin la disposición a pagar el precio era la voz hueca y vacía de un pendejo hablador inútil.

—Entonces, Lupe, le dijo con voz calmada,—si no accedo a lo que exiges, ¿qué? Estaba tan cansado de esta conversación que ya no iba a tomar a Lupe en serio a menos de que ella estuviera dispuesta a pagar el precio necesario. Y para que esto ocurriera, había que pagar un precio enorme, y pagarlo completito, como el mismito Jesucristo lo había pagado en la cruz para que todo hombre desde entonces supiera por dentro, en sus entrañas, que Jesús no era hablador, que era verdadero.

Esto nunca aparecía en los votos matrimoniales.

Esto no tenía nada que ver con que se amaran dos personas o no.

No, esto de ser el caballo principal de la familia no era un elemento automático de la luna de miel.

Aspiró profundo.—Ándale, Lupe—, repitió cuando la vio bañada en lágrimas.—Dime, ¿qué vas a hacer si te digo que no estoy de acuerdo con lo que me pides?

Lo tenía atorado en la garganta. No quería decirlo pero le salió por fin.

—Salvador, te voy a dejar—, dijo al fin, entrando a la oscuridad de lo desconocido y convirtiéndose en su propio caballo principal. Ahora toda sombra, toda rama, todo charco en el camino le parecía peligroso pero no se iba a detener.

—Me llevo a Hortensia—, siguió—y esta criatura que llevo dentro de mí. Voy a sobrevivir sin ti, de algún modo, Dios mediante.

Mirándole la cara y recordando cómo ella había arriesgado la vida regresando a ese infierno para salvarlo, Salvador se dio cuenta de que esta mujer, esta niña que tenía enfrente había llegado a su ser. Porque ahora era claro que estaba dispuesta a pagar el precio de la canción que acompañara la Danza de Su Vida.

Sopló. Y no estaba devaneando en su auto estimación. No, instintivamente había sacado el revólver y el dinero del infierno y había tenido la astucia de ponerlos en el tronco de un árbol para que estuvieran seguros por si alguien los detenía cuando se iban. ¡Era tan lista! ¡Un genio! ¡Y tan fuerte! No se asustaba cuando todo iba mal. Rica o pobre, sana o enferma, esta mujer podría llegar a ser como la yegua que montó el gran Francisco Villa, y las yeguas fuertes eran una ayuda para un hombre durante toda su vida, mucho más que un garañón caprichoso.

—Muy bien, dijo Salvador,—así es que lo que dices, Lupe, es que hacemos las cosas como tú mandas o te vas con tu gente.

Ella asintió varias veces.—Sí, Salvador, así está la cosa. Ya lo he decidido—, añadió con calma.

Salvador aspiró fuerte. No podía creer que esto les estuviera pasando a él y a Lupe. Habían ido y vuelto del Infierno. El poder, la fuerza, la convicción que irradiaba de esta joven que tenía enfrente era tan grande que muchos hombres se sentirían con las ganas de cachetearla y acabar con esta Fuerza Formidable que se había apoderado de Lupe.

Y un hombre lo podía hacer. Un hombre tenía la fuerza bruta dentro de sí para apagar el incendio de cualquier mujer pero qué le quedaría a este hombre sino el cascarón. Un caballo espantado.

Y por eso no, él, Salvador, no la iba a cachetear. Se dio cuenta que esto significaría que él, Juan Salvador Villaseñor de Castro cachetearía a su propia madre. Y su madre le había advertido que este día—donde él estaba ahora—le llegaría. Y la voz de su madre se OYÓ EN SU CABEZA como un TAMBORZOTE que decía:

—Y cuando Dios viene a preguntar que quién comió de la fruta prohibida del Árbol de la Ciencia, no culparás a Lupe como Adán culpó a Eva. ¿Me oyes? Aguantarás como hombre, como mexicano de los buenos, y con los *tanates* en la mano vas a decir, 'Dios mío, ¡lo hice! ¡Lo hice!' Y asumirás toda la responsabilidad puesto que—créemelo—esta joven esposa tuya se elevará con el Amor de la Estrella Nocturna y hará que todas las lecciones que le has dado se vean insignificantes comparadas con la gran lección que ella te dará de UN SOLO GOLPE.

—Y esto te pasará cuando menos lo pienses y te volverá loco. Todo esto lo sé porque cuando tu padre y yo llegamos a este punto de nuestro matrimonio—como pasa con todas las parejas—mi pobre esposo extraviado no me pegó como lo hacen tantos hombres, pero me dejó de querer y me empezó a echar la culpa de todos sus problemas, diciendo que todas esas desgracias le habían caído por casarse con una mujer inferior a él.

—Yo fui la nueva Eva que tuvo la culpa. Pero tú no vas a hacer esto, mi hijito, ¿me oyes? Vas a entender que en este momento—los *tanates* en la mano—¡puedes andar hacia adelante y LEVANTARTE CON AMOR! ¿Me oyes? ¡Nada de cachetadas ni de recriminaciones!

Salvador se echó a reír. ¿Qué otra cosa podía hacer? Aquí estaba su madre, en su cabeza, habiéndole lavado el cerebro para decidir qué hacer y qué no desde que era chiquito. Aquí estaba su esposa, frente a él, disparándole a la cara con los dos cañones. ¡Estaba atrapado entre dos mujeres! ¡Lo estaban consumiendo dos yeguas!

Se rió hasta dolerle la panza.

Se rió hasta que se le saltaron las lágrimas.

Se rió hasta saltar de cojito, de un pie al otro, bailando como loco.

Y supo hasta lo más profundo de su Alma que éste era el mismo Poder que había buscado en una Mujer toda su Vida. Y que ésta era la misma Fuerza que todo macho-*cabrón* sano buscaba, lo supiera o no.

—¿Algo más, Lupe?—preguntó.

—No—, dijo ella.—Es todo lo que se me ocurre por ahora.

Al oír esto se echó a reír otra vez y esta vez ella lo acompañó en la risa.

—*Okay*—Lupe le dijo.—No sé cómo pero vamos a hacer las cosas—, como tú quieras. De todos modos no me han salido las cosas tan bien últimamente, carajo.

El gusto que le salió de borbotones a Lupe del Corazón al oír la respuesta de su marido fue tan tremendo, tan suave, que no supo lo que hacía hasta que se dio cuenta de que no era la cabecera de Domingo y Socorro la que daba contra la pared, sino ¡la suya y de Salvador!

¡Lo había aventado en la cama y estaba encima de él, piel con piel, tratando de metérsela lo más hondo dentro de su cuerpo que podía!

¡Estaba hecha una hembra salvaje en celo!

¡Era una fiera que se había encontrado a sí misma!

¡Estaba hambrienta y quería DEVORAR al MUNDO!

Los ojos de Salvador se abrieron de par en par y supo de dónde venía el viejo dicho mexicano que dice: "Los hombres lo hacen hasta que no aguantan, pero las mujeres lo hacen hasta que se mueren".

Los gritos que oía Lupe tampoco eran de Socorro. Era Lupe la que gritaba LOCAMENTE de AMOR. Era su esposo por quien estaba LOCA de AMOR.

La cabecera sonaba, sonaba, sonando. ¡Pum, Pum, Pum!

El Corazón de la Humanidad entera sonaba, sonaba, sonando. ¡PUM, PUM, PUM!

25

Todo estaba en Balanceado de nuevo, Todo estaba en Armo-
nía de nuevo y en Paz, generando Sabiduría por medio de
nuestros Trece Sentidos del CIELO *a la* TIERRA — ¡TODO
UNA CANCIÓN!

ASL DÍA SIGUIENTE cada pareja decidió irse por su lado. Domingo le había arrancado la cajuela a su lindo y nuevecito Packard y había amontonado las herramientas en la cajuela como si fuera en camión.

—Si cambias de parecer, ya saben dónde estamos, dijo Domingo.—En las afueritas de Navojoa.

—Te lo agradezco—, dijo Salvador, pero esto es lo que nos conviene más a Lupe y a mí.

—Vas a perder millones de dólares en oro.

—Ya lo sé—, dijo Salvador,—pero ya somos ricos porque tenemos cosas que no se compran ni con el dinero ni el oro.

—¡Carajo! Pero allá ustedes. Cada cabeza es un mundo—respondió Domingo.

Salvador se sonrió. Este era un dicho que su abuelo materno, don Pío, usaba a cada rato.

Se despidieron con un fuerte abrazo, latiéndoles el corazón de amor fraternal. Domingo y Socorro, la que se había puesto tanto maquillaje para taparse los moretones, se dirigieron hacia el sur. Salvador y Lupe siguieron hacia el norte.

En la frontera había unos cuantos coches en la fila antes de Salvador y Lupe. Las autoridades en los Estados Unidos no dejaban pasar a nadie que no fuera ciudadano o que no pudiera probar que podía mantenerse. Lupe se dio cuenta que Salvador estaba preocupado. Lo tomó de la mano.

—Lupe, ¿te das cuenta de lo que me has exigido? Quieres que deje una mina de oro para regresar donde no nos quieren. Y luego quieres que abandone el único modo que conozco para ganarnos el pan.

Lupe aspiró a Papito con fuerza.—No Salvador—, le dijo, sintiéndose mejor con el uso de esta palabra.—No pido nada de eso. Lo que sí te pido es que tengamos más Fe en que todo va a salirnos bien porque estamos sanos y nos queremos y tenemos una preciosa criatura aquí y otra en camino. Somos una familia, Salvador. Las familias se han estado manteniendo desde el principio del mundo.

Salvador se vio obligado a sonreír. Su madre no lo podía haber criado mejor.—Ojalá tengas razón—, dijo.

—Bien sabes que sí—, añadió.

El se rió y les llegó el turno para que los interrogara el aduanero. El hombre se veía cansado, sudoroso y malhumorado.

El instinto de Salvador pronto lo preparó para la batalla.

Pero ¿qué fue lo que hizo Lupe? Se le adelantó e inclinándose por encima de Salvador dijo con voz alegre como el canto de un pajarito,—Señor, debe estar muriéndose de calor. Dígale a su esposa que le sirva un vasote de limonada cuando llegue a su casa en la noche.

—Muchas gracias—, le contestó. Pasen adelante. Bienvenidos a su casa.

Y así fue. El aduanero ni siquiera se había fijado en que eran mexicanos y andaban en una carcacha. Los había visto como gente decente. Eso era todo. Y estaban de regreso en los Estados Unidos.

—¿Limonada?—preguntó Salvador.

—Sí, lo vi en una película. La limonada les gusta a los gringos, y el *pay* de manzana.

Salvador no dejaba de reírse cada vez que miraba a Lupe. Era tan inteligente, tan lista.

—¿Sabes qué día es hoy?—le preguntó Lupe cuando llegaron a las afueras de Tucson, Arizona.

—No, no tengo idea—, dijo Salvador.

—Es mi cumpleaños—, dijo Lupe.—Es el 30 de mayo de 1932 y hoy cumplo veintiún años.

—¿De veras hoy es tu cumpleaños?

—Sí. Y quiero que vayamos al cine hoy en la noche y después que nos acostemos bajo las Estrellas.

—¿Algo más? ¡Te estás poniendo medio loca otra vez, Lupe!

—Sí, también quiero *pay* de manzana caliente, con helado de vainilla. Solamente quiero eso de cenar.

—¡Como gustes!

Y esa Noche Sagrada comieron *pay* de manzana con helado de vainilla y fueron al cine en Tucson, Arizona y vieron una maravillosa película con sonido y música y baile.

Se acostaron bajo un millón de Estrellas. Cuando hicieron el Amor, Lupe y Salvador sabían que tenían el Cielo en la Tierra, que eran la pareja más rica y feliz del Universo, ¡EL CANTO DE DIOS, UNA SINFONÍA, UN SUEÑO!

Epílogo

Sí, DOMINGO HALLÓ la mina de oro en las afueras de Navojoa, Sonora, México y se hizo muy rico como por quince años. Entonces vendió la mina por mucho dinero y empezó a matarse bebiendo, dejando mujeres y niños por todas partes.

Recuerdo que conocí a mi abuelo en una ocasión cuando tenía once años en Nogales, México. Era un hombre grande de una dura apariencia y una sonrisa preciosa. Me recordó mucho al actor del día, Burt Lancaster. Mi padre y mi madre le prestaron dinero para que pudiera ir al médico, pero él utilizó el dinero para beber más y se murió unos meses después. Mi padre lloró cuando se enteró de la muerte de su hermano.

—*Mijito*—me dijo, llevándome a un lado—, si no hubiera sido por las agallas de tu madre, lo más probable es que yo también estuviera muerto, igual que mi hermano. Nos volvimos locos con todas nuestras ideas de la mina de oro. Pero tu madre me obligó que dejara la mina, que dejara mi *butleguin* y que respetara la ley. Es difícil, a veces, escuchar a una mujer, pero puede ser la salvación de un hombre.

Mi mamá me dijo que al día siguiente de salir de Tucson, Arizona, empezaron a tener problemas con la *troquita*, pero que no les dio pánico. Sabían que de alguna manera todo iba a salir bien, si sólo mantenían la fe y continuaban.

Cuando llegaron a Santa Ana, me contó mi madre, que se enteraron que había muerto su padre. Había muerto de pulmonía en el hospital tres semanas antes cuando se había ensuciado en la cama pues estaba demasiado débil para levantarse para ir al baño. La enfermera jefe se había enojado tanto que lo puso en un cuarto frío de concreto donde rápidamente se había enfermado de pulmonía y murió.

Me dijo mi madre que se había sentido horriblemente mal de no haber estado en casa para ver a su padre.

Mi padre me dijo que después de regresar a California la pasaron muy mal como por año y medio pero que después Franklin Delano Roosevelt—al cual todos en el barrio decían que era medio mexicano por su segundo nombre—cambió todo el país de un día para otro. Cerró los bancos y noventa y nueve días después los volvió a abrir con dinero bueno, terminó con el periodo de prohibición, y de repente todos tenían trabajo. No había nada que temer, excepto el propio temor, me dijo mi padre que fueron las palabras que el presidente Roosevelt hizo famosas—palabras bajo las cuales su propia madre, doña Margarita, había vivido toda su vida.

Archie les vendió a crédito a mi padre y a mi madre el billar que había construido en el barrio de Carlsbad y mis padres se convirtieron en legítimos negociantes. Pero mi padre no sabía nada de contaduría, así que fue mi madre la que se encargó de manejar el dinero y de ir al banco. El país entero empezó a prosperar y mis padres también.

Pero regresando a la pregunta original.

¿Era amor?

¿Había habido alguna vez verdaderamente amor entre mis padres, o habían sido sólo dos personas sobreviviendo a través de los buenos y malos tiempos de la vida?

Mi padre siempre nos dijo a nosotros sus hijos que era amor, sin ninguna duda, así como lo había dicho en sus bodas de oro. Pero mi mamá, siento decirlo, nunca pudo decirlo así, porque parecía tener en las profundidades de su ser algún resentimiento contra mi padre.

De hecho no fue sino hasta 1990—un par de años después que mi padre había muerto y que encontré a mi madre llorando bajo el enorme y viejo pirul del patio de enfrente—que empezamos a tratar el tema.

—¿Qué pasa, mamá?—le pregunté—. ¿Por qué lloras?

—Extraño tanto a tu padre—me dijo agarrándose el pecho.

—Yo también—le dije.

—Sí—dijo—, pero yo soy la que nunca que nunca pudo decirle que lo quería—. Estaba sufriendo mucho.

—¿Quieres decir mamá que no le dijiste a papá que lo querías ni una vez?

—Cuando estábamos recién casados, claro que sí, pero entonces conforme pasaron los años— . . . Se encogió de hombros—. Ya no lo hice porque, bueno, por todas las cosas que no me gustaban de él. Y ahora . . .

son esas mismas cosas que me molestaban tanto, las cuales extraño más—, añadió.

—Ay, mamá—dije—. Lo siento mucho. No lo sabía. Qué pena.

—Desgraciadamente ésta es la tragedia de la vida con tantos de nosotros y nuestros seres queridos, *mijito*—. Jadeó respirando profundamente—. Dejamos que nos separen los altos y bajos de la vida de nuestro amor. Yo quise a tu padre mucho—, agregó con lágrimas corriéndole por la cara—, pero sólo ahora que ya no está aquí y que está muerto puedo decir sin resentimiento.

—Ay mamá—dije—, te debes sentir muy mal.

—Sí me siento mal, pero qué puedo decir, para esto es que se nos entrena a nosotras las mujeres—, añadió—, tener miedo de entregar todo nuestro amor, porque una vez que nos casamos, pensamos que todo debe ser perfecto, y así nos negamos a aceptar las imperfecciones mutuas. Ay, Dios mío—, añadió—, por favor júrame *mijito*, prométeme que no vas a dejar pasar ni un día sin que les digas a tus hijos y a tu esposa cuánto los quieres.

—Te lo prometo mamá—le dije.

—Bien, porque yo sí lo amaba de verdad, *mijito*. Lo puedo ver ahora tan claramente sin ninguna duda, que amaba a tu padre con toda el alma y el corazón, pero no me permití saber esto hasta que se había ido—Que Dios me perdone.

Tomé a mi madre en los brazos y ella lloró, sollozando como un niño. Ahora me di cuenta que esto la había preocupado por años.—Por favor mamá, no te culpes tanto—, con las lágrimas corriéndome por la cara también—. Papá sabía que lo querías.

—¿Lo sabía?

—Sí mamá, siempre nos dijo que lo querías, pero que no sabías cómo ponerlo en palabras.

—Gracias *mijito*—me dijo—. Tu padre era un buen hombre, un hombre muy bueno y ahora veo que éste es nuestro peor pecado, *mijito*, el dejar adentro el amor que sentimos aquí en el corazón hasta que ya es muy tarde.

No sabía qué más decir. La honestidad de mi madre me hacía mirar más profundamente mi propia situación con mi esposa y mis niños. Pero entonces en la primavera del 2000, mi madre, Dios la bendiga, me llevó a un nivel más profundo para entender el Amor. Era la media mañana y estaba en el patio trasero silbándole a los canarios. Hacía mucho que no la veía disfrutar a sus canarios con tanta alegría.

—¿Cómo estás mamá?—dije—. Te ves tan contenta.

—Lo estoy—dijo cantándoles a los pájaros.

—¿Por qué? ¿Qué pasó?

—Por fin me he perdonado, *mijito*.

—¿Te has perdonado qué mamá?

—¡Ay, TODO!—dijo con gusto—. De la muerte de tu hermano José—
Tenía un hermano mayor que había muerto jugando football de una herida interna a los dieciséis—De no haber estado allí cuando murió mi padre,
y bueno, especialmente de no haberle dicho a tu padre que lo quería.

—Y esto te hace sentir bien, ¿verdad?—dije sonriendo.

—¡El perdonar se siente MARAVILLOSO!—¡gritó con alegría—! ¡Especialmente cuando finalmente hasta te perdonas a ti misma!

Me reí. Se sentía tan bien ver a mi mamá tan feliz después de tantos años
de luto. La invité a desayunar y aceptó y comimos juntos—huevos rancheros, su platillo—. Te digo, *mijito*, me dijo mientras comíamos—, finalmente empiezo a entender que en realidad toma mucha vida, como la madre de
tu padre siempre decía, antes que nosotros los humanos abramos los ojos
y empecemos a ver. Si apenas ahora que me acerco a los noventa, empiezo
a ver que tantas cosas que detestaba de tu padre—o que creí que eran del
Diablo—¡eran en realidad Bendiciones disfrazadas, directamente de Dios!

Los ojos se le llenaron de lágrimas una vez más. Pero no, éstas no eran
lágrimas de pena éstas eran lágrimas de sabiduría y felicidad—de percep-
ción. Entonces me dijo—Por ejemplo, todos estos años he pensado qué re-
pulsivo fue que esa mujer Socorro—allí en la frontera cuando íbamos
camino a México—se fuera a los brazos de Domingo, llena de amor, después que él la había golpeado y aceptara sus disculpas. Pero ahora puedo
ver que hizo lo correcto. Todos necesitamos perdonarnos unos a otros
nuestras culpas y rápidamente también, de otro modo se nos endurece el
corazón y perdemos la habilidad de amar.

—Ay, si sólo hubiera sabido perdonar a tu padre por todas las cosas que
hizo cuando estaba vivo, qué vida tan diferente hubiéramos tenido. Era ta-
caña con mi amor, *mijito*. Pero no creas que repentinamente me he dado
cuenta de todo esto, *mijito*, porque soy una santa—, dijo riéndose. No, sólo soy una mujer muy práctica que no quiere irse al Infierno. Y ahora puedo ver tan claramente que si no hallo en mi corazón la manera de perdonar
a todos, incluyendo a tu padre, ¿entonces cómo puedo esperar que Dios
me perdone?

Se sonrió.—Me entiendes *mijito*, es así de sencillo, y todo está en el Padre Nuestro, 'perdónanos nuestras deudas así como nosotros perdona-
mos a nuestros deudores'. Pero me ha tomado todos estos años para que
me deshiciera de mi orgullo y abriera los ojos para ver que siempre había
sido yo misma que vio todas estas cosas como mal en la vida. Tu padre y
yo tuvimos una vida maravillosa, pero yo no lo podía ver porque estaba
tan llena de ideas de cómo debe ser en realidad un hombre. Tomó aliento.

Amé a tu padre tanto. Ahora apenas puedo esperar a morir, *mijito*, para verlo en el Cielo y decírselo. 'Te quiero, Salvador', le diré a tu padre. ';Te quiero con toda mi Alma y Corazón para Toda la Eternidad, esposo de mi corazón!' ahora yo también llaraba.

¡Era amor!

¡Siempre había sido amor!

¡Y eso era todo lo que había en realidad, nada, nada, nada sino AMOR Aquí en la Tierra así como en el Cielo una vez que la gente finalmente abrió los Ojos para ver con la Claridad del Corazón!

Abracé a mi mamá fuertemente y lloramos juntos. Y ella, nuestra madre, murió tres semanas después, el dos de junio de 2000, y ella . . . estaba sonriendo. ¡Lo había logrado! ¡Había hallado Paz y Amor y Armonía con Dios antes de morir!

Victor E. Villaseñor
Rancho Villaseñor
Oceanside, California
Primavera del 2001

PD

Ahora, acerca de los Trece Sentidos. Sí, a propósito no los enumeré en ninguna parte del texto, porque si lo hubiera hecho, la gente no hubiera sentido el libro. En su lugar se habrían preguntado si aquí, en este succso, se había usado el Décimo o el Decimoprimcro o cualquier otro.

Como ven, no fue un accidente que nos redujeran a cinco sentidos durante los últimos tres o cuatro mil años. Los cinco sentidos son la trampa perfecta para mantenerlo a uno dando la vuelta en círculos dentro de la computadora de nuestro cerebro. Es sólo cuando nos salimos de esta computadora y vamos a la del alma y el corazón que hallamos la libertad y empezamos a vislumbrar el fantástico mundo de la abundancia y las infinitas posibilidades que tenemos a todo nuestro alrededor.

Y para activar la Computadora del Corazón, se tienen que reconocer el sexto y el séptimo sentido, y estos son, desde luego, el Balance y la Intuición. Entonces para activar la Computadora del Alma tenemos que irnos al octavo y noveno sentidos, que son la Música (el estar en armonía, el estar interconectado con toda la existencia, la cual está Viva y Respira y Vibra) y el Psíquico (el poder Ver el Futuro con absoluta Claridad) Una vez que han sido activados el Balance, la Intuición, la Música, el Psíquico, irrumpimos en el Décimo, Decimoprimero, Decimosegundo y Decimotercero, que son el Vuelo (natación espacial/ la navegación de vela), el Cambio de Forma (todas las lenguas o el *lenguajear* indígena que conozco tiene este Sentido), el Palacio de Actas y Registros (la memoria colectiva o el consciente—Carl Jung tenía razón) y el Ser. Los primeros seis, por supuesto, todos los hombres aún los tienen automáticamente. Los primeros siete todas las mujeres todavía los tienen automáticamente. Y el último, el Ser, todos lo tenemos cada día de nuestras vidas o nos volveríamos locos.

Miren, la pregunta nunca fue ser o no ser. Ser o no Ser es la respuesta. Porque cuando nos relajamos después de un día duro y respiramos tranquilamente, sin tener ideas o pensamientos, estamos utilizando el Decimotercero, simplemente el Ser.

Dios, recuerden, no se llamaba originalmente Dios en la Biblia. Se llamaba el Ser Supremo, y nosotros somos seres humanos y cuando utilizamos el Decimotercero, somos de Dios con cada Aliento.

No hay accidentes en el *lenguajear*. El lenguaje es el proceso que crece, cambia y evoluciona de nuestro desarrollo consciente en el arte de las comunicaciones verbales. ¿Y quién me enseñó esto? Fue mi padre y mi madre, y en especial mi mamá una vez que él falleció y que se vio forzada a salir de su mente y penetrar a su Alma y Corazón.

Ahora aquí tenemos todos los Trece y ustedes pueden volver al libro y ver dónde los personajes los usan una y otra vez—sin ningún esfuerzo. Por qué, porque todos los Trece eran parte natural de nuestro diario vivir por cientos de miles de años, en un tiempo en que se entendía que el Edén no era "un" sitio, sino nuestro Respirar, Vivir, nuestra Relación con el Santo Creador. Gracias y por favor no le digan a nadie cuáles son los Trece Sentidos. Dejen que cada uno viva el libro primero. Gracias de mi familia a su familia.

Recuerden, todos somos MARAVILLOSOS, lo que significa Seres que están llenos de Maravilla. La vida en *la planeta* está Despertándose apenas. Y somos tan increíblemente Buenos y estamos tan llenos de Amor, Corazón y Alma—Somos Reflejos de Dios en la CO-CREACIÓN es lo que SOMOS!

Agradecimientos

PRIMERO ME GUSTARÍA dar las gracias a mi agente, Margret McBride, que leyó esta obra en sus muchas diferentes formas durante los últimos seis años. Pobre Margret, casi te volví loca cuando Trece Sentidos se llamaba *Padre Sol, Madre Luna,* y *Al Cielo.* Gracias por no perder el entusiasmo, Margret. Me gustaría asimismo dar las gracias a su equipo de trabajo que han sido unos verdaderos trabajadores—Kris, Sangeeta, Donna, y Jessica.

Enseguida me gustaría dar las gracias a mi amigo Bill Cartwright, a quien conocí a principios de los sesenta cuando los dos íbamos a ser escritores. Gracias Bill por caminar conmigo al pueblo de la Lluvia de Oro cuando tenía un brazo roto y estaba escribiendo *Rain of Gold.* Gracias a ti y a Dennis Avery por viajar conmigo a los Altos de Jalisco para hacer la investigación de *Wild Steps of Heaven.* Y mi mayor agradecimiento, Bill, por leer *Trece Sentidos* en sus muchas formas y borradores durante los últimos seis años. Tú y Helen y Rob y Barbara fueron de gran ayuda durante este periodo mentalmente explosivo.

Gracias a Jackie que administra mi oficina y me conoce mejor que cualquier otra persona me podrá conocer, gracias Jackie, gracias Jackie, gracias Jackie y también agradécele a tu maravilloso esposo, Roland, ese gran abogado a quien hallaste en las páginas amarillas, lo trajiste a la oficina, y después te casaste con él para asegurarte que se quedara con nosotros. Gracias a ti también, Roland.

Hal, compañero de trotar con el cuello adolorido, gracias por estar a mi lado casi todos los días, no sólo leyendo los diferentes borradores una y otra vez, sino también por escucharme cuando estaba brincando de gusto y gritando, "¡Hal, ya puedo ver el Sexto! ¡Hal, ahora entiendo el Séptimo!

¡Hal, anoche vino a verme mi papá con su mamá y una docena de ángeles, y ahora finalmente veo el Noveno, el Décimo y el Decimoprimero!" Gracias Hal, por no abandonarme. Fue una larga y maravillosa experiencia de Buen-Dios-Diosando.

Gracias, David, hijo, por ser la sabia roca sólida que eres y por mantener el rancho a flote aun en medio de grandes preocupaciones financieras y tiempos de tiempos de expansión mental. Siempre logras pronunciar las palabras más alentadoras. Y felicidades por ser aceptado en la escuela de medicina.

Gracias a José, mi hijo, por ser el portador de la luz. Nos hiciste a tu madre Barbara y a mí viajar a la India de un día para otro participar en tu experiencia Siddharta de iluminación—la cual estoy seguro algún día la vas a redactar o a enseñar. Ningunos padres podrán nunca tener mejores hijos que tú José, y tu hermano David.

Gracias Barbara, madre de nuestros hijos, por tu apoyo y amor que continua aún ahora que ya no somos esposo y esposa, sino buenos amigos, y familia . . . para siempre.

Y me gustaría agradecerle a mi hermana Linda con quien me crié y con la que no he tenido una relación muy estrecha durante casi veinticinco años, pero ahora que murió mi madre el dos de junio del 2000, hemos estado más cerca que nunca. Durante los últimos seis meses fuiste tú Linda la que salvó este libro digitizándolo, trabajando conmigo, prácticamente desde las seis de la mañana hasta tarde en la noche mientras rescribía el libro una y otra vez, algunas veces una página o un párrafo durante una semana—expandiendo no sólo las mentes sino nuestro *lenguageando* de los cinco sentidos a los Trece.

Ahora quiero darle las gracias a René Alegría, mi editor, que tuvo el valor de comprar *Trece Sentidos*. Este genio de editor de Harper Collins (que fue criado por sus abuelos en Tucson, Arizona, y es de mi misma cultura) tuvo los *tanates* para beber vino tinto y trabajar conmigo durante cinco meses de redacción. Gracias, René, eres un gran editor. ¡Gracias!

Quiero agradecer a las siguientes personas por sus horas de dedicación y su gran merito por completer este trabajo dificíl. Gracias Alfonso Gonzalez, hiciste un gran trabajo en la traducción. Gracias Olga del Castillo y Christina Benitez por sus horas de esfuerzo en redaclar el íngles y el español y por sus innumerables sugerencias que fueron una tremenda ayuda en editar el libro en español. Y gracias Alejandra Barranco por todo tu asistencia en la traducción, tanto como por los detalles en el version de íngles.

Y me gustaría agradecer a Juanita Kramer-Hermoza por haber llegado a mi vida con todo tal elegancia y danza para enseñarme la palabra "delicioso" en una nueva acepción, al decir, "¡No es éste un día delicioso!" Y después sonreír con tal gusto al final de un largo día de enseñar el tercer grado de primaria y aun querer ir a bailar esa noche. Gracias, Juanita, esposa mía, por todo tu amor y apoyo.

También muchas gracias a mi hermanita Teresita por apoyarme con amor, anillos de matrimonio, e información sobre la vida de mamá y papá. Gracias a Tencha, mi hermana mayor por el tesoro de información y fotografías que me has facilitado tan generosamente para ayudarme a capturar el sabor de este libro. Y gracias a ti Gorjenna por ser la persona desenfrenada que eres y a tu esposo Big Gary. Gracias RoseAna por ser el persona amorosa que eres y a tu esposo Jay. Gracias Joe Colombo. Gracias Teri, Joseph y Lyn, John, Kimberly, Skeeter y Alicia, Bryon, Billy y Stacy, Jason y Kady, el pequeño Gary, Bill y Charlene, Erik, Lorraine y Greg. Gracias Andrés y Shannon, Jacinto, Diego, Melissa, Jessica, Callie, Adam Ray, Nicholas, Sara, Miguel, Madeline, Carlitos, Nina, Pablito, MacKenzie, Tyler, Trent y todos los demás de nuestra familia que pude haber omitido en este momento, pero que recordaré en una hora.

Todos somos familia, todos somos hijos de Dios—¡juntos, por siempre!

Y claro, gracias a todos los hijos de tía María y nietos y biznietos. Y gracias a las Luisas y Sofías y Victorianos y Domingos que están regados por todo Texas y Arizona en ambos lados de la frontera y a quienes en realidad no conocemos—como Dale, que se apareció en el rancho con su esposa e hijos el mes pasado y es un biznieto de Sofía que había sido adoptado y que nos halló al leer *Lluvia de oro*. ¡Gracias! Este libro no hubiera sido posible sin todos ustedes.

Y finalmente, aunque no de menos importancia, me gustaría agradecer especialmente a Gary Cosay y Chuck Scott que han sido mi abogado y mi editor por más de veinte años. Gracias por su fe y perseverancia. Lo logramos y todavía lo seguimos haciendo—¡adelante!